「日本の経営」を創る

社員を熱くする戦略と組織

Building
New Japanese
Management

三枝 匡 Saegusa Tadashi
×
伊丹敬之 Itami Hiroyuki

日本経済新聞出版

まえがき

世界における日本の相対的地位はジワジワと低下を続けている。多くの日本企業は元気を失ったままである。アメリカ流の後追い経営スタイルでは、日本企業は決してユニークな強みを発揮することはできない。伊丹さんと私は共通の思いにかられ、この対談に臨んだ。アメリカ流でもなく、旧来の日本的経営でもない、独自の新しい「日本の経営」を編み出し、社員が目を輝かせながら、生き生きと仕事に挑む組織を再構築し、日本企業の元気さと世界の中での競争性を高めることはできないだろうか。それができなければ、日本はさらに枯れていくだろう。二人はそんな思いで、五回にわたる対談を重ねた。

折しも対談の原稿を整理している間に、米国から始まった世界金融不安が起きた。しかしこの対談は時流をとらえて目先の話題を追いかけるものではない。

アメリカ人が一九八〇年代まで日本的経営を褒めそやし、繁栄の中で当の日本人の多くがそれを信じたその時期に、日本企業の経営の劣化はすでに始まっていたという点で二人の意見は一致している。それはあとづけの理屈ではなく、二人は当時の個人経験を通じて世間の流れには安易に流されず、おかしいことをおかしいと結論づけてきた。そのことが第一章と第二章で論じられる。

次いで九〇年代に、バブルがはじけてアメリカ人が日本経営の強さを見限り、多くの日本人がアメリカ的金融の論理に乗って米国流経営を取り込もうとする動きに従った。しかし二人は相変わらず世間の流れには乗らず、それでは日本の経営の強さ、良さをかえって見失うことになると語り続けてきた。

　そもそも日本的経営と言われたものは、どんな強さと弱さを持っていたのだろうか。それを論理的にきちんと分けて理解しておかなかったために、八〇年代には自分の悪さへの対処が遅れて組織の劣化を招き、次いで逆に振れて、九〇年代からあとは自分の良さまで捨てて他人（アメリカ）の流儀の後追いをしようとしてきたのではないだろうか。

　われわれ日本人は、商品開発では世界に冠たる実績を見せてきたものの、こと「経営手法の創造性」と日本の経営を「革新するための試行錯誤」においては、ひどく立ち後れてきた。その創造性を高めるために、われわれに不足しているものは何だろうか。第三章と第四章では、まず経営における「抽象化、理論化、敷衍化」の重要性を考える。その上で、日本流経営で何を大切にすべきか、会社における株主と社員の役割をどう見るべきか、社員の目を輝かせる戦略の必要性、などを論じている。

　それを受けて第五章から第八章までは、これから新しい日本流経営を創り出すための具体的手法や考え方をとりあげた。私自身は事業不振に陥っていた住友系合弁企業の経営に三十二歳で送り込まれて以来、人生のほとんどすべてを、事業活性化の仕事に費やしてきた。この対談では、これまでの赤字事業を立て直す作業の成功と失敗の中から編み出した私なりの組織論や戦略論を伊丹さんに提示し、それを伊丹さんが学者らしい鋭さで切り刻んでいく会話のやり取りが続く。

　事業を元気にするための組織概念、「場」の論理、社員の心を熱くする経営の仕組み、改革における直接話法と間接話法、改革への抵抗勢力、などのテーマが語られる。多くの日本企業にとって、二人の議論が新しい「日本の経営」を生み出すための参考になることを願っている。

第九章と第十章は、経営者人材の育成をテーマにしている。日本企業の中で経営者人材が枯渇してしまい、それが「日本の経営」の弱体化を招いているというのが、われわれ二人に共通した認識である。従来の集合教育の発想では絶対に対応できないこの問題に、どう取り組めばいいのだろうか。経営者人材を育成することは一朝一夕にできないが、それを加速させる経営手法はないのか。本書ではその視点が議論されている。

折しも、長く続いた景気回復期は終わりを告げようとしている。景気に関わりなく一貫して経営変革の努力を続けてきた企業と、景気のおこぼれに甘えてそれを怠ってきた企業の差が、歴然と表面化してくる時期が迫っている。いずれの企業においても、強い「日本の経営」の再構築のために、本書が何らかのお役に立つことができれば大変に幸いである。

三枝 匡

「日本の経営」を創る◎目次

第三章

論理化する力・具体化する力

第六章　人の心を動かす戦略

第七章　事業の再生、大組織の改革

第八章　抵抗勢力との闘い

第九章　失われてきた経営者育成の場

第十章

今、求められる経営者人材

装幀・本文デザイン――斉藤よしのぶ

第一章

アメリカ流経営、九つの弱み

1――歴史のパースペクティブの中で

一九七〇年代、アメリカの弱体化

伊丹　サブプライム危機のあと、アメリカが揺れています。グローバリゼーションへの流れは変わらないにしても、世界の構図はかなり変わってくるんでしょう。三枝さんも私も、三枝さんは企業経営の現場で、私は経営学者として、立場は違っても一九六〇年代末からアメリカと日本の両方の企業にさまざまな形で関わってきました。そして、日本企業の経営が最近はアメリカ流に振れ過ぎているのではないかという感覚を持ってきた点も似ているのではないかと思います。これからの世界はアメリカ一本槍ではいかないでしょうし、しかし日本が内向きに考えているだけでもダメでしょう。これから日本企業が本格的にグローバルになっていく世界の中でユニークな強みを確立するためには、改めてこれからあるべき「日本の経営」の姿とはどういうものかを整理してみる必要があると思います。

三枝　われわれ二人が話すのですから、メインテーマはそういった方向になるだろうと思っていました。私自身は若いときから米国的経営と日本的経営の間を行ったり来たりしながら、経営現場にどっぷり浸かり、事業経営そのものに人生を賭けてきました。

とりわけ八〇年代後半から二〇〇〇年代初めまでの十六年間、業績不振に陥った日本企業の事業再生の仕事に当たった時期は、日本企業が露呈した「組織の官僚化」「戦略の欠如」「経営者人材の枯渇」という三つの閉塞現象と戦い続けました。そういう意味で、私はいわばミクロの経営現場で経験を積んできた人間です。

伊丹　私は学者という立場で、世界の企業経営と日本のそれを、三枝さんと同じように行ったり来たりしながら見てきました。学者ですからマクロ的視点にこだわる傾向はありますが、多くの企業の内部、そのトップ経営者や幹部たちとも現場に近いところで接して、それによって多くの示唆を受けてきました。二人とも人生で日米両方の経営に触れてきた経験が、この対談での議論を噛み合わせるプラットフォームになり、そこにそれぞれ学者と経営者の知見を出し合うという形になるといいですね。

三枝　そうですね。でも、新しい「日本の経営」を語るのであれば、その前に「アメリカ流の経営」の何が問題なのかを指摘しないと、議論が始まりませんね。

伊丹　そのために、われわれ二人がこれまでの人生で経験してきたことを出し合ってみましょう。読者に歴史的パースペクティブ（展望）を正確に持ってもらうには、そこから始めるのがいい。

われわれ二人が大学を卒業したのは、一九六七年でした。同じ大学の同期生だったけど互いに面識がないまま卒業して、それぞれまったく異なる分野に進み、初めて会ったのは二十九歳のとき。それも日本ではなくて、スタンフォード大学のキャンパスでしたね。

三枝　私は大学を出て三井石油化学工業（現三井化学）に入社したのですが、わずか二年半で飛び出して、当時日本に進出したばかりのボストン・コンサルティング・グループ（ＢＣＧ）に日本国内採用第一号のコンサルタントとして入りました。一九六九年のことです。

六〇年代の日本では転職なんて社会の外れ者のすること、三井系企業を辞めるなんてバカじゃないかと、親戚からも友人からも言われました。でもその後、日本企業の閉塞感が高まってきて、仕事が面白くない、将来が見えないと悩む者が増えて、十年ほど経ったら同期の仲間から「あのときのおまえの転職は先見の明があった」なんて言われるようになりました。

そんな変化が日本企業の組織に起きるとは、七〇年代が終わる頃まで誰も予想できなかった。実は、その予兆はかなり前から出ていたのですが。

伊丹　偶然だけど、三枝さんも私も一九六九年っていう年がターニングポイントだったんだ。私はその年にアメリカにフルブライト留学生で留学したんです。アメリカとの接触はそこから始まった。三枝さんの場合には、アメリカの現地というよりは、東京でＢＣＧに入社することでアメリカ流経営との接触が始まったんですね。

三枝　私が米国の現地に触れたのは、ＢＣＧのボストン本社に転勤した七一年のことです。七〇年代の初め頃は、一般のアメリカ人はまだ日本を見下していて、戦争でこてんぱんにやっつけた相手という程度にしか考えていなかった。まだ「フジヤマ、ゲイシャ」の認識が強く残っていた。

伊丹　最初の日米貿易摩擦は繊維戦争と言われたけど、それが表面化したのは六七年だったよね。歴史的パターンとして、日米間の貿易摩擦はまずローテク分野から始まって、日本の産業がハイテクに移行するに従って、貿易紛争の分野がハイテクに移っていき、その順序で日本がアメリカ産業を圧倒していったという流れ。

同じ歴史のパターンを、今、中国が追いかけている。中国も繊維や農産物などのローテク分野から始まって今、家電などに行き、次第に日本や米国のさらにハイテクな分野を脅かす存在になってきている。

三枝　私が最初にBCGのボストン本社に行った頃、BCGのコンサルタントたちはアメリカでも最高のインテリが集まっている集団ですから、日本の経済成長や貿易摩擦の脅威に対する認識をすでに強く持っていました。しかし社内の秘書やスタッフなどは、日本なんか安かろう悪かろうの商品を大量に輸出している国というイメージしか持っていなかったですね。

今でもよく覚えている恥をかいた話。私が日本からのお土産として彼女たちにシャープペンシルをあげたんですよ。アメリカで売っているものよりずっと使い勝手が良いと思って。ところが彼女たちが少しカチカチやったところで、すぐ壊れちゃったわけ。「ほら、見ろ」っていう感じ。

伊丹　ああ、チープ・ジャパニーズ・プロダクト（笑）。

三枝　そう。だから、今の日本人がつい最近まで中国商品に対して見ていた、あるいは今でも分野によっては見ているような見方を、当時のアメリカ人は日本に対してしていたわけです。

伊丹　私は六九年にアメリカへ行ったのですが、その頃ちょうど、繊維の次に鉄鋼分野で日米摩擦が起き始めていました。私が留学した大学はピッツバーグにあった。日本にやっつけられている産業の本拠地に、日本人がたまたま行ったたっていうことなんですよ。

ピッツバーグは今では最先端のハイテクの町に生まれ変わっていますが、当時はまだ製鉄所が町の真ん中近くにあって、もくもくと煙を出しているわけです。「いやあ、随分空気が汚いな」って言ったら「お前たち日本人のおかげで、これでも随分きれいになった」と言われました（笑）。

三枝　日本の鉄鋼メーカーにやられて、アメリカ製の鉄が売れなくなっているから、煙もだいぶん減ったという意味ですね。

伊丹　「だから、日本人のおかげでわれわれはより健康になった」っていう嫌みだった（笑）。米国経済としては打撃なんですよ。それで鉄鋼に関する日米貿易協定が結ばれた。その報道があった翌朝に、道路に停めてあった私の車のタイヤが切られていた。私のことを知ってるわけです。当時のピッツバーグに日本人なんて多くなかったですから。そういう時期のアメリカでしたね。

三枝　日本企業の攻勢によって、アメリカ人の心理がそこまで追い込まれていたことは、当時の日本ではほとんど認識されていませんでしたね。

貿易保護や多角化が産業をダメにする

伊丹　米国企業はそこでワシントンの政治力に訴えて、次々と日米貿易協定に動く。しかしそれで米国の産業が強くなったかといえば、そんなことにはならなかった。

三枝　それについては面白い話があるんですよ。もう時効だと思うので話しますが、私がBCGにいた頃に、アメリカの鉄鋼メーカーからプロジェクト依頼が来たんです。日本の鉄鋼メーカーに対抗したいという意図でした。そのときBCGで、なぜアメリカの鉄鋼業が弱体化したのかという分析をしたんです。

そうしたら、日本の輸出脅威を防ぐための日米貿易協定が、アメリカ企業を弱くしているという結論に至ったんです。その理由が面白かった。貿易協定が結ばれて、日本の鉄鋼製品の価格がアメリカ国内で人為的に高く維持される構造になった途端に、アメリカの鉄鋼会社は安心してしまい、投資をやめて設備更新を遅らせていると。

そのため生産設備の老朽化がさらに進み、コスト高のためにさらに競争力を失う、という悪循環になっているというのです。Ｒ＆Ｄ（研究開発）にもお金を使わず、日本の鉄鋼メーカーのように薄い自動車用鋼板を開発するといったことでは出遅れ、結局、自分の国の産業を守ろうとした政治的協定が、実は米国の産業を弱めているという結論でした。

その分析は、アメリカ企業経営者の当時のメンタリティーをまさに突いていたと思います。国際競争に鈍感で、自国のドメスティック市場に閉じこもり、追い込まれたらワシントンに頼るという、古い米国企業の典型でした。

伊丹　まあ、米国の鉄鋼メーカーには、ある意味ではあぶく銭が入ったわけですよ。企業は、大体はあぶく銭が入れば変な使い方をするんですね。

アメリカ企業の経営と、その頃の日本企業の経営のスタンスの、非常に大きな違いは「多角化」だったと思います。日本の企業はそんなに多角化していないんですよ。だから利益を得れば、再投資はその企業内で技術開発へと自然に向かっていくんです。アメリカの場合には、資本市場が買収を実行するのに好適だとか、労働市場が流動的だから新分野でいくらでも人を雇えるとか、多角化を進めやすい素地がいろいろとあります。そのため、つい多角化に目が行ってしまう。隣の芝生は青いだけで、実はそんなに青くないんだけど、そういうふうになった典型例がアメリカの鉄鋼産業。

三枝　彼らは本業での再投資をサボったまま、その後、どのように多角化を進めたのですか。

伊丹　USスチールは、八〇年代初頭にマラソン・オイルという石油会社を買って、九一年にUSXに名前を変えました。彼らは当時、これからは鉄の時代じゃないと考えたのです。では、その買収資金はどこから来たか。三枝さんの話と同じ。アメリカの他の産業の人たちが高い鉄鋼製品を買わされ、それによって生まれた利益が、石油企業の買収に使われたのです。結局、USXは二〇〇一年に鉄鋼部門を再びUSスチールとして分離しました。

三枝　われわれはこの章で「アメリカ流の経営」の弱みを語ることにしましたが、私は当時の「アメリカ流経営の弱み・その1」として「安易な多角化」を挙げることができると思います。

高過ぎる配当性向がアメリカ経営を弱くした

三枝　当時の米国企業の弱みを生んだもう一つは、株主配当の高さでした。今、私は上場企業の経営者です。そのため発言しにくい面はあるのですが、あえて言えば、企業が得た利益のうち自社の内部投資や競争力強化に向ける分を削り、株主に目先で喜んでいただこうと過度に高い配当性向を続ければ、その企業は結局、市場競争の中で自ら弱体化し成長性を失っていきます。

同じ国の中で同じルールで経営している限り、同業の企業はお互いに何とかうまくやれているような気がしているのですが、年月が経って気づいてみると、違うルールで新興してきた海外企業に敗れていくのです。

伊丹　その話はものすごく大切ですね。私も三枝さんと同じ意見です。当時の「アメリカ流経営の弱み・その2」として「高過ぎる配当性向」を挙げておきましょう。

三枝　短期の目先で株主に報いることばかりに気を遣うと、長期的には株主も損してしまう経営に追い込まれかねない。アメリカでは今でも大勢として高い配当性向ほど良い経営だという考え方が脈々と続いています。しかし、われわれ日本企業がそのアメリカルールに追従することが、長期的成長の観点から見て得なのかどうか。株主に対しても、ベストリターンを返すには長期的な事業成長が重要であるという立場とのバランスを考えなければならない。

伊丹　確かに、株式会社制度だとか株式市場が存在している世の中で、株主は大切にしなければなりません。しかし目先を追って企業を弱くするゲームに乗ってしまえば、日本企業が自ら弱体化するゲームを演じていることになりかねない。

当時のアメリカ弱体化の歴史から、日本企業が今、学ぶべきことはいろいろある。日本の経営者として、日本企業をさらにダメにしかねないネガティブな流れに、どのように抵抗すればいいのか。そこに「日本流の経営」として考えなければならないポイントがあると思います。

三枝　日本では今、高い配当性向のアメリカルールを取り入れることが正しいという主張がよく聞かれる。しかしアメリカ企業の弱体化が始まっていた四十年前に、配当性向が高過ぎる、そのままではアメリカ企業はさらに没落していくと警告を発していたアメリカ人がいたんです。

世界で初めての戦略専門コンサルタント会社ＢＣＧを立ち上げ、企業戦略の鬼才と言われたブルース・ヘンダーソンです。彼は戦略論のロジックから見て、アメリカ企業の高い配当性向が事業の成長スピードを落としている、やがて日本企業に負けると言っていました。そのとおりになった。

伊丹　彼はどうしてそのことに気づいたのですか。

三枝　ヘンダーソンはその頃、「サステイナブル・グロース・レート」と呼んだ方程式を編み出していました。企業が長期的に維持できる成長率は、どんな要素によって影響を受けるのかというモデル方程式でした。それには当時高い成長率を続けていた日本企業の経営から学んだ考え方が織り込まれていました。

その方程式に、企業の配当性向の高い低い、あるいは企業の借入金のレバレッジ（てこ）が効いているかどうかで、企業成長率が大きく違ってくるという関係が含まれていました。その意味するところは、アメリカの企業が高い配当と高い自己資本比率を続けるなら、必ず日本にやられますよ、ということでした。そのあと実際に起きたことを見ると、まずアメリカから消えてしまった繊維産業。その次に鉄鋼業界がやられ、テレビ、白物家電が消えて、最後は八〇年代中頃にアメリカの最後の牙城と言われていた半導体産業まで日本に脅かされるようになってしまった。ブルース・ヘンダーソンは七〇年前後から警告を発していたんです。

伊丹　企業が経済活動を行うためにはいろいろな目的にお金が必要だから、そのお金を出してくれた株主をきちんと遇しなければならない。しかし企業は、そこで働く経営陣や社員の働きによって利益を出し、それによって成長します。内部で働くという意味では、株主は貢献できません。ですから企業は、「働いて会社を発展させている人々」への遇し方と、「お金を出してくれた株主」に対する遇し方の二つの間で、バランスをとらなければならない。そのバランスのとり方で企業経営の原点は決まります。

三枝　配当性向が高過ぎたという当時のアメリカが、その後実際に弱体化していったことから、今の日本は何を学ぶべきなのでしょうか。

　私は経営者として株主に配当を支払うことを軽視するつもりはありません。ミスミの場合は創業経営者の時代から配当性向二〇%を保つことを基本にしています。この六年間は業績の伸びが大きかったので、配当性向は変わらなくても一株当たり配当金は二〇〇一年度の七円から二〇〇八年度の二十三円へと三・三倍になりました。そのため、配当をもっと出すべきという株主の声は常にありますが、今のところ大きなプレッシャーではありません。私だって株主の立場に立てば、配当が高ければ高いほどいいと思うのは自然なことだと思います。

　しかし日本企業全体の一般論で言えば、配当性向を過度に引き上げることは、日本企業の長期戦略の答えではないと思うのです。先ほどお話ししたとおり、高い配当性向によって目先で株主を大事にするという経営が、実は長期的には会社自体を弱くして、最終的には株主にも損をさせることになります。

　違うゲームをしているアジアや中国の企業が強さを増し、やがて日本の負けがさらに加速していくことになる。当時のアメリカは日本に対して延々とそのゲームを続け、八〇年代の後半には過酷なまでのリストラの嵐が吹き荒れる状態に追い込まれ、労働者の経営に対する不信感も高まっていきました。

「日本の経営」の国際的な競争力や成長性を阻害するという意味では、日本の法人税が他国に比べて高過ぎるという問題も、配当性向の議論と同じくらい重要だと思います。二〇〇八年四月時点の日本の法人税の実効税率は、ＯＥＣＤ（経済協力開発機構）加盟国三十カ国中、最高の四〇・七%で、加盟国平均の二六・七%よりも一〇ポイント以上高くなっています。[*1] この差が生み出す日本企業の資金面から見た成長余力の差は、配当性向の話と同様で、大きな問題だと思います。

2——経営の時間軸、組織の継続性

長期的リターンか、短期的リターンか

伊丹　日本企業の場合は、たまたま戦後の経済環境がそうだったものだから、「お金」を出してくれた株主に対する遇し方について、あまり考える必要がありませんでした。それよりも会社の中で働いている人々に対する遇し方、あるいは彼らが技術を蓄積できるような投資を重視すればいいという時代が長く続いた。

日本の繊維産業は、アメリカと同じようにダメになっていきましたが、その経緯はアメリカ

と違っていたと思います。さっきから話に出ているのと同じ文脈で説明すると、当時日本で合成繊維を作っていた企業が、その延長線上でたまたま化学技術を手に入れた。自分の会社の中で――買収による多角化ではなくて――そちらへの投資という可能性を同じ社内で持ってしまった。そのため繊維そのものには資源投入をせずに、化学分野に集中していったのです。

東レが一番いい成功例ですよ。企業成長としては極めて真っ当なパターンです。東レは今も繊維の会社でもあるけれど、繊維よりもさまざまな化学技術で稼ぐ会社に変身している。それが可能だったのは、社内で資源配分を振り分けたからなんです。それ以外にも理由はあるんですけどね。

ですから、あの頃のことを思い返してつくづく感じるのが、社内の「人と技術」という固まりと、「お金」という固まりについて、そのバランスをどうとるかで、企業の長期的なコースが変わるということです。

三枝　今、伊丹さんが言った二つの関係において、そこに入ってくる経営の「時間軸」の感覚が重要ですよね。長期にわたる成長や繁栄を求めるか、それとも短時間でリターンを求めるかのスタンスの違いです。当時の「アメリカ流経営の弱み・その3」として「短期リターン志向」を挙げます。アメリカのその弱みは今も続いています。

伊丹　日本では、戦後の長い期間、株主がいわば無視されたも同然の低いステータスに置かれて、株主総会の運営も含めて経営者がやりたい放題でした。戦後の日本企業が何とか世界市場で伍していける存在に近づくには、経営者と社員が頑張る以外にありませんでした。「人と技術」が優先で、「お金」は銀行借り入れで何とかなったので、株主はまったく手も足も出な

＊1　ＫＰＭＧインターナショナル「２００８年各国法人税率調査」

い状況だったと思います。

三枝　当時の日本企業では、みんながダンゴになって、集団精神で夜中まで働きました。そのエネルギーで完璧にアメリカ人の二倍ぐらいは勝っていたというのが私の実感です。多少効率が悪かったとしても、労働の総量でアメリカを圧倒したのです。日本中で皆が夢中で働いて、スケールメリットの低コストを狙った製品がどんどん出てきたわけです。それで世界シェアが上がり、量が増えてさらにコストが下がり、それでまたシェアが増えて、というサイクルがうまく回ったわけです。

七〇年代の終わり頃までにそのパターンが天井に近づいてきて、成長が鈍化した。すると今度はキャッシュが余ってきた。それを再投資に回すほどの新しい事業のネタはなかった。八〇年代に外国人から「日本の経営は素晴らしい」と褒められて、何となくそういう気になっていたけど、実はキャッシュ余剰は死の予兆だったわけです。

お金の使いどころがないのでそれが土地などに向いていって、バブルになった。そのバブルがはじけると、時間軸を長く設定して長期の事業成長を狙う投資はやりにくくなり、しかもリスクに果敢に挑戦していくような企業家的人材が日本企業の中ですっかり枯渇していることに気づいて、愕然とした。

その流れの中で、米国の政治的圧力の下で資本の自由化が行われ、株主へのリターンを求める志向が日本に持ち込まれてきた。そして短期リターンを求める圧力が徐々に増してきた。そういう流れですね。

伊丹　でも、日本で短期リターンを求めるメカニズムが強くなったのは確かだけど、それがどれぐらい強くなっているのか、あえて私が感覚的に言ってみましょうか。七〇年代初めにアメリカで短期リターンを求めようとする圧力を経営者がどれぐらい感じていたのか、そして今の日本企業の経営者がその種の圧力をどの程度感じているか、の比較です。私は、当時のアメリカの方が強くて、今の日本ではまだ弱いという気がします。時間軸で三十年くらい違うんですけどね。

三枝　ただ、アメリカ企業でも七〇年代に比べて、八〇年代後半にさらに過酷な業績に追い込まれていくまでの間に、その圧力はどんどん高くなっていったと思います。

日本企業はつい最近まで株主優先とか高配当性向といった圧力がほとんどなかった時代から、いきなり圧力を受け始めたので、その標高差の感覚からすると、日本の経営者の方がより大きな心理的プレッシャーを今、感じているのではないかと思います。このままだと、アメリカ的ゲームの圧力はさらに高まっていくと思います。

伊丹　なるほど、私はさっきプレッシャーの絶対量について言ったんだけど、経営者が感じる心理的圧力っていうのは、何せその昔ウブだっただけに、強く感じるっていう、そういう話だよね。

継続性に欠けた組織

伊丹　ここでまた、歴史的な日本とアメリカの比較の話に戻りましょう。私自身が最初に米国に行ったときは、日本とアメリカの国力の差というものにびっくりしました。

三枝　私にとっても、アメリカというのは最初はもうとにかく憧れでしたよ。当時の日本で、私は普通だったらアメリカに行けるような身分ではありませんでした。ＢＣＧに入社してみると、組織がプロフェッショナル志向で満ちていて、お互いに平等という組織でした。アメリカにはすごく知性の高いプロがたくさんいて、私の技量は一気に引き上げられ、アメリカに行く機会を得たことで人生が変わったと思います。

その後私は日本に戻り、再びＢＣＧの東京オフィスで仕事をして、七三年にＢＣＧを退職して自費でスタンフォード大学に留学しました。そのときですよ、私が初めて伊丹さんに会ったのは。

伊丹　そう。私がスタンフォード・ビジネススクールに教えに行ったら、そこに三枝さんがいた。

三枝　あのときはショックだった（笑）。私は三井石油化学を退職して以来、さまざまな経験を重ね、留学のために必死になってお金を貯めて、二十九歳になってようやく這いつくばるような思いでスタンフォード大学にたどり着いた。そうしたらそこに、私と同じ年齢の日本人で、学生じゃなくて助教授として教えに来た人がいる。それが伊丹さん。同じ世代の日本人でこれほど違う人がいたのかと、本当にがっくり来た（笑）。

伊丹　そのあと、二人の付き合いはしばらくありませんでしたよね。その間、三枝さんは何をしていたんですか。

三枝　私は七五年にスタンフォードを出て、戦略コンサルタントの世界には戻らず、経営者への道を探すことにしたんです。米国企業に入り、その会社のシカゴ本社で一年ほど働きました。私のアメリカ流経営に対する見方が変わったのは、この会社での経験がきっかけでした。シカゴ本社には千人くらいのアメリカ人が働いていましたが、日本人は私一人だけで、私はその会社の社長のアシスタントになりました。社長は世界で三万人くらいの組織の頂点に立っている人でした。

アメリカ人の経営者のそばで、日本とは何の関係もなく、アメリカ国内の仕事を担当しました。言葉の壁もありましたから、私にとってはストレッチされた、非常にきつい時期でした。そのときにアメリカの組織の動き方や経営者の行動を内部から見て――ＢＣＧ時代にあちこちの会社を訪ねたのと違って、アメリカの社内で働いたのはたった一社のサンプルですけど――これではアメリカ企業は日本に勝てないだろうと思ったんです。

その時点で二十年以上連続で増収増益を続けている優良企業でしたが、例えば、幹部や社員が短期間で大勢辞めるということがありました。引き継ぎもせずに人が消えてしまう。ひどいときは部下と一緒にゴソッと消えてしまう。日本の組織が持つ継続性の力に対して、アメリカ組織の非継続性はとても非効率だということを体で感じました。残業も少ないから、一つのことを仕上げるのにものすごく時間がかかる。アメリカ人がこんな調子で働いている限りは、当時の日本の組織には絶対勝てないと思ったわけです。粗っぽいフィーリングで言えば、当時のアメリカ企業は、転職率の高さといい加減な引き継ぎという一点だけで日本企業に対して効率において二、三割は不利になっているという感じでした。

最近では日本もアメリカ流に染まって転職率が上がり、トヨタ自動車やパナソニックなどの超一流企業でも辞める人が増え、一般の大会社での社員の回転率はさらに上がっていると思います。しかしアメリカのベンチャー企業やハイテク企業での転職率やいい加減な引き継ぎという面は、今は昔よりさらにひどくなっているというのが実感です。上司と部下がグループで突然出ていく、場合によっては競争相手の会社に転職するなど、米国企業組織のその面での非継続性は日本企業の比ではありません。

それから当時の印象の続きですが、アメリカ人は意思決定のときに、一面的なことを取り上げてバサッと決めてしまっている。ディシジョンが速いというのはアメリカの強さと言われますが、アメリカ人は結構、表層的でいい加減に決めていることが多いと私は感じました。アメリカの大統領がイラク戦争を始めたときも、多分あの調子で決めちゃったんだろうなと邪推できるような、アメリカ人が一人のリーダーの勢いでものを決めるときには特有の大雑把さがあると感じました。

日本企業の組織の継続性という強みは、やがて組織の硬直性という弱みに変わり、最終的には日本的経営の劣化に結びついていった面があるのですが、一方、米国企業の組織の断続性は日本企業よりもひどいものがあります。

品質とものつくりの軽視

伊丹　確かにアメリカの企業は、良く言えばダイナミックに変わる。悪く言えば継続性に欠けることがある。「アメリカ流経営の弱み・その4」として「組織の非継続性」を挙げられるでしょうね。またその背後でリーダーが、信念に基づいてなのかどうか、かなり大雑把にものを決めるという点がありそうですね。イラク戦争の場合も、アメリカのイラク侵攻が始まったとき私はすぐに、「アメリカはルビコン河をあっけらかんと渡ってしまった。この戦争は間違いだ」と書いたことを覚えています。もっとも、私は世界貿易センタービルへのテロ以降からイラク開戦までの、ブッシュ大統領の当時の演説を全部読んでみたんですが、彼は自らの信念に基づいて戦争に踏み切ったことは確かでしょうね。

それはともかく、私も三枝さんも、アメリカとの出会いがあって、そこで大きな影響を受けている。しかしその後、心理的にアメリカと決別して日本の独自性を求めていく、というプロセスを二人とも経ている。個人的な生き方としても読者のお役に立つかもしれないので、それについて話を続けましょう。三枝さんからどうぞ。

三枝　私がシカゴで入社したアメリカ企業は当時、日本では住友系企業と五〇対五〇の合弁会社を組んでいました。設立以来十年で日本での市場シェアをほとんど失っていました。私は米国親会社の側から、大阪にあったその合弁会社に常務取締役で送り込まれました。さらに一年ほどで代表取締役になりました。住友グループの中で三十代前半の代表取締役なんて、今でもいないと思います。経営経験が何もなくて、しかも部下を持ったこともなかった私が、人生の巡り合わせでそういう組織に送り込まれたわけです。

本社のアメリカ人は、合弁企業の業績不振の原因として「住友の人たちの売り方が悪い」と言っていました。しかし実際に行ってみると、売り方よりも商品の品質が問題でした。日本側の言い分の方が正しかったのです。当時のアメリカ人は、他の産業も含めて自分たちの品質がナンバーワンだと思っていましたから、それが日本で通用しないということを認めませんでした。

人の生命に関わる医療品を売っているのに、シカゴ本社では、プエルトリコといった税制優遇措置のある国に工場を持っていって、品質のことよりも利益を上げることに汲々としていました。当時の「アメリカ流経営の弱み・その5」は「品質よりも目先の利益追求」の体質でした。

アメリカ人はその後日本から学んで品質改善に取り組むようになりましたが、当時、品質のことをいくら言ってもわかってもらえませんでした。今でも品質では、アメリカは日本にかなわない。今私はミスミの機械部品の生産で米国の中小企業と取引があるのですが、大企業ではもちろん、中小企業レベルまで下りたら、アメリカと日本の「ものつくり」へのこだわりには埋めがたい差がある。日本の中小企業は優秀ですよ。「アメリカ流経営の弱み・その6」は「ものつくりの弱さ」です。

伊丹　確かにそのとおりでしょうね。

三枝　アメリカ人の経営スタイルは、自分の利益ばかりを主張して、短期間で非常にきつい要求をする姿勢で、私は合弁会社の日本人トップとして、日米の二つの親会社の間に挟まれて苦労しました。住友系親会社の人々は概しておとなしく紳士的で、アメリカ人がえげつなく要求してくるときには翻弄されがちでした。おそらく日米の通商交渉の場などでも、そうだったのではないかと私は推測しています。

それからアメリカ流経営における管理志向の強さ。細かい数字までチェックされ、日本の社長といっても、アメリカ本社に聞かないと何も決められない組織でした。社長らしいダイナミックな役割は回ってこなくて、本社に行けばただのミドル程度の扱い。経営者としての面白さなんて、何もないと思ってね。そこらあたりでアメリカ流経営に対する私の見方は大きく変わったと思います。

伊丹　それって、七〇年代後半のことですよね。ちょうど私のアメリカ体験も、タイミングとしてはその頃です。六九年に始まって、十年ぐらい経つといろいろ様子が見えてきたわけです。七二年に博士号をカーネギーメロン大学で取ってすぐに日本に戻り、母校の一橋大学で教鞭をとり始めました。その後、七五年から一年間、スタンフォード大学でも教えました。

私は最初は数学や統計学をたくさん使う経営学の一分野から学び始めたものですから、アメリカの方がその分野ではかなり進んでいて、最初は日本のことなんかバカに見えていたわけです。経済学の論理も最初にさんざん勉強するから、ますます日本の経営なんてわけがわからんと考えていました。日本に帰ってきたときには、本当に生意気なアメリカ帰りの若い先生だったと思いますよ。

日本はおかしい、変わらなきゃいかんというふうに、単純に思っていたはずです。しかし、私はただの若い先生だから、誰も聞いてくれないわけです。それに、当時は経営学に対する信頼は非常に低かった。ヨコ（英語）のものをタテ（日本語）にするような学者がまだ多かったので、当然とも言えます。だから、無視されたのです。それがかえって良かったと思います。日本企業の現場の管理職の人たちは「いや、そんなこと言ったって、ちょっと違うところで自分たちの良さはあるんだよな」といって自信を持ち始めていた。そういう温度差のあったことが良かったんですね。

3——交差する日本とアメリカ

「後進国」メンタリティーからの訣別

伊丹　その頃、企業の現場の方々とさまざまなお付き合いが始まりました。そうして日本の現実を観察してみて私が考え始めたのは、日本の企業がやっていることはアメリカでよく言われる経済合理性のパターンとは違うかもしれないけれど、これはこれで経済合理性がある、ということでした。そう思わないと、戦後の日本の発展はとても論理的に説明できないなと。

その日本の合理性って一体何だろうということです。アメリカパターンを唯一無二だと思い込まないで、両者を相対化して考えられるようになったわけです。

三枝さんの場合とは事情が違うかもしれないけど、私の場合は結局、他律的です。現実として、日本経済のパフォーマンスがいいわけです。第一次オイルショックも乗り越えて、結構良くなると、他の国からもちやほやされる。ついでに学者もちやほやされる（笑）。そういうことがあるもんだから、これはアメリカの理論から離れて、日本の経営をちゃんと考えてもいいんじゃないかと思い始めた。実に他律的な話です（笑）。

もっとも、その時代でもずっと一貫してアメリカの方が良いと言っていた人もいるし、その時代には日本側にすり寄って、日本の調子が悪くなると、またすっとアメリカ側に移る学者先生もいた（笑）。そっちの方が実は数が多かったのですが。

三枝　私は実生活の体験の中で、このままアメリカ流経営に染まってこのゲームを続けたら、つまらない人生になりそうだなと思い始めたんです。嫌になっちゃった体験の最たるものは、アメリカ本社の担当者が転職で姿を消すたびに、日本のことを知らない若いアメリカ本社のマネジャーが、別に上司とは限らないんだけど、いかにも権限があるような顔をして、入れ替わり立ち替わりやってくる。そのたびに日本の過去の経緯から始まって同じ説明を繰り返さなければならない。三年くらい経ったあたりから、私はくたびれちゃった（笑）。この組織の断絶性は一体何なのだと。

日本人の方が温かいな、日本の経営の方が長期的だなというのがあった。悪い品質でお客さんに迷惑をかけているのに、アメリカ側は日本のマーケティングが悪いとか、よく言うよ、とね。嫌になっちゃったんですよ、アメリカ人の経営についていくのが（笑）。

伊丹　私の場合、アメリカ依存型の思考パターンから独立したもう一つの理由は、アメリカのビジネススクールにいる経済学者ないしは経済学者風の思考パターンに慣れた人たちとの付き合いが多かったことですね。そういう人たちに何か説明すると、典型的紋切り型アメリカ経済学の質問が返ってくるわけです。

一番極端な話は、日本の企業が「これこれこういう理由で成功した。だからみなさんの言うように市場原理主義的なことを早急に導入したってうまくいかない」なんて私が言うと、「そうじゃない」と彼らは言うわけです。「市場メカニズムを本格的に導入しなかったにもかかわらずこれほど日本は成功したんだから、本気で導入すればもっと成功していたはずだ」って（笑）。この人たちはすごいことを言うもんだなと、逆に感心しました。

そういうのが何か嫌になってきたんだね。こんなことまで説明しなくてはいけないのかと。それに、研究の作法にもうるさ過ぎる。私は学者ですから、社会現象のことを「そうか、これが本当の姿だったか」って理解したいと思って研究しているわけです。それなのに、向こうは何かを理解したい以前に「それはきちんと測ったのか」とか「統計的にはどうなる……経済学の言葉で説明すればどんな論理が……」とばかり言われてしまう。

いや、違うんですと。人間が何かやってるところを理解したいんだと。自分として、もうちょっと違ったことを考えたいなと思い始めました。素朴に、何か嫌になっちゃったっていう感じですね。やっぱり、何か嫌にならないと離れないね。最初はくっついていったんだから。

三枝　その説明で今、伊丹さんについて初めて理解できたことがあります。伊丹さんは一九八〇年に『経営戦略の論理』[*2]という本を書きました。私がスタンフォードを出て五年後で、その間、伊丹さんとの接触はありませんでした。私にとって伊丹さんとの再会は本屋さんだったんです。私は店頭で偶然『経営戦略の論理』を手にして驚いたんです。スタンフォードで会計学が専門だった先生が、何でこんな本を書いたんだろうって。内容も日本の学者で企業戦略についてこれほどの本を書く人が現れたのかと、ウーンと唸りました。今の話を聞いて、伊丹さんが自分の研究分野について転換を図ってあの本に至った経緯が理解できました。

私も伊丹さんも、そういう個人体験があった。でも、アメリカで生活してアメリカが嫌いになって帰ってくる人、多いよね。あるいは日本人としての自覚、日本という国の良さを認識し直して帰ってくる人。でも、実は逆も同じなんですよ。日本に来る外国人で、日本が嫌いになって帰っていく人が結構な比率でいるわけです。

私は日本の子会社が、アメリカ本社の単なる植民地みたいに運営されていることを、非常につまらないと思った。「俺は社長だ」と言ったって、結局は現地のお頭に過ぎないのかと。多国籍企業といったって、アメリカ本社の会社はあくまでアメリカ人の会社だと。

でもよく考えてみたら、日本の会社がアメリカに行って、現地の経営を現地人のマネジメントにすべて任せているかっていうと、そんなことないんですよ。理想としてそういうことを語る人は多いけど、現実には本社に伺いを立てないと動けない組織が圧倒的。つまり、その点じゃアメリカ企業も日本企業もなくて、お互いさま。だったら私の結論は、アメリカ人に日本で現地人として使われるより、日本人として海外で現地人を使う立場の方がいいなと（笑）。

伊丹　結局、われわれも最初はアメリカの経営が進んでいて、日本は遅れているという「後進国」メンタリティーがあったと思う。だけどいったん向こうの懐の中へ入ってみることで、初めて相対化ができたんです。その後で初めて、どっちで行くかという判断ができるんですよ。ところが、相対化できる経験をしないとか、あるいはそういう相対化の思考プロセスがない人たちは、居丈高なナショナリストになるか、「後進国」メンタリティーをずっと引きずるか、それしかなくなると思うんです。

そういう、何か嫌になっちゃったという経験のある人が今、日本の企業の経営者の中でもわりと面白いことを言っていると思います。アメリカ経験のある人が面白い経営をしてるんですよ。例えば、パナソニック会長の中村邦夫さんは、十年ほどアメリカとイギリスの子会社の社長として経営をしていましたし、伊藤忠商事の丹羽宇一郎さんも十年近く、アメリカに駐在していました。

＊2　伊丹敬之著、日本経済新聞社、一九八〇年刊。新版は一九八四年、第三版は二〇〇三年刊

三枝　私の経験でも、アメリカに限らず海外で一つの会社経営を経験して日本に戻ってきた人たちの中に、若手を含めて、骨のある人が育っていると思います。

伊丹　私は、日本は日本の得意わざで生きていこうよ、と言いたいんです。私が一番ダメだと思うのは、「アメリカではの守（出羽守）」の人なんですよ。「アメリカでは、こうしている」と言い募る人です。

米国企業はこれこれの経営の仕方をしている。だから、日本企業もそうした方がいい、と言う。そこで、論理は何だと聞いてみると、「でもアメリカではやってるもん」としか言わない。結局、中身は何もない人が多くてね。しかし、人生のそれぞれ最初の頃にはアメリカに色濃く影響されていても、その後そこから独立してくプロセスを経ている人は、違う考え方ができる。

八〇年代・アメリカでの日本経営ブーム

三枝　ここらでまた話を戻して、アメリカと日本の経営の違い、その歴史的変転の続きを語りませんか。私が七〇年代の前半にアメリカに行ったとき、日本はまだ途上国イメージでしたが、七〇年代後半には日本脅威論が高まり、やがて日本は一流国だという感じに認識が変わっていった。

現象的には七〇年代後半にまず、日本食のブームが起きた。アメリカ人で刺身や豆腐を食べる人が急に増えた。それまではアメリカにある日本食レストランはうらぶれた食堂みたいな店でお客さんは日本人だけだったのが、急にしゃれた店が増えてアメリカ人のカップルが来るようになった。すごいスピードの変化でしたね。

そして次に「アメリカ企業は日本の経営に学ぶべきだ」という日本経営ブームが起きます。そこまで変わるかって感じるほど劇的に、七〇年代の前半から後半までの十年間に、アメリカ人の日本認識は変わりました。

富士フイルムがコダックを抜いたとか、アメリカの鉄鋼会社が倒れてしまったとか、日本の会社ってすごいことになってきたなって思いましたね。大体、日本のGNPが世界第二位になるなんていうこと自体が、青天の霹靂みたいな話でした。「えっ、日本が?」って。

個人ベースでも、私に接するアメリカ人の態度が変わりました。対等とまではいかないにしても、大人同士の関係みたいなものに変化しました。こちらの年齢が上がったこともあるでしょうけど(笑)。

伊丹 その頃、日本の産業がいろんな分野で続々と世界一になっていくんですね。鉄鋼の生産量や自動車の生産台数が世界一になり、半導体も含めていろんな分野で世界一になっていったのが、八一年~八二年です。まったくの上り調子の八二年に、私は再び渡米してまたスタンフォードで教鞭をとった。日本に対する関心はものすごく強かった。

ジャパン・アズ・ナンバーワンという感じが表に出てきた頃だった。七九年の第二次オイルショックが終わったあと、アメリカ経済がさすがに二つ目のオイルショックには耐えられず、具合が悪くなり始めた頃です。日本は七三年の第一次オイルショックにきちんと対応できたため、他の国と比べればあまり大きな打撃を受けずにすんで、どんどん調子が良くなっていった。日本企業の経営というのが過度にもてはやされる、そういう時代にちょうど入っていった頃です。

三枝　そうですね。八一年、八二年ぐらいが、日本の経営についていろんな本が出たピークですよね。

伊丹　エズラ・ヴォーゲルの『ジャパンアズナンバーワン』[*3]、ウィリアム・G・オオウチの『セオリーZ』[*4]などが刊行された頃です。

三枝　ビル・オオウチは私がスタンフォードの学生だったときのクラス担当教授でした。初めはパスカルと一緒に日本に調査に行って、共著で日本の経営の本を書こうとしたんだけど、どこかで意見が合わなくなったらしくて、パスカルは独自に『ジャパニーズ・マネジメント』[*5]を書いたんです。

伊丹　当時のアメリカ人には日本はよくわからない、経営のミステリーの国だということで、日本企業の内側を必死になって分解しようとしたのですが、結局わからなかったわけです。あの頃は日本企業の経営が全部正しくて、アメリカ経営が全部ダメだみたいな論調でね。大変な日本経営ブームになった。

三枝　日本は国全体で一つの会社みたいだという「ジャパン・インク（日本株式会社）」という言葉もその前後に生まれました。これはBCG日本の社長で私の元上司だったジェームス・アベグレンが言った言葉です。私は日本の実態はちょっと違うんじゃないかと思いましたけど。それから、トム・ピーターズとロバート・ウォータマンの『エクセレント・カンパニー』[*6]も大変なベストセラーになった。

＊3　エズラ・F・ヴォーゲル著、ティビーエス・ブリタニカ、一九七九年刊。復刻版は阪急コミュニケーションズより二〇〇四年刊
＊4　ウィリアム・G・オオウチ著、CBSソニー出版、一九八一年刊

伊丹　あの時期は日本の台頭と、アメリカ自身が弱っていったことの交点だったと思います。アメリカと日本の相互関係の理解は、七〇年代初頭を語るのか、七〇年代後半を語るのか、それとも八〇年代を語るかで、大きく変わってしまうくらい、激しい変転の時期だったと思います。

アメリカで日本経営のブームが起きていた頃、三枝さんはどうしていたんですか。確かそのときには外資系の日本の社長は辞めていますよね。

三枝　ええ、あの合弁会社では、大胆に組織を変えていって、私が入ったときには百二十名ほどだった会社が、私が五年後に辞めたときには三百名を超える会社になっていました。日本でものつくりをしないと日本では勝てないと、アメリカ本社の反対を押し切って岐阜に工場を作ったり、製品開発も必要だと開発センターを作ったりしました。最後は住友との合弁を解消させる交渉を行って、一〇〇％外資にしました。私が合弁会社の中でかなり強力な組織作りをやっていたので、経営の実権が住友側からアメリカ側に移っていたんです。

私はまだ三十代の中頃でしたが、人生で初めて経営の立場に立って、苦しくも学びの多い経験でした。米国の一〇〇％子会社になってからは日米親会社の対立はなくなったけど、その分だけ今度は私と米国本社との行き違いが多くなって（笑）、私も自分のやり方を譲らない面が強かったので、最後は自分の口から辞めると言ったものの、あのままやっていてもクビになっていたと思います。初めての経営経験で自分が必死になって作り上げた組織への思い入れが強かったので、辞める最後の日、大阪梅田に近いビルの社長室で、窓の外を見ながら一人涙を流したことを鮮烈に覚えています。

＊5　リチャード・T・パスカル、アンソニー・G・エイソス著、講談社、一九八一年刊
＊6　トム・J・ピーターズ、ロバート・H・ウォータマン著、講談社、一九八三年刊。復刻版は英治出版より二〇〇三年刊

しかし辞めることを決めた途端に、自分が信頼していた部下が私に対して面従腹背になっていたことを思い知らされるような出来事がいろいろ起きて、組織の上に立つことの難しさや、自分の経営スタイルの欠点を思い知らされました。愛情をかけた部下に裏切られることの辛さ、それも結局は自分のせいだという自省を迫られた時期でもありました。

伊丹　三十代半ばでそのような経営経験を踏むというのは、貴重でしたね。

三枝　そう思います。私の経営経験の原点になりました。そのあと私は大塚製薬の社長に雇われて、大塚製薬が救済した破綻ベンチャーの再生にあたりました。一九八〇年、当時三十六歳のときです。三十代で二社目の不振事業の立て直しで、今度は前よりも小さな三十名ほどの会社でした。昔は新聞などでベンチャーのスターみたいに扱われたこともある会社でしたが、結局行き詰まって、それを大塚製薬が救済したわけです。

それまでの外資系の子会社と違って、「創って、作って、売る」つまり開発・生産・販売という基本機能を自前でワンセット持っている会社で、外資のときと違って、大塚明彦社長はほとんどのことを私の裁量で決めさせてくれました。しかし、小さな会社なのですぐに立て直せるかなと思ったのですが、とんでもなかった。再生に要するエネルギーは、会社が大きくても小さくても、結局大して変わらないんですよ。

入ってみたらガラス細工のようにちょっとさわったら壊れてしまいそうな、非常に脆い会社でした。そこで、意を固めてアメリカ流とは正反対のスタイルで、じっくり時間をかけて事業再生に取り組む覚悟を決めました。そのアプローチはうまくいきましたが、結局、三年かかりました。GE（ゼネラルエレクトリック）のジャック・ウェルチは、会社を買収したら九十日で体質変換を完了して支配下に置くことを原則にしましたが、そんなやり方はその会社の良い面、つまりその会社の「らしさ」まで壊してしまうのは必至で、私は愚かなやり方だと思います。大塚製薬は今や連結一兆円企業に迫っていますが、当時から大塚明彦社長は長い目で事業を育てる人で、私はアメリカの経営者との違いに心底、驚きました。

一将功成りて万骨枯る

伊丹　そのあとがベンチャーキャピタルですね。

三枝　はい、不思議な縁があって、大塚社長が私を元日産コンツェルンの総帥だった鮎川義介さんの長男鮎川弥一さんに譲るみたいな形をとってくれて、三十八歳のときにテクノインベストメントという投資会社を作り、鮎川さんが会長、私が社長で投資活動をしました。八〇年代中頃の、日本の第二次ベンチャーブームの真っただ中です。投資資金として鮎川さんが日本や海外から、当時の為替レートで六十億円近い資金を集めてきて、ファンドを作ったんです。そのお金集めは、庶民出身の私には神業のように見えましたね。

アメリカのベンチャーファンドとも提携しましたから、私にとっては再びアメリカ流経営との接点に立ちました。時代の最先端を行く仕事でした。国内投資だけでなくシリコンバレーにも何度も足を運びました。

伊丹　その立場で、アメリカの投資コミュニティーの裏側を覗く経験をしたんですね。

三枝　ええ。アメリカのベンチャーの世界をどう見たかは、私の『経営パワーの危機』[*7]に詳

*7　三枝匡著、日本経済新聞社、一九九四年刊。日経ビジネス人文庫版は二〇〇三年刊

しく書いたので、ここでは結論だけを言いますね。アメリカのベンチャーの世界では、技術者を含めてアメリカのトップクラスの人材が集まって、一社の成功の陰に一〇〇社の失敗があるという消耗戦をやっていました。

その戦いの原動力はマネーです。アメリカ人のお金への渇望です。アメリカ流経営の弱みとして前述した「短期リターン志向」が最も極端に出ている世界で、私はむしろ「インスタント成金主義」と呼んだ方がいいと思いました。エンジェルなんて美名で呼ばれる人々も実は偽善的で、いざ投資先がおかしくなるとエゴむき出しでしたね。

ベンチャーが米国経済全体に貢献するところまでたどり着くには、小規模段階から強烈な外部競争にさらされ、拝金主義の金融関係者や株主に翻弄され、大企業による買収で違う企業カルチャーに洗われるなど、商品開発のリスクに上乗せする形で多くの関門が待ち受けています。ひょっとするとベンチャー企業は、アメリカの産業活性を高める希望の星ではなく、逆にアメリカをさらにダメにするのではないかと、当時、私は危惧しました。

結果的には、アメリカはマネーの力と個人の突出によって変化の橋を渡り切り、私の疑問は間違っていたことになりました。トップクラスの人材が消耗戦の中で切磋琢磨され、各分野で白兵戦の最後に生き残った有力企業がその分野の世界市場を押さえるというパターンを生み出すところまで渡り切って、ベンチャーはアメリカ経済の中で有力な位置づけを確立したと思います。

伊丹　日本では、ベンチャーは大きな存在にはならなかったですね。八〇年代の日本で株と土地に流れた金の方がケタ違いに大きかったから、規模的にも経営論理的にもベンチャーはマイナーな世界だった。今でもそうですよ。

三枝　ええ、日本が国内経済でアメリカと同じベンチャーの位置づけを生み出せるかと言えば、私も自分の経験から見て、非常に否定的です。そもそも、日本のベンチャーには経営技量の低い人が集まり過ぎているんですよ。

もともと日本人の経営技量が枯れているのに、その中でもさらに経営経験の少ない若者が集まっている。技術のネタも二番煎じが多い。ベンチャーが若者の世界だというのは、とんでもない誤解です。あれは本来、プロ経営者の世界です。

日本がベンチャーで成功しようと思うなら、アメリカのインスタント成金主義者たちが演じている白兵戦に対抗しないと勝てない。しかしそれをアメリカと対抗するスピードで日本国内で回したら、今度は日本の強さ、良さを壊してしまう面がいろいろ出てくる。私は日本がアメリカと同じゲームをするべきでないという意味において、「アメリカ流経営の弱み・その7」として「インスタント成金主義」を挙げます。

伊丹　確かにそういう面はある。アメリカは歴史がそれほど長くない上に、人工国家で人種のるつぼ。社会の中でカネしか共通尺度になりにくいという面がある。「成金」的と言われようが、それを原理にすることでアメリカではそれはそれで回っている。だから、彼らにとっては強みになっているという解釈もできるけど、日本企業が強さを再構築する上では、そこをアメリカ流経営の弱みとしてとらえ、むしろ逆張りをした方がいいと思いますね。

三枝　間違いなく、日本を元気にする道は、既存の日本企業の活性化だと思います。日本の既存企業が新たな「日本流の経営」を編み出すことに全力を上げる方が、国全体に及ぼす規模のインパクトとか時間的早さからいって、ずっと有効ですね。

伊丹 さてこの章を終わる前に、八〇年代後半のところまでをカバーしておきましょうか。

三枝 八〇年代の後半、多くのアメリカ企業はさらに追い込まれていきました。六〇年代、七〇年代は、アメリカでも、事業が黒字なのに利益率をもっと上げるために社員をレイオフするなんていうことは、良い経営ではないという感覚だったと思います。しかし、八〇年代後半になったら、黒字であっても利益率を高く維持するためには社員を切ってもいいという風潮が当たり前になった。

伊丹 短期リターン圧力への対処のために、社員やその家族の生活を犠牲にするところにまで、アメリカ流経営は行ってしまった。もちろん、企業は経済組織体ですから、利益を上げることが必要であることは誰も否定しないんですが、それと働いている人たちへの配慮とをどうバランスさせるかというのは、企業経営の根本問題の一つですよね。その点で、八〇年代以降の米国企業はどこかバランスを崩してしまった、という感じがありますね。そうなれば、働いている人たちの企業へのコミットメントは下がってくるのは当然です。それが、アメリカ流経営の弱みの一つでしょうね。

三枝 私も「アメリカ流経営の弱み・その8」として「社員の低コミットメント」を挙げたいですね。「社員を原材料と同じ変動費扱い」と言ってもいい。

アメリカ人は人の上に立つと、やたらに「チームが大切」と言う傾向があるんですよ。日本の外資系に勤めたことのある多くの人たちに思い当たる節があるはずです。私も昔それを聞いて新鮮に思ったことがあるのですが、そのうち胡散臭いことに気づいた。あれはアメリカ組織の弱みの裏返しで言っているんです。チームなんて言っておきながら、それは状況がいいときだけで、悪くなるとすぐに部下を追い出すんですから。

アメリカでレイオフされたアメリカ人は、そういう目に遭ってもそれで当たり前の雇用関係だと思っているから、黙って自分の私物を片付けて出て行く。でも日本人は、ビジネスマンとして「志」を会社にかけた人ほど、落胆して出て行きます。数年前に聞いた話ですが、東京にある金融系の外資会社を辞めることになった日本人社員に対して、書類の持ち出しによる秘密漏洩を恐れた会社が、今日辞めろと言い渡してガードマンをつけて、その日のうちに玄関まで見送らせて、それでオワリなんですって。それはアメリカではなく実際に日本で起きたことなんです。

私は三十年前のシカゴで、クビと通告されたアメリカ人幹部が自分のデスクの内線電話を即刻切られて通話不能になり、スゴスゴと引き上げて行った話を聞きました。私の知っている人です。怠け者だったとか、悪いことをした人じゃないんです。その人なりにベストを尽くしたつもりの人なんです。

そんなとき日本人だったら、最後は送別会をしてあげて、皆で送り出してあげます。しかし日本の外資系では、同じ日本人であっても普通の日本人よりも良い給料を得ていたんだから、こういう目に遭っても契約だからしょうがないと文句も言わずに身を引く人が多いんです。どれほど個人の思い入れを持って自分の会社を盛り立てようとしてきたかなんて、個人的感傷に過ぎないんです。結局、アメリカ人はいつも懐疑的なんですよ。自分の会社に対して。

伊丹　なるほどね。本当の現場でのすさまじさですね。私のゼミの卒業生で、九〇年代に外資系の金融機関からヘッドハンティングがかかった男がいるんですが、彼は結局その話を受けなかった。そうしたすさまじさがやはり嫌だったからだそうです。外資系では上司が部下の人事権を完全に持ってしまうので、「上司の靴の底をなめる」覚悟がいる、それは自分としては嫌だ、と言っていました。

歴史の流れの話に戻しますと、その後、八〇年代が終わる頃に、世界は大変化を経験しました。一九八九年十一月にベルリンの壁が壊れ、九一年十二月にはソビエト連邦が消滅します。共産主義体制が崩壊して、戦後の冷戦構造も終わったんですね。その結果、アメリカ型資本主義が勝利したという世界のトレンドが生まれ、米国は九〇年代に繁栄を取り戻しました。その一方で、九〇年代を通じてアメリカ社会の貧富の差は拡大を続けました。その裏には、社員を原材料と同じように扱うようなアメリカ流経営の変質があったと思います。

三枝　しかもレイオフをしている一方で、トップ経営者が目の玉が飛び出るほどの高報酬をとる。これまで日本ではプロ経営者の育成が遅れました。それに対応した現象として経営者の報酬が低過ぎたという面はありますが、逆にアメリカでは一年間の報酬が数十億円という話がゴロゴロ。経営者というのは株主から高報酬を与えられ、株主のリターンを確保することが役割であり、そのためには率先して社員を切り捨てても構わないという構図が出現しました。

伊丹　確かに、経営者を含めてプロフェッショナルと呼ばれる職業の勝ち組はどんどん儲かり、ワリを食った人々は相対的に所得を下げていったのが、九〇年代のアメリカの一つの姿だったでしょう。アメリカの中で「一将功なりて万骨枯る」みたいな部分が少しずつ広がった。

「アメリカ流経営の弱み・その9」として「所得配分の過度の偏り」という言い方ができるで

しょう。もともと米国企業の中での所得格差は日本よりも大きく、例えば新入社員と経営者の所得格差は日本がせいぜい十倍もあれば大きい方だったのが、アメリカでは七〇年代でも多分五十倍、六十倍はあった。それが、ストックオプションによる報酬がどんどん大きくなって、二十一世紀に入ると四百倍というような倍率になってきた。これはいくらなんでも、大き過ぎる所得格差でしょう。それで社会全体の心理的な安定が保てるのか、他人事とは言え心配になります。

退出の国、アメリカ

伊丹敬之

アメリカという国を「つねに動き行く幌馬車隊」というイメージで見事に語ったのは、劇作家の山崎正和氏であった。『このアメリカ』という一九六七年に出版された、氏のアメリカ滞在印象記である。当時、六九年からのアメリカ留学を目指していた私（伊丹）は、この本をむさぼるように読んだことを覚えている。この本は、私にアメリカという国の見方を教えたばかりでなく、社会の観察から論理を見つける、その論理を他人にわかりやすく書く、ということの大切さも教えてくれた。

幌馬車は動いていく。ある土地を去り、新しい土地へと動く。そのイメージは、アメリカ社会の原理が退出というメカニズムにある、と考えるアルバート・ハーシュマンの考え方に重なり合う。私もやはり、アメリカは退出の国だと思う。

何らかの理由で業績が落ち込んだ組織体が健康を回復するメカニズムにはどのようなものがあるのか。そうした極めて基本的な問題が、ハーシュマンという経済学者が一九七〇年に出した本（*Exit, Voice, and Loyalty* 邦訳『組織社会の論理構造』）での問いの中核であった。組織体とは、企業でもいいし、政府でもいいし、あるいは国家でもいい。

彼は、それを「退出」と「告発」という二つのメカニズムのミックスとしてとらえようとする。組織体からの退出による牽制と組織体への告発による牽制、その二つのミックスで一般的に組織体の不健康からの回復メカニズムは作られている。退出というメカニズムも告発というメカニズムも共に用いて、この二つのミックスとして全体の回復メカニズムを設計すべきである、というのである。

企業組織に即して言えば、「退出」とは企業組織から退出することによって不満の意を表明する、ということである。従業員ならば退職、株主なら資本の引き揚げ（多くの場合は株式の売却）が退出にあたる。あるいは顧客による退出もある。その企業の製品を買わなくなることである。そうしたさまざまな退出が多くなることによって不満が多いという赤信号が経営に対して点灯されて、その結果改善への動きが始まる、というプロセスが想定されている。したがって、一時的な不健康からの回復が可能になりうる。

告発とは、経営者に直接に不満の声が届くように発言して意見表明を行い、その結果改善が起きることを期待する、というメカニズムである。例えば、現行の会社法は株主に対してさまざまな「告発」のメカニズムを用意している。株主総会による株主の議決はまさに告発のいい例である。

従業員による告発とは、経営者への不満の声を彼らに直接に届くように従業員が発言して、その結果経営者の行動に改善が起きることを期待する、あるいは経営者の交代が実現することを期待する、というメカニズムである。会議での発言、抗議文書の発表、ときには面と向かっての「諫言」、労働組合の決議、とさまざまな告発の形態が思い浮かぶ。

市場とは、そもそも退出を中心的なメカニズムとする経済機構である。したがって、市場原理主義的傾向が強くなるということは、不健康からの回復メカニズムとして退出メカニズムを重視し、面倒な「告発」というメカニズムをあまり使わなくなるということである。それが、アメリカ流経営の弱みにつながる。この章でわれわれが語り合ったアメリカ流経営の弱点はほとんどが、退出というメカニズムに頼ることがもたらす負の面である。

いわば退出のオーバーランが起きているのだが、それも仕方のないことかもしれない。退出はアメリカのイデオロギーだからである。ハーシュマンは、アメリカ建国が古いヨーロッパから退出した人々がアメリカに参加することによって実現したことによって、そしてアメリカ建国以降も西部開拓時代にも西部開拓は東部から不満を持って退出して西部に移動した人々によって達成されたことによって、退出はアメリカのイデオロギーになった、という。

彼自身、ナチスドイツに追われるように欧州からアメリカに移ったユダヤ人であった。私には、ハーシュマンの洞察は納得が行く。アメリカ社会での私自身の経験の実感にも合う。

企業という組織について言えば、退出がアメリカのイデオロギーであるからこそ、企業という経済活動の場に株主も働く人も、経済的報酬を求めて「参加」している、と考える。そして、特定の企業に参加していることの経済的意義が小さくなったと考えれば、株主は株を売り、働く人は職場を変えればいい。参加している一方で、そこから退出する自由が常に機能している。それがアメリカのイデオロギーなのである。

他方、日本では多くの働く人々にとっても企業は単に経済的に「参加」している場という意味を超えて、「所属」している組織になっているように思われる。もちろん、日本でもヒトが企業組織と関係を持とうとする最大の動機は、経済活動の場としての企業に「参加」をして、そこで働くことによって生活の糧を得ようとする、というものであろう。しかし、いったん組織に対する参加が始まり、しかもそれが長期的であるのがかなり普通という社会的了解があると、人々の間の職場での社会的関係は深くなり、職場は社会生活の場としても意識されるようになる。つまり、人々は、そこに「所属」していると感じるようになるのである。

日本は所属、アメリカは参加、という違いは、単に企業組織だけのものではない。例えば、演劇の劇団という組織についても同じことが言えるそうである。演劇を誰が作っているのか日本と欧米で比べると、日本では固定的なメンバーからなる半永続的な劇団組織という形態で演劇が生産されているのに対して、アメリカの演劇生産システムではそういう組織は稀で、プロデューサー方式と一括して呼べそうな、プロデューサー・演出家・作家というトップを構成する少数の固定的メンバーがそのつど俳優やスタッフを採用するという方式が圧倒的に多い。オーディション方式である。日本では俳優たちが劇団に「所属」する。アメリカでは一つひとつの公演に俳優たちが「参加」する。

芸術肌で個人の感覚と自由を重んじると思われる演劇人の世界ですら日本はそうなのだから、ましてや企業組織では日本では所属の感覚を経営する側も働く側も暗黙のうちに強く持っていると考えるべきであろう。

アメリカは参加の国であり、その「意図的参加」ということの裏返しとしてその参加対象に不満があるときには「退出」という形で不満への抗議表明をする。しかし、退出のメカニズムが発達すればするほど、告発のメカニズムが機能する余地は小さくなる。告発する能力のある人々からわれ先にと退出してしまうからである。告発によって自力回復のメカニズムが機能しうるかもしれないのに、退出をしてしまって放置される組織が多く出てくることになってしまう。それが、アメリカ流経営の弱みになる。

逆に日本は、おそらく告発のメカニズムが組織体の健康維持のための基本となるような性格をもともと持った国であろう。所属の裏返しとしての告発である。

日本でも退出はもちろんあっていい。しかし、それと同時に告発のメカニズムをいかに工夫するか。それが機能させられるようにいかに努力するか。新しい「日本の経営」を創るという努力の本質の一つが、そこにある。

第二章

「日本的経営」も威張れたものではない

1──日本的経営への違和感、そして劣化

日本とアメリカ、再びの交差

三枝　話は変わりますが、われわれが生まれたのは一九四四年から四五年で、戦争の終わる一年前です。日本の国土は第二次世界大戦で灰燼に帰しましたけれど、そこから日本は立ち上がってきた。結局、わずか十三年後に当時世界一高い電波塔だった東京タワーを建てたり、十九年後にはオリンピックを開いたり新幹線を開通させるまで復興して、そのスピードは世界史の中でも、強烈なものがあります。今のイラクやアフガニスタンが、戦争が終わって十三年後や二十年後に、それに相当するようなことをやれるかというと、ちょっと考えにくいですよね。ですから日本というのは、もともと非常にレベルの高い国だったわけですよ。だから戦争もやっちゃったんですけど。

私にとって子供の頃、明治なんていうのはとんでもない昔の話かと思っていました。しかし自分が年をとってみると、私の親が明治生まれでしたから、昭和生まれの私の子供時代は意外に明治に近かったのだと感じるようになりました。人間の歴史の時間軸の短さを、年をとるとともに感じるようになりました。

今の子供にとって、太平洋戦争ははるか昔の出来事でしょう。ところがそういう昔は、実は意外と彼らに近い時代の出来事だったのであり、現在の生活や経済、企業活動は、脈々とそこ

から引き継がれているわけです。

伊丹　そうですね。歴史というのは跳ばないし、積み重なって次の何事かが起きるという歴史感覚ですね。それはものすごく大切だと思います。

三枝　そうですね。断絶された歴史の存在の中に、自分たちが突然存在しているわけではない。自分たちが気づかないうちに、生活のベースも考え方も、昔のものの上に築かれているということに気づくことが、次に新しいものを自分たちが作るということを考える上で、ものすごく大事なんです。

伊丹　私は最近、若い学者の人たちと共著で『松下電器の経営改革』[*1]という本を書いたんです。その最後は総まとめの章で、私が中村邦夫さんの経営改革を一言で表す表現として選んだのが「歴史は跳ばない、しかし加速できる」という表現でした。絶対跳ばないんですよ、歴史は。

三枝　そう、跳ばないですね。脈々と続いている。

伊丹　必ず前の蓄積の上に、次のことが可能になるんです。しかし、加速できるときもある。おそらく戦後の日本のある時期の目覚ましい経済成長というのは、その加速をした時期なんですね。あれを跳んだと思ってはいけません。今は少し加速のスピードが鈍っている。その時期を停滞と言わずに、もう少し長い目で眺めて、次の加速への「溜め」をつくっていると思えばちょうどいいんじゃないかという気がします。

三枝　今こそ、次の打ち手を打つにはいい時期に来ていると。アメリカゲームの後追いではなくて、日本的な強さのパターンというものを見つけなければいけないと思います。そのため

＊1　伊丹敬之、田中一弘、加藤俊彦、中野誠編著、有斐閣、二〇〇八年刊

のいわば実験的な試みをしないと。さらに追い詰められてからでは、遅過ぎる。

伊丹 バブルが崩壊して日本経済全体が低迷したときに、われわれより年上の人で「第二の敗戦」って妙に感じ入ったように言っている人々がいた。これはダメだなと感じました。「第二の敗戦」という言葉に一種の実感を持っている人というのは、今の年齢で言えば七十歳以上の人です。そういう人たちが、あのバブルみたいなことをやっておいて、それを誰かにやられた敗戦だなんて思ってるんだったら、これでは日本は浮かび上がらないなと思いましたね。

三枝 同感です。さて、ここまでで、八〇年代の後半まで話が進みました。その時点で私は三十代の挑戦を終え、四十一歳で自分の事務所を開いて、不振に陥った日本企業の事業再生を手がけるようになります。初めはベンチャー企業が相手でしたが、九〇年代に入ると上場企業の中に入って、日本的経営の崩れた部分、つまり「組織の官僚化」「戦略の欠如」「経営者人材の枯渇」と闘う仕事に染まっていきました。

伊丹 私の方はと言えば、一九八七年に『人本主義企業』[*2]を書き、八九年のベルリンの壁の崩壊の直前にポーランドを偶然に訪れて、共産圏で非共産党政権が誕生して共産主義体制が崩壊していく現場に紛れ込んだりしていました。経済システムのあり方というものに深い関心を持ち始めた頃です。ですから、九〇年代になって「資本主義の勝利」と言われても、釈然としない気持ちでした。

しかし日本では九〇年代には、バブルが崩壊したという大事件があったばかりではなく、その背後で経営の劣化が進んでいたように思います。私が週刊東洋経済という雑誌に、日本のトップマネジメントの危機について初めて長い論文を書いたのは、一九九〇年のことでした。一方、アメリカは元気を取り戻した。七〇年代頃に交差した日本の台頭とアメリカの落ち込みの明暗が、九〇年代初めに明暗を逆転した形となり、復活するアメリカと退潮の日本、という交差が起きたんですね。

「日本的経営」礼賛への違和感

伊丹　その結果とも言うべきでしょうが、最近の日本というのは、「日本の経営のやり方」というものに対する自信や評価の振り子が否定的な方向に振れ過ぎていたように思います。しかし、八〇年代前半には逆に自信過剰や高過ぎる評価の方向に振り子が振れていた、と言うべきでしょう。

その八〇年代前半に私は二回目のアメリカ教鞭生活を経験し、また「日本的経営」なるものについての話をすることをたびたび求められました。その頃、日本的経営と言えば、「三種の神器」と言われた終身雇用、年功序列、企業別労働組合。このおかげで日本は成功したんだと言う人が結構いました。

私はそれには違和感を覚えました。冗談じゃない、それはみんな当時の国鉄に当てはまるぞと。大学という組織にだって当てはまるのですが、大学もパフォーマンスが良くないわけです。だから、そんな三種の神器が本質的な理由であるわけがないと思い始めたんです。そこで私は『日本的経営論を超えて』[*3]という本を八二年に出したんです。

三枝　私は日本的経営論への最初の違和感を、一九七〇年前後に感じていました。それは、

＊2　伊丹敬之著、筑摩書房、一九八七年刊。日経ビジネス人文庫版は二〇〇二年刊
＊3　伊丹敬之著、東洋経済新報社、一九八二年刊

BCGのジェームス・アベグレンの存在がきっかけです。彼は私の上司でしたから、すぐそばに三種の神器の提唱者がいたんです。彼は私にとって二十代後半の育ての親のような人で非常に尊敬していました。しかし日本的経営論については、ときどき違和感を抱きました。

例えば日本の組織のコンセンサス・ディシジョン・メーキング(合意に基づく意思決定)ということを彼はさかんに言っていて、例えばそのための典型的な社内ツールが稟議書だと言うわけです。私はその前、三井系企業にいましたから、実際に稟議書にみんなで判こを押していたわけです。今でも覚えているのは、BCGのパーティーか何かで、私がある上場会社の役員に「判こ押しなんかで強さを生んでいるという実感はない」と言ったら、「あなた、自分の社長の言っていることを否定していいの?」と、鋭い目つきで言われたのを覚えています。

その反応は私の記憶に鮮明に残りました。当時の日本人の中に、ビジネスマンから学者に至るまで、経営についてアメリカ人に褒めそやされたことを無批判に受け入れ、やっぱり日本は強いんだなと思い込んでしまった人がたくさんいました。それが本来取り組むべき日本の経営革新を遅らせてしまった面があると思います。

アメリカ人による日本経営論は、七〇年代中頃までアメリカのコンサルタント主導でした。その中でアベグレンに率いられたBCGの日本担当チームは断トツの先導役だった。九〇年にトヨタ生産方式を「時間の戦略」だと喝破した本を出すことになるトム・ハウトのような優れたコンサルタントが、七〇年代初めから日本分析に携わっていました。BCGはその分析を材料にして、アメリカ企業から対日戦略のコンサルティングプロジェクトを受注する。それでコンサルタントは高給を稼ぐ。そういうプロの仕掛けの中で日本分析が進みました。

内容が当たっていようが枝葉末節であろうが、一般のアメリカ人は日本を知らないのですから、聞いたことを鵜呑みにする。日本人は自分たちのことだからよく知っているはずなのに、アメリカ人から何か論理的に言われると、そういうことなんだろうと受け入れ、あるいはちょっとおかしいと思っても同じ論理性レベルで反論できない。

そういう風潮の中で、伊丹さんが日本的経営論に対する反証を提示したというのは、やっぱりあなた、偉かったよ（笑）。でも当時としては相当に異端児でしたね。

伊丹　私は『日本的経営論を超えて』の中で、当時のアメリカと日本それぞれの優良企業のパフォーマンスを比べると、利益率や生産性を考えたら、アメリカの方がいいじゃないかと書いたわけです。単純にただ日本の経営はいいというのはおかしいと言い始めた頃だったんだね。日本の企業に関してネガティブな印象を強く持っていたわけではなくて、「日本的経営論」に対して違和感を覚えていたんです。

ちょうどその頃、私は日本企業の経営のやり方はアメリカとは本質的なところでかなり違う部分があると感じ始めていたんです。ただ、その私の感じた違いと、日本的経営論で言われていたことは、異なるものだとも感じ始めていたわけです。そこで、普遍的な言語でしゃべれる原理のレベルにさかのぼって、日本企業とアメリカ企業の経営がどう違うかということを何かの形で表現できないか、そんなことを考え始めたんですね。

三枝　私の場合、第一章で話したようにシカゴでアメリカ企業の経営に触れて、そのあと日本に戻ったときに、日本的経営論に対する強烈な違和感に襲われました。日本の経営現場に触れたことによって生まれた否定論でした。

シカゴで私はアメリカ企業の弱さを痛感したと言いました。当分の間、日本企業がアメリカにやられることはないだろうと思って帰ってきたんです。ところが日本の住友系合弁会社に行って、中を覗いてみたら、まったく変なのです。まず、親会社から来ている人たちが、とにかく働かない。ものを決めない。年功で上に行った人ほどぐだぐだやっているわけです。それが下にも伝染しているんです。しかし若手は残業して長時間働きますから、量的投入においてアメリカに負けない。アメリカ本社で三、四週間かかることを日本側は一週間でやっちゃう。

私は合弁会社に送り込まれて一年ほどで代表取締役になりましたから、全社の経営責任が降ってきました。この沈滞した管理職の体質をどう変えたらいいのか、呻吟しました。財閥系といえども、関係会社まで降りていけば体質的に同じように冴えない会社は、当時も今もたくさんあります。しかしその頃、マクロ的には日本経済がどんどん強くなってきて、アメリカ人から日本の経営は素晴らしいと褒められる。しかし自分で現場に降り立ってみると、日本的経営の強さを具現化しているはずの組織の雰囲気はまったくない。私は身をもって日本的経営論の根拠薄弱に直面したんです。

八〇年代、成金の日本へ

伊丹　八〇年代の半ばから後半にかけての日本というのが、ある意味でどんどん劣化していったのですね。

三枝　私の現場レベルでの実感では、日本の組織の弱体化というのは、七〇年代の後半には、見えている会社には見えていたと思います。八〇年代にはそれがかなり広まった。ところが、キャッシュフローの潤沢さが増していくに従って、その問題が覆い隠されてしまった。

事業の成長が鈍化して、本業での投資機会が減ったために、お金が余り出してしまった。八〇年代の前半は、大企業もそろそろ何かやらなきゃいけないと思い始めて、世間のベンチャーブームにも乗ろうとした。八五年に東芝がパソコンベンチャーのソード（現東芝パソコンシステム）を買ったとか、九〇年に新日鐵がテーマパークの「スペースワールド」（二〇〇五年に民事再生法を適用し、加森観光の傘下に）を作ったとか、いろんなことをやったんだけど、大したことにならなかった。結局、お金を使い切れなかったわけです。

当時の大企業のそういう多角化の動きは、本業とのシナジーが薄かった。アメリカの失敗パターンを十〜二十年遅れて真似てしまったわけです。おまけに、私が見たところ大企業の中でそういう新規事業に出てきた幹部社員に経営力がない。彼らは面白いタネがあっても、伸ばすことができない。会社の上層部も事業戦略を理解せずリーダーシップも弱いから、必要十分な投資をしない。そこで、結局、会社としてはお金が余ってくる。そのお金は株や不動産に向かって行き、バブル経済が起きた。

伊丹　私は、今も昔も解かなきゃいけない根本的な命題は変わってないと思います。七〇年代の後半から八〇年代の初めに、三枝さんも私も、日本的経営論という浅薄な議論に違和感を覚え始めた。

それは同感なんだけど、私はその本質をどこまで掘り下げて見るかが問題だったと思う。そのときに私が結果として八〇年代の前半の五年間にいろいろ考えて書いたのが、八七年に刊行した『人本主義企業』という本なんですね。

三枝　その本のことや伊丹さんの考え方は、単独のテーマとして第四章で話すことになっていますね。それくらい重みのあるテーマです。

伊丹　ええ。経営のあり方という観点からすれば、八〇年代前半の日本の企業というのは一つの転機にあったんだと思います。結局、八〇年代前半の日本というのは、成金の日本になっていったと思う。苦節十年の努力が実って、環境がやたらと好調になって、あげくの果てに金余りになったという話だと思うんです。

日本全体で十兆円規模の貿易黒字が急に出始めるようになったのが、第二次オイルショックの直後、つまり八〇年頃からなんです。理由は簡単で、レーガン元大統領がドル高・円安の経済を極めて不合理に作ったんですよ。実はブッシュ大統領の、今、崩壊しつつあるメカニズムと似たようなことが八〇年代の前半に起きていた。円安のおかげで、日本の輸出はやたらと伸びました。八〇年代の前半、ジャパン・アズ・ナンバーワンと言われた頃に、円安が三、四年続くんです。結局は、円安に助けられたジャパン・アズ・ナンバーワンだったんだけど。

そのときです。エレクトロニクス産業の日本の産業全体に占める比率が急にはね上がるんです。そうすると、貿易赤字が大変だからといって、アメリカが政治的に日本の輸出を止めようとした。ここで、実は日本の企業に甘い汁を吸わせることになった。それを日本はうまく使えなかった。悪銭身につかずとはよく言ったものです。

日本は八〇年代の前半に金を貯めて、そのあとに八五年から円安・ドル高の修正をプラザ合意でやった。それは、一気に日本の円の価値が上がって、日本という国の中にある資産や人材のドル表示の評価が途端にはね上がってしまった、ということになります。日本企業がドル表示で見たときのアメリカの不動産や企業の価値がとても安く見えるようになったんですよ。これでまた、悪銭が手に入ったわけです。ということは、八〇年代初めから後半にかけての日本は、悪銭が二重の意味で手に入ったことになる。一度目はアメリカの輸入制限措置が実質的にアメリカ政府公認の価格カルテルのようになってしまったこと。カルテルの悪銭です。二度目は、八五年のプラザ合意のあとの急激な円高で、自分たちの過去の努力とは直接関係のないところで自分たちの購買力が上がってしまったという悪銭。だから、日本の八〇年代というのは、国際的に成金になっていったと思う。そして、バブル期には見事に、そのお金を間違って使った。

三枝　使ったというより、使い道がなかったんだと思いますよ。個々の会社のレベルで見ると、使い切れなかったんでしょう。

伊丹　国全体のマネーフローのレベルで見ると、使い道はアジアにあったはずなんです。非常に典型的な例は、日本興業銀行という銀行ですよ。一九七〇年代までに歴史的使命がもう終わっていた銀行です。その銀行が、日本の金融市場で生き残ろうとプライベートバンキングのような世界に入ってきて、八〇年代には今までやっていなかった産業金融以外のいろんなことをやり始めるんですよ。九〇年頃には、大阪の料亭経営者だった尾上縫さんに何百億円もだましとられるとか、そういうたぐいのことがどんどん起き始めた。あのときに日本興業銀行がアジア興業銀行に自分たちは衣がえするというふうに方針を変え、日本の大蔵省がそういうことをきちんとサポートしていたら、よほど話は変わっていたと思う。日本の国内に貿易黒字が貯まり過ぎて、国外流出を、アメリカの国債にしか流出させなかった。マネーの還流のさせ方が極めて拙劣だったわけです。

だから、個別の企業単位で考えればお金が余ってしょうがなかったんだけれど、国がこちらで投資案件を作ってあげるから、こっちに金を使えという誘導政策をやるべき時代だったんだと思いますよ。それを個別の企業に残して、個別の銀行に残しちゃうものだから、必然的にバブルが起きてしまったわけです。

そういう時代背景だったんです。こと経営について考えると、八〇年代の日本企業の経営の劣化がなぜ起きたのか、どういうところで変わっていったか。私は九〇年代に「失われた十年」とか「第二の敗戦」とか言いたがった経営心理とちょうど裏返しのことが、八〇年代に起きていたんだと思います。つまり、ジャパン・アズ・ナンバーワンなどともてはやされて、日本企業はやっぱり傲慢になっていたんですよ。

組織の劣化はもっと前から進んでいた

三枝　今の話の流れに異存はないのですが、私は日本企業の組織の劣化は八〇年代に起きたのではなく、七〇年代に始まっていたと思っています。特に、トヨタや松下といった超一流企業はいざ知らず、それ以下の企業ではもっと早く劣化が起きていたように思います。しかもその劣化は一部の企業で八〇年代に表面化してきましたが、ほとんどの企業ではバブルがはじけた九〇年代初めまで認識できなかった。

多くの企業が八〇年代にはその劣化を防ぐための新しい施策を出すべきだったけれど、おろそかにしてしまった。なぜなら、お金は潤沢だわ、国際的ランクは上がるわ、勝ち戦だわで、考える必要を感じ取れなかったからです。でも劣化は確実に進んでいたから、新しい事業、新しいリスクテークは必要になっていた。しかしそういうマインドを持った強い人が大企業の中で育っておらず、老齢化で世代交代期も来ていた。いざとなってみたら、社内に次の仕掛人集団がいない。きちんと人材の育成サイクルが回っていなかったんです。

バブルがはじけても、会社が元気を失ったのはバブル崩壊のせいだと思っている人がたくさんいた。ですから、人材が育っていないという深刻な認識が日本企業で一般化したのは九〇年代の中頃以降ではないでしょうか。従来の社内研修ではダメだという認識が生まれて、選抜教育で経営者人材を育てようという経営スクールが広がり出したのも九〇年代後半です。

伊丹　そうですね。ただ、進んだ企業ではもう少し問題認識が早かったかもしれません。私は松下の経営スクールに八〇年代初めから関与し始めました。その頃から劣化を心配する企業は出てきていた。しかし、全体としてはまだまだでしたでしょうね。ただ、八〇年代半ば過ぎから劣化が日本全体で一気に本格化したと私が考えている理由は、実は日本の高齢化がこの頃から企業の現場に影を落とし始めたからです。

日本全体の人口の年齢構成を見ると、若い人が少なくなって、高齢者が増えるという、ものすごい現象が八〇年代の初めから急速に起きてくる。仮に組織人口というのを日本人全体の中での二十五歳から五十九歳までの男性たちだとして、その中の二十五歳から三十四歳までの人を若年層、五十歳から五十九歳までの人を熟年層と言うとすると、熟年層比率が七〇年代末からどんどん上がっていって、逆に若年層比率がどんどん下がってくる。九〇年代前半には二つの比率はほぼ同じになってしまう。この熟年比率をアメリカと比べてみると面白い。八〇年代前半まで、日本の熟年比率の方が低かった。アメリカの方がまだ年をとった国だったんです。しかし、アメリカでは、七〇年代から一貫して熟年比率が下がり続けてくる。一方、日本の熟年比率は上がり続ける。その結果、八四年にはとうとう日米逆転が起きた。

ちょうど日本の産業がアメリカを追い越していった時期には日本の方が組織人口は若く、アメリカよりも高齢の国になっていくといろいろと日本に変調が起きる、というのは示唆的だと思います。私は加齢にすべての原因を求めるつもりはありませんが、日本の経営の劣化の兆しは七〇年代に始まり、現実に劣化が大きな形で表面化したのが八〇年代半ばだと思います。

三枝　私が経営の劣化という点で一番気になるのは、社内の個人個人の力量とか、それを束ねるリーダー的人材の育成が遅れ始め、また企業の機能別組織の肥大化で社員の戦略意識や目標意識が薄まっていくとか、意思決定が遅くなっていくとか、そういう水面下でじわじわと進行する内部劣化というか、組織劣化のことです。

それは個々の企業の中で、徐々に、バラバラに進行する現象ですから、日本全体が一斉にターニングポイントを迎える性格のものではなかったと思います。私の当初の観察は自分が行った会社ですからサンプル数としては少なく、それも超一流の会社ではありません。ところが、私が八〇年代の後半から不振事業再生の仕事で多くの企業に接触するようになってみたら、同じような内部劣化現象が、日本企業のあちこちで、私が経験したのと同じ頃に始まっていたんだと理解しました。

伊丹　確かにその面での劣化は長期的に起きていたんだろうと思います。ただ、二回のオイルショックという、日本にとっての大きなピンチを乗り越えようとする努力を八〇年代初めまでの日本企業はできたんですよね。その時代に日本企業はある程度きちんとやっているんですよ。それを乗り越える努力をしたある意味のご褒美で、八〇年代半ばまでの日本の発展があったんですね。私は、すべての企業についてディテールにわたって知っているわけではありませんが、全体のマクロのピクチャーを見たり、マクロの数字を見たり、いろんな企業、いろんな産業の人に会っていると、まだ八〇年代前半の日本企業は勢いが良かったよ。真っ当なことをやっていたよ。

三枝　いや、その意味での劣化としては、そのとおりだと思います。産業の伸びでも収益性でも、八〇年代初めまで日本企業は良かったからね。しかし、その裏で実は組織の劣化が進んでいたと思います。

2――経営者人材の枯渇

日本的経営劣化の三つのポイント

伊丹　ここで、その劣化の原因について話しましょう。原因のことを考えないと、劣化した状態からの改善のヒントもないですから。今後の強い「日本の経営」の構築のために――今後というのは二〇〇八年、〇九年以降に経営のきちんとした健全な姿を取り戻すためのヒントとして、劣化の原因は何かと問われたら、私は三つだと思っています。

一つ目は、すでに言ったように、年齢構成です。国全体の年齢構成の急速な高齢化が始まったのが八〇年代なんです。今、六十五歳を過ぎて年金をもらう人たちが増えているということで大騒ぎしていますが、ということはつまり、二十年、二十五年前に働き盛りの人が急速に増えていたということです。働き盛りということは、実はポジションをもらいたがる人たちの数が急速に増えたということです。それが日本の企業全体をおかしくした。管理職と称する人たちの比率が急に高まっていくんですよ。だから、変に複雑な組織になってしまう。それは人事のやり方を変えないからそうなるんだけど。

二番目は、金が貯まったことによるおごりたかぶりです。すでに言った、「悪銭身につかず」という話です。

三番目は、これはおそらく三枝さんと観測が一致すると思うけど、鍛えられてない人たちが経営者になってくる企業の比率が高まったのが八〇年代後半だと思う。

三枝　私の視点の重点はそこにあります。さっき話したように私は八〇年代の後半から日本の不振事業再生の仕事に入っていきました。二〇〇二年まで十六年間もターンアラウンド（事業再生）の仕事を続けました。

初めは世の中バブルでしたから、多くの企業が得意の絶頂みたいでしたが、業績の行き詰まりが早めに表面化してきた会社の中を覗くと、もう日本的経営論の強みどころの話じゃありませんでした。

私が『経営パワーの危機』という本を書いたのは一九九四年なんですけど、テーマは日本企業における「経営者人材の枯渇」でした。会社の成長性を維持するためには、ライフサイクルの比較的若いステージにある事業や商品のタネを追いかけ、果敢に新事業や新投資を敢行しなければならない。そういうやり方はリスクが高まって、失敗もたくさん出ます。ですから経営リーダーの経営的技量、戦略的判断能力がものすごく問われる。ところが多くの企業で、組織の下から経営陣のレベルに近づいてきている世代にそういう人材が非常に少ない。愕然とする思いでした。

伊丹　経営者の質が劣化してきたという、そこについては私もまったく意見が同じで、一九九〇年に「次の社長が見えない」という日本企業の経営者の危機をテーマにした論文を「週刊東洋経済」に書きました。[*4] 編集部がつけたキャッチコピーが、「ひ弱な『昭和ヒトケタ』トップが日本企業の危機を招く」。世代論をぶったわけです。何ゆえに経営者的な人材が枯渇してきたか。それは、典型的な日本組織のトップ層に座りそうな年代の人たちについて、世代的な経験を考えてみると、その前の世代より劣る経験にならざるを得ない。それは社会メカニズムで、個人の問題ではありません。だから、それをひっくり返すためには、よほど大きな意図的努力をしないといけないという結論になるんですけどね。

そういうことを言い出したのは、八〇年代終わりくらいの日本が浮かれている頃、当時優良と言われていたいろんな企業で次の社長は誰だろうと聞いてみると、おい、あの人で大丈夫かと思うような名前が挙がり始めたんです。それを感じたものだから、そういう論文を書いたんです。具体的な企業名も私の頭の中にはありました。もっとも、それは言えませんけれど。し

*4　「週刊東洋経済」一九九〇年七月十四日号

かし面白いもんで、その論文を読んだ人たちが、「先生はどうしてウチの会社のことをよくご存じなんですか」なんて聞くんですよ。あちこちで似たようなことが起きているんだと、改めて確認できましたよ。

経営者にものすごく大きな問題があるということをその頃から書き始めて、それから十何年経って、『よき経営者の姿』[*5]という本を二〇〇七年にやっと書く気になったんですね。九〇年頃から私も危機だけは感じていたけれど、いい姿とはどういうものかということを読者に向けて書くだけの内容が、当時自分にはなかったものですから。

三枝　集団として見たときの平均点の高さから言うと、アメリカの組織って、すごく優秀な人とそうでもない下の方の人が、大きく縦に分散している。それに対して日本の経営組織は人材が団子になっていて、能力的な平均点では日本の方が上だというのが私の実感です。

伊丹　私もそう思います。

三枝　日本はアメリカの五%、カリフォルニア州と同じくらいの狭い土地に、アメリカの人口の半分に相当する人が住んでいる。インターネットの時代になる以前から、日本では流行の伝播が速かったり、いい話も悪い話も国の中で一気に回ってしまう傾向が強かったと思います。万博を開くと皆が一斉に熱に浮かれる。一つの企業が新商品を出せば、わーっと同じような商品を出す。個人レベルでも横並び意識が強くて、外れ者が出にくかった。当時のそういう要素も、日本企業における人材の均質性や団子の行動様式を助長していたと思います。

日本の平均的な教育水準が他国よりも高かったことも併せて、若手社員、中堅社員の平均点の高さは、日本企業の大変な強みでした。それは今も生かすべき利点であって、その利点を壊してしまうほど、ドラスチックな人事制度がいいとは言えません。組織内である程度の平等感が出る、長期的な人事制度は必要です。しかし反面、最近はいくら何でも事業の尖兵になるサムライが少なくなり過ぎている。それは選別的に育成する必要がある。そのバランスが微妙ですね。

かつての日本企業では、会社の中で優秀な人は突出したエリート扱いをされず、彼らの給料は相変わらず低いんだけれども、実質的に組織を引き回しているという構造でした。そういう優秀な人はアメリカ人の何倍もの時間をかけてゆっくり昇進していくんだけれども、その人たちが提示したものに対して周りが固まってついて行く。そういう暗黙のシステムが次第に機能しなくなってきている。転職が一般的になり、優秀な人は優秀な人としての処遇をしないと会社から出て行くという風潮が急速に広まっている。

いいところもある日本型意思決定

伊丹　今の話には、これからの強い「日本の経営」のあり方みたいなことを考える上で、ものすごく大事なポイントが含まれていると思います。当時、私が日本の企業経営はこういう意味でいいんだという説明を外国人にしたときの説明パターンが今でも大切だと考えています。それはこういうことなんですよ。

三枝さんの言葉で言うと、公式には認知されない、しかし、実質的にあいつの言うことを聞こうと多くの人が思っている若手や中堅社員がいた。その人たちの意見が実質的に通る、そう

＊5　伊丹敬之著、日本経済新聞出版社、二〇〇七年刊

いう仕掛けを上の人がある意味で意図して作っていた。だけど、形式的には年功序列なんですよ。

三枝　でも私の感覚では、人にもよりますが、意図して作っていたというよりも、上の人が自分が楽をするために利用していた面もあったと思います。

伊丹　私はそこはもう少し前向きな表現をしたい。意図して作っていたというと立派に聞こえ過ぎるかもしれないから、そういうのをちゃんと許容していた。

三枝　それはそうだ。間違いなく許容していましたね。

伊丹　そういう人には、自分が楽をするために利用しているのではなくて、もう少し意図があったと私は思う。職場社会の安定を考えれば、年功序列のような形を維持し続けることが大切だという思いが一方にある。しかし、実質的に効率の高い、適切な意思決定をするメカニズムはどうやって作ったらいいかというと、年功序列で地位のある人に実質的な権限を与えたらダメです。これは誰でもわかる。

じゃあ、どうすればいいか。形は年功序列で、実質は若い社員に任せるという折衷型が、多分一番機能するなと思った偉い経営者が、ちゃんとした企業には何人かいたんだろうというのが私の観測です。そう感じたことがときどきあって、あれはそこまで考えてやっているなと。

考えてない人ももちろんいたんですよ。三枝さんが行った企業は多分考えてない方の会社だったと思いますが（笑）。やはりちゃんと考えている人が、日本を発展させた産業の、きちんとした企業には何人もいて、そういう人たちが密かに人事をそういうふうに動かしていたから、もっていたんだと思うんです。

三枝　なるほど。私の悪いケースというのは、トップの座についた人が、それをいいことにしてゴルフばかりやって少しも働かない、というようなイメージでした。ボトムアップがいいなんてアメリカ人に褒められて、ますますそれでいいなんて思ってしまい、戦略的なディシジョンもしない。

そういう会社では上の人がお神輿に乗ってしまうのが当たり前になっていますから、利用しているという悪い表現よりも、何の罪の意識もなく、周囲も下もそれで当たり前になっていたんです。伊丹さんの論点はそういうケースではなく、日本的組織を意図的に工夫しながら、前向きの攻めの経営をやっている優れた人たちがいたと。

伊丹　ある自動車メーカーで、私と同年代の人が三十代の半ばに若くして北米担当になった。当時の最重要マーケットです。多くの人に聞くと、実質的には彼が案を作っていると。彼の椅子は、専務の椅子のすぐ横にあるんです。この専務が形式上の指揮命令権を持っている人なんですが、全部その若い人に聞くわけです。そういう仕掛けを聞いたときに、これだなと思いました。それをこの会社は意図してやっているなと。

そう思って、そういう話を日本企業の経営者の人たちに、「日本的経営がいい、年功序列がいいと言うけど、それでいいわけないじゃないですか。本当にいい会社というのは、年功序列の形の中で、若い実力のある人にどうやって実質的な権限を渡すかという隠れた努力をしている会社だ」ということを言ったら、「それは先生、そのとおりだ」と言う経営者がたくさんいた。

三枝　私もそのとおりだと思います。その若者が、そういう実質的な責任、実質的な力を組織に対して持っているからといって報酬が高いわけでも何でもない。それでものすごく仕事がきつくて、彼は夜中まで一生懸命頑張っている。だけど、若者がこんなに働いて、給料が安いと言わずに一生懸命やっているというのは、だんだん組織の中で上がっていって、いずれは報われるだろうという暗黙の了解のある組織だからです。そうじゃないアメリカ的なパターンになったら、給料を上げてくれとか、そうでなければ転職するとかいう話になってしまう。だから、そういう優秀な若手の育成のプロセスは、長期継続性を持った、人が比較的定着しているという当時の日本の組織構造があってこそできたんですね。

伊丹　そうです。

三枝　ただ最近は、若者たちが頑張って働く仕事の内容が変わってしまったと思います。かつては、いわば企業の戦略を決定づけるような意思決定に近いところで、何人かのサムライみたいな者が大事にされていた。それが今では、そういう優秀な者までが、いわばルーチンの官僚化したような仕事ばかりを一生懸命夜中までやることの方が増えてしまっている。結局、そういう若者たちに経営力がつくような仕事というものを与える度合いがどんどん減っていってしまったと思います。

伊丹　そのとおりだと思います。では、何でそうなってしまったか——私の一つの大きな答えは、年齢構成なんです。

育成できなくなった日本

伊丹　組織の中の年齢構成で、団塊あるいはそのすぐ下の世代の人たちがどんどん増えていったのが、八〇年代の日本でした。その人たちに年功序列の形で管理職ポストを与えて処遇するという原理を大半の日本企業は維持しようとした。その結果、その人たちのポジションがやたらと増えてしまう。だから、若い人たちを登用する隙間がなくなる。そうすると、若い人に権限を与えるということが非常に難しくなってくるんです。

三枝　そのとおりです。私が日本企業の事業再生をやったときに頻繁に口にしていたのは、「あなた自身が十年前にやっていた仕事の広さ、権限というものを、今の十歳下の若い人たちに与えていますか?」と。今の若手の仕事がチマチマしちゃっているわけ。このサイクルが人材育成を遅らせ、日本の組織をダメにした元凶だと思いますね。

伊丹　本当にそう思う。ここは蛮勇を振るって抜擢人事だとか、そういうことをしなければいけない年齢構成に、日本の社会全体がなってしまった。そのときに、昔のやり方を続けるからダメになってしまうんです。年齢構成は変えられませんから、人事のやり方を変えるしかないんですよ。その転換に遅れたことが、日本の企業をダメにしていった最大の原因だと思う。

三枝　私がよく言うのは、「乱暴に育てられた人しか部下を乱暴に育てられない」ということです。さっきの伊丹さんの話に出てきた専務の横にいた若手について言えば、その専務は若手に相当背伸びしたことをやらせているわけです。その若手が組織の中で上がっていけば、自分の体験に沿って、自分も思い切って若者を使うことができる。しかし、チマチマした使い方しかされていない人が上がっていっても、そんなダイナミックな若手の使い方は、恐くて、やりようもわからない。

若手の育成が非常に難しくなってしまったのは、結局、組織上層に上がっていった人たちが、仕事の権限を自分で抱えたまま上がっていったからなんですよ。そのために若手層には、普通のルーチン的仕事しかやらないサラリーマン人間が増えてしまった。非常に優秀な人材さえも、そうなってしまったということだと思います。

伊丹　日本企業の経営で良かったのは、私がさっき言った言葉で言えば、職場社会の安定と――これは人間的安定ですが――その共同体としての安定と、経済効率の高い適切なディシジョンをきちんと行うというメカニズムの両立を懸命にやってきたところです。

その両立が成功していた時期はうまくいっていたんです。それが、安定ばかりを重んじると困るような年齢構成になっていった途端に、両立が難しくなってしまった。八〇年代後半からの日本企業の経営を見ると、そのメカニズムがうまくいかなくなっている。

だから、解決策はある意味で簡単なんです。別にアメリカ式の成果主義の人事だとか、そんなことをやることじゃないんですよ。昔やっていたあのバランスのいい姿をどうやって取り戻すかということを考えればいいんです。昔はなぜ成功していたのかという原理原則の理解がない。言ってみれば日本のかつての強さがセオライジング（理論化）されていないものだから、ただ、アメリカ企業の真似をしている。そんなことをしたら負けるに決まっているんだよね。

3――「アメリカ流」の後追いは、もうやめよう

アメリカを真似たら負ける

三枝　そう。真似たら負けるに決まっている。同じゲームを後追いですれば、常に人の尻を追いかけているだけになる。それは戦略論の要諦の一つでもある。

ただ、今から日本の組織をかつての状態に戻すことはもうできないと思います。日本の企業社会にここまでアメリカの原理が入ってきてしまうと、もう難しいと思います。

伊丹　ただ、そこのところは、私はある意味でもう少し楽観的なんです。楽観的な観測をしている最大の理由は、アメリカ的原理がどれぐらい根深く日本の組織に入ってきたかという、その目分量です。多分、その目分量が三枝さんより私は低いんだ。

三枝　ほとんどの日本企業は自らの意思で積極的にアメリカ的原理に移行しているというのではなく、日本全体のその流れに流されていると思います。日本企業全体を対象にマスで新たな日本的原理を再構築するといってもどうすればいいのか、大変だなというのが正直なところです。

一方、トヨタやパナソニックのような日本のエスタブリッシュメントになっている超一流企業では、組織や人材層はまだ比較的安定していますから、伊丹さんの言うように、まだ変えられる状態かもしれない。

伊丹　いや、だからといって変えるのは簡単かと言ったら、そうではない。小さい人事制度の変更ですら、ごちゃごちゃ言う人がそれぞれの会社の中にいるわけだから、それは絶対に、経営者の側に蛮勇がいるんです。

昔とまったく同じやり方は無理だと思いますが、職場社会の安定と効率的意思決定メカニズムの両立を何とかして図るという原理を使おうと思えば、企業によってやり方はいろいろあるでしょう。まずこだわるべき原理を明確にして、あくまでそれを追い求めるというふうにものを考えないといけないんだと思います。

三枝　その場合のカギは、そう考える改革志向の人が、実際に社長なり改革リーダーとして選ばれるメカニズムが社内で働くことですよね。そうしないと、実際には改革に向けた体制が組まれません。ところが私の事業再生の経験からすると、それぞれの企業がドン詰まりまで追い込まれないとそういうメカニズムは作動しないことがほとんどです。

会社の業績が追い込まれて、このままでは死んじゃうから何とかせざるを得ないと保守的な社員までが観念するところまで行かないと、何も始まらない。ところがそこに至ったときには、会社の経営資源が相当使い尽くされていて、救おうにも選択肢が非常に限定されており、渡る橋は非常に狭くて、へたすれば途中でドボンかもしれないというケースが圧倒的なんですよね。

伊丹　でも、そうかな……。例えばトヨタのような会社とか、最近の松下電器産業（パナソニック）の経営改革の例もあります。松下は二〇〇〇年代の初頭に結構ドン詰まりまで行ったんだけど、トヨタみたいな会社がある程度リーズナブルなことをやり続けられているのは、決してドン詰まりに行ったからじゃないんですね。

三枝　いえいえ、松下は、私の定義ではドン詰まりまで追い込まれたことはないですよ。日産みたいなケースに比べて、パナソニックは会社としての強さ、自己補正機能のメカニズムがまだ十分に残っている段階だったのではないでしょうか。

これから再構築すべき「日本の経営」について、私と伊丹さんの楽観、悲観の違いは、伊丹さんと私が相手をしている企業の違いから来ている面があるのではないでしょうか。私が相手にしてきた会社は、トヨタとかパナソニックといった日本企業の中でも超一流の企業ではありません。比較的雇用や組織の安定している財閥系などの伝統的大企業でもありません。

私が相手にしてきたのは、最後に手がけた連結一兆円企業の赤字事業再生を別にすれば、普通の大企業でした。売上高で言えば一～二千億円で、社歴が長いのにかなり前にその規模で成長が止まった会社です。そうは言っても上場企業クラスですから、日本全体の総合計では超一流企業よりも企業数から見ても雇用者数から見ても非常に大きく、この企業群の元気さによって「日本の経営」の将来が決まると私は思っています。

大企業であっても経営者人材が育っていなくて、経営陣は弱体なところが多いです。かなり前から転職や外部採用が当たり前になっており、長期雇用を前提とする経営は実質的に崩れているところが多い。どこも新しい成長のタネを見つけることに限界を抱えていて、ここしばらく続いた景気で何とか格好がついてきただけという企業は非常に多いと思います。

伊丹　いったん回らなくなった会社の話ね。それはそうかもしれないな。

三枝　普通の大企業で成長の止まった会社では、上場企業レベルでもそういう自己補正機能が働きにくくなっている。景気が悪化すると、たくさんの企業がドン詰まりまで行く可能性を持っているように思います。六〇年代、七〇年代のアメリカ劣化の時代に国際競争に敗れて消えていった米国企業がたくさんあったように、日本全体が再び下降の波を受けると、ユニークな「日本の経営」を作り直すことなどはもう時間切れ、という事態もあり得る。そういう意味で私はかなり心配しています。

経営者が解くべき二つの命題

伊丹　さっきの話に戻せば、共同体としての職場社会の人間的安定と経済的に合理性の高い意思決定をきちんと行うという仕組み、その両立をどうするかということが、昔も今も同じ課題なんだということです。かつては、さまざまな理由でそれを今ほど努力せずに実現できた時代だった。

その時代が去ったからといって、職場社会の安定みたいなものの重要性を過度に軽視して、短期的な経済合理性を重視した意思決定を行うという方向に走るのは、基本的に私は間違いだと思う。それは長期的に経済システムとしても長続きしない。

特に日本みたいな国でそんなことをやったら、もちません。だから、この国で企業経営をやっている人たちには、二つの命題の両立をどうやって今の状況の中で図るのかというなぞ解きを懸命にやってほしい。具体的な、なぞ解きを。

三枝　新しい日本流経営ができあがるためには、一つか二つでいいから、まず成功例を生み出さなければならないと思います。他企業はそこから学び、最初の企業より効率良くそのモデルを取り入れることができる。

そのような試みは一体誰が始めるのか。戦後の激変の時代、あるいは明治も同じだったと思いますが、懸命にやる人がいて、その人が新しいことを考え、新しいところに突っ込んでいき、組織の上だろうが下だろうが、そういう役割を果たした人間が明らかに目立つ形で機能していました。骨のある人、血の騒ぐ人が出てきた組織は元気になるし、いくら追い込まれてもやらない人はやりませんから、そういう企業はドン詰まりまで行って、社外から改革者を迎えるか、倒れるものは倒れる。私は、結局そういう打開の仕方しかないと思っているんです。

幸いなことに、これまでと違うやり方をしなければいけないと考えている人が、今の四十代から下の世代には少しずつ増えていると感じます。大勢につくだけの脳天気な若者もいますが、そういう人々は昔からいたわけで、まだまだ日本人は捨てたもんじゃないという人材にも会うんですよ。全然変わってない会社も多いけれども、変わりつつある会社も着実に増えてきている。それしかないと思います。

伊丹　それはそうだね。私もそうした世代が案外増えてきているという感じを持っています。やはり、年齢で言うと四十歳前後から下ですかね。これからの日本流経営作りは本質的なチャレンジの内容は同じだけれど、環境条件だとか豊かさが違うから、昔と同じ努力じゃ動かない。それはそのとおりですね。

三枝　そういう人たちがたくさん出てきて、元気な企業が増えてくるために必要な日本人の基礎的な力については、私は信じられるものがあると思います。全体平均で、間違いなく日本人は優れているんです。その点は楽観的なんですが、ただ、あまり時間が経ってしまうと間に合わなくなる。下の世代の人口が細ってきているし。

私個人のレベルでは、今ミスミという上場企業のトップとしてこの六年間、私なりにかなり斬新な組織論や経営者人材育成策を試してきたつもりです。そのうち、新しい「日本の経営」の一つの類型として世に問えることになればいいと思っていますが、まだ試行錯誤の最中です。

「日本の経営」の新しいステージ

三枝匡

日本とアメリカの間では戦後、両国の経済的盛衰に対応して、片方が他方を真似るという流れの逆転、再逆転が繰り返されてきた。

第一ステージ（一九七〇年代まで）は日本が米国の真似を続けた。アメリカ人の多くはその間、日本の脅威に気づかなかった。六〇年代後半、日本企業の技術者が大挙して米国の学会に押し掛け、アメリカの技術情報を日本に持ち帰る様子に気づいたある米国半導体企業の副社長は、慄然とする。「国際電子デバイス会議への出席者は五〇〇人のうち一〇〇人が日本人でした」「ネクタイを締め、眼鏡をかけ、カメラを持っていました。いつもグループで行動し……異様というより滑稽でした」「米国人の発表者がスライドをチェンジするたびに、日本人という日本人がシャッターを押す。すると会場全体にカシャ、カシャ、カシャとシャッター音がわき起こるんです」「最初は、私たちは笑っていました。やがてその重大な意味に気がついて、ゾッとしたのです。彼らは大勢でやってきて、手分けして写真を撮っているに違いない」（相田洋著、日本放送出版協会『電子立国日本の自叙伝』一九九一年）。私自身が七〇年代に、違う業界のことだが、日本人のこうした行動を何度、見聞きしたことだろう。米国人はあまりにもオープンで寛容だった。無警戒だった米国人の態度は変わっていった。

八〇年代になると、日本国内の自動車生産台数は米国を超えて世界一になった。一方、米国の自動車生産は三年間で三割も減り、二十二万人ものレイオフが行われた。「日本人がわれわれの業界を壊滅させ、生活を奪おうとしている」という深刻な反応があちこちで出始めた。不況に襲われた自動車の町デトロイトでは、八二年七月、自動車労働者とその義理の息子が、日本人と間違えて中国人をバットで殴り殺す事件が起きた。しかし陪審員の同情で、殺人にもかかわらず執行猶予付き三年の刑の判決が出た（シーラ・ジョンソン著『アメリカ人の日本観』一九八六年）。米国産業の凋落と対日感情の悪化を日本のマスコミが詳しく報じることは少なかった。

第二ステージ（一九八〇年代）では、米国人は日本の奇跡的成功には何か秘密があるに違いないと、日本から謙虚に学ぼうとし始めた。日本評価に歴史的な変化が起きた。日本経営ブームで多くの本が出版された。日本で『ジャパンアズナンバーワン』がベストセラーになったのに対して、米国で最もよく読まれた本は、ウィリアム・オオウチの『セオリーZ』だった。お堅い教科書会社から出版された本なのに、ニューヨーク・タイムズ紙のベストセラーに二十二週連続で載るという異例の売れ行きを示した。オオウチは、七三年に私がスタンフォード大学に留学したとき、組織行動学の教授だった。日系三世だが日本語は話せない人で、日本研究を始めたのもその年のことだった。

オオウチは日本企業は素晴らしいと賞賛し、日本的経営の特徴の中には米国に移植できるものもあると考えた。ところが彼が最後に行きついた結論はそれを飛び越えたものだった。彼は、「日本のことを米国に移植する必要はない。なぜなら米国には、もともと日本企業に似た体質の企業がある」と考えたのである。ＩＢＭ、プロクター＆ギャンブル、ヒューレット・パッカード、コダック、アメリカ陸軍などが、日本企業に似た体質を持つ組織として挙げられた。そしてオオウチは、アメリカの一般的な経営様式を「Ａタイプ」とすれば、日本企業は「Ｊタイプ」、それに対して日本企業のようなアメリカ企業を「Ｚタイプ」と名付けた。

私はほぼ三十年ぶりに『セオリーＺ』を読み返した。そして驚いた。オオウチはＺタイプ（イコール日本企業）が抱えている「潜在的欠点」として「外から来る者に恐れを抱きやすい」「外部環境の変化にすばやく対応できない」「従来の組織の信念から外れるものを拒絶しやすい」「そのため新しいアイディアを排斥しやすい」「組織内部がカルチャー的に多様化することに耐えられない」などの仮説を提示している。今読んでみればそれらは「仮説」ではなく、私が八〇年代から十六年間事業再生を手がけてきた中で感じ続けてきた日本企業の「実際の症状」なのである。『セオリーＺ』は日本企業への賛歌として書かれたが、日本的組織が抱える問題をすでにこの時点で整理していたのである。

本文の対談で述べたように、日本企業は現実にその頃には内部的組織活性のピークを過ぎ、経営リーダーシップの弱さと、社員の活力の低下を示す現象が多くの企業で露呈し始めていたと私は思う。会社全体のことよりも部分最適の視野でしか仕事をしない者が増えていた。ミドルへの選別は甘く、肩書きがどんどん増やされていった。しかし歴史のモメンタムは簡単に止まらない。日本はこのあと約十年間も、米国人が羨むほどの繁栄を続けた。伊丹さんの説明で、それが二つの悪銭による繁栄であったことがわかる。米国はこの時期、日本から品質管理やトヨタ生産方式を学んだ。八〇年代後半、米国ではリストラの嵐が吹き荒れた。

第三ステージ（一九九〇年代～二〇〇〇年代）は日本の凋落と米国の復活だった。経営手法の流入方向は完全に逆転した。アメリカ人は日本的経営から学ぶものはもう何もないと断じ、彼らの関心は日本を通過して中国に向かった。逆にアメリカの金融ルールが日本に大量に流れ込んだ。また日本はリエンジニアリング、サプライチェーンマネジメント、ＥＲＰ（統合基幹業務システム）といった手法を米国から取り入れた。多くの日本人はこれらの手法を米国発と思い込んでいるが、実は米国人が八〇年代に日本から学んだトヨタ生産方式を彼らが敷衍化した結果の手法を逆輸入しているのである。

米国的資本主義のルールが正統であるとの主張が増えた。長期雇用を尊重すると表明したトヨタに対して米国系格付け会社がそれを理由に格付けを下げ、それを日本のマスコミがトヨタ一社の古くさい方針であるかのように取り上げたことは象徴的出来事だった。当時、私は思った。米国の一民間企業による格付け情報がなぜ日本の新聞で喧伝されるのであろうか。トヨタの社長は長期雇用の何が悪いのかと、頑として矜持を保った。私は心の中で喝采を送った。やがてエンロンの破綻で米国的ガバナンスの限界が露呈した。しかし日本ばかりが米国ＳＯＸ法の後を追った。そして今度はサブプライム問題から発した金融危機が起きて、社外役員など米国流ガバナンス手法をいくら強化したところでこうした危機を防ぐことはできなかったことが証明されている。

企業は株主のためにあるという論理で、われわれ日本人は日本の会社を元気にし、世界市場の中での日本の強みを復活させ、日本を豊かにしていくことができるのだろうか。どんな方策にせよ日本企業が元気になることは、米国の投資家を含むすべての株主にとって大いに歓迎されることであり、日本は日本なりの答えと手法を探さなければならないのではないだろうか。

アメリカは第二ステージの苦境を抜けるのに約三十年を要した。大学を出た若者がほぼビジネス人生を終えるほどの長い歳月だった。次に第三ステージで苦しんだ日本は、すでに二十年近くが経過しているが、そこからいつ抜け出ることができるのだろうか。米国で起きている金融危機の再来を見ると、第四ステージが近づいている予感もする。しかし日本が独自の「日本の経営」を再構築することができないままで、他律ではなく自律的強さによって、本当に第三ステージから抜け出ることはできるのだろうか。

第三章

論理化する力・具体化する力

1——企業再生から経営者人材育成へ

『V字回復の経営』その後

伊丹　三枝さんは一九九〇年代から三冊の本を書かれ、それがどれもベストセラーになっている。今さら読者に紹介する必要もないのですが、『戦略プロフェッショナル』[*1]『経営パワーの危機』『V字回復の経営』[*2]です。これらの本を三枝さんは、企業再生の請負人としていくつもの企業の再生を担う傍ら、書いてこられた。

三枝　そうですね。私は十六年間、不振事業再生の仕事に携わって、日本でターンアラウンド・スペシャリストという肩書を名乗ったのは自分が最初だと思っています。バブルがはじけた九〇年代に入ると上場企業クラスの不振事業再生を頼まれるようになりました。そのときはまだ四十代でしたから、相手の会社の幹部や社員にしてみれば、当然、若いヤツが偉そうな顔をして入って来たという反応で（笑）、初めは動かない組織を相手に苦労しました。再生が中途半端に終わってしまった失敗ケースもありましたが、だんだんと腕を上げ、五十代に入った頃にはどんな状況に出合っても「どこかで見た景色」という感じになりました。

私の事業再生は、リストラや事業売却みたいな、いわゆる切った張ったの手法とは無縁です。選抜した社員を集めて事業のそのときの強みや弱みを整理して、なるべくシンプルな事業戦略ストーリーを作り上げ、「その会社の中に、そのときいる人々」の全員の力を結集して、彼らを熱くして、負け戦だったものを一気に勝ち戦の方向に転じていこうとするやり方です。

伊丹　いろいろ社内の抵抗に遭ったでしょう。

三枝　事業再生では社内の政治劇を避けることはできませんが、腕が上がってくると、後ろから撃たれそうになるときも、どんな状況でいつどこから弾が飛んでくるか、何となく見えるようになりました（笑）。最後に手がけた再生は連結一兆円企業の赤字部門で、その経緯は『V字回復の経営』に書きました。その会社の社長に事前に原稿を読んでもらった上で出版した本です。

伊丹　そのあと二〇〇二年に三枝さんはミスミグループ本社の社長に就任した。ターンアラウンド・スペシャリストの仕事は終わりにして、一つの会社の経営者に方向転換したわけですね。それはなぜですか。

三枝　十六年間いろいろな事業再生に携わりましたが、五十七歳になったとき、このまま再生の仕事を続けると、あと一、二社を手がけたところで自分の人生は終わりがくると計算しました。人の会社を直す仕事はもういいのではないか、残された期間で次に自分のやるべき仕事は何だろうと。

それまでの経験で、とにかく日本企業は下から上までサラリーマン化してしまい、経営者人材が枯渇している。次の経営者人材層を育てないと日本企業の将来は絶望的だと確信していました。

経営者人材の育成を自分の残りの人生の使命とするなら、どんなやり方が一番有効かを考えました。一橋大学の商学部や大学院で一学期の授業を担当することも都合七年間やらせていた

＊1　三枝匡著、ダイヤモンド社、一九九一年刊。日経ビジネス人文庫版は二〇〇二年刊
＊2　三枝匡著、日本経済新聞社、二〇〇一年刊。日経ビジネス人文庫版は二〇〇六年刊

だきましたが、結論的には、やっぱり自分の勝負は現場だと。そこでどこか面白い会社一社の経営を引き受けて、社長として手作りの人材育成をやりたいと思いました。その頃、たまたま社外役員を引き受けていたミスミの創業社長から、もう高齢なので引退したい、経営を引き受けてくれないかという依頼が来て、それを受けたんです。

伊丹　三枝さんがミスミの社長に就任したとき、多くのマスコミが、コンサルタントが経営者になったと書きましたよね。

三枝　私がBCGのコンサルタントだったのは、はるか昔の二十代のことです。そのあとはずっと、三十代で社長を務めた三社を含めて、自分は経営者の仕事をしてきたと思っています。事業再生の時代も相手の会社には役員として入ることを常としていましたから。その会社の社員に「あなたの会社は……」とか「この会社は……」とか言うのではなく、「ウチは……」と言っていました。

そんな経験を三十年近く続けてきましたから、自分で意識しないうちに自然と、修羅場も含めてかなりの経営経験が貯まっていたと思います。ですから五十八歳直前でミスミの社長に就任してからは、ミスミの社内でいろいろおかしな現象に出くわして、場合によっては経営者の「腕力」が試される場面も結構ありましたが、私にとってはほとんどが「いつか見た景色」「いつか来た道」でした。

もちろん、だからといって、すべての経営リスクの先読みなど絶対にできませんから、やってみたらうまくいかなかったということはたくさんあります。いわんや、社員には見えていなくても、私の頭の中では計算が間違っていたと反省し、自己認識としては密かに失敗だったと結論したことはゴロゴロあります。

自分の心の中で失敗を認定することができれば、周囲が失敗だと思わなくても自分としては失敗経験を蓄積しているわけで、それを私は「失敗の疑似体験」と呼んでいます。経営者人材として腕を上げていくプロセスではそれが非常に重要だと、ミスミの幹部社員には説いています。あとでお話しするミスミのビジネスプランなどは、失敗の疑似体験をたくさん経験するための仕掛けです。

コンサルタントや評論家、あるいは野党的に評論するだけのインテリサラリーマンのように、リスクをたくさん列記してそれを語ることは簡単なんですが、経営者の任務はそのリスクに「比重」を与えないといけません。数あるリスクの中で一つのマイナス要素が圧倒的な比重を占めると思えば、その一点だけでプロジェクト全体を否定していい。それが経営者の仕事であり、決断の意味だと思います。

ミスミに行ってから会社の中をかなりのスピードで変えていったので、幹部たちは「これは転職したのと同じ」と言っていました（笑）。ミスミの幹部たちの素直さと前向きな姿勢にはとても助けられました。

伊丹　その後、かなり業績が伸びましたよね。

三枝　おかげさまで、ミスミの社長になる前年の二〇〇一年度は売上高が五百十億円台でしたが、四年後の二〇〇五年には二倍の一千億円を超えました。創業から五百億円台に届くまで四十年かかったのですが、次の五百億円の上乗せは四年間でできました。その後の成長率は景気の勢いが弱まったのに応じて落ちていますが二〇〇七年度には売上高千二百億円を超えました。この六年間の年平均成長率は一六％でした。営業利益も百六十億円前後に達しており、商社としては珍しい高収益率です。

ミスミの経営改革

伊丹　四十年かかった売上高を六年間で二・六倍にするという成長加速は、どういう打ち手で可能になったのですか。

三枝　まず、何と言ってもこの六年間、日本経済の景気の追い風が強かったのが大きいです。景気の要素を除くと、何か一つのことが大当たりして伸びたというのではなく、あれこれ地道な打ち手の積み重ねの結果です。

ミスミの機械工業部品の商売のやり方、いわゆる「ミスミ事業モデル」と呼んでいる事業形態は非常にユニークで、海外の投資家などに説明すると、日本にこんな会社があったのかと強い反応が返ってきます。その面での強さは歴史的にかなりの蓄積がありました。

ところが私が社長に就任したときは、第一章のアメリカ流経営の弱みに似た話で、社内の「多角化」の失敗で組織の力がかなり弱っていました。私は累積で約五十億円の損失を出していた多角化事業を一気に整理して、社内に本業回帰を宣言しました。それまで多角化ベンチャーで面白おかしく、場合によってはふわふわしていた社内には青天の霹靂だったと思います。

この六年間、その「ミスミ事業モデル」をいろいろ刷新し、また海外展開を図ることをしゃかりきにやってきました。二部上場だったメーカーを経営統合し、商社機能だけでなく「創って、作って、売る」のサイクルを一体化して強化する戦略をとりました。商社なのにメーカー機能にまで手を出すというのは、それまでのミスミではあり得ない戦略転換でした。

伊丹　組織については、どんな改革を行ったのですか。

三枝　ミスミの経営コンセプトの柱は二つあって、一つは今言った「ミスミ事業モデル」、もう一つは本書のテーマに関係のある「ミスミ組織モデル」です。そこには、私の経営者人材育成の考え方が強く埋め込まれています。私はそのためにミスミに来ましたから。

企業が元気であり続けるためには、社員を機能別の狭い仕事に埋没させてはいけません。第二章で出た話ですが、上司が十年前にやっていた仕事のダイナミズムを、今、十歳若い人に経験させているのかどうか。また、沈滞した会社では例外なく、事業や商品の「創って、作って、売る」のサイクルが途中でちぐはぐになっていて、社員の仕事がチマチマ化して、事業の自律性が失われています。

そこで「創って、作って、売る」の機能をワンセット持たせる組織を、なるべく小規模になるようにデザインして、その中で経営リーダーや社員が自律的に計画を組み、意思決定し、事業を推進できる組織を与えると、かなり大きな事業でも途端に元気になります。それが十六年間にわたる私の企業再生の手法でした。その自律性が大きければ大きいほど、社員は元気でいられる。何よりも、そういう組織では経営者人材の育成が加速されるんですよ。

これらの考え方は、そもそも私が三十代で住友系合弁企業に乗り込んだときに初めて気づいた改革の視点でした。日本企業の多くで、本人たちが気づかないうちに社内の機能別組織の壁が肥大化し、そのために「創って、作って、売る」のサイクルのグルグル回しが遅くなって、競争に対する戦闘能力が落ちているのです。

私の本『V字回復の経営』の中で、実践例が説明されています。一兆円企業の中の赤字部門で、タスクフォースの中堅社員たちが「創って、作って、売る」のワンセットを持たせた組織をどうデザインするかで、約四カ月も苦しみます。会社は「大きいことがいいことだ」ではなくて、「スモール・イズ・ビューティフル」への発想転換です。その成果が、劇的な業績回復に結びついています。私の本は三冊とも本当にあった話です。

伊丹　ミスミの社長に就任して同じような組織形態を導入したのですか。

三枝　いえ、私がミスミに行ったとき、ミスミにはすでに「創って、作って、売る」をワンセットずつ細かく分けて、少人数の「チーム」に事業責任を与えるという分権組織が存在していました。それは創業社長が編み出した素晴らしいコンセプトでした。私は自分の考え方とまったく同じことをすでに実行しているこんな会社があったのかと大変に驚きました。

しかし良いことの裏には必ず弊害がある（笑）。スモール・イズ・ビューティフルを追求し過ぎて組織をあまり細かくし過ぎると、今度は「チマチマ病」に陥ってしまう。社員が自分の事業の大きさの範囲内でしか、次の打ち手を考えなくなる。本当は大きな投資や長期戦略を考えるべきなのに、目先のことしか考えなくなるんです。

もう一つは「バラバラ病」です。小さな事業単位の組織の数が増え過ぎて、しかもトップによる全社経営の統制が弱いと、みんながてんでんバラバラに好きなことをやり出す。私がミスミに行ったときに見た多角化事業の失敗は、この「チマチマ病」×「バラバラ病」の二つの病気が同時に起きていて、深刻な病状でした。ミスミは私が経営信条としていたスモール・イズ・ビューティフルの考え方の「弊害」を、いわば、約十年間の歳月と約五十億円の累損をもって実証してくれていたと思いました。私にとっては大きな学びでした。

スモール・イズ・ビューティフルの二つの弊害に対するワクチンとして私が導入したのが「ビジネスプラン」です。事業チームごとに大きな「戦略」を描かせ、必要なら事業部長や社長が大きな金額の投資や新事業の赤字を奨励する。それで「チマチマ病」は防げる。事業部長や社長レベルで下部組織のビジネスプラン審議を行い、事業チーム同士あるいは事業部同士の水平軸で戦略が整合性を持つように図り、経営資源配分の優先順位を調整する。これで「バラバラ病」を防ぐ。ミスミでは社内のビジネスプラン審議というのが新年度に向けて行われる重要な行事になっています。

伊丹　社長は、そのビジネスプランにどんな形で関わるんですか。

三枝　まずビジネスプランを皆が作り始める前に、社長は「戦略とは何か」「何を考えたら戦略を考えたことになるのか」の考え方を経営幹部や社員に徹底させなければなりません。トップがこの役割をきちんと果たさないと、ビジネスプランの「品質レベル」は保てなくなります。

ミスミの社長は個々の事業チームや事業部に対して、この商品をもっと拡販しろとか、値段を下げろとか、そういう具体的なことは言いません。ミスミの扱う品種は百万点を超えていますから、社長が一つひとつの商品のことに口を出して、皆が組織の上を見て黙って従うようなパターンに陥ったら、社長がミスミという会社をおかしくする原因になってしまいます。

それよりも社長は「戦略とはこういう手法で組み立てるんだ」「あなたの戦略には、こういう要素や考え方が漏れている」「事業のストーリーが複雑過ぎるから、絞ってもっとシンプルにした方がいい」「逆に、考えていることが単純過ぎて、このままやったら失敗するぞ」といった言い方で、個々の事業チームが出してきたビジネスプランを叩きます。

私は自分のことを「戦略フレームワークの伝道師」だと言っています。今ではその伝道師の役割を継いでくれている役員が増えてきています。この六年間で、親亀が子亀を育て、子亀が孫亀を育て……という伝承が行われつつあり、気がついてみたら六年前に比べて、会社全体の戦略志向はかなりレベルアップしたと感じています。

ビジネスプランを上司が叩いて、考えが足りない部下には「もう一回やり直し」ということが繰り返されるのですが、言われた当人にとってその作業は自分の経営的力量を上げるため、あるいは自分の事業を良くするためにやっていることになります。そのプランが承認された頃には、組織の下から上まで内容が共有され、大きな投資でも上司が「わかった、俺も同じ船に乗るよ」と言っているのと同じ形になります。それが下にとってはリスク感の軽減になり、チマチマせずに思い切って突っ込んでいけるようになります。承認されたビジネスプランの範囲内なら自由に動けるので、一年間の「権限委譲」のベースにもなっているんです。それが組織の元気さを生むのだと思っています。

伊丹　つまり、トップが提供する戦略フレームワークや戦略コンセプトを使って、若い事業責任者が自分の事業の状況を「こうしたい」「ああやりたい」と組み立てる。データを投げ入れ、事業の方向性を決めるのはあなたたち自身なんですよ、というやり方ですね。

三枝　そうなんです。各事業責任者はそれぞれアグレッシブに考えるように促されるので、すべての事業チームの売上計画を全社的に足し上げるととんでもない数字になる（笑）。それでいいじゃないかと。私は全社的な中期経営計画というのは機能的に無意味になっていることが多いと思っているので、全社合計を調整するみたいなムダな作業はやらないんです。

2――抽象の世界と現実の世界

経営の因果律の習得

伊丹　戦略コンセプトやフレームワークをまず持ち、それを現実の世界の中で具体化していくプロセスの中で人を育てる、というのは大賛成ですね。そういうやり方をすれば、実務家は抽象的な考え方を持っているだけではダメで、現場の現実の中にそれを埋め込んで、実際に実行していかなければならなくなりますから。

ビジネスの現実では、いろいろな要素や条件が錯綜して作用し合っている。三枝さんがよく言っている言葉で非常に印象的なことがありました。経営者人材というのは、経営的な打ち手としてどのボタンを押したら、どんなことが起きるかっていう経営の「因果律」みたいなものを、頭の中にたくさん貯めることが大切だと。経験の蓄積というのはそのデータベースが豊かになっていくということであり、それによって経営者はだんだんと賢くなっていき、失敗の予知能力が高まって、的を射た行動ができるようになると。

その「因果律のデータベース」っていうのは、社内で単にビジネスプランを作るという過程だけでは豊かにならないよね。

三枝　もちろんそれだけでは足りません。机上でビジネスプランを作るだけなら、コンサルタントと同じです。それでは実業での経営力は上がっていかないですね。経営企画室に長くいても経営力が身につくとは限らないのと同じですよね。

伊丹　そうすると、「因果律」の習得のさせ方っていうのは……。

三枝　プランニングというのは抽象・論理・仮説の世界ですよね。それによって組み立てたことを現場で実行してみて、うまくいったとかダメだったとかで、また抽象・論理・仮説の世界に戻る。理屈だけならコンサルタントの世界だし、理屈なしで経験主義だけならただの職人。

経営者人材が育つプロセスというのは、理屈で考えた、そこから導いた仮説を現場で実際にやってみた、ダメだった、また理屈で考えた、それでもダメだった、もう一度理屈で考えた、今度はうまくいった、そんな行ったり来たりの中で、因果律データベースを豊かにしていくのだと思います。要するに、経営力を上げていくというのは、試行錯誤の回数だと思います。

経験から学ぶことができない人というのは、自分の何がまずかったかということを、抽象化・セオリー化・一般理論化して蓄積することができない人のことですよね。あるいは、世の中にはそれに関するセオリーや理論があるのに、勉強していないからそれを知らず、自分の個人的失敗が単発的に起きただけだと思っているわけです。

抽象化・セオリー化・一般理論化のできない人は、自分が次にとろうとしている行動が、一見違う行動に見えるけれども実は以前に失敗したときと同じ範疇の行動だから避けた方がいいと、演繹することができない。その判断の基になるはずの過去の失敗を、応用可能な知識ベースとして使えるようにタグをつけていないからです。そのタグをつける行為こそ、抽象化・セオリー化・一般理論化なのです。それができない人は、一見似て非なる失敗を繰り返すことになる。

伊丹　いつまでたってもラーニングにならない。

三枝　抽象・論理・仮説の世界に戻れる人は、自分がいまやっていることが、以前に経験したり学んだことと一見違うようだけども、実は同じ論理を当てはめることのできる同じカテゴリーの問題だと気づくわけです。人はそれで賢い行動ができるようになるのですが、こればっかりはもう、その行ったり来たりの回数で決まってくると私は思っているわけです。人間の行動が年齢を重ねるに従って賢くなるというのも、この話に尽きるんじゃないでしょうか。

伊丹　今の三枝さんの話は、研究者としてもまったく納得できる。実は、現実の世界と抽象の世界を行ったり来たりすることで学ぶ、というのは研究者も一緒なんです。大学で研究者の卵を育成するプロセスでも、抽象の世界と現実の世界の行ったり来たりをどの程度素早く、かつ正確にできるか、それが研究者として一人前になれるかのカギだ、という話を院生たちによくするんです。この章の後半では経営者に必要な、抽象の世界と現実の世界の行ったり来たりの話を続けましょう。

三枝　いいですね。その前に今の話をまとめます。まあこんなことを考えながらこの六年間ミスミで必死にやってきているうちに、手前味噌ですが、だんだん人材が育ってきました。大会社の事業再生をやるのと同じくらいのエネルギーを使いましたが。

もちろん経営者人材のつもりで入社したけれど途中で辞めた人も結構いました。力量不足で身の丈以上のジャンプになってしまって届かなかった人や、大企業サラリーマンの意識や習性から抜けられなかった人が辞めていきました。

常務や執行役員に上がってきたり、世に言うカンパニー制に似た「企業体」と呼ぶ組織を導入したのですが、その「社長」に上がってくる人とか、内部で鍛えられて上に登ってくる人材の流れができつつあります。その下の若手社員層にも優秀な者が目立ちます。皆、この六年間の手作り人材ですが、彼らがまたその次の層の人材を育ててくれているので、組織全体がどこまでレベルアップしてくれるか楽しみにしています。

私が前任者の経営をガラガラと変えたように、彼らが経営者人材として力をつけた次のステージでは、私の時代の経営を否定してくれていいんです。会社は生き物のように、世代から世代に引き継がれて行く中で、進化していかなければいけません。

元気を失った企業では、自分の会社を進化させることに必要なガッツ、つまり熱き心や、戦略性を持ったリーダーが枯れてしまい、それが会社をダメにしているのだと思います。

現象を抽象化し、現実に即して解凍する

三枝　私が社内研修のときに使う戦略コンセプトなどのチャートは、ほとんど事業再生の経営現場で実際に使ったチャート類を、あとで教育目的に作り直したものです。最初に理論あり

きではなくて、自滅寸前の会社でどうしたらこのことを役員や社員にわかってもらえるかなと、現場で考えあぐねた上で作った資料がネタになっています。

改革で乗り越えていかなければならない「死の谷」の図なんていうのも、私が本当にその死の谷で苦しんで、ときに惨めな思いをした経験が背後にあります。社内研修のような場でチャートだけ見せると、受講者には一見、きれいごとに見えるでしょうが。

さっき言ったように自分の経験をコンセプチュアライズ、すなわち一つの概念にまとめることができると、次に自分が似たような状況に出合ったときに、以前の概念を新しい状況に適用できます。過去の経験を自分の頭の中でいわば一般セオリーとして「冷凍保存」しておいて、いざとなったらそれを「解凍」して、新しい状況に当てはめることができるわけです。

私が自分の経験をそうやってコンセプト化しておくべきだという発想を強く持ったのは、実は三十年近く前、伊丹さんの『経営戦略の論理』に書いてあった一つのチャートを見たときです。オーバーエクステンションのことを説明している図でした。

伊丹　それは学者としては大変うれしいコメントですね。いろんな現実の現象がある中で、これがどうも共通項のコンセンプチュアルフレームワークじゃないかというものを機能的に明らかにする。つまり現場発だけれども、実は現場の背後にこういう論理の大きな枠組みがあるのではないか、ということを提示するのが学者の役割ですからね。

三枝　そのとおりだと思います。世のビジネスマンの成功と失敗の歴史から取り出されたエッセンスがそこに込められているわけです。ところが、いざわれわれビジネスマンがその論理を使おうとすると、自分の現場にどう当てはめたらいいかわからないことが多いんですよね。

私は「解凍」と言っているんだけど、理論を冷凍庫（本棚）から持ってきて、それを現場でディフリージング（解凍）する仕方がわかりにくいんです。

そこで、経営学者の本なんか役に立たないと言う人が出てくる。そうじゃないんですよね。学者の理論が悪いんじゃなくて、ビジネスマンによる理論の現実への応用力に問題があるんです。

伊丹　それに関連して、私がよく書く図を示しましょう（図1）。いろんなことが起きている現実の世界があり、概念の世界があります。現実の世界でこんなことが起きている。この背後に、Aという現象が起きているとしましょうか。その現実の現象を抽象化してみると、上（抽象の世界、概念の世界）にアルファという何かがあるなと考える。言ってみればこれが、論理化あるいは抽象化のプロセスです。つまり、Aを現実に観察して、そこからアルファへ

図1　論理化と具体化のしくみ

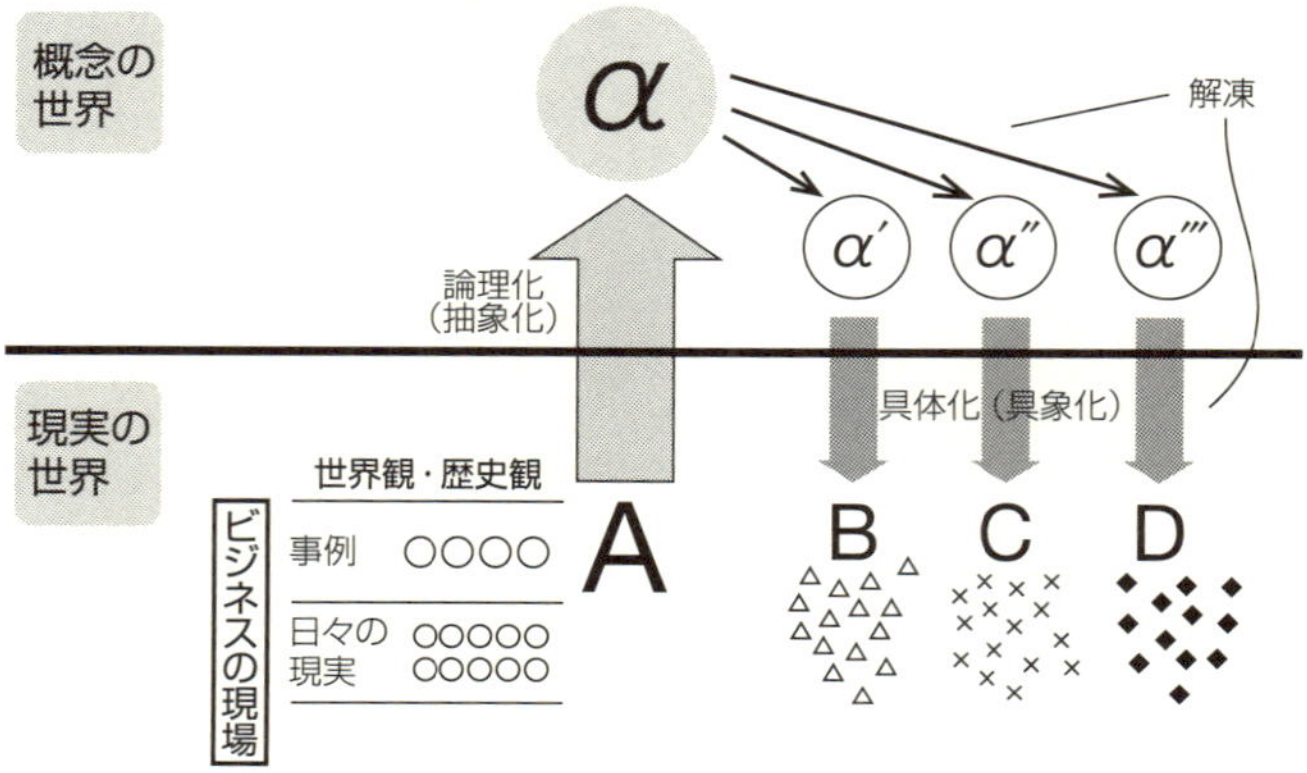

の抽象化をする。この論理化／抽象化のプロセスが、学者の仕事の一番の核です。そうした抽象化された論理や概念の全体を考えて、その論理的結果を考える。その論理的結果を新しい現実の状況に当てはめるのが具体化です。これをやらないと実際の経営はできません。三枝さんの言葉を借りれば、解凍と言ってもいい。抽象の世界に存在する論理を、現実の世界に戻してやるプロセスです。このプロセスが難しいわけです。

　論理化も具体化も難しい。しかし講演などで私がしばしば責められるのは、今、三枝さんがおっしゃったとおりで、具体化のできない人が「先生の話だけではまだ具体的じゃない。その先を具体的な形で教えてくれなければ。だから、先生の話は役に立たない」と責められる。しかし、私にしてみれば「冗談じゃない。その具体化、解凍作業をやるのが現場のあなたの仕事でしょう。それまで学者にやらせるつもりですか」って言いたくなります。

三枝　そうですね。

伊丹　もちろん世の中には、いくら具体化したってダメな論理アルファもあります。これがそもそも間違っていれば、あるいは現実の背後の重要なエッセンス、本質が抜き出されてなければ、具体化をいくらしてもムダです。具体化は無理だと言った方がいいかもしれない。しかし、論理化のプロセスで失敗した、いわゆる理屈倒れの論理が、案外多い。それがまたまことしやかな言葉で語られている場合がありますが、これはいくら具体化しようとしたって無理なんです。

三枝　論理化すると、現実のいろんな枝葉末節をそぎ落としちゃうから、抽象的になるのは当たり前なんですよね。

伊丹　三枝さんはその抽象化と具体化の両方をやってきているんだよね。私は学者だから、論理化専門なんですよ。もっとも大学も経営というものがあるから、その中では私も具体化の世界をやってきたけど。大学も大変なんですよ（笑）。

三枝　世の中の理論には伊丹さんが言ったみたいに、いいものもあれば、使えないものもある。具体化、いわば解凍を何度も何度も試していくうちに、その仕方がだんだんわかってくる。使える理論かどうかを見分ける能力も上がってくる。だから私は「経営リテラシー」を学ぶことは重要で、それと現場の行ったり来たりが必要だという理屈になるわけ。

ビジネスマンが座学で勉強することは大事ですよ。勉強していない人は、たまたま手にした一つの論理だけを使おうとする。そんなもの都合良く使えるとは限らない。あるいは抽象的に理屈ばかり言ったってダメだよと他人から言われてしまう。抽象レベルの話では現場の人は動いてくれませんから。

理論からエッセンスをどう取り出して、それをどう語れば、「論理的権威性」を持って部下を動かす力になるのか。それを体得するには何度も行ったり来たりするしかないんですね。

伊丹　図のアルファという論理があって、それを自分の置かれた環境と思われるところに、概念の世界でまず変形するという作業をしなきゃいけません。だから、解凍作業の一部は、まず概念の世界での変形なんですよ。

三枝　原論のアルファから、ある状況にはアルファダッシュで、アルファッーダッシュでと変形させたものを考えて、現状に一番適合する形で使うわけです。ここのところは自分のバージョンを編み出してやらなきゃいけないという話ですね。

伊丹　そう、その解凍という作業と、そもそも解凍されるべき冷凍食品に初めから毒がないように作るという、元になるアルファ作りという作業の両方がものすごく大切です。学者は主にアルファ作りをやるんですよ。日本の学者、私らの世代の前の経営学者の大半は、横文字のアルファを縦文字のアルファに変えるだけの作業しかしない人が多かった。私の本がおそらく多くの人に衝撃的だったのは、明確にAからアルファの作業をやったからなんです。

抽象化の背後にキーワードあり

伊丹　次に解凍作業のコツや悩み、抽象化のときのコツや悩みといったテーマを議論しましょうか。抽象化も学者だけの作業だとは思いません。学者は抽象化が専門ですよ。だけど、現実のビジネスパーソンでも、ほんとに優秀な人は、自分が体験したことから、自分なりの日常の理論を頭の中で作っている。たとえ他人に体系だって話せるような純度にまでは行っていなくても、抽象化作業をある程度ちゃんとやっている人が、おられる。そういう方がいろんなところで自分なりの解凍ができるんですよ。

だから、これからユニークな「日本の経営」を創っていくためには、私は抽象化というのをビジネスパーソンが自分自身である程度ちゃんとできるようになるという能力がものすごく大切だと思う。もちろんそれだけじゃダメで、具体化・解凍がないと現実はことが動かないから両方とも大切なんですけど。

抽象化は、学者をはじめ他の人がやってくれた結果を使うこともできます。だから、ビジネスパーソンにとっての重要性には、主従の関係が間違いなくあるでしょう。具体化が主、抽象化が従。だけど、本当に優れた経営者人材はフィフティー・フィフティーだと思いますよ。

三枝　確か伊丹さんが『経営戦略の論理』を執筆するにあたって、ビジネス誌をたくさん読んで、興味深い戦略の成功事例を大量に集めて、膨大な数のカードにした。そこから戦略の論理を抽象化していった、という話をしていましたね。しかし、いくらカードを作って、その山に付箋をたくさん貼ったって、つまらない人であればつまらないまとめ方をするし、そうでない人間は、ハッと思うような切り口でカードを集約して、これはこういう概念で切るべきだという新鮮な考え方を提示するじゃないですか。伊丹さんがそういう新鮮な抽象化ができた当時、まだ三十代前半でしょう。他の学者とは違う抽象化ができた理由はなんですか。

伊丹　やっぱり学者ですから、基本的には世の中が動いている一番基本的な変数は何か、といったことを考えようとする、いわば抽象化の作法のトレーニングを積んでいたんです。それに加えて、私の場合にはかなり普遍性の高いキーワードが、本格的に抽象化の作業を学者としてやろうとする時代の前から、あったことが大きかったと思う。そのキーワードは「情報」なんです。情報を人間と人間がやり取りしていたり、そのやり取りから学習をしてその成果が蓄積されたりするという、そのプロセスにすべての根幹があるなという目で見るようになったんですね。

そういうふうになった理由は二つあって、一つは、これは私が会計を専門にしていたことと関連するんだけど、情報の価値みたいなことを分析する学問をやったわけです。そうすると、情報とは一体どういうものだということを、抽象的な理論の世界で勉強するわけです。その中にはセンスのいい話もたくさんありますから、そういったものを通じて抽象の世界での準備作業がある程度できました。

もう一つは、実は父なんです。私の父は、地方の繊維問屋の御曹司として生まれて、三代目で潰してしまいました。潰してしまったあと、写真が趣味だったものですから、小さい写真店を始めました。そこから問屋にまで育てて、ヨドバシカメラが新宿西口でまだ小さな店舗しかなかった頃の主なサプライヤーになれるくらいの規模まで、およそ十年で急成長していきました。そのとき私は中学生から大学生、大学院の初めという時期でしたから、父の経営を横で見ているわけです。経営学を学んでいたので不思議だったんです。何で父のビジネスは伸びていくんだと。

あるとき「あっ、原因は情報だな」と気づいたことがあるんです。それは、父のこういう話を聞いたときです。父の商売は、フィルムを売ったり、印画紙を売ったり、あるいはカメラを売ったりする問屋です。フィルムの供給者として例えば富士フイルムだとか、当時だったら小西六（コニカ）だとか、メーカーの営業マンが問屋に来るわけです。彼らは小売店にはほとんど直接行かないし、小売店の人はメーカーの人とは直接話さない。要するに間に入っているわけです。

ここで父は、商売のコツは、九割本当のことを言って、一割は、うそを言っちゃいけないけれど、ときどき遅らせるんだという話をしてくれました。そうすると、情報の差でもって儲けているんだな、ということを感じるわけです。あるいは、人間の能力はどうして蓄積されるかなんてことは、ウチに来た若者がだんだん番頭さんみたいになっていくことでわかる。あの人は仕事の上でいろいろと学習しているんだな、ということを感じるわけです。

こうして情報というキーワードで切ると世の中面白いなということを、父のビジネスを見ながら思っていた。そこへ、会計の研究として情報についての勉強をしたものだから、情報の流れというキーワードで世の中の現象、特に経営の現象をすべて見てみようという根幹がその頃できあがったわけです。だから、私がそのあと書いた本は、ほとんどそれで説明できるんです。『場の論理とマネジメント』[*3]もそうですし、『人本主義企業』もそうです。

三枝　そういう人間のルーツというか、若いときに形成されたものが抽象化の能力にどう影響してくるかって、面白い話ですね。

伊丹　そういうことを言われなければ気がつかなかったかもしれないんだけど、父が飯を食べているときか、メーカーの人が帰ったあとなんかに、「あんなこと言って、さっき小売店の人と話していた話と違うじゃないか」なんて私が言ったら、「ばか。おまえ、うそは言わないようにして、ちょっと差をつけなきゃダメだ。問屋なんて、そこで口銭稼ぐんだから。信用の問題があるから、うそはついちゃいかん。でも、ちょっと遅らせるんだよな」と。そんなことを鮮烈に記憶していたものだから、情報ってやたらと大切だなということが、どこか原体験としてあるんですね。

3――論理化すれば、普遍性を獲得できる

カンバンからリエンジニアリングへ

三枝　抽象化、理論化の大切さを感じさせる例が、トヨタのカンバン方式が八〇年代にアメリカ人によって「論理化」され、新しい経営コンセプトに敷衍化されていった、といった一連の流れだと思いますね。この敷衍化をなぜ日本人が自分でできずに、アメリカ人にやらせてしまったのか。そこに日本の経営の知的論理化能力の問題が見えていると思っています。

八〇年代初めのアメリカで、日本経営ブームが起きたことは第一章で話しました。そのとき、日本の経営を真似ようとしたアメリカ人はさんざんいろいろなことを試してみたんです。しかし日本の経営の本質はよくわからず、日本経営ブームは去りました。しかしそのあとも日本の経営手法としてアメリカに残り、脈々とその試行錯誤が続けられたことが二つありました。トヨタ生産方式と品質管理です。

日本で当時、トヨタのカンバン方式の導入が試されていたのは機械組立産業だけでした。NPS研究会といった一部の企業の集まりで、食品など違う業界で試されることは少しは行われていたんですが、その広がりは限られていました。

ところが、第一章で触れたように、日本の経営手法をアメリカ人に伝える役割を果たしていたアメリカ系のコンサルタントたちが、初めは稟議書が大切だと言っていたのと同じような感

＊3　伊丹敬之著、東洋経済新報社、二〇〇五年刊

覚だったと思うんですが、日本の経営の神髄はトヨタのカンバン方式だと唱えたのです。

それをコンサルティング会社の商売としてアメリカのさまざまな産業に持ち込みました。そのため、当時の日本ではトヨタ生産方式には無縁と思われていた電機、パソコン、フィルム、航空機、医療機器、玩具、樹脂成形、あるいは非製造業の物流、郵便、建設、病院などの分野でカンバン方式が試されることになったわけです。この時点でアメリカでは、日本より先行する形でカンバン方式を試みる業界がものすごく増えたということです。

例えばアメリカ人がカンバン方式を病院に持ち込んだ例は、驚くほど知的な論理化の力でした。ＰＦＣ（Patient Focused Care）と呼ばれる病院の改善手法です。

どんなコンセプトかと言うと、工場の組み立てラインを流れていく商品に相当するのが、病院では患者だというわけです。患者が入院してからいろいろな検査を受け、その結果に基づいて医師の診断を受け、さらに手術、投薬など、病院内で患者に提供される一連の治療サービスを、工場の生産ラインと同じようにタイムリーに提供していく。例えば患者の血液検査では、患者から血液を採取してから、検査結果を医師に返すまでのＴＡＴ（ターン・アラウンド・タイム、返し時間）の短縮を図る。

従来は病棟の中央にあった看護師ステーションを廃止して、看護師が病室のすぐ近くにいられるようにフロアのあちこちにバラバラに配備する。それによって看護師の動線を短縮し、患者のすぐ近くにいる時間の増えた彼らが頻繁に患者に触れて、患者が押しボタンでナースコールをすることをやめさせるというのです。つまり患者の要求に対してサービスを返してあげるあらゆるＴＡＴを短くする。これらの基本概念はすべてトヨタのカンバン方式の分析から得られたものでした。

つまり滞留や待ち時間を減らして、人間の身体の治癒力以上には短くしようがないとしても、なるべく在院期間を短くするというコンセプトです。八〇年代にアメリカは大きな財政赤字を減らすことを迫られ、医療費削減が国家的課題になっていました。アメリカの病院の経営効率を上げるために、トヨタ生産方式が役に立ったのです。

九〇年代の中頃に、私は千五百ベッドを保有する日本のある大病院の経営改革をその病院の理事として手がけたことがあり、そのために全米何カ所かのＰＦＣ病院を見に行ったことがあります。現地で案内してくれた人々の中には、トヨタ生産方式を病院に適用できるようにその概念の敷衍化を行ったコンサルティング会社ブーズ・アレン＆ハミルトン（現ブーズ・アンド・カンパニー）のコンサルタントがいました。今、アメリカには多くのＰＦＣ病院があります。

時間というキーワード

三枝　ＢＣＧの創業社長ブルース・ヘンダーソンは、トヨタ生産方式がなぜ経営手法として有効なのか理解できませんでした。在庫を減らすことが、どうして日本的経営の強みになりうるのかと。そこでＢＣＧのトム・ハウトとジョージ・ストークという腕っこきの二人のアメリカ人コンサルタントを日本に送って、分析、理論化を行わせました。その二人は九〇年に *Competing Against Time*[*4] という本を出しました。
彼らはトヨタのカンバン方式とは「『時間』という要素を切り口にした新しい企業戦略だ」

＊4　邦訳は『タイムベース競争戦略』ジョージ・ストークJr.、トーマス・M・ハウト著、ダイヤモンド社、一九九三年刊

と言ったのです。見事な抽象化でした。アメリカ人に「時間」というコンセプトが提示された途端に、トヨタ生産方式の考え方は、生産現場だけでなく、営業や開発などの企業活動全体に適用できる手法じゃないかと、彼らは気づいたのです。例えば日本の自動車メーカーは一つの新車を当時三年で開発して売り出すのに、アメリカの自動車メーカーは五年以上もかかっていると。企業組織のあらゆる活動で時間短縮を図ることが戦略優位になると気づいたのです。

トヨタ生産方式は、アメリカでのこうした試行錯誤の中で、アメリカ人が得意としていたコンピュータシステムやインターネット技術とつながり、やがてＢＰＲ（ビジネス・プロセス・リエンジニアリング）のコンセプトに敷衍化されて行きました。これらの歴史的流れは私の『Ｖ字回復の経営』の経営ノートに詳しく書きました。

私は七〇年代後半に「創って、作って、売る」のサイクルを速く回すことが事業の優劣を決めるのだと気づいていました。私も「時間」を問題にしていたのです。しかし、私は彼らほどの「抽象化、理論化、敷衍化」ができずに、なんと「商売の基本サイクル」なんていう実にダサイ（笑）呼び方の抽象化で止まっていたのです。

ミスミに来てからも、私の抽象化のレベルは「スモール・イズ・ビューティフル」なんていう単純な言葉にとどまっていたりするわけです（笑）。しかしその程度の言葉であったとしても、「創って、作って、売る」や「スモール・イズ・ビューティフル」の言葉は人々の心に響き、言葉としての伝染性があり、それによって経営改革を導いてきた面があるのです。

ですから、日本企業が効果のありそうな理論化や敷衍化を試みるつもりで試行錯誤をすれば、さまざまな改革のネタが出てくる可能性はあると思います。

一方、アメリカ人はトヨタ生産方式から発して、「創って、作って、売る」のトータルサイクルを問題にするに至り、それが九〇年代のリエンジニアリングのブームにつながっていきました。

もともと私が原点とした商売の基本サイクルというのは、「創って、作って、売る」のサイクルを一気通貫で回して、そこにいる社員たちが目を輝かせて、生き生きと仕事をするというコンセプトでした。トヨタ生産方式は、そこにいる人たちが自分の目で停滞を見つけ、次工程はお客様と思って不良品を流さないように作業をするといった、現場での「作り込み」の手法でした。

しかし私はリエンジニアリングがコンピュータのパッケージソフトに化けてしまったあたりから、社員が「目を輝かせる」とか「自分の目で確かめながら作り込む」といった人間志向、現場チックな本質から離れてしまい、コンピュータ会社やコンサルティング会社の単なる飛び道具、商売道具に変わってしまったと感じています。

これは昔のＭＩＳ（経営情報システム）のブームに似ていて、コンピュータ会社がいかにも会社の経営革新が起きるみたいなことを言って、みんなが巨額を払って導入したけどそんな変化は起きなかったのと同じことだと思います。しかし、そうした巨額の商売に変えてしまったということも含めて、そこまでに至るアメリカ人の「抽象化、理論化、敷衍化」の能力は、大したものだったと思います。

伊丹　論理化（あるいは抽象化）も具体化も、相当に力わざがいりますね。トム・ハウトとあるコンファレンスで一緒になったことがあるんですが、意気投合しました。要するに二人が大切にしているものは、ある意味で似ていたんです。当時、日本的経営だ何だと言っているときに、別に年功序列や終身雇用をやればいいというものではない、それで良くなるのなら、当時の国鉄はとっくに良くなっているはずですから（笑）。もっと論理化する必要がある。概念を作る必要がある。

三枝　トヨタ生産方式の生みの親である日本人自身が、どうしてアメリカ人と同じような「抽象化、理論化、敷衍化」をできなかったのでしょうか。日本では、「時間の戦略」などという素晴らしい抽象化は、私自身を含めて誰もできなかったのです。

みんなで残業して工夫をするとか、提案箱にたくさん提案を入れるなど、文字どおり汗を流して生産現場で「作り込む」ことは、アメリカ人など足元にも及ばないほど日本人は頑張ったのに、その現場手法を一段高いところから分析し、論理化し、新しい改革論や組織論に敷衍化し、それで会社を変えていくというような発想は、われわれ日本のビジネスマンは持てなかった。それが今日の日本企業の弱さを招いている面があると思います。

トム・ハウトはスタンフォード大学の博士号を持っていますが、企業に勤めたビジネス経験は一年たりともありません。つまり現場経験ではなく、論理化の力だけで経営の進化が起きている面があるわけです。今、日本の経営者人材が新しい「日本の経営」を編み出すためには、理論と現場の行ったり来たりの中で、「抽象化、理論化、敷衍化」を行い、アメリカからの輸入コンセプトばかりを追いかけるのではなく、日本企業自身で創造的に新しい経営のやり方を編み出すことが求められていると思います。

もう一つの現場からの抽象化の例

三枝　私は伊丹さんが書いた『よき経営者の姿』という経営者論についても、企業で経営の実務を自分で実際にやったことのない学者の人がよくあそこまで書けるものだと驚きました。それはトム・ハウトの抽象化の話と共通していると思います。

伊丹　あの本を執筆した経緯を簡単にお話ししておくと、私は九〇年代の初めぐらいから、日本企業の社長たち、大手の優良企業と言われている会社の社長たちが、どうも器量が小さくなってるなと感じ始めました。第二章で述べたように一九九〇年の「週刊東洋経済」の論文に書いたのですが、それ以来、自分としては何か経営者のことを書かなければいけないと思い始めて、折に触れて書いたものが溜まっていきました。出版社からそろそろという誘いもあって、その結果、『よき経営者の姿』を書いたんです。

本を書いてみてつくづく思ったのは、日本には立派な経営者がある程度の数きちんとおられるのですが、立派でない人もたくさんいるなということです。もう一つは、経営者というものは、一つの企業で最終的にはたった一人なんですが、その人次第で企業って本当に変わるなということを強く感じました。

あの本を三枝さんにもお送りしたのですが、経営者にはあと二人しか贈呈していません。伊藤忠商事の丹羽宇一郎さんと松下（パナソニック）の中村邦夫さんです。それ以外の人に送って「伊丹先生は自分のどこが悪いからって、この本を送ってきたんだ」というふうに勘ぐられると困るので、送っていません（笑）。このお三方なら、そうは思わずに「なかなか面白いことを書いてるんじゃないか」と言ってくださると思って。

三枝　私は『よき経営者の姿』を読んで、自分にとって痛いことが書いてあると思いました。バケーション先で読んだのですが、じっくり自分を振り返るにはいい機会でした。とりわけ私が感心したのは「切断力」という言葉でした。自分の人生を思い返して、ぐっと来ました。

伊丹さんがあの言葉をどうやって思いついたのだろうかと思いました。あれは、まさに現場の経営者が実感する言葉です。古くて沈滞した会社を元気にする場合、切断をどの程度行うかで変革のスピードが変わります。

伊丹　私にとって、この本がわりと書きやすかったのは、結局、自分ならどうするとか自分はこう考えた、というのを書いてる部分も多いからなんです。企業の経営者ではないけれども、でも自分だったらどうだろう、と常に考えるんですね。「切断力」の例で言えば、一橋大学の中で変なことを言う人がいるとします。これを直さなければいけないというときに、やっぱり私は切断するんです。そういうふうに自分でやってきたんですね。そういう経験があるから、やっぱり改革には切断力だなって、自分の中からすっと出てくるんですね。

あるいは、三枝さんやパナソニックの中村さんを見ているから、あれは「事を正す」ために「切断してるんだな」っていう感覚があるのだと思います。そんなに違和感なく、すっと出てきました。

三枝　でも、本当にいい言葉を選ぶことができれば、抽象化、論理化が一気に進む。それは非常に大事なことですよね。伊丹さんはそこら辺のセンスがいいんですよ。それと、戦略的な問題とか長期の問題ではなく、かなり実務的な目先の問題について経営者が何をするのか、その行動パターンをいろいろ見ているとか、自分自身に実践の感覚がないと、あの本は書けない。現場感のない学者が書くと、抽象論ばかりになっちゃって。

伊丹　私はやっぱり、いろいろな方にお会いして、経営者を観察しているんですよね。

三枝　でも伊丹さんは、経営者が会社の中で本当にガンガンやっている現場には、ほとんどいないじゃないですか。それなのに、何となくわかっているんですよね。そこがおかしいんですよね（笑）。

伊丹　多分、その答えの一部は、やはり私自身の経験なんだと思います。十年近く、企業経営者じゃないけれども、大学の経営の現場にいた時期があるわけです。そうすると、大学というのはかなりひどい組織だから、とんでもないことが起きるわけです。それをおさめて、何とか引っ張っていかなければならない立場に、ある程度の期間、私はいたわけです。組織の大きさは小さいですよ。一橋大学なんて、事務も入れたってたかだか六百人。私のいた商学部では、五十〜六十人の組織ですよ。だけど、予算権もなければ人事権もない中で、まとめていかなければいけないんです。

三枝　でもビジネス的なセンスがない人は、そもそも大学がおかしいとは思わない。実際、大学には実務の発想がない先生がたくさんいますよね（笑）。

伊丹　まあ、それはそうですね。そういう人は、いざ大学の経営の立場に立っても、うまくできないけど。

三枝　しかし、そういう人でも大学の経営はできると思い込んでいる人が周りにたくさんいれば、実際にそういう人をリーダーに選んでしまったりすることが起きるんじゃないですか。

伊丹　それはそうかもしれない。私の若い同僚で一橋大学の沼上幹さんは、組織の中で起きるいろいろなことを書いています。変なリーダーが出てくるとか組織が腐ってくるのはどういうことか、なんてことを書いている。変な人が出てくるまでのポリティカルプロセスみたいなことを書いているのですが、彼の観察現場もやはり大学ですからね。彼の場合も、発想の原点は大学ですよ。

三枝　いや、でも読んでるとわかりますよ。「この文、教授会で問題にならないの？」なんて（笑）。

伊丹　でも、彼の本を読んでいろいろな企業の人が、「なぜウチの会社のことをご存じなんですか」って言ってくるんだそうです。結局、大学でも企業でも同じ種類のことが起きていて、大学ではさらに増幅して起きるんですね、異常な組織だから。病気の症状の出現形態もわかりやすいんですよ。

三枝　それ、私の本でも同じなんですよ。『V字回復の経営』が機械メーカーの話だっていうのは、初めから終わりまで明白に書いてある。ところが違う業界の人で「これ、ウチのことを書いたんですか」って言う人がやたらにいます。面白いのは、新聞社の人までが同じことを言った。マスコミの話であるはずはないのに（笑）。

組織に表れる現象は、企業や業界の違いには関係なく、普遍的なんですね。だからその普遍的な部分を論理化すれば、その本はどんな企業にも当てはまる。でもそれを「自分の会社も同じだ」と現場で解凍できるかどうかは、人による。それが簡単だったら、企業も国も改革は一気に進むのですが。
大学の話に戻ると、組織内の異常なことが異常だって思っていない人が多いのが問題なんでしょうね。大学って、やっぱり個人商店の集まりですよね。失礼ながら、教授は一人ひとりが自分の屋台を引いて、勝手にそこら辺で店を開いて商売をやっているってイメージ（笑）。私自身は非常勤講師や客員教授の立場でしか触れたことはありませんが。

伊丹　まあ、大学というのは基本的に世界中、どこもそうですよ。それ自体、私は悪いことだとは思いません。大学の先生が、一糸乱れず同じ方向を向いていたら、気持ち悪いじゃないですか。学問の自由というのは、自分で屋台を引けということですよ。もうちょっと立派な屋台にしてくれって言いたいだろうけど（笑）。

三枝　いや、学問については自分で勝手に屋台を引くのが大学本来の組織ですよね。でも伊丹さんがさっきから言っているのは、経営のような問題になったら、それじゃまとまらないし、それなりの経営リーダーが必要だと。いくらバラバラの価値観や行動でも、経営的には何かこれぐらいは共有してもらいたい、というものがあるんですよね。

伊丹　最低限のルールみたいな。

三枝　そうそう（笑）。

原理を考え、経営の具体策を練る

伊丹敬之

論理化の力、具体化の力が必要とされるのは、新しい「日本の経営」を現場でビジネスパーソンたちが考え出すためでもある。

現実の自分の周りをしっかり観察し、自分や他人の過去のさまざまな成功と失敗の経験の中から、自分なりの「経営の理論」あるいは「経営の原理」を抽象化できない人には、新しい環境の中で自社がどのような具体的な経営策をとったらいいのか、を考える基礎を持てない。だから、誰か他人の真似をしたり、ベンチマークと称していいとこどりを目指すしかなくなる。しかし、ベンチマークしても何をしても、自分の置かれた環境でどのような具体的な経営が最も適切なのか、その判断基準（つまり原理）のない人には新しい経営策の積極的選択はできないのである。

つまり、経営の環境と経営の具体策は次のような方程式で結ばれている。

経営の具体策＝原理（理念）×環境

経営の具体策は自分が考える原理と環境のあり方のかけ算によって決まる。環境が大きく変わっていったとき、それまでは意識していなくとも自分たちの原理が何かを考えた上でなければ、経営の具体策は選択できない。

薬のたとえ話がわかりやすいかもしれない。

ある病気になったとする。それが、その人の置かれてしまった「環境」である。その「環境」（病気）に合った薬や治療法を選ぶ必要が当然ある。しかし、薬や治療法にもいくつかの選択肢があることも多い。そのときは、自分の体質や治療への基本的な考え方に合った選択肢を選ぶ必要がある。自分の体質に合わない薬は、他人には効いても自分には効かないし、害があるかもしれない。あるいは治療に対する考え方も漢方と西洋医学のように、どのような力によって病気を治そうとするか、考え方が随分違うことが多い。体質は自分の体の動き方のいわば「原理」である。治療への考え方も、病気を治すことへの「原理」である。

この方程式の大切なところは、環境が決まれば、一義的に一つの最良の薬が決まるのではない、ということを明示的に示していることである。かけ算の相手の原理次第で、答えは変わる。

つまり、同じ環境でも、原理が違えば望ましい経営の具体策は異なる可能性が十分ある。もちろん、環境の要請があまりにきつくて、原理が違っても同じ答えにならざるを得ない場合もあるだろうが、そうでないことも十分ありうる。

日本企業をめぐる環境は、八〇年代半ば以降大きく変わった。ヒトの分野では日本社会の高齢化、技術の分野ではＩＴ（情報通信技術）革命、カネと世界経済地図の分野ではグローバル資本主義の圧力と東アジアの国々の発展、といった巨大な環境変化が九〇年代には日本企業を襲ってきた。そして二十一世紀の最初の十年が過ぎようとしている今、アメリカ型の市場原理主義的経営の大きな揺らぎが、サブプライム問題を契機とした世界の金融市場の大変化とともに起きつつあるようだ。

その環境の激変の下で先の方程式を成立させようとすれば、その環境は選べないのだから、当然に具体策を変えるか、原理を変えるか、しなければならない。しかし、それが案外難しい。

現実の経営の具体策は、経営の制度や慣行という形でできあがっている。そうした制度や慣行には慣性の法則が働いている。既得権益の自己維持法則もある。だから、具体策である制度・慣行は変えにくい。そのときにもし、過去からの具体策の慣性に押し流されて、ただ具体策の少々の変更だけですませようとすると、それは実際には原理の変更をすることに等しくなる。なぜなら、環境が変わっても具体策が同じならば、方程式を成立させる唯一の手段は原理を変えることになってしまうからである。変化した環境に変化した原理をかければ、かけ算の結果である具体策は不変に保てる。

それであってはならないだろう。もちろん、明確に意図して、原理そのものを大きく変える必要がある、という判断もありうる。しかし、具体的な制度や慣行の慣性に引きずられて、意図せざる結果として原理の変更をしてしまったことになるという愚だけは、避けなければならない。

独自の「日本の経営」を創るとは、これまでの日本企業の経営の背後にかなり共通に潜んでいる経営の原理を明示的に意識して、その原理と新しい環境とのかけ算をすることである。それは、これまでの経営の良さの原理を維持することにつながるだろう。その原理維持のゆえに、社会としての継続性や安定性が期待できる。

そしてそのためには、多くの人が自分たちの経営の原理を改めて明示する努力をする必要がある。原理を考えるのである。それには、抽象化が必要となる。過去の、現在の、自社や他社の成功と失敗の現実から出発して、成功の原理を抽出しなければならない。その抽出作業は、いわば割り算をすることになる。割り算という抽象化である。

それは、先の方程式を次のように変形すれば、わかるだろう。

原理＝経営の具体策 ÷ 環境

つまり、過去のさまざまな具体策がどのような環境の下で成果を上げてきたのか、その理由を考えるのである。成功の理由が、すなわち原理である。環境で現実の具体策を割り算して得られる、経営の原則である。その割り算の作業こそが、この章で言う論理化・抽象化なのである。次章では、人本主義、経営戦略、場のマネジメント、など私なりの割り算の仕方とその結果をご紹介しよう。読者が自分なりの日本流経営を創るためのご参考である。

しかし、どのような原理で行動したいかを考えずに「やむを得ず動く」企業が実際には多い。そこでは、二つの危険をおかしやすい。一つは「つまみ食い」、もう一つは「及び腰」、である。

「つまみ食い」の危険とは、自分の都合のいいようについつい考えてしまって、「この程度なら」ととった行動が、実は越えてはならない線を越えてしまい、そのためにその後の企業をのっぴきならない立場に追い込んでしまう。その危険である。「及び腰」の危険とは、先が見えないから現状の制度や慣行に縛られて、つい行動が及び腰になり、「大事をとって」

中途半端な企業行動をとってしまうことを言う。その中途半端さのリスクが及び腰の危険なのである。この場合は、つまみ食いとは正反対に、線を越えるのがこわさに、線に近づこうともしない危険である。

その線を自分なりに示すものが、原理である。

私の見るところ、優れた経営者はこうした原理を考える力、論理化を自分流に行う力がある。別にアカデミックな言語を使って自分の原理を説明しなくてもいい。自分流の平たい言葉で十分である。ときには、言葉にはまだ明示できないが、原理を暗黙の内に自分の頭の中に持っておられる方もいる。そういう方たちの話は、わかりやすい。原理に添っているから、論理的にも理解しやすいのである。

経営は論理である、とお亡くなりになった小倉昌男さん（元ヤマト運輸会長）は言っておられた。他人との論争に勝つための論理ではない。経営の具体策の出発点にきちんと考えるための原理であり、その原理から具体策を練るための論理である。

第四章

日本における「経営の原理」

1――「人本主義」が生まれるまで

「株主のための経営」への違和感

伊丹　私の代表的な本の一つが『人本主義企業』なんですが、この本も現実からの抽象化の試みなんですよね。

『経営戦略の論理』を一九八〇年に出したあと、情報とか、蓄積とか、そういうことをキーワードに考えるようになっていくと、自然に八七年の「人本主義」に行き着いたんですね。『経営戦略の論理』を書いて、企業の能力の蓄積、人間が蓄積する情報というのが競争力の根幹だと考えました。そういう情報蓄積を私は見えざる資産と表現しました。その大切さということが根幹にあるものだから、やっぱり人間が中心の経済システムがいいと思うわけです。見えざる資産は人間が蓄積するものですから。

人本主義というのは、企業組織や市場での取引の仕方など、経済組織の編成原理の根幹を「ヒトのネットワーク」を安定的に作るようにすると経済合理性が高い、という考え方です。なぜヒトのネットワークの安定性が高いといいのかと言えば、安定したネットワークの中では情報が流れやすくなる、人々の学習が起きやすくなる、情報が蓄積されやすくなる、ということなんです。

私にとって人本主義ということを考える直接的なきっかけとして大きかったのは、青木昌彦さんと『企業の経済学』[*1]という本を一九八五年に岩波書店から出したことです。八二年にはスタンフォードへ二度目に教えに行ったんですが、そのときすでにスタンフォードにおられた青木さんと本の全体をどうするかについて相談しました。教科書ですから企業の資本構造を企業の経済学としてどうやって説明するか、その解説の章がいるという話になったんです。最初の案では、多角化やビジネスシステムといった企業の事業構造の話を経済学風にどうやって説明するかということに加えて、資本構造についても私が書くことになりました。

引き受けたのはいいものの、教科書的な説明をきちんと学生にもわかるように、しかし日本企業の現実とも合った実感を企業の人が持てるように書くとなると、私は書けませんでした。なぜかというと、アメリカの財務の教科書に書いてある資本構造決定の理論というのは、株主の富を最大にするために最適な資本構造は何であるかという論理なわけです。さらにその上に、株式市場が極めて流動的で、自由な株式市場があるときにはどういうことを企業としてはすべきかという話で、モジリアーニとミラーという学者が六〇年代、ノーベル賞の対象にもなった有名な論文[*2]で出した結論は、「資本構造なんて株主にとってはどんなものでも構わない、関係ない」という命題なんです。

三枝　それはまた、すごい命題ですね。それが当たっているなら、世界中の企業が抱える制約条件が大きく変わってしまいます。どんな論理なんですか。

伊丹　企業の現場の人はびっくりするわけです、「何で関係ないんですか」と。モジリアーニとミラーにとっては、結論は当たり前なんです。株主は勝手にいろんな企業の株式をポートフォリオで持てるんだから、負債の多い会社があったり、あるいは自己資本の多い会社があっ

＊１　青木昌彦、伊丹敬之著、岩波書店、一九八五年刊
＊２　モジリアーニは一九八五年、ミラーは一九九〇年にそれぞれノーベル経済学賞を受賞

たり、いろいろなタイプの会社があれば、それを前提に自分の好みのように株式のポートフォリオを組めばいい。企業が何をしたって、株主には関係ない、だから、資本構造、特に自己資本比率なんていうことを、企業の経営者は考える必要がない。もし金利を損金算入できるという税制だったら、全部負債にすればいい。そういう論理なんです。

私はそれは日本の現実とは違う、そんなことは書けないと思いました。それから私は、資本構造だとか株主とは何の役割を果たしているんだとか、そういうことを考えざるを得なくなったんですよ。日本の企業は、誰のために経営をやっていると思えばいいんだと。株主だけのためというのはおかしい、私の知っている経営者は誰もそう思っていないぞ。あの人たちが考えているのは従業員のためだなと。仮に株主と従業員という二項対立で考えるとすればですが。

そういうふうに思い至って、これは何か言葉を作った方がいいなと思って、雑談をしていたんです。当時、野村證券の研修を引き受けたことがあって、そこで学者の仲間と今みたいな悩みを話していたら、金融関係の学者が「じゃあ、伊丹さん、どうするの？　そういうのは何て言うの」と聞くから、「資が本でなく、人が本ということだから、人本主義か」という感じで出てきた言葉なんです。一九八〇年代の前半のことでした。

情報の流れがカギだった

三枝　なるほど、そうやって人本主義という言葉が生まれましたか。

伊丹　そういうふうにいったん言葉を口にしてみると、日本の企業がやっていることは、資本構造の決定、つまり、企業は誰のものかという問題だけではなく、企業と企業の間の取引関係の作り方も、アメリカと全然パターンが違うことに気がつきました。

例えば同じようなものを作っている企業で比較すると、ゼネラルモーターズ（ＧＭ）とトヨタ自動車の場合、直接的な取引相手や部材の供給業者が、トヨタは四百社、ＧＭは一万二千社という単純なデータがある。ということは、トヨタは部品を内製化している比率がＧＭよりもかなり高いのか、というと、そうではない。内製比率は逆で、ＧＭの方が高い。トヨタの方が、デンソーをはじめとして外へ出していることが多いんです。にもかかわらず、取引業者の数がこんなに違うというのはどういうことなのか。

取引関係の作り方の基本原理が違うんです。日本はケイレツ（系列）、つまり長期継続的取引でやっているんです。これがぬるま湯の温床だとか、当時はマイナスイメージでとらえられていたんですが、私の先生である今井賢一先生と二人で、実はあれは経済合理性が高いのではないかと言い出したんです。ここでも結局、論理のエッセンスは、取引相手であろうと、人と人とのつながり方、情報の流れの円滑さを重んじるような経営をすれば、日本パターンになる。人と人とのつながり方、情報の流れがカギなんだなと、また思うわけです。

そうすると、日本の企業がどういう原理で動いているかについて、そういうふうに考えた方がいいなと思い始める。ちょうどその頃、一九八五年に当時の通産省が大きなプロジェクトをやったんです。「世界の中の日本を考える懇談会」です。そこへ若い学者として私は参加を求められた。

全体の座長は村上泰亮さんという、惜しくも五十代の後半で亡くなられたけど、本当にスケールの大きい経済学者の方でした。劇作家の山崎正和さんだとか、堺屋太一さんとか、有名な学者もいれば、企業の経営者もいて、若い学者もいるという、面白い懇談会だったんです。

それは、世界の中で日本はどうやって生きていくかということを真剣に考えましょうという会で、その中で、日本企業のあり方というパートの実質的ブレインの役割を私はさせられた。まとめなければいけないわけです。それで「人本主義」と正式に言い出した。そのとき村上先生が「伊丹さん、随分大胆不敵なことを言い出しましたね」と微笑んでおられたのを覚えています。

企業は誰のものか。あるいは、企業と企業の間の取引関係はどういう原理であるか、あるいは、企業の内部でいろんなものを分け合うときの原理は何か。いずれも日米でかなり本質的に思える違いがある。それを端的に表現すると、ヒトのネットワークを大事にする日本、カネのネットワークを作ろうとするアメリカ、と言える。だから、アメリカは資本主義で、日本は人本主義だ、と言ったわけです。

企業は誰のものかと言えば、どうも日本では従業員のものだとみんな思っている。市場での取引も長期で継続的な系列的関係がいいと多くの人が思っている。組織の中で働く人たちとお金、権力、情報などを分け合うときにも、日本とアメリカで原理が違うと思った。アメリカはみんな一元化してかつ集中してしまうんです。偉い人のところに情報が集まり、金も集まるようにするけど、日本はみんな分散します。平等的にもしようとする。そうすれば、組織内の情報の流れや蓄積にプラスが大きい。

これはどうも日米で原理が違うと思った方がいいな、そういうふうに作っていって、人本主義というのが日本の企業の基本的な仕組みの原理だと思う、ということを言い出したわけです。

人本主義への批判

三枝　私は詳細を知らないのですが、人本主義って随分いろんなことを言われたんでしょう？　いわゆるマネーゲーム志向の人が人本主義に反対だというのは彼らの立場としては当然ですが、それ以外にもいろいろ批判が出たんですか。

私は前に言ったように、日本企業がアメリカと同じゲームをやってしまったら、結局はアメリカの後追いになってしまって、負け戦になる。日本の生き方みたいなものをきちんと持とうと思えば、ユニークな「日本の経営」を創り出さなければならない。それは戦略論の一番の要諦で、要するに人と同じゲームをやったら負けてしまうわけです。

同じゲームをする限り一度負けた人は負けっ放しという世界ですから、やっぱりユニークな強さを構築しなきゃいけない。そうしたときに日本としてのよりどころを見ると、やっぱり人本主義的な物の考え方に行かざるを得ないと思うんです。にもかかわらず、そういうアイデアを伊丹さんが出したことに対して、なぜ批判されたのかよくわからないんですけどね。

伊丹　批判ばかりじゃなくて、よく言ってくれた、と企業の現場の多くの方々に言っていただきましたが、かなり批判もされましたね。人本主義という語感が強過ぎたのかな。

三枝　この前あるパーティーで十年ぶりくらいに会った友人が、ファイナンス分野の人なんですが、グラス片手に懇談していたらどういうわけかいきなり人本主義の批判を言い始めたんですよ（笑）。私は「おまえの方が間違っているよ」と言って、けんかみたいになっちゃった。その人が言うには人本主義では日本から資本が逃げてしまうというわけです。

私がわからないのは、日本から資本が逃げてしまうからといってアメリカ流の二番煎じみたいなマネーゲームをやったって、日本企業の強みというものが失われてしまったら、もっと資本は逃げていく。目先の発想で、人本主義ではなくて資本のシ（資）の方の論理を強烈に通しましょうなんていうやり方では、結局、アメリカの後追いでしかなくなってしまうわけです。まさに今、そうなっていますし。いわゆる金融志向の人たち以外から来た批判というのはあったんですか。

伊丹　あります。反体制派で有名な評論家のお二人には名指しで批判されましたね。彼らは私の本を読んでいるかどうか、知りません。しかし彼らは人本主義という言葉が気に入らないんでしょうね。日本の企業なんてそんな偉くはない。社長が現場に来るというだけで、現地でとんでもなく準備作業がかかって、従業員がムダなことをやるような、そんな企業のどこが人を大切にする企業なのかと。そういうレベルの批判でした。もちろん、日本企業の中に悪いことはたくさんあるんですよ。でも伊丹はそれを全肯定しようとしている、御用学者だと言うわけです。

三枝　企業が存在しなかったら、この世の中、どれだけ悲惨なことになるか、わかってないんですよね。企業が売上高や利益を成長させる経営を行うことで、どれほど社会が豊かになってきたか。自分自身の人生がその恩恵をフルに受けているのに、企業がワルだみたいなことを言う論調にはついて行けないですね。

伊丹　わかってない。だから、私はそれはあまり気にならなかったね。ただ、基本的には、日本の企業の現状について、より不満の強い人から批判がきた。それは、私が日本企業を全肯定したと思ったからだね。

三枝　企業価値という言い方で言うなら、日本企業の企業価値を長期的に見たときに、ユニークな「日本の経営」のやり方を探すことが、マネーゲームみたいな経営よりは、われわれの企業価値を高めることになると思っています。

伊丹　私はそういう論理ですよ。先ほど挙げたような超批判的な人だけではなくて、日本企業の現状の中に改善すべき点があると思っている人がいる。これは私も大賛成のところがあるんだけれど、私が改善しなくていい、現状固定のまま続けろと言っていると誤解して反対している。多分、そういう批判が一番多いのではないかな。

三枝　そうですね。確かに人本主義という言葉だけ見てしまうと、少し古い時代の感じがしますからね（笑）。頭に何かもう一語加わるといいのかもしれませんね。

伊丹　私は、人本主義のニューバージョンは「デジタル人本主義」と言っています。白黒はっきりさせるのだけれど、人本主義なんです。デジタルにいろんな技術が、特に情報テクノロジーが進歩したあとで、それをうまく使う。ただ焼鳥屋で飲んで、わっと盛り上がっているだけじゃダメで、焼鳥屋にパソコン持っていけと。わかりやすく言うと、そういう話ですね。

2——企業とは何か、株式市場とは何か

「Why did you buy it?」

伊丹　今でも、多くの日本の企業人は働く人を大切にして、技術蓄積を長期的な視野でやって、それで企業の発展を図るのが一番、その結果、株価も上がって株主の富も増える、と考えていると私は思う。でも、一方で株式会社制度というものの論理があるわけです。法治国家なんだし、会社は株主のものでしょうと言われると、それはそうだと言わざるを得ないところもあります。そこのところの微妙なバランスをどういうふうにとるかということなんですが、これは案外難しい問題だと思います。

三枝　そうですね。

伊丹　ある意味では乱暴なやり方ではありますが、一つのパターンとしては「株主さん、自分たちの経営が嫌なら株を買わないでください」と公言してしまうことです。これは十分尊敬に値するやり方だと思うのですが、実際に三菱重工業の会長だった相川賢太郎さんが九八年に「利益より雇用を重視する」「ＲＯＥ（株主資本利益率）など眼中にない」などと発言して、やはり大きな批判を浴びてしまいました。

三枝　似ている表現をアメリカで聞きましたね。七六年頃、私が米国企業に勤めていたときにその会社の株主総会を聞きに行ったんですよ。そのときに、当時の経営者が、文句を言った

株主に対して「Why did you buy it?」と言い放った。要するに、そんなに経営者と意見が合わないのだったらこの会社の株をなぜ買ったのか、あるいはすぐ売ればいいじゃないかと言ったのを覚えています。経営の主体者はあくまで経営者であり、それに乗るか乗らないかは株主の判断ではないかということです。

伊丹　うん。一つはそういうガッツを持つというスタンスが必要なんでしょうけれど、世の中にはそれだけのガッツがある人は、おそらくそう大勢はいませんから。むしろ、そんなことを言ってしまって、そのあとで株価が下がったりすると、変な批判がマスコミに登場するという意味でのマイナス要因になってしまいますよね。

だから私が必要だと思っているのは、株式会社というものが持っている論理と、日本の企業がこれまでやってきたような経営の論理というのが、こういうふうにトータルで考えれば決して矛盾せずに同居しますよと、その論理を作ることなんです。

三枝　そのとおりですね。

伊丹　それが新しい「日本の経営」が目指すべき姿の一つの基盤だろうと思います。株式会社制度も株式市場も大切なんですから。自分たちのやっていることはこれこれこういう合理性のあることだからと示せば、日本の経営者も自信が持てるということにつながります。

三枝　そうですね。アメリカ型の目先の利益を求めて迫ってくる人に対して、欧米の投資家でも意外に長期的な目で企業経営を考えている人たちもいます。その人たちはわかってくれる人たちなんですよ。しかし、わかってくれない人、あるいはそれに乗っかるマスコミに対して、日本企業の経営として自分たちはこういう考え方でやっている、それが日本人にとっては正しいやり方なんだと押し返せるフレームワークがあれば、確かにみんな自信を持てるようになります。

伊丹　そうですね。株主と従業員、会社の長期的な成長と短期的な株主あるいは株式市場からの要求というもののバランスをとらざるを得ない経営者としては、一番持たなければいけない論理なんでしょう。その論理をどういう形で提供するといいのかなと。私自身は、人本主義をはじめとしてそういう論理を作ってきたつもりなんですが、現場の経営者の感覚からすると、まだ不十分なんですね。それは私自身の反省でもあるんです。

私は人本主義あるいは従業員主権がいいと言って、結局会社は従業員メイン、株主サブという格好で経営すれば、最も成長しやすいですよという論理は作りました。その一方で、株式会社法の論理との接点を作るという作業を、私自身まだできていないんですよね。この種の作業は、法律の専門家に任せてるだけでは埒《らち》が明かないでしょう。ですから、われわれみたいな経営、あるいは経済をやっている人間が、現場の経営者の皮膚感覚に合ったタイプの論理をきちんと作るという作業を、この先やらなければいけないんですよね。

会社を「モノ」と見るか、「ヒト」と見るか

伊丹　ここから先は少し抽象的な話になりますが、企業をモノとして見る見方と、企業をヒトとして見る見方のトータルピクチャー、トータルバランスの論理というのがキーポイントだと私は思います。会社法の論理というのは、基本的に企業をモノ、財産の固まりとして見てい

ます。財産の処分権を誰が持つかという議論をしているのが会社法なんです。ですから、基本的に財産の処分権を株主というエクイティーを出した人が持って、議決権はこういうルールで決めますよというふうにできています。これはもう単純に処分の論理ですから、突き詰めていくと、金をもっとよこせというスタンスに必ず行くんですよ。

一方、企業をヒトとして見ると、人が働いて、人が学習をして、人が蓄積をして、さらに発展するための努力をこの人たちがしますという見方になります。そういう組織体として、継続的に存在し続けるために、どんなことが必要かを経営者は考えます。ここには処分の論理、モノの論理はまったくないんです。しかし、両方の論理が存在しないと、企業という実体は存在し得ないんです。間違いなく財産の固まりという側面もあるわけですから。その折衷なんですね。私もいつも困っているんです。

そういう深い問題があるにもかかわらず、なぜアメリカではコーポレートガバナンスの話について、企業は株主のものだというふうに、多くの人があれほど簡単に納得してしまうのか。従業員をどう考えるのかと問われると、一部の経営者は「従業員も大切だ」と答えるけれども「従業員の方が大切だ」と言う人は少ない。なぜそうなるかがわからなかったのですが、アメリカのビジネススクールの先生たち、特にファイナンスの先生たちと、日本のコーポレートガバナンスの話をパネルディスカッションしたことがありました。そこである先生が、「伊丹さんの言っていることはアメリカでは憲法違反になる」って言ったんです。法律違反ではなく、憲法に違反すると。何のことかと思ったら、結局、個人の財産権の問題なんです。会社の主権は従業員をメインとすると言った途端に、会社という法人が抱えている財産の処分権が宙に浮いてしまうんです。個人の財産権というのは、建国の歴史などを考えてみても、アメリカの憲法にとって非常に大切なものです。ですから絶対、伊丹さんの言ったことはアメリカでは無理だ、憲法そのものに抵触してしまう、と言うんです。

三枝　私はやはり、今、伊丹さんが言った二つのうち、財産的なものだけが数字になっているのがいけないんだと思います。人間的なものを数値化することは、基本的にはいくら試しても合意できるものが出るとは思いませんが、そこのところのバリューを表現する方法が見えていないんだと思いますよ。

伊丹　それは合意されない危険が大きいように思います。ですから、論理の世界で何とか二つのミックスをきちんと考えて、考え方を確立する以外に出口はないのでしょう。数字にすると、どちらが大きいということで、話はわりと簡単につくんですが、私はその道はあり得ないと思っています。

三枝　それはそうですね、いきなりバリューに表現する方法なんて求めてはいけなくて、むしろその前提となる論理を固めないと。いわば人間サイドの価値を上げて、財産サイドの位置づけを下げた論理になるわけですよね。

伊丹　アメリカの典型的な論理と比べれば、明らかにそうなりますね。

三枝　人間サイドのこういう要素が、日本企業ではこんな順序で効果を及ぼしていって、それがトータルでは財産サイドの要素の働きを凌駕するんだというような、いわば効果機序の論理ですよね。昔の日本的経営論も狙いとしてはそういうロジックのつながりを求めたんでしょうが、現実の裏付けが薄かったことが判明したり、状況変化とともに理屈が成り立たなくなっている。今、日本の経営者が新しい「日本の経営」を目指すなら、それに代わるきちんとした論理が求められているんだけれども、それがどうも、まだ弱いということですね。

伊丹 弱いんですね。それができないと、例えば多くの経営者が株式市場からの圧力に、自分はどういうスタンスで対抗するかを決めるための基礎論理ができないわけです。もちろん、立派な経営者の中には、一種のガッツフィーリングのようなもので、「そうは言ったってな、おれの直感的な論理では従業員の方が大切だからな。やっぱりおれは『Why did you buy it?』って言うんだ」という人はいます。そういう人が増えるのが望ましいとは私も思いますが、真ん中で揺れている立場の経営者たちが多い。しかし、それも当然でしょうね。

三枝 そうですね。私も、ミスミの経営トップとして新しい「日本の経営」を目指したいと社内で言ってきましたが、まだまだ自分の論理が弱いと感じます。だから、経営現場でいろいろ試行錯誤をして、どうしてもムダや回り道が出てくる。

伊丹 もちろん、財産としての論理と人の集団としての論理というのをうまく取り入れた、きちんとした論理的な基礎ができなければ、いつまでもダメだなんて言うつもりはありません。現実は、そんなことはお構いなしに動くわけですから、それには対応しなきゃならない。その現実的対応の局面で結局、多くの人が右に左に迷っていて、日本企業の経営者のスタンスは、例えばこの二十年だけを考えれば、確かに振れてきたわけです。

なぜ振れたかと言うと、結局、目に見える経済的成果の影響が大きいと思う。アメリカ経済の調子がいいから、アメリカの考え方の方がいいのではないかと、どこか思っていたふしがあります。日本の調子が良かった頃は、日本の考え方がいいと、どこかで思っている。そういうことだと思いますね。ですから、アメリカ経済の調子が何らかの理由で悪くなれば、この振り子は多少元へ戻るんです。ただ、なぜ振り子は振れてきたかという社会評論としてはこれでいいんですが、経営者のスタンスとしては何となく情けないなと私は思いますけどね。

株式会社制度と株式市場を区別する

三枝　上場企業の社長になってから、投資家の方々、株主の方々と会う機会が頻繁にあるのですが、ベンチャーキャピタルやバイアウトファンドのような短期のリターンを追う人たちとは別に、海外の投資家に事業の成長性を長期に見ている人たちがいるんです。つい最近ニューヨークで会った投資ファンドの人も、投資した株式の保有期間が平均七年だと言っていました。短期で転がすのではなく、長期保有でポートフォリオを組んで高いリターンを得るという考え方を持っています。で、その人たちは目先の景気や相場のことよりも、やはり長期の成長に対する戦略的な打ち手とか経営トップの姿勢とか、そういうことをすごく気にしていろいろ聞いてきます。

伊丹　しかし一方で、マネーゲーム的な、アメリカ的な投資の論理が、日本の金融界でもかなり強くなっている面も見られませんか。昔の日本の銀行のような、時価に対する認識が弱いということはなくなってきています。時価に対する認識が弱いという意味は、要するに貸し付けたとしても、簿価で置いておくということですからね。

三枝　日本の金融界の人々の論理はこの二十年間で完全に米国的論理の方向に動いたと思い

ますね。かなりの管理志向が入った。ただ、昔のままじゃ、米国的論理云々以前にちょっとまずかったと思いますよ。昔は日本の金融機関には「時価」の概念が薄くて、お金を貸したときの簿価のままで不良債権の金額がいくらになっているかもわからなくて、バブルがはじけたときにあの混乱が起きたのですから。そもそも私は昔の日本企業にあった長期的な見方というのは、実はかなりの部分は「ルーズさ」「いい加減さ」から来ていた面があったと思っているんです（笑）。意図的な長期戦略というのではなくて、やめるべき事業や開発をやめられずに放ったらかしといったことも含めたいい加減さです。しかも同じ仲間内でやりますから、切り捨てることも難しい。組織の切れ味の悪さとか、いい加減さから来ていることが実は長期的な経営になっていたという側面が、かつては強かったと感じるんです。ところが今は逆に、アメリカの中でも一番短期的な成果を求める人たちの話ばかりに日本人が振り回されている傾向があるように思いますね。

伊丹　それはそのとおりですね。そういう人たちが表面に出てきて騒いだり、何となく世論をリードだか誘導だかするような立場に立ってしまう最大の理由は、私は株式市場にあると思います。株主として投資するという行為と、株式市場でいろいろ動くということは、違うことなんですよ。

最近、日本でも長期に投資しようとするプライベートエクイティーが出てきています。もちろん、上場企業を相手にしますから、最終的には株式市場でキャピタルゲインを現実化するわけですが。私が株主やコーポレートガバナンスの問題をさんざん考えた結果、非常に単純化した言い方をすると、株式会社制度は、いくつか修正の必要はあるにせよ、本当によくできた制度だと思います。株式市場は、もっと軽視していい存在なのに、大きくなり過ぎています。株式市場というのは、基本的に投機の場になってしまっていますからね。

三枝　長期保有の株主であれば、会社の業績が良いときも悪いときも、その会社とともに歩んでいるという感じになりますが、例えば一年で売り抜けるとか、もっと短期的に例えば朝買って午後に売ってしまうような取引ということになれば、その会社の長期継続的な経営意図とは関係の薄い売買にならざるを得ませんよね。日々の株価の変動は、日々の海外株式市場の動きや景気動向に関するニュースなどで左右される変動の方が大きいですから。経営者や社員から見れば、自分たちの努力では及ばない要素です。

伊丹　はい。しかもその株式市場にいる人たちが投機家でありながら、投資家という名前を使って、企業の経営の中身、特にキャッシュの処分の仕方に口を出すという傾向があります。それが問題なんですね。

三枝　確かに、会社を新たな事業展開に向かわせるために資本を提供するというのと、短期の——短期というのは、二、三年程度も含めてですが——儲けを得ようというのとでは、基本的に資金の提供の意味が違っています。誰にとって違っているかというと、本人にとっての回し方も違いますが、結局は受け手としても違うわけです。その株式市場を経由している投機の金は、一円たりとも企業には入りません。経由もしないわけです。もう、投資家（伊丹さんに言わせれば投機家）同士がお互いにやり取りしているだけなんです。ところが、事業作りに提供されたお金というのは、会社に入るんです。これは、ものすごく大きな違いですね。

伊丹　そうですね。そのとおりだと思います。だから、株主の権利をどういう資金かによって分けるという手法があってもいいはずなんです。実はそういうことをすでにやっているところもあります。グーグルなんかは、創業者が普通株よりも議決権の多い多議決権株を持ったまま上場しているそうですよ。

最大のポイントは議決権の大きさだと思います。具体的には、いろいろな仕組みが考えられるんでしょうが。株式市場で株式投資をやっている方というのは、極端な言い方をすれば、実は企業の成長には直接的に貢献していない人が圧倒的に多い。この事実を、はっきりと認識した上でものを言わなければいけないと思います。

こうは言っていますが、私は株式会社制度というのはよくできた制度だと思います。もちろん、改革の余地がありますが、この制度がなかったら市場経済はここまで発達しなかったでしょう。なにせ、法人というものを自由に設立したり、法人というものの最終的な支配の権利を定める法律なんですから、こうした制度はどうしても必要です。だから、旧共産圏の国々が市場経済に移行しようとしたときに真っ先に導入したのが株式会社制度でした。

しかし、広く公開された株式市場というのは、投機の場になる危険もはらんでいて、難しい存在ですね。私はポーランドという国の市場経済移行のプロセスを観察する機会を九〇年代前半に持ちましたが、そこでも株式会社制度を作ると同時に株式市場を立ち上げたがりました。皮肉なことをやるもので、旧共産党本部の建物をワルシャワの証券取引所にしていましたよ。しかし、開所後しばらくは上場企業数は五十にもならなかった。今でも二百程度じゃないでしょうか。それでも、市場経済としては回るんです。株式会社制度は不可欠だけど、株式市場は不可欠では必ずしもない、ということでしょう。

3——揺れる振り子

アメリカ的経営への反応の類型

伊丹　私は日本企業の戦略の原理として『経営戦略の論理』を、日本の企業システムの原理として『人本主義企業』をともに八〇年代に書きました。日本がバブルになってしまい、日本企業が九〇年代にさんざん批判を受けるようになったときにも、私は一切意見が変わりませんでした。原理にさかのぼって考えたつもりだからです。原理そのものが間違っているという証拠を突きつけられたとは全然思いませんでした。

ただこの間、世の中の振り子は大分揺れました。日本経済新聞社にしても、経済産業省にしても、世論みたいなものをリードしている立場の人が、九〇年代半ばから私のところにはあまり寄ってこなくなりましたね。最近また戻ってきていますけどね。

三枝　そうでしょう。日本が他の国を真似た論理では勝てないですから。

伊丹　その簡単な事実を、何でみんなもっと認めないんですかね。

三枝　認めないというか、むしろアメリカ流の考え方でそれをなりわいにしている人々が昔に比べて圧倒的に増えています。その面では日本は元に戻らないと私は思います。若い人たちにはあこがれの職業みたいになっている傾向もある。

伊丹　引いては困る人もまた一方にできてきたんだ。

三枝　そうです。いわゆる抵抗勢力とか新興勢力じゃなくて、それが日本社会のエスタブリッシュメントの一部として根づいた部分が、すでに出てきていると思います。これからはそういうことも前提にした上で、これからの時代にマッチした「日本の経営」の構築をどう目指すのか、組み立てを考える必要があると思います。

株主に対するスタンスを考えても、今の日本の経営者の中にはアメリカ的な株主優先論に対する処し方が、二つ出ていると思うんです。まず一つ目のタイプは「開き直る」。そして「この会社で事業を作ってきたのは誰なのか」と明言する経営者です。

事業というのはそれを創り出す人々の「コミットメント」から生み出されるもので、そこで働くことにコミットしていない人間が短期的にお金を引き出そうとしたら、事業は育たなくなります。コミットというのは、その事業に「限りない思い入れ」を抱き、自ら戦略の絵を描いてリスクをとり、自ら働いて汗をかき、ときに辛い思いをして難局を乗り越え、競争に打ち勝って事業を発展させることだと思います。

そこでこのタイプの経営者は、社員が株主よりも低位に扱われることはあってはならないと明言するのです。こうして、時代の風潮に対して開き直るのが、まず一つ目の態度です。しかし今どき何となく発言しにくいので、大きな声で喋る人はほとんどいません。隠れた「信者」は非常に多いと感じますが（笑）。

二つ目のタイプは、「ぐにゃぐにゃごまかす」。風潮に乗っているような、乗っていないような、つまり本音を言わない。アメリカ人が最も嫌う、のらりくらりです。このタイプの経営者もその多くは、本音ではアメリカ流経営を好きになれないと思っている人が多いのではないでしょうか。でもこの十五年くらいで、投資家から配当だ、リターンだというプレッシャーが高まり続けてきたので、安易に否定はできない。かといって八〇年代後半のアメリカ企業のように、株主の利益のためなら黒字であっても大リストラを行うみたいなところまでは、決して行かない。

伊丹　しかしごく最近は、開き直りにせよ、ぐにゃぐにゃにせよ、その圧力が少し弱まっているという感じはしませんか。日本企業の強さを生かすにはやはり長期的視点での経営が必要だという感覚が出ているということはありませんか。

三枝　さっきお話ししたように、海外の投資家にロンドンやニューヨークでお会いしてみると、長期の株式保有の方が利回りがいいという機関投資家は結構多いのですよ。むしろ日本国内の方が、四半期報告の実施が始まったということで、短期業績数値に敏感になっている傾向が強まっているかもしれません。日本の方が米国よりも短期志向になってしまったら、もう救われなくなります。

何度も言いますが、私は長期視点の経営の方が日本企業の強みを生かす道だと思います。日本はアメリカと同じゲームをやっちゃいけないと思います。例えば、社員のクビを切るというのは企業が窮地を脱するための究極の合理化策ですが、日本企業がその刀を簡単に振り回すつもりがないんだったら、それだけでもアメリカ流経営のスピードに勝てない。

だって、向こうの経営者が「×年×月第三金曜日の虐殺」とか言われるみたいな血の流し方で余剰人員を一気に整理して逃げを打つのに、同じ業界でこっちの経営者は例えば五年もかけて、つまり同じゲームをミニスケールの小出しでやろうとするんですから、スピードだけで、もう初めから負けなんですよ。小出しの勝負で消耗して大勝負に負ける話って、戦国時代の昔から失敗戦法の代名詞みたいな話じゃないですか。中途半端な勝負で負けるくらいなら、逆に日本はじっくりと長期視点で「人と技術」を大事にするっていうことを考えないと。

伊丹　うん。まったく賛成ですね。今の企業の経営者や、これから経営幹部になろうとする人々が、自分できっぱりと「原理」として考えを決め、腹をくくらなきゃならない話の一つですよね、これは。

今、三枝さんが「開き直る」か「ぐにゃぐにゃごまかす」かと、うまくまとめてくれましたが、第三のタイプとして、「いや、はっきりアメリカ流経営でいくんだ」という人がいますよね。日本国内でも、ある程度増えていると思います。

しかし、私はそのタイプが日本の中で大きな勢力になるとは思いませんね。日本の経営者の多くはアメリカ流経営を追随したいと思っていないので、割り切って追随すると発言すれば日本ではユニークになります。それで目立つのでうまく立ち回れるという動き方にしかならないだろうと思います。いずれにせよ、われわれはこの三つのオプションを並べた上で、どれがメインになれば日本全体として健全かつ強くなれるのかを考えなければなりません。

アメリカ株式市場の実態

伊丹　アメリカには、プライベートエクイティーもベンチャーキャピタルもあって、企業の成長を株主が大きく助けている部分が多そうなイメージがありますよね。その一方で、株式市場経由で株の取引を行って、短期のリターンを得るために経営者に圧力をかける人たちがたくさんいる。

アメリカの株式市場はどうも変なんですよ。法人企業全体をとらえたとき、一方で、株主が企業にお金を提供するという投資行為がある。それに対して企業が株主にお金をお返しするという行為があります。お返しする行為の典型は配当だし、もう一つ最近多いのは自社株消却です。それでは、株主による資金の提供額と企業からの返却額を相殺して、そのネット金額がどうなっているのか。私は学者ですから、そういうことを考えたくなるわけです。

そのネット金額は、株主が純増分として企業の発展のために提供したお金の総量になります。これを各年ごとに計算すると、実は日本ではこの二十年間ずっと、わずかながらプラスなんです。つまり株主が企業に提供している金額の方が、返してもらっている金額より大きい。ところがアメリカはかなり大きいネットマイナスが二十年続いているんです。つまり株主が企業から受け取っている金額の方が大きい。

三枝 そうなんですか。その現象はどう解釈すればいいんですか。アメリカ企業の配当性向が高い話と辻褄が合いますが。

伊丹 だから私は、アメリカの株式市場というのは、株主に資金を返すための圧力の場として機能している、そういうふうに理解しないとダメだと言っているんです。提供資金よりも大きな額の返還を株主に対して行いながらも、なお企業が成長するというのは変ですよね。なぜそんなことが可能なのか。

つまり、戦後の日本とまったく同じで、アメリカ企業は総体において借金経営をしているんです。成長資金は借金によって賄う。それで、資本の金額を抑えて株主のエクイティーに対して高いリターンを提供するという構造になっています。

六〇年代までの日本で、危険だと言われた借金経営のパターンを今のアメリカがやっている。ですから、今のアメリカ企業は危険に決まっているんですよ。サブプライムローン問題に見られたように、今のアメリカで信用が収縮すると、いろいろな企業がばたばた倒れるのではないかと思います。

三枝　なるほど。

伊丹　恐ろしいことが今、アメリカ経済で起きています。マクロの数字を見ると、そうなっています。これは別にわれわれが初めて発見したデータではなくて、アメリカと日本の資金循環表あるいは株式資金全体の資金循環表を作ってみればわかります。私はある経済学者が作ったグラフを見てびっくりしました。

その学者は同じグラフを見て、日本企業ではまだ株式が果たしている役割が小さいと言っただけで、終わりにしてしまいます。しかしアメリカのグラフも同時に持っているんだから、アメリカについても一言ぐらいコメントしたらどうかと思うのです。アメリカの方が病気なんですよ。しかしアメリカの経営は進んでいて、日本は遅れているっていう、「後進国」メンタリティーがあるもんだから、アメリカの病は眼に入らない。そうしたメンタリティーが学者だけではなく実は日本の経営の底流にずっと残り続けてきたのではないかと思います。

その「後進国」メンタリティーこそ、日本でさまざまなゆがんだ経営行動を引き起こしている一つの原因じゃないでしょうか。日本企業は、戦後の貧しいところから出発して、たかだか

四、五十年でここまで発展したんだから、そのプロセスを見たら、人間の心理としては仕方のないことかもしれませんが。

4――「ヒト」と「情報」から経営を考える

戦略は人の心を動かさなければ意味がない

伊丹　この章は日本における「経営の原理」を考える章ですが、日本の企業がやってきたことを抽象化した原理的モデルが私には二つありました。私の話ばかりになって恐縮ですが、しばらく続けさせてください。

戦略についての原理的モデルは『経営戦略の論理』で、企業のシステム全体については『人本主義企業』が私の考えた日本の「経営の原理」でした。両方ともある程度の社会的なインパクトがあり、特に戦略論の方は世界的にもインパクトがあったように思います。『人本主義企業』が出版された同じ年（一九八七年）に『経営戦略の論理』の英文版がハーバード・ユニバーシティー・プレスから出版されたんです。*Mobilizing Invisible Assets* というタイトルで、まさに見えざる資産の重要性を前面に出した改訂もしました。ですから、八七年という年は、私にとってエポックメーキングな年でした。

この本は、アメリカの戦略論の世界で「リソースベース」という資源蓄積を重要視する流れができてくる、一つのきっかけを作った本になりました。そういう意味では、「リソースベースドビューのファーザー」なんてあちこちで言われることがあります。「ストレッチ」という言葉も、私が書いた「オーバーエクステンション」を、C・K・プラハラードとゲイリー・ハメルが『コア・コンピタンス経営』[*3]という本の中で、言い換えた言葉なんです、コンセプトとしてはね。

そういう意味では、『経営戦略の論理』のユニークさを自分で挙げるとすれば、一つには資源蓄積、能力蓄積の重要性を正面から打ち出したことでしたが、もう一つは、戦略を実行する人たちの心理的側面を強調したことだったと思います。ともに、日本の経営の原理のように思います。つまり、戦略を作るときに、人の心を動かすことまで考える、戦略はそこまでやらないとダメだという話です。

それは三枝さんの本にあるマインド連鎖と同じ話で、詳しくは第六章で議論したいと思いますが、私はあれには大賛成です。私が一九八〇年の『経営戦略の論理』で「戦略の組織適合」という章を設けたのは、まさにそういうコンセプトでした。組織適合という言葉の意味は戦略に合わせた組織を作るという意味じゃなくて、むしろ逆です。戦略の内容そのものが人の心を動かすようにできていることを、戦略の組織適合と言ったんです。人の心を動かせる戦略が重要だと言い出したんです。日本の立派な経営者たちがとっていた戦略がそうだと思ったからです。

アメリカの戦略論の世界では、戦略の内容と戦略の実行プロセスが二分されていて、戦略の内容は主として経済学マーケティングベースで考えなさい。そして、それを実行するときにど

＊3 ゲイリー・ハメル、C・K・プラハラード著、日本経済新聞社、一九九五年刊。日経ビジネス人文庫版は二〇〇一年刊

うするかというのは、人の問題だから、組織論的プロセス論を組み立てろ、と言うわけです。どんな内容の戦略がいいかは外部の市場条件が決める、それを実行する人間が必要なら外部から調達すればいいし、それを実行すべく組織構造を設計し、モチベーションの仕組みを考えろ、ということになる。

私は、その二分法は間違っている、と言い出したんです。戦略の内容を考えるときにすでに、組織の人々の心理を考えなければダメだ、と言いたかった。これは三枝さんの本にも同じように強調して書いてあったことで、うれしいですね。

三枝　もう一つ突っ込んで言うと、私が事業再生のときにこだわった、その会社の皆が熱くならないと事業は元気にならないという手法と、会社を作っていくのは一体誰なんだという発想は、同じ考え方でつながるんです。アメリカ的な経営者がトップダウンで戦略を組み立てて、それに沿って事業の切った張ったをやるという発想に対して、会社を作っていくのは実際に働いている幹部、社員たちではないかと。原点はそこだと思うんです。

どんなに頭のいい人が作った戦略でも、そこで働く人たちが熱くならなければ意味はないんです。別な言い方をすると、そこで働く人たちのレベルに合わせた戦略でなければならない。

伊丹　やっぱり、人的資源が取り替え可能な国だと、ダメだったら別な人たちでやればいいという発想になるんだろうけど、日本はそうはいきません。それに、そもそもムダが多いですよね、取り替えるというのは。それに、別な人たちでやっても、そんなにうまくいくばかりじゃないでしょうよ。

三枝　誤解されるとまずいのでもう一言加えると、そこにいる人々に合わせるというのは、その人たちが考える範囲内の戦略という意味ではない。そこで働く人たちが消化できて、熱くなれるストーリーでありながら、彼らに身の丈に合ったジャンプを求めなければならない。事業が停滞しているのですから、革新的なもの、ストレッチ志向のものが入っていないと。

場のパラダイム

三枝　伊丹さんにとって日本における「経営の原理」の一つを示したもう一つの例が、『場の論理とマネジメント』ですか。

伊丹　そうですね。『人本主義企業』が日本の企業システム全体、『経営戦略の論理』が日本企業の戦略、というそれぞれの分野での原理を書こうとした本とすれば、日本企業の組織のマネジメントのあり方の原理について書こうとしたのが、『場の論理とマネジメント』です。人と人とのコミュニケーションとか、そのコミュニケーションが起きやすい状況作りとして人々の間の場を作ることが大切だという発想です。

最終的には二〇〇五年に出した本ですが、実は一九九〇年代の初め頃から十五年ほど考えていた話で、人と人とが情報を交換し合うというイメージで企業をとらえると、それが活性化するというのはどういうことなのかを、自然に考えるようになるんです。

その頃私は、あるきっかけからバイオロジーの先生たちとの付き合いができて、生命組織というのがどういう原理で動いているかということを耳学問で勉強することがあった。われわれの体は六十兆個の細胞でできている。その細胞が、どうしてちゃんと動くのかを考えると、どこか中央から指令が行っているわけではないんだそうです。結局、細胞と細胞が互いに微妙な情報交換を行って、個々の細胞が、自分の置かれた場所で適切な役割に変わっているんですね。だから、全体がうまく機能するんだというわけです。それで私は人間の組織も、そういうふうになったら一番いいなと考えたわけです。

それがきっかけで、場をどうやって作るか、場をどうやって活性化するか、あるいは場のかじ取りをどうやってやるかという観点で経営を見るようになりました。

アメリカ型ヒエラルキーでは、上に偉い人がいて、下から情報を吸い上げて、上が決めて命令を出す。つまりタテ系統中心の経営です。これはあっていいパターンですが、これだけではなくて、ヨコの相互作用、つまり人々が勝手にお互いの間のヨコの情報の流れを起こし、その結果相互に影響し合って自己組織的に物事が動いていく、そのプロセスを起こすための場、そのプロセスのかじ取りをするための場のマネジメント、そういった「場のパラダイム」で経営を見るともっと奥行きが出る、そんなことを言い出したんですよ。これが、日本の企業組織でうまくいっているところのパターンだ、とも感じる。その意味で、日本流経営の現実を理論化したもの、と自分では思っています。

この場の話も結局、市場原理主義と対極なんですね。場を作るという観点から見ると、場を切り刻んでしまうと意味がないという話になります。でも、市場原理主義であれば、切り刻んで、そのあとでまたピースとピースをくっつけ合わせれば、またうまくいくということになる。たとえて言えば、人間の生体を切り刻んで、改めてくっつけ合わすような作業を、市場原理主義は平気でやれと言うわけです。そんなことはムダが多過ぎますし、生体なら途中で死んでしまいます。情報の流れも蓄積もなくなりますよ。

そんなわけで、経営戦略の論理から人本主義、そして場のマネジメントの話まで情報というキーワードでずっとつながっているんですね。私の理論遍歴も実は単純なストーリーです。

自分の話ばかりしましたが、三枝さんからも日本の「経営の原理」の話があると思います。私はその候補の一つが三枝さんが強調されている、「創って、作って、売る」プロセスを小さなサイクルで速く回す、という組織のあり方だと思う。それは、開発、生産、営業の間にどのように場を作るか、という話にもなるように思います。それを次章で議論しましょう。

経営における「ルーズさ」の功罪

三枝匡

対談の第一章で述べたように、私は一九七〇年代に米国企業で働いたことがある。米国本社の社長のアシスタントを務めたあと、日本に戻って合弁会社の社長になった。当時すでに米国企業の管理志向は非常に強かった。その最大の目的は米国企業が株式市場から正確な利益見通しを求められ、また一株当たり利益が毎期少しずつ増えていく経営が良い経営だとされていたからである。当時の米国で四半期決算が強化されたあと、その管理志向はますます強くなった。

四半期予算を達成するために、日本子会社の社長として精神的に多少のゆとりが持てるのは一カ月目だけ、二カ月目にはかなり心配になってきて、三カ月目には本社から尻を叩かれ数字を達成するために走り回った。私は社内でいわゆる押し込み販売を固く禁止していたが、四半期経営で苦し紛れに一度その泥沼にはまったら、抜け出るのは至難の業になっただろう。事実それでクビになった外資系社長は昔も今もいる。

米国では当時すでに連結決算が当たり前になっていた。四半期決算で利益額が不足になると、全世界の子会社に来月は利益を出せと指示が来る。人減らしや新規採用凍結の方針も、往々にして一定比率の割り当てが来る。ついこの前まで戦略的に思い切って経費を使えとか、赤字でもいいから攻めろなどと言われていた方針も、舌の根も乾かないうちにひっくり返る。

そうなると、きちんと予算どおりの経営をしている子会社でも、必死に実行しているプロジェクトを中断させざるを得なくなる。しばらくすると再開せよと言われるが、ストップ・ゴーを繰り返すことによる組織の意欲喪失が議論されることはない。

四半期利益の確保のために走り回っていると、一年の経つのが異常に速い。気づいたら数字を追っているだけで三年くらいすぐに過ぎてしまう。そういう環境にいると、市場での勝ち負けを考えた長期戦略の発想が、いつの間にか社長の心の中で弱まっていく。裁量権は狭く、経営者本来の楽しみには縁遠くなって、ただの管理屋みたいになっていく。戦略の継続性は保証されておらず、社長として自分の部下に将来を語ることが恐くなる。

米国から三十年以上も遅れて日本で四半期決算が義務化されると聞いたとき、私はこの体験を思い出した。国の政策として決まった以上、経営者として私は一〇〇%それに従って責務を果たす。しかしそうやって企業の管理を強める施策が、日本企業の成長や戦略的活性を高めるどころか、むしろ心理的に日本のビジネスマンの長期志向を抑圧する性格を帯びていることを、日本で規制強化を推し進めている人たちはどれほど考えてくれているのかと思った。

株主利益の論理から「企業に対する管理」をどんどん強めてきた米国に対して、昔の日本の経営者はずっと「自由で柔軟な経営行動」をとることが可能だった。米国と大きく違って日本の経営者に対する経済社会の「縛り」が比べものにならないほどゆるかったのである。もちろんその自由が、当時の日本の悪い意味でのルーズな社会ルールや経済慣行を生み出した側面があったことは確かである。出席者を黙らせてシャンシャンシャンの株主総会、低い配当率、初めから存在していなかった社外取締役、ローカルな金融市場の中でおとなしい証券アナリスト（昔はそんな職業さえなかった）、経営への批判精神に乏しかった経済紙、米国人が倒産状態と呼んだ高い借入金比率への寛容さ、その資金をどんどん供給して貸付金が焦げ付いても時価評価をしなかった銀行、などである。

つまり、当時は日本の経営者が気にしなければならない経営者の「天敵」が少なかったのである。しかし「ルーズさ」を保つことは、ビジネスの中で重要な意味を持っている。それがプラスに働き、心理的自由度が戦後日本の奇跡的経済成長を生み出すためには重要だったと思える面があったことを、われわれ日本人は忘れていないだろうか。

例えば、日本企業は仮に大きな初期赤字が発生するにしても、米国の経営者よりも果敢に拡大成長戦略をとる決断ができた。あるいは社員に創造的な研究開発を奨励しようとするなら、管理はルーズにしなければならない。多少のリスクがあっても新事業に果敢に取り組ませたいのなら、その事業への経営的縛りは通常よりもルーズにしなければならない。ＭＢＡが得意とする数値計算を求めたら否定されてしまうような新技術や新事業の開発であっても、この先に「何かあるんです。臭うんです」と言ってこだわり続けた人々を大切にしたところに、これまでの日本企業の開発の強さがあったのではなかったか。ダメなものを打ち切る決断ができずにズルズルと続けて損をした企業も多かっただろうが、それ以上に、ルーズさを許容して困難な道を切り開いた開発がたくさんあったのではないだろうか。

私が働いたＢＣＧのポートフォリオ理論は、成長率が落ちた市場で二位以下の事業は「負け犬」だと規定している。米国のＧＥは一九七〇年代にポートフォリオ理論を全社を挙げて勉強した会社である。ジャック・ウェルチは一九八一年、内部昇進でＧＥ社長に就任した。事業部長時代にポートフォリオ理論の洗礼を徹底的に受けていたと思われる彼は、その理論と完全に合致する形で「業界二番手未満の事業は売り払え」と号令をかけてＧＥの改革を進めた。私は彼の変革能力には驚いていた。しかしその彼が日本に来て、ＮＨＫのインタビューに答えてこういう意味のことを言った。バブルの後始末に苦しむ日本人への呼びかけであった。「事業と恋に落ちるな。ダメなものはさっさと売ればいい」。その一言を聞いて、私の心はジャック・ウェルチに対する軽蔑の気持ちでいっぱいになった。

一体この世でどれほどの新商品や新事業が、それに「惚れ込み、恋に落ちて、人生を賭けた」開発者や事業家たちによって、ときには塗炭の苦しみの中から、最後の成功の陽の目を見たことであろうか。その開拓者精神を否定し、計算ずくの「転売経営」を行う先に、一体人類の長期の繁栄があるのだろうか。マネーゲームの人々といえども、過去にじっくりと事業を育成する人々がいたからこそ、その商売が成り立っているのではないのだろうか。

八〇年代初めに全米で驚異的なベストセラーになった『エクセレント・カンパニー』は、凋落を続ける米国経営への反省論の一つとして、「企業組織にもっとルーズさや遊びを持たせろ」と訴えた。そう考えたとき、成長期の日本の経営にルーズさが許されていたことは、実に幸いなことであった。

かつての日本の経営でルーズさが許容されたのは、日本の経営が内部昇進の経営者に委ねられ、外部の干渉が比較的少なかったからだ。それが「経営者支配型」のガバナンスの強さであった。当時の日本の経営リーダーたちは、今よりもずっと個性が強く、リスク志向で、大粒で骨があり、先見性のある人々が多かったことをわれわれは聞いて知っている。強い「日本の経営」を再確立するためのカギは日本の経営者人材ではないのか。

日本のルーズだったシステムは、やがて日本の強みから弱みに転化した。経営者が比較的自由でいられるシステムは、逆用されれば経営者の行動が甘くなり、深刻な経営問題が放置されるといった問題につながる。それが九〇年代には大量の「社会現象」として噴出してきた。そのため、「株主の利益」を前面に掲げ、経営のガバナンスを米国と同じ「株主支配型」のガバナンスに合わせろという反撃が生まれてきた。米国と同じビジネスゲームを演じるということは、日本企業が「経営者支配型」の経営から離れることを意味した。だからといって、それで日本企業は長期的な強みを築くことができるのだろうか。

第五章

「創って、作って、売る」サイクルの原理

1――「創って、作って、売る」の効用と難しさ

「商売の基本サイクル」が生まれたきっかけ

伊丹　三枝さんが常に強調しておられる商売の基本サイクル、つまり「創って、作って、売る」というサイクルがありますよね。これからユニークな「日本の経営」を編み出す上でのヒントが隠されているように思います。あのアイデアを三枝さんがどういう状況で生み出し、それをどういうふうに実践してこられたか、聞かせてください。

三枝　はい。私が図2の「創って、作って、売る」というサイクルを意識するようになったのは、第三章でお話ししたように、一九七〇年代後半の住友系合弁会社での経験からです。その会社は従業員が初め百二十名ほどで、社内の雰囲気は非常に淀んでいました。もともと日本で一〇〇％シェアを持っていた事業が、東レや旭化成にシェアを奪われ、十年くらいでなんと八％にまで落ちていたんです。

その社内を見てみると、一つの部署の中を覗くとそれなりのちゃんとしたミドルがいて、社員も一生懸命やっている。隣の部署を覗くと、やっぱりそこそこちゃんとやっている。ところが会社全体で、一つの商品の戦略だとか、一つの品質改善テーマだとか、一つのクレームへの対応など、一件一件を見るとあちこちで動きが止まっている。各部署がつながらない。つまり部署と部署の間で問題が停滞していることに気づいたんですね。

そういうことはよくあることですから私も見過ごしかけたのですが、会社を何とか良くしたいと思って考えあぐねていたときだったので、はっと気づいたのです。これが負け戦の原因だと。考えてみれば、顧客や競争相手のことを意識しながら、このサイクルのグルグル回しを全社員がきちんとストーリーや心を合わせて実行すれば、事業は強くなるはずなんです。私は経営改革の基本的視点はこれだと思いました。

それが七〇年代後半、私がまだ三十代前半だった頃の話です。次に、その約十五年後の九〇年代初め、私はターンアラウンドの仕事をしていたのですが、あるとき頼まれて電子部品メーカーに副社長として入りました。売上高約千二百億円ほどの一部上場企業で、私はその会社の約七割の売上を稼いでいる事業部長も兼務しました。電子部品の会社だったにもかかわらず、バブルに浮かれてアルマーニの店を手がけてみたり、六本木に喫茶店を開いてみたり、とんで

図2 商売の基本サイクル

- 一つひとつの商品でこのサイクルを速く回さなければ負け戦。いつの間にか、大組織ではこれが回りにくくなっている。
- 商店主のように全社員が「商売」を意識できるか。

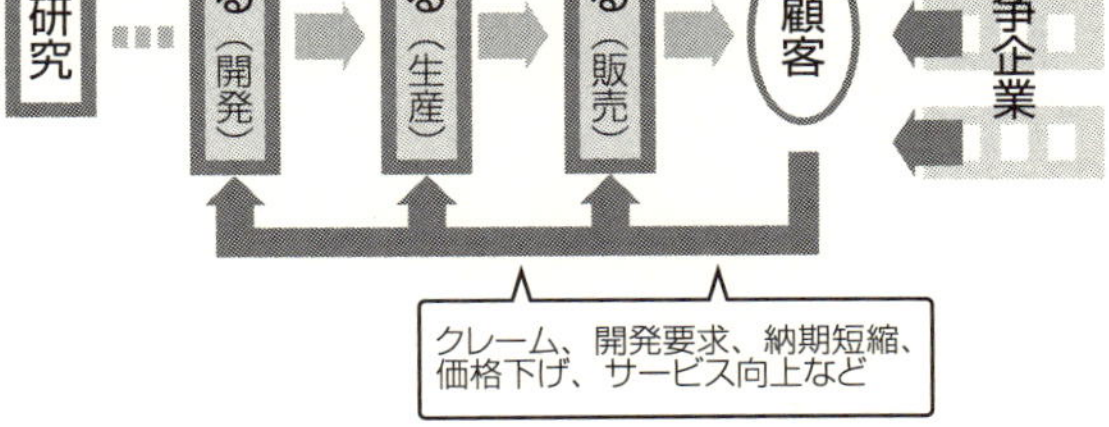

もない経営をしていました。

この会社に対する再生方針はもちろん本業回帰でした。その工場でコストダウンと品質改善の指揮を執っていたときに、私は初めてトヨタ生産方式に出会いました。もちろん書籍では前から知っていましたが、現場改善で実際に触れたのはそれが初めてでした。そこでその本質を見たんです。私が住友系合弁企業で、「創って、作って、売る」のサイクルが部門と部門の境で停滞していると気づいた問題と、トヨタ生産方式が工場内で解決しようとする問題は、実は同じ性格のものだと。

カンバン方式というのは、工程と工程の間に仕掛品が溜まらないように、各工程の仕事のスピードを整合させる手法です。一つの工程だけに超スピードの新鋭機械を入れることなど無意味で、むしろ古い機械でいいからスピードを「同期化」させることで、ムダを減らし、在庫を減らし、コストを下げることができる。なんだ、あの住友系合弁会社で経験した組織問題も、本質的には同じだったんだと思ったわけです。あとから考えると、私は目の前の観察内容を抽象化させることによって二つの共通点を照らし合わせることができたわけです。

私はその考え方を事業再生に当てはめてみました。部署と部署をつなぐ戦略ストーリーを組み立て、皆がそれに乗ってくるように巻き込み、競争相手への対抗策や新商品立ち上げなどの打ち手がスムーズに社外に打ち出されていくようになってくると、社内は俄然元気が出てくる。それまで自分の機能的仕事に埋もれていた人たちが、そのストーリーに反応して、よし頑張ろう、面白いじゃないかと、動きがまったく変わっていく。その変化を見ると、私はやっぱり日本の大企業組織は病んでいるところが多い、それはそこにいる人々が目標を失っているからだと感じたわけです。

本当は十の力を発揮できるところまでいけるはずの人が、二か三ぐらいのところで止まってしまい毎日ぐだぐだやっている。個人の人生としても、会社としても、はたまた国全体としても、もったいないわけです。

それ以来私はこの「創って、作って、売る」という概念を改革のメインテーマにしてきました。これを現実に導入するには、相当の組織変更を実行しなければならないので簡単ではありませんが。

セグメンテーションが重要

伊丹　その「創って、作って、売る」の導入の難しさについて、三枝さんの経験を話してくださいますか。
三枝　改革プランを作る手順を言えば、まず会社の商品やサービスを買って下さるお客さんを何らかのセグメンテーションで分けるんです。そして例えば三つの重要な市場セグメントがあるとすれば、それぞれのセグメントに供給する商品やサービスの「創って、作って、売る」が一気通貫でワンセットになっている組織ユニットを三つ作ります。そのとき互いに社員が重複しないように、独立して経営ができるかどうかを設計するわけです。要するに会社の中に三つのミニ会社を作るようなものです。
このセグメンテーションと事業ユニット組織の対応関係がきれいに分かれていないと、例えば同じお客さんに三つの事業ユニットから営業マンが行かなければいけないとか、同じ技術者が複数の事業ユニットの仕事をしないとそれぞれの事業が回らないといった現象が起きます。この組織の分け方を探すというのが簡単ではない。それがうまくできたときには事業を分けられるし、どうしてもできないときには、むしろやらない方がいいという結論かもしれないわけです。

『V字回復の経営』では、この組織設計に至る産みの苦しみの局面と、その改革ストーリーをどうやって社員に理解してもらうかという局面に、紙幅の三分の二が使われています。そこで改革の勝負が決まってしまうので、実行の話はそのあと三分の一の紙幅ですんでいるのです。この組織の導入に成功したら、それぞれのビジネス・ユニットで戦略ストーリーを作るのですが、あとは基本的には小ぶりになった組織が、勝手に動き出すんですね。

伊丹　「場」が生まれてしまえば、あとは自律的にその場は動いていくんですよね。

三枝　そう、「創って、作って、売る」の機能がワンセット揃っていて一気通貫になっているので、本人たちの裁量で、勝手に動き出すんです。それがミソなんです。「創って、作って、売る」ワンセットの組織内部に事業責任者がいますから、そのユニット組織の外に相談に行ったり決裁を求めに行く頻度が圧倒的に減る。だから問題を他部署のせいにすることもできなくなる。自分で好きに決めればいいでしょうと言われる組織を与えれば、自動的にスピードが速くなるんですね。

伊丹　そういうマーケットセグメントで自己完結的に組織ユニットがきっちり作れるなというのが出てくれれば、作った方がいい。しかし、できなくても、何かその種の試みはやらなければばいけないと思います。そこが難しいんだと思うんですね。

三枝　その種の試みというのが、伊丹さんはそういう意味で言っているわけではないでしょうが、従来のブランドマネジャー、プロジェクトチーム、タスクフォース、委員会のような、いわゆる組織補助機能では、結局、効果がありません。

私の「創って、作って、売る」のユニット組織は、それ自体がプロフィットセンターのタテ組織になります。『V字回復の経営』に出てくる表現ですが、今までヨコ機能だったものがタテになるよう、組織図を九十度回してしまう感じです。

どうやって組織を分ければいいかというのは、かなり分析的、論理的、創造的な作業なんですよ。ただ延々と議論しても全然ダメで、具体的にどういう業務の重なりがあるかを細かく分析していかないといけないんです。

例えば、営業所で考えると、本社の事業部が三つあっても、営業所というものはそれで一つの組織単位、プロフィットセンターだと思い込んでしまったら、もう分けられないわけです。そうではなくて、下の営業マンを三つのグループに分けて責任者を置き、営業所長にはシャッポ、帽子になってくださいと言う。

伊丹　営業所長は直接の営業ラインから外れて、機能としては全般的な人事管理だとか、安全問題、業界での付き合い、教育、地域との関わりなど、管理的な役割に徹するということですね。

三枝　ええ、必要なら営業所長には三つの営業グループの一つの責任者を兼務してもらって、営業意欲も満たせるように配慮します。

その上で、三つの営業グループの責任者は本社のそれぞれの事業ユニットの直属になります。人事から予算から全部そちらの事業ライン管轄ですと。そうなると当然、営業所長の営業責任は激減するとかゼロになってしまうわけですから、面白くない。この人たちにとっては革命的変更なわけですね。ですからこの発想は、普通には出てこないわけです。

次に工場も同じです。工場長がいる。たまたま三つの事業ユニットの商品をその工場で作っている。普通なら、工場の中はすでに部課単位で大まかな商品群で分かれていることが多い。しかしもっと細かく事業ユニットに分けることが必要だという場合は、そんな分け方は無理だという反応が必ず出てくる。本当にそうでしょうかと。生産ラインごとに色をつけていくと、かなり複雑に見える工場の中も実際には分けられることが多いんですよ。

そういう分け方がうまくいくと、本社機能だけでなく生産も営業も含めて、一気通貫の組織ユニットを組むことができるわけです。そのユニットごとに一人の事業責任者を置きます。『V字回復の経営』ではその人にBU（ビジネス・ユニット）社長というタイトルを与えています。彼らの配下には顧客や競合に対する戦略を自由に実行できるだけの組織がワンセット揃います。ミスミではディレクター（普通の企業では部課長に相当）レベルでこれが実現しています。こうやって、今まで工場長とか営業所長とか、すべての製品に関わっていた機能別管理職の仕事をユニット組織に分け与えてしまうんです。

これをうまくデザインできるかどうかは、相当しつこく作業をやってみないとわかりません。どうしてもどこかが共通部門になってしまうという部分があれば、その部門から各事業ユニットにリエゾン（駐在員）のような者を出してもらう。その部門は間接部門と同じ位置づけだけど、事業ユニットに駐在員がいるので、事業ユニットとしては組織内に必要機能が揃っているという状態を作るわけです。

伊丹　そういうことをやろうとしても、いろいろな理由から組織を分けることは難しいと思い込んでいる人もいると思います。化学プラントなんてやっぱりそうですよ。

三枝　そう。確かに化学や石油のようないわゆる連産品の場合は、難しい要素がいろいろあります。その気になって工夫をすると解決法が見つかることが多いので、まったくダメとは思いませんが。

伊丹　この商品だけたくさん作ればいいと言ったって、連産品ですから他の商品も同時にたくさんできてしまう。

三枝　原価計算なども複雑につながっていますから、損益を分けることも簡単じゃない。でも、それも政治的、政策的にやっていることが多いので、科学的、論理的にきっちり分けることを狙えば、今までよりも戦略が明快になることが多いんですね。

伊丹　もちろんそれもわかった上で、「創って、作って、売る」で区分けをするという、このやり方の持っている原理的な良さが、他の原理と衝突するところを、どうやって「ねじ伏せる」かということについては知りたいですね。ねじ伏せるという言い方は良くないかもしれませんが。

三枝　いや、わかります。そのために慎重な分析と組織デザインの作業を行います。これならいけそうだというプランを提示しないと、皆乗ってこない。でもわかってもらうと、わーっと動き出します。

伊丹　それがブレークスルーだと思うんです。

細分化による「チマチマ病」

三枝　こうした「創って、作って、売る」のワンセット化が抱える一つの問題は、うまくデザインしないと、当然ながら細分化による非効率化が起きることです。特に人数の少ない組織を分けるときにその問題が出ます。例えば少人数の開発部隊を分けるときに、今まで一人で処理していた仕事を三つのユニットに分けたとしましょう。もし、それぞれのユニットでどうしても一人ずつ人が必要だという発想に行ってしまうと、一人が三人に増えてしまう。それを避けるためには、その仕事を誰かが兼務でこなすようにしないといけません。

つまりこの機能分化には社員の「多能工化」の概念が必ず伴わなければなりません。それがうまくデザインされれば、コストを上げることなく、組織の分離ができます。それどころか『V字回復の経営』の実話に出てくるように、個々の機能では増員になる部分があっても、営業間接部門やミドル管理職が不要になるといったリエンジニアリング特有の「中抜き」によって、全体としてはかえって人件費が削減できることも多いんです。

「スモール・イズ・ビューティフル」の組織で起きる第二の問題は「チマチマ病」です。大企業であればダイナミックな投資を敢行したりすることができるのに、組織を小さくすると、自分たちの枠内でことをおさめようとする意識が働いて、打ち手がチマチマしてくる危険性が高いのです。第三章で述べたように、この問題に対する私の解決法は、ビジネスプランによって組織の上層部が事業ユニットの戦略を共有し、上層部の責任者が「わかった、ちょっと危ないプランだけど、オレも同じ船に乗るよ」と言って、事業ユニットのリスク感を減らしてあげることです。このビジネスプランのような仕掛けは、「スモール・イズ・ビューティフル」のユニット組織の数が増え過ぎてしまったときの「バラバラ病」という第三の問題を避けるのにも有効です。

「創って、作って、売る」のワンセット化によってしばしば起きる四つ目の問題は、組織内の「情報やノウハウの分断」です。同じ部署で一緒にやっていたときには、お互いのコミュニケーションが良かったのに、組織を分けた途端にあっちとこっちが同じことをやり始めるとか、向こうでやっていることが何だかわからないという状態が出てきます。大体、分けてから半年も経つとそういう現象が出始めますね（笑）。

それに対する解決法の一つは、一つの機能部門を事業ユニット別所属に分けるにしても、物理的には同じフロアに置いたままにしておくことです。一緒に飯を食いに行けるようにしておくわけです。「物理的近接性」を保つことが問題を緩和します。でも現実には、事業ユニットの責任者になった人が、今度は自分の便利な場所に組織を集めたがって、この防止策を崩す傾向があるんです。機能組織ごとの情報分断を防ぐために、それはやめておけと言うのですが。

伊丹　物理的に同じ場所に同居させるというのは、私は極めて正鵠を射た解決法だと思います。これも「場の論理」で言うと、極めてすんなり説明できるんですよ。物理的に同じところにいると、普通、人間には「場」が生まれます。日常的に、仕事とは関係ないところでも、昼食を一緒に食べたりするからです。それが生み出す情報の流れというのは、結構ばかにならないものがありますから、そういうことを使うしかない。解決法としては私も賛成なんですが、何かこのサイクルを成立させるための「場」の成立要件を、もう少し突っ込んでお話しできないでしょうか。

三枝　そうですね。組織分離の方法論は、私もまだ体系化ができていないですね。あまりにもパラメータが多くて、その会社に行ってみて、経営現場で分析と組織デザインをこね回すという手法にとどまっています。

伊丹　ただ、うまくいくとすれば、何かまだ発見されていない原理原則があるはずなんですよね。学者だから大体そういうふうに考えるわけです。うまくいくものにはいい原理がある。具合が悪いのは原理に反している。だけど世の中のすべてのことがその原理だけで説明できるとは限らないから、現場でいろいろな工夫というのは当然しなければいけないわけです。でも、まったく無原則無原理じゃないはずだと思うんですね。

三枝　まったく合意です。本書でわれわれは新しい「日本の経営」を再確立したいとか、日本人に「抽象化」の能力が不足しているためにユニークな経営手法が見えてこないといったことを指摘しています。しかしこうして伊丹さんと対談していると、私がこれまで行ってきた事業再生の活動についても、まだまだ「抽象化、理論化、敷衍化」が不足していますね。せいぜい「創って、作って、売る」とか言っている程度なんですから（笑）。

2――組織における「場」の論理

スモールが「場」を生む

伊丹　私が三枝さんの言っていることにものすごく共感するのは、この話は「スモール・イズ・ビューティフル」と必ずくっついているからだと思うんです。それは非常に大切なことで、これも結局人の間に場が生まれるためには、その集団のサイズはある程度小さくなければダメなんですよ。五百人の場なんてない。

三枝　そうですね。「スモール・イズ・ビューティフル」という言葉は私がミスミの社長に就任したときに使い始めて、今では幹部の共通言語になっています。「スモール・イズ・ビューティフル」という言葉は今のところ、私が自分の過去の経験からたどり着いた小さな「抽象化、理論化、敷衍化」の一つに過ぎないのであって、ミスミの社内で実行している程度です。しかし私は自分がやってきたこれらの事業再生手法が、もしかするとアメリカ流とはまったく異なる、新しい「日本の経営」の手法になるタネを含んでいるような気がしているのです。

そこでは、トップだけが経営を先導するのではなく、一般社員を含む人間の心や熱さ、事業へのコミットメント、そして自律性が大きな意味を生んで、それによって社員の目の輝きが違ってくる。顧客視点から始まる「創って、作って、売る」のスピードが重視されており、その事業ストーリーには顧客セグメンテーションを含む戦略的考え方が軸になる。そして経営者人材の育成が一気に進む。日本発の経営手法であるトヨタ生産方式とも、一気通貫の考え方が共通しているのですから、考え方の裏付けもある。

私はミスミに骨を埋めると宣言してトップ経営者を続けてきましたが、もし私に残された年月で可能なら、私が汗を流してきたこれらの事業再生手法を、もう少し整理して論理化する努力をしてみたいと思います。伊丹さんとのこの対談は、自分がこういう気持ちに至ったというだけで、私にはとても大きな価値がありました。

伊丹　面白いですね。そこにはまさに「場」の成立要件みたいなものがあり、それに従ってきちんと場が生まれたあとは、みんな目は輝いてくるし、情報の流れが良くなってうまくいく。これにはまったく賛成なんですが、一方でそのやり方には二つの問題があると思います。一つは、先ほどの「チマチマ病」の話にも少し重なるところがありますが、規模の経済という言葉に代表されるような、共通部分を効率的に利用するというコンセプトから外れ始めてしまう。

三枝　そのことでは、さっきの営業所や工場の話のように、私はあまり心配していません。生産設備というのは化学品のような連産品を別にすれば、今でも概して商品単位に組まれているのが実態であることが多いんです。ですから、規模の利益をそれほど損なわない形でスモール・イズ・ビューティフルの組織に分けることが可能だというのが私の経験です。営業も、実は従来から商品別に担当者が分けられていることも多いので、ユニット化しても細分化の非効率が起きないことが多いのです。

伊丹　なるほど。もう一つは、情報の流れが良くなる場ができるというのが、実は誰かが何かの配慮をして、ゆがんでしまうということです。例えば一番わかりやすい例で言えば、営業の人がお客さんのニーズを感知したときに、その情報がすんなり開発まで伝わって、開発が同意して動いて、生産がそのとおり作ろうとならなければ意味がありません。

ここで実は、設備投資の大きさというのが足かせになります。生産の人たちがせっかく立派な装置に設備投資したんだから、それを効率的に回さなければいけないと考えるわけです。それもまた立派な使命ですよ。その使命を強調するものだから、営業が確かにお客さんはこう言っているのだけれど、工場の都合を考えれば、そんなことをあまり言ってもまずいかな、と遠慮し始めてしまうわけです。

そうすると、生産という大きな投資をしたサンクコスト（埋没原価）を持った人たちの側に、組織の中では不思議とパワーが発生するんですよ。こんなものを背負っているんだから、われわれのことを理解してくれ、というパワーです。他人を押しのけたいとかいう悪意のパワーではないんです。

そうすると、組織を小分けにすると、営業の人の声がそれぞれのユニットで個別撃破されてしまうようになるわけです。撃破するつもりなんて誰にもないんだけど、配慮のためにそうなってしまう。マーケットの声としての営業側の発言を、生産側に聞いてもらえるように組織構造を変えることが必要で、そのために社内のパワー関係を調整すべきだという全体最適化の課題が、組織細分化によって放置されることが出てくるんですよ。これは頭が痛い問題です。みんな善人だからこうなるんですよ。みんな配慮してしまう。

パワー関係がゆがむ

三枝　その配慮がそのままでいいか、それともそれはやっぱり打破して、捨てるものは捨てて違うバランスでやらなければいけないかは、事業ごとにスモール・イズ・ビューティフルの組織の中で自分たちで早く結論を出せるようにしてやらなければならないと思います。

そのために重要なことは、組織を一気通貫の「スモール・イズ・ビューティフル」で細分化させるだけでなく、それぞれの事業ユニットに、ビジネスプランのような仕掛けによって「戦略」の経営リテラシーを入れ込んでいくことです。それによってそこにいる人々が、それまでの内部的、政治的、経験主義的な動きを続けるのではなくて、あくまで「顧客や競合を意識した戦略」として、今何が正しいか、正しくないかの合理的な議論に自ら到達できるような経営カルチャーを導入することを同時にやらなければいけません。つまり組織と戦略をセットで改革するように仕向けるわけです。

カギは戦略を見通せるリーダーがそこにいるかどうかだと思います。その面で会社上部から強力な戦略教育を落とし込むことが重要になります。それを広げるためにも経営者人材を増やさなければならないのですが、これはニワトリと卵の関係にあって、今、経営者人材の育成が遅れている日本企業にとっては、スモール・イズ・ビューティフルの組織論とそれに伴う戦略立案作業が経営者人材を育成する特効薬になると思っています。私はそれを過去の事業再生や六年間のミスミの経営で経験してきました。

伊丹　確かに戦略リーダーの存在は極めて重要だと思います。しかし議論をさらに深めるために、情報の流れが本当は起きるべきなのに、パワー関係が組織の中でゆがんでいるがために実際にはそれが起きない、ということが問題の源泉だったとしましょう。その場合、組織を小さく分けるとますますパワー関係がおかしくなります。むしろ営業側を大きくするとか、パワー関係を変えるための組織構造の変更というのが、ある時期必要となる可能性が十分あるんですよ。

ですから、三枝さんの言う一気通貫のサイクルに従って、小さめのマーケットに合わせた組織を作っていくと、次第にパワー関係の垢のようなものが溜まってくる危険もあるのではないでしょうか。それは生産や開発など、比較的長期的な規模を考えたために、サンクコストを背負ってしまった人たちの声が、つい大きくなってしまうんだと。ですから例えば営業側をまとめて、言ってみれば人間の数の力によってパワーを出させてやるような組織に、ときどきガラッと変えるということがおそらく必要になってくるんでしょう。

実はパナソニックの経営改革では、事業部制を解体して、各事業部に所属していた営業やマーケティング機能をマーケティング本部に集めたんです。あえて、「創って、作る」組織と「売る」組織の間を切った。三枝さんの処方箋の逆張りです。それは、生産開発側に組織内のパワーが集中し過ぎる組織になってしまっていたのを、市場の声を代弁する側がもっとパワーを持てるようにした、という改革だと私は解釈しています。

そうした機能別組織を長くやっていると、今度は機能間セクショナリズムの壁ができ始める。そうしたら、また壊す。どうもそういう行ったり来たりを意図してやるということが、一般的な解決策なのではないでしょうか。

三枝　ええ、パナソニックの話は聞いているとそういうケースのようですが、何年かの間隔で組織構造を意識的に行ったり来たりさせるという概念は私も持っているので、違和感はありません。

事業がすでにどうしようもなく大きくなって、私が言っているような「創って、作って、売る」の一気通貫で中を分けようにも、複合技術や複合商品がたくさんあって、どうにもならないような部分がたくさんあるんだと思うんですよ。

伊丹　そうです。技術的にもそういう問題が片一方であります。

三枝　そういう場合は、シナジー効果が目に見えない形でいろいろなところで社内にできあがっていて、それが一つの強さになっており、誰もあまり気づいていないけれど重要だ、といった状況になっている。そういう事業を分けるというのは、実務的には非常に難しい壁があるでしょうね。私自身、パナソニックのような巨大組織の再建をやったことはないので、そういう場合に私の組織発想のどこが当てはまらず、どこは同じでいいという峻別は、実際に取り組んでみないと判断できないような気がします。

伊丹　しかし、私はそこで三枝さんのコンセプトの持っている良さを感じます。自分がこの十五年ぐらい言ってきた場のマネジメントの話とそっくり同じだと思うから、何とかして、その中でもこの「創って、作って、売る」サイクルを成立させるための経営的努力には、こんなものがありますよ、ということを言いたい。それができれば、本当に多くの読者が喜ぶと思うんですよね。パナソニックみたいな大企業を捨てないでよ（笑）。

三枝　いえいえ、日本を元気にするためには非常に重要なテーマです。ソニーもそうなんですが、やはりパナソニックみたいに大きくなってしまった企業を、「創って、作って、売る」でいくつかの会社に分けたとします。でもそれは、その会社の一昔前の比較的小規模な状態にまた戻すというのと違いますよね。

例えば住友グループには住友商事とか住友化学とかいろいろな企業がありますが、あれはもともと一つの住友だったものを、どんどん分けていったわけです。それらの事業が今も一つ屋根の下で一人の社長に束ねられていたら、行き詰まっているはずです。そのときどきの知恵で分けていったんだと思うんですね。だから、巨大化していく組織の中に異質な事業を抱えたままそのシナジー効果を生かす価値と、分けていくことによって一つひとつの事業が元気さや競争性を高めていくというメリットの価値、あるいは共通部門を事業ごとに分割していくというデメリットの価値などを考えて、事業をいくつに分けたら一番価値があるのか、その都度バランスを図っていく必要があると思います。

伊丹　でもそこには依然として規模の問題があって、パナソニックのような大きくなった会社を、三つ、四つに分けたとしても、全体で八兆円の売上高が一つ二兆円になるだけです。その中でまた多様な製品があるんです。だから「創って、作って、売る」のサイクルを何かの形で組織の中に埋め込む努力の必要性は必ず残るけれども、小さい事業部に分ければいい、ということだけではおさまらない話が残ると思う。そこのところを何か言ってあげたいですね。

シナジーを壊さず、サイクルを埋め込む

三枝　私は八兆円がたとえ二兆円の四企業になっても、一兆円が二千億円の五企業になっても、二千億円が五百億円の四企業になっても、それぞれそれなりの活性化効果はあると思います。事業部の規模を超えて巨大化してしまった企業に対して、組織論としての解決策は、世界的にまだ出ていないですよね。事業部制を編み出したところまでですよ。

伊丹　だからこそ、三枝さんの理論をベースにブレークスルーするという話を考えたいわけです。

三枝　本当にそれができたら、新しい「日本の経営」を編み出したことになるかもしれませんね。これまで日本の会社が何をやってきたかというと、事業を分けてベンチャーステージあたりに戻そうとしているんです。分社してみたりね。でも、一度大きな企業に慣れてしまった人は、なかなかベンチャーステージに戻ることはできない。

伊丹　別な人間でもいいんですよ。だけどやり方は提案できるといいと思う。その背後にあるもう一つの大きな技術的問題は、先ほど三枝さんが言ったように、背景にあるシステムやデジタルといった技術のシナジーが、強く効いてしまっているものですから、バラバラに分けるということが、実は長期的に実行可能な戦略ではないんです。だから困っているんですね、みんな。

ですから、そこのところは何とか「創って、作って、売る」サイクルというものの埋め込み方を懸命に考えるというのが必要なんだと思うんです。「場を生む」ということについて言え

ば、日本の企業はアメリカよりもやりやすいんです。アメリカは、すぐ外科手術してただ小さくする、切り取ってしまうという解決策をとりますが、それではもったいなさ過ぎるんですね。

三枝　確かに。でも日本企業では逆に、組織内での弱肉強食というか、競争原理が働く、あるいは、潰すところは潰すというような活性策をとらずに、お互いになめ合っちゃったからおかしくなったんじゃないでしょうか。

伊丹　それはそうですね。でもその先の話をすると、お互いになめ合わないように厳しくやろうと思ったとしても、その厳しくやるための方法論が思い浮かばず、ごく乱暴なソリューションしか思いつかないものだから、やれないんですよ。三枝さん、何か考えてよと（笑）。

三枝　大組織のまま事業をやっているときの、あの隔靴掻痒の、何もかも自分の手が届かないような感覚というのは、私は本当に嫌なんですよ（笑）。上も下も、皆がやる気を失う原因はまさにあの感覚なんですよね。

伊丹　しかし、大きな組織の経営って結局そこが最大の問題なんですよね。トップは現場に自分でタッチできないんだから。ハンズオンでやろうとすると、体がいくつあっても足りません。ですから、その経営者の立場に立つと、隔靴掻痒にならざるを得ない状況があるときに、どうすればいいのかを教えてほしいとなるんですよ。

三枝　わかります。でもそれに対する答えは私にはなくて、ただ一つ、要するに「一人の経営リーダーが自分の事業を生き生きと保てる組織規模」にまで分解してしまえ、という単純な解決法しか見つかっていないのです。大きくなり過ぎたら分けるしかない、それがある程度のシナジーを失って一見非効率に思えても、顧客や競合に対して元気な組織であることの方が大切だと。

実はミスミでも、一人のトップだけで生き生きと保てる規模を最近超えてきたと感じるようになりました。私の部下は誰もそう言わないのですが、私から見たら、大組織病が少しずつ忍び寄っている感じがしているのです。そこで次の手を打ちたいと考え、二〇〇七年に世に言うカンパニー制に似た「ミスミ企業体組織」というのを発足させました。一つの企業体の中にいくつかの事業部が属し、それを企業体社長が束ねるという企業内企業です。企業体のトップには「企業体社長」という肩書きの幹部を任命しましたが、事業が将来成長するに従って細胞分裂を繰り返していけば、企業体社長レベルの経営者が自動的に増えていくことになります。

社長によるハンズオン経営は、それが企業家精神の原点であり、とにかく大切だと私は思っています。これまでの私自身の問題解決法は、何か問題が出たときは、現場に行って自分の目で見て、自分で理解した上で問題を整理して、この先この問題は任せたよと言える人の配備を終えたら、自分はさっさと引き上げる。しかし伊丹さんの言うように一人のトップでは早晩それができなくなる。ミスミもその限界を超えたと私は判断し、組織を割った。これからは新しく任命した企業体社長にハンズオンをやってもらいます。彼らができなくなったら、組織をさらに割って、企業体社長レベルでは常にハンズオンスタイルがとられていることが、ミスミの組織を元気に保つ最大のポイントだと思っています。

結局ハンズオンというのは、仕事のプロセスの途中で上と下がチェックしたり議論したりするのですから、プロセス志向なんです。しかし自分でそのハンズオンを続けることが難しい規模になったらあきらめて、組織をいくつかに分けてそれぞれあなたに任せたよと言って何人かに事業を渡し、結果的にうまくいかない企業体が出てくればその人に責任をとってもらうみたいな「結果主義」に移行していく以外になくなります。

そのときに大事なことは、次に現場を任された人が代わりにハンズオンのやり方をきちんと下に対して実行できるようなトレーニングがなされていることですよね。ということはトップの仕事は、ハンズオンの姿勢をとることを教え、ハンズオンのできる人材を育てるというテーマに集中することになる。

事業の原点に返る

伊丹　それはそのとおりだと思います。でもそれは「創って、作って、売る」サイクルをどうやって埋め込むかという話とはちょっと違う問題で、隔靴掻痒に対する対策ですよね。

三枝　いや、隔靴掻痒に対する対策と、「創って、作って、売る」の一気通貫サイクルを速く回せる組織をどう作るのかという話は、私の頭の中では完全に重なっています。トップの隔靴掻痒感が増していくのは事業が成長して大きくなっていくに従って避けようがない。だけど「創って、作って、売る」の一気通貫サイクルが自動的に回るように分権化を図っていくという組織論を常に作動させることができれば、組織末端の淀みは避けられる。そこで事業組織のセル（細胞）分裂を繰り返すというコンセプトを生み出して、毎年「スモール・イズ・ビューティフル」の刷新を図っています。

伊丹　それも賛成です。ですが、それは埋め込めたからですね。埋め込むための、その一歩手前の人たちが世の中にたくさんいて、困っているような気がする。

三枝　それはわかります。もうちょっと私の手法のコンセプト化が必要なのだと思います。私の場合は、会社がまだ小さい段階から「創って、作って、売る」の組織概念を植え込んで、一つの事業がある程度大きくなったら分けるという原則で組織の細胞分裂を繰り返してきました。そういうことが毎年行われるということが会社の一つのカルチャーになると、組織の肥大化を自動的に先延ばしすることができます。

伊丹　でも考えてみれば、パナソニックは歴史的にそういう原則を繰り返してここまで大きくなってきた面があるように思いますね。

三枝　そうなんですか。ということは私の言っている手法だけでは足りないということでしょうか。でも今のミスミと同じ売上高一千億円規模を超えたところですっかり沈滞老成してしまった会社が世の中にはたくさんあって、私はその規模の会社の事業再生をやってきました。それらの会社に比べると、今のミスミは同じ規模に達しているのに今でも非常に元気なんですよ。意欲の高い人たちが集まっていることも大きいのですが、それはニワトリと卵みたいな関係で、組織構造の面白さが人を集めて、それによって「スモール・イズ・ビューティフル」の元気さが機能アップされている面もあると思います。

いずれにしても、私の言っているスモール・イズ・ビューティフルの手法を、すでに一、二兆円に到達している企業に今からどのように導入できるのかは、私はそれほど大きな会社の再生を手がけたことがないので、感覚的にわからない面があります。複雑にできあがってしまった事業組織を分けるのは、一千億円レベルでも気が遠くなるぐらい大変なんですよ。しかも、一人の社長の手に負えない巨大組織の場合は、事業部レベルで元気さを保つ手法と、それとは別のコーポレイト（本社）レベルで元気さを保つ手法の両方をセットで入れ込まないとダメでしょう。

伊丹　パナソニックはそういうことをものすごく強く意識してきたにもかかわらず、ある意味で技術の力学や投資の力学が背後で働いてしまったのだと思います。三枝さんが今言ったような、スモール・イズ・ビューティフルで「創って、作って、売る」というサイクルを作るというのは、松下幸之助さんが言ったこととほとんど同じなんだもの。

三枝　だとすると、今はスモール・イズ・ビューティフルと何か違うものを提示しなければいけないということですかね。それともそのコンセプトの実行が途中で弱まってしまったので、もう一度「スモール・イズ・ビューティフル」の原点に返るような仕掛けの入れ込みが必要だということでしょうか。

伊丹　原点に返る仕掛け、というのはいいですね。いずれにせよ、スモール・イズ・ビューティフルの、あるいは「創って、作って、売る」サイクルの原理系を三枝さんが解明し実践してこられたんでしょう。その先に、その応用系とかバリエーションというのをさらに考えるという仕事が残っているように思います。

三枝　確かに。売上高二千億円くらいの企業規模までは実践できることがわかっていますが、それ以上の規模の日本企業で今、それをやることができれば非常に元気になりますよね。変にアメリカの真似をして売った切ったでやるよりも、日本の経営の一つの解答になる。

伊丹　そうですね（笑）。二人で議論しているうちに、そういう「創って、作って、売る」サイクルの埋め込みということについて、例えばこんな方法が論理的にあるんじゃないかというメニューを提案できるといいですね。

3――事業活性を高めるために

組織を分ける難しさ

三枝　よく組織の分け方を、いくらぐらいの規模で分ければいいのかとか、売上高で聞く人がいるんですが、金額や社員の数で一般基準を決めるのは間違いだと思います。自動車のように単価が高いもので、ちょっと売れたら一千億円になるような商品について、何も一千億円の組織を半分に分ける必要はないんです。売上高がどれほど大きくても単品だったら一つのサイクルでいいわけですよ。

トヨタがレクサスを分裂させたみたいに、商品とマーケットで分けるというのも一つの分け方でしょうし、私は探せば何らかの分け方が見つかると考えます。一般論でしか言えないところが申し訳ないのですが、実際にそのつもりで見れば分け方はあると思います。

伊丹　では、商品別に分けるとします。そうすると、例えば開発部隊の人たちは、共通技術がものすごくたくさんあるんですと文句を言います。そんなの分けたら困りますという、そういう論理なんですね。みんなそれなりに筋が通っているんですよ。その場合は、どうやって納得してもらうんですか。

三枝　その問題の答えはさっき出たとおりです。一つは同一機能組織の職場を物理的に一つの「場」に集めておくこと、もう一つはその開発の技術交流か共通技術の管理のための専任の横串機能を作るということですね。あっちでは何をやっている、こっちでは何をやっているという情報がきちんとお互い見えるようにしたり、共通テーマで勉強会をするといったことです。

どっちみち機能別の従来組織でも、フロアの端と端の人が、実は何をやっているのかお互いに知らないなんてことはよくあります。だから結局、組織を分けても効率が大きく損なわれることはなくて、むしろ事業ユニットごとに「創って、作って、売る」の戦略ストーリーを一気通貫で統一していくことのメリットの方が大きいという考え方です。

ただ、先ほど言ったように、半年ぐらいすると、同じ機能部署同士がお互いの関心を失います。だから、横串機能の人たちがそこら辺の情報共有や共同行動を刺激するわけですが、それはあくまで補助的です。

伊丹　そうなると、今度は機能部門全体としての長期的な蓄積といったことをみんながしなくなります。チマチマ病が起こるわけですね。

三枝　ただ、売上高一兆円なんていう大企業であれば、そうやって機能組織を事業ユニットに分けたところで、一つひとつの組織はまだかなり大きいんですよね。結構たくさんの人数がいて、チマチマしたと言えるほど実は小さくないんですよ。

一方で、これは本当に共通技術、一緒にしなければいけないというのがあれば、さっき言ったようにそれは無理矢理分けずに、共通組織のままでいいんですよ。プールすべきものはプールする組織でいいと思います。今の日本企業の機能別組織は、とにかく相当ムダがありますから、工夫をすれば効果は絶大だと思っています。

伊丹　私もそれはそうだろうなと思うからこそ、「創って、作って、売る」の組織を導入した上で、なおかつ全体の組織が機能するような別立てのメカニズムを入れなければならない。そうしないと「創って、作って、売る」のサイクルをきちんと埋め込むという話にならないと思います。そのためには一体どうすればいいのかと。

第四章でもお話ししたとおり、組織も人間の体と同じで、おのおの細胞がある意味で勝手に動いているんだけれど、きちんと周りと連携しつつ自然に動いている、というのが一番いい姿だというのは、私にもよくわかります。だけど、例えば脳がなくなったら人間は死んでしまいますからね。全体として意味を与えるとか、全体として大きな方向を示すとかという意味での、コントロールではなく、ガイダンスみたいなことをする機能がどこかにないと困るんですね。

組織の元気と組織の効率性の面白いバランス

三枝　でも「創って、作って、売る」の一気通貫ワンセットの中にそれがあればいいのではないでしょうか。「創って、作って、売る」というのはそれ自体が独立していますから。

伊丹　それはそうかもしれない。あえて分けてしまっても問題ないというのは一つのシナリオなんでしょう。三枝さんが経験してこられたような、低迷とか、本当に事業再生が必要なところを立て直すには、それしかないかもしれない。

それはわかるんですが、ある程度健康そうなのにもう一つ元気がないとか、世の中、そういう中途半端な会社が多いんですよ。そういう人たちが少しでも良くなってくれると、日本中が本当に良くなると思います。そこへの処方箋というか、理論の提供が、三枝さんのこの「創って、作って、売る」をベースにできないかなと、前から考えているんですよ。

三枝　元気でない人たちって、本人たちにストーリーがないんですよ。日本人はまじめで働き者ですから、事業のストーリーを自分たちで考えて決められる一気通貫組織を与えたら、彼らに目標意識が出てきて頑張り始める。その変化はとてもすごいんですよね。

伊丹　そうすると、一つの原理原則は、小さい効率性のロスは無視する、目をつぶる。そのことが意味を持つ企業も、実は世の中にたくさんあると思いますから。

三枝　私の再生の場合はそれを無視するというよりも、あとで面倒見るという感じでした（笑）。

伊丹　なるほど。しかし、大企業へのサイクル埋め込みを考える抽象化、理論化の軸として、もう一つか二つ、ないですか。

三枝　そうですね。その効率の悪さによって失われる分よりも、そこにいる人間が面白いと感じて頑張るエネルギーの方が二倍くらいあるので、完全にカバーできているという感じですね。だから、効率の悪さにある程度目をつぶるという原理が働いているのだと思います。

伊丹　なるほど、それは一つの原理ですね。元気と効率を天秤にかけると、元気の方が二倍大事。そういうのを割り切るのは、一つのソリューションだと思うんだけど、もう少し何かないですかね。学者がないものねだりを言っているのかな。

三枝　いえいえ、これは最高の議論になっています。トム・ハウトとジョージ・ストークの二人がカンバン方式から「時間の戦略」への敷衍化を行ったときにも、二人の間でこの種の会話がたくさんあったはずです。日本人はその会話をすることがなかったから、抽象化、論理化のところで負けた。

さっきからの伊丹さんの質問は、これまで誰も私に仕掛けてこなかったもので、私自身ものすごく刺激され勉強になっています。

新事業を新興企業に興させるアメリカ

三枝　議論の続きで、新しい要素を投げ込みたいのですが、いくら「創って、作って、売る」や「スモール・イズ・ビューティフル」の組織に変えようとしても、その組織ユニットの責任者にリーダーシップがないと、間違いなくそれまでと同じになってしまいます。『V字回復の経営』のケースでも、一人のユニット社長を一年ほどで外しました。本には書いてありませんが。結局、次の章でご説明する「戦略の三枚目」（アクション）にまでしっかり落とし込んでいける人材が配備されないと、組織の元気さは実現してきません。

社会の中で大企業の勢いが失われて、その代わりに新興企業が生まれて、それが大きく一千億円、二千億円企業になっていく。スモール・イズ・ビューティフルの元気さで立ち上がってきた会社が古い会社を駆逐していくということで、ぐるぐる変わっていく。ですから大企業が「スモール・イズ・ビューティフル」に似た組織論を持ち得ない限りは、絶対廃れていくと思います。

伊丹　なるほど。「創って、作って、売る」サイクルをきちんと回せない大企業が廃れ、それをきちんとやれる新興企業がそれに取って替わっていけば、社会全体の中ではサイクルが機能していることになる、というわけですね。

そのやり方は、アメリカの経済システムが自分たちの新陳代謝のためにとっている考え方に通じるものがある。ところが、戦後の日本における産業の発展史を、私はいろいろな産業について見たのですが、アメリカとは明らかに違うんです。古い企業がしぶと過ぎて淘汰されず、彼らが既存事業に新しい事業をアドオンして（付け足して）いく形で多くの産業全体が伸びていく。つまり、新興企業による代替ということがあまり起きずに産業構造が進化していく、という形になってくるんですよ。

だから、フォーチュン５００とか、そういうトップ企業の入れ替わり度合いを日本で測ると、本当に安定しているんですよ。

国の産業構造自体も、アメリカだったら例えば鉄鋼産業は廃れて、そこで働いていた人はＩＴや金融へ移って、産業構造自体がシフトして新しい分野で成長が起きるということになります。ところが、日本は鉄でもずっと元気を維持して、ＩＴにも取り組みましょうとなる。これはよその国から見ると、本当に嫌な国だと思います。拡張主義なんですね。古いものもやりますし、新しいものも当然やりますと言って、しかも、実際に結構できているんですよ、ここまで。

三枝　なるほど。アメリカではベンチャーの世界が八〇年代に一気に拡大したので、私が言ったような企業の新陳代謝がすごく速く回るような体制ができあがった。日本では企業の入れ替わりが長期的だということと、同時に日本でベンチャーの世界が大したことになっていないので、両方の組み合わせで大企業中心の構造になっていると。「日本の経営」を活性化するには既存企業を元気にさせる政策に集中する方が手っ取り早いと私は言っているのですが、その考え方と一致します。

いずれにしても日本では人がある会社を辞めて次のことに取りかかるというパターンではなくて、同じ会社の中で次のことを手がけるということですね。

伊丹　鉄という産業自体は残るわけです。USスチールみたいにはならないんです。

三枝　それは、日本企業がある程度の投資をして競争性を保ったのに対して、アメリカ企業は配当や異分野への多角化で、鉄という産業を維持するための投資資金を自ら枯渇させてしまったということですね。

伊丹　そういうことをアメリカ企業はやってしまうので、自然にそうなってしまう。日本はそういうことがなく、組織内の再投資が可能になるから、古い産業でもある程度競争性の維持ができるという話です。しかし、ベンチャーが生まれて、それが大手企業を駆逐して入れ替わってくるという構造ではないんですね、日本は。違うタイプのメカニズムが日本では働いていると思います。

三枝　少なくとも過去においては、日本企業にいる人間の意思や志向が違った場合に、そこを飛び出してベンチャーを興したりするような、国の中で人が動く仕掛けは非常に弱かったから、事業革新は大企業の中でしか起きない体制が維持された。

伊丹　私はそんなにネガティブにはとらえていません。それぞれの国がどうも違う原理で動いていて、それぞれに実行可能なのではないでしょうか。

三枝　アメリカでは短期間で廃れてしまうものが、日本ではこれだけ長く続く理由は、やはりそこに働いている人間のマインド、それを支える組織のあり方が関係していたのでしょう。

伊丹　それは一つの大きな理由だと思いますよ。

三枝　自分たちが長く設定するから、事業が長く生きることも考えるし、そういう投資の仕方もするし、攻め方もする。あっちの儲けが良いからということで、会社から飛び出してシリコンバレーで勝負するみたいな話も少ないですし。個人としての生き方や人生、そういうものが関係しているような気がします。もっとも、最近転職する人が非常に増えているのも事実ですが。

新事業を大組織の中で興す日本

伊丹　そうですね。関係はしていると思いますが、そういうふうに動いていながらも、日本の大きな組織は、他国の大きな組織と比べると、ある程度の活力を持っているんですよ。

例えば、GMとトヨタを比べたら、トヨタの方が元気があります。働いている人たちの目だって輝いていきます。せっかく、こういうメカニズムで国全体が動いている「日本の経営」を元気にしようということであれば、このメカニズムを壊さないまま、三枝さんの言うサイクルを埋め込んだらもっといいなと思います。ここで、新しい企業が出てくればそれでいいんだと言った途端に、アメリカ的メカニズムの持ち込みになるのではないでしょうか。

三枝　そうですね。でも、私も伊丹さんと同じで、既存企業の中でスモール・イズ・ビューティフルを実現して、そこにいる人々が生き甲斐を見つけて、会社も元気になるということを言っているわけです。ベンチャー企業も小さな組織ですが、それが日本の元気を取り戻すために有効な仕掛けであるかどうかは、第一章で言ったように、私は疑問に思っています。

日本企業は企業の中で、停滞した事業から新興事業に人を移動させていくことをやっていけばいいわけでしょう。成長企業ほど、商品や事業の入れ替えをやっていますから。それを自ら常に仕掛けていれば、会社が大きくなっていっても全体としては元気という状態が保てる。それには、人の社内移動の仕組みがいりますよね。ミスミの場合は二年に一回、全社員が仕事の部署を再申請するという「ガラガラぽん」という制度を実施しています。毎回それで本当に動く社員は三〇％くらいですが。

スモール・イズ・ビューティフルにすれば、責任がはっきりするし、損益がはっきりするし、この商品や事業はもうやめるべきだということもはっきりしてくる。赤字商品がはっきり目に見えるから本人たちに迫ってくる。その危機感の度合いは全然違います。

実際には、原理原則もさることながら、実行の切れ味が問題だと感じています。実行できる人がいなければ、どんな仕掛けでも淀んでしまいますから。そういう仕掛けの中で、メリハリをつけつつＤＮＡが引き継がれるような人間育成とは何でしょう、ということになってきますね。

サイクル＋アメーバが答えになるか？

伊丹　アメリカの企業でもヨーロッパの企業でもいいのですが、三枝さんの知っている比較的大きな企業で、実際に思い切って分けてしまった例というのはありますか。

三枝　アメリカは会社を分けますから、探せばたくさんリストできると思います。ただ、私の手法は企業内企業とか事業部のような分け方ですから、分社化とは違います。

伊丹　今、私が自分で話しながら、あの会社の例がそうかなと思ったのは、ヨーロッパであればスイスのＡＢＢ、日本では京セラが、非常に小さいプロフィットセンターを作るんです。平均六十人と言いますから、かなり思い切っています。

三枝　京セラのアメーバ経営は、私にはちょっと違う組織ですね。あれは「創って、作って、売る」のワンセットになっていませんから。

伊丹　ワンセットになっていないからこそ、私はかえってヒントになると思いました。京セラのアメーバというのは、例えば工場内の一つの工程がアメーバとなり、プロフィットセンターとなっている。前の工程から仕入れて、あとの工程へ売る、という意味で疑似的に「作って、売る」サイクルを小さな組織の中でやっている。管理会計の仕組みの工夫で、完全な「創って、作って、売る」の一つの組織体にはできなくても、中を細かく分けることによって、ある程度の活性度というのを維持するという方向性です。あれが三枝さんの言っているサイクルを実践している例だとは、私も思いません。しかし、ああして多少人為的な会計の単位を工夫することによって、成果は一応測れるようになるわけです。小さいグループで物を考えさせるから、「場」はできる。一気通貫の場でないという点だけが残念なところですが、こういうやり方もあるのではないでしょうか。

三枝　京セラについて不思議なのは、あのアメーバ組織で商品や事業の全体戦略を誰が作っているのか、ということですね。現場レベルでのスモール・イズ・ビューティフルというのは、戦略ストーリーとワンセットでないとダメなんですよ。

伊丹　あそこは事業部がやっているんだろうと思います。その事業部の中が、また非常に小さいアメーバに分かれている、そういう仕掛けだと思います。

三枝　その事業部単位が比較的小さく設計されていれば、下の組織が機能別に細かく分解されていても大丈夫ですね。

伊丹　それはそうですね。そうすると日本企業にとっての一つの一般解は、一つの事業ユニットのサイズをとにかくなるべく小さくするということですね。さらにそれでもいろいろな共通部分などがあって、ある程度の規模にならざるを得ないのであれば、その中を例えばアメーバのように会計的にはっきり測れるようなもっと小さい単位に分ける。そして、分けたら責任を与える。一気通貫ではない人たちでも、責任を与えてしまう。そうすると、小さい場がたくさん生まれるんですね。

三枝　ただ、会計的な手法でそれをやろうと思うと、それこそＡＢＣ（活動基準原価計算）

のように、あなたは今日どこで何をやったのかという仕事内容を、時間を追って、逐一記録させなければなりません。結構、面倒くさいですよ。

伊丹　アメーバ経営でやっている会計の仕組みは、なかなかよくできていますよ。本当に工程ごとにアメーバにしてしまうんだから。そのアメーバの業績測定の基礎指標は、時間当たり採算と彼らが呼ぶものなんです。それはそのアメーバに投入された従業員の総労働時間を分母にして、分子にそこが生み出した付加価値をとるわけです。前の工程から仕入れて、次の工程に売るまでの間に、どれくらい付加価値が生まれたかということを測るわけです。分子も分母も、全部アメーバの中でコントロールできます。測定しにくい会計の話は何もないんです。

三枝　それはつまり、内部の移転価格を次の工程への値段として決めていくんですね。その価格差が付加価値になると。

伊丹　そう。その振替価格を決めるのは、現場のエゴでもめたときは上からの指示で決める、というやり方でやっているんですよ。ですから、強いヤツは要求が強くできるというふうに、面白い仕掛けなんですよ。実際に取り組むのは大変ですけどね。

ですから、そういう管理会計上の仕組みって一種疑似的な仕組みなんですよね。事業としての意思決定が、そのユニットだけで全部行われるわけではありませんから。だけど基本サイクルに忠実に、なるべく組織は小さく割ったあとで、それでも何かの理由でどうしても小さくできないと判断したら、せめて疑似的に会計単位で分けるということです。三枝プラス稲盛が正解かもしれませんね。

順序としては、「創って、作って、売る」のサイクルでまとめた事業部がまず作られて、その中をさらに小さなアメーバに分けるというふうにしないとうまくいかないでしょうね。

三枝　そうですね。アメーバでその人たちが元気だというのは、儲かるか儲からないか、あるいは、効率良くやったかやらなかったかということで、要するに部署としての一品の売上高に対して一品のコストがちゃんとワンセットで示されているからですね。スモール・イズ・ビューティフルの組織は必ずそうした損益計測システムを持たなくてはいけません。

情報の論理、感情の論理

伊丹敬之

「創って、作って、売る」という商売の基本サイクルの良さの原理を私なりに解釈すると、情報の論理とそれがまき起こす感情の論理にある。それは強い「日本の経営」を再構築するには重要でユニークな視点だと思う。

小さな組織でこのサイクルが回ると、市場の情報が開発や生産をしている人々にスピーディにかつ雑音少なく流れることになる。直接、営業マンが開発担当者に市場の声をぶつけ、それにすぐに応えて生産につなげるのである。さらに、そうして情報が流れた結果として市場の動きに敏速に対応した製品が顧客に届けられることになると、成果が上がってくる。その成果が、元気を生む。目に見える成功ほどおいしい酒はない。

なおかつ、情報の流れが緊密な人々同士の間では、感情の絆も緊密になるのが通例である。そこへ成果が上がっての元気が供給されれば、感情的つながりはますます緊密になる。組織に勢いがつくのである。こうして、サイクルは次々とつながり、小さな組織は一体感を持ってスピーディに現実の市場に対応していくことになる。

この論理は、伊丹流に言えば、その小さな組織が「濃密な情報的相互作用の容れもの」として機能し始めるということである。つまり、「場」が生まれ、場が機能するのである。場が人々の間に生まれると、情報的相互作用によって共通理解が生まれ、その共通理解が人々の間に心理的共振を呼ぶ。情報の流れが、感情の流れを呼び起こすのである。その心理的共振が、さらなる情報交換と共通理解への努力を人々に自然にさせる。つまり、心の元気が出るから、みんなと一緒に情報を交換したくなる、というわけである。感情の流れが次の情報の流れを起こさせる、と言える。

こうして、情報の流れと感情の流れが相互にダイナミックに影響し合って、場はますます生きてくる。それは、多くの人が共同で仕事をする現場では、人々の間に常に情報の流れと感情の流れが同時に起きているからである。感情の流れが常に巨大に起きるというわけでもなく、そして常にプラスの感情の流ればかりではないが、何がしかの感情の流れが情報の流れに伴って起きるのである。それは人間が、高度な感覚器官と頭脳を持った情報的存在であると同時に、心を持った心理的存在でもあるからである。二つの存在を切り離して考えることはできない。

こうした「場の論理」あるいはその論理をベースにした場のマネジメントとでも言うべきものが、「日本の経営」を強くするための一つの原点だと私は思う。おそらく、日本の組織に働く人々が共通理解と心理的共振が生まれやすいような類似のバックグラウンドを持った人が多いこともその原因だろうし、同じ組織に人々が長期間働くことが多いこともまた、日本の組織で「場」のような考え方が自然発生的に生まれてくる理由でもあろう。

アメリカの組織論は、組織を情報処理をし、意思決定する人間の集合体とだけ考える傾向が強い。そうした合理性を追い求める個人の集合体をマネージするために、中央のトップに位置するリーダーに情報を集め、彼の決定にメンバーが従うようななかなりヒエラルキカルな組織を想定する。その組織では、リーダーの強力なリーダーシップと適切な経営システムの設計が、マネジメントのカギとなる。

経営システムとは、リーダーの下で人々が役割分担するその分担の構造（組織構造と言う）であり、その分担どおりに業務が行われるかを管理するための仕組み（管理システム）の両方からなっていると考えればよい。管理システムとは、リーダーのところに情報を集め、かつリーダーの決定を下に伝え、さらには事前の決定どおりに実行が行われるか事後的に確認するための報告、の仕組みである。アメリカ流経営は経営システム設計とリーダーシップを強調するのである。それが、ヒエラルキーの経営には合っている。

三枝さんは、それよりも一歩も二歩も抜けている。「創って、作って、売る」サイクルを作り上げるために、三枝さんは組織の分け方が出発点として重要だと言う。組織の分け方とは組織構造の作り方のことである。そして、その構造に応じて損益計算の仕組みがきちんと作られることの重要性も、三枝さんは強調する。私のここでの言葉を使えば、管理システムが組織構造にフィットしてきちんと作られることである。そこまでは、経営システム論の枠組みの中で、開発、生産、営業の三つの機能を小さくまとめることを強調していることになっている。

しかし、そうした小さな組織が人々の顔を輝かせるというところに着目したことで、単なるアメリカ流経営システム論から一気に抜け出している。伊丹流に言えば、経営システム論に加えて場の論理を濃厚に持つようになったのである。

おそらく、新しい「日本の経営」の一つの原理がここにある。経営システムの設計と場のマネジメントへの手配りを両立させることである。三枝流の小さな開発・生産・営業一気通貫組織は、一つの組織を作り運営するプロセスで経営システムの設計と場の成立を同時に行っているのである。だから、うまくいけば素晴らしい成果につながる。いわば、グリコのコマーシャルではないが、一粒で二度おいしい、のである。

経営システムだけの議論では、情報の論理が中心になることが多い。しばしば、それだけになる、とさえ言える。例えば、組織構造設計論として「情報処理パラダイム」という考え方がアメリカを中心に提唱されている。最も有効な情報処理を行える組織構造が最適な組織、という考え方である。

しかし、人間の組織には感情の論理も当然必要となる。そこへの配慮をアメリカ流では、情報の論理に基づいて最適な経営システムを設計し、その運用プロセスで感情の論理に配慮し、人々のモチベーションを考える、と二分する。構造は情報の論理で、運用プロセスは感情の論理を入れて、という構造とプロセスの二分論になる。

しかし、三枝流「創って、作って、売る」サイクルの組織作りは、二分ではなく一石二鳥を狙っている。一つの経営システムの設計で、同時に場の成立も狙う、と言ってもいい。

情報の論理と感情の論理の二分ではなく、両立を狙う。それも、一石二鳥を狙う。それは、三枝流サイクルだけの話ではなく、これからの「日本の経営」が目指すべき共通原理のように思える。

第六章

人の心を動かす戦略

1――マインド連鎖を起こす

「目が輝く」ことの発見

伊丹　これまで三枝さんが行った事業再生で、現場の人たちの目が輝き始めるというお話を三枝さんからお聞きしましたが、私はここが「日本の経営」の一つのカギだと思うんです。情報が通るというだけではなくて、目が輝く。機械ではなくて人間なんだから、これは大切です。アメリカのＩＴを使ったリエンジニアリングというのは、情報は通るようになるんだけれども、目は輝かないんです。提唱者のハマー自身も書いています。

三枝　まったく同意です。第三章で言ったように、コンピュータ化されたリエンジニアリングは現場チックな本質を失っています。ＥＲＰなどはむしろ逆に、現場の人々の工夫だとか生き甲斐なんてものを徹底的に否定することで出てきた標準化の道具です。発想の源は「創って、作って、売る」の統合だったかもしれないけれど、本質的にまったく違う方向に行った商品だと思います。

伊丹　事業を元気にするには、やはり人間がやらなければダメなんですよ。人間が情報のやり取りを直接やるから目が輝き始めるんですよね。三枝さんが社員の輝く目を見て、「ああ、これだ」と気がついたのはいつ頃ですか。最初はセクショナリズムでどうも具合が悪い。しかし、つなげる努力、「創って、作って、売る」という一気通貫サイクルを現場で成立させる努力を、事業再生のプロセスのどこかでやってみたら、最初から意図したわけではないのに、目が輝くということも追加的に発見したのではないですか。

三枝　原体験としてそういうやり方を自分で実行し、そこにいた社員がそれまでとはまったく違う熱さで動き出すのを見た経験は、三十代前半の住友系合弁会社のときです。四十代に入ってからの事業再生で経験したことよりも前の話です。

伊丹　そのときにすでに目が輝くのを見た？

三枝　ええ。私のビジネス人生でBCGが「戦略」の原点だったのに対して、経営現場での「改革手法」については三十代前半のその経験が原点です。私の『戦略プロフェッショナル』という本は、そのときの体験をベースに書いています。主人公の背景などは現代風に書き変えてありますが、ストーリーの軸になっている戦略立案の過程や、数値データ、セグメンテーションのチャート、拡販活動で社員が燃えていった状況、最後に組織の疲弊感が出てくるところまで、当時のナマの状況を再現しています。

ただ、私が当時その組織で実行した打ち手は、「スモール・イズ・ビューティフル」の組織手法とは関係ありませんでした。と言うのは、その事業部はたかだか数十名の組織でしたから、初めからスモール・イズ・ビューティフルだったんです。しかし本来なら「創って、作って、売る」が迅速に回っていてもいいはずの組織でそれが回っていなかった。

そこで私がやったことは、そこにいる人々に「戦略ストーリー」を与えることでした。それも既存事業をこね回すのではなくて、たまたま米国から導入されてきた新製品の立ち上げを利用して、その商品を切り口にして、「創って、作って、売る」の一気通貫サイクルを組織に一気に埋め込むというアプローチでした。

この仕事の順序は、五十代後半になってミスミの社長になったときもそうでした。ミスミには創業社長がすでに「スモール・イズ・ビューティフル」の組織を入れ込んでいたんです。それに対して、私が組織に吹き込んだのは「戦略」でした。それによって、着任前年に売上高百五十億円前後だったFA事業が六年後には連結七百億円近くまで伸びました。景気の後押しも大きかったですが。

伊丹 そうすると、三枝さんの過去の現場経験は、やっぱり戦略から始まっているんだ。

三枝 他の人なら見逃しそうな、そういうことをパシッと整理しちゃうところは、本当に伊丹さんの切れ味ですね。そのとおりです。私の改革経験は戦略論が先で、そのあと大企業の改革を手がけるようになってから「スモール・イズ・ビューティフル」の組織論とワンセットになった。鮮明な戦略ストーリーを描いてそれに現場の社員を巻き込むと、画期的な組織活性効果が生まれることがあるという手法に、私が経営現場で開眼したのは三十代前半の経験です。「クールな戦略的打ち手」が組織を「熱くする」ことができるというつながりを、私はトップ経営者としてそのときに初めて体験したんです。

私はその前にBCGで戦略をさんざんやりましたが、それは大企業の本社レベルのマクロ的事業戦略ばかりでした。戦略と言えばクールで怜悧な手法であり、現場の人々の熱さなんていうのは何の関係もありませんでした。

戦略論なんて、一見すれば書生の屁理屈みたいじゃないですか。私はこの住友系合弁会社で、組織末端の社員の活動にまで戦略ストーリーを落とし込んでいくような現場チックな戦略展開の手法を、自分一人で鉛筆なめなめ、初めて試みたのです。

そうしたら、仕事が終わるとすぐに夜の街に繰り出してしまうような軽い調子の若い営業社員までがすっかり夢中になって、彼らの目つき、顔つきが変わっていき、連日の拡販活動で競合企業をグイグイ押してくれたんです。今、思い出しても、成功に向けて彼らがひたむきに努力する姿には涙の出る思いでした。

それで、リスクの高いやり方であっても考え抜いた戦略論で押し通せば、大きな報いを得ることができるという経営者としての成功の味を、私はそのときに覚えたんです。私自身、経営者として自分なりの考え方と技法が見えてきた時期です。

そのあと何年も経ってからそのときの経験を「抽象化」してみると、要するに鮮明な戦略ストーリーで組織内の『戦略連鎖』をつないでみたら、その影響で機能組織をまたぐ『情報連鎖』や『時間連鎖』までが強烈にスピードアップし、その結果皆が熱くなっていき、目が輝き、『マインド連鎖』ができあがって、それが大変な事業成果として表れ、その成功体験によって「組織カルチャーのキンク（屈曲、突然変異的変化）」が生み出されたという解釈です。

伊丹　でも、そのときたまたま大きな成果を出せたから、自分の組み立ての意味が理解できたんだね。失敗していたら気づかなかった。入り口は「戦略」だったんだ。

三枝　そのとおりですよ。当時の私に「戦略」がなかったら、あの状況に対して住友の人たちと同じで、手も足も出なかったと思います。私の場合、どこの会社に行ってもとにかく大切な第一ステップは、皆にわかってもらえる戦略ストーリーを組み立てることなんです。

もし戦略が的外れな組み立てだったら、いくら皆が熱くなって走り出しても成果が出てきませんから、やがて皆は「なんだこれ」って言って、冷めて、走ることをやめてしまいます。うまくいくときは、戦略を打ち出すと、見ていてみんなの表情がスッとまとまった感じがするわけです。部屋の空気が変わるんです。その感覚ですね。何となくそれぞれぶつくさ言っていたのが、みんなファーッと熱を帯びてきます。夜中まで仕事しようが徹夜しようが全然構わないみたいな状態になる。そういう変化の感覚は、リーダーの醍醐味みたいなものですね。多分、スポーツのキャプテンなんかが優勝するチームで経験することに似ているんじゃないかと。

組織を生き生きとさせる第一のポイントは、いい戦略を打ち出して、何と言っても、小さい成功でもいいから皆が張り切れる成果が出てきて、これは面白いと皆が感じ続けることなんですよね。

伊丹　話を元に戻すと、三枝さんが「スモール・イズ・ビューティフル」の考え方を語るようになったのは、あとのことなんですね。

三枝　そうです。九〇年代に入って日本の大企業の事業再生を手がけるようになって、相手の企業に入って事業再生の戦略ストーリーを作ろうとしても、そこにいる人たちが今ひとつ乗ってこないわけです。私は過去に戦略の手法で「創って、作って、売る」の一気通貫組織を熱くした経験を持っていて、経営組織は小さい方が強烈な変化を起こしやすいことを知っていましたから、そこで「スモール・イズ・ビューティフル」の考え方を打ち出すことにしたんです。

つまり、まず組織の変更を先行させることにしたんです。戦略を作るのはそのあとでいいと。だって、組織が官僚的なまま、いくら戦略を論じたって暖簾に腕押しなんですから（笑）。まずは「スモール・イズ・ビューティフル」が先だと。

第五章で言ったように、組織を分けるには結構慎重な分析が必要で、やり方を間違えると五つの連鎖が速く回る組織ではなくて、むしろ非効率な組織になりかねません。ですから新組織をどう作るかという分析作業では、「スモール・イズ・ビューティフル」の組織に移行したあとに、それぞれの事業ユニットが打ち出すべき戦略が明確に描けるかどうか、そしてそれをちゃんと実行できるかどうかをあらかじめ確認しておくことがカギになります。

ですからこの手法では、「スモール・イズ・ビューティフル」の形態を検討する作業と、各事業ユニットの戦略を整理する作業は、実は後回しではなくて、渾然一体の同時進行の作業になります。『V字回復の経営』の中でタスクフォースの面々が七転八倒しているのは、その複雑な作業を、いかに皆にわかってもらえるようなシンプルなストーリーに落とすかというところですね。

情報のやり取りで心理的共振が起きる

伊丹　サイクルを作るということ、しかも現場の人たちがお互いに情報交換し合って、そういうことをきちんとやり始めるとなぜ熱気が生まれるかということを、私は「場」のマネジメントの理論で、かなりすっきり説明できると思う。人間というのは情報交換をやっているうちに、心理的共振が起きるんです。同じような考えを周りの人が持ってくれるのは、やはりうれしいですよ。ですから、情報をやり取りすると心理的高揚感も普通は生まれます。したがって、「創って、作って、売る」サイクルというのを、現場の人たちに指導した上できちんとやってもらうということは、その人たちの間に、私の言葉で言えば場が生まれるわけです。場が生まれるから、そこで共通の理解もできれば、心理的共振も起きて、みんながきっちりやるようになるわけです。これは、コンピュータシステムで連絡し合ったってダメなんですよ。

三枝　伊丹さんの場の論理と完全につながりましたね。結局、「創って、作って、売る」の一気通貫サイクルが、そこにいる人間に「場」の心理を生み出し、それが経営的効果として表れてくるのだと。

伊丹　それをやると、それに参加している人たちの間に場が極めて簡単に、明瞭に生まれやすくなるんです。なぜ場が生まれるかというと、多分お客さんが喜ぶからです。これが一番うれしいことだからですね。

三枝　いいえ、彼らはお客さんのことを忘れていたんです。もともと彼らはお客の痛みなどより内部の問題に神経を使って、結構陰口を言い合っていた人たちです。ところが共通の事業ストーリーを共有した途端に、自分たちの行動と組織の目的が合ってきて、だったらお互いこうした方がいいよと話が噛み合ってくる。自分たちの原点はお客さんだと。それまで噛み合っていなかったというのは、お互いが一緒に参照できる共通の目的や方針がなかったからですね。

伊丹　このサイクルの話で大切なのは、情報の連鎖を作ることによって、三枝さんの言葉で言えば「マインド連鎖」が生まれてくる。図3の五つの連鎖（価値連鎖、時間連鎖、情報連鎖、戦略連鎖の四つが整理されたときに、みんなの心がつながってくる）の論理だと思うんですね。

三枝　そうなんです。最後につながってくるのがマインド連鎖なんですね。それで五つの連鎖がすべてつながり、皆の顔つきがサッと変わる瞬間があって、そこから皆が熱くなっていき、目的を達成するためには問題を正直に出そうと皆が本音で話し始める。

私はよく言うんですけれど、手前の四つの連鎖をいい加減にしたまま、マインド連鎖そのものをストレートに刺激しようとする手法はうまくいかないんですね。

伊丹　それって、皆で酒を飲むような話だよね。うまくいかない。いろんなことがうまくいっていないのに、マインドだけつなげようとすると白けちゃうんですね。

三枝　その一瞬だけは酒飲んで盛り上がっても、翌朝職場に行ってみると何も変わっていな

図3　5つの連鎖

い。白けるのは当然なわけです。だから、マインドをつなげるということの経営的な打ち手というのは、マインドそのものを刺激するためのイベントなんていくらやってもダメで、手前の四つの連鎖を整えるということなんですね。それも少しずつ整えようとしたって、組織の変化なんて起きない。「組織カルチャーのキンク」を起こしたかったら、手前の四つの連鎖の改革をバサッとやらなければならない。それがスモール・イズ・ビューティフルの組織を導入すること。皆の意識を変えてもらうためには、「事件」が必要なんです。それには大変なエネルギーがいるけど、もしそれができれば、自然にマインドがつながってくる。責任感の共有、損益の共有、痛みの共有、そういうものの場が生まれてくるんですね。

伊丹　伊丹の「場の論理」の枠組み風に説明すればそうなるし、別の説明でもいいんだけれど、結局は同じことを言っているんですね。

三枝　ええ。

伊丹　そういうふうに整理すると、それでは、どうすればそのサイクルが場を生めるように経営上の手配りができるかという話になるわけですが、これが第五章の「難しさ」につながってくるわけですね。

三枝　そうなんです。

2――「マインド連鎖」を起こせる戦略とは

シンプルなストーリー

伊丹 「創って、作って、売る」のサイクルというものの持っている非常に大きなインパクトは、人の目が輝いてくるということでした。それはそのとおりだと思うから、戦略そのものについても「人の心を動かす戦略」という話をちょっとしませんか。

三枝さんの言われるマインド連鎖が起こせる戦略と、そういうものが起こせない戦略というのがどうもある、というのはそのとおりだと思う。第四章でも説明しましたが、人の心を考えて戦略を作る必要がある、というのは私の年来の主張でもある。組織の人たちのマインドに適合した戦略を作らないことには、最終的な結果なんか何も生まれてこないと考えているわけです。

さて、三枝さんの言葉で言うと、マインド連鎖を起こせる戦略とは、どんな戦略ですか。

三枝 シンプルなストーリーです。本当に状況がシンプルだったら、それをシンプルに語るのは簡単でしょうが、現実は複雑です。でも複雑な状況について、どうやってそれをシンプル化するか。私がよく言うのは、新しい電化製品が秋葉原で売り出されたとき、例えばビデオが世の中に初めて登場したときには、電器店の店員さんがその説明をするのはとても簡単です。しかし、どんどん機能が増えて種類が増えてくると、「こっちとこっちと値段が違うんだけど何が特徴ですか」と尋ねられたときに、店員さんがくどくど説明しなきゃいけない。新しくビデオを開発しようとする企業の社内では、「今度の新商品は、ああです、こうです、だからこれを開発します」というストーリーが、だんだん複雑になっていくわけですね。事業というのはライフサイクルの先に行けば行くほど、競合も含めていろいろな要素が出てきて、ストーリーが複雑になっていくわけです。しかし、そういう状況でも経営リーダーがそこにいる人々にシンプルなストーリーを提示できるかどうか。人を束ねるということは、それに尽きると思います。

もちろん、シンプル過ぎて要点を外していればダメです。「そのやり方なら絶対自分たちの勝ち戦になる」という内容でありながら、同時にシンプルだというストーリーを、どうやって作るのかというところがテーマですね。

伊丹　シンプルなストーリーが大切というのは大賛成なんだけど、それが持っているインパクトというのは二つあるように思う。シンプルさがマインド連鎖に与えるインパクトを二人で論じる前に、私が考えるもう一つのインパクトについて説明しましょう。

結局、シンプルなストーリーというのは、「やらなきゃいけないこと」がわりと明確に伝わるんですよ。だから間違いが起きない。複雑なストーリーというのは途中でいろいろな前提を置くから、その前提が一つでも崩れたら、全体が成立しなくなるんですね。

中小企業の経営者をやっている古い友人がいて、相談の電話がかかってくることがあります。そのときに、こんなことをやろうとしているという話をされるわけですが、説明を聞いていて長いと、「あ、それダメ」と言うんです。内容にかかわらず。そんなくどくど説明しなきゃいかんのは、失敗すると。ロジックが成立するための前提が多過ぎるんでしょうと。これがシンプルなストーリーの必要性の一面だと思うのですが、さて、シンプルなストーリーはなぜマインド連鎖につながるのか。

三枝　シンプルなストーリーを作るために、私の「一枚目、二枚目、三枚目」論についてお話ししておきましょう。目の前に現実としてごちゃごちゃした状況があり、みんなその中で苦労している。ある人は問題の本質はここだよと指摘している一方で、また別の人は同じことを扱いながら、そうじゃないよ、こっちだよなどと違うことを言っている。本人たちにとっては、混乱した状況なわけです。

シンプルなストーリーの「一枚目」は、現実の問題点への強烈な反省論を単純化して書いたものです。現状の問題の本質はこれとこれだといって、その段階で構造をシンプル化するんです。原因がシンプル化されると、「二枚目」の戦略とか対策のストーリーが単純になってきます。「三枚目」は具体的に担当者と日付の入ったアクションプランです。さっき伊丹さんが言った「やらなきゃならないことが明確に伝わる」という話は二枚目から三枚目への伝達です。二枚目がシンプルだと三枚目のアクションが単純化されるわけです。この三枚全体をどう書くかが、経営の推進力を生むポイントだと私は思っているんですよ。

話をシンプルにするポイントは、実は一枚目にある。二枚目の戦略そのものではなくて、その手前の一枚目で複雑な現状をシンプルな構造に整理しておく。それが、人々の頭をすっきりさせるカギになると思うんですよ。

乱暴なことを言いますが、方針や戦略が多少本質からずれていても、リーダーが一枚目の本質はここだと言うと、皆が納得してしまうときがある。政治家の話って、そんなのばっかりじゃないですか（笑）。ところが、長々とした複雑な説明だと、そういうことは作動しない。

伊丹　つまりは納得感が生まれやすい。納得感が生まれれば、人間の心はつながりやすい、ということですね。

三枝　そういうことですね。ではその納得感って何かと言うと、自分で整理のつかないことが整理されたと感じることだと思うんですよ。重い軽いの区別を提示してくれたということです。

総理大臣が自分は日本を元気にするとか言って、実は本質に関係ないことをワーッと言っても、国民が納得して盛り上がってしまうことが起きるというのも同じだと思うんですよ。わが国の現在の問題はこれであると言われたら、みんなはそれで問題が整理されたと感じる。

ただし、政治の世界もビジネスの世界も、そのストーリーを実行してみて効果が出ないとか、的外れだとわかったら、皆は白けてそのリーダーを否定する方向に逆に大きく振れてしまう。だからリーダーにとって間違った戦略は致命傷になる。ですから一枚目で問題の本質を正しくとらえ、それをシンプルなストーリーに落とせるかが勝負の分かれ目になります。

自分たちでやれるストーリー

伊丹　それは論理的整理という意味で、私もそのとおりだと思いますが、それだけですか。シンプルなストーリーがマインド連鎖を作ると、人の心をつなげて熱くするというのには、まだ理由があるような気がするんだけど。こういうことは言えないですかね。問題の整理や本質の理解に納得いくということに加えて、「自分たちでもやれる」と思えるから、マインド連鎖につながる。

三枝 いいですね。すごい。そのとおりですね。

伊丹 シンプルだけど、そんなことは自分たちにはとてもできないという話じゃ、多分ダメなんです。自分たちでもできると思うからやる気になれるという、その見極めが多分難しいんだよね。

三枝 それは私の言葉で言うと、一枚目の段階で、「自分たちの手に負える大きさにまで問題を分解」しておくことがカギになると思います。それを手に負えない大きさのままで論じられると、二枚目、三枚目の話になったときに、みんなわからなくなるんでしょうね。

私の『V字回復の経営』でもその情景が何度も出てくるのですが、今、目の前にいる普通の人々にわかるように、いかに問題を分解し、噛み砕いて説明するか。そのためのプレゼンテーションを作るのに、異常とも思えるほどの時間と労力が使われていることを多くの読者が見過ごすんです。それが、たった一回だけの、絶対に負けることのできない勝負の分かれ目になるんです。そういうことをやって現実の構図をみんなに見せるわけです。「これが問題だよね。ひどいよね。今までまったく見えていなかったけど、どうする？　この問題の原因って、元をただせば実は君も関係しているんだよ」といった話に分解することがポイントです。

伊丹 それは私の言っていることとちょっと違っています。それを否定しているわけじゃなくて、しかしもう一つ、人間には向上心がありますから、これならやれそうだと、その向上心に訴える。問題の本質を説明しなくても、そういうものを提示できるリーダーってときどきいるんですよね。その両方があるんじゃないのかな、シンプルなストーリーって。

三枝　私も向上心に訴えることはときどきやるので、それは納得ですが、でも「熱き心」で皆に語りかけるときに、「これならわれわれもできる」とか「これができたら、俺たちすごいよね」とか思ってもらうためには、話のスジ、つまり論理性が通っていることが前提ですよね。

普通のビジネスマンで論理性の弱い人が結構いるので、ことさらそれを強調している面はありますが、一般の社員、派遣、パート社員も含めて現場で働く人たちは、たとえ論理的に反論できなくても、何か勘というか本能みたいなもので、ホンモノの話かどうかを見極めてくるんですよね。

伊丹　確かに、その意味ではシンプルなストーリーが熱き心に訴える部分と、シンプルなストーリーが論理性をベースにして何か納得感を作っていくという部分と、両方あるのでしょう。

三枝　両方とも効いているのは間違いない。ひょっとして論理的分解からシンプル化して、皆がそれならわかる、自分も手伝ってもいいと思えるところまで来ている話が、熱き心を刺激するんじゃないかなという気がしているので、さっきからそういうことを言っています。

伊丹　だから、前段階の分析がもたらすマインド連鎖の話と、分析の結果出てきたアクションプランが人の心に訴えるという部分と両方あるんじゃないでしょうか。後者って案外大切で、分析はできないけど、何か人を引っ張っていける人というのは、このアクションプランの提示がスパッとできる人なんじゃないかな。世の中にはそういうタイプの人もいるんだよね。

三枝　ええ、確かに両方のタイプがいるんだけど、先ほどの政治家の話ではないですが、あまり論理的な話じゃないけどスパッと結論や方針を言う人って、もし言っていることが外れていると、しばらくしたらバレてみんなついてこなくなるじゃないですか。だから皆から信頼されて、次もこの人の言っているとおりにやってみようかなと継続的に思わせている人って、はっきり口に出して論理的に説明しないにしても、自分の中では何かの裏付けを組み立てているんじゃないでしょうか。その人の過去の経験による裏付けも含めて。

伊丹　まあ、そうですね。それについては、私は熱き心と論理性の同居のところの論理性の部分を、おそらく三枝さんより低く見積もっているのかもしれない。学者で論理を言うことが多いから、むしろ自分に少ない部分（熱き心）により大きな重要性を与えてるのかな。

ストーリーによる熱き心の刺激、信頼による納得性

三枝　私の経営スタイルの場合はその点は譲れないところで、私には「人の熱き心を刺激するような、論理的であると同時にシンプルでわかりやすい説明」が絶対に不可欠ということがが自分の行動規範としてあるんです。クールな戦略性と熱き心というのはそういう組み合わせですから。それが、皆にこれならできる、自分たちも手伝いたい、あるいはそこまで行かなくてもそれで進めてくださって結構ですと言わせるわけです。そうならないとしたら、そのストーリーの内容がまだ足りないんですよ。

伊丹　例えば経営の世界じゃないけれど、西郷隆盛が何か言うと、なぜみんなが動いたかということです。人格的な魅力だとかそういう、もう一つの影響ルートがあるという感じがするんですよ。

そこでは、問題の本質を突くきちんとした分析ができているというのとは、違ったメカニズムが働いているんじゃないかと私には思えて。ルートが二つあった方が面白くていいなと考えたわけです。

三枝　まあ、さっきからお互い同じことを喋っている感じもしますけど（笑）、西郷隆盛の話に行くのであれば、世の中でそのルートに賛成する人は多いと思いますね。それは間違いなく、リーダーシップの一つの類型ですから。もしそれが、ある長い期間をかけて醸成された「信頼による納得性」のような話なら、私にはよく理解できます。

私はこれまで、企業の外から乗り込んで事業再生に取り組むことを繰り返してきました。西郷隆盛に部下が黙ってついていくような信頼関係はもともとないところに乗り込んでいくのですから、頼るのは明快な論理しかなかったと思います。

もしかすると私に対する信頼感は、この人は一体誰なんだと疑われている分だけむしろマイナス値の状態から始まっており、私はそのハンディをカバーして余りある強力な戦略ストーリーを立て、その論理性で勝負することを迫られたというのが正しい構図だったような気がします。

論理に頼らず信頼によって相手の熱さを引き出す手法というのは、誰もが黙って言うことを聞くくらいの何らかの「権威性」があるとか、ある期間同じ釜の飯を食ったというような「共生感」のようなものがベースにあるのではないでしょうか。

今のミスミにおける社長としての私とその部下は長期の関係ですから、その昔、私が再生企業に一人で乗り込んで行って改革をやろうとしたときに比べれば、いちいち論理的に説明しなくても「信頼による納得性」で話が通る度合いは強いですね。

例えば私が誰かの抜擢人事を決心したとして、その人を呼んで大変なポジションだけどやってみないかと言うときなどは、それほど大した論理性もなく「君ならできる」なんて言い方しかなくて（笑）、でもそれで当人はその気になるってパターンですよね。

でも経営者が「信頼による納得性」に頼ることに過度に振れると、危険な面があります。トップの独断や押し付けが増えたり、裸の王様になったり、社内の政治性が高まったりする方向に振れてしまう可能性がありますね。社内でもう一つの「シンプルな論理性・戦略性」のルートも作動していて、二つのルートが補い合う関係が最適なのでしょう。

伊丹　そのとおりですね。それに、事業再生に乗り込んだときの三枝さんの立場は、しばしばマイナスの信頼感から出発するというのも、よくわかる。そんなときに、西郷の例はそりゃ無理だ。論理をまず押し出していくしかないですね。

三枝　そうなんです。戦略の「絵」を示すという「論理性」に頼る以外にルートはありません。そのために私はもともと抽象論でしかない戦略論を、一般社員が現場の戦いに使えるツールにまで落とし込んで、組織全体を改革に向けて駆動していく手法を編み出すことに人一倍努力してきたんですよ。

一般論として、そういう現場チックな場で論理性を試されてきた経営リーダーは経営技量において強いと思います。ですから日本企業はもともと伊丹さんの言う第二ルートの「信頼による納得性」を享受しやすい環境ですから、両方を使える経営者は鬼に金棒になるでしょうね。それがアメリカ流経営に対して日本らしい「日本の経営」を推し進める上での経営者の具備条件なのではないでしょうか。私はパナソニックの中村会長を存じ上げませんが、伊丹さんの話を聞いていると、彼はその例なのかもしれません。

伊丹　確かに、中村さんはそういう方ですね。

3――個に迫り、勝ちが見える

「個に迫る」ことで火がつく

三枝　先ほどから話しているような改革の話が通用する人というのは、本人はもともとは非常に意欲のある人間なのに、それが発揮できる環境にいないのでいつもモヤモヤしている、だけど燃えようと思えば燃えるだけの強さは備えている、そんな人ですよね。そういうときに何かのきっかけがやってくると、いきなりその人は燃え始める。逆に言うと、そういう気概がない人たちにいくら理屈を言っても、あるいはシンプルにしたってダメなんです。

伊丹　でも、現実にはそれを待っている人は多い。私は性弱説だからね。「人は性は善なれども弱し」というのが私の基本的な人間観だから。みんないいところあるんだよ、と思っているんですよね。

三枝　そうですね。もう一つ、元気のない組織では、状況をおかしくしたのは自分じゃないと思っている人がたくさんいるわけですよ。会社をおかしくした原因として実はあなた自身も関与しているんですよと言われ、それで目覚める責任感や痛み、後悔の念、懺悔の気持ちなどが合わさると、改革は一気に動き始めます。

伊丹　そうすると、その話はシンプルなストーリーが人の心に火をつけるというのとはちょっと違って、自分のオーナーシップみたいなものですかね。

三枝　なるほど、そう来ますか（笑）。でも、組織を小さくして個人のオーナーシップ意識に迫るにしても、彼らを納得させるには依然としてシンプルさは必要だと思います。「一枚目」の原因整理のところで、問題を自分の手に負える大きさに分解する作業を、個人の「個に迫る」ところまで行うと、ようやくその反省が起きるんですよ。

伊丹　そうだ、キーワードは「個に迫る」なんだ。私がオーナーシップと言ったのは、解決しなきゃいけないことは自分の問題なんだという意味。だから責任感に言い換えてもいいんですが、それはやっぱり個に迫るから生まれるんですね。

三枝　ただ、それは一枚目の反省論なんですね。「一枚目」が個に迫ったままだと結構複雑な絵なので、それに対応して「二枚目」の戦略を書くときにものすごく複雑なストーリーになってしまいます。これはやっぱり、一枚目の段階である程度の抽象化、理論化がなされて、問題の本質はここだ、これが根底の問題であるとまとめたものじゃないと、経営方針としてはシンプル化しようがないわけです。

伊丹　三枝さんの方法論の世界ではそういう説明なんでしょう。さっきから、私が整理しようとしていたのは、戦略がマインド連鎖を起こせるというのはなぜなんだというシンプルな問いです。まずその答えの一つが、シンプルなストーリーのある戦略でした。それが納得性を生む理由にはさっきの二つのルートがある。マインド連鎖が起こせるもう一つの理由は、その戦略が個に迫る部分もちゃんと持っているから。そうすると、自分の問題だなと思えるから、みんなの心がつながり合うわけですね。

三枝　そうです。

伊丹　なおかつ戦略が個に迫るというのは、一つの組織体に対して作られた戦略が、それを構成している個々の人に迫ってくるということです。もともとここは論理的につながっているんだから、自然に個はつながるようにできているわけですね、戦略がうまくできていれば。だからそれは組織のマインド連鎖につながると。

三枝　そして、そこにさっき伊丹さんが言った、自分の会社、自分の人生の閉塞感みたいなのがあって、これをやれば打開できるな、自分の人生が面白くなるな、といった潜在的な欲望があるわけです。それがない人は、やっぱり個に迫られても、ただ自分の責任を追及されたような気になって、積極的に動かないわけです。

勝ちが見えるということ

伊丹　人の心を動かせる戦略、つまり、マインド連鎖を起こせる戦略というのが、「シンプルなストーリー」と「個に迫る」、というところまで来ました。もう一つくらい特徴はないですか。

三枝 そこには熱い語りというものが入るんですが。

伊丹 話し方よりも、できれば戦略の内容そのものについて。陳腐なことを言えば、やっぱり夢があることかな。

三枝 夢という言葉でもいいけど、もっと身近な言葉で言うと「勝ち」ですね。

伊丹 おっ、そっちの方がいいね。勝ちがある、勝ちが見える。

三枝 勝ちの話にはみんな反応しますよ。

伊丹 なるほど。それは賛成だな。勝ちが見えるから、それをやってみたくなるんだよね。それを夢と表現するのが学者で、勝ちと表現するのが事業再生で苦労した人なんだね。その違いもよくわかった（笑）。

三枝 いや、ビジネスマンでもこういう場合に夢と言う人は結構いますよ。私の場合はいつも切羽詰まっていましたから（笑）。生きるか死ぬかっていう。

伊丹 内容としてマインド連鎖とか人の心を動かせる戦略になっていて、さらにそれを熱い語りでもって語れば、いっそうインパクトがあるよね。伝わるし。それはそうなんですが、熱き語りの方は、比較的アメリカでも言われるんです。ところが戦略の内容が個に迫って、勝ちがある程度見えて、なおかつシンプルなストーリーでなくてはいけない。そうすると人の心が動くんだ、というような話はアメリカではしないんだよね。あれは何でかな。

私は日本の企業のやっている戦略を見ていて、経営者の中で偉い人はそういうことをやっているなと思ったから、戦略の組織適合というコンセプトはすっと出てきたんですけどね。

三枝　私は常に、その場にいる人たちで実行できるものでなかったら、戦略なんかまったくナンセンスだと思っているんです。多分アメリカの場合、戦略というものがプロフェッショナル化してしまって、トップダウンであることも含め、ガーッと上から下ろすという考え方が染みついているんじゃないでしょうか。私は常に、トップダウンとミドルアップの組み合わせです。

伊丹　アメリカでは、私考える人、あなたやる人みたいな分業だね。もう一つ、アメリカではどうしてそういうことを言わないのかと考えると、人の心を動かすものは仕事の内容ではなくて、成果に対する報酬だと考えているからではないでしょうか。だから、動かなかったらその人は取り替えればいいと。何かそういう取り替え可能論理みたいなのが暗黙のうちにあるような気がします。

三枝　なるほどね。私が過去にアメリカ経営に触れた経験に照らすと、非常に納得です。

伊丹　そうすると、経営リーダーはマインド連鎖を起こすというような面倒くさいことをしなくなる。ダメな人は代えましょう、となるわけです。三枝さんみたいに、その場にいるこの人たちを使って事業を再生するという仕事をやっていたら、人を取り替えるという解決はないですよね。

三枝　当然その社内での人事異動はいろいろ行いますが、アメリカみたいにクビで社外に放り出して、代わりに新しい人を外から雇うということはないですね。外から入って来るのは私だけで、私は他の者を一緒に連れて乗り込むということは意識して避けてきました。ただ、改革を崩そうとする反対派の中でも、政治的行動をいつまで経ってもやめない人は、どこかで排除しないといけないですが。

人を動かすための賞味期限

伊丹　人の心を動かす戦略という話で、あと何か三枝さんが語りたいことはありますか。

三枝　そうですね……戦略だとか改革に夢中で取り組んでいるうちに、その期間があまりに長くなると、みんなが疲れてくるんです。精神的にも肉体的にも。問題を一気呵成の改革で解決するのか、平時の改善的活動で解決するのかによって違いますけれど、改革の場合には、準備期の戦略立案がうまくいくかどうかが一つの山場です。それがうまくいくと戦略が幹部や社員のマインドを刺激して、みんながこれはやってみようと言って、やり始める。そのエネルギーだけで、実は改革効果って結構出てくるんです。いきなり数字が上がったりするわけです。

例えば単純な話、新しい戦略のストーリーを語ると、今まで一日三軒しか行っていなかった営業マンが自発的に六軒回るようになったりする。それは営業マンの人数を倍にしたのと同じ効果が出るわけです。あるいは開発メンバーが今まで半年かかっていた開発案件を四カ月で終わらせるとか。つまり新製品を一年に二品目出していた会社が三品目出せるんですから、開発マンパワーが五割上がったのと同じなんです。そういう現象が起きるわけです。

ところが営業や開発の効率が上がったと言っても、それは戦略に盛り込まれた勝ちへの仕組みが社内で実際に完成して、効果を出し始めたからじゃないんです。ですから人々がくたびれて活動レベルが落ちてくると、数字が再び落ち始めたりするわけです。そういう疲労現象と、戦略の仕組みが作動して効果を出し始めることが、ちょうどうまく入れ替わってくれればいいという交点が、普通は改革一年目ぐらいのところで来ます。そこでうまく効果の引き渡しができないと、改革の勢いがポシャってきます。

その意味では、改革がうまく走り始めても、一年目に出てきた勢いというのはすぐに信用できなくて、改革がうまくいくかどうかの本当の勝負は二年目です。簡単な話に聞こえるでしょうが、私は事業改革で一年目が順調で二年目に苦しみ抜いた経験を二度くらいしたことで、この理屈を学びました。これも私の経験から来た抽象化の一つです。

伊丹　それは一般論風に言うとこういうことでしょうか。人の心を動かせる戦略というのは、さっき言ったような三つの要素があって、たとえうまい戦略の内容を作ったとしても賞味期限がありますよと。その間に勝ち、何かの勝ちの姿が見えてこなきゃいけない。そういうことなんですね。

三枝　ええ、そこでは結構複雑な心理が働いていて、戦略ストーリーが本当に正しかったのかという猜疑心が頭をもたげてきたり、リーダーが弱音を吐き出したり、そもそもこのプロジェクトは初めから間違っていたんだと言い出す者が出てきたり、あるいは家庭で奥さんがあなたずっと週末も働いているけどもっと子供の面倒を見てとか（笑）。

改革のストーリーがいろいろな理由でうまく作動しないとか、ネガティブなマインドが頭をもたげてくることによって、改革や新戦略の実行が頓挫するリスクが増えてくる。さっきの交点を越えて、何とか向こう岸に渡り切れば、やっぱり苦労した甲斐があったということになって、またみんなの元気が出てくるのですが、その手前のところに「死の谷」が横たわっているわけです。

そういう疲労感や猜疑心を和らげるために必要なことは、アーリーサクセスとかアーリーウィンと言われることです。小さなことでもいいから、みんなが「自分たちの努力の成果が出始めた」「自分たちの戦略は正しいんだ」「このリーダーについていけばいいんだ」という安心感を持てるような成果を、みんなに一定の間隔で見せていくことが大切です。

アーリーサクセスと言っても、売上高や利益などの業績数値にすぐに効果が表れなきゃいけないということはないんです。皆の目につく、今までと違うやり方や市場での勝ちの兆候みたいなパターンが、出てくれればいいんです。

伊丹　私は自分の本の中でそういうのを「小さな成功を埋め込む」という言葉で表現しているんです。人の心が動いた、その動いていることが疲れないうちに小さな成功が目に見えないといけない。そういう話ですね。

三枝　そう。私はそのアーリーウィンを、初めから意図して計画に入れ込めと言っています。何がアーリーウィンなのかを、事前のプランニングの段階で考え抜いて、それを入れ込み、本当にそれが早く出てくるように、行動の優先順序をつけておくわけです。

シナリオは最初からオープンに

伊丹　ここで、あえて意地悪な質問をします。アーリーウィンをやると、周りに透けて見えることが多い。何か芝居がかって見えて、かえって白けるということはないでしょうか。

三枝　それは初めから、これがアーリーウィンだと言っておきます。こういう状態のものをまず作ろうと、初めからみんなに説明しておきます。

伊丹　自分は知っていて、みんなは知らないというんじゃダメで、共有しておくんですね。

三枝　そうそう。初めからシナリオは全部オープンです。そういう何らかのアーリーウィンを持つと、やっぱり本人たちも頑張りますからね。

伊丹　なるほど。今、意地悪な質問と言ったのは、私もどこかで聞かれた質問なんですよね。さっきの質問に対する答えは、最初から堂々とやるんだというものです。わざとらしくてもいいからやる。わざとらしく見えたらどうしますかと言われたら、構わんと。

三枝　アーリーウィンの目標は初めから言うんだけど、同時に言わない事柄もあります。それは本当にアーリーウィンが出たときの騒ぎ方のこと。大げさに褒めるのか、控えめにやるか、それはそのときの判断。みんな、そこまで来るだけでかなり苦労していますから、大げさだろうが地味だろうが、とにかく騒いで結構喜んでくれるのが普通です。

伊丹　あらかじめ大騒ぎするぞと言っておいちゃいけないんですね。大騒ぎしなかったときにマイナスの効果があるわけですから。

三枝　私の『V字回復の経営』の中に、親会社の社長から花束が届く場面があります。本当にあったことなんですが、まだ改革半ばなんだけど、その花束をちょっと恥ずかしそうに受け取りながらも誇りいっぱいの社員を見ていると、やって良かったと思いますよ。

企業再生の要諦とは

三枝匡

私はミスミの社長を引き受ける前の十六年間、日本企業のトラブル事業を再生するターンアラウンド・スペシャリストの職業にあった。私の再生手法に株式の話は出てこない。買収とか事業の切り売りも、人員整理に頼った利益改善の話も出てこない。株式時価総額が上がったとか下がったとかの話にはまったく縁遠かった。

ひたすら「その会社に今いる人々」が元気になって、共通の戦略・目標に向かって頑張れる組織の実現を目指す。私はその仕事の総決算として二〇〇一年に『V字回復の経営』を書いた。その中で、事業再生を成功に導くための要諦五十を整理した。

本書ではその五十の中から、とりわけ重要と思われる要諦二十を選んだ。これらの要諦は理屈から導いたものではなく、すべて私の汗と涙と喜びの経験から生まれた教訓ばかりである。

企業再生の要諦トップ20（要諦の番号は原書と同じ）

要諦2　組織カルチャーの変化は必ず、組織内で起きる「事件」（大きな出来事）を触媒にして進展する。事件を避け、なるべく静かに、無難にことを進めようとする経営者や管理職は、その組織文化を変えることはできない。

要諦6　適正な経営行動の第一歩は厳しい「現実直視」から始まる。目をそらさずに現実をさまざまな角度から眺め「実態」を正確に見極める。中身を「自分で扱える」大きさにまで分解していく。言うはやさしいが、経営者が現実直視を怠っているケースは多い。

要諦7　停滞企業の病気をその会社の「社内常識」でいくら分類しても抜本的解決の糸口は見えないことが多い。今まで繰り返された議論がまた繰り返されるだけになりがちである。

要諦8　組織を変革していくためには、社員が共有できる「コンセプト」「理論」「ツール」などを経営トップが提示することが重要である。もちろんそれらは明快で強力なものでなければならない。

要諦11　経営改革において「組織の再構築」と「戦略の見直し」はワンセットで検討することが不可欠である。現実には、組織をいじり回すことを先行させてしまう経営者が圧倒的に多い。

要諦14　「強烈な反省論」は、イコール「改革シナリオ」の出発点である。経営幹部や社員が反省論に共鳴すればするほど、彼らは改革に向けて結集していく。

要諦15　企業変革ではスピードに関する組織カルチャーを最初にリセットしないと勝利の方程式は動き出さないことが多い。

要諦17　事業変革のシナリオ作りでは、「なんでもあり」であらゆる選択肢をオープンに考える権限を与える。とりわけ人事問題を含めることは必須である。

要諦21――「そんなことまで考えなくていい」は禁句である。計画を組む者と、それを実行する者は同じでなければならない。他人にやらせることを前提に立てた計画は無責任になりがちである。あとで失敗の原因を（自分でなく）計画のせいにすることもしばしば起きる。

要諦22――改革先導者に加わった者は企業変革を前にして、自分自身の壁に行き当たり、自己変革を迫られて悩むことが多い。二つの変革がワンセットで訪れるので苦しいが、修羅場の中で人材が「一皮むける」のはこのためである。覚悟を決め、人生の貴重なチャンスと捉え、ひたすら足を前に出す。

要諦26――本書（『V字回復の経営』）では「考え方は単純」という表現がよく出てくる。基本に忠実な組織を愚直に作っていけば、会社は元気になることが多いのである。

要諦28――筆者の体験では、戦略の内容の良し悪しよりも、トップが組織末端での実行をしつこくフォローするかどうかの方が結果に大きな影響がある。戦略を決定したらそれで自分の役割が済んだつもりのトップは多い。

要諦29――実行をモニターするシステムがなければ、戦略は往々にして骨抜きになる。

要諦31――改革シナリオのプレゼンテーションは、一度に多人数を集めて機械的に行うのではなく、なるべく聞き手の表情が分かる人数を相手に、一人ひとりの目を見ながら話しかける。

要諦38――一般的に経営改革では、突撃しない古参兵よりも、今は能力不足でも潜在性の高い元気者を投入した方が成功の確率が高い。

要諦42

改革シナリオが明快なら、聞くだけで社員の気持の高揚と行動変化が生まれ、早期に改革効果が出始める。改革一年目に劇的な成果が生まれる場合、その成果の半分以上は単に社員の「やる気」の高まりによると思われることが多い。

要諦43

社員の「やる気」の高まりによる効果が出ている間に、仕組みによる強さをいかに構築するかを示す。経営改革の「構造的効果」は二年目が勝負だ。

要諦45

改革では、小さい成果であっても早期の成功（Early Success）を示すことが重要である。それによって「自分たちは間違っていない」という自信を得られる。またそれは、改革抵抗者の猜疑心を解きほぐす最大の武器になる。

要諦48

早期の成功（Early Success）が出たら、みんなで目一杯祝う。たとえそれが一夜の喜びかもしれないと思っても、明日は明日の風が吹くと割り切って、今日の成功を喜び合う。飲み屋のツケなど、あとで何とかするのである。

要諦50

競合企業の反応をなるべく先延ばしにするためには、改革や新戦略のことを得意になってマスコミに喋りすぎない。業界の会合などで余計なことは言わない。この時期、深く静かに潜行して内部改革に努める。

第七章

事業の再生、大組織の改革

1――再生と改革の違い

再生は時間との闘い

伊丹　三枝さんは長いこと、事業再生、企業再生という究極の事業改革のお仕事をされてきた。私は、最近、『松下電器の経営改革』という本を若い学者たちと書いて、大組織の経営改革について考えています。二つとも企業での経営改革とひと括りにされがちですが、ユニークな「日本の経営」を改めて編み出すためには、おそらく大きく二種類のものに区別して議論した方がわかりやすいだろうと思います。それが「事業の再生」と「大組織の改革――複数の事業を持っている経営体全体を改革する――」という二つです。

両方とも大切な話だと思いますので、まず最初に事業再生の話をして、そのあとで事業再生と大組織の改革の違いといったことを議論したいと思います。まず、事業の「再生」と「改革」の二つの違いについて、三枝さんの中で、ここがキーポイントというものはありますか。

三枝　まず再生と改革の二つをまとめて総称するときは私個人としては「変革」という言葉を使っています。再生も改革も「抜本的に変革する」ことでは同じですが、私の場合はこの二つを「時間軸」で使い分けています。再生というのは、事業が赤字かそれに近い状態で、市場でも負けが込んで、事業の存続が脅かされている、そういったステージにまで来てしまった事業を「丸ごと一気に立て直す」ことです。

一方、改革というのは、うまくいっていないことがたくさんあるので変革は必要だが、まだ生きるか死ぬかというほど追い込まれておらず、ある程度の時間的余裕がある場合です。緊急性の違いですね。

伊丹 ああ、なるほど。再生の場合は時間が許されないことが多いわけですね。

三枝 その違いによって、実行の「激しさ」、言い換えると「組織に与えるストレス」の面で大きな違いが出てきます。再生の場合は、事業がもう待ったなしの状態に来ていますから、短期間のうちに結果を出さなければならない。再生を仕掛ける方も仕掛けられる社員の方も、精神的にかなり大変です。ダメになってドン詰まりまで来ている会社は、社内の危機感が高まっているかと言えば逆なことが多く、むしろ赤字を当たり前というか、赤字に対して鈍感になっている傾向があります。自然発生的に社内に危機感が出てきたときは大体手遅れ状態で、そのときになって社員はようやく事態の深刻さを意識するわけです。ですから、まずは早めに社員に実態を知らせて、一気に意識を変えてもらわなければならないのですが、いきなりそういう話をすると、覚悟ができていない分だけ社員の戸惑いも大きいわけです。

それに対して改革は時間が許されるから少しゆっくりできる。無理やりに強権を振るっていきなり意識を変えさせるような追い込み方をする必要がない。

伊丹 それは、結構大きな違いですね。

三枝 ええ。進め方が変わってきますよ。私がミスミの社長になったときは、業績のいい会社ですから、それまでの事業再生と比べて私の行動の時間軸を二〜四倍、長くとってきました。事業再生だったら一カ月でやることをミスミでは三カ月かけるとか。

伊丹　まあ、ごく基本的な考え方の部分は同じところがたくさんあると思いますが、肝心なところが違う。すぐに救急手術を行いますというのと、手術は二カ月後ですみたいな違いですね。

三枝　そうです。事業再生は二年くらいで一応成功したと宣言を出せるくらいのスピードでやらないと、成功しません。二年でできなければ十年経ってもその会社は変われないというのが私の経験で、この言葉は『V字回復の経営』の副題にしたくらい、とても重要です。

組織が大きく変わるときというのは、組織が変化の峠というか分水嶺みたいなところまで一気に押し上げられ、そこさえ越えたら、反対側の下り坂を自分でころころ動き始めて、社員が自分で考えて自分でやり方を変えていくというパターンが始まるのを狙わなければなりません。そのためには、そこにいる人々の価値観や行動がよほど激しく変化しないと、組織は変わらないんですよ。峠まで行かずに上り坂をズルズルあとずさりして、元の木阿弥に戻る会社は多いですからね。

それと、第六章で言いましたが、時間軸や激しさの違いから出てくるもう一つ重要な要素は「社員の疲労感」です。ですから、大切なことなんですが、厳しい変革はあまり長丁場で続けることはできません。組織を変化の分水嶺まで押し上げていくのは、石だらけの上り坂で重い荷車を押し上げていくようなものですから、肉体的にも精神的にも一年くらいで皆の疲れが溜まってくるんです。アーリーウィンが出てこなくていつまでも成果が見えなくて疲れてくると、必ず組織の政治性が頭をもたげてきます。抵抗派が元気を取り戻し始めるんです。前向きの推進派だった人の心の中でも、実は初めから心の隅に存在していた猜疑心の部分が膨らみ始めるんですね。ですから変革はある程度の期間で一気に成功させないと。

追い詰められての抜本改革

伊丹　次に改革と改善というのは、三枝さんはどのような違いだと位置づけているのですか。

三枝　これも先ほどの「時間軸」で区別をつけるとわかりやすいです。時間軸から見て変化が一番激しいのが再生、それほど短期勝負でなくていいのが改革、その次にもっとじっくりと時間をかけるのが改善です。

もう一つの違いは、対象とする組織やテーマの単位です。再生は必ず事業の全体サイクルを対象とします。改革は同じように事業全体を相手にする場合と、もっと狭い特定部門や特定機能だけを取り上げる場合の二つに大別できると思います。

前者は事業改革と呼び、後者は対象によって人事制度改革だとかロジスティックス改革とか、特定の機能テーマをつけて呼ぶのが一般的だと思います。それに対して改善はもっと狭いテーマに細分化して、会社のあちこちでバラバラに進行します。

重要なことですが、改善をたくさん積み上げたら改革に至るという考え方を、私は真っ向から否定しています。本当は改革が必要な状況なのに改善でお茶を濁しているうちに、時間ばかりが経過して、結果的に改革を先延ばしさせてしまう経営者は多いと思います。そうすると、だんだん事業がじり貧になってきて、じゃあいざ改革だとなったときには、改革のやり方についての選択肢が減っています。端的に言うと、先延ばしすればするほど激しいやり方でしか切り抜けられなくなってきます。

最後にはいよいよ追い詰められて、再生という最後の打ち手しか残らなくなります。乾坤一擲《けんこんいってき》の再生をしなければならなくなった会社というのは、歴代の経営者が問題を先送りしてきた長い年月の末に行き着く最終ステージですよね。

よく「抜本改革」という言葉を聞きますけど、それが文字どおり「根こそぎ直す」ことを意味しているのであれば、再生という言葉の意味に近いと思います。ただ、抜本改革なんて呼んでも実際には大したことをやらない会社の方が多いし、改善程度のことを大げさに改革と呼んでいる場合もよくあります。世の中では言葉と実際がワンランクずれて使われていることが多いように思いますね。

再生と改革、切り口や論理は同じ

伊丹　なるほどね。抜本改革が必要になった組織は、そこに至るまで放置されていたからというのはそのとおりでしょう。それに、きらびやかな言葉が飛び交いがちなのも、経営改革の常でしょうね。ワンランク上の言葉が使われている、という指摘には苦い思いをする読者も多いでしょうよ。

三枝さんが過去に事業の再生を手がけてきたのに対して、ミスミでやってきたことは、改革ですね。

三枝　ええ。平時の改革と改善の組み合わせですね。私のそれまでの経験に比べればマイルドなアプローチです。しかし事業の中の何が問題の核なのか、それを解決するためにどのような押しボタンを押せばいいのか、最も効率良く効果を上げられるステップは何なのか、といった改革ストーリーの組み立て方については、私にとっては再生も改革も同じアプローチです。

表層的な問題を含め、何でもかんでも押しボタンを押そうとすると、解決に迫れませんね。つまらないボタンであっても、結構組織のエネルギーを食いますから、モグラ叩きだけで組織がくたびれてきてしまいます。

問題の根っこに迫ることができれば、事業組織全体への波及効果が大きくなります。しかし、根っこに迫れば迫るほど、内部の抵抗は強くなり、痛みがあり、血が流れたりするんですね。ですから、問題の核心に近づくに従って、動きを途中で止めさせるような会話が社内で増えてきます。

第六章で話した「一枚目、二枚目、三枚目」の手法に関しても、再生と改革は同じです。実は一見すると改革など必要としていない優良事業をさらに成長させ、強くしようとするときのアプローチも、私にとっては本質的に同じアプローチです。弱い事業でも個に迫っていけば強い面はあるし、優良事業も個に迫れば弱い面をあぶり出すことができます。その弱みをできるだけ早く是正し、並行して強みをさらに強化するシナリオを立てれば、優良事業への戦略ストーリーになります。

伊丹　具合の悪くなった根源のところにビタっと手を当てなければいけないという点において、再生と改革がまったく一緒だというのは理解できます。待ったなしの事業再生と、比較的時間がある事業改革の、一つの大きな違いではないかと私が思うのは、次の点です。改革だったり、何か新しいことへ着手することに対する納得性あるいは土壌が、再生の場合はすでにできあがっているのではないでしょうか。状況が目に見えて悪くなってきていますから。一方、事業改革の場合には、そういうことの納得性が一般に低いから、納得性の部分を作り出す作業というのが、余分に必要になるのではないですか。

三枝　いえ、実はそれが逆の場合が多いんですよ。ダメな会社ほど、本当は社員が危機感を抱いて頑張らなければならないのに、危機感が薄くて、残業をするなと言われているせいもあって、夕方さっさと帰ってしまう。ところが表面的には改革などを必要としていないように見える高収益、高成長の会社の方が、社員はよほど危機感を持っていて、ピリピリしていることが多いんです。その場合の危機感のことを、私は「平時の危機感」と呼んでいます。

前にも言いましたが、再生を必要とする会社で自然発生的に社員が強い危機感を持ったときというのは、最後の断末魔みたいな、手遅れの状態に入ってからという傾向がありますね。そうなる前に改革者が出てきて、人為的に危機感を高めて事業再生のアクションを推し進めないと、再生しようにも手遅れになります。つまり伊丹さんが言った「状況が目に見えて悪くなってきているから改革に対する社員の納得性が高いはずだ」というのは、誰かリーダーが太鼓を叩いて、本当にそれを厳しく知らしめるということをやった場合なんですね。

再生を必要とするような段階に来ている会社は、過去にそのときどきの社長の号令で改革と呼ばれる活動を二回や三回はやった経験を持っており、それがうまくいかなかったために閉塞感に覆われているのが普通です。社内の優れた社員は過去にそういう改革にかり出されたことを経験していて、いい結果が出せずにただくたびれただけだったという空しい記憶があるんです。そのときの作業を通じて、自分の事業が非常にまずい状況にあるということは感じ取っているんですが、その原因に自分自身が関係していると思っていない人が多くて他人を批判しているとか、問題を直そうにもどうしていいかわからないという人たちが圧倒的に多いわけです。

伊丹　それは再生でも、改革でも同じですね。

三枝　そう、同じなんですよ。改革の場合でも、何かが停滞していたり、倒産するほどではないにせよ業績が悪くなったり、キャッシュが減ってくるとか、そういう状況にあるわけです。しかし社内で、それは自分のせいじゃないと思ってる人が圧倒的にたくさんいます。「平時の危機感」がないのです。

いいことは自分のおかげ、悪いことは他人のせい

三枝　調子良く成長している会社の中でも、うまくいっていないことは必ずあります。そういう会社でうまくいっていることだけがものすごく褒められるような経営が続くと、何となく全員が、すべて自分の手柄だと思い始めます。本当は悪いことがあって、それに関係している社員も結構いるのに。

伊丹　いいことは自分のおかげ、悪いことは他人のせい。こういうことですね。

三枝　ええ、「悪いことは他人のせい」なので、まずい状態に対する痛みを自ら持たないわ

けです。気をつけないと、私の会社（ミスミ）も含めて、どの会社も同じパターンに陥りかねません。

伊丹　その発言は重要なので、私からも強調させてください。私の先ほどの質問が、ある意味で一般的に多くの人がつい思ってしまうことだと考えるからです。まあまあうまくいってる組織だとみんなが思い込んでいるものを変えるためには、その前に納得性を作らなければいけない。一方で事業再生というような危機的状況にあれば、みんなが自分たちはどこか悪いと思っているのではないかという、暗黙の前提で私は質問してしまったわけです。ところが、三枝さんの言っているのは、人間はもっと勝手なんだよということですよね。そういうときになってすら、まだ自分が悪かったとは思ってない人が社内にたくさんいる、そういうことを強調しているわけです。これは、ものすごく強調に値しますね。

三枝　ただ、そういう状態になった会社の中を覗くと、社員がそうなる理由があるというか、そうなってしまうような経営をやっちゃっているんですよ。事業のうまくいっている点とまずい点を分解し、まずい症状をタイムリーに指し示すデータ的なものを見せて、明らかにその部署、その個人が発生させているということを因果関係を持って説明できるような情報系が圧倒的に不足しているんです。

通俗的な言い方をすれば、どんぶり勘定なんです。それが社内のさまざまな面に蔓延している。だから、幹部や社員の個人個人が、自分がどう作用してその悪さを生み出しているかを認識できる機会が少ないんです。経営システムの弱さが、そういう社員を生み出しているのであって、その人たち自身には罪がないことが多い。ですから改革ではやはり経営のシステムがまずいんだというところに、私は行くんですよね。

伊丹　それはそうだと思いますが、多くの人間がついついどう思ってしまうものかという人間論としても、三枝さんの先ほどの解釈は、私にとってとても納得できるものです。自分を振り返ってみても、やはりそうですから。

三枝　そこに、スモール・イズ・ビューティフルの話が関係してきます。組織が成長して大きくなることのメリットはもちろんあるけれど、経営の問題に関する感性というのは、組織が大きくなっていくことで間違いなく薄まっていくわけです。

伊丹　大きく言うと、情報系の問題ですね。

三枝　そうですね。経営者マインドで「これはまずい」「これは痛い」と自省を含めて組織内で問い詰められるような個に迫る情報が提供されているかどうかですね。

「水戸黄門のご印籠」にすぐ納得

伊丹　具合の悪いことについてそれが自分のせいであると思っていないことの理由には、情報系以外にもう一つ理由があると思います。いくつかの企業で見たケースですが、目に見えてあそこに責任があると言えそうな、明白な理由が別にあるんですよ。

これを私は、「水戸黄門のご印籠」と呼んでいます。「何かが悪いというのは、これのせいである」と言うと、それでみんなが納得してしまうんですよ。これは、例えば社長がダメだからとか、そういうタイプの理由です。

確かに、極めて具合の悪い手を過去、社長が自ら打ってしまった。そうすると、すべてそのせいだよな、自分たちのせいではないなっていうふうに、真実ではない理由をどこか別に見つけてしまうんですよ。それが自己責任をあいまいにする。だから、情報系以外にもう一つ、私は水戸黄門のご印籠と言っているんですね。

三枝　そうそう、それは第六章で私の言った、政治家の独善的なシンプル化を国民が信じてしまうのと同じなんですよね。みんながそれに乗っちゃう。アッパーミドルや経営陣の人たちが、自分の責任ですべきことをやっていないくせに、すべて他人のせいにしていることが多い。では、なぜこの人たちが責任を感じない組織になっているのか。個人能力の問題よりも、私はやはり、仕掛けの問題だと思います。そこでまたスモール・イズ・ビューティフルの話になってしまうんですが、人のせいにできない、人に転嫁できない責任の持たせ方をした組織を、とにかく増やすというのがポイントですね。

伊丹　それは、解決策としては同じ方向だと思いますね。情報系が悪いというのと、責任の押しつけ場所が存在しているということについて、その二つを同時に排除するには具体的にどうしたらいいかというと、まず、本人たちの責任であるということを感じさせるような仕掛けや組織に変えなければどうしようもありません。水戸黄門のご印籠を取り上げるだけでは、また別な印籠を作るからね。

三枝　そのとおりですね。伊丹さんの言う印籠みたいなものは、皆がそのせいにしているだけで、それが真の原因ではないのですから、排除したって悪い状況は直らない。改革ではそうやって信じられている社内常識が間違っていることを、わざわざ証明するステップを踏むことが必要な場合もあります。回り道になるのですが、君らが言ってる原因を取り除いてあげた。だけど何も変わらないじゃないか。君たちは問題の本質を取り違えていたんじゃないかと迫るんです。これは非常に有効な手法です。ただそういうことをやると、時間を食ってしまいますが。

伊丹　ああ、なるほど。これは事業再生の方でも効くけど、改革の方がより効きそうですね、時間がまだあるから。それが原因だというなら、取ってやるよということで一回取る。変わらないな、これが理由ではないんだ、わかったなと。そういうプロセスですね。

三枝　そう。君たち、その無関係な議論に一体これまで何年かけていたんだと（笑）。

2――時間軸の厳しさ

キャッシュが時間軸を決める

伊丹　それでは、話を元へ戻しましょう。時間軸の問題の深刻さというのを、いろいろ聞かせてください。この深刻さというのは、多分、私のように現場のことを知らない人間にはあまり語る資格がないと思うんですが、時間軸がどのように深刻に効いてくるかということについて、お話しください。

三枝　再生ステージのような切羽詰まったケースでは、時間軸を規定するものは、もうただただキャッシュですね。キャッシュが借りられるか借りられないかで、どれほどの時間が残されているかが決まります。

次に、キャッシュはそれなりに回っているけど業績が悪くなっているという会社の場合は、行動の時間軸を規定するのは「市場での競争状況」だというケースが多いと思います。つまりそういう会社は市場で必ず負け戦をしているはずです。ですから、自分たちの商品が市場でどれほど負けが込んでいて、自分たちがどれほどお粗末な闘いをやってきたかを示す「一枚目」の絵が、改革に向けたみんなの納得性を高めるためのカギになります。

そういう会社では、たいていみんなの目が社内に向いていますから、そもそも自分たちが市場でどういう闘いをやっているのか、そもそも真の競争相手は誰なのかといった、競争戦略の本質に関わる話は日常会話の中にほとんど出てこないのが普通なんです。

お粗末な会社に聞こえるかもしれませんが、今、話しているのは、すべて上場企業クラスの話なんです。そういうレベルの低い話があちこちに転がっていて、それが今の日本の経営なんですよ。そういう会社を何とか再生するための第一歩は、社員が厳しい現状をまず認識することです。それなくして、何も始まりません。しかし危機感を持たせるために「あなたたちは危機感が足りない」という台詞をいくら口にしたってダメなんです。社員の意識を変えさせるために「意識改革が必要だ」なんて叫ぶことが解決法ではないんです。

第六章でお話しした「一枚目、二枚目、三枚目」をきっちり回さないといけません。自分たちが少しずつ死に向かっているような、そういう厳しい認識を持ってくれるかどうかがカギになりますから、そういうことを示す「一枚目」の絵というのは、きちんとしたロジックを埋め込んで、念入りに作ったプレゼンテーションをしないといけません。このままいったら倒産ですよといった「成り行きのシナリオ」が必ず「一枚目」に含まれていなければなりません。

社内の意識をバッサリ切り替えてもらうには「事件」が必要であり、再生や改革のストーリーを説明する社長のプレゼンテーションは、社内で乾坤一擲の「大事件」にならなければなりません。『V字回復の経営』の中に出てくる全国七カ所でのプレゼンがそれであり、日産のゴーンさんが行った日産リバイバルプランのプレゼンもそれだったわけです。そんな切れ味の鋭いプレゼンテーション資料は何度も作れませんから、『V字回復の経営』のタスクフォースのように、一回限りの大勝負に向けて、頭と体の両方を使った苦しい作業になります。

伊丹　再生の場合でキャッシュが時間軸を規定しているという観点からすると、それはそのとおりだろうと思います。自分たちで勝手に時間軸を長く設定しても、キャッシュドレインが起こると、あっという間に進みそうですね。

三枝　キャッシュはそうですね。本当に再生が必要な企業で、キャッシュが問題になっている場合には、あっという間に潰れてしまいます。本当にわずか半年とか、そのくらいの期間で手遅れになってしまいます。

出血をまず止める

伊丹　なるほど。時間軸がキャッシュによって規定されているときに、極めて時間軸の短い事業再生をやらざるを得なくなったときの最大の問題は、キャッシュのインフローをどういう手段で確保するかをまず考える、そういうことになりますかね。

三枝　インフローもそうですが、その調達が間に合わないことが多いので、とにかく出ていく方を減らすことを急いでやる。それなら内輪だけですぐに実行できますから。どこからか資金を引いてくるのであれば、経営者のスタンスとして事業整理などの施策を打ち出しておかないと、誰もお金を出してくれません。

伊丹　アウトフローの方ですね。

三枝　本当にドン詰まりまで来ている場合には、必要な事業撤退は恥も外聞もなくやらなければなりません。どの企業にも必ず、いい事業とそうでない事業の濃淡がありますから、一番悪い事業を、とにかくもう閉じてしまう以外に打ち手がないというなら、断行するしかない。ところが本当に追い詰められると、撤退のために必要なお金もなくなってしまうんです。それで立ち行かなくなって、外部から助けになるワンショットのお金が入らなければ、救う前に倒れてしまうわけです。

社員に大量に辞めてもらうことを伴う事業再生は、これまで私はあまり手がけていません。私の再生作業は、すでに人減らしまでやったんだけど、それでも事業が良くならないというケースに呼ばれるんです。

私の手法は前にも言ったように、人減らしや事業の切り売りではなくて、「そこにいる人々」に戦略の絵を示して、皆に目を輝かせてもらって、それで皆が束になって今までの何倍も頑張って、事業を盛り返そうという手法です。そういうことを試みようとしても役員にやる気がなさそうだとか、もう手遅れで、やっても救う望みがないだろうと自分が思った仕事は、いいお金になる仕事でも、引き受けませんでした。私自身がさんざん苦しい思いをした上に、うまくいかなかった理由を私に押し付けられるのが関の山ですから。

本当に必要なら人減らしもせざるを得ないので、再生のプロを自称していた自分としては人減らしを否定はしませんが、それをやるなら一回だけやって終わりにするのが原則。人減らしを小出しに二度三度繰り返すのは、社員の士気が下がって経営に対する猜疑心が強まり、組織を盛り返すチャンスが遠のくので、再生手法としては一番お粗末ですね。そこまで行く前に、覚悟を決めて一発で再生に取り組まないと。

そうは言っても一度だけ、私自身で労働組合との団体交渉にも出て、希望退職を募ってかなりの数の社員に退職してもらったケースがありました。そのときは割増退職金を払う資金も足りなくて、ある都市銀行にお願いに行ったら一度目はにべもなく断られました。あなたの会社は今まで何とか再建しろと銀行として何度もアドバイスしてきたのに何もしなかったから、このまま倒れて結構ですみたいなことを言われて。私は落ち込みましたよ。何度か折衝に行って最後はお金を出してもらいましたが、その銀行が助けてくれなかったら確実に時間切れアウトでしたね。

その会社の組合はたいへん強く、私は激しい反対活動に遭いました。しかし、会社が切羽詰まっているのに、今度そんなことしたら銀行からカネが出なくなって倒産を早めるぞって警告したら、自主的にビラの回収までやっていましたよ。社員にそれほど危機感が出たときというのは、大体会社が終わりの直前ですね。

伊丹　事業再生で、キャッシュのアウトフローを減らそうとして何かを閉じる、何かから撤退する、人員を減らす。そういう血の出る作業というのは、そのために実は輸血のキャッシュが必要だという話ですね。

三枝　そうです、その救う瞬間にね。

伊丹　これは私もいろんな企業で見ましたが、実はその輸血量の大きさが手術をためらわせているんですね。手術をしなければいけないとわかっている。しかし、いざやろうとすると、実はかなりお金がいるんだと。そのお金がないから、何とかだましだましでできないかと言っているうちに、病状が悪化してしまったという企業がたくさんありそうです。

三枝　それで再生を先延ばしてだらだらやるケースは多いと思いますよ。そのお金が無条件で入ってくるということはあり得ないわけですよ。何らかの保証か条件を求められるし、それを差配している経営者が辞めなければいけないかもしれない。長くいる経営者ほどその覚悟がないことが多い。そういう葛藤で、手術が延び

図4　事業衰退のカーブ

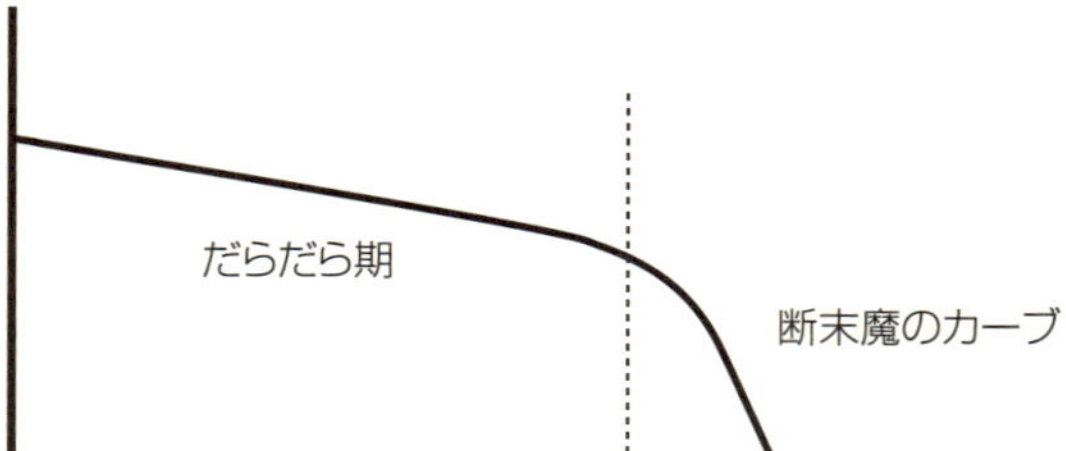

てしまうんだと思います。

伊丹　何かが悪くなるときは、本当にあっという間ですね。

三枝　最後はすとーんと落ちてしまう。いろんな仕掛けがネガティブに回り始めてしまうと、早いですよ。でもそこに至るまでは、結構だらだら生き延びて来ているんですよね。

伊丹　図4のカーブで言えば、事業が衰退していくときの最後の断末魔がこのカーブ。すると、このカーブが急斜面になる前にちゃんと手を打っておかなければいけないわけですね。

「断末魔のカーブ」を落ちた例

三枝　会社がおかしくなってから本当に潰れるまで、どれほどの時間軸なのかということですが、幹部や社員の中でこれはどうもまずいと言う者がポツポツ現れてから、上場会社クラスだと、そこから優に十年か、場合によっては二十年くらい生きますよね。いくら業績が悪くても、悪い悪いと言いながらトロトロ生きている会社はたくさんあります。

なぜ生きていられるかと言うと、市場で一度ある程度のエスタブリッシュメントの地位に入った会社の場合、世の中の人が、死なないようにサポートするメカニズムをいろいろと動かすものですから、時間が結構長いんですよね。大会社の例で言えば日産自動車だって、救いの手が入るまで二十年以上毎年少しずつシェアを失い続けて、それでよくシェアが残っていたもんだと。ダイエーも同じで、みんなで生きながらえさせようと、よってたかって生かしちゃった。それも自分一人の手で生かす自信がないものだから、日産みたいに外国人を呼んできたり、ダイエーや新生銀行になった日本長期信用銀行みたいにファンドにやらせて最後はファンドが儲けたというお粗末なパターンです。

直前まで会社の延命作用をしてくれる関係者には、実はお客さんも含まれているんです。品質が悪いとか値段が高いとか言っても、お客さんはどういうわけか全員がすぐに他社製品にスイッチしないので、儲からない状態になっているのに、ある程度の売上がだらだら続くことが多いんです。それから取引業者も、やはり自分の取引がなくなると困るために、一緒に無理をして協力するわけです。それから、最近はドライになっているでしょうけれど、金融機関がお金を入れてくれる。こうして、全員がこの会社はもういらないと割り切れば潰れてしまう会社を、支える力が生まれてしまうわけです。

伊丹　なるほど、それはそのとおりですね。それは日本の方が多いでしょうね。アメリカはドライにぱっと引くから、すとーんと行ってしまうんだよね。

三枝　そうですね。日本全体の経済効率のためには、もしかするとかえってその方が、赤字をたくさん垂れ流すよりは合理性があるのかもしれません。大体そういう会社というのは、その会社だけで市場を占めているなんてことはもうあり得ないわけです。限界企業ですから、社会的存在価値からするといなくても困らなくなっているんですよね。

伊丹　それなのに、いてもらわなくちゃ困ると言う利害関係人が、不思議にたくさん出てくると。

三枝　そうです。それはもう、内輪の関係者ばっかりですよ。

伊丹　そうなんでしょうね。自分の利害がからむから何とか生きててくださいと、こういう話だよね。だけどその利害の中にも、事業としての利害の問題と、自分の責任になってしまうからという、両方の問題がありそうですね。だから、自分がこの部署にいる間は、あそこが潰れてもらっては困ると。

三枝　それは、だらだら期での話ですよね。本当の最後になると、そこら辺の人は、さすがにいなくなります。むしろ、自分の責任で店じまいさせると覚悟を決める人が、一人や二人は出てくるものです。

3――事業再生と大組織改革の違い

直接話法と間接話法の改革

伊丹　さて次に、一つの事業を対象にした話と、大組織全体の経営改革をする場合との違いについて、議論しましょうか。ともに改革ではあるんですが、かなりアプローチや力点の置き方が違うように思います。単純に言うと、直接話法の経営と間接話法の経営との違いではないでしょうか。

直接話法の経営というのは、リーダーが直接に現場と接し、ハンズオンで引っ張っていく。事業再生など、それでやらなきゃできないでしょう。その事業の戦略を強烈な反省論をベースにきちんと立て、人々のマインド連鎖が起きるまで、戦略のシナリオや組織作り、仕事の仕方など、がっちりと変えていく。まさに、前章で三枝さんが語られた事業再生の経営はそういうものでした。

間接話法の経営というのは、組織全体の長が常に直接現場に入り込むわけではなく、組織全体に関わるさまざまな枠、例えば組織構造であったり、管理会計システムであったり、人事であったり、あるいは組織全体の大きな戦略的方向性であったり、そうした「大きな枠」というボタンをトップ自身は押しながら、それを起点に現場でさまざまな改革が起きていくことを狙う、というものだと思う。現場で何かが起き始めたら、それがヨコに連鎖をするように何とか工夫をする。ある意味で、現場同士がヨコにつながって改革のヨコ展開が起きることを狙うわけです。

それを私は、トップ自身が現場を陣頭指揮できないという意味で、間接話法と言っています。例えば国鉄の改革とか、あるいは最近、私が研究した例で言えば松下電器産業（パナソニック）です。国内だけで八万人、全世界で四十万人の従業員がいて、事業も複雑になっていて、松下電工をはじめ上場子会社が五つあったと。こういう企業の経営改革では、間接話法にならざるを得ない部分がある。

前の節でお聞きしたような三枝さんの話は、直接話法の経営改革として非常に説得力があります。ただ、直接話法で語りかけられる人間の数というのが限定されているものですから、そのままでは、間接話法しか使えないほどの人数を相手にしたときにうまくいかないのではないでしょうか。

三枝　そうですね。大きな組織の経営改革では、当然、直接話法だけでは限界があるので、間接話法との組み合わせになりますね。私はすべての企業が改革でも平時でもその二つの組み合わせで動いていると思いますし、社内のあらゆるレベルの個人行動も同じです。何万人も抱える大会社の社長でも、役員や事業部長レベルに対する直接話法は決定的に重要ですし、千人足らずの企業を再建するときの私の手法の中にも、意識して間接話法に頼ることは頻繁に起きます。

伊丹　そうでしょうね。二つの話法の組み合わせというのは、私も納得ですね。

三枝　ただ、組み合わせの濃淡については、私と伊丹さんの間には違いが多少はありそうですね。二人の経験や考え方の違いがそうさせるんでしょう。伊丹さんの方が間接話法の色がより濃いですかね。

伊丹　それは、私が直接話法の実体験がほとんどなく、しかし間接話法の経営の話を聞くことは多いからかもしれない（笑）。

三枝　私が事業再生で相手にしてきたのは、売上高で言えば大きくて一〜二千億円で、創業以来の社歴は結構長いのに、途中で成長が止まってしまった企業です。日本の上場企業は、そうした規模以下の大企業が大多数です。私が最後に手がけた『V字回復の経営』のK社のケースでも、会社全体は連結一兆円、最近では二兆円を超える大企業ですが、私が事業再生の対象にした事業はその企業の中の数百億円の規模で、従業員は当時千人もいませんでした。ですから私の手法はすべてその規模レベルの事業組織を対象にして開発されてきました。

そのような「事業部」レベル改革において、私の手法はまず事業部全体の大きさを、事業部長にとって「手に負える大きさ」に分ける。そしてそれぞれの事業部の中は、さらに小さな

「創って、作って、売る」のワンセットを持った「事業ユニット」に組織を分けて、一つの事業部はいくつかの事業ユニット組織で構成されています。

その事業ユニットの内部では、個々の商品の戦略を若手社員らが自分で考え、自分でビジネスプランを立案し、実行責任も負う。「創って、作って、売る」がワンセット揃っているのですから、自分たちの裁量で決められることがものすごく増えて、しかも少人数ですから、その事業ユニット組織の中では、あくまでタテの直接話法が威力を発揮します。必要なときにはその組織の中が一色でぱっと変わるとか、新たな方針が出れば比較的短時間の中で皆の行動が変わるような、できるだけ切れ味の出やすい規模で事業ユニット組織を作る。

もちろんヨコの連鎖の重要性は否定しないけれども、事業部レベルで元気を出していくための先鋒は、事業ユニット組織の突撃力です。私の経験では、会社を元気にするコツは、本当にそこに尽きるんですよ。「組織末端をやたら元気」にしないといけないんです。そこで事業経営の味を覚えた人材が、会社全体の事業の成長や競争優位を目指していくアグレッシブな企業家の予備軍になって行くと思います。

私の話を聞いて、直接話法だから事業ユニットの中でワンマンリーダーが一人で切り回しているような組織を想像されやすいのかもしれませんが、そんなに単純な話ではありません。事業ユニットの中ではいろいろなリーダーシップスタイルが可能です。若い人にとって責任や戦略が明確になり、上下のコミュニケーションが密になり、それまでの組織に比べれば社員の表情が明るくなります。歩く速さが違ってきます。若手も加わって小さな事業組織ユニットの中で立てられた個別商品戦略と、上で立てられた事業部戦略が上下で頻繁に突き合わされるようなコミュニケーションを促進する必要があります。
ただ、前にも言ったように、小さな組織に細分化するとチマチマ病やバラバラ病の弊害が出かねないので、それを防ぐためにビジネスプランのような「戦略」の仕掛けを入れ込むことが重要です。

間接話法のカギは、組織、人事、管理会計

伊丹　三枝さんが間接話法の経営改革の出発点を組織体制の問題から説き起こしておられるのは、私も納得ですね。間接話法の経営のカギは、どうやら人事と組織構造と管理会計の仕組みにある。私は特に、管理会計の仕組みが大切という感を強くしています。

三枝　そうですね。

伊丹　いじれるボタンは、それぐらいしかないんですよ。

三枝　その管理会計の仕組みというのは、うまくいけば成果として表れてきて、うまくいかなかったときに数字をもって自分の責任を感じるという、問題の本質に対して因果関係を持って自分の責任だと感じられるような、そういう情報系ですよね。
それに、当たり前ですが人事は、カギですね。私が直接話法でやるとき、こういうことを考えて、こういうことを組み立てようというフレームワークがあるんですよ。考え方について、それをうまく当てはめられる人と、あまりうまく当てはめられない人の温度差というものは、当然出てきてしまうんですが、どんな間接話法の改革であれ、この考え方のフレームワークそ

のものに同意しない人の場合には、もうダメなんですよね。

そうすると、間接話法のポイントというのは、私は人事だと思うんです。骨のある人を配備していくという以外にないのではないでしょうか。いくら言っても旧来のゲームを続ける人には、どいてもらわなければならないわけですね。もちろん、その人が一皮むけて、結構闘える人に成長したりしますから、一概にどいてもらうというだけの話ではないんですが。

ただ、多分私が間接話法をやるとすれば、少なくとも改革のステップや枠組み、考えなければいけないのはこうだということを、とにかく説いて説いて説いて回る。それに対して反応する人を見つけ出す。次章で改革者のタイプについてお話ししますが、反応する人の中には、自分がリスクを負って改革を推進する側に回るということに関して、本物と偽物がいます。それを見極めるのに多少時間がかかります。

ここで今、私がお話ししているのは、私が社外から来たケースですね。改革者として選ばれた人たちが組織の内部から出てくるときには、そこら辺の按配はかなりわかっているわけです。だから、そこのプロセスは比較的リスクが低く、わりと正確な人選ができるだろうと思いますよ。

伊丹　もちろんそうですね。ちょっと話を単純化してしまいますが、間接話法の経営改革と直接話法の経営改革はどう違うかと言われたら、簡単に言うと、直接話法の経営改革に必要な要件プラス、ポリティカルサイエンスだと思うわけです。プラスなんですよ、もちろん。

三枝　そうだと思います。ただ、ポリティカルサイエンスの比重が高いということですね。

伊丹　経営改革だけじゃないんですが、大きな会社のトップの力量のかなりの部分は、ポリティカルサイエンスになるというのが実感ですね。経済分析とかリーダーシップとかではなくて。

大きな組織ではいろんな理由でいろんな人が何かと邪魔することが多い。その邪魔のプロセスを、かなり高等なポリティクスに長けた人たち、つまり幹部たちがやることも多い。それに対抗してきちんと経営を率いていくには、ときにはブルドーザーになることも辞さない、しかしポリティカルサイエンスが必要だな、と思えるんですね。その象徴が、組織と人事なんでしょうね。

三枝 私個人の感覚としては、そういうところでポリティクスをたくさんやっていながら、先ほど言った改革の考え方も含めて、論理的なスキルを持っていて、明確な戦略が先に提示されていることが必要というイメージです。それがないと、本当に政治性だけになってしまいますからね。

伊丹 もちろんそうですね。単なるポリティクスにしないことの象徴が、管理会計なのかな。

松下の経営改革を調べてみて、非常に示唆的だなと思ったのは、管理会計のところがごろっと変わったんですよ。改革開始後二年くらい経ってごろっと変わったんですが、最初は社長がいくら変えろと言っても、経理が長年の伝統で誠心誠意抵抗するんですよ、誠心誠意。それが二年ぐらい続くんです。

三枝 私も経験ありますね。プロフィットセンターの仕切りを変えるだけで、コンピュータシステムがどうだとか取るに足らない理由がたくさん出てきて、一年近くすったもんだしたことがありました。

伊丹　そう、まったく同じです。そういうたぐいの話があるために、組織の作り方と人事と管理会計という、三つのボタンをきちんと押さないと、間接話法の経営改革はできないんですよね。

三枝　それは間接話法とか直接話法という区分で重要性の違いはあるものの、両方に共通した問題ではないでしょうか。経理情報に関しては、打ち出された戦略に合った形で経理情報が提供されるかどうかは、それで改革の渦中にいる社員の心理や行動エネルギーに重大な影響を与えますから、改革にとっては死活問題と言っていいと思います。戦略に合わせてデザインされた、いわゆるＫＰＩ（重要業績評価指標）情報が提供されなかったら、長丁場の改革は闇夜の飛行になってしまい、続きません。アーリーウィンみたいな仕掛けも作動しないし。

誠心誠意の抵抗

三枝　しかし、事情はよくわかりませんが、社長がそれが大事だと規定したにもかかわらず、経理の役員がそうやって抵抗するというのは、改革初期ではよく起きますが、いつまでも続くというのは成功ケースでは普通じゃないですよね。私は改革の入り口のところで、そんなすったもんだをいつまでも社内でやりたくないですから、何度も言って、それでも動いてくれないのであれば、責任者に外れてもらいます。追い詰められた改革では、いつまでも待てないですから。でも、松下の場合は何か相応の理由があったんじゃないんですか。

伊丹　ええ、実は松下の場合、抵抗していた人には抵抗するなりの理由があったんです。要するに、経理の根幹を変える要素が入っていると経理の人たちは思い、無理をしたら現場の業務が大混乱をする、決算すら時間に間に合わなくなる危険がある、と。誠心誠意、良かれと思って抵抗するんですよ。ところが、社長との間でこうすればいいという合意ができた途端に、経営改革の最大の協力者になるわけです。ごろっと変わるんですよ。

三枝　それは必ずしもポリティクスではなかったケースに聞こえますね。政治性では「好きか嫌いか」とか「個人の利害」みたいなものが大きな要素ですが、戦略では「正しいか、正しくないか」の論理性が議論を分ける。今の経理の話は後者の話のように聞こえます。論理的に動く組織は、抵抗はしてもよくよく話を聞いて納得すれば、みんなばっと動き出しますよね。その時間軸が大切なんだと思います。

伊丹　松下の場合でも、変わり始めたら速かった。だから、そのスピード感はあったんだけど、変わるまでがどうも大変だったわけです。本人は、自分のクビが飛ぶことまで覚悟して抵抗していたんじゃないでしょうか。

ですから、いろんな企業で、大きな組織になって職能が分かれて、それぞれに専門家ができればできるほど、そしてまじめであればあるほど、抵抗する人というのが結構いるのではないかと思います。それは、たるんでいるから人を変えるというタイプの話とは異なるなと最近は感じているんです。そういう人たちも引き連れながら、全体の大きな組織の改革をやっていく経営のリーダーというのは、一体どういう発想で、どういう哲学でやらなきゃいけないのか、なかなか自分には見えない感じなんですよね。間接話法の経営改革って、何かいろいろ難しそうですねえ。

三枝　確かに、間接話法の経営の速攻性を考えてしまうと難しい。何とか直接話法の経営と間接話法の経営を組み合わせるしか、ないでしょうね。伊丹さん、こう考えたらどうですか。

事業ユニットをいくつか抱えた事業部長レベルでは、伊丹さんの言う間接話法というのが事業ユニットの中よりも重要性を増します。さらに事業部長から上の、社長を頂点とするトップ経営層に行けば、社長による間接話法や経営陣の中のドミノ現象が、もっと大きな意味を持ってきます。

売上高一千億円程度の会社では、社長が上から二十〜三十人程度の幹部に直接話をすれば、その人たちは配下の社員全員を集めて直接話をすることが可能です。その程度の組織サイズです。重要な話だから直接話せと指定すれば、社内の伝言ゲームは一レイヤーを介するだけで可能です。単一事業部となれば、集めなければならない幹部の人数はもっと少なくてすみます。そういう工夫をしたとしても、社長レベルでは伊丹さんの言う間接話法の経営が主体であり、事業ユニットまで下りれば直接話法が主体ということになる。パナソニックでも私が手がけた一千億円企業でも、二つの話法の組み合わせという原理は同じだけど、組織の規模によって組み合わせは変わるし、組織レベルをトップから下に下りて行くに従って二つの話法の組み合わせの濃淡が変わるんだと思う。

伊丹　その整理、賛成です。でも、その濃淡を間違える人が案外いそうです。そうなると周りは大変ですね。現場で間接的にゆるくやったり、社長レベルで独り相撲になったり。

4――歴史は跳ばない、しかし加速できる

すべてのステップを踏まなければ変われない

伊丹 第二章でも言いましたが、松下の経営改革を調べていて、こういうことは感じました。これは事業改革であろうと組織改革であろうと同じだと思うんですが、歴史の重みと言いますか、歴史が動くメカニズムというものは変えられないんだなと。歴史は絶対に跳ばないんだと。だけど、加速はできるんです。だから、すべてのステップが踏まれないと、改革というのは進まないんです。そのステップの踏み方を速くするというのが、直接話法だろうが間接話法だろうが、キーポイントじゃないか。

いきなり跳べっていう話は、おそらく大きな組織には無理だなというのが、私の実感です。これは、外部観察者としての実感でもあるし、一橋大学みたいな小さな組織の改革をやってきた立場としても、多少そういう実感があるんです。

三枝 それは私も賛成ですね。私は急がば回れとときどき言うんですが、少し時間がかかってでも、やはりステップを正しく踏んだ方がいいというのはよくあるんですよね。それを飛ばしてしまうと、そこにいる人々が過去から引きずっている心理が切り替わらない。「人の心ですから」っていう気遣いは、私の場合、自分が年をとってくるに従って増えてきたけど（笑）。ちょっと時間軸をずらして回り道をして、当事者が納得するルートをたどる方が結局は速いこ

とが多いのですが、それって、あまり配慮し過ぎるとポリティクスだとか老獪さって言われちゃうことになる。

伊丹　結局、そうなんですよね。

三枝　ほんとは必要なのにそのステップを飛ばすと、「そんなのは聞いていない」とか、本当にわれわれが日常的に経験するような、些細な問題の積み重ねで改革がアウトになるっていうことですよね。まったく賛成ですね。ただ、その歴史という言葉について言うと、私は、改革は歴史の部外者でないと非常にやりにくいと思います。

伊丹　歴史の部外者という言葉の意味が難しいけど、日本では組織の部外者が改革を行ったケースというのは、ないわけではないですが、どちらかと言えば少ない。部外者というよりむしろ辺境なんですよ。傍流出身者が組織の中央に入ってきて。ポイントはメイン、本流ではなかったということです。

三枝　私が歴史の部外者と言うときは、同じ会社の中にいても、例えば本流の事業の中にいなかったとか、本流の中にいたとしても意思決定者ではなかった人を含めています。要するに、あなたは会社を悪くした張本人じゃないですかと責められることがない人のことです。それを自他ともに言ってもらえる人でないと、みんなから総スカンを食いますよね。

伊丹　松下の場合で見ると、こういうのが日本の企業組織の経営改革の一つの典型例なんだろうなと納得するところがあります。リーダーになった中村さんは、家電の営業の一番の本流を歩いてきた人なんです。アメリカ松下の社長を長いことやっていたという意味では、外へ出たんですけれどね。それから、中村さんを支えた人事や企画の副社長の村山敦さんも、ずっと人事の本流を歩いてきた人です。もう一人の副社長の戸田一雄さんも、事業部系でずっと本流を歩いてきた人です。そういう人たちのチームが改革をやったんですよね。

これはちょっと本筋から外れるかもしれませんが、『松下電器の経営改革』の本の執筆プロセスで、アメリカのコンサルタントが、松下の経営改革がどうしてできたのか理解できない、と言っているという話を聞いたことがある。内部者ばかりで、経営陣も大して変わらない。従業員も数を減らして人件費負担は減らしたかもしれないけど、しかしほとんどは前と同じ人間がやっている。それで、何で改革ができるんだと。しかもそのマネジメントだって別に中村さんが選んだわけではなくて、前任の森下洋一さんが選んだ人たちです。そんなチームが、なぜ改革ができるんだと。

三枝　そのアメリカ人が理解できなかったのは、パナソニックが改革者を社内から起用するメカニズムを自ら作動させたということですよね。変革ができるほどの優秀な人材が社内にとどまっていたというのが不思議だし、アメリカ企業ならさっさと改革者を外から連れてくればいいと。

誰が真の改革者になれるか

伊丹　しかし翻ってみるとポイントは、社内から指名された改革者たちが、自分の組織のどこに本当に具合の悪くなった原因があるかということを、ちゃんと見る目があったことですよ。それは、自分たちが苦しんできた経験から、あそこが改革のツボだとわかっている人たちだったわけです。つまり、ツボについてはみんな合意したわけですね。だからできたんですよ。

したがって社外から、例えばカルロス・ゴーンのような人が来て経営改革をするというスタイルは、おそらく日本の企業はあまりとらない方がいいような気がします。しかし、それでは内部の生え抜きの人たちがやる改革について、そのキーポイントは一体何だろうということを、松下の経営改革を調べていて、私はつくづく考えさせられました。

三枝　でも社内からそういう人材を選び出すメカニズムを動かせない会社では、最後のドン詰まりまで来てしまったら外から連れてこざるを得ないですよ。銀行からか、親会社からか、ゴーンさんか、私みたいな外部の人か。

お聞きしていると、松下では気骨のある改革者を選び出すメカニズムが働いていたということですよね。中村さんは改革者の立場に立って、過去の自己否定というか、自分がやってきたことのこういうところが非常にまずかった、問題の本質はこういうところにあったとか、語っているんですか。

伊丹　個人としての自己否定の言葉はあまりないと思いますが、組織としての自己否定はかなりされておられますね。ずっとおかしいと思っていたとか、松下の社内で他の人たちがやってきたこととは違うことを自分はやってきたと、そういう自負のある人ですね。

三枝　ああ、なるほど。それはやはり悪さを育んだ歴史のちょっと外れにいる、というポジショニングができているわけでしょう？

伊丹　しかも、組織の内部者でね。だからこそ、歴史の重みとか慣性みたいなものがたくさんある組織の改革ができたのではないかというのが、私の実感です。

三枝　悪さのメカニズムというものを自分でわかっていて、押しボタンの見えている人が社内から出てくるならそれに越したことはないと思います。ただ、日産だって歴代社長でそういう視点で改革を語った人は何人かいたのですが、結局はゴーンさんのところまで来てしまった。内部から出た改革者が成功するかどうかは、その人がいかに徹底的に既存概念を否定し、実際にそれを行動に移せるかだと思います。

中村さんは過去に、この会社はこのまま行くとおかしくなるとか、自分としてやりたい方法が許されなくて面白くない、といったことを感じる瞬間がたくさんあったのではないでしょうか。

伊丹　中村さんについてはそのとおりですね。ただ私はそれを、部外者という言葉で呼びたくないんです。と言うのは、日本企業の中には、実はそういう玉は結構いると思うからなんです。そういう人たちを中心に据えてやりさえすればいい。

三枝　それは一〇〇％そのとおりですよ。言い足して「経営責任の歴史の部外者」「過去の責任を問われない人」と言えばいいでしょうか（笑）。

伊丹　それですね。歴史の慣性を直すというのは、その慣性を作ってくるプロセスに、積極的じゃなくて批判的に、しかし実際に加担させられてきた人しか、多分できないんだろうなと思うわけです。

三枝　まったく同意ですね。最後まで内部からそういう人が出てこなくて危機状態にまで来てしまったら別ですが。

はじき出しのメカニズム

伊丹　ただ難しいのは、そういう批判的だけど加担させられてきた力量のある人を、改革が実行できるぐらいの責任あるポジションにつけるような人事あるいは人材のルートを持てる会社と持てない会社が、どうも存在しそうだということです。

三枝　私が前の章から言い続けている普通の大企業では、上場企業でも本当に人材が枯渇してしまっている企業が多く、そういう会社ではドン詰まりに来てもなお、改革者に適した人材の選び出し機能が働かないんですよ。私が呼ばれたときは、社内に隠れている改革者予備軍みたいな人たちをほじくり出すんです。人事部が持ってきた候補者リストほど当てにならないものはなかったです。

伊丹　松下の経営改革の例で言えば、改革のカルテットとも呼ぶべき人たちが四人いたんですが、彼らは批判的であるにもかかわらず、きちんと成果も上げて、副社長、専務にまでなっていたんですよね。普通、そういうタイプの人は、はじき出されたり、圧迫されたり、登用されなかったりすることが多いと思いますよ。それ以前に、それてしまいかねません。日本の企業だから、社外には行かないかもしれませんが、社内で抑圧された過ごし方をするということは結構ありそうです。そうした人たちを本流の中に残せる、何か人事登用のあり方みたいなものが、最後の生命線になるのではないでしょうか。

三枝　そういうふうに骨があるにもかかわらず、自分が辞めてしまうというところでの闘いをせずに、実にうまく体制の中で上に上がってくる人って、ときどきいますよね。そういう人で骨のある人に出会うと、よくぞ生き残ってくれていた、あなたこそ改革やってよって、声かけちゃう。

伊丹　私は、松下の彼らはそうだと思います。

三枝　自分の中の半分か四割ぐらいに会社の経営体制や体質への批判を抱えつつ、だけどやっぱり会社や仕事が好きだとか、あるいは人によっては松下から出たら損だという計算をした人もいるかもしれませんが、いろんな心理を含めてそこにとどまっている。そして、その批判的四割がカギになるステージが来たら、それを表に出せるという、そういう人は結構いるのではないでしょうか。これぞまさに日本組織という気がします。アメリカ人なら四割面白くないだけで、とっくの昔に辞めてますからね（笑）。

伊丹　だから、ずっとダメなままの会社と、ちゃんと自分で変われる会社というのは、そこのところの区別が何かあるんですね。そういう気骨のある人がはじき出されるメカニズムの強弱、ということかな。

三枝　それはトップ次第だと思います。私が再生に行ったような会社では、昔は誰それという優秀な人がいたんだけど、追い出されちゃったみたいな話は多かったですね。ただ、はじき出されたという人に何かの拍子で会うことがあると、残っている社員が言うほど大した人に見えないことの方が多かったです。辞めた人のことを語っている社員個人の意識や能力を含めて、追い出したと言われる側ばかりを責めるのが妥当なのか、一概にわからないケースもありましたね。

伊丹　そうかもしれませんね。そこに、陳腐な言葉ですがトップの器量が入る。批判者を受け入れられる器量のようなものですね。

そういう意味で言うと、松下の経営改革の場合、偉かったのは森下さんという当時の会長かもしれません。社長を中村さん、副社長を村山さんという布陣をひいたのは彼ですから。それで、あとはどんとやってくださいというわけです。そうすると、中村さんたちが過去の否定を始める。それでも、森下さんはずっと黙っていて、一言も言われたことはないそうです。一千何百億円で投資した工場を、しかも森下さんが決裁した投資を、稼働何カ月でもう売ると決めてしまうとか、そういうことをやるんです。こうした前任者の否定のようなことを、たくさんやるんだけれど黙認される。そういう、何かトップの器量のようなものがあるんでしょうね。

でも根幹は、どんな人間を会社の中枢に残すかという、人事の選別の目が上の方にきちんとあるかないかが、結局は将来経営改革を成功させるかどうかを分けるんですね。ただ面白いのは、一方でそういう人事の選別の目を持っている会社が、なぜ経営改革が必要な状態にまでなってしまうのかということです。ここが、また悩ましい話なんですね。

三枝　そうですよね。さっき話した四割ぐらいの批判的精神を持っている人たちだって、残りの六割で旧来ゲームをやらざるを得なくて、それで悪さを溜めていくんだと思います。

伊丹　なるほど。結局、組織とはいろんな人の取り合わせで全体が成り立ってるわけですから、取り合わせの悪い部分が多くなると下り坂になっていき、経営改革が必要になるほど落ち込ませてしまう。ところが、役割を交代させることによって、まだ残っている取り合わせの良い部分が上り坂に変えていく。そういうことなんでしょうね。

直接話法と間接話法のミックス

伊丹敬之

多くの日本企業の経営者はしばしば、三現主義を強調する。三現とは、「現場・現物・現実」と言われたり、「現地・現物・現認」と言われたりする。ことの起きている現地で、ことの起きている対象物（現物）をみんなが共通に目にしながら、現実を直視する、現認（現実を認識）をする。そうしたスタンスで経営者・管理者が現場を重視した行動をとることが、ゆがみのない経営をするためにはどうしても必要だという考え方である。

さらに、こうした考え方の重要性を部下に対して説くばかりでなく、多くの経営者が自分で自ら現場に出向き、現場の声を聞く努力をしている。

そうした経営のスタイルは、この章での議論で出た言葉を使えば、ハンズオンの経営であり、直接話法のマネジメントを重んじることを意味している。経営者自ら現場で直接に現物に触れ、現場の人々と直接にコミュニケーションをとろうとするのだから、確かに直接話法の強調になっている。

しかし、それだけでは大きな組織の経営はできない。直接話法で接することのできる従業員の数は物理的に限定されざるを得ないし、また直接接触ができたとしてもその接触を濃密に多くの人と行うだけの時間は、ない。一日は二十四時間しかないのである。

だから、間接話法の経営も同時に必要となってくる。そして、その必要性は組織の規模

（人数）が大きくなるに従い、加速度的に増していく。規模に直線比例して必要性が大きくなるのではなく、規模の二乗に比例して間接話法の必要性は大きくなっていく、と言ってもいい。規模が大きくなれば、階層が必要となる。いくらフラットな組織が必要だといっても、一人の人間が掌握できる部下の数には限りがあるからである。そして、階層が増えてくれば、経営者と現場の間の距離が長くなる。一つひとつの階層が、管理の必要性から生まれたものなのに、かえって経営者と現場を引き離す壁の役割をもしてしまう。

経営のコミュニケーションには一つの階層が雑音や遅れの原因になる。階層が重なれば、その雑音や遅れはかけ算で効いてくる。そうしたかけ算のピラミッドの頂点で、経営者は経営せざるを得ない。だから、規模の拡大とともに、その頂点でいかに間接経営を工夫するかの必要性は、加速度的に大きくなるのである。

それは、単にトップの直属の部下たちに直接話法を積極的に行えばすむという話ではない。もちろん、そこで直接話法でのマネジメントは生きる。しかし、トップの直属の部下はさらにその下に部下を持ち、そのさらに下にもっと多くの管理職たちが働いている。そして、その管理職たちの下に現場で働く人々がいる。その現場の人々の行動に影響を及ぼせなければ、トップのマネジメントの意味はない。どんなに美しい経営戦略をトップが作ったとしても、現場がその方向に動かなければ、何の意味もない。

経営者として自分が直接話法と間接話法のミックスをどうしたらいいか、という状況を考えてみると、そこには二種類のミックスがありそうだ。一つは、トップ自身のエネルギーや時間を直接話法の実践と間接話法の工夫の間でどのように配分するのか、というミックスの話。もう一つのミックスは、間接話法をより有効にするための直接話法のあり方、あるいは逆に直接話法をより有効にするための間接話法のあり方、という二つのマネジメントの組み合わせというミックス。組み合わせ次第で最終的な現場への効果が変わる可能性が高い。

例えば、間接話法のマネジメントとして組織の分割の仕方を工夫し、分割された組織単位ごとの収益や業績の計測のための管理会計を工夫したとする。そうした工夫が本当に生きているかどうか、トップ自身が直接に現場に出向いてその効果を確かめるような直接話法のマネジメントのあり方があるだろう。管理会計の悪影響が出ていないかを確認するための現場回り、あるいは間接経営のツールとして従業員に語りかけた自分の経営ビジョンがどの程度従業員たちに浸透しているかを確かめるための現場での直接対話、などがその例である。そうした焦点の絞られた現場回りは、単に一般的に現場の声を聞くための現場回り、「何か問題はないかね」などと聞いて回るだけの現場回り、とは違うだろう。直接話法と間接話法がリンクしている緊密度が重要なのである。

こうした二つの意味でのミックスには、やはり日米に違いがありそうだ。日本流経営には日本流のミックスがありそうなのである。

第一のミックス（時間やエネルギーの配分）という点では、日本の経営者はアメリカの経営者よりも直接話法を重んじる度合いが高いであろう。それは、三現主義を日本の経営者が強調することに象徴的に現れている。第二のミックスという点では、直接話法を日本の経営者が重んじるだけに、それをより有効にするための間接経営のあり方の工夫がこれからの「日本の経営」では重要となるだろう。逆にアメリカ流経営では、自分たちの間接話法をより有効にするためにどんな直接話法を工夫するかが重要となりそうだ。

この章で語られた三枝流経営改革の手法は、あえて単純化してしまえば、直接話法のマネジメントをきちんとするための、それも事業再生という時間と資源の制約の厳しい状況での直接話法のマネジメントの、重要な工夫である。それが多くの企業で必要とされていることは、論を俟たない。しかも、多くの企業の中のあちこちで、その実践が望ましいこともまた、当然である。大組織になれば、三枝流改革手法が組織の中のあちこちで、いろんな階層ごとに、実践されることが望ましいのである。とすれば、三枝流直接話法マネジメントの実践が多くの人によって行われるようにするために、どのようなマネジメント上の工夫が必要か、という議論に次にはなる。

三枝さんはその間接話法マネジメントを、ビジネスプラン作りを中核に置く経営システムで行おうとしている。そのプラン作りのための概念や基礎理論の共有のための努力をトップの中心的仕事と位置づけているのである。

それはまさに、特徴ある直接話法のマネジメントをより有効にするための間接話法マネジメントのあり方を考える、という第二のミックスの例である。

三現主義の日本企業では、あちこちで直接話法のマネジメントが重視され、実践される。それが、ボトムアップ経営と日本企業の経営が表現される理由の一つでもあろう。しかし、あちこちで自律分散的に直接話法マネジメントがいろいろなレベルのマネジャーによって試みられると、組織全体としての統合をどうするのか、という問題が当然に出てくる。その全体的統合の工夫が別個にないと、元気な自律的活動が互いに効果を打ち消し合う危険すら生まれる。あるいは、全体的統合に膨大なエネルギーがかかって、実は現場の自律性のもたらす良さが最終的には出ない危険もある。

直接話法と間接話法の適切なミックスの模索、特に直接話法をより有効に活かすための間接話法のマネジメントの工夫は、新しく「日本の経営」を創る際の重要なポイントの一つとなるだろう。象徴的な言い方をすれば、三現主義を活かすための間接話法のマネジメント、という逆説的な表現に日本流経営の一つの本質がある。

第八章

抵抗勢力との闘い

1――改革の現場では何が起きるか

横から弾を撃たれる

三枝 会社というのは、直すときは抜本的に直さないとダメで、そうでなければ必ず元に戻ってしまうというお話をしたと思います。実際には中途半端な改革で、少し利益が出たら満足してしまう人が多いですね。「小市民的利益」が出始めたら終わりというのでは、会社は直らないですね。

伊丹 三枝さんはなぜ、事業再生の仕事を一種のライフワークのようにやり始めたんですか。

三枝 いつのまにかはまっていたというのが本当のところです。私はＢＣＧにいましたから、四十一歳で自分の事務所を開いたときには、プロジェクトベースのコンサルティングに戻ることに興味はありませんでした。ベンチャーキャピタルを手がけたあとに独立しましたから、最初の仕事相手はベンチャー企業だったんです。一九九〇年代に入ってすぐの頃、たまたま私の最初の本、『戦略プロフェッショナル』を読んだ、ある一部上場企業の社長が、私に仕事を頼みに来たんです。第五章で話した、本業は電子部品なのにアルマーニの店を出していた会社です。

私は最初、顧問として入ったのですが、途中で社長から社内に入ってくださいと頼まれたんです。

伊丹　何を頼まれたんですか。

三枝　私は顧問から副社長になり、売上が全体の約七割を占めていた事業部の事業部長を兼務することになりました。その事業部が赤字の元凶で、そこを直さなければ会社はへたをすれば倒産と幹部の間で言われていました。再生の仕事を大企業に広げたのはこの仕事がきっかけですね。断ることはできましたが、上場企業の事業再生に興味があったので引き受けたわけです。東証一部といってもその企業はひどい経営状態だったので泥沼の中で仕事をした感じですが、当時の私はまだ事業再生の経験が足りなくて、改革の作業が泥沼になるという予知能力もまだ高くありませんでした。

九一年ですから、そのとき私はまだ四十六歳でした。頼まれたからやりましたけれど、当時はそんな「若輩者」が上場企業を立て直すというと、「何様だ」と言われるような時代。社内には私より年上の人がたくさんいますから、とにかく私みたいな人間が登場すること自体、面白くないわけです。陰で何を言われているかもさっぱりわからない。でも、そういう再生ケースを三つくらい経験すると、大体何が起きるかわかるようになりました（笑）。こういう顔で会議に出ている人が一番危ないとか、後ろから弾を撃ってくるとか。一番痛いのは横から撃つ人ですね。一緒にやってくれているのかと思ったら、至近距離から撃ちますからね。

伊丹　それは面白いですね（笑）。

三枝　いや、もう皆さん、飲めばいい人なんですけどね。抵抗者なんてラベルを貼っちゃ申し訳ないくらい、普通の人たちなんです。

伊丹　その人たちが撃つ理由、動機は何ですか。

三枝　そもそも大多数の社員は危機感もないので、自分たちの改革なんてことを目的とする人が外部から来ること自体、不愉快なのですが、社長の呼んだ人ですからとりあえず黙って聞くわけです。私に協力するような姿勢を見せながら、なにか私を好きになれないと感じる瞬間があるのですよ。それと、私と社長との関係。社長は自分で手を下せないことを私にやらせようとしているのですが、社長もわけがわかっていない状況だから、社員の反応に惑わされるんです。社長自身の身の安定も含めて。

こういう社内の組織的葛藤というのは、ターンアラウンドを職業にした者であれば必ず味わうことだと思います。

伊丹　この話は、企業を軌道に乗せる、あるいはきちんと経営をするという話に関わりそうですから、詳しく聞かせてください。再生を手がけ始めてから、どういう状況、タイミングで、何をやられることを「撃たれる」と言っているんですか。

三枝　例えば、私を雇った社長にあることないことを訴えて、社長がそれを信じてしまうということがあります。

伊丹　なるほど。裏切り行為ですね。

三枝　ええ、撃たれるという言葉の意味はすべて、改革者から見えないところで、改革者の悪口をそのときに社内で影響力を持っている他の権力者に言いに行って、改革者を潰すことを狙った行為の総称ですよ（笑）。改革者の見えるところで批判する人はまっとうなんです。改革者が誤解を解くために説明する機会もあるので、フェアなわけです。

しかし政治性とか陰謀というのは常に、夕方五時以降に裏玄関から入って話をするのですから（笑）、改革者には何が行われているのかとりあえずまったくわからないわけです。まあ、それを信じてしまう社長の方に問題があるわけですが。外から私が呼ばれるケースでは社長は一人でやり切れないことをやろうとしているわけですから、社長も不安なんです。

伊丹　それで、横の至近距離から撃たれるっていうのは、一緒に相談しながら改革案を作っていたはずの人が、「社外から来たあの人はこんなことをやっているけど、おかしい」とか言い出すんですか。それとも個人攻撃や追い落としを始めるんですか。

三枝　陰で言っているから、具体的に何を言っているかはよくわかりませんが、私が事業再生を手がけ始めた初期の頃の失敗談なのですが、要するに社長から指名された人たちが私とタスクフォースを組んで、シナリオを一緒に作って、実行しようとしている。その内容に合意していると思っていたら、実は腹の中に一物あって、いざとなったら「自分はこんなことはやりたくない」「こんな改革は失敗する」と陰で触れ回っているんです。

それで、その話が社長の不安にマッチしてしまうと、この改革はやめようということになって、私の方が排除されてしまうわけです。そういうとき私は、それならどうぞ、構いませんよと言ってさっさと引き揚げてしまいます。改革は途中で挫折するわけです。私は引き揚げるだけですからいいと言えばいいんですが、私がその会社の役員として入っていた場合、私はクビになった形に見えますから、外目にはかなり格好悪いですね（笑）。

そういう惨めな経験を経ることで私も賢くなっていきましたから、ターンアラウンド・スペシャリストとして事業再生の腕を上げるためには、避けられないプロセスだったと思います。

そもそも、世のコンサルタントで腕のいい人は誰だって、雇われた相手の会社から排除されたという痛い失敗は必ず経験しているはずです。格好悪いから黙っているだけで（笑）。それで腕を上げていくのが、コンサルタントだとか事業再生請負人の必須要件ですから。俺はそんな惨めなことは経験していないという人は、まともな勝負をしないで迎合したやり方でずっとすませてきたか、リスクのある難しい仕事を初めから避けてきた人だと思います。

再生と本書きの積み重ね

三枝　再生の仕事は、一度始めると三年くらいは続きます。何らかの理由で早く終わってしまえばともかく、きちんと手がける限り、そんなにたくさんの会社を引き受けることはできません。だから十六年間で、大きなケースだけで五つ手がけました。そういう仕事の受け方は、実はコンサルタントの商売としてはあまり上手なやり方ではなくて、一つの仕事が終わると、次の仕事が来るまでかなりヒマになってしまうので、並行して何本かの仕事を走らせるやり方の方が本当は賢いんです。

しかし私は昔のBCG時代のように複数の会社の仕事を同時並行で進める浅い入り方のスタイルでは、事業再生の仕事は無理だと思って、一社に集中するやり方を選びました。ですから、三年か四年に一回、一つの大仕事が終わると完全にヒマになるんです（笑）。

次の仕事がいつ来るか当てがないし、とりあえず疲れちゃって、仕事を探すための営業活動みたいなことはやりたくないから、自分の事務所でじっとしています。秘書が一人いるだけの小さい事務所でしたが、内装がきれいで、ステレオの入っている居心地のいい場所で、闘い済んで日が暮れて、ここに戻って一人ぼーっとしていると、本当に気が休まりました。仕事がいつヒマになるかはプロジェクトの終わる何カ月か前に予想がつきますから、そのときは本を書くことにしていました。私の書いた本は三冊ともそういう時期に書いたものです。そうやっていると、どういうわけかちゃんと、次の仕事が来るんですよね（笑）。

伊丹　そういう空白の時間に本を書いたんですか。

三枝　最初に『戦略プロフェッショナル』を書いたのが九一年、次に『経営パワーの危機』を九四年に書きました。そこから二〇〇一年の『V字回復の経営』までは七年空いてるんですよ、忙しかったので。

伊丹　再生と本書きが交互に積み重なっているんでしたね。それはそれで、意味がありそうだ。第三章で二人で議論した、現実の世界と抽象の世界の行ったり来たりが、数年サイクルで動いている感じですね。

三枝　なるほど、そう言えるかもしれない。しかし、再生の仕事を繰り返しているうちに、人間のいろんな姿を見たし、自分も経営の腕を上げましたね。リスクの予知能力が高まるというか、これは放っておくとこうなるんだろうな、とか予想して注意を促すことが、事柄によりますけど、いろいろできるようになりましたね。

でも、いろいろ経験して、かなり難しい状況の会社でも再生できるだろうなと腕に自信を持ったのは、もう五十代に入ってからです。およそ十年経ってからです。そうしたらある日突然、残りの人生があまり長くないんだと気づいたんです。

ですから、若い人たちに言いたいのは、やはり経営経験は早いうちに積まなければいけないということです。私みたいに激しい人生をやってきても、自分の経営力に自信が持てるまでには、結構年数がかかる。私がミスミの経営を引き受けたのは、五十八歳の誕生日の直前なんですが、ちょっと遅かったかもしれません。残りの人生で一社の経営を極めるというのなら、ターンアラウンド・スペシャリストとして最後に手がけた再生の一社は引き受けずに、早くミスミに来た方が良かったかもしれません。でも当時はミスミとの出会いはなかったし、最後の事業再生の一社は『V字回復の経営』で取り上げたケースで、あれはあれで、とてもうまくいった成功ケースでしたから、まあ、人生そういう巡り合わせだったと思います。

伊丹　過去の経験の蓄積が生きたわけですね。

入り口は戦略八割、終わってみれば人間関係八割

三枝　生きましたね。初めの頃は、会社を直すってどういうことか、自分でもいろいろわかっていませんでしたが、最後の方はいろんなことがわかってきました。わかったのは、事業再生は入り口では戦略八割、終わってみれば人間関係八割（笑）、そういう感じ。

でも、終わってみれば八割を占める人間関係も大切ですが、始めるときに戦略の入り方を間違えると、良いも悪いもなくなってしまうので、何と言っても戦略が肝心。それを実行していい結果を出せば人間関係もついてくる。危ない橋を渡っている途中で辞めて出ていく人がいたら、ミスミでもそうですが、しょうがない、どうぞ、どうぞ、でも私は頑張りますと。そうは

言っても厳しい状況のときですから私も胸の内は辛さでいっぱいで、こんなときに部下を置いて出て行ける立場の人はいいな、俺はとてもじゃないがそんなことはできないと、腹立たしさだけでなく羨ましさが混じったような感じになることが多かったですね。

人の気持ちをつかんで、緊張感を持たせて、組織を燃えさせることが重要ですが、みんな大体一年でくたびれてきます。これについては第五章で触れましたが、改革が二年で成功しないとダメだっていうのも、疲れることに関係があるんです。最初の一年は戦略を押し出して、非常にわかりやすいストーリーでみんなの気持ちを高めて、スモール・イズ・ビューティフルの組織を作って、本当に自分たちで決めて動けるという組織を作る。そうすると成功ケースでは、実は戦略として語ったことは何も実現していなくても、一年間はうまくいくんです。その一年の間に戦略で意図していた仕掛けが動くようにしておかなければならない。そうすると二年目は、みんながくたびれてきたところで、今度はその仕掛けがきちんと動き出すわけです。この橋渡しがうまくいかないと、改革は谷底に落っこちてしまいます。

伊丹　なるほど。その話は再生だけではなくて、新規事業を立ち上げる場合も同じですね。

三枝　まったくそうです。ただ、新規事業の場合は大体初めからみんなの意気が高いわけです。再生の場合は、初めから意気消沈した人が多いです（笑）。

伊丹　確かに。それはまた大変だ。

三枝　マイナス状態の人間に希望を持たせてゼロに戻して、それからプラスサイドに振って、これは面白いからやろうと持って行かなければならないわけです。みんな腹の中では疑心暗鬼で、「本当にこんな改革、信用できるのかな」と思っているんです。そういう会社は、これまで何度か改革をやっているんですよね。それでうまくいかず、改革慣れというか改革不信に陥っているわけです。その気持ちを凌駕するビジョンを示さなければいけないわけですよ。この事業はこうやって立て直そう、そうすればまだ道があるぞと言って。

それは、熱さとか気迫じゃなくて、完璧に論理的な戦略論の詰めの作業です。しかしただの戦略コンサルタントみたいに理屈ばっかり振り回しても全然ダメで、現場感と、ある程度の腕力と明るさで、これはもしかすると本当に面白いことになるかもしれないと思ってもらわなければダメなんです。ハッタリはダメですね。過去に改革で失敗を繰り返してきた会社の社員は猜疑心というかネガティブ心理が強くて、ホンモノとウソモノを本能的というか嗅覚で見破りますよ。

最初のロジックを間違えるとダメ

伊丹　始まるときは戦略八割、終わってみれば人間関係八割っていうのは、結局こういうことなんでしょうか。論理的に間違ったことというのは、いくらうまくやっても間違った結果になってしまう。一方、論理的に正しいことをやる場合でも、結局、いろいろなしがらみを超えないと最後の結果までたどり着かない。

三枝　そのとおりです。最初のロジックを間違っていると、先行きまったく無理ですね。オーソドックスに、極めて基礎的な戦略の詰めをやらなければダメなんです。そして、複雑なものもダメです。組み合わせの妙のような、微妙な論理でつなげたみたいな戦略はダメです。小さなことをいろいろ組み合わせてあれもやるこれもやるではなく、むしろその中から一つか二つ、徹底的に突っ込んでいくというやり方の方が当たりますね。

小さいことをたくさんやるとリスクが分散され、逆に戦略ストーリーをあまり絞ってしまうと失敗したときのリスクが高まるように見えるのですが、実は逆で、薄く広く保険をかけるような戦略は大きな打開力が出ません。むしろシンプルなストーリーで一気呵成の勝負をした方がいい。

伊丹　第六章で私の友達の中小企業の社長が経営の相談で電話をかけてくる話をしました。五分くらい向こうの話を聞いて、まだ全体像が見えないときには「はい、終わり。失敗する」と言うんです。つまり、シンプルに理解できないわけですから。そんなの、現場で動くわけがないんです。

三枝　本当にそうですね。家に帰って食卓で子供に話したときに、お父さんすごいねって、簡単に言わせることに尽きるんですよ。その話が通じないと、子供は「もういいよ」って席立ってテレビ見ちゃいますからね。

伊丹　でも、大きな会社にいる頭のいい人たちは、細かい理屈を延々と語るんですよね。私はそういうのはダメだと思います。

三枝　互いに関係するいろんな問題があるときに、こちらの問題を二割か三割ほど直して、またあちらを二割か三割ほど直して、また次を二割か三割ほど直すことを繰り返す。それぞれに問題があるから、二割か三割ずつ直していけば、全体のコンビネーションとして相当良くなる、というストーリーは理論的にはあり得るのですが、実際にはそういう改革の仕方はダメなんです。

改善をいくら重ねても改革には至らないと第七章で言いました。たくさんある問題の中で、むしろ最も根っこに近いと思われる二つくらいの問題点に絞って、あとは無視していいから、その二つだけは完璧に一〇〇％直すようにガーッと集中することに尽きるんですよ。もちろんその二つのポイントの選択が問題の本質に迫ったものでないと、つまり改革の入り口を間違えると、改革の効果がいつまで経っても出てきません。はずれ、になっちゃいます（笑）。だから最初のプランニングが決定的に重要になります。『V字回復の経営』はその事前のシナリオ作りが本の主題ですから。

伊丹　経営の論理というのは、不思議なものです。学者風にあえて言うと、相手がある。競争相手もあるしお客さんの気持ちもあるし、いろんな相手の要素があるわけです。でも、外部の人たちは、結局合理的に動くんです。だから、こちらの論理が結構冷徹に通っていないと通用しない。

ところが、内部の人たちに対しては、「まあそうは言っても」とか「あいつが言ったから嫌だ」とか、いろんな感情的な問題が入る。それは排除しなければいけないわけです。お客さんであれば、「あの会社が売っているから嫌だ」となると、最初から買ってくれないわけですから。でも社内の事情を考えてしまうとどうしても、三枝さんの言うように二、三割の改善の組み合わせで何とかならないかと考えたくなってしまうんですね。

三枝　本当に追い詰められている事業の場合は、社内で人のせいにして自分が動かない人には考え方を変えてもらうか、どうしてもダメなら排除しないと再生の勝負はできません。でも、そこが難しいんですよ。彼が納得しないとみんなも動きにくい「ドン」みたいな人や、皮肉っぽくすぐに冷水を浴びせてしまうような人までをも、「これは、行けるかもしれない」「自分もまずかったな」と思わせるためには、極めて論理的な説明と戦略を作らないといけません。感情ではなく、正しいことをきちんとやる。その作業が大変なんです。

2——抵抗勢力の行動パターン

改革の推進者と抵抗者のパターン

以下は、『V字回復の経営』に収録されている「改革の推進者と抵抗者のパターン」から抜粋した、改革における反応類型である。改革が成功するかどうかは、組織構成員がこれら類型のどこに分布し、改革の進行とともにどう変化していくかによって決まってくる（図5）。

改革者は一人ひとりの社員がどの類型に属しているかを見分け、それぞれの類型に適合したコミュニケーション姿勢をとっていかなければならない。

A改革先導者（イノベーター）

A1過激改革型　旧体制を過激に否定し、改革論理で先行する人。社員数千人の会社に数人しかいない（必ず数人は生き残っている）という変種。思想的先駆者だが、しばしば突出しすぎて組織の支持を受けない。この類型の人は具体的実行に落とし込む実務能力に欠けていることが多い。強い指導者の下なら生かされる人材だが、放し飼いは危険。このタイプが改革のリーダーの立場に立つと活動が途中でバラバラになりやすい。

A2実力推進型（改革リーダー）　強いリスク志向を持っているが、バランス感覚があり、論理的、実務的に詰めながら改革を推進できる人。プレッシャーに強く、いざとなれば既存体質を切り捨てる気骨を持つ。古い体質の会社では、このタイプが過激改革型と見なされて封じ込められたり、放逐されていることが多い。

A3積極行動型　改革リーダーを行動的に支える人。まだ経験や力量が不足している

図5 改革の推進・抵抗パターン
（正規分布の場合）

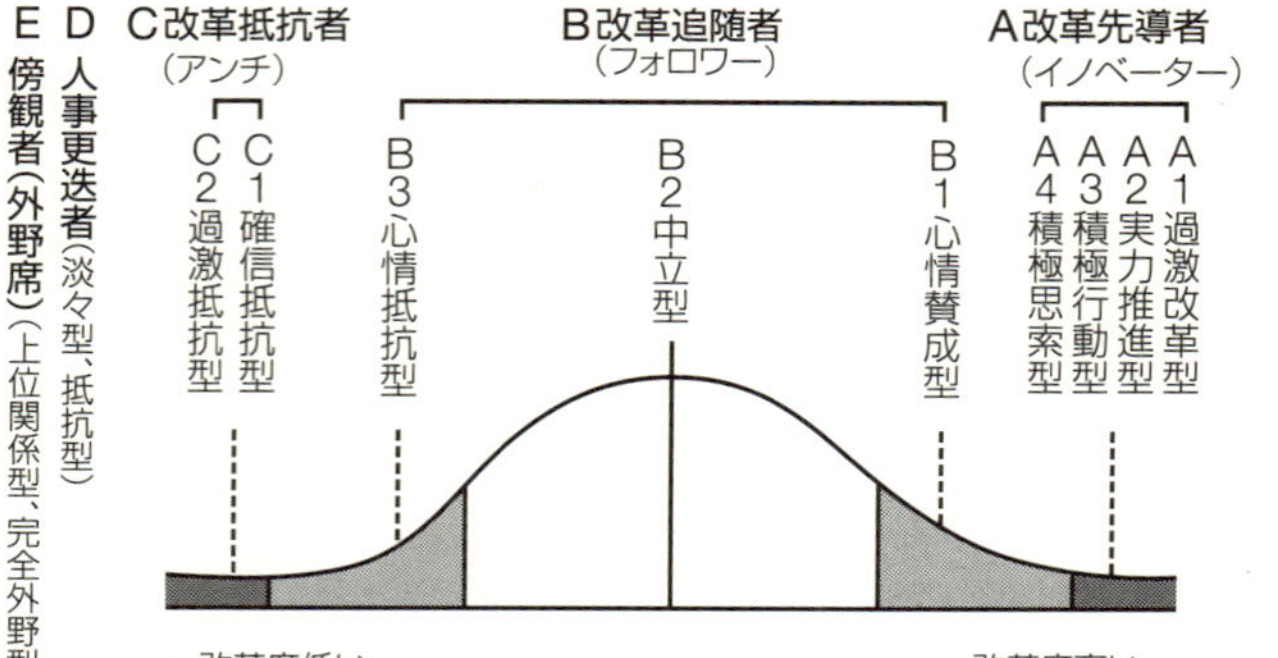

が、将来の改革リーダー予備軍。この類型の人が早過ぎる時期に経験不足のままリーダーになると、しばしば自分だけが突出して「ひとりよがり」「やりすぎ」になったり、小さな成功で「傲慢」になるなどの症状を見せ、ときに自滅、放逐の目に遭う。

この類型の人にとってそれは麻疹のようなもので、その失敗を一度超えることによって、打たれ強い「A2実力推進型」になっていく。経営的人材の育成では、できるだけ若いうちにその麻疹を経験させることがカギである。日本企業の経営パワーが枯渇した最大の理由は、麻疹の経験を遅らせる人事体制をとり、また貴重な麻疹経験者に失敗者や外れ者の烙印を押すことが多かったからである。この類型からは、途中で指導者と考えが合わなくなったり自分の利害に反したりすることが起きると反発し、その行動的な激しさから一気に「C改革抵抗者」の類型に飛んでいってしまう者もたまに出てくる。

A4積極思索型　改革リーダーと思想・行動を共にするが、自身がリーダーになるには不向きな性格の人。聡明で人当たりがよく改革の当たりをソフトにしたり、逆に少し変わった人だが思想思索が深く、改革の知的発想を豊富にする人などが含まれる。一般に分析能力や文章能力に優れている。強気の発言をしていたかと思えば意外にプレッシャーに弱い者が多く、修羅場の中で重い責任を負わせると先に参るのはこの類型。ときどきやたらと明るく熱心に改革に同調するが、いざ具体的仕事になるとサッパリ無能という憎めないタイプがこの類型に紛れ込み、見間違えることがある。

B改革追随者（フォロワー）

B1心情賛成型（改革早期フォロワー）　心情的に改革の考え方は「正しい」と思いつつも、リスクを避けて様子見の姿勢をとる。ときどき、否定的言葉を口にすることによって自分の立場に保険をかけている。改革がうまく進み始めればA3、A4に加わってくる改革先導者予備軍。社内の重要な人材は、改革の準備段階で少なくともこの類型にまで巻き込んでおくことが重要。口先では積極的なことを言っていたくせに、いざとなると改革の責任やリスクを部下や社外から来た人に負わせて、自分はこの範疇に潜り込むずるいトップや役員もときどきいる。

B2中立型（改革中期フォロワー）　危機感が低く、変化願望も弱い「大衆層」の社員が多く含まれる。まずは「お手並み拝見」の態度をとり、改革の進み具合、自分の利害得失、周囲の反応などを見て、肯定否定いずれかの方向に動いていく。肯定と否定の言葉を同時に口にすることで保険をかけている。改革が成功すれば「自分も初めから良いと思っていた」と言い、うまくいかなければ「ダメだと思っていた」と言う。どちらに転んでも自分には関係がないと思っている罪のない人々だが、改革を成功させるためには、この大衆層を巻き込まなければならない。

B3心情抵抗型（改革後期フォロワー）　攻撃的態度まではとらないが、改革に明確な距離を置く。軽度の面従腹背。改革リーダーから見えないところで、A3やA4の人たちを冷やかしたりする。性格的にはごく普通の人が多い。改革の成り行きに納得する気持ちが強くなればB2方向に移動し、やがて新組織に同化していく。改革が失敗方向に動き始めたときには、この類型が急激に増殖し、C1方向に移動する人も増える。

C 改革抵抗者

C1 確信抵抗型（反改革リーダー）　改革を「正しくない」と断じる論理ばかりか、改革者を個人的に「好きになれない」という強い感情を併せ持っている。実は感情の方が先で、論理はあとからつけた人の方が圧倒的に多い。思い込みが強いとC2に移るか、退職する。強度の面従腹背。言いっ放しで構わない野党の強みを利用し、陰でかなり行動的に批判をばらまくので、それが改革者にも聞こえて関係がおかしくなる。米国なら早々に退職ないしクビだが、日本ではそこまでいかずに居残るのが一般的。そのため改革が成功しても新組織には同化せず（あるいは同化を許されず）、会社の隅でおとなしくしているしかない存在になる。日本企業には、幼児性が強く甘えている社員が多いため、自分がどんな悪作用をばらまいているか自覚していない人もいる。改革の成果を見てシマッタと思う（感情を先行させたために論理判断を間違えたとあとになって気づく）人もいるが、感情的しこりが残っているので修復は難しく、後悔しても遅い。そうなれば、もともと行動的なタイプのはずだからさっさと転職して楽しい人生を探せばいいと思うのだが、それほどのガッツもなく日陰で恵まれない人生を過ごす人も多い。改革者の事前のコミュニケーション不足、稚拙なシナリオ、詰めの甘さ、急ぎ過ぎなどが確信抵抗型の出現リスクを高める。お互いの不幸だから双方ともきちんと正面から話し合う努力をして、違いを理解し、早い段階でせめて中立型への移行を図ることができればいいが、現実にはそう簡単にいかないことが多い。しかし改革者が遠慮すれば改革者が殺される。この類型の人が否定的言動を続け、前向きな人々をくじけさせ、改革の積み木を崩そうとするなら、断固として「切るべきガンは切る」の蛮勇が必要になる。

C2過激抵抗型　改革者と表だって対立し、場合によっては組合や法的問題にまで持ち込むなど突出行動をとる。最後は退職ないし係争のケース。社内の支持者は少ないが、この類型が出現すると社内の改革の熱は冷めてしまう。それがこの類型の人の思うつぼである。改革者への個人的恨みつらみ、思想的背景などがからんでいない限り、この類型の人は少ない。もし出現すれば改革者は一歩も引かず、食うか食われるかの闘いにならざるを得なくなる。

D人事更迭者

D1更迭淡々型　過去の自分の責任を認識し、潔く淡々と後任への橋渡しを行って退陣していく。

D2更迭抵抗型　自分が辞めることを納得せず、改革者への抵抗を周囲に煽りつつ退陣していく。

E傍観者（外野席）

E1上位関係型　例えば本社人事部、経理部など、改革部門に対して牽制機能を有している上位組織や、社内取引の相手部署の人々。インフォーマル情報の媒体役を果たし、ときに本社の「世論形成」に無視できない存在。とりわけ改革が苦しい局面に入ると重要性を増す。本社内で改革抵抗者に同調する意見が勝てば、本社役員を動かして改革リーダーを切り捨てる事態も起きうる。

E2完全外野型　組織上の関係はないが、過去にその部署にいたことのある社員、社内の同期生や友人、取引先の社員など。最大の存在は家庭の配偶者。通常は関係ないが、噂の媒介役になったり、たまに重要関係者として出現する。

伊丹　以上が、三枝さんが『V字回復の経営』で書いた、社内の抵抗勢力の解説とグラフです。次は、これをベースに議論しましょう。

三枝　改革のときに社内のほとんどの人がフォロワーだということには、おそらく誰もが同意すると思います。イノベーターのタイプ、これについては私、とても思い入れがあるんです。過激改革型は、もうこの会社はダメだと批判ばかりを大声で言っている人です。それで、骨のあるヤツだからということで改革をやらせてみたら、言葉だけで、具体的な改革プログラムを推進していく実務能力がないわけです。アジテーターではあるんだけど、実行能力なし。

A2の実力推進型は、きちんと実行する能力があって、まとめる力もある。怒り、駆け引き、説得、涙のいずれかはわかりませんが熱い心を持っていて、言葉が必要なときにはきちんと論理で語れる。こういう人間が立たないと、改革はできません。

A3の積極行動型はその予備軍で、経験を積むことでA2になり得る人です。A4は思索型で、改革的で、いろんなことを分析するのは得意で言うことは正しく先進的なのですが、ちょっとひ弱い感じの人です。スマートでクールな一方、リーダーになるとストレスで参ってしまうような人が、この分類なんですよね。

これは私の経験から来ているのですが、社外から来てA2を選ぼうとしても、初めはよくわからないことが多いんですね。

伊丹　なるほど。

三枝　これをとり間違えると、あとで大変になります。例えばA1というのは、社内ですでに胡散臭いと思われていればはっきりしているのですが、そこまでいっていなくて、その人の明快で激しい現状批判に何となくついて行っている者が周りにいたりすると、見分けがつかないわけです。特に外部から来ると、何か有能な人に見えるんですね。ここらあたりを見分けるのは、時間がないときは、結構大変です。

松下の中村さんは、当然ながらこの分類でいけばA2なんでしょう?

伊丹　当然、そうですね。

三枝　A1みたいな人は、いたんですか。

伊丹　トップマネジメントチームにまでは、残るわけがないですね。

三枝　ちゃんとした会社であれば、上がってこないですね。でも一部上場クラスでも超一流でない普通の会社では、人を見る目のない社長に引っ張り上げられて、こういうタイプが役員に紛れ込んでいることはありますよ。

伊丹さんはそういうダメ会社には初めから近づかないでしょうけど（笑）、私は悪夢をいろいろ見ています。役員が社長の方針が気にくわなくて、それを自分で言わずに、陰で組合の幹部に社長に反対しろと焚きつけるとか。信じられないでしょう？　それが一部上場企業で起きるんだから。そういう企業だって端から見れば「日本の経営」ですよ。

伊丹　でも、こういうタイプの人をイノベーター、改革先導者の分類に入れていいんですか。私には、何か、エセ改革者のように見えるのですが。

三枝　鋭いですね（笑）。合意です。図の上での位置については私も迷いました。エセ改革者だから改革先導者に入れない方がいいのですが、とにかく伊丹さんが思っているほどバカに見えないんですよ（笑）。初めは隣と見分けがつかない保護色をしているんですから、まあこういうヤツもいるぞという意味で、並べて書いておいた方が参考になっていいと（笑）。改革の瀬戸際まで追い込まれて、いざとなったときに、経営者がまだわかっていなくてこんな人を引っ張り上げたりしたら、会社全体はどっ白けで、その経営者も一緒にアウトになってしまいます。その予防策として。いわんや外から来た人には初めはわからないぞ、だから気をつけろと。私のチャートはほとんどが現場発で、結構、実践的配慮を組み込んでいるつもりなんですが（笑）。

伊丹　このグラフで言うと、言っていることの新規度が一番高いということでA1を過激改革型にしているのかもしれませんが、私の心情からすると、実力推進型をA1にしてほしいですね。それで過激改革型をAの中の四番目とか。過激改革型というのは、むしろ抵抗勢力になりかねませんよね。

三枝　そうですね、改革の新政権が誕生すると、ばーんと批判側に飛んでいくことがある。

伊丹　そうでしょう。だから、改革抵抗者の一分類に入れる方が、私には実感がありますすね。この過激改革型は、どこの会社にもいそうな気がするんですよ。この人たちがいることがいいことかどうかというのは、少し議論の余地があるような気がします。

変な言葉を使うようですが「御用改革屋」という感じがします。御用というのは、実はそのときの体制の中心人物、社長とか、悪くなっていった経営の中心人物にとっては、ありがたい存在だからです。つまり、反対意見を述べる人もちゃんと社内にいるぞ、というアリバイ証明に使われる人ではないかという気がするんです。だから、こういう人がいるということ自体が、何か私には気持ちが悪く感じられます。そこまで過激なことを言う人が、なぜずっと残っていたんだと。

三枝　ただ、彼らのその過激さというのはトップの前ではほとんど出ないんです。下で煽っているだけ。だから多分、トップにはあまり見えてないと思いますね。何かのきっかけで、トップがこいつは危険分子だと気づいた一瞬というのがどこかであって、その過激派もトップの前で同じことを繰り返したら自分の身がヤバイということは知っているんです。ですから、会社の中に潜っているんだけど、大きな会社の場合はその周りに結構シンパがいたりする。人数は少ないですけど。

私の感覚では、彼らさえもいなくなってしまった会社は、本当に沈んでいる感じがします。

伊丹　でも、実力推進型がいればいいのでしょう。

三枝　それほど簡単じゃなくて、実力推進型だって表舞台に出ているとは限りませんから。いきなりそういうヤツを「大統領」に引っ張り出したら、周り近所の人たちが全員ずっこけて、あいつそんなすごいヤツだったのかって、そんな感じなんですから。

批判的に物を言っている人たちの最後の一人まで辞めてしまった会社というのは、要するに今の体制に反対する人がいなくなった会社です。骨のない人が静かに粛々と毎日の仕事をこなして、夕方さっさと帰る感じです。実力推進型に選ばれるような人たちは、四割ぐらい批判的に思っているけれど、社内にとどまっているわけですから、まだここにいようという心理が、六割ぐらいは働いているんですよね。その人たちは過激改革型みたいにばんばん言いませんから。だから過激改革型すらいなくなってしまった会社というのは、本当に沈んでいるんです。

実力推進型を引っ張り出せ！

三枝　潜っているA2を私がこいつはいけると探し出したときの喜び（笑）。『V字回復の経営』のケースでも、改革の成否を分けるようなそういう出会いがあったんです。本の中では川端という人で、新会社の社長になる人です。

旧体制の中でも芯になるところまで上がってきていて、骨があって、部下からはある程度尊敬され信頼されている。だけど、決して目立たない。それで、事業をダメにした張本人であるトップからは重用されていないが、下に置いておくほど軽くもないから、あるところまでは上がってきている、そんな感じの人ですね。

ですから、ヒラの取締役や常務がたくさんいるような会社であれば、序列の下の方にいることもある。そこにA2タイプがいなければ、もう少し下まで降りて、何とか探し出さなければなりません。会社が大きくなればなるほど、この抜擢というのがとても大変です。

伊丹　さて、こういう改革の先導者がいて、心情的な賛成派がいて、中立型がいて、いずれにしても問題は抵抗の方ですね。それに一体どう対応すればいいのかということを、経営改革に取り組んでいる多くの人が苦労すると思うんですね。

三枝　本当に抵抗し続ける人がいたら、追い詰められた短期決戦の再生なんかの場合は「切るべきガンは切れ」しかないですね。かなりの話し合いや、飲み屋に行くことも含めて、考え方を変えてもらう努力は絶対にしなければなりませんが。

再生に取り組まざるを得ないところまで追い詰められた会社でも、まだリーダーは遠慮していて、切るべきガンは切るなんてことはやりたくないからそれで時間を損してしまうことが多いですね。

伊丹　それは、確信抵抗型と過激抵抗型ですね。ただ、そこまではいかない心情抵抗型はたくさんいそうですね。

三枝　解説の部分に、心情抵抗型とは「攻撃的態度まではとらないが、改革に明確な距離を置く。軽度の面従腹背。改革リーダーから見えないところで、A3やA4の人たちを冷やかしたりする。性格的には、ごく普通の人が多い」と書きました。

伊丹　多そうですね、こういう人は。

感情が先、論理があとの人たち

三枝　その次の確信抵抗型ですが、私は以前、そういう人から刺されて、こちらが切られそうになったことがあります。この文章は本当に私の身から滲み出た言葉なんです。このタイプの人は「改革を『正しくない』と断じる論理ばかりか、改革者を個人的に『好きになれない』という強い感情を併せ持っている。実は感情の方が先で、論理はあとからつけた人の方が圧倒的に多い」と。

伊丹　そのとおりだと思います。

三枝　こういう人たちは、とにかく何か会った瞬間から改革者を好きじゃないんですよ。静かにしていれば心情抵抗型なんですが、アクティブに批判的なことを言うので周りを染めて冷えさせてしまう。きちんとその人と何度も話し合った上で、様子を見てそれでも変わらないのなら、本当に切った方がいいと思います。社内で積極的に毒をまき散らす人ですから。

伊丹　なるほどね。こういうタイプの人は、実は論理ではなくて感情で反対してるんだというのは、そのとおりだと思います。それが多分、一番大切な指摘ではないでしょうか。

三枝　とにかく、その人は面白くないんですよ。一見、骨がある人が多いですから、何かの拍子で改革者の立場に指名されたりして、上の立場としての苦しみを知った瞬間、コロリといいリーダーに変わったりするチャンスのあった人だと思います。しかし長年の勤務の中で、ずっと野党側から抜け出せず、外れたままになったんですね。

伊丹　実は私、こういうのを全部、大学の中での個人名を当てて考えてるわけです。するとよくわかるんです（笑）。こういうのはどうでしょうか、さっきのA1過激改革型とこのC1確信抵抗型は、実は同じ人間の別な顔だという説。そのときの改革全体のリーダー役の人との感情面での噛み合わせによって、過激改革型になるか、確信抵抗型になるかが分かれるだけ。

三枝　あり得ると思います。解説を読むと「日本企業には、幼児性が強く甘えている社員が多いため、自分がどんな悪作用をばらまいているか自覚していない人もいる。改革の成果を見てシマッタと思う（感情を先行させたために論理判断を間違えたとあとになって気づく）人もいるが、感情的しこりが残っているので修復は難しく、後悔しても遅い」と（笑）。

伊丹　こういう人が、実は一番困るんですよね。

三枝　そういう人が何かの拍子にポジションを与えられて野党側から与党側に移ると、改革のリーダークラスにうまくはまってくる人もいると思うんです。過激改革型でアジテーターを演じてしまう人もいれば、本当に実力があればA2の実力推進型になり得る人材でもありますよね。ただ、それまでのプロセスが長いときには、もうすっかり野党に染まっている人が多いんです。やはり、実力推進型というのは、何か火をつけたら、きちんと与党的に、リーダーとして自分の責任で語れる人たちなんですよね。

3——ドミノの力学

「ドミノの力学」が生まれるプロセス

伊丹　こういう分布があることを考えると、結局、事業改革、経営改革いずれの場合でも、改革のプロセス全体をリードし、マネージしようとする人は、ドミノの力学をどうやって作り出すかということを考えなければいけないのではないでしょうか。ドミノ倒しのようにばたばたっと行くときが多分あるんですよ。

三枝　そうですね。ああ、わかってくれたなあって、そう思う瞬間はありますよ。

伊丹　それで、いろいろな人が、彼らの間で勝手に、言ってみればリアクションし合って、ばたばたたって行くんでしょう?

三枝　そうです。

伊丹　そのドミノの力学を起こすために、三枝さんがキーポイントとして考えていた、あるいはこれまで気をつけていたのは、どんなことですか。

三枝　私はやはり、「絵」だと思います。私は一貫して、心理を左右するのは、始める前の「問題の絵」だと考えています。それは、みんなで悪さを生んでいたという強烈な反省論です。誰かをあげつらうのではなく、実は自分もまずかったと言わせる絵を描く。そういう絵を提示するのは、結構大変で、作り上げるのに非常に苦労するのですが、それを提示する。そうすると、これまで他人のことばかり言っていたけれど、自分もこのまずさに作用していたんだということを、本当にみんなが——さっきの確信抵抗型はそれを最後まで認めない人たちなんですが——思った途端に、組織の改革のエネルギーのベクトルがようやく合うわけですね。

うまくいかない改革というのは、この自分への反省論が始まらないんですよ。そうは言ってもあいつが悪いとか、自分には関係ないとか言い続ける。第六章で言いましたが、乱暴に言えば、戦略二流でも方向性二流でもいいんです。本当に自分たちがまずかったから、行動を変えなければいけない、という心理になることがとにかく大事なんですよ。それには、ストーリーがシンプルでなければダメなんですよね。それでいて、それぞれの痛みのところに、部署ごとに、人ごとに迫っていくようなストーリーというものが、一ページずつでもいいから入ってくることが重要です。第六章の人の心を動かす戦略と同じで、シンプルかつ個に迫るものでなければいけないんです。

「あちらが何か言われてる、いい気味だ」と思っていたら、その話は結局自分のところにも迫ってくる、というプレゼンテーションは、私にとっては改革の最初の山場ですね。で、実際に改革を始めたあとは、とにかく、なぜこういうことをやらなければいけないかということを、きちんとコミュニケーションしていくことに尽きると思います。

伊丹　その説明だと、ちょっと直接話法の話が中心になっていませんか。私は、多くの組織の現象は間接話法の世界で起きているものだと思っているものですから、先ほど「ドミノの力

図6　タテの連鎖とヨコの連鎖

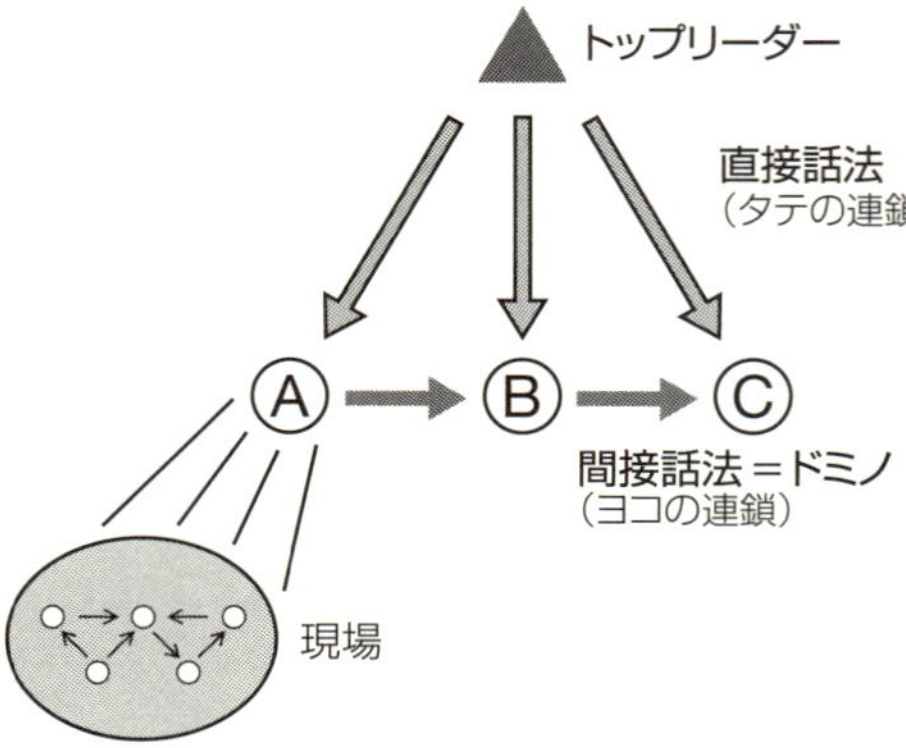

学」という言葉を使いました。いわば、三枝さんの下の幹部の人たちの中で、あるいは現場の人たちの中で彼らがドミノ現象を起こす、という話です。三枝さんも、彼らの間でドミノ現象が起きるように、間接話法のマネジメントもやっておられるんじゃないですか。

例えば図６で言うと、上にトップがいて、その下にA、B、Cの三人がいるとします。ドミノ現象というのは順番に影響が行く現象なんですよ。ところが、三枝さんの話では、ABCが一度に変わる、それをリーダーが直接話法で仕掛ける、という話に聞こえてしまう。

三枝　ABCの人たちは、社内では仲間なんですよ。役員なら役員レベル、課長なら課長レベルで。ミスミでも役員はお互いにかなり情報交換を行って助け合ったりしています。ですから、うまくいっているケースでは、私はこの横の矢印は必ず起こっていると思います。

もちろん、直接話法は、直接的に語りかけられる対象には必要です。しかし、直接話法ばかりに頼って再生や改革ができるという手法を私が編み出したつもりはないですね。改革は直接話法とかいうものですむほど単純ではないし、私自身の経営手法もそれほど素朴なものではなくて、いろんな仕掛けの組み合わせです。

伊丹さんの言うヨコの連鎖は、役員同士、事業部長同士、その下のミドル同士を共振させるために非常に重要です。上に立つ社長にとっては、ドミノ効果を狙った間接話法が重要になります。私はそれを組織内の「共振」と呼んでいます。小さな組織ユニットの中のミドルたちが、リーダーの考えに対してインフォーマルなコミュニケーションを通じて染まっていって、組織のエネルギーが束になっていくプロセスは非常に重要です。

でも、そうして束になっていくプロセスがものすごいスピードで起きることが重要だと思う。確かにぱっと一気に変わるというのではなく、彼らの間にドミノ現象がヨコの連鎖として起きるんだろうけど、そのドミノがものすごく時間短縮されて起きるようにするんです。時間が短縮されているから、あたかも一気に変わるように表現しているだけだと思ってもらった方がいいです。

ドミノの時間短縮

伊丹　なるほど、ドミノの時間短縮ですか。そりゃ、いいね。組織の面白さの一つは、ヨコで勝手に起きる力学みたいなものを上の人間がどうやって引き起こせるかという話だと思います。それを私はドミノの力学と呼んだわけですが、その時間短縮を三枝流で狙う、ということですね。

三枝　それは、何となくふわっと変わっていくプロセスではないと、私は思ってるわけです。私は比較的短期間の改革的なアプローチでは、ばさっと組織を変えてしまって、そこから先は粛々とやるといった手法をとってきました。初めからじわじわ変えるやり方をすると、結局は変わらないことが非常に多いものですから、こういう手法をとっているんです。

何十万人もの社員を抱える企業のトップは組織末端に対しては間接話法しかできないに決まっていますが、自分が直轄する二十～三十人の役員幹部に対しては徹底的な直接話法のはずです。そこで間接話法をしようとするトップなら、改革など成功するはずがないと私は思います。そのトップが直接話法で二十～三十人に話す経営のフレームワークの切れ味が、その下のレベルにおけるドミノのスピードを決めるはずです。トップのその話の切れ味が悪いのに、その下でドミノがどっと起こるなんてあり得ないですよね。

伊丹　例えば、具体的な例で言うと？

三枝　『Ｖ字回復の経営』に出てくる実際事例で、管理職全員を一回三十人くらいの小グループに分け、出席者の「目を見ながら」私やその会社の社長が「強烈な反省論」を迫りました。工場を含む七回のプレゼンを二ラウンド繰り返したんです。一回目は「一枚目」の「強烈な反省論」で、三週間の間隔を意識的にとって二回目は「二枚目」の「事業破綻から脱却するための戦略ストーリー化」を提示しました。そのプレゼン会場でおかしな態度をとった管理職一人に対するトップのその場での対応が、組織全体に非常に大きな心理的インパクトを与えたことも事実のままです。あの怒鳴り声を上げたのは私です。

このプレゼン二回によって、そこには、集団の「揺らぎ」だとか伊丹さんの言うドミノの現象が強烈に作用しており、葛藤が渦巻いた中から、全組織は一カ月も経たないうちに新しい戦略の下に収束していきました。最後には、しょうがないという感情も含めて、納得へと収束したわけです。

歴代の事業部長がよってたかって十年間も直せなかったのに、新しい改革案を、わずか一カ月で社内に定着させたこの手法の中には、横の連鎖やドミノがたくさん含まれています。

ミドルたちが酒を飲みながら営業所長をつるし上げる場面は仙台で起きた実話です。そういうことも含めて、強烈な作用、反作用が渦巻きました。この時間短縮法は組織が壊れるリスクを高めるのですが、それが克服されたのは「黒岩莞太」や「川端社長」らの用いたコミュニケーションツールが強力だったからです。それによってそのドミノや連鎖が一気に促進され、一気に収束したのです。通常の会社であれば一年経ってもぐちゃぐちゃやっているところを、あのケースでは一カ月で終わらせています。

その一カ月の中で、伊丹さんの言うドミノは起きていたと思います。問題はそんなドミノを起こせるような鋭いストーリーの中身とは何かということです。それだけのインパクトを出すには「戦略」の組み立てが決定的に大切で、それが私の目指す経営手法の切れ味を決めます。もちろん私が改革に失敗したケースでは、この切れ味を出せていないわけです。それらの失敗ケースから、切れ味が甘くなってしまった要素がいろいろ出てきます。それが私にとっての反省論になりました。

伊丹　なるほど。つまりは、間接話法のマネジメントをスピーディに実現するための、直接的な仕掛けとしての戦略、ということですね。そう説明されると、三枝さんが「入り口は戦略八割」と言われることの意味がさらに明快になりますね。

共有と共感の場

三枝　でもね、残念ながらどうしてもドミノに反応しない人がいるわけですよ。そういう場合はやはり、外さなければダメだと思います。

伊丹　それはそうですね。

三枝　多彩な人材が集まっていることは必要です。ただ、ドミノを起こすことについて、共有できる人でなければダメでしょう。私は最低限、そういう人事をやって人材を揃えないと、燃える組織は作れない気がします。その上で、何か共通言語というか、共感を覚える部分がある。そういう人たちが、個性はそれぞれあるんだけれども、みんなで力を結集させると組織は大きく変化する。そういう組織がこれからの「日本の経営」のあるべき軸ではないでしょうか。

結局、自分が直接手を下していない限りその組織がうまく動かないっていう状態を作った人は、そこから抜けられなくなります。無理に抜けたら組織が停滞してしまいますからね。そうではなくて、自分が間接的に下の活性化を生むようなやり方ができている人というのは、下の人間が自分の役割を自動的にやってくれているがゆえに、成長も早いわけです。逆に、下の人間が果たすべき役割を上の人が出てきて自分でやって、組織の末端まで動かそうとするというやり方は、組織規模があまり大きくなければ改革の最初の一、二年はものすごくよく動くんですが、結局は人が育たないと思いますね。

伊丹　そうですね。共感とか考え方の共有というのが自然に起きるといいでしょうね。でも、経営の手配りとして意思を持ってそこのところを手配りする経営者と、何だか知らないけれど自然にそういうことが起きる経営者とでは、私は違うと思います。意思を持って起こす方がいいですよ。

三枝　そのことを、私は最近よく考えています。ミスミでは、四十代半ばくらいの人たちが部門長や役員レベルに上がってきています。見ていると、彼ら同士が雑談をしたり、他の部門の発表を聞いて、あっちがあんなやり方をしてるのに、これではまずいな、自分も行動を変えなきゃ、といったやり取りが、結構なされているんですよね。

今、ミスミの社内で経営フォーラムというのを月一回開いています。役員・部門長レベルを対象にしたトップ経営フォーラム、普通の会社で言えば部課長に相当する人たちを対象にした幹部フォーラム、それから、半年に一回、一般社員を対象に社長オープンフォーラムというものをやっています。そういうところで、何か心理的な共通基盤ができ、それが風通しのいい組織を作る一つのやり方だと思っています。

伊丹　ドミノをどうやって起こすという話から、より一般的な話になってしまいますが、ロームの研究開発の人たちは、チームで協力し合ってうまくできているという話があります。コツの一つは、会社の費用で夜の飲み会を上司の許可なしに勝手にやっていいんです。すごい金額の予算が毎年ついていて、京都市内に四、五十軒提携してるお店があって、そこに行ってみんな勝手にサインしてこいと。要するに、フェース・トゥー・フェースで、オフサイトのコミュニケーションを自然にとりやすいように、わざわざ仕組みを作ってるんですよ。

三枝　それはいいですね。

伊丹　例えばそういうことを、あの手この手で気をつけているというのが、ローム社長の佐藤研一郎さんの、経営のコツのような気がします。彼はもともとミュージシャンなんです。そういうことを考えたくなってしまう何かがあるんですよ。

三枝　わかりますね。ミスミも、ずっと社内交際費ありで来ているんですよ。部下を連れていったら経費を落としていいことになっています。大した金額ではありませんが、ディレクターも役員もその予算を持っています。さすがにレストランと契約までは考えませんでしたけど。それなのに、忙しいもんだから仕事ばっかりやって、外から来た人が何となく寂しい思いをして辞めてしまうといったケースがあって、結局、そういうコミュニケーションに十分時間を使っていなかったという問題があるんですよ。ですから、やり方を改善していかなければなりません。

ただ、ドミノ現象というのは、何か基本的にこういうやり方で促進した方がいいというフレームワークがないとダメなんでしょうね。ミスミの階層別の経営フォーラムはきちんと考えてもらう形でセッションとしてやっていますが、インフォーマルな場で断片的に情報の行き交う場も、確かに意識して組み立てないといけませんね。

伊丹　それはそうでしょうね。だから先ほどの、改革に対して抵抗から中立から推進まで、いろいろなパターンの人間がいるときに、改革賛成の方にみんなが変わっていくというドミノ現象を、一体、どうやって起こさせるんだろうかというテーマの議論を、あの絵をベースに始めたわけです。

私が組織や人間の集団を見るときに、多くの人がごろっと一遍に変わったように見えるかもしれないけれど、より詳細に見れば、実は中でドミノ現象がかなりのスピードで起きているはずだという見方をするんです。それを「歴史は跳ばない、しかし加速できる」と表現している。三枝さんの話と本質は同じことを言っているんですね。

三枝　そうですね。そうすると結局は、連鎖をどう生むかという勝負になるわけです。この連鎖を生むために、考え方が比較的共感できる者、心理的に仲間になれるような人間、それで連鎖を生める人間を、まず人事的に集めるということが、出発点として最低限必要です。合宿行って、だらだらしたやり方をしていても、全然共有感覚が出てこないわけです。

タテの連鎖とヨコの連鎖

伊丹　ただ私の方がヨコの連鎖を強調する匂いが強いように思う。なぜかな、とさっきから気になって考えていたんだけど、私がヨコの連鎖で物を考える最大の理由は、おそらく大学の組織を見てきたからだと思います。大学ではタテはほとんどありませんから。起きるのはマイナスの連鎖も含めて、ヨコばかりです。

三枝　でも大学の先生は、一人ひとりが自分でお店を持っているプロフェッショナルですから、商売というか、事業は一人単独で完結していますよね。自分で専門分野を持ってそこの研究をやっていれば、ある意味、商売というか自分の組織は完結している。

伊丹　いえ、大学としてはそれではダメなんですよ。例えば、異なった分野の研究をやっているかに見える人たちが共同でプロジェクトをやると、もっと面白いことになるとか、いろんなことがあるんですよ。だからヨコの連鎖を起こすことが、大学の経営のカギなんですよ。

三枝　それはそのとおりですね。

伊丹　だから、私はついヨコで考えるんだと思います。しかし大きな企業の組織を見ると、結局、タテとヨコの二つのドミノ連鎖をきちんと起こさないと、全体は変わらない、ということですね。

三枝　多分、私が再生で入っていくときにタテのやり方を強調するというのは、今の多くの日本企業でタテのリーダーシップが甘くなっていると思うからですね。誰が事業戦略を決めてそれを推進しているんだとか、誰がこの赤字に責任を持っているんだとか、そういう意味でのタテの事業責任ラインが甘くなっているんです。とにかく、今の日本の会社では部下を叱らないことが多いし、変革に対する推進力が弱くなっていますね。

タテということとは、結局、経営責任を負っているということであり、それが経営人材を育てる道でもあると思うからやるんですが、確かにこれをやり過ぎると、ヨコのつながりがすごく気になってくるんですよね。それで、さっき言ったインフォーマルなコミュニケーションみたいなことを考えるわけです。私は順序としてはそちらから入っていっているわけです。

伊丹　それは正しいでしょう。組織として、現場から社長まで、タテのヒエラルキーで動く部分は厳然としてあるわけですから、それがまず最初に来るのは、私は全然構わないと思います。ただ、私の発想の根源はヨコの連鎖を加えたら本当に強い組織になるぞというところにあるんですね。だから、ヨコの連鎖を起こせる仕掛けとして、場のパラダイムを言い始めた。

三枝　わかります。私も、組織のメンバーの「共振」という言葉を使っているんですよね。同じことだと思うんです。役員同士とか、ミドル同士が情報を共有して、一つの方向に向けた動きを自分たちで生み出してくることですが。

伊丹　そうなるんですよ。

三枝　でも、それを起こすための仕掛けというのも、私はやはり上から来ると思っているんですよね（笑）。

伊丹　仕掛けそのものは確かに、上が作るんです。

三枝　ドミノが必要だと思えば、そのドミノを起こすことのできるフレームワークというか仕掛けの考え方をトップが自分の部下に示せばいい。

伊丹　おそらく、そういう上からの仕掛けも含めて、経営というのはタテの連鎖、ヨコの連鎖で全体としてどう起こしていくか、そのための細かい手配りの集合体ですよ。ただ、なぜ私がヨコを強調しているかというと、企業再生の話や経営改革の話というのは、リーダーがいて、強力なリーダーシップを持ってタテの線に影響を与えて全体を変える、というストーリーだけになりがちだからです。三枝さんは違うけど。ところが、本当に変わるときには、絶対ヨコの連鎖で、ドミノ現象が起きていないと変わらないと思っているから、強調したわけです。

三枝　わかります。それは松下といった超大組織ばかりでなく、私が手がけた企業規模であっても重要です。

伊丹　『場の論理とマネジメント』という本を書こうと思った理由は、人間の組織はタテの話ばっかりではなくて、どうもヨコで起きてる現象が結構大切なんだなと、そういう発想があるからなんです。

三枝　それも同意です。私はタテの話は十分過ぎるぐらいしていますから、ヨコの連鎖を起こすために自分がやってきたこと、それで足りないと思うことを一度整理してみようと思います。それを単なる気配りとか気にかけるというような話ではなくて、改革の仕掛けとして推進する方法論を整理するということですね。伊丹さんの考えと似たところに行き着くと思いますが。

伊丹　そうなんです、気配りではなく、仕掛けなんです。経営者がとるべきいくつかの行動があるんですよ。

辺境から生まれた改革者

三枝匡

私がこれまで書いた本はすべて私自身が仕事で直接関わった会社の話である。『V字回復の経営』が文庫本化されたとき、そのあとがきにこの本のモデルになっている会社は東証一部上場企業、産業機械メーカーのK社だと明かした。物語の中では売上高三千二百億円の会社ということになっているが、それは発刊した当時、社名を特定されないようにするために加えた脚色であった。実はK社は今や連結二兆円に達している超一流企業である。私はプロとしての守秘義務を負っているので普通は決して仕事先の社名を明かすことはないのだが、K社のトップ経営陣の方々は『V字回復の経営』がK社の物語であることを第三者にしばしば話され、また最近、どこで聞き及んだのか日経産業新聞の囲み記事に実名で書かれてしまったので、私が守秘義務にこだわる理由は薄まりつつある。

この本の中で改革のヒーローになった社長・川端祐二の実在モデルS氏（物語のとおり改革タスクフォースのリーダーから再建会社の社長に就任）は、事業再生に成功した努力と力量が高く評価され、二〇〇二年に親会社K社の執行役員に抜擢され、その後さらに昇進して、今、二兆円企業のトップ経営陣五人のうちの一人になっている。

前章で伊丹さんは日本企業の改革者はしばしば社内の傍系、辺境から現れると指摘した。私はA2「実力推進型」タイプの改革リーダーというのは、選ばれる直前にはすでに組織の中でかなり上にまで来ていて、骨があって、部下から信頼されているが、決して目立たない存在の人だと述べた。S氏はまさにそれを絵に描いたような人だった。私はK社の当時の社長に、改革リーダーには何としてもS氏を指名したいと頼み込んだ。運命的な出会いだった。S氏は「あの赤字事業再生の仕事で自分の人生が変わった」と語っている。

S氏が改革タスクフォースのリーダーに就いたとき、彼はK社の中でとりわけ高い経営リテラシーを持った人材というわけではなかった。しかし彼は改革を推進していく中で、多くのことを学んだ。「スモール・イズ・ビューティフル」の組織デザイン、勝ち戦に転じるための「戦略シナリオ」の策定、十年間失敗を重ねてきた改革を今回は一気に成功させるための改革手順、そして何よりも改革リーダーには強い「覚悟」が求められることなど、彼は改革の要諦を学び取っていった。

改革が成功裏に終わったとき、私は『V字回復の経営』を書くことを決めた。そしてS氏に彼の学びを文章に書き落とすことを頼んだ。私はそれに加筆修正を行い、彼の了解を得て『V字回復の経営』のエピローグに組み入れた。二人でまとめたK社赤字事業再生の成功要因を抜粋してみよう。

1. 改革コンセプトへのこだわり

競争や顧客を意識した「戦略」と「ビジネスプロセス」の変革をワンパッケージで同時に目指した。組織活性化や風土改革はその結果として自動的に生まれてくる。

2. 存在価値のない事業を捨てる覚悟

経営トップが「生き残ればいい」という消極的な経営姿勢を改め、「魅力ある事業にできるか？」「できなければ撤退」を問い直すところからすべての改革が始まった。

3. 戦略的思考と経営手法の創意工夫

その会社のその状況に対して最も有効だと思われる手を、自分の創意工夫で編み出し、それを勇気をもって実行する。頭を使って「経営手法の創意工夫《クリエイティビティー》」を図る。

4. 実行者による計画作り

「企画部門が計画を立て、誰かにやらせる」形は失敗する。限りなく現実的実行計画を、「実行者が自分で作る」。タスクフォースに人事を含めて全面的な権限を付与した。

5. 実行フォローへの緻密な落とし込み

戦略ストーリーを具体的な実行管理ツールに落とし込み、現場末端の活動にまでフォローがつながるような工夫がなされた。「目で見てわかる管理」へのこだわりがあった。

6. 経営トップの後押し

本社社長が改革チームを守り、また必要な経営資源を与えるよう配慮した。

7. 時間軸の明示

二年間の期限設定を行い、成功しなければ撤退の方針が守旧派の退路を断った。

8. オープンでわかりやすい説明

全社員に事業の悪さ加減が赤裸々に知らされた。社内説明会をたびたび開き、トップが生の声で社員のベクトル合わせを図った。早期成果を開示して士気を保つ工夫がなされた。

9．気骨の人事

「気骨の人事」が行われた。旧来人事体系を守って全員がダンゴで沈んでいくのか、それともエリートを尖兵にして新たな事業機会を生み出すことを狙うのか。

10．しっかり叱る

最近の日本企業では叱ることが減っているが、この改革ではリーダーがよく怒り、よく叱った。曖昧な叱り方ではなく、一発で問題が認識され、直ちに是正されるよう指導された。

11．ハンズオンによる実行

トップ経営陣は「ハンズオン」で現場に目を配り、改革の積み木を途中で崩しかねない要素を早め早めに排除していった。それなくしてこの改革スピードを実現することはできなかった。

この文章は、私が加筆修正を行ったと言っても、S氏の書いてくれた原稿が出発点になっている。二年間の改革を戦い抜いたあと、このような要因を自ら整理できるという彼の経営リテラシーの向上には、誰もが驚く。これが、人材育成における修羅場の意味である。「スモール・イズ・ビューティフル」の効果である。コンセプトやフレームワークを重視する改革手法の効用である。

日本企業がきちんとした改革を覚悟を持って進めれば、多くの企業でS氏のような経営者人材が花開いてくるだろうと私は思うのである。

第九章

失われてきた経営者育成の場

1——経営者人材を発掘する

経営者人材の枯渇

伊丹　三枝さんも私も、経営者人材の枯渇が日本の大きな問題だと一九九〇年代から言ってきました。この対談の最後の部分として、これからの新しい「日本の経営」を作り上げていくことのできる経営者人材が育つためにどうしたらいいか、二人で話しましょう。

三枝　ぜひ、そうしましょう。そのとき、どんな企業群を主にイメージして語るかは、案外重要だと思います。伊丹さんの話にはトヨタとかパナソニックとか超一流企業の話がよく出てきますが、それよりも企業数から見ても雇用者数から見ても圧倒的に多いのが、いわば普通の大企業です。私はその意味で、六〇年代から「日本的経営論」が日本の超一流企業ばかりを対象にして、それらの会社が日本の経営の標準であるかのような議論が多かったことには疑問を抱いてきました。

第二章で伊丹さんが「日本企業の今後の改革について楽観的」と言ったのに対して私が悲観的だと言ったのも、一般の大企業で「創って、作って、売る」のサイクルが鈍重にしか回っておらず、経営者人材の枯渇が深刻と思えるからです。日本が元気になるかどうかは、私はトヨタやパナソニックもさることながら、そうした普通の大企業がカギを握っていると感じています。

前の章からの延長になりますが、もし私が調子の悪い五千億円や一兆円規模の会社の再生を頼まれたら——まあ、私はミスミに骨を埋めると宣言してミスミの社長に就任しましたから、これは本当にただの仮定の話なのですが（笑）——その場合でも私はやはりその大企業の事業部レベルに私のこれまでと同じ手法の入れ込みを目指すでしょうね。

超大企業は事業の数が多いだけでなく、事業同士のシナジーが重要だとか、複数の事業に関係した複合技術の商品が多いなどの事情が、改革を複雑にしています。しかしそれにもかかわらず、もし私が社長の立場に立ったら、事業部の中の「スモール・イズ・ビューティフル」の組織設計に血道を上げると思いますね。私は新しい「日本の経営」の行き方の一つに、この手法が生きるのではないかと思っているからです。さらに、この手法は経営者人材の育成プロセスに速効性をもたらします。

今の超大企業の組織は、たとえ事業部レベルまで下りてみても、まだ、一人の経営リーダーが扱うことのできる生き生きとした組織のサイズを超えているんですよ。商品の種類が多く、それぞれ競争相手が異なり、海外事業の状況も複雑で本当に取り組もうと思ったら海外出張をいくらやっても追いつかないような複雑な組織で、しかも事業部の中は機能別組織になっているケースが多い。

就任した事業部長は、そのポジションに昇進したのはうれしいけれど、「本当に正直に言うと、自分はこの事業の実態を掌握し切れていないし、実は自分でもどうしていいのかよくわからない事業や商品が多くて、部下に適切な指示を出せていないんです」というケースが多いんですよ。しかも社員の目が輝くような生き生きとした戦略ストーリーを組むと言ったって、実は自分には実戦で試し切りをしてきた戦略思想やスキルなんか持ち合わせていませんという人がたくさんいるのです。

私は多くの日本企業が元気を失っているのは、社内の経営者人材が枯渇してしまったからだと言ってきました。その対策として何をするかと言えば、私がこれまでやってきたように、事業部の中に数は少ないけれど必ずいる経営者人材ないしその予備軍を何人か掘り出して、その人にとって「手に負えるサイズの『創って、作って、売る』の組織ワンセット」を与えるという組織デザインを目指します。そうすれば、組織内の経営陣がかなりのことについて自律性を持てるから、事業の戦闘力すなわちサイクルの回しのスピードが高まります。そこで競合との勝ち負けを常に意識した戦略の立案に腕を磨き、人使いに慣れ、損益責任を負うことの辛さを知ることで、経営者人材の経験を加速するというコンセプトです。

伊丹　三枝さんはそのコンセプトを自ら実践するために、ミスミの経営を引き受けられたんですよね。

三枝　ええ、私はミスミの社長になったとき、ミスミでは経営者人材の育成を目指す経営をすると社内外に公言しました。当時、ミスミ内部の人材は弱く、一部上場企業なのに副社長、専務、常務などの上級役員が一人もいなくて、数名の執行役員がいるだけの会社でした。私のミスミでの組織作りはそのレベルから始まったのです。

私が企業再生をやっていたときには、改革タスクフォースを組んで、その中でその会社の経営者人材の育成を引き受けました。成功した再生プロジェクトでは、二、三年のうちに見違えるように成長した経営者人材が二、三人は出てくるので、速効性のある経営者人材育成マシーンみたいに感じました。しかしその壁を抜けるまでの当人たちの頑張りは半端ではありません。自分のことばかり考えている人はそんなところには近づかないか途中で降りてしまうので、最後まで頑張る人たちは使命感というか、必ず自分の会社、組織、若い部下たちのことを考えている人たちでした。

社長という立場で長期の経営者人材育成に取り組んだのは、ミスミに来てからです。他の会社なら同じ経験に二十年かかるところを、ミスミでは半分以下の期間で経営経験を蓄積させるつもりでやってきました。それぐらい密度の濃い経験を積んでもらっています。

面接をシステム化する

伊丹　三枝さんがミスミの社長に就任してからの六年間で、売上が二・三倍に増えたんですよね。人数はどれぐらいですか。

三枝　東証二部上場のメーカー駿河精機を経営統合したので、それを含め、海外も入れると今は約四千人を超えました。私が社長に就任した頃と同じ範囲のミスミ組織に限定すると、正社員は当時二百人ぐらいだったのが、今は六百人です。派遣社員なども入れると千人くらいですね。

伊丹　そうすると、正社員が三倍になって四百人増えたわけですね。その中で、経営者人材の育成を考えようという、そもそもの目的の対象になりそうな人は何人ぐらいいたんですか。

三枝　増えた四百人のうち、どうでしょう、新卒も含めて多分百五十人くらいが経営者人材育成という私の経営方針を意識して入社してきたのではないでしょうか。あとは経営者というよりは機能的専門分野を志向する人たちが、経理、法務、人材といったスタッフ部門や、情報システム、ロジスティックス、駿河精機の生産部門などに入社してきています。

伊丹　事業部長とか室長という幹部レベルのポジションの人は、従来からいた人が上がったというよりは、外部から来てもらった人ですか?

三枝　今の段階では、もうほとんどのレベルで社外から来た人たちが多いです。私がミスミに行ったとき、いわゆる生え抜きの人は正社員の三分の一しかいませんでした。そういう会社でしたから、外部からの採用に対する抵抗はほとんどなかったです。事業の伸びが早かったので、組織の拡大が追いつかず、雇っても雇っても足りない状況が六年間続きました。

四十歳前後の人を上場会社の事業部長で雇おうとすると、彼らは転職にあたって、いわゆるドロップアウトや単なる水平移動で転職する人は別にして、上昇志向が強くて転職を狙ってくる人の場合は、以前の企業で働いていたときより上の肩書きや仕事の責任を求めてくるわけです。こちらもそういう積極的な人しか採りません。しかし、そうなるとどうしても入社して就任したポジションに対して経験不足の人が多いわけです。私は人物の潜在性を読んでストレッチしてでもやらせようと決めて雇うのですから、初めからわかっているのですが、そのギャップが最初の見立てよりも大きくて、この仕事はちょっと無理というケースが出てしまいます。

給料も肩書きも、無理にでもワンステップ上の立場に就いたのに、うまくいかずに最後は辞めていったケースが出てくるのは避けられませんでした。他の上場企業からミスミに来て、早々に部門長とか役員になったものの、大企業ミドルのマインドや行動パターンから抜けられなくて、評論家的な舌鋒は鋭いけれども自分でリーダーシップを振るわない人もいました。私はトップとして厳しいですから、私の個人スタイルに合わないので辞めたいという人が出るのもある程度やむを得なかったと思っています。

ただ、そういう人たちにとって、ミスミでの経営経験がムダだったかと言えば、私は彼らのその後の人生で役立つことを必ずいくつか経験したり身につけて出ていってくれたと信じています。

伊丹　どれくらいの数の面接をしたんですか。

三枝　部門長候補として外部から採用した三十人くらいを選ぶために、正確に数えていませんが五百〜六百人は面接をしていると思います。一回に一時間の面談ですから、時間的にかなりの負担でしたが、組織作りの命運がかかっていますから妥協できません。しかも、一人の候補者に対して社内で最低三人、多いときは七、八人が面接をするので、面接のためのコストは結構膨大です。面接で採用可となった部門長候補者に対しては、最後のステップとして飲み会が待っています。役員・部門長クラス五、六人が近くのすし屋に行って候補者と一緒に飲むわけです。事業部長クラスの候補者ですから、私も行きます。

これが面接とは思えないワイガヤの飲み会で、そこに候補者がいることを忘れたように、役員らがお互いの失敗談などを暴露し合っているわけです。「オレ、あのときに社長に怒鳴られちゃってさ」「ときどき社長の言っている意味がわからないんだよね……」などと飲んで騒いでいるのを、私はニヤニヤして黙って聞いているのですが、問題はその候補者がその会話に溶け込んでいけるかどうかなんです。

本人はただ食事に呼ばれたと思っているのですが、そこでの会話で候補者の経験や対人スキルはほとんどバレてしまいます（笑）。お金のかかる面接のやり方で、そうした面接を年中やっていますから、ものすごく時間を食うわけです。

伊丹　なるほど。

四十代の経営者を

三枝　経営陣強化のために社外から人を集めなければならなかったのですが、リクルーティング活動を始めてみると、微妙な世代の差があることに気づきました。二〇〇二年当時の四十代後半から上の年代の候補者では、あまりいい人材に出会えず、その下の世代に結構面白い人がいました。

その下の世代というのは、バブルがはじけて会社が非常にまずい状態になった頃に三十代だった人たちで、彼らはこんな会社にいてもいいのかな、今の年齢ならまだ動けると思って行動した人々でした。私がミスミの社長になった頃には、その世代の先頭が四十代前半くらいにまできていた。

それより上の世代は、伊丹さんが第二章で言ったように、日本全体が成金的になって、組織がゆるくなって、なまくらな育てられ方しかされなかった時代を三十代で過ごし、バブルがはじけたあと管理職として勝負すべき四十代を今度は業績悪化で後ろ向きのことばかりが起きた環境で過ごした人たちです。

もちろん個人差があって優秀な人はいるのですが、なかなか出会えなかった。そこで私は、執行役員あるいは事業部長レベルには、当時の三十八歳～四十三歳前後までの人を集めようと決めたんです。当時のミスミには年配者がほとんどいなくて、そういう雇い方をしても社内で問題の出る心配はありませんでした。そうやって入社してきた幹部層は、ミスミが転職二回目という人が多かったですね。

私自身が事業部長とか役員レベルの経営経験を三十代初めから積みましたから、そこからさらに十年くらい上の四十歳前後の人なら、ミスミの経営者人材として挑戦できる経験を少しは積んでいるだろうと思ったのですが、雇ってみるとほとんどの人が経験不足でしたね。

やはり日本で若い世代が経営経験を積む機会が少な過ぎるんですね。でも選んで入社してもらった人たちは、新しい生き方を求めてきた人々で、それなりのガッツもあり、経営者人材の素材として面白く、日本人は捨てたものではないと思いました。彼らは事業部長や役員として働き、この六年間の彼らの成長には素晴らしいものがありました。もちろんさっき言ったように、途中でついて行けなくなった人はいましたが。

伊丹　今、ミスミのリクルーティングの経験から世代論が出ましたが、私も似たような感覚を持っています。私の場合には、自分でリクルートしたというよりは、ベンチャーを経営しているような若い社長さんたちとか、あるいは組織を飛び出した人の話を聞いたんですが、やはり、三枝さんが言っているのと同じ上の世代が弱いと言っている。その下の、生まれた年で言うと一九六〇年代生まれあたりにいい人がいるということですね。

三枝　そこから下ですね。もちろん五十代にも個人的には優秀な人がいますから、一概に否定してはまずいですが。

伊丹　そのさらに上は団塊の世代なんですよ。

三枝　会社を元気にしようと思ったら、若い世代をどんどん引っ張り上げるのが賢明です。最近の銀行の支店長の若さなどを見ると、大企業でも世代交代は進んでいるようですね。

伊丹　例えばシャープの社長交代を見ていると面白い。町田勝彦さんはわれわれより少し上の年齢で、次の片山幹雄社長は、就任時四十九歳ですよ。

三枝　私も自分の次はできれば四十代の社長を出したいと思って、この六年間ずっとそれを念頭にやってきました。組織が大きくなってきて、かつての中小企業的組織からある程度の分権化組織に移行する時期が来たということで、「企業体」と呼ばれる組織を導入しました。ご存じのようについ先日、私は会長・CEOに上がり、今回新しく任命した社長、副社長、常務、その下の企業体社長はみんなまだ四十代です。そんな人材は六年前にはゼロでしたから、よく育ってくれたと思います。

伊丹　それは良かったですね。新しい会長像を期待していますよ。しかし、日本全体で考えると結局世代的に、「空白の十年」のようなものがあるみたいですね。

三枝　第二章で議論しましたが、経営者人材が枯れてきてしまった原因は多くの日本企業がそういう人材を育てるような組織改革をしてこなかったためで、企業内部で組織の劣化がじわじわと進行することは、第二章で述べた私の見解では七〇年代から始まっていたと思います。

伊丹　要するに、仕事のさせ方が悪かったんでしょうね。日本の企業は仕事のさせ方を考えるときに、職場社会の人間的安定と、経済合理性の高い意思決定をきちんと行うという、二つの命題を両立させることを考えていた。ただ、職場社会の安定のために多くの人にポジションを与えてしまうような人事をやっていると、人口構成や時代経験が変わると、育成プロセスとしては劣化するんですよ。ですから、もっと劣化しないように意図的な努力をきちんとしなければいけなかったんでしょうね。

三枝　なるほど。意図的なやり方をするかしなかったかを分けたのは、やはり危機感だと思います。このままやっているとまずいと思えたかどうかでしょう。私は当時、それは無理だったと思っています。言ってみれば歴史の必然のようなもので、誰が経営者だったとしても、同じになっていたと思います。

ただ、経営者人材の育成が弱くなっているという問題が認識され、危機感が高まって、議論が進んだのは九〇年代の後半。とにかく遅かったと思います。その間に古い感覚と少ない経営経験のまま大量のミドルが日本の経営者年齢層に上がってきたのですから。でも、これから必死になって育成すれば、日本企業のこれ以上の凋落が進む前に、何とか間に合うのではないかと個人的には希望をつないでいます。

伊丹　私もそう思います。結局、言い訳を探すためではなく、やらなければいけないことがわりと簡単に見えてくる、そのための状況認識が必要なんですね。先ほどのあまり育っていない世代の人たちというのは、残念なことだけれど、失われた十年の間にマネジャーとして最も伸びるはずの年代を過ごした人たちなんですよ。世の中全体が悲観主義になって失速したときに、人生の一番いい時期が当たれば、それは人材として伸びませんよ。それより下で現場の苦労をさせられていた世代の中から、伸びしろがある人が増えてきたというのが、三枝さんがミスミで体験した話の一つのエッセンスなのでしょう。

壁を越える人材

伊丹　ミスミで集めた事業部長とか室長という部門長クラスや執行役員などは、傾向としてはどういうバックグラウンドの人が多いんですか。

三枝　まったくバラバラで、動物園状態です。前職は総合商社もいれば、一流メーカー、銀行や外資系など、本当にバラバラですね。コンサルタント出身者もいますが、コンサルタントになる前に事業会社の経験をしていなくて、ただコンサルタントの経験だけをひっさげてくる人は苦労しますね。みんな、自分は経営者になりたいんだという志で来ていますから頑張りますね。二、三年苦労して壁を越えることができれば、その先は本当に経営的キャリアで勝負できる人材になっていくと思います。

伊丹　コンサルタントは多分、歩留まりが一番悪いでしょう。

三枝　まあ、経営現場に投げ込んでみたらすぐわかります。コンサルタントの中でも、ある程度、行動志向、現場志向の人たちを選んだつもりでも、やはり現業に入ると苦労します。私も三十年前に同じ壁を越えなければならなかったので、彼らの苦しさもわかるのですが。

伊丹　育ちそうだなと思った人が、入社してからうまく変わっていった、あるいは一皮むけたのはなぜなんでしょう。やはり、叩かれて一皮むけるんでしょうね。

大学でも同じで、ゼミを教えるとき、十何人いる中で叩いていい人と叩いてはダメな人がいるんです。叩いてはいけない人を叩くとイジメです。叩いていい人はニコニコして喜ぶんですよ、また叱られたいと言って。

三枝　私は三十代で住友系合弁会社のトップに就いたとき、部下に対してその区別をつけていませんでした。弱い人を見ると、この人の人生はもったいない、何とか引っ張り上げてあげたいと思って厳しくしていた。でもそうじゃない、弱い人は弱いなりに使ってあげるのが大切ですよと教えてくれたのは大塚製薬の社長でした。

伊丹　叩いても伸びなくてダメだった人たちというのは、その先、どうなるんですか。

三枝　ダメだった人たちにもいろいろなパターンがありますよね。経営者になるまでには峠があります。自分が今まで積んできたキャリアとは違う経験を乗り越えて、その峠を越えれば、そこから先は比較的楽に転がっていけることが多いんです。しかし、もう少し頑張れば峠を越えられたのに、「ここで引き返すの？」っていう辞め方をする人がいるんですね。「もったいない」と思うんですが、当然本人にはその先が見えてませんから、峠の途中で自らリタイアしてしまうんです。

伊丹　それはもったいない話ですね。

三枝　そういう人にもったいないとまさにその言葉を口にして説いても、やはりわからないんです。そういう人は、たいてい自分で壁を作っているんですよ。もう少し我慢して飛び込んでいけば先が見えてくるのに、何となく自己防衛的になってしまうと、もう伸びなくなってしまうんですよね。

伊丹　そういう人たちがミスミを離れたあと、どんなキャリアになっているんですか。

三枝　それなりに新天地でやっているようです。ミスミの中で一定期間苦労してから辞めた人が外でそれなりのいい評価を受けられるかどうか。ミスミにいたんですかと高く買ってもらえるような人材を育てる会社に、ミスミはならなければならないと思って、やってきました。もともとレベルの高い人たちを選んでいますし、社内で頑張って鍛えられた人たちですから。そのあたりの人材の質は、この六年で相当に変わった感じがしています。

経営者人材の育成というのは、気骨のある人を掘り出して、あくまで個人として力をつけてもらわないといけません。平均的な集団教育の発想では育たないと思います。結局、人材育成はベンチャー投資と同じなんです。悪い投資ほど結果が早く出てきて、実る話は時間がかかって、あとから全体としての投資結果は良かったのかどうかという話になる。ミドルや下の若手を含めて今のミスミにはすごく優秀な人が集まってきているので、その中から、ミスミだけでなく、将来、あちこちで日本企業のトップ経営者に就く人たちが出てきてくれることを楽しみにしています。

不遜なことを言えば、桐朋学園の故・齋藤秀雄教授門下生のプロ演奏家たちが年に一回集まり、小澤征爾さんの指揮のもとで演奏をするサイトウ・キネン・オーケストラみたいなことになるといいと思っています。まあ、それは私が引退あるいはこの世から去ったあとの話でしょうが。身に不釣り合いな尊大なことを言って、すみません。フルオーケストラとまでいかなくてアンサンブルでもいいですから、それがミスミの経営を引き受けたときの私の夢でした。

変化の節目に来たミスミ

三枝　私がミスミの経営でやりたかったことは、経営者人材を育て、またミスミならではのユニークな組織論を世に問いたいということです。しかし業績が伸びない会社で人材なんか育ちませんから、どちらかというと人を育てることが一義的で、そのために業績の上がる組織環境を作り、その中で人材たちに頑張ってもらおう、その結果として本当に業績が上がれば上出来だという順序でした。

伊丹　なるほど。

三枝　望むらくは、それで一つの非常に面白い経営モデルができた、ということをもって引退したいと思っています。

伊丹　私はミスミの経営の中身について詳しいことはまったくわかりませんが、お聞きしている成長のペースから考えると、多くの企業が来る成長の踊り場にさしかかっているのではないですか。個々の現場を懸命に良くするという段階ではなく、本社サイドに何らかの問題が発生し始めたのでは。

三枝　そういう面では、本社サイドは昔から問題だらけで、今も新たな問題をいろいろ抱えています。私が来る前はアウトソーシングのやり過ぎで、本社機能部門には社員が数えるくらいしかいなくて。人事部は廃止しちゃって存在していなかったので、私が総務の人に今、社員は何人いるんですかと聞いたら、わかりませんと（笑）。六年前にそこから始めて、情報システムの整備、全国十三カ所にあったコールセンターの統合、ロジスティックスの改革、ファイナンス・会計のグローバル対応など、やってきたプロジェクトは数え切れないですね。

でもそういう改革よりも会社の成長の方が常に早くて、いくらやっても休みが来ない。みんなくたびれ気味で、そろそろ巡航速度の経営に移行しなければならないと感じています。

景気の関係で、どのみち踊り場は来ると思います。この六年間の景気の追い風はほとんど異常なくらいで、それがずっと続くと思うなと、社内でこの六年間言い続けてきましたが、なかなかその景気ダウンは来ませんでした。サブプライムローン問題から発生した不況がとうとうやってきましたが、これまでの長い景気上昇の反動で、この先結構大変かもしれません。

日本企業の中で、これまで果敢に改革を進めてきた企業と、景気上昇のおこぼれで何となく生き延びてきただけという企業の明暗、強弱が、いよいよ厳しく問われる局面が来ていると思います。私はこれから日本企業がユニークな強みを確立するためには、改めて「日本独自の経営」とは何かを整理してみる必要があると思います。

ミスミの場合は、ここまでお話ししてきた「創って、作って、売る」の一気通貫、「スモール・イズ・ビューティフル」の組織理念、それらをタテヨコにつなげる経営フォーラムやビジネスプランなどが、組織活性を保つ重要な仕掛けとして重要になっていると思います。これからも毎年手直しをしながら、成長に対応していかないといけないですね。

それともう一つ大きいのは、組織ばかりでなく、事業の「ビジネスモデル革新」――ビジネスモデルという言葉はあまり好きではないのに、便利なのでつい使ってしまうのですが――これはものすごく大きな課題です。

伊丹　しかし、そこは次の経営の課題なんですよね。

三枝　そう。ビジネスモデルとしては、ミスミはいまだに創業者の世界を出ていないんですよ。創業者の時代は売上高五百億円くらいで一つの成長限界が来ていた。あのままだと、そこから先の成長はやがて止まっていたかもしれない。今は売上高千三百億円まで来ましたが、さらに次のステージを作るのは、このモデルの延長では弱いと感じています。例えば、紙カタログを配るだけではモデルとして古い。今、大きくウェブに投資をしています。他にも、海外でのモデル展開を図るには、生産体制の整備が課題だとか。まあ、とにかくいろいろありますよ（笑）。

会社が毎年一〇％伸びるといっても、売上高百億円の時代には十億円伸びればよかったのが、今は毎年百億円以上を上乗せしないといけない。二〇％成長を続けるなら、二百億円。今までの六年間ができ過ぎという面はありますが、海外での潜在成長性の高さなどを考えると、ミスミグループが今後どこまで大きくなるのか、私にはまだ天井が見えておらず、そういう意味では本当に楽しみです。

伊丹　六年前に未解決のままだった問題をまずは、きちんと解決した。これからはビジネスモデル革新というういよいよ本質的なところに手をつける時期が来たと、そういう話ではないですか。

三枝　ええ。その壁を越えれば、かなり大きな会社になる潜在性をはらんでいます。それは何よりも、世界の製造業の方々に喜んでいただける事業ですから。珍しく日本から世界に出ていく新しいビジネスモデルになりたいですね。

2――日本流の人の育ち方

長期的雇用で力を引き出すというのは、本当か？

三枝　少し違う視点なのですが、日本の経営が人サイドの力を最大限に引き出すような形であるということは、イコール、それは長期雇用で組織の継続性を保って、組織としての力を貯め込んで、それをベースにして発展していくということだと思います。

ただ、そういう経営は、現実にはかなり崩れています。実は、過去の日本でも、アメリカ人の学者が言い出した「生涯雇用」の恩恵を受けた人口というのは、ものすごく少ない。かなり限られた大企業ではそういう傾向があったかもしれませんが、本当に大学を出てから定年までの間、一つの会社にいたという人は、日本の人口の中では一握りしか当てはまらないわけです。何らかの転職を経験した人が結構たくさんいる。

私がBCGに入った一九六九年頃でも、例えば同じ三井グループの中で炭鉱会社から石油化学会社などへ移ったりしているわけです。中小企業となれば、当時すでに転職なんて当たり前という世界があって、さらに第三次産業のサービス業になるとかなりころころ会社を変わっていたわけです。

今、ミスミに面接に来る人の中にも、アメリカみたいに転職五、六回目なんていう人が結構交じっているんです。そういう人はまたすぐに出ていく可能性が高いので、雇う方も慎重になりますが。しかしこれだけ転職の多い日本になってしまうと、人を大事にする経営イコール長期雇用という構図はすでに崩れているのではないかという疑問が出ます。しかも、それで人が育つだろうか。では短期雇用であっても人を大事にする経営があるかと言うと、多分違うような気がします。しかし、現実にアメリカと変わらないジョブホッパーのような人たちが増えているんですよね。

組織の継続性には、ずっとその人が勤めることによって組織が淀んでしまうという弊害がありました。そうすると、人を中心とした経営というのは、結局、人に優しいとか扱いに対する寛容さみたいな話ではないと思うんです。それが経営を強くするというわけではない。

伊丹　確かに、それは違うでしょうね。

三枝　そうすると、アメリカ的な雇用形態に対する反対概念としての日本的というのがあると思うんですが、それはかなりの会社で崩れてしまっているわけです。それでいながら、ユニークさを保つにはどうすればいいかということが、私の頭の中には矛盾としてあるんですよ。

伊丹　それは、私はこういうことだと思います。私は、父が商売をやっているときに、従業員をどういうスタンスで扱っていたかというのを見ていましたが、明らかに日本の大企業と似ていますよ。現実には従業員たちは結構職を変わるんですよ。しかし、やはり短期雇用でいいというスタンスではないんです。実際に同じ企業に在籍した年限が三十年以上の人の比率は、日本では昔から小さかったんです。特に高度成長期の日本は転職率が高かったんですよ。オポチュニティーがあるからみんな出ていくわけです。転職率が低くなったのは、経済の調子が悪くなってからですよ。リストラなどで出されてしまう人が増えて、そのあとでこの間まで続いていた好景気があったために、また転職率が多少高くなっているわけです。

日本全体の労働市場の流動性は、実はこの二十年間ぐらい、あまり変わっていないんです。国全体のパターンという意味で言うと、やはり長期雇用志向があちこちに、働く人の側にも雇う人の側にも結構色濃く残っているというのが現実だと思います。

三枝　既存の大企業では、言ってみれば出ていくばかりで、外から転職してきた人をたくさん採っているかというと、そうでもなかった。それがだんだん崩れていっている気がするんですが、そうでもないですか。

伊丹　崩れている方向にあるかと言われると、私の観察もイエスなんですが、それが極めて象徴的な大きさになっているかと言うと、まだなっていないと思います。転職市場にいったん出る人というのは、その人の回転が速いわけです。回転の遅い多くの人と、やたらに回転の速い一部の人が同居しているという感じでしょうか。

三枝　なるほどね、そういうことですか。ただ、上場会社でも中堅どころの会社に仕事で行ったときに、過去の経験を尋ねると、転職で移ってきた人が多いでしょう。

伊丹　うん。例えばキヤノンなんかは、三分の一ぐらいがそうでしょう。

三枝　キヤノンのような超大企業さえそうなら、もうワンランク下の規模の会社では、さらに崩れているような感じがするんです。

育つ時間に寛容であるということ

伊丹　みなさんそういう実感を持っているみたいだけど、どんな統計調査をやっても、大して崩れていないという結果になるんです。つまり実は昔も転職していたんです。だから、最近の現象だっていうのは少し違うと思います。

三枝　あえて言えば、昔転職していた人は、私自身を含めていろいろな意味での外れ者だったと思います。今は、外れ者ではない人たちの間で転職が増えている感じなんですよ。

伊丹　それはそのとおりですね。私はいいことだと思います。

三枝　そういう解釈ですか。先ほど出てきた伊丹さんのお父さんの社員に対する態度というのは、結果的には辞めてしまうかもしれなくても、モノになるように育てようとする、それは本人が伸びなくて、なかなか仕事がマスターできない場合においては、寛容さだと思うんです。「待つ」という。アメリカはどちらかというと待たないで、もっといい人がいるだろうといって別の人を雇ってしまう。人を育てるというか、人が育つスピードに対して寛容かどうかというところが違うんですね。

伊丹　それはいい表現だと思います。それに非常に大切なポイントですね。その背後には、人間とはどういうものかということについての、多くの日本企業の経営者、そして管理職の人たちに共通した考え方があると思います。それは、ベーシックなところでは、人間なんてどうせ個人個人、そんなに違いはないと。多少は成果の違いなどが出るかもしれないですが、それをあまり大きく見ない方がいいと。人間みな平等とは言いませんが、能力に大した差はないんだというスタンスです。これは、能力にはかなり差があるからなるべく能力の高い人を選ぼうとするスタンスとは、大きな違いがあります。

三枝　人が育つということに対して、時間的に待てる、寛容であるということは、育てられる側にとってみると「安心感」なんですよね。それが定着する理由だと思います。時間軸が短くて、どっちみち自分はこの会社にはいられないだろうと思えば、さっさと出ていきますよね。かつてのミスミもそうでした。最近、少しずつ変化が出ているように思います。

伊丹　そうですね。人が育つスピードに対して寛容だから、それぞれの人間が組織に対してコミットしようと思ってくれる、というメリットがあるわけです。もう一つ、多くの人がわりと長くステイするから、人間のネットワークが比較的安定しやすいんです。この安定はしがらみを生んだり、ぬるま湯を生む温床にも一方ではなるんですが、やはりプラスも多いんですよ。

もちろん、そこで生まれるしがらみが、調整型の人ばかりを育てて、経営者人材の育成にはマイナスだという面もある。一筋縄では行きません。

戦略家＋フォロワーがベスト

伊丹　人に対するこうした原理の良さを、日本流の人の育ち方では大切にした方がいい。しかし一方で株式市場とマネーの論理が押し寄せてきている。人に対する長期的見方とカネの短期的視野をどうやってバランスさせるのかが大切になりますね。今の段階で、折衷した論理をきちんと出すことは難しいですが、ここではそのバランスが大切だということを、まず強調したいですね。

株式市場の論理が押し寄せてきたときに、それに対してどうやって対応しようかという話だけを考えるのではなくて、自分の頭の中で二つのもののバランスをとるという意識を強く持ってほしいですね。

三枝 それともう一つ、その構図に対して日本企業が強さを持つためには、ビジネスモデルのユニークさだと思うんですよ。ビジネスモデルや戦略のユニーク性があって、海外企業あるいは他の日本の企業に対して、先行する強さを構築しなければいけない。その戦略構築の能力をどう大きくするのか。

結局、六〇年代、七〇年代頃の日本の企業で、戦略というものが意識的に構築されてきたかというと、私はそうは思いません。一部の人にはあったんですが、極端に言うと大多数の人はただのフォロワーで、一緒になってワーワーやっていただけではないかと思うんです。

この事業とか商品は面白いということで、いろいろ考え抜いて先頭で走り出す企業はあったわけですよ。ところがあとは、同じ業界にいる他の企業がみんなで一生懸命真似をしていたわけです。今、先頭を走る企業がいなくなってしまった。個人としてプロフェッショナルに勝負する戦略思考の人間はもともと少なかったのに、今はそれがいなくなって、ますます打開の道が見えないというように、私には見えるんですよね。

伊丹 そうですね。日本が好調だった頃、一握りの戦略家と多数のフォロワーが参入しての叩き合いだったというのはそのとおりだと思います。ですから、日本の経済は伸びたんです。

真似をしながらの叩き合いというのは、企業を育てる面もあるんです。

三枝 だから伸びたんですね。お互いに叩き合って、激しい価格競争などもして、それがグローバルになると強烈な強さを生み出すことにつながっていたんですね。

伊丹 そうなんですよ。アメリカ企業の方は、実は経済学の教科書から遠くて、日本の企業・産業の方が経済学の教科書に近いと思います。ただ、経済学の教科書に近いということは、誰も儲かりませんということ。これが経済学の競争の帰結ですからね（笑）。

三枝 なるほど。

伊丹 アメリカはみんな住み分けをやってしまう。住み分けをやるから、個々の企業は儲かるんだけれど、みんなの叩き合いの中から全体として伸びていくということになりにくい。

三枝 それは、人の真似をしたくないという気風で育てられているからではないでしょうか。日本は、お互い見合いながら、あっちでやっているからこっちもやらなければいけないというふうに他社との比較をしています。必ず社内で聞くわけですよね、「他社はどうなんだ」って。これはもう、子供のときに親から、「人と同じだとダメよ。ユニークに生きなさい」と言われるか言われないかの違いではないでしょうか。

伊丹 それはハッキリとはわかりませんが、国全体の姿として最適なのは、一部の戦略家に多数のフォロワーという形ですね。その方がトータルでは伸びます。

三枝 日本の集団の強さというのは、平均点が高いことだと思います。アメリカのように、信じられないくらいの天才がいるかと思えば、経営意識のないワーカーがたくさんいるというのとは異なります。日本では工場内でも何でも、みんなで一緒になってやる。これが日本に残っている最高の武器だと思っているんです。ただ、今は集団で沈んでいっているのですが、この中から引っ張り上げるリーダーが出てこないといけないと思います。経営者、リーダーの育成が必要な理由ですね。

伊丹　そのとおりです。一握りの戦略家と多数のフォロワーの「一握り」がいなくなったために、今、困っているんでしょう。

三枝　そう。伊丹さんが言ったように、産業の中の企業の構図と組織の中の人間の構図は共通だなと思います。その先導役を作れば、また元気になるのではないでしょうか。

伊丹　アメリカはみんなが戦略家たらんとするから、住み分けをして、それに成功したところは結構いいパフォーマンスなのですが、その一方でムダな努力もしているんですよね。どちらがいいかはわかりませんが、一握りの戦略家と多数のフォロワーという形態が保てるのなら、これが一番強いとは思いますね。それが日本ならではの行き方でしょう。

一握りの戦略家を育てるために

伊丹敬之

この章の最後で私は、一握りの戦略家と大勢のフォロワーが揃っていることが、国全体が発展する、あるいは一つの組織が発展することの条件の一つだ、と言った。戦略家が多過ぎても、船頭多くして船、山に登る、となってしまう。結果として、全体としての力はそれほど大きくならない。レベルの揃ったフォロワーがダンゴのようにひしめき合うと、そこには競争の力学と相互刺激の力学が働くために、知恵も彼らから出てくるし、活気も生まれる。日本の特徴が、レベルの高い平均的な人々の多さであることは、今も昔もそれほど変わらない。問題は、一握りの戦略家が育ちにくくなっていることであろう。

高度成長期の六〇年代までの戦後の日本には、戦略家が育ちやすい土壌があったように思う。五〇年代までは、敗戦の混乱が戦前の社会秩序をひっくり返し、多くの創業経営者がその混乱の中から生まれてきた。彼らが戦略家として日本の産業の方向性を指し示す役割を担った。松下幸之助、井深大、本田宗一郎、と名前を挙げれば十分だろう。

そして五〇年代に入る直前に、占領軍によるレッドパージがあり、多くの企業の社長が追放された。そこに若い世代の人たちが取って代わったのである。しかし、彼らのすべてが成功したわけではなかった。当然、失敗もあった。しかし、成功もあったし、何よりも若くして社長になった人たちよりもさらに若い世代が、それこそ四十歳前後で大きな企業の役員になっていった。そして、役員として若い頃に大きな仕事を経験することになった。それが、人を育てた。この若き役員世代の中から、六〇年代の日本の高度成長期を引っ張る戦略家たちが生まれてきたのである。

ここに、重要なヒントがある。若い人々に力を発揮する場を与えることである。そしてその場での経験から一握りの戦略家が育ってくることを、期待するのである。

そのためには、抜擢人事をしなければならない。そのための人事体系は、たとえて言えば、三車線の高速道路のような昇進体系になるだろう。

これまでは、多くの企業の体系は二車線の高速道路がせいぜいだった。昔は、年功昇進の普通の走行車線だけの一車線道路だった。それだけでは前がつかえて走るに走れない人が出てくる。そこで、登坂車線を作った。いわば、遅れる人が出てくるのを容認したのである。その人たちが走行車線を走ってしまって、あとから来る速いスピードの人の邪魔をしては困るからである。それで二車線道路にまでなった。

それに加えて、追い越し車線が必要である。早い人はそこを走って、通常走行の人を追い抜いていく。この追い越し車線という第三の車線が、抜擢人事には必要なのである。

しかし第四章で人本主義と呼んだような、ヒトのネットワークを安定的に保つような努力をしてきた日本企業で、それができるか。追い越し車線というエリート選別と普通の能力の人のネットワークを安定的に保つこと、という二律背反になりそうなことが要求されているのである。

それは、真の日本流経営のどうしても通らなければならない関門である。

つまり、一握りの戦略家を企業は意識して育てなければならない。しかも、その育成プロセスは、育成されるべき人がかなり若いうちから、始まる必要がある。この力量の蓄積は、短期間には無理だからである。しかも、組織のメンバー全員にその育成努力をすることなど不可能である。したがって、一部の選ばれた人を対象に、ということになる。

それは、平等主義を掲げてきた日本の企業にとって、人本主義にとって、大きな挑戦である。

実はエリートの育成の挑戦は、ひとり日本企業に対する挑戦であるばかりでなく、民主主義とリーダーの育成という民主主義の社会の中での実に本質的な問いと同じである。次代を担う少数のリーダーをいかにして民主社会として養成していくか、という根源的な矛盾を含みがちな問いである。

一般に民主主義の社会では、人々が政治に参加する機会も多く、またリーダーを社会の中の幅の広い層から登用できる可能性も大きく持っている。しかし、その半面で悪平等や衆愚に堕する危険も民主主義社会は持っている。誰もが平等になることによって、リーダーたる自覚を持てる人間が極端に少なくなる危険、あるいはリーダーを目指した教育プロセスを社会全体が排除する危険、を持っているのである。まさに、近年の日本企業はそうした状況になっている。

民主主義という理念と、「少数の」リーダーの養成、という命題とが両立するのか、という矛盾は、古代から人々を悩ませてきた。

古代ギリシアで民主政の華を咲かせたとの評価の高いペリクレスという人がいる。彼はリーダーシップの強烈な人間で、そうした個性と能力の持ち主がトップにいるからこそ、民主政は機能できたとも言える。しかも、彼はアテネの名門貴族の家の生まれだった。生まれながらの選良だったのである。ただし、彼は三十年間ギリシアに君臨したが、それはすべて民主的な形で選ばれるというプロセスは経たものだった。

しかし彼の最後は、陶片追放であった。不幸な、ギリシアにも本人にも望ましくない形で衆愚的に追われたのである。それ以降のギリシアは衆愚政治の時代に入る。

このエピソードは、民主主義の中でのリーダーというものの極めて微妙な消息を語っている。民主主義だからといって、強力なリーダーが不必要なわけではない。そのリーダーが育つプロセスは、平等的な底辺からのはい上がり一辺倒でもなく、やはり若い頃からエリートとして育つ部分があってもいい。あるいは必要そうである。

プロセスでは平等、しかし結果では選抜・エリート。そして、プロセスの平等がときに衆愚になることもまた致し方ないと割り切ること。

どうやらそれが民主社会でのエリート育成の微妙な機微らしい。

その際、問題となるのは、「一体誰をエリートとするか?」という点である。

おそらく誰をという問題の最も難しい点は選抜そのものではなく、選抜の結果の納得性を作ることにある。人の能力の個人差は、実はそれほどない。あるのは、与えられるチャンスの違い、そして育つ側の気概の違いである。その違いで、育つ人が出てくる。

人は、エリートというレッテルを貼られた瞬間から、エリートとして育つ気構えを初めて持つ。だから、レッテル貼りが実は大きな意味を持っている。それをあえてする、という覚悟が、エリートの育成の最も基本的なポイントである。若い頃に、しかし一応の納得性の根拠は持った上で、一部の人間をあえて選ぶ。

平等を掲げてきた日本の経営は今、「どの程度の平等？　納得性のある、多少の不平等とは？」という難問を突きつけられているのである。しかし、いかに難しくても、エリートの育成に踏み切らざるを得ない。日本企業の現在の状況がそれを強く要請しているばかりでなく、歴史がそう語っている。アメリカの政治評論家ウォルター・リップマンの言葉に、次のような言葉があるという。

「人類の歴史上どのような帝国も、その中心に確信に支えられて統治を担うエリートをなくして長く生きのびた例はない。」

第十章

今、求められる経営者人材

1——経営者人材とリテラシー

育つための三つの条件

伊丹 前章の終わりで、「一握りの戦略家」が育ちにくくなっている、と言いました。結局、それが経営者人材なんですよね。

私は、経営者人材が育つということについて、三つの条件が整っていると育ちやすいということを、『よき経営者の姿』で書いています。高い志と、仕事の場の大きさと、それからその人が持っている思索の場の深さ、この三つです。

最初の高い志というのは、人間の個性みたいなものですから、単純には鍛えるわけにはいきません。仕事の場の大きさというのは、経営者が配慮して、ポテンシャルのある人に大きい場をなるべく与えるといったことです。思索の場については、ものを深く、スケールを大きく考えるための刺激を与えることができると思います。仮に、その三つの条件が大切だという前提でお話しいただくとして、志の高い人を見つける、あるいは引き上げるというのは、どういうことに気をつければいいのでしょうか。

三枝 それなりの識別眼をすでに持っている上司なら、特に気をつけていなくても、ちょっとしたことを話しているだけで部下のリーダーシップや志の高さを感知できると思います。そういう社員は普通の話をしていても、必ず一つ視点の高いことを言いますから。ただ、性格的な熱さみたいなものは変えられないというのは、私も伊丹さんと同意見です。

伊丹　志の高さというのは、他人に対する責任感の大きさのようなものだと思うんです。自分でお金儲けをしようということを、志が高いとは普通言いませんからね。他人に対する責任感の大きさというのは、単に物を見る視野が広いという意味ではありません。そういう責任意識が強い・弱いというのが――経営改革や経営そのものというのは、結構大変な仕事なんですが――あえてそれをやろうとするということの基盤にあると思うんですね。

三枝さんは自然にご自分でやってきたから、改めて言われると困るのかもしれません。私は、志の低い人もたくさん見てきましたから、そういう人を見ると、逆にどうしてあの人は志が高いのかなとか、志の高い人にきちんと目をつけて、しかるべき仕事をしてもらうことの大切さを感じるんですね。

三枝　私は、志の高い人というのは、心の中ではいつも何か物足りないのだと思います。ここは自分の居場所ではない、これで終わってはつまらない、だから次のことを手がけたいと、常に満たされないものを持っていて、それが原動力になっていると思うんですよ。でもそれだけだと「日本一のやくざになってやろう」などというのも志の高さの一つの形態になりますね。社会性とか伊丹さんの言う集団への責任感などを加えるかどうかは、いろいろ解釈がありそうですね。でも、原動力は血が騒ぐこと。

伊丹　「日本一のやくざになりたい」と言っている人は、なぜそうなりたいのか。やくざ仲間の他人に対して、自分が統御してやらないとみんな困るのではないかとか、そういうことだと思いますけどね。それ自体が、日本社会全体にとっていいことかどうかというのは、また別問題なんですが。

三枝　なるほど（笑）。

経営リテラシーの意味

伊丹　でも、志の高い人とか視野の広い人とか、そういうポテンシャルのある人は、仕事の場で育つんですよね。そうしたときの、経営リテラシーの意味について議論しましょう。

経営リテラシーをきちんと学ぶということと、人が仕事の場で育つということは両立すると私は思っています。三枝さんは、その二つの関係をどんなふうに考えていますか。

三枝　経営リテラシーと言っても、人間的なもの、あるいは世界観的、歴史観的なものから来る、経営者としての思想という部分と、ビジネススクール的な、機能的、分野別の知識のようなもの、そしてそれを実際に現場で使うときのスキル的なものが、何となく一緒になっているように思います。経営リテラシーでも、スキル的なことというのは、実際にやっていく上で必要なテクニックだと思います。歴史観などは、むしろ志の高さに関係してくるのではないでしょうか。

伊丹　人が育つというプロセスに関連させると、テクニカルなことも含めて経営リテラシーがきちんとあるということは、仕事の場での育ち方のスピードが速くなることだと思います。

三枝　まったくそうですね。

伊丹　三枝さんがよく言う「因果律」という言葉を使うと、このボタンを押すとこんなことが起きるという因果律が、生きた知識、リテラシーとして自分の頭の中にたくさん入っている人は、学びが速いですよね。失敗したときに、あそこのボタンを押し間違えたということがすぐわかるから。

三枝　そうですね。ただ、私の表現では、因果律のデータベースというのは経験から来る集積です。その下にベースとして経営リテラシーがあるかないかという構造です。

伊丹　つまり、テクニカルな意味での経営リテラシーがあると、自分自身の中で因果律のデータベースが貯まりやすくなるということですね。

三枝　ええ。まず、行動の前にリテラシーに基づく組み立てがあって、それがうまくいったかどうかで、データベースが膨らむという関係ですよね。

伊丹　なるほどね。因果律のデータベース拡大という意味での人材の育ち方があります。その一方で、人様の運命まで一部預かっているような経営判断をせざるを得ないような立場の人は、それだけではない何かがないと、人材として育っている感じがしないのではないでしょうか。それが、先ほどの歴史観、人間観、世界観といったものなのでしょう。そちらについては、みんな、ちゃんと持ってくださいと言うしかないですかね。

三枝　そちらの方には、私も少し劣等感があります。足りないなと思っているわけです。自分は、何かそういう歴史観なんかをあまり勉強してないなと、常に思っていますね。

伊丹　歴史観や世界観というのも、結局、世の中はどういうふうにして動いてるのかという、自分の頭の中の論理構造なんですよね。

三枝　そうですね。人間の本源的な行動パターンみたいなものがわかってるというか、いわゆるテクニック的な経営リテラシーでは動かないものが何なのかを知っていることだと思うんです。

伊丹　二〇〇八年に私は『経営の力学』[*1]という本を出したんですが、その第一章のタイトルを「人は性善にして弱し」というのにしたんです。性善説や性悪説が言われているけれど、多くの普通の人はその中間にいる。そう思って組織を作ったり、戦略を作ったりしないと、間違ってしまう、ということから本を始めたんです。そういう人間観のようなものは、私の場合、現実の経営の場にさらされて作ってきたわけではなくて、結局は小説をたくさん読んできあがった気がしますね。

三枝　それもあるでしょうね。子供の頃の読書歴などは、大きいと思います。私はそれが足りなかった。伊丹さんは会社経験がないのにビジネスの実態に対する感性がものすごく鋭いですよね。それにには本当に感心します。

伊丹　企業の中に入り込んだ研修をたくさんやってるからですかね。私が企業内の幹部、研修を引き受けるとき、研修全体の最後にその企業についての分析みたいなセッションを必ず設けるんです。何カ月もかけて合宿研修を繰り返して最後にそうした会社自体の議論をする。それは、私にとっては一種の現場観察になるんです。この歳になると、うそを言っていると、そんな甘いわけないでしょうと突っ込めたりもしますから、大体見当がついてくるんですよ。そういう経験の累積で、因果律のデータベースができてきたんでしょうね。

三枝　なるほどね。先ほどの志の話に戻ると、リーダーの志の高さは本当に大切ですね。伊丹さんが言うように、私の思考はやっぱりタテが強いと思います。事業を作るときに、私は上にいる一人の人間の事業への限りなき思い入れで動くと思っているわけなんです。その思いが、志の一部でしょうね。

伊丹　それはそうでしょう。

三枝　私は、日本の組織や会社が生ぬるくなってしまったのは、そこはかとない横並びの集団的雰囲気が非常に甘く働いてしまったからだと思うんです。私はその傾向を否定する気持ちが強いので、なおさら思考も行動もタテになっているし、部下を経営者人材として育てるときも彼らにそれを求めています。タテの思考でやっていると、二〜三年で組織はものすごく変わります。

ただ、それが一段落してその先いわゆる巡航スピードで行こうということになってきた段階では、おっしゃるとおり、放っておいてもヨコ同士のプロセスがうまく回るような仕掛けの比重というか重要性が増すと思います。

大切なのは「熱き心」

三枝　ダイヤモンド・ハーバード・ビジネス・レビュー誌に掲載された私の人材育成に関するインタビュー記事[*2]に出ているのですが、私が経営者人材の要件として重視するのは、「論理性」プラス「熱き心」です。「論理性」は「戦略性」と置き換えてもいい。この「熱き心」という言葉は、ときにはリーダーとしての腕力の形で出てきたり、ときには情や涙で出てきたり、ちょっと理屈に合わないことを豪腕で乗り切ったり、いろいろな形で表れてきます。論理

＊1　伊丹敬之著、東洋経済新報社、二〇〇八年刊
＊2　「経営者人材」育成論、ダイヤモンド・ハーバード・ビジネス・レビュー、二〇〇七年一月号

性の方は話していると、ある程度わかりますよね。うまくいく人というのは、バランスとしてこの二つの組み合わせがいいんですね。

伊丹　なるほど。

三枝　例えば、ミスミ社内でビジネスプランを作る場合でも、まずは理屈から入って自分たちの事業性ポテンシャルを見極めていって、事業の方向性を考えます。私はその考え方、フレームワークを部門長などが経営リーダーとして身につけることをかなり教育して叩き込みます。それを使いこなして自分の事業ストーリーを作れない人は経営者として能力不足なんです。私は事業の中身については口を出さず、彼らがフレームワークを正しく使って自分の戦略を組み立てているかどうかに指導の重点を置きます。私は社内で戦略手法の伝道師を自任しています。

伊丹　それは、主に論理性の世界ですね。

三枝　ええ、論理性を現場に結合させていくところです。ミスミの部門長は自部門の生々しい状況と、社長から指導される論理性の二つを現場で組み合わせて、自分がどんな経営方針で勝ち戦を狙うか、ウンウン考えるわけです。もちろん現場の経営リーダーですから、スマートなことばかり言っていてもダメです。ある程度は豪腕でねじ伏せて熱い語りでごまかそうとする雰囲気もチョロチョロっと混じってくることがあり、私はそれを黙認することもあれば、やっぱり論理性がおかしいと言って突き返すこともあるわけです。でも本当に優秀なヤツは、論理性だけではなくてときに押したり引いたりの人間的なやり取りにも長けていますよね。

伊丹　なるほど。では、経営者の質としての「熱き心」を議論しましょうか。

三枝　やはり「熱き心」はほとんど鍛えようがありませんね。

伊丹　キャラクターなんですね。

三枝　はい。生来のキャラクターの部分が多くて、例えば私も「熱き心」の出し方については今でもときどき失敗して、がーっとやり過ぎてしまいます。逆に、人によってはおとなし過ぎることもあって、その場合はいくら言っても熱い性格に変えるというのは難しいことが多いですね。

鍛えることが可能なのは「論理性」の方です。「現場に神が宿る」というのと同じ話で、きちんと現場に触れて事実を確認した上で自分で理論を組み立てて、それをシンプルに語らなければいけない。これはトレーニング可能ですね。それが大きな事業プランであろうが、ちょっとした問題であろうが、きちんとまとめてもらう。そういう作業をさせると、やっぱり人材としてストレッチの限界がどこかにあるので、その限界に近づいて行き詰まってしまったら、ハンズオンで救ってあげるという、そういう気遣いをしなければいけないですね。

それから、重大な問題で部下を叱るときには、私は結構厳しく叱ります。でもそれは本人が能力があると思うからやるわけで、今、このステージではこれが限界だなと思ったら、さっと抑えます。あきらめると言った方が正しいかもしれません。その先は、イジメになってしまうといけませんから。そこの加減の仕方が一番難しいですね。

伊丹　「熱き心」と「論理性」のバランスの問題で、自分のキャラクターからすると、どのくらいのバランスが必要か、ということについて気づく、あるいはラーニングする方法はありますか。

三枝　ビジネスプランを組み立てて、その審議を受けたりすれば、それはヒシヒシとわかるんじゃないでしょうか。ある海外子会社に行って日本人出向者を集めて「経営者の条件」というテーマで話をしていたんです。そのとき「社長、すいません。私、どうしても『熱き心』、ダメなんです」と言う人がいたんですよ（笑）。「そういう自分は、もう経営リーダーとして望みがないのでしょうか」と言うわけ。私はウーーンと考えてこう言いましたね。「まったく冷えたままじゃ、やっぱりリーダーとしては限界があるね。だけど、事実に基づく分析から、それをシンプルなストーリーにして、それで部下を束ねるというのも一つのリーダーシップの形だよ。論理性が熱き心の不足を補ってくれる。逆もあって、論理性の不足を熱き心で補う人もいる。ほら、あいつなんかそうじゃないか（笑）。だからあまり悲観しないで、自分の強い方で補ったら」と。「論理性」と「熱き心」は補完関係で比率は個人によって違いますから。

伊丹　何かどこかに人に対する優しい目線みたいなものがない人は、「熱き心」は伝わらないんですよね。

三枝　それはそうだと思います。

人間的魅力がなければダメ

伊丹　ただ、優しい心ばかりでは、甘くなってしまうからダメですよね。

三枝　伊丹さんの『よき経営者の姿』にも、人間的魅力という言葉が出ていましたが、人間的に尊敬できるとか人望があるとか、私自身、そちらの方は足りないとずっと思ってきました。ばさっとやってしまう方ですから、気をつけなければいけないという自覚をずっと持っているんです。私は論理性、理屈の方から入って、それを提示して実行する。そちらの経路の方が圧倒的に強かったんですが、どうもそれだけでは人はついてこなくて、燃えてくれないということに、三十代の初めに気がついたんです。

住友系合弁会社の社長になったときに、ＢＣＧ的論理の世界は、私の中ではものすごく重要な柱だと思っていました。でも経営者の意思決定としていざとなったらそれが一〇〇％の意味を持つこともあるんですが、それ以外の状況ではほとんど関係ないことがたくさんある。自分は論理性は長けているのだから、むしろ人間的魅力を持たなければいけないと、五年ぐらいかけてようやく自覚したんですね。遅いっちゃ遅かったけど、私の経営経験の中では比較的早い時期にその壁に行き当たった。

会社のトップに立って、そのことで限界を感じました。日本的社会の中における人望とは何か、人の器とは何だろうと、日本人とは何ぞやという話までいくような、そういう大きな問題でした。アメリカ人とは絶対違うと思うんですよ。

伊丹　そうですね。しかし、最初の合弁会社のときは三枝さんもまだ若いんだし、人望が足りなくても、それは当たり前のことではないですか。人のキャラクターによってその比率が変わっても、それなりのトータルバランスがあるというのはそのとおりだと思いますけどね。

三枝　ミスミの社長になってからも、基本的に私の性格や行動は若いときと変わっていないのですが、少し柔らかくなっているような気がするのは、単に年齢のせいかも（笑）。

伊丹　私もそうですからね（笑）。それは、一種の加齢現象ですが。ただ、三枝さんの場合には、今まで再生の仕事でどこかの組織に入るといっても、期限のある仕事ですから、言ってみれば半内部者・半外部者なわけです。ところが、今度のミスミの場合は、完全に内部の社長として何百人もの目線が集中してるところに、柔らかくなった一因があるのではないですか。

三枝　それはそうかもしれません。単なる戦略リーダーではなくて、組織の長としての器にならなければならないという意識は常に働いていますから。前に言いましたが、ミスミは業績が良かったので精神的余裕が持てて、改革にしても時間軸を長く設定して行動することができた点も大きかったと思います。

企業再生のために相手企業に入っていくと、職業的には過激なことを言って旧価値観を壊すのが役割です。ところが、ミスミの社長として過激なことを乱発していたら、下がいじけたり、うろたえたりして、結局、結果も出なくなる。いわば壊し屋になってしまう。つまり再生のときと職業が違うんですよね。

伊丹　私が言いたかったのは、まさにそれです。

三枝　ええ。採用候補者でコンサルタント出身の人が来るとき必ず言うんです。「あなた、本当は自分でもできるかどうかわからないのに、お客に過激なことを言ってお客の不安心理を増加させるのが今までの商売のテクニックだったでしょう（笑）。ミスミに来たら、自分でやれと言われたら自分で実行できることを言ってください」と。

ただ、私も出てしまうんですよね。自分の性格からくる強い「切断力」が。だから私は企業再生の仕事は自分に向いていた職業だったと思います（笑）。

伊丹　自覚してるだけで十分ですよ（笑）。

2——経営者人材を鍛えるプロセス

二種類の経営者人材の枯渇

伊丹　「創って、作って、売る」「スモール・イズ・ビューティフル」の組織では経営者人材は自然と育ってくる、ということを、これまでの議論の中で、三枝さんは何度も強調されていました。古い話を持ち出せば、松下幸之助さんが事業部制というものを言い出したときに描いていた構想と同じですね。ただ、「スモール・イズ・ビューティフル」の組織を作るだけでは終わらないのが、今の日本企業の実情ではないでしょうか。

例えば単純な話、いろんな企業の経営改革がうまくいっていません。日立などは典型例ですが、その理由は、あれだけの巨艦を動かす方法を知らない、誰も経験がないということです。経験はなくても、大規模組織の経営ということについて、何らかのトレーニングを与えなければいけないと思うんです。どういうトレーニングの場が良いかはわかりませんが。

つまり、私は二種類の経営者人材が枯渇しているんだと思います。第一の種類は、三枝さんが強調されるような、事業の経営者人材。それが日本では枯渇していて、しかも「創って、作って、売る」というサイクルで育つというのは、まったく賛成です。もう一つの種類は、大きな組織の間接話法中心の経営を担う経営者人材。いわば巨艦を動かす経営者です。

三枝　では、巨艦を動かすために足りないものというのは、何でしょうか。

伊丹　例えば自分が属している産業全体の将来の技術動向から、世界の環境変化を理解する能力。あるいは実際に動かすために、組織というものをどういうふうに作り、人材をどういうふうに配置しなければいけないかといった、大規模組織の集団力学についての理解。そういうことです。

三枝さんが『V字回復の経営』の立て直しを実際に行った産業機械メーカーK社のA社長は、そういう系統の人ですか。

三枝　当時のK社は連結一兆円、今は二兆円になってマスコミから絶好調と持ち上げられていますが、その業績回復の布石を打ったのは当時のA社長でした。非常にスケールの大きい考え方をする人で、伊丹さんの定義が当てはまる人だったと思います。

A社長がK社の社長に就任したとき、本人も周りも、次は彼が社長になるだろうと思っていた期間があったとご本人から聞きました。社内でそういう優秀な人を上に上げるプロセスがきちんと作動していたのだと思います。

伊丹　経営者人材の枯渇という問題は、やはりこの二種類のタイプの経営人材がいなくなっているということなんですね。われわれ二人で力点の置き方は違うかもしれないけれど、しかし、私は両方とも大切だと思います。

三枝　間違いなく両方ですね。ただ超大企業の社長は、三十代くらいで事業部の中の「創って、作って、売る」の一気通貫事業ユニットを経営し、次いでその上の事業部長の立場で異なる事業ユニットをいくつか束ねるマネジメントを覚え、それで上に上がってきて多数の事業部の束ねにあたるという鍛えの経路が作動しないといけません。超大企業の経営者を内部昇進に頼るのであれば、今までより優秀な者が出てくるかどうかは、そのときの個人能力頼み、というのでは情けないですからね。甘いことしかやってない名ばかりの事業部長がたくさん溜まっていたって、そこから優秀な経営者が出てくるはずはありません。

伊丹　それぞれの事業の経営ができる人材を育てるルートで言えば、三枝さんの意見でいいんだと思います。それに、そうした事業経営人材のルートから巨艦を動かせる人が育つというのも、そうだと思います。若い頃からきちんと仕事の場で経験させるというのが、最大のルートなんでしょう。

その一方でわからないのは、大規模な組織において、全体の統御がきちっとできる人材が、どうすれば育ちやすくなるのかということなんです。そちらの話も、日本の企業全体としては考えておかなければいけないでしょう。

三枝　論点はわかりますが、私は売上高一兆円規模の企業でも、下の事業部の内部で若手が経営経験を重ねてから上に上がってくるルートを急速に整備する以外に、優秀な経営者を内部から育てることはできないと思います。外から連れてくると言ったって日本にはそんな人はいないし、ゴーンさんみたいな外国人を連れてくることが日本企業の解決になるとも思えない。結局は社内の育成プロセスをきちんと作り上げる以外にないし、それがアメリカ流経営に対抗できる新しい「日本の経営」の力の源泉だと思うのです。

多くの超大企業は、今、この問題に対する組織論を結局編み出していないんだと思います。いくら社内で経営スクールなんかやっても、その昔あちこちに研修所の建物を作ったのと同じでそれだけじゃダメなんですよ。もともと三井のお店だったのが、今は三井物産だの三井化学だのと大きなグループができて、それぞれが上場している。今、三井グループを全部集めたらすごい規模ですが、三井本社として統合するよりも、バラバラに分けて、お互い勝手にやっている。その方が正しい解答なのではないでしょうか。

日本流の大規模組織統御人材

伊丹　私の考えでは、アメリカ企業よりもより多くの社内組織を統合的にやるのが日本の得意技だろうなと思うんです。三井グループ全体を一つにするほどまとめる必要があるかというと、多分それは違う。バラバラにするのと、全部統合することの中間のところに最適解がある。

しかも、それができる人材というのは、ファイナンス出身ではなく、人事出身の人に可能性が高いという気がしています。立て直しの経営をやった企業のいろんな話を聞いてみると、個々の事業の立て直しではなく全体の統御という場合には、どうも人事出身の人がうまくやっているケースが案外目につくな、という印象です。

例えば、JSRという会社がそうです。JSRは今、半導体のフォトレジストや液晶用のフィルター用の材料が、ものすごく好調なんですが、そちらにかじを切って、全体の統御をしたのは、朝倉龍夫さんという総務人事畑出身の社長なんです。彼が研究開発畑の吉田淑則さんという人に新事業を任せて、いろいろバックアップして、投資の金もつけてということで、全体の統御を行ったんです。

三枝　その話はなんだかアメリカ流経営の裏返しみたいな感じがしないでもない（笑）。

伊丹　どういう意味ですか。

三枝　アメリカの社長には、もと会計士だった人がたくさんいますよね。マネー志向の経営が強い国ではそういう出世ルートが発達するんです。そういう経歴のアメリカの経営者は、社員の人減らしだとか、事業の切り売りのことをわりと簡単に口にするというのが私の経験です。日本では組織志向であるべきだから、人事をやっていた人が経営者に向いていると伊丹さんが考えているとは思いませんが、何だか連想しちゃったものですから。私がその昔いた三井石油化学でも、その当時の歴代社長は人事とか経理出身のいわゆる文科系が主体でしたので、個人的には人事出身の社長には馴染みがあります。

話を元に戻すと、ＪＳＲの例は、経営陣の役割を分担するということですよね。それは、ホンダの本田宗一郎さんと藤澤武夫さんのような話でしょうか。本当の社長は、実は藤澤さんだったという話もありますよね。

伊丹　似ていると言えば似ています。ただあの場合は、二人とも天才だから、あまり例にならないんです。私は、経営者の役割というのは、リーダーと代表者と設計者だと思っています。リーダーというのは、人間集団の求心力の中心。代表者というのは、社会に対して組織を代表して物申し、かつ責任をとる人。設計者というのは、戦略の設計、組織の設計、そうした経営構造の設計をする人です。

ホンダの場合、リーダーは、明らかに本田宗一郎です。代表者も本田宗一郎。だけど、設計者は藤澤武夫。企業の組織を設計する、会社全体の戦略の基本を設計するということは、すべて藤澤武夫さんがやったんです。一人の経営者がやらなければいけない三つの役割を、二人で分業したまれな例ですね。

ソニーの盛田昭夫さん、井深大さんのコンビの場合は、井深さんが最初の頃は三つともやって、その次は盛田さんが三つ全部をやりました。あれは決して本田・藤澤と同じパターンではないと思います。大きな組織全体の統御という問題をどう考えるかというのは、私のテーマだから、そういう経営者人材の重要性をついつい主張しているのかもしれません。

三枝　例えば、人事出身の人が一番上に立った場合は、事業のことについて、誰がどんな商品を開発すべきだとか、競争相手にどう対抗するとか、そのためにこの事業にいくら投資させようとか、そういう個別戦略にまで首を突っ込むのでしょうか。

伊丹　それほどはできないと思います。

三枝　ということは、そういう人は全体の人の配置はできるけれど、その下には、私が今言ったような事業のディテール、あるいは戦略を描く人が配備されているわけですよね。そして、その人たちの配備をコントロールしていくというのが、トップの仕事になると。そういう役割ですよね。

伊丹　つまり、間接経営なんですよ。

三枝　それは、極端な例で言えば、「持株会社三井本社」のような話に類似したメカニズムですよね。

伊丹　アメリカの企業と日本の企業を比べたときに、私が違いを感じるのは、間接経営のノウハウや仕組みの蓄積の深さです。アメリカの企業は、やはりきちんとやっています。

三枝　それは彼らが日本企業みたいに機能別組織を肥大化させることをやらず、小さな事業部をたくさん作って分権化してきたからではないでしょうか。あるいは彼らが意味のない多角化をたくさんやってきたから、その良い副産物という面もあるかもしれない。それは日本でかつて持ち株会社が許されなかったことに関係しませんか。

伊丹　いえ、持ち株会社の問題だとは思いません。例えばＧＥは、昔からああいう大規模組織をどうやって運営するかということを、懸命に工夫してきた会社です。そういう経営の能力が大切だという感覚が、日本企業には欠けているんだと思いますよ。その最大の理由は、今まで自分が大きくなったことがなかったからです。今、トヨタはそれをすごく感じていると思いますね。トヨタは、グローバルに大きくなっていったときに、その全体をどうやって統御するかということを考えてきた会社なんだと思います。だから、すごいのでしょう。ただ、あれは自動車だけですから、パナソニックよりは簡単だと言えば簡単なんですが……。

三枝　私は自分が馴染んできた規模の会社の話にいつも行ってしまい、伊丹さんはその逆で、いつもトヨタとかパナソニックの話に行くんですよね。

伊丹　確かに、そうだ（笑）。

三枝　でも売上高一千億円の企業は、結構大企業なんですよね。一千億円と言えば米国に行けばビリオンダラー会社で、社内はいくつかのディビジョンという法的には別々に登記された会社に分かれていて、それぞれに社長という肩書きの人材がいます。ところが日本では社長という人は一人だけというのが今でも当たり前になっている。

私は日本の経営の最大の問題は、大きいことが良いことだと思い込んでいることだと思います。自分で手に負えない大組織のまま、いじくり回している。私は超大企業の上位組織では伊丹さんの言うような間接話法を含む多事業管理のノウハウを貯める。そして事業部レベル以下には「創って、作って、売る」の「スモール・イズ・ビューティフル」を入れる。そういう組織の方が、若い人の目が輝いてくるし、経営者人材は育つ。この二つの組み合わせでしょうね。そうすれば、大きい企業の規模のパワーと、小さな組織の経営メリットが合致してくると思います。

人本主義の経営者には力量がいる

伊丹　でもね、日本の大企業の経営をきちんとやろうとすると、かなりの力量が必要なんですね。ただのお神輿に乗っているだけの人じゃ務まらない。第四章で「人本主義」の話をしましたが、本当に人本主義をきちんとやろうと思うと、実はとても厳しくて、特に経営者に負荷がかかるんです。人間の組織として人本主義的に経営をやりたいけれど、一方で人間について私は「性弱説」をとっていますから、びりっと引き締めるところも入れないと、全体がもたないわけです。

と同時に、人本主義は市場経済というお金の原理によって基本が動いているところに、人の論理を上乗せしているんですよね。この二つの論理は、ときどき矛盾するんです。その矛盾を何とかしてねじ伏せて融合させなければいけない。これも経営者としては力量がいるんですよ。実は、アメリカ式経営の方が経営者は楽なのではないでしょうか。

三枝　そうですね。結局、能力イコール年齢とか年功序列とか、あるいは学歴主義みたいなものは、ある時期まで実に便利で経営的にも合目的だったんだけど、情勢が変わったのにその制度をそのまま使い続けたのが間違いだったと思うんですよ。社内で本当に元気な人が素直にリーダーとして上がってくる仕組みに変えていれば、企業の元気は勝手に保たれるわけで、そのルートを絶ってしまうような人事制度を続けたのが良くなかったと思います。

伊丹　本当にまずいね。

三枝　私が、あの部下をストレッチしたい、優秀だから乱暴な人事をやろうと思っても、会社が大きくなってしまえば下まで目が届かない。いずれにせよ一人のトップにできることは限られています。ですから、組織の適切な更新が常に行われるような「仕掛け」を導入しておかなければいけない。その仕掛けで、優秀な人を引っ張り上げたいわけです。

そのことと、旧来感覚から来る嫉妬や不満とのバランスをどうとるかは、とても難しい。横並び感情を完全に無視すれば、誰か一人を上げたら他の人は外にチャンスを求めて会社から出ていってしまうような組織になりかねない。そうすると、組織としての長期の継続性は保たれなくなります。実務的には、結構難しいバランスが必要になるんですね。

伊丹　それはそうだと思います。だからときどき、違うことをやるしかないんですよね。

三枝　それもまた正解でしょうね。私が今の話で思い出したのは、マトリックス経営のことです。例えば海外事業でいろんな種類の事業を持っている会社が、海外子会社に事業責任をすべて持たせて、いわば地域単位で一つの会社となり、その経営を子会社社長にやらせる場合。もう一つは、本社事業部が直接の主導権を握って、現地の社長はお飾りになるというものです。どちらの形態が有効かというと疑問ですが、永遠の正解はなくて、例えば五年ごとに切り替えて、行ったり来たりの組織でいいという考え方を私は持っています。

伊丹　そうですね。結局、良い経営をやっているところをなるべく詳細に見ると、考えてそういうことをやっているんですね。経営企画室の人だけが、この論理はどこの先生のこういう意見に基づいているとか、どこのコンサルティング会社が言っているから、未来永劫これでいくべきだ、みたいなことを言ってしまうから、社内で必ず反対が出るわけです。

三枝　ただ、何年かごとに手を打つべき変化を、いちいち長期の計画に乗せてそのとおり実行するような仕組みがあるかというとそんな仕掛けは無理で、問題がないと思えるときには実は誰もあまり考えていないと思うんですよ。しかし優秀な経営者が上にいると、どうもこれは変だ、何とかしなきゃと、動きの悪くなった組織の替えどきをタイムリーに感知して手を打つ。そういう感性のいい人がいる場合にのみ、組織の進化が図られるというのが実態ではないでしょうか。

伊丹　そうであれば、組織というのは揺れ動かすもので、揺れ動きがなぜ最適かという論理をきちんと作っておく。それである組織の改革をやったら、最初からこれは五年しかもたないと思ってやってくれと言うわけです。ただ、これを言い過ぎると、最初の改革を成功させようというコミットメントが部下に生じないんですね。「すぐ変わるんだ」と思われてしまいますから。ここがまた難しいところです。

三枝　それは元に戻ると思うからですね。元じゃなくて次の進化に行くと思ってくれていれば、サボりは起きない。

伊丹　変わるけれど、どこへ行くかはわからない、それがコツですね。ただ、先ほどのマトリックスの話は振り子の問題ですから。

三枝　ええ、でも五年前の組織と五年後の組織というのは、少なくとも事業が発展している限り、かなり変わっていますからね。

伊丹　それはそうですね。

海外へ出ることが人を育てる

三枝　日本の経営者人材の育成を考えるとき、海外での経営経験を積んだ人たちは経営者人材の大きなプールになっていると思います。海外に出ることで、日本と違ったいろいろな物の見方ができるということはもちろんですが、もう一つ理由があります。海外の現地法人では「創って、作って、売る」をワンセット持たざるを得ないような環境が多くて、日本の本社で一機能部門の仕事をやるよりも、経営者のトレーニングにはいいんですよ。かなり総合的な経営判断を求められるような仕事を若いうちに海外でこなした人が日本に戻ってくると、日本の組織も元気になると思います。現実にもそういうことは起こっていますよね。

伊丹　そうですね。ところが心配なことに、ここ十年くらいは海外に人を出さなくなっているんです。これには二つの理由があって、まず、コスト意識が強くなって日本人を派遣するコストを減らす動きになったこと。もう一つ、日本企業はなぜか現地化をしなければいけないと思い込んでいて、海外の経営ポジションに日本人をつけることは、現地人のチャンスを奪うことだから、やってはいけないと考えているようなんです。何とおかしなことを言っているのかと私は思いますが、実際、そういうところが増えているんです。これは本当に心配です。三枝さんが以前、言っていたじゃないですか。ミスミにおいて、事業を上海で立ち上げるプロセスを経験した若い人たちは、本当に育ったって。

三枝 絶対にそうだと思いますよ。

そうですね。かなり意識的にそういった人事はやった方がいいですね。日本企業が人材を短期間で貯め込む、かなり有力なやり方ですよ。

伊丹 若い人を海外の子会社に出して、そこの経営を任せて、ある程度経験したら本社のしかるべきポジションに戻してやる。昔はそういうことを考えていたんですけどね。でも、現地化というのも世の流れ、ファッションなんですよね（笑）。だから、それについつい流されてしまうんです。ところが、現地で同じレベルのことをやれる人を探そうとすると、これは難しい。

三枝 いないんですよ。本社でそのサイクルを一回でも二回でも回した人間が行かなければ、とても無理なんです。

伊丹 それなのに、「失われた十年」と言ってみんなで悲観的になり、萎縮している間に、海外との接点の中で育つ日本人の比率が減ってしまったように思います。

三枝 なるほど、経費カットのあおりですね。

伊丹 それもあるし、経営課題として国内で整理整頓をすることが優先されて、海外に出ていくことを大きなテーマに掲げる余裕がなくなったんですね。

グローバリゼーションなんて今さらながら言っていますが、結局、少子高齢化で国内需要は減るに決まっているんですから、海外へ出ていかなければ企業の成長の余地なんかないんです。こんな当たり前のことにやっと目が向き始めて、ようやくそういうことをみんなが言うようになってきたということです。経営者人材が育つための状況としては、多少良くなってきた。

乱暴な人事でストレッチする

三枝　住友系合弁会社で私は初めて経営責任を負って社長になった話をしました。そのときに、私は自分の満足レベルに達していない人を、みんな鍛えてやろうと思ったわけです。もっと能力を伸ばせると思える人に、思い切ったポジションを担わせようかと考えるんですが、そういう鍛え方を迷惑がられることがある。私はそんなことは望んでいませんと。

伊丹　七対三ぐらいで迷惑がる人の方が多いのではないですか。

三枝　いえ、厳選してから声をかけますからそれほど悪い歩留まりではありませんが、実際にやらせてみるとこちらの見立てが違っていて、実はそれほど伸びしろのない人だったケースも多いですね。人に対する過度の思い入れは、しばしば当人にはありがた迷惑なんですよね。そういう寂しい思いは、何度もしました（笑）。

伊丹　前向きで受ける人でも、うまくいくのはそのまた三割くらいですか。

三枝　そんなものでしょうね。私の人を見る目が肥えてきた最近でも、長年同じ社内にいて判定期間が十分にあったというのならともかく、入社歴の比較的短い人の能力を見立てるのは難しくて、どうしても狂いが出ますね。

私が最初に伊丹さんの経営戦略の本を開けたとき、オーバーエクステンションと書いてあって、これにはちょっとショックを受けました。エクステンションをもうちょっとオーバーさせて、私の言葉で言うとストレッチさせたところに、会社としての伸びしろ、越えていくものがある、という話なんです。私の考え方とあまりにも同じだったので、本当にびっくりした。当時の日本の経営者でそんなことを考えて経営的打ち手を考えている人なんてほとんどいなかったと思います。

伊丹　乱暴な人事、背伸び、ストレッチ、すべて組織や人が育つ、源泉だと思います。もちろん、無茶はいけない。しかし、無理をしなければ、伸びない。

三枝さんが書かれた図で、私がとても好きな図があります。図7です。「経営変革の心理カーブ」というのが図のタイトルですが、社員自身の変身のきっかけ、ともある。もともとはこの図の縦軸は心理的緊張感でしょうが、個人の能力・態度とも読める。そう読んでみると、この図こそ、オーバーエクステンションの図です。

三枝　そうですね。もともとこの図は、組織が変わっていくプロセスでは、仕掛けられたハイテンションがなければダメだ、ということを言いたくて作った図です。図の黒い水平線は一般の人たちの心理カーブで、沈滞企業の社員の緊張感はそもそもそれよりも低い。何も変革の仕掛けがなければ、その低いままでずっと推移してしまう。それがグレーの矢印です。しかし、変革のリーダーがハイテンションを仕掛ければ、彼自身のストレスは太線のように上がり、しかし一般の社員もそれよりは低い水準で時間的にも遅れるでしょうが、太線と同じようなカーブになる。無理なことに果敢に挑むと、テンションも上がるわけです。そして改革のギリギリのプロセスが続く間はテンションの高いレベルで維持される。しかし、改革の成果が出てくれば、テンションは下がってくる。だけど、下がって落ち着いた水準は、改革前の水準よりも高い。それが大切なんです。それが可能になるのは、いったんものすごいテンションの高い時期を意図的に過ごさなければならない。

つまり、改革前の低い水準から改革後の高い水準に順調に着実に上げていくという手段は実はない。オーバーエクステンションをしなけりゃ、改革はできないんです。

伊丹　本当にそのとおりだと思います。で、この図を経営者人材の能力アップの図と読み替えてみると、こんなことが言えそうです。まず、意図的なオーバーエクステンションをすると、その改革リーダーは火事場の馬鹿力が出て、自分の能力以上の仕事をその時期にはでき

図7　経営変革の心理カーブ

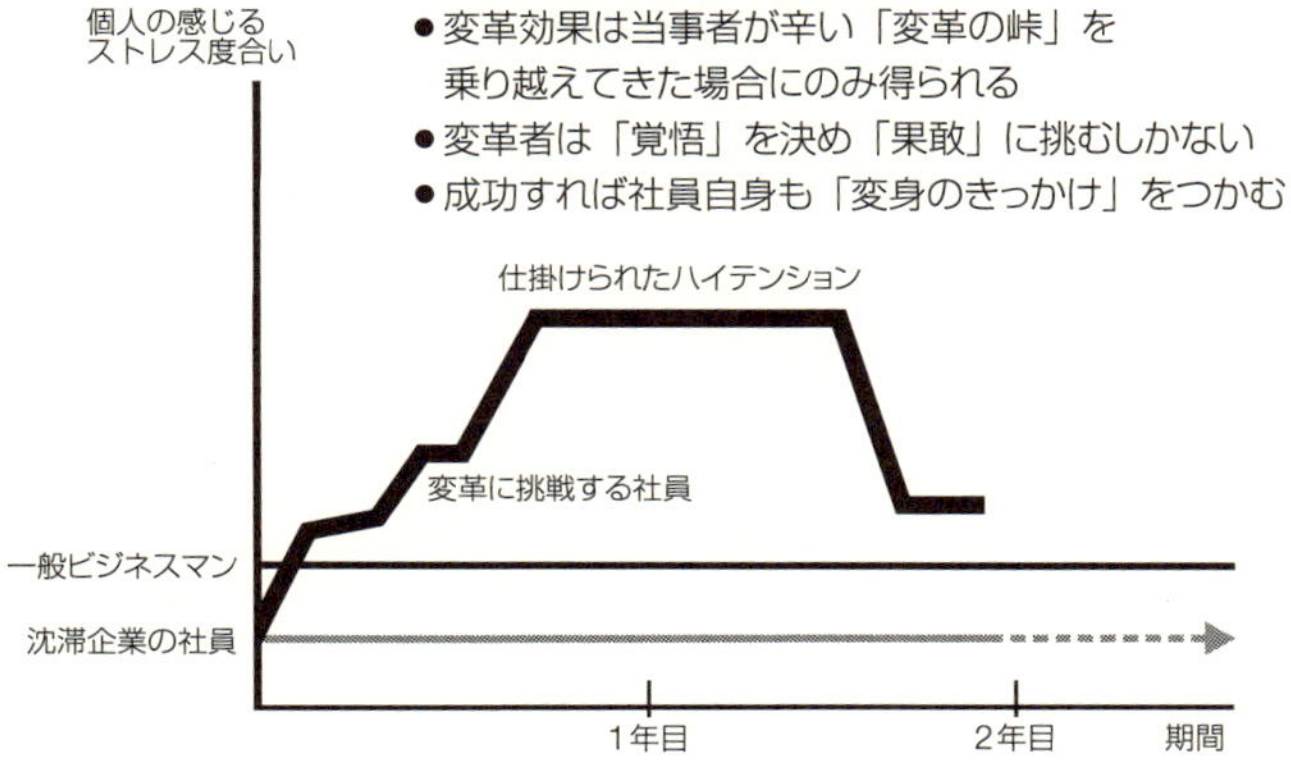

る。しかし、火事場の馬鹿力が長続きするのは無理で、その挑戦が一段落すると、テンションも落ち着き、能力の出現も火事場ほどではなくなる。だけど、オーバーエクステンションのあとで落ち着いた能力水準は挑戦の前よりも高くなっている。挑戦をしない一般の人よりも、明らかに高い水準になる。定常状態で高くなっているということは、人が育ったということです。

日本企業を担っていく経営者人材の育ち方は、この図のエッセンスをいかに多様な仕事の場で実現するかにかかっていると私は思う。海外の事業経営の経験でもいい。国内でのかなり乱暴な人事でもいい。一定の経営のリテラシーと志を持った人たちにそうした挑戦の機会を与える。三枝さんの言うとおり、「変革者は覚悟を決めて、果敢に挑むしかない」。そういう人たちが増えてくることを、そしてその機会を与えようとする人たちもまた増えてくることを、期待したいですね。

三枝　まったく賛成です。せっかく築いた日本の繁栄が崩れ、日本の一人当たりGDPはOECD加盟国中十八位にまで落ちてきました。でも、国全体の凋落に対する国民の危機感は薄いですよね。業績不振に陥った大会社の社員に危機感が薄いまま、会社が自然死的衰退への緩慢なプロセスを歩んでいくのと同じ現象を、あたかも国全体で演じているように見えます。

この国の経済的繁栄を作り上げてきた原動力は、他ならぬわれわれビジネスマンでした。これからは若い優秀な人材に挑戦の機会を与え、彼らがリスクの死の谷を越える経験を積むことで経営者人材としての力量を上げ、彼らのリーダーシップの下で元気な「日本の経営」を構築していけるようにしたいですね。

経営者に求められる切断力

三枝匡

二〇〇七年初めに伊丹さんから彼の著書『よき経営者の姿』を贈られた。すごいタイトルの本を書いたものだと思った。私は読後感を伊丹さんに送った。その手紙のコピーはミスミの役員、幹部社員全員にメールで送り、本を読んでもらった。

×　×　×　×　×

伊丹教授

久しぶりの休暇でマレーシアのリゾートに来ています。伊丹さんから頂いた『よき経営者の姿』ですが、鉛筆であれこれ書き込みながら読みました。本来なら日本間の畳の上で、和机に向かって正座して読むべき本だと思いました。実際にはリゾートのデッキの上で横になって読みました。スミマセン（笑）。

伊丹さんが世の経営者に遠慮される必要はないし、畏れ多いと謙遜される必要もないと思います。「これぞ伊丹だ、どうだ、参ったか」でいいと思います（笑）。

私が個人的に痛みを感じた指摘が随所にありました。最も強い痛みを感じたのは、経営者に必要な資質として挙げられている第四の資質です。「事を興す人」には「構想力」が必要、「事を進める人」には「包容力」が大切というところまでは良かったのですが、「事を正す人」には「切断力」が必要と書いてあるのを見てぐっときました。伊丹さんオリジナルの、よい命名の言葉ですが、私にとってはたくさんの痛みの思い出と反省が湧き上がってくる言葉です。

よく考えてみると、私は人生で若い頃から切断力を磨くことに向かい続けてきた感があります。小学生の頃から、あるいは大人になっても、自分の先生、先輩、上司、経営者、政治家など上のいわゆる既存体制に対して、いつも批判精神が旺盛でした。時の権力者やマスコミに対する批判を口にすることの多かった父母の影響が大きかったのかもしれません。

大学三年生の時に、部活動のリーダーを経験して、野党的切断力では集団の上に立てないと悟る機会がありました。与党には与党なりの辛さ苦しさがあることをはじめて思い知ったのです。しかし社会に出てからしばらくは、与党的立場で行動することの重要性を感じつつも、与党組織の中核を固めている保守的な人々に染まることへの警戒心が常にありました。その意味で私は一匹狼の行動性癖が強かったと思います。転職してBCGに入って二十代で世界の一流の人々に触れ、一匹狼でも構わないプロの職業を知ったのです。しかし私は人の上に立つ経営者への道を探していました。自分の人生の先が見えずに悶々としながら三十代を迎え、そこで赤字再建の仕事に出会ったことは、私の人生の幸運だったと思います。

それは企業組織の与党のど真中に入り込みながらも、同時に「切断力」の発揮が求められるという珍しい組み合わせの職業でした。常にハイリスクな職業であるために惨めな経験もしましたが、まさに私に向いている仕事だったと思います。

しかし時として私が伊丹さんの言う「事を正す人」の仕事から、平常的な「事を進める人」の立場に移行し、経営の安定性、継続性を作り出すことが必要な状況に置かれると、それでもつい「切断力」の行動パターンが表に出てしまいます。

切断力の強みがその時は弱みに転化し、もし刀を振り回しすぎれば伊丹さんの言う「不必要な外科手術」をやってしまいかねないのです。平時の経営において、部下に過激に切り込み過ぎたときなど、自分はもっと悟りを開かなければならないと思いつつ、どうしても悟りきれない自分が常にいました。そのたびに私はひそかに手をついて反省をするのですが、自分の性格はなかなか変えられないわけです。

伊丹さんのこの本で私が最も我が意を得たりと思ったのは、経営者の「小さな失敗を正さない誤り」です。私が経営に入った企業で「ハンズオン」とか「個に迫れ」を言い続けるのは、伊丹さんの言う「現場のディテールにこそ神が宿る」と同じ意味です。一見正しいことを言いながら、部下の「小さな失敗」を是正することに自分の手を下さない人がいます。自分で細かい事実を押さえなかったり、仕事を他人に丸投げする人が集団の上に立つと、裏付けの薄いその場限りの言葉が飛び交う組織になっていきます。言葉ばかりの妥協で実際には鈍重な動きしかできない組織になっていきます。大企業病は幹部がディテールの押さえをサボることによって始まります。

最近のミスミの高成長で、外部の大企業から来た人が増え、その人たちが知らず知らずのうちに大企業病に染まった行動規範を持ち込んでいると感じることがあります。一般社員ならまだしも、経営の上層でそのことが起きると影響は甚大で、わずか数名の影響で会社の体質が変わってしまいかねません。ミスミのハンズオンの社風が薄められてしまうと、ミスミは普通の大企業と同じになってしまいます。その流れの防波堤になるような、ディテールを求めて個に迫り、同時に論理性・戦略性のダイナミックさを持ち合わせた経営者人材を育てることこそ、私の使命だと思っています。

『よき経営者の姿』は経営経験を積んだ人ほど評価すると思います。でも経営経験の足りない人にこそ、是非、読んでもらいたいですね。持論じゃありませんが、彼らが何年も経ってから自らドジを踏んで、伊丹さんの本に描かれている失敗のパターンと同じ状況に自分が陥っていることに気づくと、愕然とするでしょう。しかしそこで初めて、この本に書かれている教訓が何倍ものスピードで彼らの身につく。経営リテラシーとはそういう役割を果たすものであり、この本もそういう性格の本だと思います。

× × × ×

私はミスミの全社員に向けて、こういう手紙を「経営の考え方 《ミスミグループ経営幹部・社員の共通言語つくりをめざして》」と題する社長ニューズレターとして年に何回か送ってきた。二日間にわたる社長戦略研修を行ったり、他の役員が社内の成功失敗体験をケースに取り上げる経営講座などを始めた。私がミスミの社長の傍ら一橋大学大学院の客員教授を務めていた時期には、私とミスミの役員何人かで一学期の授業を分担することも行っていた。彼らにとって、教えることは自分の考えをまとめる上で役に立つ。ミスミではこうして経営者人材の育成プログラムを少しずつ充実させてきた。

対談の中で述べたように、リーダーの素養とは、「論理性」と「熱き心」の二つに集約される。自分一人の力で実現できないことに挑戦しようとする人は、周囲を巻き込むために、自分の目指すことを熱心に語らざるを得ない。熱き心とか人のリーダーシップ・スタイルは、生来の性格、せいぜい学生の頃までに形成された人格でほぼ決まるのではないか。

それに対して論理性とか戦略性はあとから習得して、自分の思考をかなり変えることができる。熾烈なグローバル競争の中で、論理的でシンプルな戦略ストーリーを社員が理解できるように伝えることができなければ、これからの時代の経営リーダーになることはできない。

経営現場における実践では、論理で割り切れないものがたくさんある。人間の行動や感情が単純ではないからだ。経営者は「論理性＋リーダーシップ」を毎日のように「現場経験」で試され、そこからの学びが自分に戻って「論理性＋リーダーシップ」をさらに高めていく。

修羅場というのは、そうした学びのサイクルが劇的なスピードで回転する状況のことである。修羅場という言葉を気軽に口にする人がいるが、修羅場と感じるかどうかは人により相対的なものである。経験の浅い人にはひどい修羅場でも、経験豊かな人から見れば何でもないということが頻繁に起きる。

自分の実力以上の環境に置かれたら、誰にだって修羅場になりかねない。しかし人材育成には、背伸びをせざるを得ないような仕事が最適だと私は信じている。私自身がそのような育てられ方をしてきたからである。意欲ある若い人たちに、そのような組織環境を用意してあげることが、これからの日本企業の責務ではないかと私は思う。

あとがき

三枝さんと挨拶以上の会話を初めてしたのは、いつだったのだろうか。長い対談を終えて、そんなことを考えていた。

多分、一九七五年四月、サンフランシスコ空港だった。生まれたばかりの次男を含めて私の家族三人が飛行機で日本から着くのを空港に出迎えたとき、到着ゲートから三枝さんも出てきたのである。本文中にもあるように、その頃私はスタンフォード大学の客員助教授として教えに行っていた。

それから三十年を超す歳月が過ぎた。われわれ二人がそれぞれに初めてのアメリカ体験をした年から数えれば、四十年近い月日である。その間、日本とアメリカの関係も転変し、われわれ二人も太平洋を行き来しながらそれぞれに歴史の小さな一コマ一コマを経験してきた。

その二人の個人史を振り返る形で長い対談が始まったのは、一年近く前であった。この企画を提案したのは、私だった。三枝さんも出版社も、二つ返事で引き受けてくれた。

三枝さんは一橋大学のさまざまな授業で長期間にわたって大きな貢献をしてくださった。彼の本も講演も、もちろんよく知っているし、尊敬もしている。そんな彼と、日本の経営について語り合う機会があったら、自分も面白いし、読者のためになる本もできる、と思ったのである。彼はプロの事業再生請負人で、経営の現場で戦う最前線の経営者である。私は経営の現象の現場から一歩引いて、その現象の論理を考えようとしてきた経営学者である。そうした立場の異なる二人が、しかしどこか共通点のある考えを持っている二人が、じっくりと話したら何が出てくるか、楽しみだった。

日本の経営について語り合うはずの対談が、二人のアメリカ体験を振り返り、そしてその後現在に至るまで二人がどのような仕事人生を歩んできたかを語る形で始まったのは、自然発生的なアイデアだったのだが、それなりに必然であったとも思う。

それは、良くも悪くも、現在の日本の経営を語るときにはアメリカの経営との比較で語らざるを得ないからである。単に二人の個人的経験が日米の間の経験だったというだけではない。経営のみならずある国の社会現象について人が語るとき、その現象の本質に迫るためには、地理上の異なった国とその国との比較か、歴史上の異なった時点と現時点との比較か、方法としてはその二つが自然なのである。だからわれわれが現在の日本の経営の課題を語り、真の「日本の経営」を創るとはどういうことかを語るとき、アメリカとの比較を歴史的なパースペクティブの中で始めることになるのであろう。

しかし、そうした日米比較の視点、歴史的視点で日本の経営を語ろうとするとき、誰しもがしばしば陥りやすい落とし穴がある。日米比較で言えば、「アメリカではの守（出羽守）」論かその裏返しの嫌米論になりやすいことである。歴史的視点ならば、「昔は良かった」論かその裏返しの過去の全面否定論が、落とし穴であろう。

二人とも、それは嫌だった。この落とし穴について明示的に二人で話したことはなかったが、二人とも「日本という国の実情に合った、しかし経営の原理に即した経営のあり方」を考えたいと思っている、と私は感じている。

三枝さんが「創って、作って、売る」サイクルをベースに経営のあり方を論じるとき、私が「場の論理」や「人本主義」をベースに経営を語るとき、それは決して日本論のつもりで言っているのではない。日本の実情が生み出した新しい経営の原理、しかし他の国でも活かせる普遍性のある原理、として語っているつもりである。

しかし、そうした原理が背後にあるにせよ、二人がともに興味を持っているのはそうした原理を「現在の日本の実情に合わせて活かす」ことによって生まれてくるはずの、新しくユニークな「日本の経営」である。抽象的な原理に興味があるのではなく、その原理を使って生まれる現実の姿に二人とも興味がある。そして、現実がより良い方向へ動いてほしい、という願いを持っている。

第三章の章末エッセイで、私は

経営の具体策＝原理（理念）×環境

という方程式を紹介した。真の「日本の経営」とは、日本が生みだした原理を現在の日本の環境に合わせて具体化したらどうなるか、という思考の産物であるはずなのである。

そうした日本流経営への道の最終点にこの対談で到達したとは、われわれは思ってはいない。しかし、そこで考えるべき原理については語ったつもりであるし、その原理を現在の日本企業の環境に合わせたらどのような経営実践になるかも、かなり語ったつもりである。

しかし、この対談の結果としての「経営実践の具体案」そのものは、この本の最も大切なメッセージではないだろうと思う。それよりも大切なものは、現実の現象から抽象化して概念や原理を考えるという姿勢、そして原理を考えた後にのみ新しい経営の具体的姿が見えてくると思う姿勢、そうした二人に共通する姿勢ではないかと思う。

あとがきを書くにあたって、その共通する姿勢を改めて感じられたことを、うれしく思う。そして、読者の多くがその姿勢に共感し、自分なりに原理を考え経営の具体策を考えてくださることを、望みたい。

その望みがかなえられるはずと思うのは、本を書き終わった安堵感ゆえの希望的観測であろうか。

最後になるが、日本経済新聞出版社の赤木裕介さんへのお礼を申し上げたい。対談のセットからテープ起こし、一次編集、最終的な手直し、とさんざんにお世話になった。記して、二人の深い感謝の気持ちとしたい。

伊丹 敬之

三枝匡（さえぐさ・ただし）
株式会社ミスミグループ本社 名誉会長・第2期創業者

1967年一橋大学経済学部卒業、三井石油化学を経て、20代でボストン・コンサルティング・グループの国内採用第1号コンサルタントとして、東京、ボストンで勤務。その後、スタンフォード大学でMBAを取得。プロ経営者になることを志し、30代で赤字会社2社の再生とベンチャーキャピタル会社の経営を各社代表取締役として経験。41歳の時に㈱三枝匡事務所を開設。
不振企業に役員として参画するターンアラウンド・スペシャリスト（事業再生専門家）として16年間活動。2002年ミスミグループ本社の社長CEOに就任。同社を社員340人の商社からグローバル1万人をこえる国際企業に変身させた。取締役会議長を経て2018年4月にシニアチェアマン、2021年7月から現職。経営者活動の傍ら、一橋大学ビジネススクール客員教授など教壇にも立つ。著書に『戦略プロフェッショナル』『経営パワーの危機』『V字回復の経営』『ザ・会社改造』があり、米国、中国、台湾、韓国で現地版も出ている。

伊丹敬之（いたみ・ひろゆき）
国際大学学長、一橋大学名誉教授。
1969年一橋大学大学院商学研究科修士課程修了。72年カーネギーメロン大学経営大学院博士課程修了 Ph.D.。その後一橋大学商学部で教鞭をとり、85年教授。この間スタンフォード大学客員准教授などを務める。経済産業省の審議会委員など多数歴任。2005年紫綬褒章を受章。東京理科大学大学院イノベーション研究科教授を経て、2017年より現職。
著書に『経営戦略の論理』『人本主義企業』『場の論理とマネジメント』『よき経営者の姿』『経営の力学』など。

「日本の経営」を創る

2008年11月21日　1版1刷
2021年12月10日　　7刷

著　者　三　枝　匡
　　　　伊　丹　敬　之

発行者　白　石　賢
発　行　日経BP
　　　　日本経済新聞出版本部
発　売　日経BPマーケティング
〒105-8308　東京都港区虎ノ門4-3-12

印刷・製本／中央精版印刷株式会社

ISBN978-4-532-31422-4　Printed in Japan

本書籍に関するお問い合わせ、ご連絡は下記にて承ります。
https://nkbp.jp/booksQA

原爆投下への道程

認知症とルーズベルト

本多巍耀 著

芙蓉書房出版

はじめに

　本書の中で私は、ドイツ人ハーン教授が世界初の核分裂現象を実証してからアメリカ大統領ルーズベルトが大戦末期に急死するまでの約六年半をとり上げました。つまり原爆開発の推移を下敷きにして、その間、ルーズベルトほか連合国首脳がどう動いたのかを描いた次第です。

　さて、大戦当時、チャーチル首相と東條首相を除く為政者たちは原爆の着想を聞かされた時、それが具体的な形になって目の前に出現するとは思っておらず、そんなものは空想科学小説の題材に過ぎないと考え、原子物理学の最先進国だったナチス・ドイツですらこれを新しい熱エネルギー源として捉えるのみで、兵器転用までは考えておりませんでした。

　大戦中、ルーズベルト、チャーチル、スターリンの三人はさまざまに連携をとり、最後に、黒海のほとりヤルタでドイツと日本の運命を決め、国際連合という戦後の枠組みに合意しました。もちろんヤルタ会談の時点で原爆は完成しておりません。とはいえ、もうすぐ出来そうだという原爆の存在はルーズベルトおよびチャーチルに意思決定上の影響を何も及ぼさなかったのでしょうか？　資本主義と共産主義という思想上の対立は避けがたいと承知していたはずのアメリカは、最終兵器と呼ばれる原爆をほとんど手中にし、しかも実際に使用していながら、なぜスターリンに譲歩し、もはや死に体の日本へ向けて参戦を要求したのでしょうか？　この疑問にそれなりの答えを出すことが本書の主題です。

　言うまでもないことですが、原爆の残酷無慈悲に激しく心が波立たない日本人はおりません。太陽表面温度の一万倍という原爆の熱風に吹かれ、石の階段に影として焼きつけられ即死した人々。そして爆発で生じた業火と放射線を浴び、異様な姿に変わり果て、助けを求める幽鬼の群れと化して死んでいった人々。この体験にすべての日本人は文字通り心に大きく痛ましい傷を負っておりますが、本書では、被爆者となった日本人には完全に沈黙を強いることとし、ひたすらアメリカ人とイギリス人の視点から原爆を描いております。

歴史を厳密な考証に基づくサイエンスとしてとらえるのではなく、我が身を飾るアクセサリーとして作り込んでいくほうが爽快でしょう。同様に、政治とその延長線上にある戦争を善と悪のせめぎ合いとして描くのは簡単であり、読み手もそれを歓迎するかもしれない。しかし政治問題は完全犯罪をあばく刑事物語とは違い、たやすく善と悪に染めわけができるほど単純ではありません。原爆開発を命じたルーズベルト大統領。そして原爆開発に関与し、手を貸した途方もない数の人々。これらを悪人群像として描くかたわら、太平洋戦争を戦った日本人を善の一字で染め上げてしまったのでは品位に欠けます。よってここは、悲しみのストレートな吐露を卑しんだ旧世代の日本人の美意識に添いつつ、この作品に挑戦しました。なお本書はルーズベルトが他界した一九四五年四月十二日で筆を置いたため、完成品としての原爆を米軍に引き渡したオッペンハイマー教授や原爆を落とせと命じたトルーマン大統領、あるいはどうしていいかわからず完全に口を閉ざしたアトリー首相というビッグネームは登場しません。これらの人々は十七日間のポツダム会談を眺める時、嫌でも目にすることになるでしょう。それから第二部の最終項で触れた《ルーズベルト未完の肖像画》は著作権を考慮し、本書への掲載は控えました。ただし、《Elizabeth Shoumatoff》と入力してインターネット検索をかければ、しかるべき画像を得ることはできます。いまーつ。本書は同時進行中の出来事を紀伝体記述したため、章が変わる時、しばしば時計の針を何年か前に戻すことが起きます。読者各位には、本書を読み進める場合、この面倒におつき合いいただくことになるので、御了解を得ておかなければなりません。

原爆投下への道程——認知症とルーズベルト●目次

第二部　各国首脳の健康状態

第一部

原子力エネルギーには兵器の刻印

第一章

原爆をめぐって

1　ヒトラーの恐怖が生んだアインシュタインの手紙

ベルリン市内を走る地下鉄U3に乗ってティエールプラッツ駅で降り、あたりの閑静なたたずまいを眺めれば、誰しも「住むならこういうところに住みたいものだ」と思うに違いない。駅の改札から南に向かって子供の笑い声が飛び交う公園に歩を進め、遊歩道にそってベルリン・フィルの非公開録音場に使用されているイエス・キリスト教会の横を通り、さらに五〇メートルほど進むと、街路樹の間からベルリン自由大学・ハーン・マイトナー記念館が姿を表す。一九三八年十二月十七日に世界初の核分裂を成功させた場所として科学史に足跡を残すこの記念館が今も年配の土地っ子からピッケルハウベ（pickelhaube／プロシャの鉄兜）と呼ばれるのは、この建物のドームが槍の穂先のように突き出しているからで、なるほど軍国プロシャ、ビスマルクだと納得してしまうだろう。

さてこの記念館だが、以前はカイゼル・ウィルヘルム研究所（ＫＷＩ）と称し、一九一二年十月二十三日にウィルヘルム皇帝行幸のもとドイツの科学技術振興という期待をになって開設され、大戦に敗れた後もそのままの形で残り、所長はアインシュタインが務めている。その後、未曽有の生活苦にさらされてモラル荒廃に陥ったドイツ人はヒトラーを選び、本格的に《我が闘争》という狂気のマニュフェストが実行に移され、そして国をあげてのユダヤ人迫害が現実のものとなった時、アインシュタインはアメリカへ亡命した。同様に一六〇〇名のユダヤ系学者が生きるすべを奪われ、ナチスの手が及ばない土地に亡命したが、それ以外の、例えば妻ローラがユダヤ人だったのでアメリカへ亡命したイタリア人ノーベル賞物理学者フェルミ教授のような人々を加えれば一六〇〇名どころですむはずはない。現にこの頭脳流出のためＫＷＩで核分裂の研究に従事していたハーン教授のグループが深刻な影響をこうむっている。ハーンはこのときシュトラスマン教授、マイトナー博士、フリッシュ博士と共に核分裂理論の確立とその実証実験の成功にむけて奮闘していたが、ユダヤ系の学者だったマイトナー女史とその甥のフリッシュはナチスの弾圧に抗すべくもなくスエーデンとデンマークに亡命した。残ったハーンとシュトラスマンがウラン同位体Ｕ２３５によって成功させた世界初の核分裂実証実験も、マイトナー女史とフリッシュの亡命先からの協力がなければ、迅速な核分裂理論の確立は困難だった。このゆえにピッケルハウベには《ハーン・マイトナー記念館》という名が冠せられたのだ。

ベルリン自由大学・ハーン・マイトナー記念館
（ピッケルハウベ）

さわったものが黄金に変わる不思議な力を授かったミダス王以来、錬金術師は石ころを金に変える夢を抱き続け、その夢がラジウムとポロニウムという放射性元素の発見を経て核分裂に行き着いたのは二十世紀初頭のことである。

さて、こうした核分裂についての原子物理学説をいち早く自分の空想科学小説の中に取り込んだのはイギリス人作家H・G・ウェルズで、この奇才は一九一四年に《解放された世界》という作品を発表し、その中で、人類は原子力エネルギーの大規模活用を追い求めるうちに原子爆弾という邪悪を生み、ついには世界戦争を引き起し、地上の主要都市はこの爆弾によって灰燼に帰してしまうという無気味なことを書いた。この不吉な物語に影響を受けたのがユダヤ系ハンガリー人物理学者レオ・シラードで、この学者はハーン教授が核分裂を成功させる五年前に原子爆弾のメカニズムにとって最も重要な《連鎖反応》を予見し、その理論にもとづいて、インジウムとベリリウムを用いて実証実験を試みた。この実験は失敗したけれども、その後、ハーン教授がウラニウム同位体U２３５をもって世界初の核分裂を実証したから、シラードはそのニュースを聞いてすぐに減速材へ頭を切り換えている。ウランは減速材を使ってそこに中性子をゆっくりともぐり込ませると中性子過多になり、不安定になって熱エネルギーを放出しながら分裂する。ではどうやって高速運動する中性子のスピードを減速させるのか。シラードは中性子をウランにぶつける際、黒鉛か重水で減速させればいいと考えた。その上でゆっくりとウランに中性子を食わせてやればウランは分裂を繰り返し、本格的な連鎖反応を引き起す。かくして驚異的な熱エネルギーが誕生し、同時に救いようのない絶滅兵器ができる。そう確信した。

ここでシラードは思う。

――――自分がこういう結論を得たのであれば……

ナチス・ドイツの物理学者たちも同じ結論を得るはずであり、ヒトラーにそんな物を持たせたら、気違いに刃物どころの騒ぎではない。見るがいい。ナチスは着々と歩を進め、チェコスロバキアを併合し、たちどころにズデーテンラントのウラン鉱石を輸出禁止にしてしまったではないか。ここに思い至りシラードは震え上がった。ヒトラーは本気で核兵器製造に乗り出したと見たからである。

かつては美少年だったシラードもこのときは四十歳。見る角度によっては映画監督のヒッチコックがいると早合点する人間がいてもおかしくない。でっぷりとした太鼓腹のシラードはソフト帽をかぶっていたが、暑がりの汗かき男だったから、すぐにそれを脱いで扇子がわりに使う。すると抜け上がった額の上にひどく縮れた髪の毛が表われる。毛髪はポマードとチックで押さえつけ、整えているのだが、それでもシラードの癖毛はぐにゃぐにゃと波をうつ。

ところでシラードはおそろしく騒々しい男だった。しゃべりだすと猛烈な勢いで単語を繰り出し、際限がない。けたたましいシラードは沈思黙考とは別次元に住んでおり、いつも旋風のようにやって来て、騒ぐだけ騒いで去って行く人間だったから、相手になった者はその厚かましくも無遠慮な態度に辟易した。

犠牲になった某学者の悪口が残っている。いわく、「あの男をどう扱ったらいいと思うかね。左様。冷凍保存し、年に一度だけヤツを取り出し、二分間だけ息を吹き返させ、その間だけヤツが空想にふけるのを許す。そしてすぐまた凍らせるのだ。しかしそれでもヤツはこの二分間で一年の残りの時間、つまり三六四日と二十三時間五十八分、我々を働きづめにさせるだけの考えを吐きだすだろう。それでも今よりはマシというものさ」

一九三八年初頭にアメリカに亡命したシラードは、本業は物理学者だったかも知れないが、政治についての関心が非常に強く、ノーベル物理学賞を逸したのはそのせいだと言うものもいるほどだ。よってシラードは敵も多い。ずっと後の話になるが、マンハッタン計画に参加したシラードは、指揮官グローヴス准将と険悪になり、やっかい者のレッテルが貼られ、事実上隔離されている。

占いの水晶玉こそ持たないシラードだったが、原爆を抱えた怪物ヒトラーの死の舞踏を透視し、例によって騒々しく地球滅亡の日は近いとやった。こういう様子を見て、仲間の一人は「この一大事を至急知らせるべき相手はルーズベルト大統領ではないか」と言ったが、シラードは「それは諦めろ」と一蹴している。なぜかと言うに、ごく最近フェルミ教授は、もしもヒトラーが核兵器を手にしたら大変なことになるとホワイトハウスに警告したにもかかわらず無視されてしまったのを知っていたからだ。

「フェルミの細君は我々と同じユダヤ人なのだ。だから教授は家族を守るためにアメリカに亡命したのだよ。しかしアメリカの政府はフェルミに冷たかった。ノーベル賞学者の肩書をもってしても大統領との面会は果たせず、門前払いにあっている。同じ手を使うのはよそう」

そう言ったのち、シラードの奇想はベルギー領コンゴのシンコロブエ鉱山に飛んだ。

――ここから産出される世界一良質なウラン鉱石を……

原爆開発目的でナチスが独占してしまったらどういうことになるだろう。

旧知アインシュタインの顔がよぎったのはこのときだった。シラードはアインシュタインに働きかけ、この学者と親交のあるベルギー女王を動かし、コンゴのウラン鉱石をナチスにとられないよう対策を取ってくれと言おうとしたのだ。

アインシュタイン(左)とシラード(右)

思いつくとすぐ行動に移すシラードはアインシュタインが所長を務めているプリンストン市の高等研究所に電話をかけた。すると秘書は、所長はロング・アイランドへ避暑に出かけ、不在だと言う。シラードは相手が電話を切ってしまうのを恐れ、矢つぎ早に外国なまりのきつい英語をまくしたてたのち、「避暑先の電話番号を教えてくれ」と言った。秘書は受話器の向こう側にいる人間が所長と似たりよったりの浮世離れした男だろうと思い、吹き出しそうになりながらペコニック湾に面したアインシュタインの住所と電話番号を教えている。シラードは電話を切るやいなや再びアインシュタインに連絡をとり、首尾よく七月十六日日曜日の午後に面談約束をとりつけた。

シラードが到着すると、アインシュタインはすぐにペコニック湾が見渡せるポーチに案内した。そこには庭に据え置くための椅子が数脚と小さなテーブルの他には何もない。そのうち各種ソーセージ、チーズ、酢キャベツ、そして中部ヨーロッパのいろいろな食材を乗せたオープンサンドウィッチが目の前にならべられた。朝からろくなものを食べておらず、ミルクぐらいしか口にしていなかったシラードは遠慮なくレバーケーゼの乗ったライ麦パンに手を出し、つぎにコルバス・ソーセージに目をつけてこれをかきこみ、ぶどう酒で流し込むという健啖ぶりを披露している。しかしその間も盛大にしゃべった。途中で袋に押し込まれ、冷凍庫のすみっこに放り込まれてしまうのを恐れるように息せき切ってしゃべったから動詞や名詞を平気ですっ飛ばし、いっぽうアインシュタインはパイプを盛んにふかしつつ、この来客を大きな目で見つめ、見つめるうちに相手が語る内容をすばやく理解していった。特にヒトラーと原爆の結びつきに警報を鳴らすことは、この行為がオオカミ少年のたぐいで終わるかも知れないというのに、進んでその役割を引き受けるつもりになり、必要なことは何でもしようと大きくうなずいた。

ところでアインシュタインはベルギー女王へ手紙を送ることについて首を縦に振らなかった。その手紙の中にヒトラーとか原子爆弾といった悪趣味な単語がならぶ以上、これはクリスマス・カードの類とは違う。それに自分たちはアメリカに亡命している身の上だ。女王に手紙を出すにしてもアメリカの役人にそのむねスジを通し、正式に政府の添え書きをつけて送るべきだろうと言うのだ。結局このスジ論で女王への手紙は沙汰止みとなり、かわりに後世《アインシュタイン&シラードの手紙》として記憶される大統領ルーズベルトへの書簡が生まれた。**（著者注）手紙については追補（1）（2）（3）に参考記述あり**

さて、広島と長崎に至る原爆開発の源流となったこの手紙は一九三九年八月二日付けで大統領に発信されたことになっているが、ルーズベルトの手許に届いたのはずっと後で、ことはそう簡単では無かったのだ。つまり、いきなりこういう手紙をホワイトハウスに郵送してもフェルミ教授と同様の扱いを受け、行方不明になるのは目に見えている。アメリカの官僚機構を突破するのはアインシュタインの名声をもってしても難しかろう。そこでシラードはホワイトハウスへのよしみを求めて亡命ドイツ人経済学者に相談し、そこから大統領の経済顧問アレクサンダー・ザクスを紹介してもらった。

リトアニア生まれのユダヤ移民ザクスはリーマン・ブラザースの副社長で当時四十六歳。黒ぶちのロイド眼鏡をかけ、小太りで幾分なよなよした感じのこの男は、確かにホワイトハウスはフリーパスだったけれども、原子物理学とは畑違いである。しかし今は贅沢を言っている時ではない。七月十九日、シラードはこの人物に会い、ヒトラーと原爆の恐怖を語った。一通りの話を聞いたザクスはその上でアインシュタインの手紙を二度丹念に読んだ。するとそこには新型爆弾というどぎつい言葉の横にウラン元素、核連鎖反応という馴染みの薄い単語がある。少し戸惑いながら手紙をファイルに戻し、次いで添付された補足資料を読んで、目がまわりそうになった。そこには見たこともない記号や方程式、そして中性子、臨界量、同位元素Ｕ２３５、反応断面積といった意味不明の文字が乱舞しているのだ。しかしザクスはアインシュタインとシラードという二人の物理学者がもたらしたこの途方もない情報の重要性を直感し、一般的な質問を二、三した後、仲介を承知した。ただし、ホワイトハウスに出向いて大統領にこの手紙を渡すタイミングについては自分に一任することを条件としている。するとせっかちなシラードは驚きのけぞり、明日にも大統領に会って欲しいとわめいたが、ザクスは取り合わなかった。いちいち理由は話さなかったが、ともかく今は時期が悪いのだ。大統領はいっさいの仕事を忘れ、ノックは無用、ドント・ディスターブの札をぶら下げて避暑に出かける。難しい話など受け付けるはずが無い。ましてやテーマが原子物理学だったから聞く耳を持たないに決まっている。

しかし今年は九月一日にドイツがグデーリアン将軍の電撃作戦を発動してポーランドに侵攻し、第二次大戦が勃発するという大事件が起きたから、さすがのルーズベルトも静養を切り上げて、急遽ホワイトハウスに戻った。だが、この戦争勃発のおかげでアインシュタインの手紙は宙に浮き、面談は伸びに伸びたから、シラードは焦れ、気でも狂ったような勢いでせっ突いたけれども、ザクスはまったく動かない。この経済顧問はルーズベルトの選挙演説原稿を書き上げるなど、大統領との付き合いは長かったから、おかげでその軽薄さは嫌というほど知っており、今回託された原爆レターも、ボタンをかけ違えれば、ろくな会話もしない内に茶化され、冗談ネタにされて終わるに決まっていた。海の物とも山の物ともつかぬウラニウム談義を持ち込むには、なによりもタイミングと話の持って行きかたが重要なのだ。それにアインシュタインの手紙はタイプ用紙二枚にびっしりと来ている。大統領はこれを見た途端、うんざりし、退屈し、すぐに最近読んだミステリー小説かポーカー・ゲームの顛末に話題を変えてしまうだろう。特にこの手紙にはそうなりそうな臭いがぷんぷんする。そこでザクスは自分なりに書き起こしたアインシュタイン書簡の要約文書を用意し、かつ、大統領への説明はしっかり身についた自分自身の言葉で伝えようとしている。

米国大統領ルーズベルト

ザクスがホワイトハウス筆頭補佐官の陸軍少将ワトソンと事前調整を果たし、大統領との面談にこぎつけたのは一九三九年十月十一日水曜日午後六時十五分だった。

「ようこそ、ザクス博士。今日は耳寄りな話があるとか」

気心の知れた仲間の登場でルーズベルトはなかなか機嫌がいい。

「ナポレオンの面白い話をしようと思ってやって来たのですよ」

ザクスは笑い話がお好きという大統領の性癖を百も承知していたから、いきなり本題をぶちかまして中央突破をはかるという手には出ていない。いっぽうルーズベルトは《ナポレオンにまつわる面白い話》と聞いて、すぐに秘書のマーガレット・ルハンドを呼び、書いたメモを渡してニヤリとした。

「蒸気船を考え出したフルトンというアメリカ人発明家はナポレオンに手紙を書き、帆の無い船、すなわち蒸気船で編成された艦隊の建設を提案しました。蒸気船なら英仏海峡の悪天候を突いてカレー港からドーバー海岸に皇帝の軍隊を上陸させることができる。数時間でイギリスは皇帝のものだ。そう書いて送ったのです。すると皇帝は『帆の無い船だと。笑わせるな。そういうキ印はノートルダムの救済院に連れて行け』と切り捨ててしまったのです」

こうザクスが語ったとき、タイミングを見はからったように秘書のルハンド嬢がバスケットにボトルを入れて執務室に戻って来た。

「これは私の父親がパリで競り落として来たナポレオンの逸品だよ。いつか味わってやろうと思っていたのだが、ザクス博士の話を聞いたからには、ここで封を切ってしまおう」

そう言うと大統領はみずから栓を抜き、用意されたグラスに琥珀の液体を注いだ。

ザクスはビンテージ物を舌の上で転がして味わったのち、シガレット・ケースからタバコを一本取り出すと火をつけ、充分な間合いを取り、かつ、大統領の饒舌に先を越されないよう気を配りながら、ゆっくりとした口調で原子力エネルギーの売り込みに入った。

「さて、大統領。本日私は皇帝ナポレオンが一笑に付した《帆のない船》にまつわる手紙とは比較にならないほど重要な手紙を持参しました」

こう前置きした後、ザクスはここに至るまでの経緯と手紙の内容に関するみずからの見解を述べたが、この見解は図らずもアメリカ大統領に対する原子力エネルギーについての最初の公式意見として記録されることになった。最初にザクスはウランを連鎖的に分裂させると莫大な熱エネルギーが得られるという部分から始めている。次にその熱エネルギーを電気に変換して、あらゆる種類の動力源へ供給する。それだけではない。原子力はアイソトープ治療、農産物の栽培、快適な居住環境といった人類にとって有益なまったく新しいエネルギー源になり、「これが原子力の平和利用という前途洋々の側面です」と結んだ。

するど大統領は「石炭や石油を燃やして蒸気タービンをまわし、そこから電気を得るというのはこの目で見て分かっているのだが、今聞かせてもらった原子力エネルギーはどうもピンと来ない。もう少し分かりやすく説明してもらえないかね」と要求した。

「これはイギリス人アストン教授の受け売りですが、私たちは夜、寒くなると暖を取るために薪や石炭を燃やします。そして朝になると太陽が顔を出し、充分な暖を太陽から得るのですが、あの太陽光線こそは核反応によって生じている原子力エネルギーで、あそこで誰かが薪をくべているわけではありません。それから、この教授は『原子のエネルギーが私たちの身の回りのいたるところにあることは疑いもなく、いつか人類はその無限のエネルギーを得てそれを充分に制御し、人類の発展に向かうだろう。この方向への前進は誰も阻止できない』と言っています」

そこでザクスは一呼吸置き、次にこのエネルギーの負の側面、すなわち核分裂の兵器利用に言及し、想像を絶する破壊力の原子爆弾はたった一発で大きな都市を廃墟にすることが可能だと告げた。

「さて、ヒトラーですが、何をするかわからないあの危険人物は新しくドイツ領に組み込まれたズデーテンラント鉱山で採掘されるウラン原石の輸出を禁止しました。あきらかにウランの独占を狙ってのものです。また、ドイツは世界初の核分裂を成功させた実績がある以上、原子力エネルギーの研究はかなり進んでいると見るべきです。アストン教授が、原子力エネルギーが隣人を吹き飛ばすことにだけは使われることの無いよう願うばかりだと言ったのは、まさにこれを指したものです」

大統領執務室は重苦しい雰囲気になり、しばし無言となったが、最初に沈黙を破ったのはルーズベルトだった。

「ドイツがポーランドに侵攻し、イギリスとフランスは対独宣戦布告をした。欧州はまたしても戦場と化すだろう。となればヒトラーは原爆という新兵器を造り出しにかかると言うわけかね？」

「大いにあり得ることです。そして風向き次第では、アメリカもその新兵器の標的になるかも知れません」

「この爆弾を浮遊機雷の中に埋め込んでチェサピーク湾にでも流し込めば、一発でニューヨークは吹っ飛ぶわけかね？」

「アインシュタイン博士の手紙によれば、船で運んで港で爆発させれば、これひとつで港全体はおろか広大な周辺地域も破壊するとあります。酸素を必要としない原子力エネルギーを動力源にしたUボートでも作られて、これを突っ込まれた日には目も当てられませんな」

そこまで聞くと大統領はもう一度ルハンド嬢を呼び、ワトソン補佐官にすぐ来るよう言ってくれと告げた。精悍な顔つきのワトソンが執務室にやってくると、大統領は「今日、ザクス博士が持ってきた話の内容はすでに承知していると思うが、どう対処すべきか考えを聞きたい」といった。

「原子力エネルギーをどう扱うかについては厳格な精査を経た報告を待つべきです。商務省標準局が議長となって学者と陸海軍兵器廠の専門家を召集し、検討を加え、その上で報告書を提出させる。かような大統領命令を出してはいかがでしょうか」

商務省標準局の業務規定は産業競争力にかかわる技術革新の強化促進となっており、局長はブリッグス博士という好人物である。

「OK、それで行こう。書類を用意してくれ。サインしよう。それからアインシュタイン博士への返書も用意してもらいたい」

返書は十月十九日付けで発信されるいっぽう、アインシュタインの手紙はルハンド嬢の手で速やかにファイルされ、以後、ルーズベルトが再びこれを読むことは無く、シラードが添付した書類にいたっては一度も目を通されなかった。

標準局長のブリッグスが大統領命令を受けてウラン諮問委員会に関係者を召集したのは十月二十一日土曜日で、商務省の会議室に出席したのは計九名。ブリッグス局長と助手、ザクス顧問、シラード博士と仲間のハンガリー人学者が二名、ジョン・ホプキンズ大学の原子物理学者が一名、そして陸海軍から各一名ずつの技官である。

――殺風景な部屋だ。

陸軍大佐アダムソン技官は原子爆弾と聞き、どうもうさん臭いという気持ちで入室したから、勢い、部屋に対してもネガティブになっている。コの字形に配置された会議机。薄汚れたリノリウムの床。正面の壁にはバカでかい上下スライド式の大型黒板。観葉植物ひとつあるわけではなく、まるでどこかのゼミ室のようで、まったくうるおいがない。そうこうするうち、ブリッグス局長からこの委員会の審議目的が簡単に紹介され、次いでシラードという外国訛りのきつい物理学者が黒板を使って核分裂の連鎖反応を語りだした。

アダムソン技官は、隣にいる海軍のフーバー技官同様、ある分野を深く追求するスペシャリストではなく、科学技術の広範な管理世界で生きているゼネラリストだったから、十億分の一というオングストローム・サイズの現象を扱う原子物理学に精通しているわけではない。局長のブリッグスも同じようなものだ。それに経済顧問のザクスと来ては完全な門外漢で、唯一頼りになりそうなのはジョン・ホプキンズ大学から来たロバーツ博士ぐらいのものである。

――それに……

と、アダムソン技官は思う。

最近、戦争の足音を聞いて新兵器や新企画の売り込みが激しい。しかも売り込んでくる連中の中には手に負えないペテン師が多数まぎれ込み、どこぞの政治家の紹介状をひらつかせて怪しげな企画書を置いて行くから始末が悪い。そこにはただの水をハイオク・ガソリンに変える錠剤とかのインチキに始まって、どこから仕入れたか知らないがウラニウム医療キットまである。ともかく頭痛の種は「この企画は政府機関に売り込み中だ」という箔付けのもとにカモを見つけ、ペテンにかけ、特にウラニウムには病気を引き離す不思議な力があると銘打ってウラン十字架やウラン枕を売りつけ、はては何でもない廃坑をウラン鉱と称してその中に座らせ、大金をむしり取るというから恐れ入る。しかもその犠牲者たるや相当の数になるから、当局に対するクレームも多く、いい加減うんざりしていたところに、今回、シラードが持ってきた原爆騒ぎだ。アダムソン技官の顔から友好的な表情が消え、片眉はつり上り、腕を組んで身構えているのはそのためである。

シラードは「黒鉛で作った原子炉の中で、ウランを中性子で叩き、それによって核分裂の連鎖反応を起こすこと。これこそが原爆完成に向かっての第一歩であり、ヒトラーの恐怖にストップをかける唯一の方法だ」と言って説明を終えたが、しかし、そのあとの質疑応答は泣きたくなるほどのお粗末さだった。例えばウラン鉱石八トンを採掘し、それを粗精錬するとイエローケーキと称する酸化ウランが一キロ得られる。現在のウラン粗精練歩留まりは飛躍的に向上しているが、それはともかく、そのイエローケーキ一キロの中に核分裂を起こす同位体Ｕ２３５はわずか七グラム（一四〇分の一）しか存在しない。そこまでは途方もない話とは言え、まあ許せる。だがＵ２３５を炉心に入れて連鎖反応を起こす臨界量は、いったい何グラムなのかまったくわからないと言う。試行錯誤を繰り返してこれをつきとめるというのだ。

――ペテン師の常套手段は……

と、アダムソン技官はシラードを見て思う。

何かの権威を利用しつつ、相手の知らない部分を突くのだ。そこで今回の話をつらつら眺めて見ると、シラードという科学者は大統領とアインシュタインという横断幕を掲げ、その旗印の下で原子力という我々の知識不足を突いている。仮にこれがペテンでないとしてもシラードは《ウランを中性子で叩くと核分裂の連鎖反応が始まって大爆発がおきる》という自説をこの目で見たいがゆえにアメリカは協力すべきだと言っているように聞こえる。

技官は挙手し、発言を求めた。

「八トンのウラン鉱石からＵ２３５は七グラムしか取れないということは理解しました。ところで、臨界量はまったく分からないとは言え、仮にＵ２３５が臨界のために七〇キログラム必要だとするなら八万トンのウラン鉱石が必要になりますな。七〇〇なら八〇万トン。七〇〇〇なら八〇〇万トンだ。聞くところによれば世界中のウラン鉱山を掘り尽くしても臨界量には到達できず、爆発性連鎖反応は起こせないと言う意見もあるそうですな」

アダムソン技官の指摘どおり、シラードの言う爆発性連鎖反応が理論倒れに終わるという見解はいっぽうの主流をなしており、かつ、黒鉛、すなわち炭素の反応断面積を確定する作業も未着手で、曖昧なことだらけだったのだ。

技官はそのあとに交わされた激しい応酬をじっと見ている。

――――シラードという物理学者はペテン師ではない。しかし何が望みか？

この学者はヒトラーが原爆を作るから、アメリカも原爆を作れと言っているのだが、仮にそういう大量破壊兵器をアメリカが作ったとして、どうする気だろう。パンドラの箱を開く役目をアメリカに押しつける気だろうか。それにさっきから聞いていると、学者というのは実験室での研究と、研究成果を大規模工業生産ラインに乗せることの違いがわからない連中だとつくづく思う。兵器というのは一個作ってそれで良しというものではないのだ。

議論が押し、こういった考えが頭をよぎった時、技官は露骨な態度にでた。これは皇帝ナポレオンと同じとは言わないまでも、相当強烈だったことは事実である。

「ずいぶん前に一頭のロープに繋いだヤギを殺人光線で仕留めたものには賞金を出すと約束したのだが、ヤギはいまだ大層元気にアバディーンの敷地で草を食べていますよ。それに戦争というものは兵器の良し悪しで左右されない。兵隊の士気が勝敗を決するのだ」

すると、それまで黙っていた一人のハンガリー人学者が発言を求めた。

「兵器は非常に重要で、そのぶん開発経費は大きく、政府が大きな予算を陸海軍に認めているのはそのためだと思っていました。しかしそうではなく、兵隊の士気がすべてだと言う。それならば現在陸海軍に認められている予算自体、削減すべきなのではないか。精神がすべてだと言うのなら、なぜ大きな予算を投じて兵器の研究をするのです？」

気色ばんだハンガリー人を見て、議長役のブリッグス局長とジョン・ホプキンズ大学の教授がこれを取りなすように「ヨーロッパがまたしても危機状態にあるこの時点で、核分裂連鎖反応についての評価は国防上の問題から見ても継続しなくてはならない。連鎖反応の鍵は中性子の運動スピードを減速させる材料が鍵を握っている以上、目下のところ黒鉛が有力だ。核分裂が原子爆弾に化けるか否かはひとまず置き、潜水艦に搭載できる原子炉の研究を主眼に置いたものにしてはどうか」といった。潜水艦は潜行中、蓄電池の電気でスクリューをまわして進むから頻繁に浮上してディーゼル航行し、同時にディーゼル発電してせっせと蓄電しなければならない。さもなければ人間も酸素欠乏で死んでしまう。

「しかし酸素のいらない原子炉なら、乗組員への酸素供給と艦内空調、与圧、そしてスクリュー回転などすべてが劇的に変わる。こういう万能エネルギーが可能なら、予算も大いにつけられるというものさ」

こういう落しどころを得て、ウラン諮問委員会は一九三九年十月二十一日づけでルーズベルト大統領に次の報告書を送った。

すなわち

（1）原子爆弾の研究は棚上げにする。

（2）爆弾は留保とするが、原子力エネルギーに関する基礎技術研究の一環として黒鉛型原子炉の研究を推進する。

（3）原子炉の具体的用途は潜水艦とし、原子炉が連続的潜行活動の動力源として制御可能な連鎖反応を維持するか否か。これを研究する。

（4）実験用原子炉を建設するため、コロンビア大学のフェルミ教授に対し初年度に四〇〇〇トンの純粋黒鉛を供与する。また純粋黒鉛購入費を含む研究費として六〇〇〇ドルを予算化する。

（5）しかるべき調査の結果、妥当と認められる場合には、五〇トンの酸化ウランほかを供給し、さらに研究を進める。その場合の諸経費を含む予算金額は別途定める。

（6）ウランの核分裂連鎖反応が爆発性のものならば、従来のいかなる兵器とくらべても圧倒的に大きな破壊力をもった爆弾になる。よって、研究成果を徹底的に精査するための充分な支援が必要である。

とあり、委員会は閉会した。

余談ながら、この時点で、大規模実験には黒鉛だけで最低三万三〇〇〇ドルかかることすら予想できなかったから、二年後の一九四一年十月九日にルーズベルトが原爆開発に関わる最高政策集団（The Top Policy Group）を指名した時、この爆弾を完成させるまでに二〇億ドルの国費を投入することになろうとは誰一人思っていない。

2　核弾頭のサイズはパイナップルとテニスボールのあいだ

原子力エネルギーと言われてもほとんどの人にとって理解不能なこの時代、原爆という途方もない兵器は、たとえばフランケンシュタインの怪物みたいなもので、誰も現実社会に登場するとは思っておらず、こういう見解はウラン諮問委員会議長ブリッグスも似たりよったりだった。よってシラードに接触したブリッグスは、このハンガリー人物理学者の主張を、変な科学者の世迷いごととみなし、適当にお茶を濁して幕にしようとしたのだが、ルーズベルトとアインシュタインというビッグネームへの斟酌も手伝って、研究費は六〇〇〇ドルとはずんだ。かくして「黒鉛型原子炉が潜水艦の動力源として適用可能か否かの研究」という内容の報告書が提出され、これを受けとった大統領はいつものように《OK／FDR》という自分の頭文字をカバーレターの隅に書き入れて秘書に渡し、その瞬間、大統領は「原爆なんて実現不可能の絵空事だ」という取り巻き連中のささやき通り、アインシュタインから提起された《ヒトラーと原爆の脅威》という文言をおのれの記憶から消している。

原爆についてのアメリカの反応はこういうものだったが、ソ連の反応もこれと同じようなものだった。この国はクルチャトフ、カピッツァ、イワネンコ、セミヨノフなどの優秀な物理学者を抱えていたけれども、原子力はスターリンの無視に合い、かつ、一九四一年六月二十二日に独ソ戦が始まって核兵器などそっちのけになった。また、国内が混沌状態の中国は、大戦中、原爆開発についてはまったく手を染めていない。これとは反対にイタリアは《原子力》という分野で明らかに先頭集団を走っていた。ローマ大学理学部があったサピエンツァ校にはフェルミ教授を中心にラゼッティー、ディ・アゴスティーノ、アマルデイー、セグレ、マヨラナといった当代一流の頭脳が結集し、その存在は、間違いなく横町のおかみさんでも知っているイタリアの誇りだった。しかし、ムソリーニがヒトラーと組み、反ユダヤ法という狂気がまかり通ると、アマルディーを除く有能な学者のほとんどがファシズム・イタリアを去っている。

唯一の被爆国になった日本は原爆に対しまったく無知で、触ってもいないだろうと思いきや、そうではない。物理学者の名前をあげれば、彦坂忠義、仁科芳雄、菊池正士、嵯峨根遼吉、木越邦彦、玉木英彦、荒勝文策、堀場雅夫、湯川秀樹、坂田昌一、朝永振一郎、萩原篤太郎ほか多数がひかえており、かつ、首相の東條英機がこの兵器に大いに期待した。しかし、まったくカネがないと来て、中性子照射のための大型サイクロトロンを作るところまでは行ったが、それから先が続かず、敗戦ですべて烏有《うゆう》に帰している。ちなみに日本の原爆開発はここでも陸海軍ばらばらであり、海軍は京大との連携による《Ｆ研究（Fission の頭文字）》を進め、陸軍は理研との連携による《二号研究（仁科芳雄の頭文字）》を進めた。そこでウランだが、海軍は上海の闇市場で一三〇キログラムの酸化ウラン（イエローケーキ）を購入するいっぽう、ドイツのＵ２３４号潜水艦に五六〇キロの酸化ウランを積んで輸入しようとしたが、日本への輸送途中でドイツの敗戦となり、このＵボートも連合国へ降伏したため、入手できなかった。いっぽう陸軍だが、こちらは満州、朝鮮ほかを探し回ったが、はかばかしくない。肝心のウランが無ければ、濃縮もプルトニウム生成もできない。窮した陸軍は一九四四年十二月に福島県石川郡石川町でのウラン採掘を決定し、翌年四月から終戦まで旧制私立石川中学校の生徒を勤労動員して採掘させたが、入手できたウランはお話にならないほど少量だった。

さて、フランスはラジウムなど放射性物質研究の先進国だったことから明らかなように、ジョリオ・キュリー、フランシス・ペランなど選りすぐりの原子物理学者を多数擁し、ドイツと競り合っていた。こういう人材の厚さがあればこそ、フランスはウラン臨界量（核分裂連鎖反応を維持するためのウラン最小限度量）を知ることができ、かつ、重水や黒鉛のような中性子減速材なしでは、天然ウランの分裂連鎖は絶対に維持達成できないことも証明した。こういう次第で重水こそは理想的な減速材であるとの確証を得たフランスは、原爆製造に関するドイツの動きを脅威と感じていたから、それへの対抗措置としてノルウェーに本社を置くノルスク・ハイドロ社の重水に目をつけた。

「貴社のヴェモルク水力発電所付随工場からどれだけの重水を購入できるのか見積書を頂戴したい」

こう言ってノルスク・ハイドロ社に問い合わせたのはフランス軍需局の役人である。しかしこの役人は電話口に出た重役の言葉に驚いた。なんとドイツがノルスク・ハイドロの有するすべての重水を購入したいむね申し入れたというのである。

「なるほど……で、貴社には重水の在庫は無しということですかな？」

「いいえ、ドイツ人は検討したいと言ってきたまでことで、今のところ音沙汰なしです」

電話を切ったあと、軍需局ではちょっとした騒動になった。これぞまさしくドイツが原爆開発に取りかかっている証拠だ。かくしてフランスは早速手を打ち、この重水を押さえ、時を置かずにこれをパリ大学ソルボンヌ校のジョリオ・キュリー教授の許に移送した。

さてヨーロッパでは一九三九年九月一日、ドイツによるポーランド侵攻が発火点となって第二次大戦が勃発し、そしてポーランドが地上から消えた後、ドイツはノルウェーの武力征圧に出た。一九四〇年四月九日のことである。この軍事行動にあたり、ドイツはフォン・ファルケンホルスト将軍麾下五個師団および山岳猟兵空挺師団所属の二個連隊を動員。いっぽう、海軍は金看板の戦艦ビスマルクを除く重巡アドミラル・ヒッパー、シャルンホルスト、ブリュッヒャー、グナイゼナウ以下ほとんど全艦出撃の勢いで支援と兵員輸送にあたっている。

ではノルウェー征圧の目的は何だったか。

一つはノルウェー海岸にある無数のフィヨルドで、ここを押さえてUボートの基地にし、イギリスのシーレーンに痛烈な打撃を与えることが第一の目的だった。そして二つ目の狙いは鉄である。当時ドイツは、ほとんど意のままになる中立国スエーデンから鉄鉱石を調達しており、特にマルムバリエット鉱山とキルナ鉱山の二つから良質の鉄鉱石を得ていたが、問題は輸送だった。夏期はボスニア湾を抜けてドイツ本国に海上輸送ができたけれども、冬ともなればこの湾は結氷し航行不能になる。よって冬季は鉱山から一五〇キロほど西にあるノルウェーのナルヴィク港に鉱石を列車で運びそこから海上輸送していたのだが、大戦となってノルウェーはこの港の使用を禁じた。そこでドイツは武力にものを言わせたのである。もう一つ、ドイツには密かな征圧目的があったと言われており、それがヴェモルクの重水工場だった。

四月十四日、英仏はノルウェーに支援軍を派遣し、発電所を守るリューカン市の守備隊と共同戦線を張って五月三日までねばったが降伏。六月十日には休戦となり、ノルウェーでは親ナチスのヴィドクン・クヴィスリングが政権の座に着いた。

ところでイギリスに亡命するホーコン七世のノルウェー政府を護って六月三日に撤収した英仏だが、実のところフランスはこのとき他国の窮地を救うどころの話ではない。ノルウェーに耳目が集中している真っ最中の五月十日、ドイツはマンシュタイン計画に従って独仏国境を越え、六月十四日にはパリに無血入場し、一週間後の二十一日には休戦調印となった。余談ながら、ソルボンヌ校に渡った一八七リットルの重水はドイツ軍の目をかすめて南仏から地中海を渡り、モロッコのカサブランカを経てイギリスに空輸された。

フランスは早々と原爆開発競争から外れていったけれども、多数の学者は重水と一緒にイギリスへ亡命し、最後にはアメリカに渡って本格的に原爆開発にたずさわった。だが、このときジョリオ・キュリー教授はレジスタンスの顔を持つ学者としてパリに残っている。そして一九四四年八月十五日、パリ解放直前の決起の日、このノーベル賞学者はソルボンヌ校から決起司令部があったパリ警視庁に多量の化学試薬を持参し、対独戦車用火炎瓶を作った。

（著者注）ヒトラーとスターリンの原子力認識については追補（4）に参考記述あり

※　※　※

ドイツ軍が一九四〇年五月十日に独仏国境を越えて攻め込んだ時、チャーチルは国王の組閣要請に応じ、挙国一致内閣を率いた。この首相は、つい先頃まで「ウラニウム爆弾は恐るべきものではない。これは通常爆弾と同じ程度のもので、破廉恥漢のヒトラーが恫喝材料に使っているだけだから、怪しげな流言蜚語に惑わされぬよう望みたい」と言っていたけれども、本心は違う。チャーチルは当時の指導者の中で最も原爆に不安を感じており、だからこそ首相に就任する半年前、ジョージ・トムソンという王立ロンドン大学の物理学教授を呼び、気楽な雑談という形で原爆勉強会を始めている。

「少し遅れるそうだが今日はこの席にＡＲＣ（防空科学調査委員会）のティザード卿を呼んだよ。それでは始めよう。ドイツのハーン教授が成功したという核分裂は天然ウランに中性子をぶつけた結果であり、クリプトンとバリウムに分裂したウランの原子核はそのとき熱エネルギーと多数の中性子を放出したとある。この通りですな、トムソン教授？」

チャーチルはなかなかよく勉強しており、自分で用紙に核分裂の図をフリーハンドで描き、それを手にしていただけでなく、この日は談話室の中に黒板まで運び込み、ヒトラーが本気で製造に乗り出すかも知れない原爆についてこの機会にしっかりおさらいをしておこうと意気込んでいた。

「より正確に申すなら、分裂したウラン原子からは二つの核分裂生成物、熱エネルギー、そして放射線が

英国首相チャーチル

生まれました。つまりクリプトンとバリウムは核分裂生成物であり、放射線はアルファ線、ベータ線、ガンマ線、そして中性子線から成り立っています。首相は多数の中性子が飛び出したと言われましたが、中性子だけに注目するなら、正確には二個から三個の中性子が飛び出したとご理解下さい」

チャーチル原爆教室の臨時講師となったトムソン卿は四十七歳。ほっそりとした体躯に気品と落ち着きを備え、目に狂気を宿した奇怪な科学者とはほど遠い紳士で、親子二代のノーベル賞学者という血統の良さは折り紙つきである。

「原爆の正体はこの熱エネルギーだそうだが、ところでハーン教授の核分裂実験でベルリンが吹っ飛ぶこともなく、また、この教授が火傷一つ負うわけでもなかったのは連鎖反応が起きなかったからだと聞いている。そこでだ、トムソン教授。ドイツの学者が成功したあの核分裂は一種偶然の産物だったということかね」

「そうなるはずだという核分裂理論が先にある以上、《偶然》というのは適切な言葉ではありませんな。しかしハーン教授の一回こっきりの核分裂では原爆に直結することにはなりません。連鎖反応を確実に起こせなければ兵器とは言わんでしょう」

そう言ったのち、トムソン卿は黒板の前に歩み寄り、円グラフを書いた。

といっても円を描き、その中心から円周に向かって一本線を引いただけである。

「天然ウランは〇・七二パーセントの同位体Ｕ２３５と九九・二八パーセントの同位体Ｕ２３８で成り立っています。つまりこの円グラフの一本線に相当する微量なＵ２３５の存在が核分裂を引き起こすのです。そして連鎖反応を起こすにはＵ２３５のみを分離抽出し、濃縮度を九〇パーセント以上にしなければなりません」

それを聞いたチャーチルは、ちょっと待ってくれという合図をした後、紙の上で何か計算をしていたが、

「仮に天然ウランが一リットルぐらいあるとすれば、爆発の元となるU235は角砂糖程度だというわけかね。分離できそうな気もするが……」と独り言をいった。それを聞いてトムソン卿は、「たやすく分離できないのが放射性同位元素の一筋縄でいかないところで、しかもそれを十三トンにしなければなりません」と応じた後、それ以外にもやっかいなことがあり、中性子を高速で天然ウランにぶつけた場合、ほとんど全部が存在量の大きなU238に吸収され、仮に中性子がU235に届いても突き抜けてしまい、連鎖反応を起こすまでには至らないのだと続けている。

「連鎖反応を起こして爆発に繋げるには、U235にぶつけてやる中性子の衝突スピードを減速材で低下させなければなりません。よって重水ないし黒鉛という減速材が必要となるのです」

重水か黒鉛で作った巨大な原子炉の中に十三トンのU235を突っこんで初めて連鎖反応が起き、ついには爆発する。そう考えると原爆はどう見ても十三トンは軽く越えてしまう。いっぽう爆撃機が運べる爆弾の上限は三トンである。よって飛行機で原爆は運べない。結局、船を使うことになる。一回だけの奇襲なら敵もこの原爆船を見逃すかも知れないが、交戦状態でこの船を敵の沿海部にぶつけるというのは難しい。

「私は、だから原爆はだれも手を出さないと予測したのです」

「ティザード卿、爆撃機の積載上限は三トンかね？」

チャーチルは遅れてこの日の勉強会に加わったARCの議長に向き直って聞いた。

「ボーイング社が試作に取りかかっているB‐29は一〇トンを目標にしていますが、現役のB‐17となると確かに三トンです」

「なるほど、仮に船でやるとなれば巨大な潜水艦を建造し、それを自爆前提でどこかの港に突っ込ませるのか……」

するとこのときティザードはお化け潜水艦に言及したチャーチルに向かって、「ウランの臨界量が十三トンだというのはごく最近の発表です。その少し前は四十四トン。その前は一山まるまるだという学説でありまして、こう短期間にコロコロ言うことが変わるところを見ると、十三トンよりもっと少なくなるかも知れませんな」

「もしもゴルフボールぐらいになるとすれば、爆撃機でやれるということかね？」

「十三トンという論文を出したのはパイエルスとフリッシュというユダヤ系亡命学者です。この物理学者にもう一度研究をやり直させましょう」

このようにトムソン卿が応ずるとチャーチルは了解し、「ウランは磁器の着色剤だったが、いつの間にかこのありさまで、まったく人騒がせなことだ。……ところで非常にちっぽけなウラニウム原子核がどうして一都市を吹っ飛ばすほどの威力を持つのか。どうもこれがピンと来んな」と言った。

そう問われたトムソン卿はオングストロームという言葉を言おうとして、途中でそれを飲み込んだ。話が長くなることを恐れたのであり、そこでいきなりたとえ話から入っている。

「ゴルフボールはだいたい直径四センチ。原子核と比べればこのボールは一〇〇兆倍以上の大きさです。少々荒っぽい言い方ですがゴルフボールの中にＵ２３５を詰め込むとすれば、ボールの中には一〇〇兆以上の原子核が存在することになり、そしてこれが連鎖反応を起こしたなら、たとえ原子核一つあたりの発熱が微々たるものであろうと一〇〇兆倍の熱量になる。猛烈な熱エネルギーが放出され、都市は吹っ飛び、鉄は沸騰し、人は蒸発して跡形もない。原爆とはそういう性格のものです」と続けた。このときチャーチルは燻らしていた葉巻を、手を使わずに左の口許から右の口許に移動し、また左に持っていくという器用なことをしてトムソン卿の説明を聞いていたが、最後に「原爆は、ヒトラーであれ誰であれ、この世の誰も原爆が作れないという証拠が出ない限り、絶対に研究の手を緩めてはいかん」と言って原爆勉強会をお開きにしている。

この日のチャーチルの意向を受け、ティザードとトムソンの二人は一九四〇年四月十日に原爆の実現可能性を調査研究するＭＡＵＤ（モード）委員会を立ち上げたが、これをうしろからせきたてたのはパイエルスとフリッシュから提出された「原爆は爆撃機で運搬できる」という驚くべき報告書だった。一九四〇年三月に提出されたこの報告には「爆発を起こすＵ２３５の量は四十六・五キログラムから十五・〇キログラムのあいだで、大きさはパイナップルとテニスボールの間ぐらいだろう」とあった。十三トンではなかったのだ。この瞬間、原爆という怪物は眠ったまま牙だけが無気味に動き、荒唐無稽の智恵遊びから、敵味方を無差別に殺傷する絶滅兵器へと脱皮しはじめた。

※　※　※

原子爆弾の火薬にあたるウラニウムの臨界量が十三トンから四十六・五キロ以下に減少したことで、確かに兵器としての実現性は一歩前進したが、それでも本当に爆発するかどうか不明な点が多く、それ以外に、例えば起爆システムはどういう構造にするかなど課題は山のようにあった。次いでチャーチルはドイツ空軍のロンドン空襲が始まったばかりだという一九四〇年九月に、外交ルートを通じてＭＡＵＤメンバーをアメリカに送り、原爆情報を提供するお返しに、レーダー、ジェットエンジン、原子力エネルギー全般の情報を手に入れている。ところでこの時テーブルについたアメリカ側代表者はちょっとばかり鈍感なアウラン諮問委員会議長のブリッグスだったから、イギリスの軍事研究施設をドイツの爆撃範囲外にあるアメリカに移したいという打診はみごと空振りに終わっている。

こういう行き違いはあった。しかし、イギリスの原爆研究は進み、一九四〇年十二月には六フッ化ウランを使ったガス拡散ウラン濃縮についての報告が提出され、加えてこの濃縮に必要となる工業プラントの規模と投資コストが提起されていたから、ＭＡＵＤ委員会はこの時点で「原爆は必ずできるもの」と確信した。

そしてもう一つ衝撃が走った。プルトニウムである。この新元素に関わる報告は一九四〇年五月二十七日のことで、ケンブリッジ大学の研究グループは「天然ウランの圧倒的部分となっているＵ２３８が中性子を吸収して新たな同位体Ｕ２３９を作ると、すぐにベータ崩壊し、原子番号93の新元素になる」と書き起こし、次にこの元素はもう一度電子を放出して原子番号94のさらに新しい元素になると論証したのだ。

この論文の衝撃的な点は九四番目の元素、すなわちプルトニウムは低速中性子と高速中性子の両方で核連鎖反応を起こし、ウラン濃縮よりも簡単に原爆を創り出すことができると結語した点にある。ところでプルトニウムだが、この名前がつけられた理由はウラニウムという九二番目の元素が天王星（Uranus）にちなんでいたからで、従って九三番目の人工元素は海王星（Neptune）に関連したネプツニウムに、そして九四番目の衝撃的な人工元素は冥王星（Pluto）にちなむプルトニウムとなった。余談ながらアメリカに亡命したイタリア人物理学者フェルミ教授は、イギリス人とまったく同じ時期にプルトニウムの存在に言及し、濃縮ウランと同様の核連鎖反応をすると予言した。そして一九四一年一月二十八日、イギリスよりも早くアメリカの研究グループがプルトニウムそのものを生成し、その威力は濃縮ウランの二倍弱だということをつきとめている。

アメリカのこうした動きはイギリスにとって望ましいことではあったが、それにつけてもイギリスはアメリカ側窓口のブリッグス議長に往生した。何しろ一九四〇年九月にチャーチルがＭＡＵＤメンバーを派遺して以来、アメリカからはさっぱり反応が無かったので、イギリスはこれを訝《いぶか》しみ、メンバーの一人を調査のため一九四一年八月に爆撃機で大西洋を越えさせた。パン・アメリカン民間航空機を使わなかったのはそれだけイギリスが急ぎ、あせっていた証拠である。果たしてこのメンバーはブリッグス議長がMAUD情報を自分の金庫の中にしまい込み、眠らせているのを見てがっくりしている。

——ああいうピンボケの年寄りがいるあいだはどうしようもない。

これが出張報告を受領したMAUD委員会の偽らざる心証だったから、一九四一年十月三日、トムソン卿はイギリス側の意見を代表し、「原爆開発は戦略的に見て最優先順位にあり、アメリカとの関係強化は今後試みられる各種核実験面で特に拡大されなければならない」と書かれた公文書を携えてワシントンに着いた。この文書が言外に「原爆開発の優先順位を最低にしているブリッグスは有害だ」とあからさまに臭わせていたのは当然である。

このときトムソン卿は慎重に対話の相手を選び、その結果、ヴァネヴァー・ブッシュに接触した。国防調査委員会（NDRC）と科学研究開発庁（OSDR）を設立したブッシュはこのとき五十一歳。艦長など船乗りを多く出した家系の生まれだったが、当人は海に向かわず、最難関タフツ大学を卒業し、GE社に電気技師として務め、その後、マサチューセッツ工科大学（MIT）とハーバード大学で工学博士号を取得。次いでMITの工学部長を務めた。ブッシュは有能な学者だったが、それ以上に権力指向が強く、象牙の塔に居るよりも政府中枢の近くに身を置こうと心がけ、チャンスを見つけてMITからカーネギー研究所総長に転職した男である。ブッシュが権力を持たねばならないと痛感したのは二十七歳の時だった。第一次大戦中のことで、この若いエンジニアは

ヴァネヴァー・ブッシュ博士

潜水艦探知器を開発する仕事に取り組んだ。結果、優秀な装置が完成して一〇〇台作られたが、官僚的な混乱のために放置され、まったく埃をかぶってしまったのだ。以来この男の権力指向には磨きがかかった。

多くの人間はブッシュの第一印象について女性的で線が細いと読むだろう。やせてなよなよしており、腕が普通よりも長く、これを持て余し気味だったから凛々しさはない。顎がしゃくれ上がった異常に長い顔の真ん中には、肉の薄い、それでいて存在感のある鼻があり、その下には作り笑いをするためにあるような大きな口が居すわっている。また、眼鏡のむこうには垂れた眉毛と垂れた目があり、これに騙されて人はこの男を女性的と読むのだが、しかしその読みが間違っていると気付くのにそう時間はかからない。この垂れ下がった目こそは人を値踏みしようと薄目を開けてこちらを見ている鋭い眼差で、貸し付け担当の銀行マンが職業病としてこれと同じような目つきをする。ブッシュは進んだ技術を戦争に応用することに何のためらいも無かったし、むしろそれを信奉して振りかざすタイプの科学者だったが、なるほどこの男なら市街地に原爆を落とすことも平気だろう。

さて、トムソン卿が持ってきた原爆開発についての文書は副大統領ウォーレス同席のもと、一九四一年十月九日木曜日午前十一時三十分にルーズベルトへ報告が行われた。ブッシュはその席でイギリスの出した結論を次の通り報告している。
（1）原爆の核弾頭にあたる部分の重量は四十六・五キログラム以下になる
（2）原爆の威力はＴＮＴ火薬一八〇〇トンに匹敵する
（3）原爆製造には石油精製工場の何倍もの巨大な工業用プラントが必要になる
（4）アメリカが原爆開発に本気で乗り出せば二年以内に原爆は製造できる
なお、このときブッシュは、ＴＮＴ換算値は報告したが、それ以上の説明は相手が理解できないと判断し、一都市を完全に破壊できる爆弾という表現に留めた。また、すべては実験段階にあり、実現が保証されたものではないことを告げ、原爆が年に数個しかできないことは伏せた。

ここまで述べたブッシュが原爆の製造にふみ切るか否かの政策について言及すると、大統領はすかさずそれは自分の専権事項だと言ってそれ以上のブッシュの立ち入りをさえぎっている。そして原爆についての政策協議は《最高政策集団／The Top Policy Group》に制限したが、いずれにしてもアメリカは一九四一年十月九日にわずか十分で、原子力は原爆開発一本に絞って推進するという政策転換を行った。当然ながらこの瞬間、ブリッグス議長はクビになっている。

（著者注）ＴＮＴについては追補（５）に参考記述あり

3　ドイツの原爆製造を阻止せよ（重水工場爆破作戦）

「雷鳥は舞い降りた」

この暗号電文は、一九四二年三月二十八日早朝、イギリス空軍第一三八航空隊所属のハリファックス輸送機から発せられたもので、同機はコードネーム《雷鳥》というノルウェー人レジスタンスを首都オスロから西方二〇〇キロのハルダンゲル高原にパラシュート降下させ、その後、無事ベッドフォードのテンプスフォード基地へ帰投した。

大西洋という巨大な自然障害の内側で暮らすアメリカ人と違い、残虐行為を屁とも思わないヒトラーはドーバー海峡のすぐ向こう側にいる。しかも核開発ではドイツ人に一日の長があったから、チャーチルが原爆を悪夢と見なしたのは無理もない。かくしてこの首相は原爆に対し神経質になり、絶対に警戒心を緩めなかったから、原爆知識は開発当事国のルーズベルトよりも遙かに上となった。だがチャーチルの知らないこともある。それはスターリンとヒトラーで、実のところ、この二人は原爆についてまったく興味を示していない。特にヒトラーは「原爆すなわちユダヤ的」と短絡発想し、これをこころよく思わなかったので、ドイツの原子力に対する投下予算は副次的なものになった。余談ながら東條英樹はチャーチルに次いで原爆を勉強したが、そのうち「原爆は誰にも作れない」という結論に至り、途中で予算措置を打ち切っている。

さてチャーチルは、核爆発素材としての高濃縮ウランを得るには途方もない資金投入と天才的な頭脳集団の一極集中が必要であることを承知していたが、それとは別に、骨髄への影響が深刻なストロンチウム

90や猛毒をもって知られるプルトニウムなどの放射性物質が、安っぽい子供だましの濃縮ウランからも簡単に得られることを知っていた。

「つまり原爆は作れなくとも、これらの危険な放射性物質をカプセルに詰め込んで地上へぶちまけることは誰にでもできる。しかも、原子力最先進国のドイツならそれぐらいのことは朝飯前だ」

「しかし放射能兵器は即効性がありませんな。敵兵を壊すのに十年もかかるのでは兵器とは言えないでしょう。ドイツは、そういう無意味なことはしないのではありませんか」

「無意味どころか、無差別空襲でひらひら降ってくるものが防毒マスクも役に立たない放射能兵器だと聞かされたらロンドン市民はパニックになる。気違いに刃物、独裁者に原子力さ」

「ごもっとも……ところでドイツ人は原子炉開発にあたり、黒鉛はマイナス要素が多いから重水一本に絞るそうですよ。しかもあの連中はリューカン工場での重水生産量を今までの十倍、つまり月産一〇〇キログラムに引き上げたらしいのです」

「なるほど、今までの十倍とは聞き捨てならん。すぐに手を打とう」

チャーチルはドイツの原子炉に対し本当に《その日の内》に手を打った。すなわちドイツが重水一本に絞った以上、その供給源となっているノルウェーのリューカン工場を潰さねばならず、そこで首相はイギリス亡命中のノルウェー国王ホーコン七世へ拝謁を願い、ジョージ六世の名代としてフォリージョンパーク離宮のホーコン王と面談し、重水工場を破壊するためノルウェー人レジスタンスの力を借りたいと筋を通した。亡命政権首班という立場のホーコン王はチャーチルが驚くほど重水をよく知っており、あれが化学肥料生産の副産物であること、中性子の減速材として用いることなどは百も承知しており、重水についての首相からホーコン七世への進講はまったく不要だった。

さて王はリューカン工場についてのチャーチルの申し出を聞くと、遠くを眺めるような目をして「国民に犠牲者が多数でるだろう」とつぶやいたが、すぐ首相に向きなおり、明瞭な声で申し出を承認したから、以後、ノルウェー人レジスタンスは国王の名のもとに重水との戦いを開始した。

重水工場破壊工作にあたり、最初に王が指名することになったのはノルスク・ハイドロ社ヴェモルク水力発電所勤務の技師アイナー・スキナラントだった。

「ちょっとつきあえ」

スキナラント技師
（コードネーム「雷鳥」）

そう言ってアイナーを昼休みに散歩へ連れ出したのは同じくノルスク・ハイドロ社に勤めるこの技師の長兄トルスタイン・スキナラント化学肥料開発部長である。

アイナーはずいぶん年のはなれたこの長兄が苦手だった。アイナーが生まれてすぐ父親が亡くなったから、その後、この兄が家長として一から十まで面倒をみてくれ、何をどう工面したかは知らないが、カネの苦労などすることなくアイナーはテレマーク工科大学を卒業し、長兄の勤務するノルスク・ハイドロ社に入社した。要するに年齢差は十以上あるところへもってきて、しかも世話になりっぱなしだったから、面と向かえば遠慮がちになり、何となく押され気味になるのはもっともな話だが、その長兄が思いもよらぬことを言い出した。

「ホーコン七世の名のもとに、お前をレジスタンス・メンバーに加える。お前は今日すぐに一ヵ月の有給休暇をとり、三月七日にフレッケフィヨール港から出発する連絡船ガルテスントに乗れ。船に乗ったらシユタルヘイム大尉というレジスタンスがお前を見つけてやってくる。お前は向こうを知らないが、向こうはお前を知っておる。この大尉はお前に、『今朝何か見なかったかね？』というから、お前は『桃色の象を三頭見た』と言え。これが本人確認の合言葉だ」

アイナーは兄がレジスタンスの一員だと知って驚いたが、ほかならぬ自分が《雷鳥》というコードネームの重水工場破壊工作メンバーになったと聞かされてのけぞった。理由を聞けば、アイナーは大学で電気工学を学んだ後、ヴェモルク発電所とメース湖ダムを勤務地にしていたから重水工場と関連施設の破壊工作にはどんぴしゃりだ。それで白羽の矢が立ったのだという。かくして雷鳥は四月八日までの一ヵ月年次休暇をとって港に行き、連絡船に乗った。シュタルヘイム大尉はすぐにやって来て合言葉の質問をしたから、雷鳥はにこにこして「桃色の象を三頭」というふざけた呪文を唱えたのだが、その途端、大尉とその仲間はステンガンを引っ張りだし、雷鳥が目を白黒させている内に連絡船をハイジャックしてそのままスコットランドのアバディーン港に向ったのだ。それから十日間、雷鳥は通信技術ほかの工作員テクニックを詰め込まれたが、中でも重装備をつけたパラシュート降下は徹底しており、最後には夜間を想定した目隠し降下までさせられ、三月二十八日未明、ハルダンゲル高原の雪山に降下した。ここから雷鳥は年次休暇の期限が切れる四月八日までに寝袋橇を曳いて、一〇〇キロ先のリューカン工場までスキー移動をすることになる。

雷鳥が職場に戻って以降、このにわか工作員は思った以上に手際よく重水工場ほかリューカン周辺の調査を終え、夏のおわりまでに要求されたすべての情報を暗号に置き替えて本部に電送した。この時期、多くのフィヨルドがUボートの基地になっていたので、こういう要所を守るためノルウェーにはドイツ軍三〇万が駐屯していたけれど、重水工場周辺は一〇〇名程度のオーストリア方面から徴募された老兵が配備されているのみだった。ただし、それら老兵に混じって武装ＳＳがおり、かつ、なぜかここに私服のゲシュタポがいる。敵は油断しているわけではないのだ。それにドイツ軍は低空飛行による重水工場の空爆を防ぐため、谷を横切ってケーブルをかすみ網もどきに組み合わせ、対空防御網をいたるところに張り巡らしている。いっぽう重水工場は、冬季には全体が結氷する絶壁の中間にできた棚のような場所に建っているため、広範な地雷敷設はしていなかったが、正面入り口には対戦車砲が置かれ、屋根には機関銃座とサーチライトが設置されており、それにこの工場へ立ち入るためには峡谷を横断して作られた七十五メートルのヴェモルク吊り橋を渡る必要があって、ここに歩哨二名が立ち、まるで要塞のような難攻不落ぶりだった。

ノルウェーの秋は駆け足で過ぎ去ろうとしている。《フレッシュマン作戦》という重水工場破壊工作の実施は一九四二年十一月十九日（木曜）に決定し、雷鳥は四人の先遣コマンド隊員が十月十八日（日曜）にハルダンゲル高原へ降下するとの暗号文を受信して緊張した。

フレッシュマン作戦はホルサ・グライダーを使用する世界初の空挺作戦になった。通常、空挺隊員はかなり重い武器弾薬を携行してパラシュート降下するため、訓練を積んだ大ベテラン隊員でも骨折や捻挫といった事故が頻発し、指揮官が着地の打撲で活動不能ということも起きた。しかもほとんどの重火器は別の無人パラシュートで降下させるから、風で四散し、それっきりになることが多い。ところがグライダーはこれらの欠点を補っておつりが来る。なぜならグライダーは無音であり、かつ、空挺隊員と一緒にかなりの量の重火器が運べ、しかもばらけることはない。それに、もしも着陸予定地点がグライダーにとって不適当だとなっても通常のパラシュート降下に変更できる。だからグライダーは画期的な空挺作戦ツールだと思われた。

先遣四名のコマンドは無事に降下し、すべての準備が完了した。十一月十九日の天候は曇りで奇襲には最適。スコットランド北端のシンクア湾に面するスキッテン飛行場では三十四名の空挺隊員が待機する中、二機のハリファックス輸送機がゆっくりと地上走行を始め、滑走路の所定の位置に着くと、整備員は一番機にグライダーの係留ロープを装着した。このグライダーに空挺隊員十七名が搭乗する。次に整備員は二番機に同数の隊員が乗ったグライダーの繋留ロープをつけた。三十四名の空挺隊員はグライダーの中で五十分待たされ、やっとGOサインがでたのは十七時五〇分。ここで一番機が出撃し、その二十分後の十八時十分に二番機が出撃した。この日は月齢十。厚い雲の上に浮かんでいる月はあと一時間もすれば完全に沈む。

結果を先に言ってしまえば、この作戦は失敗した。二つの攻撃隊はスカンジナビア半島の南端に回り込み、そこからリューカン方向に突入する予定だったが、半島南端に回り込んだ時、それまで順調に動いていたラジオビーコンの地上局が突如故障した。この瞬間、計器飛行はお釈迦になり、後は地図をたよりの有視界飛行のみとなったけれども、濃霧がこれをほとんど不可能にしてしまった。それでも先行した一番機は二十三時五十五分にスタヴァンゲル港上空を通ってリーセフィョルドの奥でグライダーを切り離し、末明三時にスコットランドの飛行場に帰投した。切り離されたグライダーは目標地点の遙か南方にあるホブランド家の農場に突っ込んで、四名重傷、八名が即死、五名は無傷で抜け出したが、翌日午後、ドイツ守備隊に包囲され、ゲシュタポに引き渡されて尋問の末に処刑。重傷の四名は動けなかったことが幸いし、ノルウェー人レジスタンスに救出されている。

二番機は突入経路を間違えてクリスティアンサン港上空をかすめ、そこから五〇キロ北にあるヨンソクヌーテン山に激突。グライダーは結氷が原因で係留ロープの切り離しが出来ず、ハリファックス輸送機の道連れになり、全滅した。なお、この作戦の失敗でドイツ軍は捕虜にした空挺隊員がヴェモルク工場に至る地図を持っていたので、目的が重水だとわかり、リューカン方面の防御を堅固にしている。

しかしチャーチルは執拗だった。

一九四三年二月十七日、新たに六人のノルウェー人コマンド隊員がパラシュート降下し、潜伏中の雷鳥ほかのメンバーと合流の上、降下から十日後の深夜、重水工場を攻撃。貯蔵されていた重水五〇〇キログラムを爆破し、電気分解設備ほかの重水プラントを破壊して無傷撤収に成功した。だがこの破壊工作にあっても重水工場は四ヵ月の内に操業を開始したから、今度こそ空爆だとなった。空爆はアメリカ第八空軍所属の一七八機が一九四三年十一月十六日早朝に出撃し、十一時四十三分から十二時十二分までの昼食時をねらって重水工場を爆撃した。このとき爆撃機は二五〇キロ爆弾を七一一発落とし、工場の操業再開にストップをかけはしたものの、誤爆が多く、本当に工場にあたったのは十八発。白昼攻撃だというのに誤差は三〇キロメートルに広がり、おかげで六軒の一般家屋が巻き込まれて全壊。また誤爆の一つは防空壕を直撃し、二十二名の住民が即死した。

※　　※　　※

空爆で重水の生産プラントは吹っ飛んだ

その後、調査のため雷鳥と共に最後まで残ったノルウェー人コマンド隊員のハウケリド少尉は、六一二・四キログラムの高濃度重水が工場内の保管庫に無傷のまま残っていることをつきとめている。早速、ロンドンにあるコマンド部隊本部に通報したところ、確実にそれを爆破しろと矢の催促だったが、さすがに工場に潜入してもう一度これを始末できるほどドイツ軍は甘くない。そこで考え出されたのはドイツ本国への重水輸送途中にこれを破壊するという案だった。

では、ドイツ軍の輸送手順はいかなるものかというと、まず工場保管庫にある重水を保存溶液といっしょにドラム缶へ移し替える。そのドラム缶をトラックに積んで五キロほど下った先にあるリューカン駅に届け、そこで貨車に積み替える。この駅からメール駅までは列車輸送だが、メール駅から先は貨車ごとドラム缶をティン湖鉄道連絡船に積み込んで対岸まで運び、そこからまた列車だ。したがってティン湖の真ん中で貨車ごと連絡船を沈めてしまえばことは成就する。

報復する。これがもっとも確実に重水始末をやりおおせる一手だった。しかしこれをやると必ずドイツ軍が住民へ報復する。また連絡船には婦女子を含む一般市民も乗り合わせるだろう。かくして多くの民間人を巻き添えにすることになるから現場の一存でGOをかけることなどできる話ではない。そこで「本当に民間人犠牲者多数を出してまで、これを実行しなければならないものかどうか判断を乞う」とロンドンに打電した。すると翌日、「重水破壊は何者にも優先する。周辺住民にいかなる犠牲がでようとも実行し、成功せよ」と回答が来た。

「ということであれば日曜日、朝一番の連絡船を狙うしかないな」

そう言ったのは今回あらたに雷鳥とハウケリドへ協力を申し出た重水工場の技師長であり、そして今日はこれにもう一人、重水工場の輸送管理人が協力者として加わっている。

日曜日の朝一番と聞いて、ハウケリドは一瞬だが感心したような顔をした。

「なるほどな。民間人の巻き添えを最小にするにはみなが教会に行く日曜の午前中しかないな。このタイミングなら連絡船がごった返していないから、悲惨なことは最小限にくい止められるだろう。しかしだ。重水はこっちの都合で勝手に輸送するものではあるまい。いつ来るか分からんドイツ軍の命令によって輸送するはずだ。どうやってごく自然に、疑われることもなく重水を日曜日の朝一番に運び出せるというのかね？」

「それはここにいる輸送管理人殿が絶妙のアイデアを持っている。話してもらおう」

話を聞いて驚いたが、この管理人は実に巧妙だった。つまり輸送する重水は六一二・四キログラムで、それを保存溶液に混入すると計十四トンになり、容積は六二〇〇リットルになる。これをドラム缶三十九本に封入し直すのに全部で三日かかるから、このタイムラグを騙しのテクニックとして使おうと言うのだ。

「三日目の封入完了時間を土曜日の十七時にすることはできます。そうすれば、その日の夜にドラム缶をトラックに積み込んでおき、翌朝トラックを転がしてやれば、重水が詰まったドラム缶は午前八時五十五分にリューカン駅を出発し、九時四十五分にメール駅に到着する。貨車の荷物は自動的に十時出港の連絡船に乗ると言う次第です。あー、それから私の仕事は重水を保存溶液に混入することとドラム缶への封入以外に、トラック、汽車、連絡船の登録手配も含まれています」

「なるほど。となると問題はドイツ軍がいつ運び出せと言って来るかだな。土曜日の朝にでもそんなことを言って来たら、運び出しは月曜か火曜だ。日曜朝一という案はどこかへ行ってしまうぞ。どうする？」

問われて、輸送管理人は「それこそサボタージュですよ」と応じ、シレッとしている。重水が劣化することを極度に恐れるドイツ人が相手だから、混入溶液の水酸化カリウム濃度がおかしい、とか、いろいろ屁理屈をつけて三、四日遅らせるのは訳もないと言うのだ。

「なるほど、気に入ったぞ、先生！　日曜朝一の連絡船に照準を合わせることはこれで目処が立った。ということはだ、いつドイツ軍が移送しろと言い出しても、その週か翌週の日曜一番連絡船に乗るということじゃないか。すばらしい！」

この日はこれで解散し、新参の技師長と輸送管理人を帰した後、雷鳥とハウケリド少尉は再び鳩首凝議に入った。

「問題はまだあるんだ」

と言ったのはハウケリドである。メール駅からの連絡船は出港後おおむね四十分でアルダレン灯台前の最深部に至り、そのまま二十分航行すると水の深さは急に浅くなる。つまり最深部航行中の二十分の間に船底を爆破して沈めねばならないのだが、連絡船にはハイドロ号、リューカンフォス号、アンモニア号という三隻があり、どれも箱のような主甲板の上に一対二本の煙突が並んで突き出しているという外観の平底船だが、しかし、それぞれ違った航行上の癖がある。

「わかるかね、決行が日曜日の朝十時半だとだけは分かっているけれども、決行する日付はいつになるか分からない。よってどの船が目指す日付の一番船になるか分からん以上、三隻とも調べ直しだよ。それをあんたにやって欲しいのさ、ストップウォッチ片手にな」

雷鳥は快諾した。

「問題はいろいろある。ロンドン本部はダイバーの道具を送るから、それで水中に潜って爆弾を船の底に取りつけろと言ってきたが、こいつはいただけないね。連絡船には砕氷能力があり少々湖面が結氷していても運航可能なんだが、そうなると船底の外側に取りつけた爆装一式は氷にこそげ取られてしまう」

そうぼやいたハウケリドだったが、その言うところはまことに慎重で、いかにも場数を踏んだベテランコマンドらしい用心だった。

「危険は伴うが、やはり、土曜日の深夜にお目当ての連絡船に忍び込み、爆薬を船底の内側に取りつける手しかない。ところで俺は支給品の起爆装置を時限信管には使わないよ。あれは発火がたるく、締まりがない。秒単位での仕事には今一つ信用ならんのだ。そこで、俺は目覚まし時計を使うことにしたよ。さっきの技師長が持っていた予備の二個をもらい受けたんだがね」

そう言ってトランクの中から手製の起爆装置を取り出した。それは目覚まし時計のベルを取り外してそこに金属板接触端子を置き、設定時刻になるとベルが鳴るかわりに、ハンマーが端子を打って起爆装置に点火する仕掛けのものだった。

「何回もテストしてみたがね。これなら確実にやれる。しかしティン湖はやりにくい所だよ。最深部はわずか二十分で通過しちまうし、左右両岸もやけに狭くて近い。だから船長はどこかで爆弾が破裂するような異常を感じたら、すぐに右旋回か左旋回をかけて浅瀬に向かい、沈没だけは避けるだろう。つまりボンとやってから五分以内に沈没させせないと、浅瀬に乗り上げ、目的は達成できない。だから爆弾であける穴の大きさは最小でも一平方メートルはないと駄目だ。しかもこれを船首に取りつけて、爆発後に前方から水が入るように細工し、舵とスクリューが水面に出て、近場の浅瀬へ旋回できないようにしておかなければならないのさ」

ハウケリドは自分で自分に言い聞かせるように語っていたが、そのうち連絡船爆破当日について話を変えた。つまり、当日はハウケリドとあと二人のレジスタンスで爆装一式を船に取りつけ、時間をセットし、夜が明ける前に逃亡するというのである。

「そこでだ、雷鳥、君は我々が爆破工作に入る前にアルダレン灯台の背後にある山の頂上でビバークし、翌日、双眼鏡で船が首尾よく沈む瞬間を見届けてもらいたい。よろしくたのむぞ」

「逃亡先は決まっているのですか？」

「全員決まっているが、それ以上は聞かないほうがいい。ろくでもないことに巻き込まれることだってあるからだ。もう一つ。もしも爆発せず、だんまりなら、すぐにロンドンの本部に連絡しろ。判断は本部に任せるんだ。勝手に何かしちゃいかんぞ」

話は終わった。雷鳥は明日から頻繁に連絡船でメール駅とティンノーセ駅の間を往復し、三隻の船の癖をチェックすることになるだろう。

それからいくらも経たないうち、ロンドン本部の短波無線機が雷鳥からのコール信号を受けてカタカタ鳴った。

■一九四四年二月九日／ロンドン本部へ

ＩＭＩ（重水を示す暗号）は近々運び出されてドイツ本国に向う。すでにロンドン本部の了承を得た通り、我々はＩＭＩを始末するにあたり、巻き貝（プラスティック爆弾を示す暗号）を使って貨車ごと連絡船を湖底に沈める。

再確認するが、この方法を承認するか？　報復は激しいものがあろう。速やかに回答を乞う。

■一九四四年二月一〇日／雷鳥へ

ＩＭＩを湖底最深部に沈める件、実行せよ。周辺住民へのドイツ軍の報復を避けるため、イギリス軍コマンド隊員の軍服を使って偽装工作せよ。幸運を祈る。

■一九四四年二月十六日／ロンドン本部へ

爆破は一九四四年二月二〇日、午前十時四十五分。爆破対象は連絡船ハイドロ号。

■一九四四年二月十六日／雷鳥へ

心から成功を祈る。敬礼。

ハイドロ号に爆装一式を取りつける土曜日の午後十一時、ハウケリドはまったく別の仲間が運転するメタンガス燃料のトラックに乗って、メール港まで二キロという場所にやって来た。運転手を待機させ、そこから先は一人で歩く。港のフェンスが見える。そこに土地のレジスタンスが二人いた。

「ハイドロ号は桟橋にいるぜ。乗組員は船に泊り込みだ。見ろよ、ポーカーでもやっているらしい。キャビンはまっぴかりだ」

「ということは、やつらが寝るのを待っていたら夜が明けるな。仕事にかかるぞ。四時にはおしまいにする。俺は待たせてあるトラックでスウェーデン国境に向かい、そこから後はスキーでずらかるぞ」

「俺たち二人はハルダンゲル高原に行くぜ。あそこなら仲間はごまんといるからよ。ところで船がお陀仏になるのを見届ける奴はいるのか。俺たちがふけてから六時間後だぜ、あいつがブクッといくのはよ」

「そいつは抜かりなしだ」

ハウケリドと二人のレジスタンスは静かにフェンスを開け、桟橋に至り、そのままレールの枕木を踏んでハイドロ号の車輌導入ゲートにやって来た。さきほどまではまったく気にならなかったが、足もとは寒さで凍りつき、歩くたびに軋《きし》んで、やけに大きな音を立てる。見上げると古参のレジスタンスが言った通り、乗組員キャビンでは酒が入り、ポーカーの真っ最中だ。連絡船はこの道中の最弱点になっている。ドイツ軍の歩哨がドーベルマンを連れて歩きまわっていてもよさそうな気もするが、幸いそれはない。三人の破壊工作員が三等客室に下り、奥に進んで船底に至るハッチに手をかけた時だ。警備員が一人、無言で客室の戸口に立った。そのとき若いレジスタンスが機転を効かせ、この二人はゲシュタポに目をつけられているので、かくまって欲しいというと、警備員はいたく同情し、こういうことは今までに何回もあり、いつも無事にやり過ごして来たと言って、船底に続くハッチを開けて、早く入れと言った。すると若いレジスタンスは人をそらさない見事な笑顔を浮かべ、「やばいのはこの二人だけだ」と言って自分はその場にどっかりと座り込み、警備員と世間話を始めた。ハウケリドと古参のレジスタンスはすかさず船底にもぐり込み、望んだ通りの場所に八・五キロのプラスティック爆弾をセットしたが、このとき最も緊張したのは目覚まし時計のハンマーと金属板接触端子の間隔を五ミリほどに細工する危険な作業をやっている時で、「我々と大失敗の間に横たわる距離はわずか五ミリだった」と後日ハウケリドは語っている。

いっぽう若いレジスタンスは警備員と話し込んでいる間に、下の二人と自分はゲシュタポをやり過ごした後、所持品を取りにいったん自宅に戻るのだと問わず語りに相手を納得させていたから、危険な仕事を終えて上がって来た二人を迎えた後、再び来たときと同じように三人そろって下船しても何ひとつ騒ぎにはならなかった。

ところで船を去るとき、ハウケリドはふと振り返り、「気をつけてな」と言って送りだす警備員に「なぜ我々を見つけたとき無言でいたのか」と訊いた。

「本当の盗っ人ならこんな三等客室を狙うはずがない。ドイツに追われているからコソコソとこういう所にやって来る。そういう者を助けるのは常識だ。だからさ」

警備員がどこまでハウケリドたちを信用したのかは分からない。だが、いずれにしても警備員は最後までハウケリドたちをゲシュタポに追われる者としてかくまったのだ。ハウケリドはこの警備員に特別な感情がわき起こり、夜が明けたらさっさとこの船を離れないと危険だぞと忠告する気になったが、それはぐっと押さえ、黙って立ち去った。

天候は静か。気温は摂氏マイナス九度。ハイドロ号は東の空にゆらゆらしている太陽の光りを背に受けて南に向って航行している。そしてこの船がアルダレン灯台のあたりに差しかかった時、にぶい爆発音がし、救命ボートを出すひまもなくあっと言う間に沈んだ。雷鳥はハイドロ号が沈む前に係留ロープが切れて湖へ転がり落ちる貨車の姿を確かに見た。重水は十時四十五分に水深四三〇メートルの湖底に沈み、このとき十四名の民間人と四名のドイツ兵が巻き添えにあって死んでいる。また冷たい水に放り出されたが、幸い生きて救出された者は二十九名だった。

この直後、短波無線機が故障するという事故が起き、雷鳥は本来の職業だった電気工学の腕を発揮する機会を得たが、部品調達に手間取り、修理して再交信できたのは三日後となった。そうとは知らないロンドン本部は雷鳥が二月十六日から交信を断ち、決行日が過ぎても沈黙していたのでさすがに苛立っていたが、ようやく二月二十三日になって雷鳥から電文が入った。

■一九四四年二月二十三日／ロンドン本部へ

ＩＭＩは湖底に沈んだ。十四名の民間人を巻き添えにした。四人のドイツ兵を殺した。仕事は完璧に修了。逮捕者は無し。

ノルウェーの重水をめぐる攻防戦はこうして幕となったが、チャーチルはドイツ軍が湖底の重水を引き上げるかも知れないと疑い、まったく監視の手を緩めなかったけれども、そのうちノルマンディー上陸となり、ドイツ軍はリューカン方面から撤収したので、湖水は平穏を取り戻し、重水はノルウェー史の片隅に書き記されるのみの存在となった。そして雷鳥は一般市民アイナー・スキナラント技師に戻り、再び特殊任務に就くことはなく、空爆で破壊されたリューカン発電所のあと片づけに汗をかき、そして平凡にノルウェー解放の日を迎えた。

戦後、ナチス・ドイツ原子力エネルギー企画管理審議官を務めたデーブナー博士は「原子力はヒトラーがユダヤ的だと言って毛嫌いしていたこともあって、一九四四年二月二十日に連絡船ハイドロ号が爆破され、重水一三五〇ポンド（六一二・四キログラム）が全部消えて無くなった後、我が国の原子力計画は完全に停止し、二度と再び原子力が口の端に登ることはなかった」と証言している。

第二章

原爆素材はウランとプルトニウム

1　マンハッタン計画と最強のプロジェクト・マネージャー

「北アフリカ戦線行きはボツだ、ディック。スティムソン長官が君をある非常に重要な任務の責任者に選んだのだよ」

陸軍補給部隊司令官サマーヴェル中将からディックと親しげに言われた工兵大佐グローヴスは真珠湾攻撃の三ヵ月前、すなわち一九四一年九月十一日に着工したペンタゴン（国防総省ビル）の建設責任者だったから、今日は中将のお伴で下院公聴会に出席し、工事の進捗と総工費八三〇〇万ドルという建設費の中間収支報告を行い、かつ、陸軍建設法案についての証言をするために下院会館へやって来たのだ。

二人の軍人は四十五分を切るという短時間で公聴会から解放されたが、問題はそのあとだった。会議場から出て来た直後、グローヴスは中将から、アフリカ従軍白紙撤回を囁かれており、がっかりした工兵大佐は宣告されたその瞬間が一九四二年九月十七日午前十時三十分だったということを、なぜか後々までしっかりと覚えている。

――自分で推薦しておいて、長官が君を選んだとはよく言ってくれる。

ことわれっこないことはよく承知していたが、さすがに大佐は興ざめした。

「私はスティムソン陸軍長官とは一面識もありませんが」

「気持ちはよく分かる。だが長官命令だよ。選択の余地はない。大統領の承認も得ているしな」

「任地はどこですか？」

「ワシントン」

――やれやれ、何てこった。

「それで仕事は？」

「原爆だよ」

「ご冗談を！」

「ディック、君がその任務を仕上げれば、戦争はおわりだ。君はこの仕事のため一度も戦場には出られないだろうが、その代わり、戦争は勝てる。そうそう、もう一つ、君は六日後に准将に昇格だ。旅団長だな。おめでとう」

――なにがそうそうだ、白々しい。よほどの難事業とみた。

グローヴスの直感は大当たりだった。目の前に表われたのは原爆開発というみじめな空想科学小説の世界であり、そこには整然とした生産工程表は望むべくもなく、原爆工場の青写真にいたっては影も形もなかったのだ。

振り返って見ればルーズベルトがヴァネヴァー・ブッシュの勧告をいれ、原子力研究を原爆開発一本に絞って政策転換をはかったのは一九四一年十月九日だった。以来、ブッシュ主導で悪戦苦闘を続けて来たけれども埒《らち》があかない。そこでブッシュはルーズベルトと面談し、《原爆製造に関わる建設と最終的な製品化》につき、エンジニアリングが専門の陸軍工兵軍団と仕事を分担したいと提案した。ルーズベルトは人事のみで大統領を続けてきた男である。極論すればしかるべき人間をつまみ上げ、仕事をその人間に丸投げし、ノー・チェックで世渡りをして来た男だった。しかもこの時、ルーズベルトはミッドウェー海域で日本の空母四隻を海底に葬ったことから機嫌がいい。この機嫌のよさも手伝って大統領はブッシュ提案にＧＯサインを出した。大統領命令を受けた陸軍長官スティムソンはそれをサマーヴェル中将に落したが、このとき実務担当責任者として選ばれたのは、グローヴスではなく、別の工兵大佐で、気の毒にこの大佐は失敗した。

科学者たちは原爆の材料にはウラニウムとプルトニウムがあり、ウラニウムを選択する場合には同位元素Ｕ２３５を濃縮しなくてはならず、その濃縮方法には、①ウラニウム・ガス拡散分離方式、②ウラニウム・電磁分離方式、③ウラニウム・遠心分離方式という三つがある。また、プルトニウムを選択する場合には、①黒鉛原子炉活用型プルトニウム生産方式、②重水原子炉活用型プルトニウム生産方式という二つがある。要するに五つのアプローチ方法があり、科学者たちは工場が完成すれば即座に原爆生産は可能だと主張したが、それは希望に満ちた妄想で、実務者の目から見れば何も手がついていないに等しく、すべてはからっぽだったのだ。この大佐は、馬鹿にするな、今までいったい何をやっておったのかと毒づきはしなかった。この優しさと煮えきらない態度が災いして、ブッシュになめられ、かつ、できない理由を探し回るような軍人はいらないと嫌われてクビになった。その交替要員がグローヴスである。

「ＭＥＤ《メド》が超極秘だということはわかりましたが、手がける以上、事前に調べたいことがいろいろあります。誰と誰に会って話を聞けばいいでしょうか？」

ＭＥＤとは《Manhattan Engineer District（マンハッタン工兵管区）》の頭文字をとったアメリカ原

爆開発製造計画を指す暗号である。

「まずは参謀長のスタイヤー少将に会ってくれ。それから前任者の副官だったニコルズ中佐はそのまま君の副官を務めさせよう」

「科学者たちとの接触は私のやりたかでよろしいですか？」

「けっこうだ。今日は木曜日だな。科学者のトップにいるブッシュ博士とは明日の午後に会えるよう手筈を整えるよ」

レスリー・リチャード・グローヴスはこのとき四十六歳。一八九六年八月十七日、ニューヨーク州オールバニーに生まれたこの男は父親がアメリカ陸軍教戒師だったことからその転勤に合わせていろいろな土地に移り住んだけれども、最後にシアトル近郊に定住することになって、土地のクイーン・アン・ハイスクールを卒業した。

グローヴスは生活環境からして陸軍の中で育ったようなものだったから、ウェストポイント入学を熱望したけれども、これは果たせず、ワシントン州立大学に入った。すると学長からマサチューセッツ工科大学への推薦を受け、この大学に転入し、さらに二年後の一九一六年、グローヴス二十歳の時、ウェストポイント転入を試みて合格。一九一八年に四番の成績で卒業した。ちなみに工兵士官候補生としては一番だったから、そのまま工兵隊配属となった。

グローヴスのほどよく刈りこまれた栗色の髪は緩やかに波うち、非常に大きな頭部を覆っている。そして頭部の下にある巨大な顔の中には油断ならぬ凶暴性を秘めた大きな青い目と、胡桃はおろか椰子の実すらかち割りそうな頑丈な顎と口がある。こういう造作のグローヴスでもたまに人なつっこい笑顔をみせることもあるが、いずれにせよめったに白い歯を出して笑ったことはない。身の丈は一七八センチ。なで肩で西洋梨を連想する肥満体だったが、これは早食いが肥満の最大原因で、四十五歳の節目には一一五キロを越え、一三六キロ通過はあっという間で、その後も太った。写真に撮られたグローヴスは、バックルとベルトが腹に食い込み、服のボタンはいつもはじけそうだ。これでは最前線を走り回るには無理がある。サマーヴェル中将がグローヴスを北アフリカ戦線にやらなかったのはこの肥満があったからではないかと勘繰りたくなるほどだが、この男の唯一の趣味というテニスの腕前はたいしたものだと言うから、人はわからないものだ。ついでながらグローヴスは身だしなみにやかましい。これはウェストポイント時代にたたき込まれた生活習慣がもとになっており、薄く刈り込んだ口髭の手入れは欠かしたことがなく、仕上げはかすかに香るオー・ド・トワレを使った。もうひとつ。禁酒家でタバコも吸わないグローヴスの意外な嗜好品はハーシーのチョコレート・バーで、執務室の金庫の中には重要書類と共に、常時一キログラムのハーシーをストックしていた。

グローヴスを部下に持つ上官は、この男の担当する仕事が神の領域にたち入るものでない限り、その仕事は納期通り瑕疵なく完成するに相違なしと確信できた。結果を見る限り、余人をもって代えがたい仕事師ぶりを発揮したグローヴスのなし遂げた成果は、たしかに非の打ち所は無い。しかし、ではどのような手を使ってその結果に到達できたのかとなると、これについては一言文句を言いたいという人間が山ほどいた。グローヴス自身、人の何倍も働き者だったことは言うまでもないけれど、その取り組み姿勢が部下や交渉相手に向かうとき、この男は非情で、相手の感情に無頓着だったから、特に納期遅延を聞きつけたが最後、その瞬間グローヴスは手のつけられない暴君に変わり、無慈悲に相手をしめ上げ、絶対に許さなかった。こういう仕事人間ぶりは相手がうら若い秘書であろうと同じで、愚痴や泣き言など聞く耳を持たず、私語やだらだらしたコーヒーブレイクには容赦なく小言を浴びせたから、秘書は長続きしなかった。しかしこういうのが苦にならなかった人もいる。三十になったばかりのミセス・オリリーは、以前はタイム誌の役員秘書で、結婚退職し、一子を授かった途端、ジャーナリストだった夫に交通事故で先立たれて

マンハッタン計画責任者
グローヴス准将

しまった。もともとが陽気で前向きなミセス・オリリーは、仕事こそ心の痛みを忘れさせてくれるものと工兵隊に秘書の仕事を得、かくしてグローヴスの流儀に最後まで音を上げなかった数少ない人となり、中将昇格したボスが退任して軍を去る一九四八年二月二十九日のその時まで秘書を勤めた。

ミセス・オリリーのような希なる例外は除き、何の因果かグローヴスに巡り合ってしまった人間はいやもおうもなくその強引なやりかたに引っ張りこまれ、文字通り仕事漬けになった。

ひとつの出来事がある。

遠地での会議に出席するため、寝台車でグローヴスのお供を仰せつかった部下たちはその日の真夜中一時にセントラル・ステーションを出発する列車のチケットをミセス・オリリーに渡されてたじろいだ。それだけではない。朝の八時、目的地に着き、車中、ろくに眠れずはれぼったい目でいると、グローヴスが言った。

「会議まで三十分もないいね。朝食代わりにそこでホットドッグを買ってタクシーの中で腹にいれよう」

会議が終われば、即座に列車に飛び乗り、車中で書類作成。ポータブル・タイプライターを持っていけとミセス・オリリーが言ったわけだ。おまけに夜七時、駅についたその足でオフィスに向かいもう一仕事。晩飯は屋台のハンバーガーに決まったようなものである。

※　※　※

グローヴスは頭の切り替えが早い男だったから、北アフリカ戦線のかわりに原爆をやれと言われた九月十七日の午後、さっそくスタイヤー少将を訪れてだいたいの全体像を頭に入れると、同じ日の夜、実務レベルを完全に把握しているニコルズ（この時はまだ中佐）と面談した。

「恐るべき一匹狼のグローヴス。あの人は、できることなら生涯近寄りたくないクソったれだ」

そう前置きして、次の様に回想したのは副官ニコルズである。

「しかしグローヴスは最も有能な男の一人で、けた外れの自負心と無尽蔵のエネルギーを持ち、疲れを見せたことはついに無く、自分の決定には絶対の自信があり、問題への取り組みにあたっては徹底して無慈悲だった。しばしば私は思う。もし私が原爆開発という超難事業をもう一度やり直さなければならないのなら、グローヴスという人間をボスに選ぶ。私も他の人々もあの男のガッツとその生活信条を憎んだが、成功のためにはこの人しかないと理解していた」

ウェストポイントを五番で卒業した三十五歳の工兵中佐ニコルズは若いくせに髪の毛は相当後退しており、ほっそりした顔にふちなし眼鏡をかけ、そのレンズの奥には助祭神父のようなやさしい眼差しがあった。

オークリッジサイト責任者
ニコルズ大佐

ニコルズはウェストポイント卒業後、工兵隊配属となったが、すぐコーネル工科大学に行き、マスターコースを修了すると、次にベルリン工科大学に留学し、最後にアイオワ州立大学で水力工学博士号を取得したという知識人だった。ニコルズにはグローヴスとの共通点などほとんどなかったけれども、これが漫才コンビならドンピシャというお誂えむきの副官で、直属上司のごとき無神経で厚かましいところはなかったが、タフで打たれ強く、慎重で外交的で、軍人というよりは如才ない銀行マンのようなところがあり、かつ、必要とあれば抜け目なく立ち回る民間営業マンのやり方を心得ていた。

「工兵隊が原爆とつきあうことになったのはご承知の通り三ヵ月前のことですが、驚いたことに出動命令が来て現場に行っても、私たちにはやるべきことが無かったのです。ヴァネヴァー・ブッシュ博士はルーズベルト大統領に原爆を作る方法は五つあると答申しました。ガス拡散分離方式、電磁分離方式、遠心分離方式、黒鉛型原子炉活用方式、重水型原子炉活用方式。計五方式のことです」

「どの方法がいいのか分からないから、この五つを全部並行して推進する。そういう案を提出し、ルーズベルト大統領がＯＫしたというやつだろう？」

「そうです。どれが本命でどれが駄馬だかわからないからです」

どれかに賭け、どれかを捨てたあげく、外れてひどい目にあうわけには行かない以上、全部に均等に賭けよう。そのうち途中で落伍するものが出るから最後には勝ち馬がはっきりする。大胆な方法だ。しかしそれ以上の驚嘆事項は、原爆はこの五方式の完結だけでは終わらないという点だった。原爆完成という最終ゴールへ到達するまでには、《核分裂性素材》を生成し、《起爆装置》を創り、最後にこの二つを《爆弾として組み立てる》という三つの大きなハードルがあり、大統領がＯＫした五方式ヨーイ・ドンのいっせいスタートなるものは核分裂連鎖反応素材を生成するという最初のハードルを飛び越えるにすぎなかったのだ。

「さて、私が原爆に関与するようになって接触した物理学者は、頭はおそろしくいいのですが、何と言うか、実にユニークです」

「変人奇人ということかね」

「その言葉には変質者というニュアンスがありますが、そうではありません。あの人たちは方程式の中を泳ぎながら空想を楽しんでおり、湧き出るアイデアを出るにまかせ、制御不能に陥っているのです。バークレー研究所にいるローレンス教授なんかは相当ぶっ飛んでますが、……愉快な人です。……まあ、制御不能と言えばフェルミ教授のグループは際立っていますな」

そう言って、ニコルズ中佐はシカゴ大学エッカルト・ホールに群がる亡命物理学者たちのことを語った。

中佐はこれらの学者を前に、「皆さんと私たちエンジニアとの間にはものの考え方について誤解があるようです。これをはっきりさせておく必要がある。物理学者の皆さんは一つか二つの原爆を作ることしか考えておられないのではありませんか？」と言った。

学者たちは一様に首をこっくりさせた。フェルミ教授たちの基本的な考え方は、原爆は非常に大きな破壊力を持っているので一個か二個作ってしまえばそれで充分。戦争は終わる。爆発させただけで敵は戦意を喪失し、直ちに降伏するだろうというもので、フェルミの横に座っていた口数の多いレオ・シラードは黙っておれなくなり、立ち上がってわめき出しそうになったが、それを目ざとく仲間に見つけられ、力まかせに席へ押し戻されている。

中佐は続けた。

「その考えは誤りです。軍事的な問題には曲げることのできない基本原則がある。原爆がどれほど空想的であろうと、兵器である以上、工業製品として継続生産できなければならない。武器をもって本当に敵と闘わなければならない軍人が求めているものは原爆を一定の効率で生産し続けるメカニズムです。もう一度いいますが、原爆は一つか二つ作って終わりだというものではありません。それでは無意味なのです」

物理学者一同は全員大きなショックを受けた。特にレオ・シラードは、原爆は自分たちが産み出した《子供》であり、自分たち以外には誰もこの子供を理解することはできないという強い思い入れがあったし、もしも工業化とやらへ向かえば、今まで自由奔放にやってきた研究スタイルは根底から覆され、堅苦しい勤務体系と予実管理、そして成果物としての書類提出が要求されるのだ。

ちなみに、化学者は石油化学工業とのつき合いがあったから、工業化と聞いてもさほどの違和感はなかっただろう。が、物理学者は違う。ここエッカルト・ホールに集う物理学者たちはいまだかつてエンジニアという人種と一緒に生活したことはなかったし、その人生は実験室という小宇宙がすべてで、大規模工業生産という概念自体が未知の世界だったのだ。

「原爆の前には物理学者というハードルがあるのか」

グローヴスは珍しく憂鬱そうな顔をした。

「あの人たちの頭脳はノーベル賞が保証しています。しかし気質は職人の親方とあまり変わりませんよ。ところで私が原爆に関与して三ヵ月たちましたが、深刻なのはウラン鉱石です」

夜も更け、当番兵にペンタゴンの売店で買ってこさせたせいぜい一ドルどまりの安っぽいサンドウィッチにかぶりついたニコルズだが、深刻だと言いつつも心配している様子はない。しかしこれを聞かされたグローヴスは《深刻》の一言に鋭く反応し、食いちぎったばかりのハンバーガーをほおばりながら、先を続けろと目で合図した。

「無邪気な物理学者たちは、だれもかれもウランは無尽蔵に、しかも簡単に手に入ると思い込んでいるようですが、それは大きな間違いで、良質の天然ウランはベルギー領コンゴのカタンガ州シンコロブエ鉱山にしかないのです」

鉱山の所有権はベルギーのユニオン・ミニエールという会社が持っていた。

一九三九年五月、鉱山運営を一手に掌握していたこの会社のサンギェ専務はイギリスを訪れ、同じくこの会社の取締役を務めていたストーンヘブン子爵と面談し、このとき子爵から大英帝国科学技術大学の教授に会ってくれと言われた。翌日、くだんの教授は専務の宿泊するホテルにあらわれ、いささか唐突に、シンコロブエ鉱山から得られるウラン原石全部についての選定権と使用権をイギリス政府に与えるよう要請した。専務はなぜこういう学者がビジネスに口を挟むのか不審に思い、そのあげく、にべもない態度で断っている。この教授はいかにも気がかりだという様子でいとまを告げたが、まさに別れ際になって、

「注意しなさいよ、ムッシュー・サンギェ。ドイツ人の手に渡るようなことになったらイギリスもベルギーも破滅に向かってまっしぐらという品物があなたの手の内にある。ウランは紅茶ポットへの黄色着色剤などではありませんぞ。どうしても手放したくないというなら、ニューヨークあたりの港湾倉庫にでも入れておいた方がよろしいな」と非常に印象深い一言を残した。こういう出来事の四ヵ月後に大戦が勃発したから、破滅に向かってまっしぐらだぞと警告された品物が自分の手の内にあることに思い至り、サンギェ専務は震え上がった。そして翌一九四〇年五月、ドイツ軍がベルギーに侵攻したから、専務はおおいに狼狽し、この年の九月から十月にかけ、鉱山から純度六十五%のウラン原石一二五〇トンを二〇〇〇本のドラム缶に詰めて運び出した。行く先はニューヨーク・スタテン島のリッチモンド港だったが、よほど急いだせいだろう、キンサシャではなく、鉱山から最短距離にあるポルトガル領アンゴラのロビト港から積み出した。

「ドラム缶二〇〇〇本におさまったウラン原石は今も確かに貨物上屋に積まれています。サンギェ専務は大いにこれをアメリカ政府へ売り込みましたが、まったく話が噛み合わぬまま一年半がたち、特にワシントンで一九四二年三月に開かれた国務省主催の戦時経済会議でも、専務はスカを食いました。ファイス氏とフィンレター氏という二人の国務省顧問官がさっぱり駄目で、兵器生産に欠かせない銅とコバルトには興味を示したのですが、ウランは見向きもしていません」

「大統領はハル国務長官に原爆の話をしてないと見える。信じがたい話だ。ともかく明日、専務に会って売買契約を結んで来てくれ。ヤケを起こされてドラム缶を海に捨てられでもしたらかなわん」

翌十八日、ニコルズは行動を起こした。

六十三歳のサンギェ専務はすっかり髪の毛が後退し、残った髪の毛も真っ白だったが、血色はいい。専務は非常に礼儀正しい男ではあったが、長いことアメリカ人から安っぽく扱われてきたおかげで猜疑心の固まりになっており、このときニコルズを好意的に迎えたとは思えない。いささかぶっきらぼうに挨拶を済ませると、このベルギー人は「あなたは中佐だそうですがスーツを着ておられる。身分を証明するものを拝見できますか」と素っ気ない。ニコルズが提出した身分証明書と平服着用許可書に目を通した後も、専務はいっこうに疑わしそうな様子を解かず、「さて、何の御用ですか、中佐殿」と木で鼻をくくったように問いかけた。

「あなたが所有するウランについてですよ」

「ビジネスですかな、中佐殿。このごろウランのまわりをうろうろする正体不明の人間が増えた。探りを入れてくるだけで、何者ともわからぬ者の代理人だと言う。アメリカはああいうスパイもどきの人間を取り締まることはせんようだ」

そう言って、じろりとニコルズを眺め、「もう一度お聞きするが、あなたはウランを購入するための契約書締結権限をお持ちですか？」と聞いた。

「私は専務、あなたがウランを売却する権限以上の、遥かに大きな権限を持っていますよ」

ニコルズはいざとなれば強制すら辞さぬという気持ちを込めていささか高圧的に出たが、サンギェ専務はひるまなかった。

「ウランの用途はアメリカ自身が使用するためのものですか。もしもウランをどこかに転売するおつもりなら、私はこの商談を打ち切らねばならない」

「転売とはまたもったいないことを」

「そうですか。それは頼もしい。もう一つ、私はあなたと締結する売買契約書の中に、ウランはアメリカが兵器製造のために使用するのだという条項を挿入したいと思いますが、これはいかがです？」

ニコルズの顔に逡巡の色が走った。契約書の中でウラン購入の目的が兵器製造だと明記して良いはずはない。しかしこのためらいを見てサンギェ専務は先に言葉を継いだ。

「中佐殿、契約書へ書き入れる文言は『合衆国はユニオン・ミニエール社から購入したウランを軍事目的に使用する』だけでけっこうです。つまりアメリカがこのウランを使ってどのような兵器を製造するのかについての言及は不要です。私は知っているのです。ウランに黄色着色剤以外の用途があることをね」

「わかりました、専務。その内容でサインしましょう」

一時間ほどしてサンギェ専務の事務所を辞したニコルズの鞄の中には《ウランの使用目的》《二千本のドラム缶におさまった一二五〇トンのウラン売買価格は四五〇万ドル》《今後、シンコロブエ鉱山が生産するすべてのウラン原石は同一レートでアメリカに売却する》といった八項目から成るなる一枚の契約書が入っていた。

※　　※　　※

グローヴスが原爆について全速前進モードにギア・チェンジしたのはサマーヴェル中将の話があった日から数えて二日目（九月十九日）のことだった。この日、九時十五分前にペンタゴン五一二〇号エリアにある自分の執務室に入ったグローヴスは早速ミセス・オリリーを呼んだ。

「この原稿をタイプして今から一時間後に持ってきてもらいたい。それからすぐニコルズ中佐を呼んでくれ」

すぐにやってきた中佐は、今日、軍需生産委員会トップのネルソン氏を訪問するから同行するよう言われた。訪問の目的は必要物資調達上の最高優先権（ＡＡＡ）を確保することで、いま秘書がタイプしているのはネルソン氏に署名させる承認文書だという。

「私は、率直に言わせてもらうが、心底あきれている。ありふれたＴＮＴ爆弾の製造工場ひとつですら一億二八〇〇万ドルかかっているというのに、ブッシュ博士が計上した原爆予算はわずか八五〇〇万ドルだ。この感覚の鈍さが科学者というものかも知れないが、まあ、それはひとまず脇に置こう。ともかく原爆開発の最大ハードルは時間だ。先行しているドイツとの競争に勝つためにはＡＡＡを確保しておかねばならん」

こういうことでグローヴスはニコルズを連れ、軍需生産委員会（ＷＰＢ）のネルソン氏を訪問した。ドナルド・マー・ネルソン。当時五十四歳。西部開拓時代にカタログ販売という手法を編み出して隆盛を極めたシアーズ・ローバック社の副社長で、この人物をＷＰＢのトップに据えたのはルーズベルト大統領だった。

ネルソン氏の風采は堂々たるもので、それほどの年寄りでもないのに喉は皮がたるんで七面鳥もどきになっており、ニコルズいわく、「みごとな愛想笑いで迎えてくれる小売業者だと思ったら大間違いだ。まさに業界の大物然としており、軍隊の佐官ごときが何しに来たという目つきでいた」とある。

さて、ＡＡＡ交渉は拍子抜けするほど短時間で終わった。

ネルソン氏はグローヴスの話を黙って聞いており、ひと通り聞き終わると、テーブル上に置かれた承認文書をつと脇に押しやり、「駄目だ、認めない！」と言った。そしてネルソン氏は、自分のところにＡＡＡを求めてやって来る戦時計画立案者は、理由と方法と納期を明記した添付書類を持参し、自分はそれを委員会にかけ、妥当性に鑑みて優先度を決めるのだと言った後、次のように気色ばんだ。

「必要書類もなしでＡＡＡをよこせとは、よくも言えたもんだ、グローヴス大佐。君はふざけている。殊勝なところがない。空いた口がふさがらん。ともかくＡＡＡ案件はたくさんあり、これ以上は増やせない。だから駄目だ！」

「わかりました、ミスター・ネルソン。そういうことであれば、私は大統領に言いましょう。私が託された大統領の計画はシアーズ・ローバックの副社長が協力を拒否したので、計画は御破算にしたほうがいい。そのように大統領へ勧告します」

――大した脅しだ。戦争になったとたん軍人は柄が悪くなる。

ネルソン氏はあきれ顔でグローヴスをねめ回したが、軍配は行儀の悪い工兵大佐に上がり、シアーズの副社長はＡＡＡ承認文書にその場で署名することになった。

グローヴスとニコルズは首尾よくＡＡＡを手に入れると、いったん事務所に帰って雑用を済ませ、今度はヴァネヴァー・ブッシュ博士と面談するためにホワイトハウス正面にある一五三〇番地Ｐ通りの事務所に向かった。ブッシュはパイプをくわえ、座ったまま挨拶するというかなり礼を失した態度に出ている。理由がないわけではない。ブッシュはグローヴスが新たに着任したマンハッタン計画の責任者であることを知らされていなかったし、また、そういう責任者の紹介はスティムソン長官かサマーヴェル中将が行うものだと思い込んでいたところ、いきなり工兵大佐があらわれたから、へそを曲げた。いっぽうグローヴスは現実と夢想の区別がつかない科学者たちを苦々しく眺めていたから、言動が詰問調になった。くしてブッシュはおそろしく不機嫌になったあげく、慎みをかなぐり捨て、どんな質問にも答えてやるまいとしている。

「大佐殿、どこの誰とも知れない相手に超国家機密を明かせると思いますか。それから質問するのは私の役目で、大佐殿、あなたの役目ではありませんよ。ともかく今日はお引き取り願いましょう」

二人の工兵将校はつまみ出された。

その後もブッシュは怒り狂い、即刻、スタイヤー少将に電話し、「グローヴス大佐とは何ものですか。あまりにも攻撃的だ。とても大事を託せるとは思えない」と噛み付いた。将軍は、グローヴスが無遠慮な物言いをすることには同意したけれども、原爆開発に成功したいならあの男以外に適任者などいないと突っぱねた。けんつくを食わされたブッシュは、今度はスティムソン長官の補佐官バンディー氏にグローヴスとやら言う工兵大佐が原爆計画を推進する上で相応しいかどうか疑問だと陰口をきいている。しかしその後ブッシュは、この工兵大佐がたった二日のうちにウラン原石とＡＡＡをものにしたと知って、それ以上文句を言わなくなった。

ブッシュが「成功するためにはあの男しかいない」と最初に思ったのは一九四二年九月二十三日水曜日のことで、この日、グローヴスは准将に昇進し、スティムソン陸軍長官が主宰する軍事政策委員会に初めて出席した。出席者は九名で、当日のテーマは原爆開発を統合管理するためにどんな仕組みにすべきか審議することだったが、長官はついでに新参者のグローヴスを間近に見たいと思っていた。

冒頭、長官は次のように考えを述べている。

「私とマーシャル参謀総長はあまりに多くの仕事を抱えているので、月に一度こういう会議を開いて出席することは難しい。グローヴス准将が月一回ここにいる一人一人に報告して意見を統括し、最後に自分のところに報告に来るという案はどうか？」

この席にはグローヴスを除き計八人がいた。

「おっしゃることはよくわかります。しかし、私が月に一度、スティムソン長官を除く七人の方々の席を訪問して報告し、提言を受け、最後に長官の執務室を訪問するという方式にするということは、つまり一ヵ月の間に最低八時間も私を拘束することであって、非効率であり、仕事の前進スピードを遅らせるだけです。……三人であれば私は充分に情報を与えることができ、素早くその三人の勧告を引き出すことができるでしょう」

長官は折れ、五十日間サイクルでサマーヴェル中将、ブッシュ博士、パーネル提督、バンディー補佐官に報告し、長官自身はバンディー補佐官から勧告を受けるという方式を認めた。ここから後は雑談もどきの会議になったが、そのときグローヴスは突然立ち上がり、腕時計を見て言った。

「お話が済んだようであり、テネシー行き列車の出発時間が迫っていますので、私はこれで失礼します。私の前任者が進めていたオークリッジの工場用地買収に目処をつけねばなりません」

思ってもみなかった発言を残してグローヴスは退席したから、長官は少しばかり驚いた顔をした。そして、あの男ならものごとは実際に動きだすだろうと言った後、「飛行機は使用厳禁だと言ってくれ。事故でも起こされたらかなわん」と付け加えたので、グローヴスを推薦したサマーヴェル中将とスタイヤー少将は互いを見てにんまりしている。

（著者注）マンハッタン計画投資コストについては追補（6）に参考記述あり

2 ウラン分離濃縮工場

① K－25ガス拡散工場（瀕死のプラント）

後に《オークリッジ・サイト》と呼ばれるウラニウム分離濃縮工場用地は二三九平方キロメートル、すなわち東京都大田区の四倍という広さを持ち、テネシー州ノックスビルから西へ三〇キロ離れた場所にあった。うねりくねったクリンチ川とブラック・オークリッジと呼ばれる峰に囲まれたその用地は樫や松の林が繁っている青々とした美しい場所で、東を見ればグレート・モスキート山脈、西にはカンバーランド山脈があり、春ともなれば緩やかに起伏する丘は花みずきにおおわれる。用地の谷間には古い家系のテネシー入植者が一〇〇〇世帯ばかり住む典型的な過疎地帯であるにも関わらず、電力は二つの巨大ダムのおかげで申し分ない。辺鄙なわりには交通の便がよく、季候温和で一年中戸外で働け、突貫工事で突っ走ろうとしている原子力工場のためにはお誂え向きだ。

「プラント自体は用地の西側に建設し、東のはずれには工場労働者のために用意した十五平方キロメートルの居住区を作る。これは一万三〇〇〇人が生活することを前提とした都市計画で進めます」

こう言って、ニコルズは居住区建設を請け負ったＳＯＭ社の営業担当重役と技術担当重役を前に、概略地図を描いたフリップをボードに広げた。ついでながらニコルズはグローヴスの准将昇格と同時に大佐になっている。

十五平方キロメートルといえば渋谷区ほどの広さがあり、工兵隊は原子力プラントを除くいっさいをＳ

ＯＭ社というわずか七年前に創業したシカゴの中堅建築会社に請け負わせた。ＳＯＭ社は一般住宅のほかに、ガス、水道、電気、道路建設といったインフラ全部、そして学校、病院、映画館、運動場、教会、商店街、消防署など、中規模都市が持つすべての利便性をそっくりそのままテネシーの僻地に再現することになるだろう。

オークリッジ・サイトの人口は結局のところ、予定外のＳ-50熱拡散分離プラントを建設することになったので、一九四五年五月時点で最大値八万二千名を記録したが、それにしてもＳＯＭ社がこの仕事を受託するにあたり最も困惑したものは、非常に粗っぽい条件提示があるだけで、どの州のいかなる場所にこれを建てるのかまったく明かされないことだった。加えて、ＳＯＭ社の重役が契約書にサインしようとしたその瞬間、ニコルズ大佐が次の様に言った。

「あとで、揉めたくないので一言注意しておきますが、それにサインすると、半年から一年、家族との連絡は全部陸軍を通して行うことになりますよ。そう、電話は工兵隊の事務所にしかありませんので、ひそひそ話はできなくなるし、また手紙の類は全部検閲されます。破壊工作防止のため、工業団地がすっかり出来上がるまでは秘密厳守。そういうことを納得した上でサインしてください。……結構。それと、明朝八時にペンシルベニア駅のメイン・コンコースに来てください。汽車の切符を渡します。それで作業現場がどこかわかるでしょう」

――やれやれ、疑い深い妻が何を言い出すか。ため息がでるわ。

この受注を取るために必要とされた二重生活が怪しげで不健全なものでないと妻に呑み込ませる煩わしさにうんざりしつつ、ＳＯＭ社はサインした。

※　　※　　※

グローヴス准将が五億一二〇〇万ドルを投じて完成を目指したものはガス拡散方式による《K‐25ウラニウム分離濃縮プラント》で、これこそは本命中の本命と目された工場だった。

ウランは〇・七二パーセントのU235同位体と九十九・二八パーセントのU238同位体で成り立っている。U235とU238は、大きさそのものは同じだが、かろうじて重さが違う。例えて言えばU235はガラス玉であり、U238はベアリング玉だから、そこでこの二つがごちゃまぜになったウラニウム化合物のガスを、一ミリの十万分の一という細孔が無数にあいた隔壁越しに、茶こし器よろしく通過させてやる。すると軽い方のU235が先に噴散されるので、この上澄みガスを集めて行くと核分裂物質U235が得られる。これが《ガス拡散分離》の原理だった。

一九四一年十一月、実験室レベルではあったが、コロンビア大学の研究グループはこの方式にもとづき、一センチ四方ほどの小さな隔壁を作り、ここへガス状の六フッ化ウランを流し込んで通過させ、U235とU238を分離した。この実証結果を見たブッシュ博士とスティムソン陸軍長官はこの方式が本命中の本命であると期待し、《OK／FDR》の署名を受け取ると、M・W・ケロッグ社を総元請とするK‐25ガス拡散プラント推進にGOサインを出した。グローヴス准将がマンハッタン計画責任者に就任する数ヵ月前のことである。

一九〇一年に資本金二七五〇ドルでスタートしたM・W・ケロッグ社の主要業務は各種パイプ製造と配管工事請負だったが、すぐに創業者モーリス・ケロッグは企業方針を大転換し、全力を上げてプロセス・エンジニアリング企業への脱皮をはかり、一九二七年にはTNT火薬製造を企業ドメインに加え、石油化学と関連プラント建設の雄に躍り出た。この会社に原爆計画推進企業として白羽の矢が立ったのはこのような実績にもとづいている。

ところで、規模の大小を問わず、工業プラントは最初に実験工場を建設し、お試し運転をして製品の出来具合を見る。その上で不都合があれば、速やかに設計を変更し、本格的なプラントの建設に至る。これがまともなやりかたであり、あらゆる産業活動の基本だった。しかし、繰り返しになるが、マンハッタン計画は《まともなやりかた》をしていない。すべて予行演習なしのぶっつけ本番だった。その中でもK-25は極端にまともでないケースであり、これについてグローヴスは次のように告白めいた記述を残している。

「コロンビア大学研究グループが出して来たガス拡散の分離プロセスは階段滝（カスケード）と称する四千以上の分離タンクをパイプで繋ぎ、その上で計七〇〇〇台の圧力ポンプを連動させ、六フッ化ウランガスを隔壁越しにカスケード・タンクからカスケード・タンクへと移していく。かくしてガスは分離し、濃縮ウランの気体はカスケードを上がり、減損ウランの気体はカスケードを下がる。一見したところ単純な設計だったが、これを工業プラントに焼き直すと、途方もないものになる。それは直感でわかった。このような何が起こるか分からない不安材料だらけのK-25プラントに、めまいがするほどの巨額資金を投下せざるを得ないとなって、正直に言えば、私はためらいを感じていたと思う」

ニコルズ大佐を伴って准将がM・W・ケロッグ社を訪問したのは一九四二年十二月、文字通り雪風《せっぷう》霏々《ひひ》という寒い一日だった。二週間後にはクリスマス・イブというこの日、自由の女神像を挟んでブルックリンの対岸に位置するジャージー・シティーの本社ビルに二人の軍人が入って行くと、待ち構えていた秘書が趣味のいい会議室に案内した。

あらわれた社長のケロッグ氏は上品で穏やかな顔を一瞬ほころばせたが、口を突いて出た言葉はまさに仕事師のそれで、挨拶もそこそこに、「私は世間話というのが苦手でして」と言って、すぐにオークリッジサイト・ブレア門から南へ二キロ半の場所に建設されるK-25ガス拡散プラントについて切り出した。

「コロンビア大学でどの様な話を聞かされたかだいたいの想像はできますが、ガス拡散方式によるU23

5の分離濃縮は、学者が考えるほど簡単ではありません」

社長が臭わせた通りコロンビア大学には確かに不協和音があった。恐いほどの楽観論を高言する研究主任がいるいっぽう、ぼんやり教授という失礼なあだ名をつけられたノーベル賞学者などは「失敗ということもあり得る。誰がやっても出来ないことを実証するのも学問の道だ」と、悲観論を臆することもなく口にしており、こういうちぐはぐな言動を実際に見聞したグローヴスの頭の中で警戒警報が鳴り響いたのは言うまでもない。

「最初に懸念材料から申し上げておきましょう」

ケロッグ社長はそう言うと、①隔壁、②ニッケルメッキ、③カスケード・タンク、④循環ポンプ、⑤配管用パイプの文字が箇条書きされた資料を二人の軍人に渡し、「六フッ化ウランのことはご承知のことと存じますが、あれはまさに怪物です」と続けた。

六フッ化ウランは英語で書くと《uranium hexafluoride／ウラニウム・ヘクサフルオライド》となり、この化合物にはかくある通り《六》を意味するヘクサが接頭語についているため、化学者はこのウラン化合物に《ヘクス／ドイツ語で魔女の意味》というあだ名を奉っていた。六フッ化ウランはその奇怪なあだ名にふさわしく、手がつけられない化合物で、乾燥した空気の中なら問題ないが、少しでも湿気があるとそれに反応して爆発する。また、油脂の類もヘクスがこれに接触すると爆発するから、グリースほかの潤滑材を、循環ポンプなどヘクスの通り道となっている場所に塗り込むことはできない。

「ヘクスはカスケード・タンクや配管上のパイプ壁面についた指紋の脂に反応し、爆発するのですよ。それからもう一つ、ヘクスは腐食力が強く、それに耐えられる金属はニッケルかアルミナだけなのです」

こう言った後、社長は資料の先頭に書かれた《隔壁》に話題を転じた。

確かにコロンビア大学ではヘクスからU２３５を分離させることに成功したけれども、それは小さなガラス容器の中に、これも同様、小さな隔壁を装着してヘクスを注ぎ込み、マイクログラム単位の核分裂物質を分離したにすぎない。しかも家具装飾用の噴霧技法を使ってコロンビア大学研究グループが作ったわずか一センチ四方ほどの隔壁は、いうなれば一品料理で、決して量産の効く工業製品ではなかったのだ。

「こういう職人技の一品料理というのがくせ者で……」

と言って、社長は隔壁の話をしていたが、その内、いささか唐突にマンソン・ベネディクト博士という技師長について話題を移した。今年三十五になった博士は同社のハイドロカーボン触媒技術を発展させ完成の域に持って行った最大の功労者だったが、これ以外にも、華麗にして独創的な数々の化学技法を奇跡のように生み出し、プラント建設上の難問を解決してみせた。

ケロッグ社長が《わが社の至宝》といって持ち上げる英雄ベネディクトは、その派手な業績とは裏腹に、分厚い専門書に囲まれながら非常に長い顔をうつむき加減に傾け、時に顔をあげて瞑想するという動作が板についた静かな男だった。社長はこのベネディクトにK-25プラントの設計を託したのだが、さすがのベネディクトもヘクスの腐食力には手こずった。何かの滓《かす》がたまってそこから腐食するとプラントは破滅である。よってU字管や直角に曲がるエルボー管は使うことができない。こういう次第で、パイプは亀裂が入らない程度のゆるいカーブを描くよう配管されたため、総延長が九〇〇〇キロメートルになり、その結果、K-25建屋自体の総面積も世界最大となった。ちなみに、K-25の建屋は一階部分だけで五十二万平方メートルあり、これは東京デイズニーランドと同じスペースである。

「ドクター・ベネディクトはK-25のラフ・スケッチを終えました。それによればウラン濃縮度を十パーセント上げるのに二八九二段のカスケードが必要になる。四〇〇〇段ではありません。そう報告していま す。さて、ヘクスの腐食力のおかげで使える金属はニッケルかアルミナだという話はしましたが、K-25の前には隔壁、ニッケルメッキ、カスケード・タンク、圧力ポンプ、配管用パイプという五つの問題が立

K‐25プラント設計責任者
ベネディクト博士

ちはだかっており、中でも厄介なテーマは隔壁とメッキです。なぜならカスケード・タンクは一番大きいもので一万ガロンあります。一万ガロンという容量は鉄道路線でよく見かけるタンクローリーの貨車ですが、あれぐらいの大きさのカスケード・タンクに装着する隔壁にはどうしても数メートル四方の隔壁が必要になるでしょう。また、ヘクスはカスケードを流れるにあたり、タンク、パイプ、ポンプなどK‐25のあらゆる部分を浸して行きますから、隔壁だけ注意していればいいと言うわけには行きません。つまりヘクスが触って行くすべての部分をニッケルで作らねばならないのですが、そうなると、この金属を世界中から掻き集めても、二八九二個のカスケード・タンクや隔壁、圧力ポンプ、そしてパイプを作るには絶対量が足りない。だから無垢のニッケルはあきらめ、ステンレス鋼にニッケル・メッキを施す難題に挑むほかないのです。ステンレスにニッケルメッキを施す技術はたいへん難易度が高く、まだ確立していません。またそれとは別に、一万ガロンから二リットルまでの様々なカスケード・タンクに、それぞれ違った圧力でヘクスを注入する時、いったいどのようなことが待ち受けているか誰も知らないのです。……さて、そこでご相談です」

「…………！」

「このプラントを作り上げるために組織体勢を抜本的に組み換えねばなりません。つまり新たに《ケレックス社》という別会社を設立し、この新会社にK‐25のシステム・プランニングと設計開発業務を集約する必要がある。このことについてご理解を求めておきたいのです」

社長はなぜそれが必要かなど、ひと通りの説明がすんだ後、准将に向かい《パーシバル・クリーブランド・キース》という男の名を告げ、新会社ケレックスをこの男に任せたいと言った。

准将はあまり考える時間をとらず、「承知！」と回答した後、次のように続けている。

「するとそのキース氏が以後システム・プランナーとコンサルタントの双方を務め、私の相棒として行動を共にする。こういうことですな。今日、キース氏に会えますか？」

「少しお待ちを」

社長はそう言って立ち上がり、インタコムのスイッチを入れ、「ドビーをここに通してくれ」と秘書に命じた。一分もしない内にケロッグ氏の左隣に座ったのはキースで、親しい人間はこの男をドビーと呼ぶ。

父親はテキサスの裕福な薬剤師、母親は詩人というドビー・キースはクリスマス・イブが誕生日だったからあと二週間ほどで四十二になる。早熟の天才児キースは十六でオースチン大学に入学し、十九で卒業すると、次にマサチューセッツ工科大学（ＭＩＴ）に行き、二十四で卒業した。その後、キースは二、三の企業で腕をみがき、三十二のときケロッグ社に迎えられている。多少縮れ気味の茶色っぽい髪。血色の良い顔。ライトブルーの瞳。常に前向きな人生を送ってきたキースは技師として超がつく優秀な男だったが、それ以上にプロデューサーとして抜群であり、人材ブローカーとして通用するほど多彩な交友ネットワークがあった。そうした様々な手腕を買われてＫ-25プラント専門会社ケレックスを託されたのだ。

キースの仕事ぶりは猛烈の一語に尽き、重圧を楽しむようなところがあり、相手を胃潰瘍に追い込むことはあっても、くよくよ思い悩んで自分が胃潰瘍になることは絶対にない。だからこの男と仕事をした人間は一様にその熱中ぶりの凄さを語っており、そのいい例が電話だと断言する。受話器からぬっと半身を突き出し、本当に部屋の中に飛び込んで来そうな勢いで電話をかけて来るのはドビー・キースぐらいのものだ。うぬぼれが強く、はったりを噛ますテクニックを知っている危険なやつと見る者もおり、グローヴス准将の性格と共通点の多いキースだったから当然悪く言う者もいた。

ケロッグ社長を交えた会談が終わった後、キースは二人の軍人にニューヨークのブロードウェイにあるウールワースビルに案内すると言った。この名物ビルの十階と十一階、そして三階が新生ケレックス社のオフィスになっている。ついては、ここを根城にするベネディクト博士ほか、各分野の手練《てだれ》を紹介し、その後、五番街にあるデルモニコ・レストランに行こうというのだ。

その翌日、グローヴス准将とみのり多い会食の時を過ごしたキースはウールワースビル十一階にある会議室にベネディクト博士ほか、隔壁、バルブ、ポンプ、リーク制御、気密制御などについての専門家を全員召集し、次の一声を放った。

「ルビコンを渡る。ここを過ぎれば退路はない。前進しなければ滅ぶ。ためらうものはここで別れてもらいたい」

キースの声は緊張して甲高い。

いっぽう、これを聞いたその道のプロたちはニヤリとした。ギヤがトップに入り全員が疾風怒濤に突入する瞬間を迎えたのだ。米国屈指のエンジニア集団は、これから夜となく昼となく、「どうした?」「どれほど進んだ?」というキースの、横暴で辛辣で、思いやりのかけらもない電話を聞くことになると覚悟した。

※　　※　　※

けたたましく電話が鳴った。いつものことだ。しかもそれは、遅い夕食を夫婦さし向かいで取っている時、狙ったようにかかって来る。マージョリー夫人は別に驚いたような顔もせず、無言で夫を見た。その顔は「あなたに電話よ」という顔だ。夫の名はマンソン・ベネディクト博士。余談ながら、この夫婦は二人ともマサチューセッツ工科大学卒業のドクターであり、したがって夫人は、ごく平凡な主婦よりは、夫が今どういう立場にいるかについて理解があっただろうけれども、さりげない表情の下には氷のごとき仏頂面がある。

夫は、明らかに電話の相手が誰かを知っており、ナプキンで口を拭きながら席を立って、のっそりと電話機に向った。

「グッド・イーヴニング・ミスタ・キース」

キースには悪い癖があった。思い立つと矢も楯もたまらなくなって博士に電話する。ドクター・ベネディクトを使い勝手のいい外部記憶装置だと勘違いしているふしがあり、車のダッシュ・ボードのように次々といろいろな問題を放り込む。今夜も電話の向こうで早口に何かしゃべっているのは《いろいろな問題》の中の一つだった。

「はい、キースさん、それは私も考えていました。その問題はひとまずニーア教授に相談しようと思ってますよ。エッ……そうです、そうです、質量分析器を考案したアル・ニーアです。何です、今からですって。それはまずいでしょう、相手も家族がいることだし。明日、私が責任を持ってミネソタ大学に電話を入れますよ。エッ、居場所を知っているのかとお訊ねで。よく知ってます。アル・ニーアが朝一番で飛び込むのは六十二号・イオン化実験室です。……はい、……それではお休みなさい」

だいたいこういう電話がほぼ一日置きに自宅にかかって来るのだが、今夜の一大事は何のことか、さすがのマージョリー夫人にもわからなかった。

この夜、食事中のベネディクト家にかかった電話はプラントの腐食検査である。この検査は今でこそ非破壊検査という言葉でテレビのCMにも登場するほどになったが、この当時はそもそもそういう発想がない。何度も言うようにK-25の建屋は一階部分だけで五十二万平方メートルあり、地上三階、地下一階建屋の中に総延長九〇〇キロメートルのパイプが二八九二個のカスケード・タンクを連結しながらくねって

分析器を持つニーア教授

いる。その途中には七〇〇〇台のヘクス循環ポンプと五〇〇〇〇個のバルブがあり、クライスラー社自慢のニッケルメッキ・コーティングとデュポン社の未公開商品テフロンががっちり固めているといっても、相手はヘクスという腐食性の高い毒ガスだ。ウラン分離プラントのどこかに顕微鏡でなければ発見できないような穴、つまり肉眼では絶対に見逃してしまう亀裂があれば万事休すで、ここから腐食が始まり、時を経ずして大爆発を起し、猛毒のヘクスがまき散らされ、五億ドル以上のカネを投じたK‐25は毒ガスと放射能をまき散らしてふっ飛ぶのだ。

翌朝、ベネディクト博士がミネソタ大学に電話すると、お目当てのニーア教授は予想違わずイオン化実験室にいた。

ミネソタの州都セントポールでドライクリーニング店を営むドイツ移民の二世としてこの世に生を受けたアルフレッド・オットー・カール・ニーアは二年飛び級で小学校を終えて進学し、ミネソタ大学・電気工学部を卒業後、ハーバード大学で研究生活を送り、ベネディクト博士とはここで接点を持った。ニーアという天才は二十七になったばかりのころ、天然ウランの中にある二つの同位体、U２３５とU２３８の含有率を確定して学界の注目を浴びたが、それ以上に正確巧妙な測定器を発明することにかけてこの若い学者は異彩を放っており、太陽系の起源が二〇億年前だという従来説を覆し、四十五億年前だという証明もこの学者が考案した精密測定器があればこその成果だった。

三十二という若さでミネソタ大学の教授になった陽気なニーアは小柄だったことも手伝って大学院の学生ぐらいに見え、そうと知らなければ、これが大学の教授先生であるとは誰も思わなかっただろう。ノーベル賞を獲得できなかったことは物理学界の七不思議だと言われるニーアだが、この教授はコロンビア大学がガス拡散法によってU235とU238に分離した物質が本当に分離されているかどうかを実証した。それは一九四〇年二月二十九日のことで、教授はガラス吹き職人エドワード・グリンケに作らせたガラス管に様々な装置を組み込んで質量分析器をこしらえ、この分析器で本当に分離されていることを見とどけた。余談ながらグリンケと合作のこの分析器はローレンス教授のサイクロトロンに匹敵する発明品だったけれども、コストの点では比較にならないほど安上がりな機材である。

ベネディクト博士が数々の巧妙な計測器を生み出したニーアの異能をあてにしたのは当然と言えば当然で、戦争勃発となってレーダーほか各種研究依頼で超多忙の教授だったけれども、ベネディクト博士の要望はすぐに受け入れられた。

教授が考え出した腐食検査に用いる漏出口探知器の鍵は空気中の含有率二十万分の一というヘリウムで、これが検出できるほど高感度の質量分析器を開発すれば問題は解決するとみたのである。教授によれば、まず調べようとする相手、例えばカスケード・タンクならば、タンクの内部に探知器のセンサー部を装着する。次にタンクへポンプを繋ぎ、中の空気を抜く。その上でタンク全体をプラスティックの袋で包み、その袋の中をヘリウムで満たす。もしもタンクにわずかでも亀裂があれば、真空になったタンクの中にヘリウムが染み出し、探知器の表示部に異変があらわれるだろう。これがヘリウム漏出探知器の発想だった。

「なるほど」

と、これを聞いたドビー・キースは納得する。ヘリウムではなく、空気中含有率七十八パーセントの窒素では、これを取り去るのに相当強烈な真空状態が必要となって、カスケード・タンク自体が歪み、場合によってはタンクに疵をつける恐れがあるからである。

「だからヘリウムか。含有率二十万分の一に着目するというのはさすがだよ。ともかく教授にはこの仕事に専念してもらおう。ミネソタ大学に休職願いを出して、ケレックス社に来てもらえるようグローヴス将軍にも依頼しておこう」

　かくしてニーア教授は一九四三年七月にルース夫人を伴ってニューヨークに移り、ケレックス社があるウールワースビルでヘリウム漏出探知器の完成に集中した。実際に教授みずからが造り上げた探知器は目に見えない疵から染み出したヘリウムを驚異的な感度で検出しており、また、タンク、パイプ、ポンプ、バルブという途方もない数に昇るプラント・キットをどうやって効率よく検査していくのかという問題に対しても教授は巧妙だった。持ち運び可能な探知器を大量に作り、それを台車に乗せ、チェックする相手の横に持って行って検査効率を上げげたのだ。重さ二三〇キロという探知器は本体装置、対象物を真空にするためのポンプ、そして電気制御装置という三点セットで構成されており、電源が得られる場所ならどこでOKというこの探知器は、二十一世紀を迎えた今でも現役バリバリの非破壊検査商品としてメーカー各社が販売している。

　ところで、ヘリウム漏出探知器がまだ出来上がっていない時、キースはもう一つ、さらに大きな問題をニーアのもとに持ち込んだ。それはK-25操業開始後の事故処理対応で、何かの拍子にニッケル・メッキがはげ、そこから腐食が始まってヘクスが漏出した場合、すぐに非常ベルが鳴り、秒単位で漏出箇所の特定ができれば、保安職員を送って特殊溶接とテフロンで応急処置し、その後、速やかにバルブを操作してヘクスの流動経路を変え、患部を切り離してごっそり入れ換える。そうすれば惨事を回避することができる。そのための早期発見策だった。

　――確かにキース氏の言う通りだ。

　プラント・キット製造直後の事前発見はヘリウム漏出探知器で解決できる。しかしK-25が稼働した後、カスケードが劣化してヘクスが漏出する場合を考えれば、今のままでは不十分だ。聞いて納得した教授はライン・レコーダーという小型の検知器を考案した。メッキが剝げてむき出しになったステンレスをヘクスが腐食した場合、その周辺部の気体条件をこの検知器に設定しておき、これを十メートル間隔でK-25の全系統に取りつけ、二十四時間フルタイムで警戒するというもので、空中の異常を検知するこの測定器の製造はヘリウム漏出探知器同様ゼネラル・エレクトリック社が請け負った。

※　※　※

「K-25は途方もない電力を食うことになりますよ、キースさん」

「…………!」

「大都市、例えばニューヨーク・シティぐらいになるでしょうね。テネシー川に専用ダムを一つこしらえなければなりませんよ」

「テネシー川は駄目だよ、ドクター・ベネディクト。あれは遠すぎる。送電途中でトラブルを起こされ、電力供給が瞬断すれば、K-25は止まる。いちど止まったら、これ再起動し、稼働状態にするのに七〇日かかる。その間にヘクスがどんな悪さをするか知れたものではない。K-25建屋のそばに火力発電所を作るしかないのだ!」

「わかりました、キースさん。しかし、テネシー川であろうと、隣接地であろうと、発電所を建設するとなると、ゼネラル・エレクトリック社はたちどころに言うでしょうな、『周波数は?』とね」

発電は目的や用途にあわせ周波数を決める。六〇サイクルの周波数が必要ならタービンは毎分三六〇〇回転させねばならないし、一二〇サイクルなら七二〇〇回転である。また、循環ポンプはカスケード・タンク一個につき最低二台は装備しなければならないとすれば、二八九二の倍、すなわち五七八四台のポンプが必要になり、気が遠くなるほどのタービンを、しかも幾種類もの周波数帯で用意しなければならない。

「設置するポンプと同じ数だけの異なった周波数を用意する必要はないと思いますが、それでも片手、五種類の周波数は要るでしょうね。しかし複数の周波数に対応する発電所なんて聞いたこともない。前代未聞ですよ」

「スコッグだ。あの神様にやってもらおう！」

キースに神様と言われたルートヴィッヒ・スコッグは一九〇九年にトロンドハイム工科大学を卒業してアメリカに渡ったノルウェー移民である。シカゴでスコッグは週給十五ドルの製図工としてサージェント&ランディー社に職を得、以来三十三年が経ち、今やこの会社になくてはならないエンジニアとなった。キースが人を介してスコッグと接触し、自分の会社にきてくれと切り出した時、この技師は首を縦に振らなかった。そのときスコッグは軍艦用の各種発電機設計で多忙を極めており、それらの仕事を途中で放り出して転職するなど考えも及ばなかったのだ。しかし、ただ一つ、「この仕事をなし遂げれば戦争は終わる」という言葉がスコッグを動かした。ノルウェーからやって来た発電機の神様には二人の息子がおり、それぞれ空軍と海軍に入隊し、月の内に二人とも前線に向かうことが分かっていたからであり、加えて、ノルウェーがナチス・ドイツの占領下にあって、多くの親族がその圧制にあえいでいたからだ。スコッグは二つの条件を出した。一つは転職が一時的なものであって、役目が終われば古巣のサージェント&ランディー社に戻ること。もう一つは、スコッグに期待された異様な発電所の設計をサージェント&ランディー社との共同作業とすることで、これらは即刻ＯＫされ、スコッグはウールワースビルにやって来た。

「異様な発電所とはどういうことですか、キースさん」

「どんな周波数の電源が必要なのか分からないのだよ、あの癪にさわるK-25は。しかし工場のスペックが決まるのを待っている訳にはいかない。百も承知しているだろうが発電所の工期は一年だ」

「普通は三年ですよ。工期一年なんて、それだけで異様です」

「もっと短くしろと言われるだろうが、それは脇に置くとしてだ、ドクター・スコッグ、五つの違った周波数に対応できる発電機を作って欲しいのだよ」

「一つの工場に五つの異なったサイクルの発電機。そいつは確かに異様だ。だが、ある特務艦の発電機は二種類の周波数だった。これを応用すれば何とかなるでしょう。しかし、必要なものは手に入るんでしょうね、資金とか開発機材とか？」

キースがにやりと満足げに笑ったのは言うまでもない。

スコッグは考えうる最高の環境を手にした。タービンでもボイラーでも、作業員であろうと何であろうと必要なものはすべて瞬時にして完璧に目の前にあらわれた。国中から既に稼働しているタービンの仕様書および目下計画中のタービンの設計図を集め、これはと思われるタービンは直ちに陸軍を経由して徴発した。

オークリッジサイトでのK-25プラント着工は一九四三年六月一日で、最初に手がけられたものは火力発電所だった。このときグローヴス准将は建屋施工を請け負ったJ・A・ジョーンズ建築会社に基礎はケーソン施工で行くよう厳命している。というのは過去に准将が担当したペンタゴン建設も猛烈な突貫工事で、故障して動かなくなったブルドーザーの撤去時間を惜しみ、そのまま埋め、その上に建物を乗せたので土台が歪んだ。ケーソン施工はこの苦い経験を踏まえてのことで、かくして火力発電所の巨大ボイラーを支える土台基盤が来るあたりに鋼鉄のケーソンが十四個用意され、これを地中十メートルの場所に据付け、ケーソンの中に高圧コンクリートを注ぎ込み、がっちり固めた。ついでながら発電所とK-25の間の送電ケーブルは敵の妨害工作を考慮して、ケーソン施工にあわせ、すべてが地下埋設となった。

着工後九ヵ月、すなわち一九四四年三月一日にスコッグの火力発電所は稼働した。この発電所の総供給量は二三万八〇〇〇キロワット。当時としては世界最大級で、そこには一基あたり摂氏五一〇度、一二五

○Ｐｓｉｇの主蒸気圧を毎時七五万ポンド、すなわち毎時三四〇・二トン送り出すボイラーが三基あり、これでおのおの八万キロワットを発電する三基の巨大タービンを回した。

（著者注）Ｐｓｉｇは圧力の単位＝pound-force per square inch

※　　※　　※

K-25プラント完成にあたり、最後まで足を引っ張った難問は《隔壁》だった。

隔壁にはヘクスがもろに押し寄せるから、この過酷な条件を克服するため関係者は最後まで苦しめられた。最初の挑戦者は《ノリス-アドラー隔壁》を考案したコロンビア大学の研究グループで、確かに彼等はウラニウムのガス拡散分離を実証したけれども、そのあとがパッとしなかった。かれこれ二年半ほど経つというのに大型プラントに見合う隔壁はいまだに作り出しておらず、ついにタイムリミットを迎えている。なぜタイムリミットかと言うと、K-25は一九四三年九月十日に本体建屋の建設がはじまっており、一九四四年九月には上物が完成する。その後の工程を円滑に進めるには、上物が完成するまでにプラント・キットがK-25の準備棟に運び込まれていなければならない。残すところ八ヵ月を切っているのだ。

ノリス-アドラー隔壁とはいかなるものか。

ドビー・キースに言わせると「あの隔壁はレースのカーテンだ！」とあり、非常にもろく、どう贔屓目に見てもK-25での使用には耐えられないと酷評した。そのときキースはレースのカーテンと呼んだ隔壁サンプルを取り上げ、机の上で割って見せた後、「この通りだ。もろいのは今見た通りだが、それ以上に駄目な点がある。つまりこの隔壁は手工芸品であって、大量生産がきく工業製品ではない。均質性はゼロ。作ったものをテストすると、一つ一つすべて違った結果がでる。特に細孔の均質性に至ってはむらが多くお話にならない。さらに悪いことに、この隔壁は溶接する時の熱で燃えるのだ」と付け加え、「二年以上の時間をかけ、七〇〇〇人もの要員を投入してコロンビア大学はいったい何をやっていたのか」と罵倒した。

隔壁について工業製品化への突破口を開けたのはユニオン・カーバイド社のベークライト分野で多数の業績を残した天才技師フラジエ・グロフである。当時四十二歳。家族は妻と二人の娘というスコットランド移民二世グロフは、並はずれて神経質だったから仲間に愛される存在ではない。しかし、こういう気むずかしいグロフにも気の合う人間はおり、それが小柄でおとなしい、片足が不自由な二十九歳のケレックス社化学研究員クラレンス・ジョンソン博士だった。グロフは社命でノリス・アドラー隔壁を調査し、その結果、ニッケル粉の圧縮改善に工業製品化への糸口を見いだした。これに加え、ベークライト研究から考案した技術をプラスして新しい隔壁の研究をしていたのだが、その研究過程をクラレンス・ジョンソンにごっそり提供し、ケレックス社の若いドクターがさらなる一歩を踏み出すための支援にまわった。

グロフの助言はジョンソンの実験に光明を与え、それをもとに様々な技法をノリス・アドラー隔壁に加えた。が、それでも失敗は続いた。壊れやすかったり、細孔が不揃いだったり、大きすぎたりしたのだ。

一九四三年六月十九日のことだ。ジョンソンは新しく作った五種類の隔壁の内、一つが妙にしなやかな外観をしていることに気づき、その隔壁を指の間に挟んで割ろうとした。

――割れない！

ジョンソンは緊張して立ち上がり、さらに力を入れ、しまいには全体重を乗せてみた。しかしその隔壁モデルは、すこし撓《たわ》みはしたが、力を抜くとすぐ元の形に戻り、歪み一つ起こさなかった

晩年のクラレンス・ジョンソン博士

のだ。ジョンソンは心臓をばくばく言わせながらそのモデルの作成手順書があることをしっかり確認した。これで手順書が残っていなければ一大事だ。では細孔の具合はどうか。そこにある隔壁モデルの小さな孔は正しい数になっているだろうか。六平方センチの中に数十億の細孔が整然とあいているだろうか。これを調べるのに二時間が費やされ、ついに二十二時三十分、新しい隔壁はすべてのテストに合格した。

翌朝、ジョンソンはベネディクト博士に新しい隔壁ができたので見て欲しいと興奮気味に電話した。ベネディクトはドビー・キースを同行してやって来た。よほど急いだと見え、髭も剃っていない。先に実験室のドアノブを回して中に飛び込んで行ったのはキース社長だった。社長は部屋の中に入り、にっと不可解な笑みを浮かべ、咳ばらいなど一つして、もったいぶった不自然な様子でジョンソンに向き直ると、「えー、ときにドクター・クラレンス・ジョンソン」と言った。キースは軽く手を後ろに組んでいる。ふとその指先を見たベネディクトは妙に感動した。大げさに喜ぶと成功の神様が気分を害し、意地悪をするという迷信がある。そこでドビー・キースは有頂天になってワーッと大声を上げたくなる気持ちを押さえ、背後にまわした手の指を交叉させて幸運のおまじないをしていたのだ。

「……ドクター・クラレンス・ジョンソン、もう一度、そこにある新しい隔壁とまったく同じものを今ここで作れるとお思いかな?」

クラレンスは生命より大切な手順書をざっと読み返した後、キースの見ている前で隔壁を造り上げた。それは数メートルサイズの隔壁を作り出すため大いに改良の余地を残すものではあったが、ケレックス社は今日のこの日、大規模生産が可能な《クラレンス隔壁》を手にしたのだ。

それから七ヵ月後の一九四四年一月九日、日曜の深夜、いかにも寒そうに襟を立てたグローヴス准将とニコルズ大佐はそろってシンシナティーのユニオン駅に降り、出迎えたMPの誘導で中央コンコースの車寄せに横づけされたリンカーン・ゼファー・セダンに乗り込んだ。軍用迷彩が施された中古の高級セダンを先導する三台のジープは、護衛というよりも、これから八時間かけて四〇〇キロ先のディケイターに行く長旅を考慮しての随伴で、その証拠に三台のジープはガソリン運搬トレーラーを引っ張っている。

この日、二人の軍人はK-25プラント群の進捗を視察していたため、予定を大幅に越えてオークリッジを出発した。おかげでノックスビル発の列車は乗換えの接続が悪く、シンシナティーより先には行けない。そこでかの地の工兵隊に連絡し、目的地イリノイ州ディケイターのホウディル・ハーシー社（隔壁生産受託メーカー）まで二人を車で連れて行くよう命令しておいたのだ。

一行は凍りついた雪道を、ジープを先頭に、そこそこのスピードで走り出した。

「ずいぶんとゆっくりしたスピードだが明朝八時までに到着できると思うかね？」

「もしも遅れるようなら無線でそのむね連絡しましょう。私は寝させてもらいます」

寝ないと覿面《てきめん》に身体がおかしくなるニコルズは、そう言うと、上司に遠慮するでもなく、反対側の窓に身を寄せて寝る体勢に入った。一行はガソリン補給で途中何回か停車したものの、三十分遅れでホウディル・ハーシー社に滑り込み、そこで車を降りた二人の軍人はいかにも工場っぽく薄汚れた会議室に入ると、どこで買ったのか知らないが、朝食代わりのハンバーガーとコーヒー一リットルを持って席についた。まわりにいるのはグローヴスを待っていた二十二名の隔壁検討フルメンバーである。

紛糾すると思われたこの日の会議はあっけないほど短時間で終わった。その理由はコロンビア大学が改良型ノリス・アドラー隔壁の工業化に失敗したからだが、それ以上の決定打はホウディル・ハーシー社ウオルター・ピナー技師の次の発言だった。

「現在我々が入手しているノリス・アドラー隔壁について申し上げますが、この隔壁を製造ラインに乗せる場合、最悪の歩留りになります。当社は要求納品量ならびに指定納期の保証ができなくなる。この不都合を回避するにはクラレンス隔壁に乗り換えるしかありません」

ピナー技師はノリス・アドラー隔壁開発のためにグローヴス准将が投じた金額がどれほどのものか知らなかったが、ある筋から「その額を聞いただけで脳震盪を起こすだろう」と言われ、それだけにこの技師はグローヴスがノリス・アドラー全否定を聞いて失望と怒りの発作を起こすものと覚悟した。

しかし准将は意外にも静かにその意見を受け入れ、次の発言をしている。

「クラレンス隔壁で行く。ノリス・アドラーは廃棄だ。アー、失礼だがまだ私の発言は終わっていない。ともかく私は捨てると決めた。時間を無駄にはできない。即刻今までの工場を取り壊し、クラレンス隔壁用の新しい工場建設に入ってもらう。承知しているだろうが、納期変更は認めない」

かくしてこの日の会議はあっけないほど簡単に終わった。シンシナティーから凍てついた深夜の雪道を走り通し、スリップ事故ひとつ起こさなかったのはえり抜きのテクニシャン・ドライバーたちの賜物だったが、そのドライバーたちが拍子抜けするほど短時間の内にハンバーガーの包みとコーヒー一リットルをそっくりそのまま持って二人の軍人は戻って来た。ここから一〇〇キロ南のエフィングハム駅に車を飛ばせば今日中にワシントンに到着する列車がつかまえられるかも知れない。ジープとリンカーン・ゼファーに乗った一団は例によってサイレンを鳴らし、暖かくなって溶けだした泥を猛烈にはね上げ、フルスピードで走り去った。

決断は下った。ホウディル・ハーシー社は半年近くかけて準備したノリス・アドラー隔壁の生産工場をたたみ、大車輪で最初からやり直しに入った。あっけに取られたのは建設現場の責任者たちだった。昨日まで工場建設という前向きな仕事をしていたのに、一夜明けたら全部撤収だと言われたから、コンクリートの基礎パイルごと取り壊せと命じられた建設業者たちは憤慨し、小さな声で「俺たちの納めた税金を返せ！」と毒づいた。ところで幸いなことに、工場は五〇パーセント以上の設備がそのまま流用できたけれども、そのいっぽうで生産量を増やすため、別の設備を大量投入しなければならなかった。一例をあげれば溶鉱炉で、会議から二週間後の一九四四年一月末、工兵隊から溶鉱炉七十二基の入札告知書が各社に送られた。このうち二十基はウェスティングハウス社とゼネラル・エレクトリック社が応札し、残りの五十二基はフライング・カウボーイことサム・キーナー社長率いるセーラム・エンジニアリング社が応札した。ついでながら、五十二基の溶鉱炉は契約通り納品されたけれども、この溶鉱炉が何のために使われるのか社長はついに知らずじまいだった。もう一つある。クラレンス隔壁の大規模生産にあたり三万立方メートルの水素と十七万立方メートルの窒素を作る工場が必要になった。これはケンタッキーのガードラー社が指名を受けて工場建設にあたったが、ことを手っ取り早く進めるために、工兵隊はその工場用の部材キットをＡＡＡ特権により、あるところから横取りした。それは武器貸与法のもとにソ連へ提供されるべきもので、すでにシアトルからウラジオストクに向かうロシア船に積み込まれていたが、これを強引に引きずり下ろした。当然、ソ連との間に一悶着あったけれども、キットは二十二台の貨車に積み直されて、シアトルからディケイターの工場に向った。

会議から五ヵ月後、すなわち一九四四年六月にホウディル・ハーシー社のディケイター工場でクラレンス隔壁の生産が始まり、二ヵ月間、不合格品の山を築いたが、八月からはまともな製品がクライスラー社のリンチロード工場に納品された。話は前後するが、クラレンス隔壁になったおかげで、カスケード・タンクの中に装着する隔壁はフロアシートのような平たい形状から円筒形に変わった。この形状変化によって、タンクには円筒形の隔壁管が複数本装着され、ウラン分離の効率アップがはかられている。

さて、クライスラー社の溶接工には渡された円筒形の品物が何であるか当然分からなかったし、またその中にもぐり込んで何本もの隔壁管を溶接した一万ガロンのカスケード・タンク自体も、これが何者であるか分かるはずもない。溶接工はエンジニアの言うがままに、さまざまな大きさのタンクに指定された形状の隔壁管を装着し、これが終わるとタンクはメッキ工場に運ばれ、その工程が終わると、最後にヘリウム漏出探知器にかけられた。

すべての工程が完了した後、カスケード・タンクは特別の台車に乗せられてデトロイトからオークリッジへ鉄道輸送されたが、手堅いクライスラー社のエンジニアは本番輸送が始まる前にかなり厳しいストレス・テストを実施した。つまり不合格品として撥ねられた本物のカスケード・タンクを台車に積み、オークリッジに向けてテスト輸送したのだ。思った通りタンクの中身は輸送中にかなり破損したが、その代わり加速度計と振動測定器をにらみながら全行程を貨車で過ごしたエンジニアは充分なデータを採取し、それをもとに完璧な台車を完成させ、本番輸送中の損傷をゼロにしている。

K-25のプラント・キット製造がたけなわとなるのに並行し、オークリッジサイトでは建屋建設を請け負ったJ・A・ジョーンズ建築会社が大繁忙期の真っ只中にあった。この建築会社が徴募した労働者二万人のうちの第一陣は一九四三年六月一日、すでにお化け火力発電所に着手し、それから三ヵ月後の九月十日にはK-25本体の建設に入っている。しかし、こちら本体建屋についてはジェームズ・アディソン・ジョーンズ社長を含め、いったいぜんたい自分たちが何を作っているのか承知しているものは一人もいなかった。

ところで建屋が完成に近づき、内装に入ろうとしたとき、ジョーンズ社長は清潔について途方もない要求をされた。「建屋の内部に一つでも指紋があれば不合格。引渡しには応じない」というのだ。これを聞いた社長は工兵隊が清潔を強調するために激しい表現をしているのだと思い、気安く「承知しました、おまかせを」と言った。建築面積だけで五十二万平方メートルという多層階建屋のK-25で、天井、床、壁を含めてたった一つの指紋も許されないとは冗談だと思ったからだ。しかし、まもなくそれが誇張でも何でもない正真正銘の《たった一つの指紋も》だと知って社長はのけぞった。この広大なK-25を行き来する労働者の数は二万人だ。そして建設に従事する労働者は手術を前にして消毒に専念する外科医ではない。

それどころか、平気でタバコを吸い散らかし、チューインガムをそのへんになすり付け、昼時ともなればピーナツバターたっぷりのサンドウィッチをほおばるのだ。当然、ジョーンズ社長は気違いじみた清潔のわけを訊いたが、工兵隊は絶対にその理由を言おうとはしなかった。言えるわけがないのだ。K-25の中を血流もどきに循環するヘクスは油に触れた途端、爆発し、放射能汚染が起こり、そのあたりにいる人間はただでは済まない。油が駄目。だから指紋も駄目。ピーナツバターなど論外である。しかし、そんなことをちょっとでも洩らしたが最後、労働者は荷物をまとめて去り、二度と戻ることはなく、悪い噂がまたたく間に広がって、補充など望むべくもないからだ。

――なぜそれほど異常な清潔を求めるのか。

これはジョーンズ社長でなくても訝《いぶか》しく思うだろう。しかし、このときばかりはいつも穏やかなニコルズ大佐も人変わりし、余計なことを知りたがると長生きできないぞと言わんばかりの態度だったから、さすがの海千山千ジョーンズ社長もこれにはひるみ、工兵隊が定めた《清潔の戒律》に黙って従うことにした。それにしても建築労働者に強いる面倒な清潔への準備はけた外れで、一人一人にロッカーが用意され、ここで清潔な服に着替えさせられ、次に頭のてっぺんから足の先まで、砂吹き、油抜き、アルカリ洗浄、乾燥窒素ルーム通過ほか、数え上げればきりがないほどの洗礼を毎日受けた。

K-25の巨大な建屋は一年後の一九四四年八月末に完成し、これ以降、建屋内でカスケード・タンクほかプラント・キットの組立施工が開始され、十月に現地調整が完了すると、翌十一月から馴らし運転に入った。しかしK-25に六フッ化ウランガスが注入され、循環ポンプがまわり出した途端、非常ベルが鳴り響いた。このため中央制御システムを納品したGE社のエンジニアたちは集中治療室に運び込まれた重篤患者を見まもる医師団のように巨人K-25に付きっきりになってしまったし、同時に、それ以外の会社のエンジニアたちも気が遠くなるほど広大で入り組んだ建屋の中を総がかかりで駆けまわった。その後、日に何度か中央制御室の操作でカスケード系全体を動かしたり、あるいは一部の循環ポンプでローカル作動ボタンを押したが、そのたびに非常ベルは悲鳴を上げ、その都度、ＳＣＲ-５３６携帯無線機を手にした防護服姿の作業員が工具一式、溶接ボンベとヘリウム漏出探知器を電気カートに積んで問題が起きた地点に急行した。

Ｋ-25は生活反応を失って流れ着いた土左衛門さながらで、それを見たほとんどの関係者の脳裏には《巨人Ｋ-25、むなしく死す》という思いがよぎった。

年が明け、プラント内で発生したトラブルを抑え込む中、変化は一月二〇日（土曜）に起きた。二、三日前から非常ベルが鳴る頻度が落ち、この日はまったく静かに時間が過ぎていった。聞こえるものは循環ポンプの回転音のみ。そういう状況下で、ＧＥのエンジニアが中央制御室の表示盤を食い入るように見つめている。一時間が経ち、二時間が過ぎ、まる一日ほど経った時、エンジニアは安堵の笑みを浮かべた。六フッ化ウランガスは初めてカスケードの全行程を流れ落ちたことが確認され、Ｋ-25はこの時ようやく弱々しい産声を上げたのだ。しかし数日後、関係者には愕然とする事実が突き付けられた。プラントに注入された六フッ化ウランガスの内、分離されたものはほとんど減損ウランばかりで、カスケードを駆け昇ったＵ２３５はスプーンどころか耳かきほどの量でしかなかったのだ。そしてもう一つの幻滅は、この微量Ｕ２３５の濃縮度が五・七パーセントだったことで、これではいくら循環を繰り返そうと、納期通り濃縮度九〇・〇パーセントの核爆発素材には届かないという事実だった。

② Ｙ-12電磁分離工場（誤算のプラント）

時計の針を一九四五年一月末から一九四三年二月十八日に戻す。

グローヴス准将が今一つ大きな期待をもったプラントは、同じくオークリッジ・サイト内に建設されたウラニウム分離濃縮のための《Y-12電磁プラント》で、投じられた費用は五億九二〇〇万ドルと《K-25》よりも八〇〇〇万ドル高額だった。

さて、加速器（サイクロトロン）を応用したY-12プラントの発案経緯を自分の目で見きわめるため、准将は大陸横断鉄道でカリフォルニア大学バークレイ・キャンパスに向かったが、目的地に向かうための長い汽車の旅は分厚い電磁分離関連の報告書や論文を読むのに都合がよかったけれども、それらの文献は准将に苦痛を強いていている。

――おもしろくない読み物だ！

その一部は次のような調子だった。

「原爆を一個造るためには濃縮度九〇・〇パーセント以上のU２３５が四十六・五キログラム必要となる。我々が手に入れなければならないU２３５はウラニウムの中に〇・七パーセント（一四〇分の一）しか存在せず、残存九九・三パーセントのU２３８は邪魔者である。ところでU２３５はU２３８と比べて質量が軽い。こういう特性は電磁分離にあたって願ってもないことだ。ウラニウムを気化し、電荷を帯びたイオンの状態にすると、その原子はプラズマになり、そのプラズマを真空磁場の中に放出すると電弧（エレクトリック・アーク）を描く。電弧の半径は原子の質量によって変化し、軽いU２３５が描く電弧は小さくなり、重いU２３８の電弧は大きくなるのだ」

こういう調子で延々と論文は続く。意地になって、何回か読み直すうちにグローヴスにもだんだん分かってきた。

ウラニウムの気化点は摂氏三八〇〇度であるため、この環境を継続するには困難が伴う。だからK-25プラントでは気化点が摂氏五十七度という六フッ化ウランを危険覚悟で使うこととなったが、電磁分離方式に基づくY-12プラントではウランをイオン状態にして分離することから腐食力の弱い四塩化ウランが使えた。この化合物をイオン化し、強烈な真空磁場の中にある巨大加速器に流し込む。するとイオンは分離され、二種類のプラズマ曲線を描いてそれぞれの捕集器の中に収まる。一方の、電弧の小さい場所に設置された捕集器には質量の軽いU235が収まり、もう一方の大きい電弧用に設置された捕集器には質量の重いU238が溜まるだろう。

——なるほど!

准将はK-25の説明を受けた時、U235はガラス玉でU238はベアリング玉だというたとえ話を思い出した。だから両方ごちゃ混ぜのまま、空中に放り投げて磁石で引っ張れば、磁気の影響を何も受けないガラス玉はそのままガラス玉用の捕集器に落ち、ベアリング玉は磁石に吸い寄せられてしかるべき捕集器に落ちる。こういう具合にU235を分離し、さらに濃縮度を高め核爆発素材にする。つまりこのシステムの鍵は巨大な真空タンクと巨大な分離器と、同じく巨大な電磁石が握っており、この三つの巨大な組み合わせがカルトロンという装置なのだ。ちなみに、カルトロン(Calutron)とはカリフォルニア大学ローレンス教授の造語で、《California の Cal》、《University(大学)の U》、《ギリシャ語で道具を意味する tron》から取ったものである。

——そういうことか!

准将はおもしろさのかけらも無いカルトロン論文を膝の上に置き、副官のニコルズ大佐が財務省へ銀の交渉に出かけた時のエピソードを思い出した。

ウラン濃縮にあたり電磁分離方式を提唱したのは、サイクロトロン発明者ローレンス教授だったが、電磁分離工場を建設するとなると巨大な電磁石を気が遠くなるほど作らねばならず、そのためには莫大な銅線が必要となる。戦時下であり、銅は銃弾製造に欠かすことのできない金属だったから、その銅を趣味と紙一重の磁石作りに振り向けるなどもってのほかで、口に出すことも憚られたが、このとき銅の代わりに銀を使えばいいと言い出したのは少しいかれた感じのする天才ローレンス教授だった。

――なるほど、銀なら金庫に眠らせておくだけだ。いいかもしれん。

ニコルズはこの突拍子もないアイデアに乗った。

大量の銀はどこで入手したらいいか。それは財務省の貴金属保管庫である。

ニコルズは早速ホワイトハウスの東隣にある財務省に向かい、心得顔の秘書に案内されて次官室に通された。

ダニエル・ベル次官は不在だったが、上司のモーゲンソー長官に呼ばれて外しているだけで省内におり、すぐに戻ると言う。ニコルズはタバコを取り出した。さすが財務次官室だけのことはある。合衆国金庫番の部屋だけあってカネがかかっており、がちゃがちゃしたペンタゴンの自分の部屋とはわけが違う。胡桃材の執務机はきれいに整頓されており、ここに次官殿が座るわけだ。机の左に星条旗、右側には財務省旗がある。こいつを広げてやれば緑の地に財務省のバナーをくわえた鷲が表われるだろう。おや、お出ましだ。

「やッ、やッ、お待たせしました。急にモーゲンソー長官に呼ばれまして、ワッハッハ」

戻ってきたベル次官は五十の声を聞いたばかりの、やや腹の出た愉快な男で、丸い眉といい、目尻の下がった恵比寿顔といい、円満が服を着ているような印象だった。初対面の挨拶を済ませると、次官は「たいへん重要な問題についてあなたが相談に来られるとサマーヴェル中将から電話がありました。なんなりとお申しつけ下さい」と水をむけた。

「銀が必要です、次官殿」

「何に使うのかと訊ねても答えられんのでしょうな」

「私が話せるのは工兵隊に委任された重要計画に必要だということのみです」

「分かっています。中将もお答えにはなりませんでしたから」

ベル次官も陸軍との交渉に習熟しており、余計な好奇心は起こすべきでないと承知していたから、すぐにどれほどの銀を用立てればいいかと聞き直した。

「六〇〇〇トンの銀です」

そう言った瞬間、次官の顔から友愛の一文字が消えた。片方の眉がピクリと釣り上がり、その眉の下に本性をあらわした冷たい目が光っている。

いっぽう六〇〇〇トンと口に出した瞬間、ニコルズはローレンス教授の、この世に悩みなど一つも無いという調子で落ち着きなく動きまわる恐るべき能天気ぶりを思い出した。

あの教授は「とりあえず六〇〇〇トン」と言った。

――――とりあえずとはなんのことだ。

ニコルズはもっと銀がいることになりそうだと直感した。

ところで次官はというと、六〇〇〇トンと聞いて肝をつぶし、かろうじて「君は」という言い方を押さえ、「あなたは」と言った。

「あなたは、……その、よく分かっておらんようだ。銀は貴金属であるからして、トロイオンスという単位を使う」

するとニコルズはポケットから小型の計算尺を取り出して「六〇〇〇トンは一億九二九〇万トロイオンスということになりますな」と応じている。

「そういうことじゃない！　銀をトンで扱うなんてバチあたりもはなはだしい。一トロイオンスの銀がいくらするか君には分かっていない」

ニコルズはついに「君」と呼ばれることになった。

だが、結局ベル次官はニコルズの屈託無い笑顔に負けた。もちろんその背後にはスティムソン陸軍長官が発したモーゲンソー財務長官宛ての書簡が物を言ったのだが、それにしても気まずいしこりを残さずに、ベル次官とニコルズのあいだで取り交わされた借用契約書のみで倉移しが成ったのはこの工兵隊将校のおおらかな人柄が決め手になっている。かくして銀塊は合衆国国立銀行貯蔵所から運び出され、押し出し機にかけられてビレットに改鋳の後、数工程をへて仰天価格の巨大電磁石用コイルに化けた。ついでながら、その後もローレンス教授が毎日設計を修正したおかげで、財務省の銀は原爆完成のために一万四七〇〇トン（総額三億ドル相当）がぶち込まれることになった。

特急シティ・オブ・サンフランシスコが終着駅オークランドに滑り込み、その最後尾車輌から降りてきた准将を出迎えたのはローレンス教授本人だった。

「将軍、ようこそ！　遠路はるばるバークレイ・キャンパスにおいでくださり、感激しています」

こう言ってグローヴスの手を両手で握りしめ、心を込めて挨拶したローレンスはこのとき四十一歳。輝かしい金髪と冒険心に満ち溢れたライトブルーの瞳はまさしくノルウェー移民の血統を物語っている。ふちなし眼鏡の若い教授はそれまでに准将が面談したどの科学者とも違っていた。カリフォルニア焼けした健康そのものと言った顔。無造作できびきびして、背が高く、灰色のスラックスにスポーツ・ジャケットという教授の趣味はテニスにアイス・スケート、加えてボート競技はオリンピック選手級である。ノーベル賞学者のイメージは皆無というローレンス教授を見て、グローヴスが何となく危うい感じを抱いたのは、プラットホームからコンコースへ歩いて行く間に教授が示した一秒を惜しむような落ち着きのなさと饒舌だったが、この妙な感じはすぐに現実のものとなる。

グローヴスは准将旗をつけて迎えに出ていたジープに乗り込もうとしたが、このとき道々話しておきた

カルトロン電磁分離考案者
ローレンス教授

いこともあるので、是非自分の車に乗って欲しいというローレンスの希望を容れ、どこかにぶつけた跡のある少々ガタが来たフォードに乗り込んだ。

「将軍、これから放射線研究所に直行しましょう。あなたを驚かせることがあります。分離したＵ２３５をお目にかけますよ」

動きだした車のハンドルを握っていたのはローレンスで、後部座席に乗ったグローヴスは次の瞬間、強烈な加速でシートに押しつけられた。教授はアクセルを思い切り踏みこんだまま、後部座席のグローヴスに顔を向け、カルトロンについて語り出したからたまらない。車は道巾いっぱいに蛇行運転し、全速力でカーブを切り、あおりを喰って道に乗り上げた対向車は数知れずだ。しかし教授の耳には、目を剥いて、かんかんになっている通行人の罵声など届いておらず、その間もこの話好きの教授は舌を動かしっぱなしだった。

のちのち「あれこそは身の毛もよだつ体験だった」と語ったグローヴスは途中何度も目をつぶり、その運転に震え上がり、警察がなぜああいうものを放置しておくか理解に苦しんだ。

――絶対にあの男から車を取り上げねばならん！

ローレンスの運転に怖気をふるったグローヴスは翌朝一番で秘書のオリリー夫人に電話し、直ちに命令書を発行せよと言って口述筆記を命じた。いわく、「フェルミ、コンプトンなど余人をもって替えがたい科学者に対しては全員に運転手を手配せよ。たとえ連中が嫌だと言っても必ず配置しなければならない」とあり、電話を切る直前になって「特に、ローレンス教授にはハンドルを握らせてはならん。私は一度にあれだけ多くの人間から悪態をつかれたことは未だかつてない。それもこれもみんなローレンスのおかげだ」と言い、最後の部分は興奮して支離滅裂になった。

こういう一幕はあったけれども、准将はカルトロン電磁分離システムにNGを出したわけではない。一九四三年十一月をもって操業開始の線でGOをかけている。

Y-12プラントの総元請となったストーン・アンド・ウェブスター社は、同時にカルトロン電磁分離システム本体部の設計と製造、および各種建屋の建設をも任されたから、さっそく技師たちはバークレイ・キャンパスを訪れた。エンジニア連中は原子力について豊富な知識をもっていたわけではないが、それでも総元請となったことから国家最高機密の原爆計画は知らされている。そこでローレンス詣でとなったのだが、目の前で電磁分離の実態を見せられた時、本当にカルトロンなる道具でやり通せるのかどうかエンジニア諸氏はおそろしく不安になった。

不安の原因となったものは次の問答である。

「教授、このカルトロンでどれほどの量のU235を分離したのですか？」

「七十五マイクログラムのサンプルを三つも生産したのですよ、三つも！」

教授は誇らしそうだったが、技師たちはショックを受けた。何日かけてその三つとやらを作り出したか知らないが、あの鬼みたいなグローヴスが言うには最低でも四〇キログラム作れと言う。ローレンス先生はマイクロというのが百万分の一だということを知らんのじゃないか。一日あたり七五マイクログラム作ったとしても、グローヴスをうんと言わせる四〇キログラムまでには九〇万日だ。つまり二四〇〇年もかかるということだぞ。

技師たちが肉眼では絶対に見えない微量のサンプルを見せられてげんなりしていると、ローレンスはそれに追い打ちをかけるようなことを言った。

「このサンプルには何と三〇パーセントものU235を含んでいるのですよ、三〇パーセント！」

目に見えない粉塵のようなものですら含有量が半分以下と聞いて、技師たちはのけぞった。帰するところ、この教授のアイデアとはウラニウム原子を一個ずつとりあげ、それを分別するという気の遠くなるような計画を指しており、工場プラントとして完成できるのか否か、はなはだ怪しくなってきた。いっぽう教授は技師たちのがっかりしたような顔を目にしても、電磁分離のメカニズムを実にほがらかな態度で滔々と語り続けている。我慢できなくなったのは皆からガスと親しげに呼ばれているオーガスト・クライン技師長で、眠り病の気味があるこの異能児は「先生、私たちは工兵隊のグローヴスという将軍から一年で四〇キロ以上作れと言われているんですよ」と、泣いた。

ローレンスは市民運動の煽動家をやらせてもかなり成功したと思われる。教授は気の遠くなるような目標を前にして及び腰になっているガスのそばに歩み寄り、親しげな態度で言った。

「心配することなど少しもありませんよ、クラインさん。カルトロンの規模を大きくし、かつ、その数をたくさん作る。そうです大型カルトロンを二〇〇〇台作れば一日あたり一〇〇グラムのU２３５を手に入れることができる。一年で四〇キロ作りたいなら台数を増やすか、装置自体をもっと大きくすればいいのです。私が装置のあらましを言いますから皆さんはそれを青写真に落とす。どうということはありませんよ」

装置の規模を大きくすれば大きなプラスの成果を得られるだろう。しかし、あたりまえのことだが、それと同程度のマイナスも起こり得るのだ。ガスはローレンス流の「大がすべてを解決する」という発想の危うさを承知していた。つまり何度もそれで痛い目にあったのだ。

――しかし教授はノーベル賞学者だ！

そう思った途端、技師長は気持ちがふっ切れた。

ガスは教授の魔法にかかり、仲間の技師たちも教授の大胆な仮説を聞く内に、その空想を共有し、次に教授そのものと同化した。ローレンスの声が生み出した熱狂はヒトラーやムッソリーニが作り出したものとほぼ同じであり、そのエネルギーのほとばしりをもろに浴びた技師たちは「規模と生産量は比例しない」という考えを放棄し、楽観論の洪水に身を委ねたのである。

※　　　※　　　※

オークリッジという広大な敷地の中に建てられたY‐12プラント関連の設備は全部で二六八棟あり、この中にはメインとなる十五棟の電磁分離工場群の他に、八つの変電所、十九の冷却棟、化学処理工場、蒸留水工場、鋳物工場ほか、病院から娯楽センターまであった。ついでながら電力はテネシー川流域開発公社の持つ三十二のダムからふんだんに供給されていたけれども、戦時中の妨害工作や不測の事態を未然に防ぐため火力発電所を一基建設している。

さて、総元請のストーン・アンド・ウェブスター社は電磁分離工場とカルトロン本体製造を担当したが、それ以外に総元請として配下に次の五つの企業を置いた。

①ゼネラル・エレクトリック社（ＧＥ）……発電所と変電所ならびに配電設備を担当
②アリス・チャルマーズ社……………電磁石の製造を担当（財務省の銀を使用）
③ウェスティングハウス社……………中央管制室および全制御盤の製造を担当
④チャップマン・バルブ社……………真空タンクと関連配管設備を担当
⑤テネシー・イーストマン社…………運用ならびに保守を担当

こういう連携のもと、最初にY‐12の現場に入って来たのは電磁分離工場を作ることになった下請けのセメント職人である。全部で十五棟作れと言われた工場は地上三階、地下二階で、バカでかい体育館のような感じだったが、その建屋内に陸上競技トラックのような形で超高密度セメントを打ち込めと言う注文がついた。セメント職人は「競馬場（レーストラック）でも作るのかね」と冗談を言ったが、この冗談がもとでこれら十五棟の工場には競馬場というあだ名がついた。余談ながら十五棟の内、九棟はアルファ工場と称して低濃度ウランを分離する工場であり、六棟はベータ工場と称して高濃度ウランを分離する工場だった。もっともセメント職人は仕事が終わると、他の現場に行ってしまったので、その後、ここに何が入って来たかは知るよしもない。

搬入物件の先陣を切ってY-12へ運ばれて来たのは貨車一二八輌に積まれた電源ケーブルと信号ケーブルで、そのために用意された倉庫のしかるべき棚には四日がかりでこれらのケーブルが整理収納されている。

次にやって来たのは、十五棟の電磁分離工場の中のレーストラック上に据え置かれる一一九六個の巨大な電磁石だった。この電磁石はまさしく化け物で、一個あたりの電磁石は十一トンのロの字形をした鉄芯の周りに十一トンの銀線をコイルにして巻いてあり、縦横六メートル厚さ五〇センチの二十五トンはあるという鉄の箱に密閉溶接されて、はるばるアリス・チャルマーズ社ミルウォーキー工場から届けられたのだ。

整備中のカルトロン本体

次に搬入されたのは電磁石に密着設置する二五九二台のカルトロン本体である。この装置を目にした時の第一印象はアルファベット大文字の《C》で、高さ三メートル、奥行き二・五メートル、幅七十五センチあり、Cの字は二台一組で電磁石と電磁石の間に密着設置される。

レーストラック上の電磁分離装置群
手前左がカルトロン本体

また、電磁石、カルトロン、電磁石、カルトロンという行列が据え置かれたレーストラックの真下、すなわち地下エリヤには《巨大真空タンクと付随ポンプ》が計一二九六セット搬入された。最後にＧＥ社の作った発電所と変電所が稼働し、同時にウェスティングハウス社担当の中央管制機器および全制御盤が搬入されて、通電テストになった。

さて、管制室への火入れが終わり、次に、電磁石、カルトロン、真空タンクへ通電を開始した時のことだ。現地調整に入っていた何人かの作業員の手からドライバーやペンチがもぎ取られ、巨大磁石に向かってふっ飛んで行った。こういうことを予期していた管理者はすべての工具を磁気の影響を受けないベリリウム銅に変更していたのだが、やはり漏れはあり、これ以外に、ヘアピンが突然空中に飛び出し、女性研究員の髪を突っ立たせてしまったことや、靴底に打った鋲が磁気で引っ張られて足払いを食い、床に鼻っ柱をぶつける者が出たというアクシデントもあったが、大騒ぎになったのはベルトに大型の六角ナット用レンチを突っ込んでいた作業員で、この男は身体ごと持って行かれ、鉄板に衝突して救急車が呼ばれた。ともかくすぐに白い線が床にペンキで引かれ、ここから向こうに行く場合は通常工具を持って行かないよう警告ボードが貼り出されている。

このような初っぱなの事故にぴったりな言葉は「ケチがついた」に他ならない。何やら妙な居心地の悪さを感じつつ、ストーン・アンド・ウェブスター社のエンジニアは工場内の強力なローカル発電機を起動してイオンタンクを真空にする作業に入り、次にカルトロンの電源スイッチをオンにした。管制盤のメーターと点滅表示器はカルトロン内部で余分な電荷を取り去るプロセスが進展していることを示している。二時間ほどたってカルトロンの真空度が設計値にまで達すると、U２３５とU２３８のイオンがプラズマ化し、小さな二つの電弧が形成され、そしてすぐに電弧は大きくなり、イオン放出口と捕集器の間に粒子ビームの彎曲した橋が架かった。

「成功だ、ウラニウム粒子の電弧が捕集器に届いたぞ！」

そう誰かが叫ぶと、技師たちは緊張した顔をゆるめ、満面に笑みを浮かべた。妙な胸騒ぎは取り越し苦労にすぎなかったのだ。

――――よかった！

だが、次の瞬間、電弧はふらつき、すぐに伸びきって、子供が庭で消防士ごっこをやっているようにむちゃくちゃな方向へ飛び散り、あっと言う間にすべてが停止した。電磁石がその強力な磁力で、十四トンもする真空タンクを十数センチも動かし、配管をねじ切って、真空維持を駄目にしたのだ。このトラブルは鋼鉄の帯金でタンクをしっかりと溶接固定することで解決したけれども、電磁石を供給したアリス・チャルマーズ社の技師長デクスターが針の筵から解放されるのはまだ先のことだった。なぜならその後もカルトロンの中のウラニウム電弧は間歇的にでたらめな形を描き、そのたびに電圧計ほか制御盤の全メーターは電磁石の漏電を示したからだ。

オークリッジは参加企業の数も多く、かつ、このサイトではY‐12以外にK‐25ガス拡散プラントも同時進行しており、足並みの乱れが懸念されたので、早速、准将は問題が起こっている現場を訪れた。

「漏電の犯人はいつも同じ電磁石かね。それと、電弧の乱れはいつも漏電の後かね？」

准将は意外や、静かに責任者のニコルズ大佐に向き合った。

「すべての電磁石が漏電を起していますが、奇妙なことにしばらくすると自然復旧するのです。また、電弧の乱れは必ず漏電の後で、もう一つ、漏電の発生時期はバラバラです。Y-12では電磁石、カルトロン、真空タンクの配電系統が一つ一つ独立しており、他との入りくりがありませんので、異常箇所は特定しやすくなっていますが、しかし漏電発生の因果関係に法則めいたものはありません」

「なるほど。それでは、復旧した電磁石が再びショートしたというケースはあるかね？」

「あります。17番電磁石と32番電磁石が三回おこしています」

それを聞いた後、准将はY-12に参画している六社の全代表を立ち合わせた上で、「ニコルズ大佐、溶接工を呼んで17と32の鉄枠を外し、中身をあけろ。冷却用の循環オイルが流れだすだろうから、それを注意して吸い取れ」と言った。

溶接工が鉄の箱に穴をあけ、中を簡易電灯で照らすと、電磁石の銀製コイル部分に細かな鉄の粒子や塵芥、あるいは錆といったようなものが付着している。つまり漏電の犯人は冷却オイルが循環した時に運んで来たこのヘドロのようなものだったことが判明した。

「コイルとコイルがあまりに接近しているせいだ。ニコルズ大佐、分解し、洗浄し、巻き直せ。全部だぞ！」

准将はそう言い渡した後、今度はアリス・チャルマーズ社の技師長に向かい、「これを全部新しく作り直すのと、解体し、鉄芯を洗い、コイルを洗浄し、巻き直すのとでは、どちらが納期的に早いかね？」と訊ねた。デクスター技師長が、作り直しの方が圧倒的に早いと答えると、准将は素早くニコルズに耳打ちし、財務省に電話して「前に頂戴したものと同じ量だけ銀を頂戴したいと言え」と命じた。それらの手配が済んだ後、准将は本性をあらわし、どなった。これほどだらしない設計と製作のひどさは弁解の余地がない。どうして磁石の製作中に完全な清潔を保たなかったのか。どうしてオイル冷却システムに濾過装置をつけなかったのか。わけてもニコルズ大佐はどうして事故を予知し、それを回避する手をうたなかったのか。ストーン・アンド・ウェブスター社の技師連中はローレンス教授からいろいろ聞かされていたはずだが、どうしてそういう情報を他の会社と共有しなかったのか。

准将は一同のあぶらを絞るだけ絞った後、ノックスビル飛行場に戻るためジープに足をかけたが、まだ怒り狂っており、「さっさと磁石をミルウォーキーに戻せ。そしてアメリカ中から溶接工を動員して一週間以内に耳をそろえて納品しろ！」と捨てぜりふを残した。このときニコルズ大佐は賢く振るまい、飛行場まで准将のジープを運転する役をかって出、ころあいを見て、「どうしてショートした理由がわかったのですか？」と聞いた。

「バークレイでローレンス教授の助手がカルトロンは鉄さびやゴミカスをしょっちゅう吸いこむので往生する、と言っていた。それでピンと来たのさ」

ニコルズは空港の売店で准将からハンバーガーを御馳走になった。仲直りのつもりだったのだろう。しかし銀の調達は半分しかうまく行かなかった。これ以上は、さかさにして振ろうと塵っ端一つ出ないよ、と言われ、オークリッジに新たに酸洗工場を建て、十月中旬になってようやく正式稼働となっている。

このプラントの下絵を描いたローレンス教授の試算によれば、Y-12は一日当たり一〇〇グラムの高濃縮ウランを生産することになっていたから、四〇〇日後にはかろうじて満足できる量のU２３５をロス・アラモス原爆兵器研究所へ送るつもりでいた。つまり電磁石による現地調整時のトラブルがなければ一九四四年十月下旬には当初の目的を達成していたことになる。しかしY-12は電磁石入れ替え後もトラブル続きで、まともに運転ができるようになったのは一九四三年十一月下旬だった。

正常運転ができるようになるまでの迷走二ヵ月中、最初に飛び出したのはカルトロン内部での粒子ビーム暴走で、これについては運用と保守を担当したテネシー・イーストマン社のコンクリン社長が次のようにニコルズ大佐へ提言している。

「カルトロン操作はバークレイからやって来た博士たちに制御盤をいじらせるとろくなことはありません」

ウラニウムの粒子ビームを放出口から捕集器に首尾よく届かせるためにはカルトロン制御盤での機敏な操作が必要であり、そこでこの操作は電磁分離のメカニズムに通じたローレンス教授の弟子が中心になってやっていた。

「しかしこれが裏目に出たのですよ。なぜ駄目かと言うと、弟子たちは良く知っているが故に制御盤上のトグルスイッチや各種のハンドルとボタンをいじりまわし、そのあげく返って仕事を増やし、効率悪化を招いている。自分で自分を診断した医者が早死にするケースによく似ているのですな」

「何か打開策をお持ちですか」

ニコルズ大佐がそう水を向けるとコンクリン社長（この人は化学博士である）は次の様に応じている。

「私の妻は科学にまったく興味がありません。当然ながら内燃機関論なんて知ろうとも思っていないでしょう。しかし車は運転できる。私より確実にじょうずだ。そこで提案ですが、ノックスビル周辺在住の女性を従業員として四〇〇〇人ほどスカウトしてはいかがでしょうか。知らないことの強みが発揮されるのではないかと私は思う」

かくしてニコルズ大佐はこっそり実験してみることにした。核物理学など絶対に知るはずがないそのへんにいる女の子を連れて来てあからさまに専門家集団と競わせれば、ドクターたちは機嫌を損ねるだろうし、仮に「やっぱり素人では無理だった」と言うことになった時、いらざるしこりが残ると心配したのだ。

――ともかく三週間ほど訓練してから競争させてみよう。

さっそくブロードウェイから舞台大道具のプロが呼ばれ、カルトロン制御盤と同じものを二〇〇〇個作れと言われた。中身はどうでも良く、外観がそっくりならＯＫだった。

いっぽうそのへんにいる女の子のスカウトは、当時の一兵卒の給与の数倍という高給が効いて順調に走り出した。余談ながらY-12の運用責任をイーストマン・コダックの子会社テネシー・イーストマンに委ねたのは実に懸命な措置だった。なぜなら、テネシー州はおろか全米でもイーストマン・コダック社とその傘下企業の名声は高く、給与と福利厚生面で抜群の認知度だったからで、普通、親は何をやるのかまったく明かされずびっくりするような高給にうさん臭さを感じ、娘に駄目を出すものだが、ここはイーストマンの知名度がモノを言ったのだ。

ところで、募集に応じた《そのへんにいる女の子》の中にグラディス・オーエンスという高校を卒業したばかりの農家の娘がいた。彼女はまる一日かけてアンケートに記入し、ちょっとしたテストを受け、翌日、ものものしい宣誓の後、訓練に入った。最終的に配属されたのは四台のカルトロンを監視する制御盤の前だったが、以後、終戦まで自分が何を行っていたかまったく知らずに、メーターを見て、ダイヤルを調節する生活に入った。こういう懐旧談が残っていることから明らかなように、結果はコンクリン社長の指摘が正しかったことを物語っており、後にカルトロン・ガールというニックネームがつけられた女子従業員の数は四〇〇〇人が八〇〇〇人になり、ついには一万四〇〇〇人に膨れ上がっている。

グラディス・オーエンスは任された制御盤の向こうに何があるのかまったく教えてもらえなかったから、カルトロンと電磁石の群れは見ていない。しかしそこは、ニコルズ大佐に言わせれば、危なっかしくて見ていられないという状況下にあった。ピリピリした空気を反映し、Y-12に関与した企業の社員は営業担

カルトロン・ガールたち

当を含め、全員足止めを喰らっており、特にエンジニアに対しては「帰宅など許されると思うか！」というムードが支配的だったけれども、そういう中でＧＥ社とウェスティングハウス社は同じ足止め待機組でも、差し迫った緊急事案がなかったせいで比較的のんびり構えており、電磁石を担当してひどい目にあったアリス・チャルマーズ社の連中に言わせると、「地雷を踏む危険のない安全地帯でくつろいでいられる結構なご身分」だった。事実、ウェスティングハウスの若手エンジニアなどはカルトロン・ガールの研修講師を依頼され、大よろこびで訓練センターに出かけて行った。それと反対にカルトロン本体と総元請を担当したストーン・アンド・ウェブスター社と電磁石のアリス・チャルマーズ社はそうは行かなかった。両社はあわせて一〇〇人ほどの技術者を詰めさせていたけれど、ほとんどのエンジニアは寝つきが悪く、やっと寝ついたと思えば必ず電磁石とカルトロンに追いかけ回される夢を見た。

以下に紹介するのは代表的なカルトロン騒動の一つ、Ｕ２３５消失事件である。

巨大なＹ-12は十日間ぶっ通しで稼働し、その後システム停止すると、作業員はウラニウム捕集器を回収し、化学処理棟でＵ２３５の抽出作業に入った。さて、作業員が外した捕集器の中の黒っぽい砂粒のような数グラムはお目当てのＵ２３５ではない。つまり荒挽き胡椒のような黒い粉はＵ２３５のほかに鉄、ニッケル、銅、その他もろもろの金属粉を含む混合物だったから、化学処理棟で蒸気と酸と電気除去器で洗浄し、Ｕ２３５を精製しなければならなかった。しかし驚いたことに洗浄後の残存Ｕ２３５はほとんどゼロに等しく、バークレイでローレンス教授が生産した量よりも少なかったから大騒ぎになった。

――――消えた！

さすがにカルトロンが時空移動を引き起すタイムマシンに化け、そのあおりでＵ２３５が消えてしまったのではないかという空想科学小説もどきの仮説を述べる者はいなかったけれども、どこかに行ってしまったことは紛れもない事実で、騒ぎが起きたその日の夕刻、飛行機でやって来たローレンス自身がＹ-12

の化学処理棟に駆け込み、同時にニコルズ大佐も同席して対策会議が始まった。

結局この不思議議は次の仮説に落ち着いた。すなわちY‐12カルトロンの生み出す強烈な放出エネルギーがウラニウム・イオンを叩いたため、粒子がステンレス鋼で作られた捕集器の金属原子の中に紛れ込み、もぐってしまったという説で、これが本星だとすると、ローレンス流の「大がすべてを解決する」という発想は暗礁に乗り上げる。

ほとんど全員が頭を抱えた時、クラレンス・ラーソン教授が次の提案をした。

「ステンレス鋼で出来た捕集器そのものに銅メッキして見たらどうでしょう。U２３５の原子は同じように銅のメッキ層にもぐり込むでしょうが、相手が銅なら簡単に分解でき、U２３５を速やかに回収できるのではないでしょうか」

「名案だ。そいつは本当に、本当に名案だ！」

ローレンスを絶望の淵から救ったラーソン教授は化学者で、かつて、ローレンスと共にサイクロトロンを使って同位元素の研究をしたことがあり、そういう経歴からY‐12の化学処理棟に研究室をかまえていたのだ。

「銅メッキにどのくらい時間がかかりますか？」

ローレンスは熱狂したけれども、そばで聞いていた冷静なニコルズ大佐は納期を気にし、しかもこの大佐は相手の答えを待たなかった。

「明日一日でメッキを完了してください！」

ステンレス鋼に銅メッキをかけるのは難しい手順を踏まねばならない。二週間はかかると喉元まで出た言葉をラーソン教授は呑み込み、一日遅れの二日後に答えを出した。銅メッキされた捕集器は粒子ビームを受けた後、化学溶液の中で分解され、すべてのU２３５は取り出されたのだ。

Y-12はようやく迷走状態を脱したけれども、濃縮度九〇パーセントのU235を一日当たり一〇〇グラム生産することは無理で、四〇グラムがやっとであることがわかった。このまま行けば、四〇キログラムを達成するのに一〇〇〇日かかる。一九四三年十二月下旬、テヘランで開催されたスターリン、チャーチル、ルーズベルト三首脳会談のニュース映画が流されたころ、オークリッジ・サイトではローレンス教授がニコルズ大佐にY-12の展望を次のように述べた。

「ご承知の通り、金属ウラン中のU235含有量は〇・七パーセントです。Y-12へのウラニウム初期投入が今の十倍の濃縮度だったら、すなわち〇・七パーセントではなく七パーセントの濃縮度になっていれば四〇キロ、四〇〇日という目標は達せられるのですがね」

ニコルズ大佐に忌憚のない見解を述べるローレンス教授の顔はいつになく深刻だった。

③ S-50熱拡散工場（起死回生のプラント）

原爆は、言うまでもないが爆発が目的である。だからマンハッタン計画推進者は《高濃縮ウランをパイナップルほどの大きさにすること》をコンセプトにしたけれども、アメリカ海軍の方は潜水艦ほか主力艦船の動力源を原子炉に置き替えることが目的になっていたから《低濃縮ウランを大量に迅速に生産すること》がコンセプトになった。

「原子力エネルギーがコントロール可能な動力源として入手できるならば、これほど好都合なことはない！」

と、誰よりも強く感じたのは、潜水艦開発技術者である。なぜなら潜水艦は酸素がある海面に出てディーゼルエンジンをまわし、発電し、電気エネルギーを蓄電池にため込み、電動モーターで水中を航行する。

潜水艦がディーゼル用の重油を頼りにしている限り、危険を承知で浮上し、重油を燃やし、電気をため込まねばならない。だが小型原子炉が手に入るならば、酸素不要の核エネルギーを使って一度も浮上することなく、エア・コンディショニング、あるいは調理、あるいは青物野菜の育成まで、考えうるすべての快適性が確保でき、当然ながら、探査装置ほか各種兵装の稼働も原子力が解決するだろう。

海軍はうまい籤を引き当てた。フィリップ・アーベルソン博士は熱拡散分離プラントのテスト・モデルを作って上々の成果を残し、かくして海軍は一九四三年十一月付けで本格的プラントの建設にGOサインを出した。

いっぽう、マンハッタン計画推進当事者の陸軍が作り出したY‐12プラントは一九四四年一月から核爆発素材U235を生産し、K‐25プラントはそれから一年後の一九四五年一月になってやっと生産を開始したけれども、悪いことにY‐12、K‐25双方とも濃縮レベルは期待を大幅に裏切っており、核爆発素材にはほど遠い製品しか生み出せないことが分かった。

「Y‐12へ投入するのはU235の含有量が〇・七パーセントという普通のウランでしょう?」

と、マンハッタン計画推進メンバー中の数少ない海軍関係者パーソンズ大尉に囁《ささや》いたのはアーベルソン博士だった。

「採掘精錬しただけの手つかずウランを私の考案した熱拡散分離プラントに通せば、〇・七パーセントから〇・八六パーセントに濃縮度が上昇します。ここでわずかながら濃縮度が上がったウランをY‐12に投入すれば、確実、かつ、迅速に高濃縮ウランが生産できるのではないでしょうか」

その囁きに反応したパーソンズ大尉はロス・アラモス兵器研究所長のオッペンハイマー教授にその囁きを伝えると、教授は次のように応じている。

「上げ底か。貴重な提案だよ、パーソンズ大尉。しかし大尉がそれをグローヴス将軍に話せば、将軍は部外者のアーベルソン博士が何でY-12のごたごたを知っているのかと不愉快に思うだろう。機密漏洩には特にやかましい人だからね、あの人は。だからここは、私が海軍の熱拡散分離プラントの内容を調査したということにし、私の意見として将軍に《上げ底》の話をしてみよう」

かくして一九四四年四月二十八日（金曜日）、オッペンハイマーは上げ底アイデアをグローヴスに提案している。

――なるほど直列つなぎか！

准将は《上げ底》という言葉を聞いて即座に小学生の電池実験を連想した。そう言えば今までの濃縮プラントの発想は全部並列だ。准将は非常に興奮し、その日の内にパーソンズ大尉の案内でアーベルソン博士がいるフィラデルフィア海軍造船所の熱拡散工場を訪問した。

にこやかに挨拶する博士の眼球が少し突き出しているのは近眼のせいだろう。年齢は三十一歳。准将はこの学者の誕生日が昨日だったと聞いて驚いた。第一印象がもっと年寄りに思えたからだ。唇は厚く、美食に目がないといった感じだが、髪の毛の様子はいかにも頼りなく、遠からず薄くなるに違いない。

博士は、この工場の完成は三ヵ月後なので未完成品だが、まずはこれをご覧にいれると言って准将を分離濃縮工場に連れて行った。工場の中に入るとやたらに細長い筒が林立している。これに近いものと言えば大聖堂のパイプオルガンだろう。マンハッタン計画の責任者になって以来、グローヴスは奇妙奇天烈な装置に免疫が出来ていたので、これを見ても驚きはしなかったが、聞けば、筒一本の高さは十五メートル、太さは直径十センチ。ちょっとした風でも吹けばどうにかなりそうなので、途中の数カ所を丈夫な筋交とケーブルで支えている。

「現在の工程では七月までに一〇〇本のカラムを完成させ、これでテスト稼働を始めます。熱拡散分離プラントの唯一の欠点は膨大な量の蒸気熱を必要とすることで、そのために消費する石炭の量は気が遠くなるほどです」

「失礼、博士、カラムとは何ですか」

と、これは准将である。

「ああ、カラムですか。それは高さ十五メートルのあの筒のことです。今は一〇〇本ですが、最終段階で三〇〇本になることが決まっています」

グローヴスはアーベルソン博士について何を知っていただろう。

S-50熱拡散分離考案者
アーベルソン博士

ずいぶん前のことだが、この学者の考え出した熱拡散分離方式なるものはナンセンスだということを、科学者の頂点にいたヴァネヴァー・ブッシュから聞き、それを鵜呑みにしていたから、このプラントについてはまったく無知だった。さらに言えば、この日、同行してくれたパーソンズ大尉からアーベルソンについてのプロフィールを聞かされ、初めて、そうだったのかと思うことだらけだった。だから博士がネプツニウムという新元素の発見者であることを知らなかっただけでなく、迂闊なことに、六フッ化ウラン（ヘクス）を大量生産する特許を持っていることも知らなかった。

見学は終わり、そこで場所を会議室に移したが、仕事人間の准将はコーヒーブレイクで時間が無為に消えてしまうのを惜しんだから、博士はすぐに立って黒板脇に移動し、本格的な説明に入った。

「液状ヘクスを熱い壁と冷たい壁に挟まれた隙間に流し込むと、ヘクスに含まれる軽い同位体、つまりU235のことですが、これが先に熱を帯びた壁面に近寄り、かつ対流現象が生ずるため熱い壁面に沿って上昇します。いっぽう重い同位体は冷たい壁に近づき、これも対流現象で下降する。U235は上に、それ以外は下に溜まる。これが熱拡散分離のメカニズムです」

そう言って博士は黒板にチョークで今見てきたカラムの絵を描き、その横に寸法を示す数字を几帳面に書き込みながら話を続けた。

「あの細長いカラムは直径十センチですが、その中に直径三・七センチのカラムと直径三・二センチのカラムが納まっています。ちょうどロシアのマトリョーシカ人形のように中小二本のカラムが納まっているのですよ。まず大きいカラムの中に二番目のカラムを差し込み、次に一番細い小カラムを差し込む。このとき小カラムと中カラムが作る隙間は〇・二五センチでなければなりません。同様に中カラムと一番外側のカラムの隙間は三・一五センチです」

そう言ったのち、博士は非常に重要なことだと前置きし、カラムが何で出来ているかについて言及した。つまり一番外側は亜鉛鋼板、その内側のカラムは銅、そして一番内側はニッケル製だった。

「さて、ここですが……」

と言って博士は赤いチョークで一番内側にあるカラムの内部を赤く塗りつぶした。

「ここには摂氏二八〇度の蒸気を流し込み、循環させます」

次に博士は一番内側のカラム（ニッケル製）と二番目のカラム（銅製）の間の〇・二五センチの隙間を黄色く塗りつぶし、「この黄色の部分に液状ヘクス、つまり液状の六フッ化ウランを注入します」と言った。

「ヘクスが接触する銅カラムの部分は腐食されないのですか？」

「されません。液状ヘクスというのがミソですな。ガス状なら腐食されますが」

そう言って博士は、今度は二番目のカラム（銅）と一番外側のカラム（亜鉛鋼板）が作る三・一五センチの隙間部分を青で塗りつぶし、「ここに摂氏七〇度の冷却水を循環させます」と言った。

会議室での説明を受けた後、一同は再びプラントの現場に行き、そこで准将はアーベルソンの熱拡散プラントをオークリッジサイトに建設しようと決めた。なぜなら、熱拡散が作り出すものは、濃縮度が〇・

七パーセントから〇・八六パーセントと、ほんのわずかにアップされたウランかも知れないが、それは大量かつ速やかに作り出せるという保証があり、上げ底計画の成功は確実と踏んだからだった。

――Y-12の生産性は千日から百日へと飛躍的に向上する！

〇・八六パーセントのウランをY-12カルトロンに投入すれば濃縮度九〇・〇パーセントのウランになって、核爆発素材が完成するのだ。

グローヴスはすぐに動いた。准将はまずスティムソン陸軍長官に話をつけ、海軍の大物アーネスト・キング元帥の了解を取ってもらい、そうしておいて海軍の熱拡散分離プラント設計図ならびにフィラデルフィア海軍造船所にある転用可能な機材をオークリッジサイトに移送した。スピードこそ命であり、使えるものはすべて使う。かくしてS-50というコードネームがついた起死回生の期待をになう熱拡散分離プラントは、オークリッジサイト西端、クリンチ川沿いギャラハー門のそばに建設されることになった。ここにはスコッグ技師の作った世界最大の二三万八〇〇〇キロワット出力というお化け火力発電機がある。どれほど大量の蒸気熱が必要であろうと心配するには及ばない。

すべての調整がすんだ一九四四年六月十八日、グローヴスは今まで海軍の熱拡散プラントを請け負ってきたH・K・ファーガソン社をペンタゴンに呼んでいる。やって来たのはファーガソン夫人と技師長のウエルズ・M・トムソンだった。夫人は六ヵ月前に夫を亡くし、急遽、社長業を引き継いだという気の毒な身の上だったけれども、グローヴスはそういうことにまったく斟酌するつもりはない。

「戦争協力。これがすべてです。私たちが要求するスペックの工場を一刻も早く完成させること。それが出来るのは、ミセス・ファーガソン、あなたの会社だけですよ。あなたが躊躇すれば、その間に想像を絶する数の前線兵が死ぬ。たった今も若い命があの世へ旅立っているのですよ、ミセス・ファーガソン」

こう前置きして、准将はテネシー州オークリッジに建設するS-50熱拡散分離プラントについての説明に入った。

「我々は突拍子もないものを要求しているのではありません。あなたの会社がフィラデルフィア海軍造船所に作ったプラントとまったく同一のものを我々は要求しているのです。ただし我々のS-50はカラムの本数が海軍のものに比べると多い。ということは数をこなすことになるから、経験効果が幾何級数的にいい影響を与え、要求納期にも対応が可能となるはずです」

納期という一言を聞いて同席したトムソン技師長は疑わしそうな目つきになったが、准将は一切無視し、説明を続けた。

S-50は三つのプラント群で構成されており、一つの群には高さ十五メートルのカラムが七一四本あったから、全部合わせれば二一四二本。海軍が計画した工場の七倍規模になる。聞いていく内にトムソン技師長はしきりに素手で額の汗を拭いだした。興奮して、ポケットにあるハンカチを忘れているらしい。グローヴスの話がひと区切りついた時、トムソンは「ミセス・ファーガソン、横から口をはさんで申しわけありません」と言った後、准将に向きなおった。

「どれほどの納期をお考えで？」

「駆け引きは無し。九〇日で完成してもらいたい」

トムソンは一瞬腰を浮かした。大げさにうめき声をあげ、泣きを入れたりはしなかったが、間違いなく九〇日の一言に肝を潰している。

「わが社には異なる温度環境に晒されるニッケル、銅、亜鉛鋼管を溶接し、順調に稼働するプラントを納品する技術があります。しかし、亜鉛鋼板とニッケル板の厚さに対し誤差〇・〇五ミリを保証する技術は下請けのメーリング&ハンソン社とグリンネル社の二社にしかありません。とても九〇日で二一四二本を用意することはできない。半年、つまり一八〇日納期で再考願えないでしょうか」

結局、グローヴスは一つだけ譲歩した。

「七一四本分を九〇日以内で完成させてもらう。七一四本の内、一〇〇本はフィラデルフィア海軍造船所に設置したものが流用できるし、プラス二〇〇本はすでに納品可能の状態にあるはずだ。つまり、まったく新規に作るのは四一四本。これを九〇日以内に作ってもらいたい。そして残り一四二八本は一五〇日以内。経験効果が活きてくる。これで手打ちにしよう」

聞いてトムソンは苦り切った。

――――海軍の資材転用は折り込み済みで納期半年と言ったのだ。ちきしょう！

技師長はそんな殺生なという顔をしたが、グローヴスも追い詰められており、ここは一歩も引くつもりはない。技師長はノートを引っ張りだして、何か計算し、あげくの果てにどこかへ電話を入れ、多少すったもんだの結果、グローヴスの納期を請けた。

翌日からH・K・ファーガソン社はクリーブランド主力工場で上を下への大騒ぎを演じつつも下準備を済ませると、一九四四年七月九日、オークリッジサイトでのS-50建設に入った。大きな三本の煙突があるS-50工場本体の建屋は壁面が黒。奥行き一六〇メートル、幅二十五メートル、高さ二十三メートル。異常なスピードでむくむくと地面から起き上がって来たという表現は嘘でもほらでもない。事実、ニコルズ大佐はコマ送りもどきの変化にあっけにとられ、次の瞬間、満足げにニッと笑った。

グローヴスはいったん納期合意をしたけれども、それはそれ。作業に突入した後、かんぬきで締め上げるように無慈悲な納期前倒し督促で迫ったから、ファーガソンの社員は古代東方専制国家の奴隷が支配者を見るような目で准将を見た。結局グローヴスの根性勝ちということだろう。第一期工事七一四本は予定納期を大幅に短縮し、七〇日目の一九四四年九月十六日に完成し、すぐに部分操業を開始した。一山越えた訳だが、グローヴスは作業者に一息つかせるような男ではなかった。だから部分完成プラントで白い蒸気の雲が渦巻いている隣では、パイプ工、電気工、溶接工ほか一個師団ほどが耳をつんざく騒音の中で突貫工事を続けていた。

S‐50は十一月二日（木曜）にフル・スペック完成した。一五〇日納期を三十五日も短縮するという驚異的なH・K・ファーガソン社の踏ん張りによって核爆発素材の生産スピードは確かに向上したが、それでもパイナップルを一個作るのに六〇〇日はかかるということが明らかになった。

しかしグローヴスはついている男で、それからほぼ二ヵ月後の一九四五年一月二十日にK‐25が本稼働した。つまりS‐50が作り出した濃縮度〇・八六パーセントのウランをK‐25に投入する。そうすると七・〇パーセント濃縮度のウランが生産され、これをY‐12のカルトロンに投入して濃縮度九〇・〇パーセントのウラン同位体U２３５を作る。かくしてウラニウム原爆に装着される核爆発素材は一〇〇日に一個のペースで生産されることになった。

S‐50プラントが効いてウラン濃縮が順調に滑り出したまさにその時、ルーズベルト大統領はヤルタ会談を終えて帰国し、一九四五年二月二十七日午後八時五十分、重巡クインシーから降りてニューポートニューズ軍港の貴賓室に入った。迎えに出た大統領の長男ジェームズは父親のあまりの衰弱に恐怖で血の気が引いている。大統領はヤルタで猛烈に消耗し、面変わりが著しく、これぞ地獄にうごめく亡者さながらだったからだ。

原爆開発の進捗については大統領がヤルタに赴く直前、グローヴスはスティムソン陸軍長官のお供で大統領に面談し、文書提出と同時に説明を行なった。はたして大統領がどれほどグローヴスの説明を理解したのか今となっては藪の中である。

ともあれ、初めて完全な濃縮ウランがマグネシウム素材の超合金製アタッシュ・ケースに納まってオークリッジ・サイトから出荷されたのは一九四五年三月五日月曜日午前十時三十分のことだった。ロス・アラモス原爆兵器研究所では、高濃縮U235がパイナップルサイズになる《一〇〇日後》を待っている余裕はなかったから、したがって以後、工兵将校は週に一度、オークリッジ・サイトから時価数百万ドルは下らないというゴルフボール大の高濃縮ウランを受け取ってロス・アラモスへの輸送を繰り返し、五月中旬にフル・スペック完成品となった。ウラニウム原爆が実験無しでいきなり投下されたのはこういう納期問題も理由の一つになっている。初出荷日、すなわち三月五日、ジープ二台の護衛つきで装甲車に乗り込んだ当番の工兵将校は、オークリッジ・サイトのソルウェイ門でチェック・アウトすると、そこから三〇キロさきのノックスビル駅に直行した。おそろしく退屈な二日間はここから始まるのだ。工兵将校は午後十二時五十分発サウスランド特急の個室に閉じこもり、バーで一杯やるなどもってのほかという汽車の旅に耐えてシカゴに至り、そこでサンタフェ鉄道に乗換え、ラスベガスを経てニュー・メキシコ州ラミー駅に午後二時十分に着く。まる二日間の旅はこれで終わりではない。再び装甲車に乗り換えて砂漠の中を七〇キロ先のロス・アラモスに向かうのだ。

3　原子炉、もう一つの原爆素材を求めて

①　世界初の原子炉は木造建屋

原爆素材としてプルトニウムという人工の新元素が登場したのは一九四一年一月二十八日のことだった。

さて、グローヴス准将はマンハッタン計画責任者に就任すると、即刻デラウェア州ウィルミントンにあるデュポン本社を訪れ、副社長スタイン博士と面談し、プルトニウム量産用原子炉プラント受託を要請した。すると、博士は「プルトニウム用原子炉など馬鹿げた発想で、この戦争中に役に立つものが造り出される可能性は百に一つもない」とガッカリするような返事で応じた。博士はこの新元素について充分な知識を持っており、プルトニウムなど触れたくもなかったのだ。

――ともかく何と言われようが

化学工業最大手デュポンを引っ張り込まねばならない。そのためには、自分の目で原子炉なるものの研究実体を見とどける必要がある。

こういう次第で准将は一九四二年十月五日月曜日に原子炉研究グループを率いるシカゴ大学のコンプトン教授を訪問した。

このとき准将はマシアスという予備役召集された将校に同行を命じている。この人物を准将に推薦したのはニコルズ大佐で、いわく、「突発事故が起きたとき、マシアスほど頼もしい男はまれです」とある。

こう評価されたマシアスは一九〇八年三月十三日生まれで、ニコルズより一つ下の三十四歳。ウィスコン

ハンフォードサイト責任者
マシアス中佐

シン州グライデン郡の農家に生まれ、ウィスコンシン大学で地勢学と水力工学の学位を取得した後、水力技師としてテネシー川開発公社に勤務し、戦争になって予備役召集され、中尉として工兵隊に配属。巡り合わせで原爆に関わることになった。マシアスもニコルズ大佐同様、穏やかな人物で、きびしく口をへの字に引き結んだ准将とは大違い。三人そろって歩いているところなどは、死刑執行人が二人の助祭神父を引き連れているようだ。

　ところで准将はニコルズの推薦もあったからマシアスの大尉昇進を認め、その後、本人には悟られないようにしつつ、いろいろテストしたが、その結果、マシアスは原子力について何の知識もないと判明した。中性子も原子炉も、そういう言葉があること自体知らなかったし、反応断面積に至ってはチンプンカンプンだった。あるとき臨界点の意味がピンと来なかったマシアスは、高校教師から予備役召集された仲間の将校にペンタゴンの売店ですれ違ったとき、臨界点とは何かと訊いた。

「沸騰点のことだよ。ここに至ると自然に核分裂の連鎖反応が始まる」

「…………！　何でわざわざ臨界点などという新語をつくるのかね。沸騰点でいいじゃないか」

「おまえ、グローヴスの下で働いてるんだろう。文句を言わず、黙ってすべてを受け入れなくちゃな」

　原子力についてはだいたいこの調子だったマシアスだが、准将はシカゴ大学訪問の目的も知らされていない大尉に、帰りの夜行列車の中で詳細議事録を作成しワシントンのセントラル・ステーションに到着するまでに提出せよと命じた。このテストに合格すれば即刻中佐に引き上げるつもりでいる。

　核分裂連鎖反応は本当に起きるのか？

この問題に対し原子炉を使って連鎖反応の実証実験に取り組んでいたのは、イタリア人ノーベル賞学者フェルミ教授をリーダーとする物理学者集団で、その受け入れ窓口となったのがシカゴ大学のコンプトン教授だった。ところでコンプトンは有名な優柔不断人間だったけれども、知らないことが幸いして、すべてのためらいが吹っ飛び、シカゴ大学スタッグ競技場観客席の下にあるスクワッシュ・コートで原子炉の実証実験をやろうと決めた。この決定に至る前、コンプトンとフェルミは原子炉をどこに据えつけるかについて話し合っている。

「実験的な小型原子炉であっても大きな空間が必要です」

と、これはフェルミである。

「具体的にはどんな場所をお考えですか？」

「理想を言えば高い天井を持つ教会がよろしい。シカゴ大学の付属大聖堂。あれの半分ほどの高さがあれば理想的ですね」

聞いたコンプトンは耳を疑った。この人は敬虔なカソリック信徒だったはずだ。こともあろうに教会の奉教人席をつぶして、そのあとに原子炉を据えつけるとは、もののたとえにしても穏やかでない。

「大学のスクワッシュ・コートがうってつけです。あとで一緒に見に行きましょう」

恐れをなしたコンプトンはこう言って、教会を原子炉建屋にしようとする案にピリオドを打った。

原子炉用地はネオ・ゴシック調の塔を持つ堅牢な石造りのスタッグ競技場西側スタンドの地下にあった。当時、大学側は「戦時中は学問優先」という理由でフットボールを自粛し、その結果、競技場は閉鎖されていたのだが、コンプトンの思いつきによって観客席の下に隠れていた高さ八メートル、長さ十八メートル、幅九メートルというダブルス用スクワッシュ・コートがその姿をあらわした。

後日談になるけれどもコンプトンは次のように語っている。

「原子炉の中でウランが臨界に到達した時に起こす核連鎖反応について私はまったく無知だった。私には炉心溶融《メルトダウン》はおろか、核爆発がどう言うものか本当のところ想像すらつかなかったのだ」

この述懐には大学当局に無許可でコンプトンが実験用原子炉建設のGOサインを出したという背景がある。専門が法律だったシカゴ大学総長ハッチンス博士に核物理学のことで判断を求めれば、総長から出される回答はノーに決まっていたからだ。しかし総長はしばらくして競技場の西側付近に煤だらけの白衣を着た外国人研究者の群れがいるという掃除婦のうわさを耳にした。総長はすぐさまコンプトンを呼んで何のことか聞こうとしたが、ここは思い留まっている。下手にいじって何か妙なモノが飛び出しても困ると怖くなって捨ておいたのだ。

グローヴス准将を迎えて挨拶を済ませたコンプトンはすぐに准将を大学のエッカルト・ホールに案内し、フェルミ教授以下十五名の物理学者たちに引き合わせた。見ればすぐに分かることだが、リーダーは紛れもなくフェルミ教授だったけれども、代表者然とまかり出て一人一人を紹介したのはレオ・シラード博士だった。

さて、この日、冒頭、准将は次のように第一声を発した。

「私は、皆さんがここで研究している原子炉の研究目的は二つあると聞いてきました。一つはウランを核分裂連鎖反応に導くための実証であり、もう一つは連鎖反応によるプルトニウム大量生成の実証であると聞いています。そこで私は今日、皆さんから原爆一発を製造するのに必要なプルトニウムの量を教えていただこう。そう思ってここに来ました。私は原爆用工業プラントを見積もる上で是非これは知っておきたいのです。よろしくご教示願いたい」

すると入れかわり立ちかわり、数人の原子物理学者が黒板に向かい、専門用語を呪文のようにつぶやきつつ、医者のカルテにあるような判読しがたい文字で数式を書き連ねた。准将の数学の素養はかなりのものだったが、さすがにこれらの方程式は理解できない。だが黒板の数式を追って行くうち、准将はある指数が次の行に移る時、突然違う指数へと変化しているのに気付いた。

――自分を試しているのだろうか？

シラードには技術将校たちをいたぶって楽しむというよくない趣味がある。准将はニコルズ大佐がそう言ったのを思い出した。が、ともかくこの指数変化を指摘することに決めた。

「私を試そうとしているのかどうかは別として、方程式の五行目から六行目が自分にはわからない。なぜ指数がマイナス6からマイナス5に急に変わるのですか？」

するとその物理学者は屈託なく言った。

「やあ、あなたは正しい」

そう言って黒板消しで指数を消し、正しい指数を書き、その後に続く数式も順送りに変更していった。そうこうする内、黒板に向かった物理学者たちの仕事は終わり、きょとんとしているだけで、一番聞きたいプルトニウムの必要量については無言である。そこで准将はコンプトン教授に向きなおり「それで、必要量はどうなるのですかな」と訊いた。

するとフェルミが立って答えた。

「十二キログラム前後です。この場合、核分裂性素材がプルトニウム同位体Pu２３９であろうとウラニウム同位体U２３５であろうと、濃縮度は九〇パーセント以上必要です。大きさはテニスボールぐらいでしょう」

そう言ってフェルミは両手の人差し指と親指を使ってテニスボールの形を作った。だがそれを引き取って追加補足したシラード博士の一言が聞き捨てならなかった。誤差は《十の因数以内》という不思議なことを言い出したからだ。これは、たとえば一発の原爆を作るのに十二キロのプルトニウムが必要だと見積もったなら、正確な数量は十キロから千キロまでの間のどこかにあるという抽象的なことを意味している。准将は物理学者のこういう無茶苦茶な回答に唖然とした。このシラード発言は「来客数は一〇人から一〇〇〇人までの間だ。こういう条件で宴会の準備をし、かつ、利益だけはきっちり確保しろ」とレストランの店長に厳命するオーナー発言と同じだったからだ。

——なるほどこれか。

これが物理学者の阿呆なところかと准将は納得した。後日、相当あとになって准将はマシアスを相手に「物理学者の中には冷水を潤沢に供給できるスペリオル湖上に工場を建てろというものがいた。誰とは言わんがね。しかし大事なことをお忘れだ。水の上に工場を建てるという非現実性が分かってない。学者というものは専門外では本当に幼稚だ」とつぶやいた。

当時の物理学者は自信家が多い。さまざまな困難に直面しても常に自分一人で解決し、おのれの能力のみでノーベル賞や様々な特許を、そしてそれに伴う地位と名誉を獲得して今日に至ったのだ。従って、たとえばシラードは、自分に協力すれば原爆ぐらい簡単に造ってやるぞ、という気持ちでいた。確かに原爆プロジェクトが地道な実証努力や工業製品化努力なしに、《発想》だけで完成できるものなら、シラードの言う通りだったろう。それに、ほんの少しでもこの学者の気持ちを忖度《そんたく》してみれば分かることだが、内なるシラードには「物理学上の成果という自分の大切な財産を、突然あらわれたアメリカ人という部外者に根こそぎ奪われるのではないか」という強烈な猜疑心が棲みついていた。だからこの学者はアメリカの軍関係者や大企業のエンジニアが許せなかったし、工業化とやらへ向かって針路変更することなど絶対反対だったのだ。

さて、この日の会合がお開きになる直前、准将は次の言葉を残している。

「私は、博士号は持っていません。ここにいるマシアスは工学博士ですがプルトニウムが何であるか知らないし、同位体《アイソトープ》だって承知しているかどうかあやしいものです。しかし、一つだけ言っておきたい。皆さんはアメリカに向かって原爆に力を注いで欲しいと願った。その願いが叶った瞬間から、原爆は実験室という魔女の大鍋から飛び出して、工業プラントという生産ラインの上に居場所を移したのです。ともかく十の因数などという言葉遊びはやめにして、速やかに行動に移り、クリスマス・イブ以前に結果を出しなさい」

誰も一言も発しなかった。ほとんどの物理学者が魔女の大鍋と聞いて、いくらか当惑したような笑みを浮かべたが、すぐに黙り込み、シラードは盛んにタバコをふかしていた。そして准将がコンプトンと部下を伴って立ち去るとシラードは腹立たしそうに言った。

「思った通りだ。あんな種類の人間とどうして一緒に仕事ができようか」

少し後のことになるけれど、シラードがサボタージュもどきの手を使って混乱を与え、工業化を阻止しようとしたのを見た准将は、この学者を厄介者のトラブル・メーカーと断定し、ブラック・リストの筆頭に書き込み、隔離手続きをとった。

シラードは怒れる風来坊博士だったから、鬼のようなプロジェクト・マネージャーのグローヴスと波長が合うはずもない。いっぽう四十一歳になったばかりのフェルミ教授は柔和の一言に尽き、イエス・キリストから地を継ぐと約束された通りの人間だった。

フェルミの一族は北イタリア・ピアツェンツァの農家で、祖父はパルマ公に仕え、父親は鉄道官僚、母親は小学校の教師だったから、いわゆるイタリアの中流家庭に育ったということになる。フェルミが十歳になり、小学校を終えて五年制中学校《ジナシオ》に進学する年、この少年はある数式に出あった。デカルト座標で、この点（a、b）を中心とする半径rの円は陰関数《$(x-a)^2 + (y-b)^2 = r^2$》で与えられるというもので、この少年は自分の力で「なぜそうなるのか」を発見しなければ気が済まなかったし、実際に発見した。こういう抽象的な事柄への理解力を身につけたフェルミが進学する五年制中学校はラテン語、ギリシャ語、歴史、哲学など文科系が重視されており、フェルミのラテン語の成績は最優秀だったけれども、「授業に退屈している」と通知表に記録されている。

毎週水曜日、ローマの《花の広場（カンポ・ディ・フィオーリ）》には古本の市が立ち、十四歳になったフェルミは理科系の本を漁りに市へやって来た。露店にあるのはほとんどが神学書か売れそこないのゾッキ本か古色蒼然たる美術書だった。けれども、この時、フェルミはイエズス会士アンドレア・カラファ教授の著した《物理学と数学の基礎》をたまたま手に取った。この古ぼけた二巻本はすべてラテン語で書かれている。ラテン語で書かれた理科系本を見つけ、フェルミはやっと自分のラテン語がモノの役に立つと励みがでた。

天職となった物理学は専門性が進んだため、隣り合った研究室同士ですら交流疎遠になってしまったけれども、そういう中でフェルミは古典物理学の広範な知識を極めつつ、核エネルギーという一点を深く掘り下げ、ついには原子力を開放してノーベル賞を得た。このローマ大学教授は、グローヴス准将の頭に刻みつけられた物理学者像とは異なり、決して空想を弄ぶようなことはなく、洞察力に富む偉大な理論家であると同時に、徹底した実証主義者だった。ところで温厚なフェルミにはこの学者ならではの憎めない子供っぽさがある。それは自分が水泳の達人だとか、登山の持続力と強靱な健脚は科学者のなかでは自分がトップだとか、映画に出てくる謎の殺人者が誰であるか最初に突きとめるのはいつも自分だとかいう他愛ないものだった。もう一つある。フェルミはいつもポケットに携帯計算尺を入れており、これを扱わせたらまさに魔術師だった。その神わざが見たければ昼食時に学生食堂へ行けばいい。食後、フェルミは複雑なエントロピー計算や中性子の衝突断面積計算を手動計算機と自分の小さな計算尺でどちらが早く正確な答えを出すか競争し、たいてい教授が勝った。余談ながらこれが始まると学生食堂は人だかりがし、そのほとんどはノート持参だった。なぜなら、一勝負終わった後、何の計算競争をしていたのかと教授に水を向ければ、この高名なノーベル賞学者は競争の中身を説明するうちに、いつも統計力学か核物理学についての講義を始めてしまったからである。

グローヴス准将が去ると、フェルミはその日の内に原子炉のラフ・スケッチを完成した。原子炉本体は五十七層から成る黒鉛ブロックで築かれ、高さ（極間）六・一メートル、横幅（赤道部）七・六メートルで、やや偏平な、お椀の蓋を重ね合わせたような楕円体をしていた。原子炉外壁は松材の板葺きだったから、全体の外観は二階建てログハウスのようで、使用される黒鉛ブロックの合計は三五〇トン。そして炉心には〇・五六二トンの高純度金属ウランが置かれる。こういう状態でウラン同位体Ｕ２３５が低速中性子に叩かれれば、自立的な連鎖反応が起きるだろう。連鎖反応さえ実証できれば、プルトニウム生成など自明のことだ。なおフェルミはこの実験で豆電球を光らせる程度の〇・五ワットより高くならないよう注意し、連鎖反応を制御した。原子炉で発電実験をするには全体を鋼鉄とコンクリートと鉛で遮蔽し、その上でタービン運転するという大げさなものになるからである。

原子炉による核分裂連鎖反応
実証実験成功者フェルミ教授

フェルミ教授が「核連鎖反応は創り出され、制御できる」という研究結論を確保したのはラフ・スケッチを完成してから一ヵ月後のことだったが、これに並行して今や調達屋に商売替えした感があるノーベル賞学者コンプトン教授は助手に命じてユニオン・カーバイド社から三五〇トンの黒鉛を手に入れた。もちろんＡＡＡにモノを言わせたのだが、大騒ぎになったのは黒鉛の純度である。通常、黒鉛を作るには石炭を蒸し焼きにしてコークスを作り、これを粉砕した後、ピッチと混ぜあわせて黒鉛にするのだが、石炭コークスではホウ素ほか不純物が多い。よって石油コークスを使用することになり、このため原材料の調達先変更が起こったから騒ぎが大きくなった。こういうドタバタはあったけれど、数日後には梱包された縦横十一センチ、長さ一二〇センチの黒鉛棒がトラックに積まれてユナイテッド・ブラザーフッド商会の家具専門工場に続々と届けられた。黒鉛棒はここで四十二センチごとに切られ、表面をかんなでなめらかに削った後、重さ九キログラムの黒鉛ブロックに整形されてから、シカゴ大学に送られる。

ここから先は研究者たちの仕事だった。彼等がスクワッシュ・コートに積み上げた黒鉛ブロックは全部で三万九〇〇〇個三五〇トン。このうち二万八〇〇〇個は無垢の黒鉛だったが、残り一万一〇〇〇個のブロックに直径二センチ、奥行き八センチの穴が二つずつあけられ、この穴に研究者たちは酸化ウランの詰め物を押し込んだ。

フェルミが本格的に原子炉の建設工事を始めたのは一九四二年十一月十六日、月曜日の朝からだったが、仕事がすすむ内に人手不足が顕在化し、小使い銭かせぎが目的の三〇人の召集待機組高校生を臨時雇いした。その数日後、ひどい寒さがやって来たけれども、原子炉建設現場には用心しないと自然発火する金属ウランほかの危険物がうずたかく積み上げられていたため、ほとんど火の気はない。それでも暖をとるため、遙かはなれた場所でドラム缶に焚き火がくべられたけれども、煙ばかりがひどく、寒さしのぎには申し訳程度しか役に立たなかった。そういう中で研究者と高校生は黒鉛のもうもうたる粉塵かぶりながらレンガ積み職人が壁を建てるのと同じやり方で炉をこしらえていったから、シャツ、セーター、上着、襟巻き、ズボンは真っ黒。顔も手も真っ黒。白いのは歯だけとなり、そこにいる男たちはスワニーで一世を風靡したミンストレル芸人アル・ジョルスンのように見えた。

日がたつにつれて黒鉛で出来た見なれぬものがスクワッシュ・コートの天井に向かって伸び、ちょうど中間点二十五層目あたりの作業に入ったとき、カリフォルニア州バークレイに向かうグローヴス准将と、ついさきごろ中佐に昇格したマシアスがシカゴ・ユニオン駅で途中下車し、進捗を見に来た。

コンプトンが不在だったこの日、相手をしたのはフェルミ教授であり、その案内で作業現場に入るや否や、准将はマシアスに向って叫んだ。

「ウィンチと移動式エレベータの手配だ、中佐。あんなところで事故でも起され、納期遅延になったら泣きだよ。管区工兵に命じて一時間以内に据えつけろと言え！」

足場に渡された幅三〇センチぐらいの板の上を、いかにも素人っぽい連中が黒鉛ブロックを抱え、へっぴり腰で歩くのを見て、准将は思わず大声を出したのである。それはそれとして、原子炉は松の厚板で上張りされており、しかも足場の施工は非常にしっかりしていて、いい仕事だった。

「あそこにいる老人が原子炉の外装を引き受けてくれたガス・クヌスという大工の親方ですよ。あの人は今から原子炉上部を施工するのに無くてはならない細工をするのです」

大工のクヌスをわざわざ探し出したのはこの男が水車作りの名人だったからだ。なぜなら炉の上部、すなわち二十五層目から五十七層目までにかけてのお椀の蓋に相当する部分を作るにあたり、永久建築を作るわけではないから堅牢な穹窿《きゅうりょう》は不要である。つまり、大げさな施工をすることなく、手間をかけずに黒鉛ブロックを下から支える必要があるのだ。

クヌスは何をしてほしいか聞き取ると、別に図面を作るでもなく、ちょっと寸法をとった後、頑丈な三段の棚受けを六組つくると、それを板壁の内側に、等間隔にとりつけた。次に、これこそは水車職人の本領発揮となるのだが、大中小三種類の半径の異なる木の輪を作り、これを棚受けの上に乗せ、完成した円形棚の上に黒鉛ブロックを積む仕掛けにした。ブロックが積まれて五十七層目に至る時、積み木をつなぎあわせたような天井を持つ二階建てログハウスもどきの原子炉が出現することだろう。

准将は教授の描いた原子炉ラフ・スケッチを見ている。

「ＢＦ３という書き込みがありますね。これは観測計器ですか？」

「ああ、それは三フッ化ホウ素計数管という中性子の計数器です。これ以外に比例計数管や電離箱計測器などがあり、それらはあのバルコニーの隅に集中設置され、また、そのすぐ下の一階には二次制御盤が置かれます」

そう言って教授がスクワッシュ競技の観戦席があった二階バルコニーを指さすと、准将はそちらを一瞥し、再び原子炉のラフ・スケッチに視線を戻した。

「炉心を囲むように十本の制御棒が原子炉外部から挿入されていますが、これは実験開始時に電動モーターで引き抜きます」

長さ四メートルの制御棒は縦横四センチの松の角材にカドミウムの薄板を木釘で打ちつけたもので、これを原子炉から抜き取れば、中性子の動きが活発になり、原子炉は動き始める。

「実験当日、この十本はすべて取り出します。そして、ここには描いてありませんが、臨界実験は手操作の四メートル制御棒一本でコントロールします。ジョージ・ワイル君という助手がこのカドミウム制御棒を握って連鎖反応を持続状態にするのですよ」

准将は直接手で掴むと聞いて訝《いぶか》しげな顔をした。電動モーターによるボタン操作の方がいいのではないかと思ったのだ。

「手動とは意外だと思われるかも知れませんが、制御棒を瞬時の判断で数センチ動かすにはこれが一番なのです。自動車のハンドル操作をスイッチでなく直接手でやるほうがいいのと同じですね」

准将は納得したという顔で大きく二度うなずいた。教授は、当日、助手と共に炉の一番近いところにいるだろう。みごとこの実験を成功させる絶対の自信があるのだ。

「なるほど……このＺＩＰ（ジップ）と書き込んであるのは何ですか？」

「砂の重りをつけて天井から垂らしたカドミウム制御棒です。連鎖反応停止装置ですよ」

ＺＩＰは三つあった。一つはフェルミの合図を受けた助手がボタンを押して留め金を緩め、砂の重みで炉の中に落とし、連鎖反応を緊急停止するＺＩＰ。もう一つは電離箱でコントロールされた留め金の先のＺＩＰで、中性子の強度が設定値を越えれば電離箱が作動して留め金を緩め、炉の中に落ち、連鎖反応を緊急停止する。三つ目のＺＩＰは斧を持った助手がフェルミの合図で縄を断ち切り、連鎖反応を停止するのだが、斧が必要になる時には暴走が始まっている証拠だった。

「斧の出番がないことを祈りましょう」

「わかりました。……来てよかった。それで実験はいつですか？」

「十二月二日です」

「私はそれに立ち会うことができないけれど、かならずのご成功を！」

准将は、即刻運び込めと命じた移動式のエレベータとウィンチがてきぱきと据えつけられているのを見とどけると、ジープに乗り、サイレンを鳴らしてシカゴ駅に去って行った。

※　　※　　※

原子炉の建設がスタートすると、フェルミ教授は毎日の仕事が終わる直前に現場へやって来て、制御棒を全部抜き取り、炉を活性状態にした後、炉心定点に測定器をあて、各種放射線の強度をはかった。次に教授は制御棒をすべて炉心に落し、停止状態で測定したのち研究室に戻ると、たった今採取した計測データをもとに遡行逆演算をし、自分の予測値との誤差をチェックして帰宅する。そして朝。教授は再び炉心定点で計測し、昨晩帰宅時の計測と寸分の違いがないことを見とどけた後、作業を開始させた。

十二月一日火曜日。炉心に金属ウランが置かれ、いよいよ実証実験は明日となった。原子炉は五十五層に達し、今や酸化ウランを詰めた黒鉛ブロックが積み重ねられるたびに計器は強く反応し、炉の中では自然崩壊で生まれる中性子が増加したけれども、暴走を始める前にカドミウム制御棒に吸い込まれた。その夜、最後の黒鉛ブロック一つを残して五十七層の原子炉が完成した時、六名の研究者がフェルミのまわりにいた。彼等はいつものようにＢＦ３計数管を使って中性子の量を測ったが、今日の計数管は特別激しくカチカチいう音を発している。

「まるでスズメバチだな。すごい威嚇音だ」

登山愛好家としてはかなりの上級者だった教授はこの蜂に出くわした時のことを思い出しつつ、ポケットから計算尺を取り出し、裏に書きなぐった数値を読み、そして満足げに笑った。計器が示す値と自分の予測がぴたり合致し、明日、炉の中は臨界状態になることが明らかになったからだ。

「いよいよ明日だ。すべての計算は臨界質量に達することを示している」

そう言いながら、教授はみずからカドミウム制御棒を炉の中に戻した後、一人の忠実なフェルミを神と崇める助手に向きなおると、「今晩、最後の黒鉛ブロックを所定の場所に置いたらＺＩＰを下ろし、施錠して家に戻ってくれ。それから、皆に明朝八時三十分から実験を始めると伝えておきなさい。そうそう、エンジニアと学生には声をかけなくていいよ」と言った。

「ベリ・ウェル・サー！（おまかせを）」

イタリアから一緒に来て未だに英語は片言という助手は、最近出入りするようになった工兵が交わす言い回しを覚え、茶目っ気タップリにそう言って、兵隊のように敬礼した。すると教授は助手を見つめ「私が来ない内に制御棒を引き抜くような真似はしないと約束できるかね？」といって目の前で人差し指を振り、笑いながら念を押した。

フェルミは去った。

助手は手分けして明日は実験だから全員集合だと電話で伝え終えた後、最後の黒鉛ブロックを残ったメンバーと共に所定の位置に置いた。計数管はけたたましくカチカチ鳴ったけれども、助手がZIPを下ろすとおとなしくなった。時計は午後十一時をまわっている。助手はさらに計器をチェックし、計算尺と紙を取り出して、二度検算すると、よしという顔つきでうなずき、「さあ家へ帰ろう」と仲間に言った。

助手はスクワッシュ・コートを出て、施錠する時、振り返ってもう一度原子炉のそばに寄り添った。すべてが凍りつきそうな夜気の中、たった一人、暗い静かなこの場所で聞き耳を立てたのだ。炉はまさに臨界寸前にある。しかし何も音は聞こえず、しんとしていた。だが、炉の中では中性子が無数のスズメバチのように飛び回っているはずであり、核連鎖反応という世界中の物理学者が目指した夢はすぐそこにあった。助手は黒々と上に伸びている原子炉が、ここに来て制御棒に触ってみろと、おいでおいでをしているように見え、刹那、首にかけたロザリオを探った。

自分の手で核連鎖反応を引き起こしたいという誘惑は一瞬のことだった。

――――ベリ・ウェル・サー！

助手は原子炉にくるりと背を向け、錠を下ろし、今晩は眠れそうにないな、と思いつつ家路についた。

明けて十二月二日水曜日。外気は摂氏マイナス二〇度。

家を出たフェルミは大学に向う途中、ガダルカナルの日本軍全滅とスターリングラードの赤軍大反撃という二つの記事が踊る新聞を買い、それを分厚い外套のポケットに突っ込んだ。頭の芯が痛くなるほどの寒さが肌を刺し、靴の下できしむ積雪は凍りついて青い影を宿している。

教授は事務所には寄らず、まっすぐに計数管などのモニターを接続した制御盤があるスクワッシュ・コートのバルコニーへ行った。このとき新たに制御盤へ接続されていたのは正副二台の円筒型オープンリー

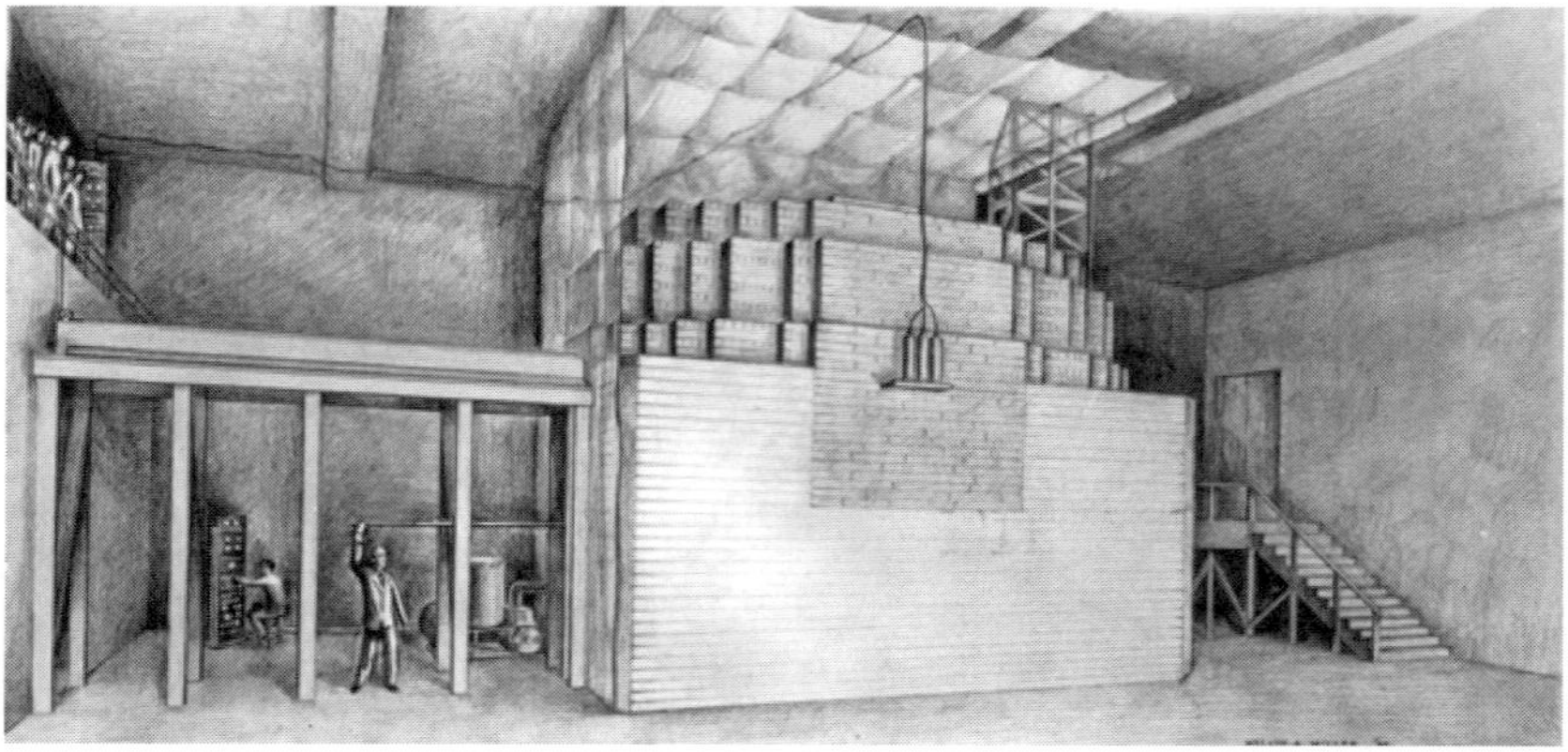

世界初の原子炉　外枠は木材

ルレコーダーで、この地震計のような装置の針が記録紙に書き込むものは原子炉の状態だった。

バルコニーには教授と共にここまで行動をともにして来た学者が、三三五五集まっており、シラードもそこにいた。教授はやってきた人々と目が合うごとに、無言の挨拶を交わした。誰もその時の様子を写真に収めなかったが、一人残らずこの日を特別の日と心得、戦前の作法通りスーツに礼式ネクタイという恰好で臨んだ。

すべてのチェックが終わったのは九時四十五分で、教授は計算尺を操作し、逆演算グラフに新しい数値データを書き込むと、制御棒の引上げを命じた。静まり返ったスクワッシュ・コートの中で聞こえるのはフェルミの声と小型モーターの唸る音のみだ。このとき原子炉の天井では硫酸カドミウム溶液の入ったバケツを持って三人の助手が待機し、さらにもう一人の助手がいざとなれば斧をもってＺＩＰを繋ぐロープを切断するためフェルミの脇で待機した。

今や中性子の奔流を遮る唯一のものはワイル助手がじかに持つ四メートルのカドミウム制御棒のみになった。フェルミは助手にその棒を二メートル引き出せと言って、いよいよ実験を始めた。棒にはセンチ単位で刻みがついており、命じられた位置にこれを引き出すと、計数管はちょっとの間カチカチいう音を早めたが、すぐに音は旧に戻った。

「十五センチだ、ワイル君」

「了解、十五センチ！」

助手がさらに制御棒を十五センチ引き抜くと、再び中性子の放出強度が増してカチカチ音が激しくなり、そして旧に戻ったが、その状態変化はレコーダーの針が急上昇し、じきに横ばいになったことで明らかだっだ。炉はまだ臨界状態になっていない。フェルミは忙しく計算尺を操作し、その上で満足気にレコーダー記録紙に描かれた曲線をポンポンと叩いた。午前中、教授はあたかも絶壁をよじ登るアルピニストのように慎重な動作を続けた。

「もう一度、十五センチ」

「了解、十五センチ！」

中性子の強度はぐんと増加し、そのときすごい音がした。これはＺＩＰが炉の中に落ちた音だったが、誤動作ではない。電離箱の中性子強度設定値を臨界少し手前にしておいたからＺＩＰが炉に落ちたのだ。

すべては順調だったが、ここで教授は意外なことを言った。

「腹がへったな！　昼飯にしよう！」

十一時三十分のことで、たいていの研究者なら、実験が順調なだけに、ここで水をさすことを嫌い、いっきに自立的連鎖反応へ持っていくところだったが、フェルミは昼休みにした。理由の第一は、この教授の常に大事をとる慎重性格にあり、この昼休み時間を使ってＺＩＰを接続した電離箱の設定値を変えるなど、要所々々の再点検をしようと考えたのだ。もう一つ理由がある。それは生粋のイタリア人だった教授にとって、決まった時間に昼食をとるということは重要な儀式だったからで、この場に居あわせなかったグローヴス准将にはとうてい理解できなかっただろう。

話は前後するが、この時点でグローヴスはデュポン社の副社長スタイン博士を説得し、フェルミの原子炉実験が成功すれば、プルトニウム生産プラントを引き受けるとの一札を取りつけていたから、まさにこの日、デュポン社の技術者集団はシカゴ大学のエッカルト・ホールに来て、コンプトン教授と面談に入っていた。

「フェルミ教授がいませんな。今日は教授とどうしても話し合っておかなきゃならんことがある」

デュポン社のチーフ・エンジニアがけわしい表情で言ったその時に電話がなった。

「ハロー、コンプトン教授ですか、フェルミ教授は連鎖反応実験を始めましたよ。もっとも今はお昼の休憩中ですがね」

「それはいい話かね？　まさか失敗だとでも言うんじゃあるまいな」

「と〜んでもない。教授はにこにこしながら、できそこないのホットケーキを学食でお召し上がりですよ」

受話器の向こうから聞こえた声に、コンプトンは興奮した。核分裂連鎖反応の実証実験は休憩の後に再開されるのだ。ちょっとした騒動が起きた。デュポン社の誰がこれに立ち合うのか。大勢で行ったら実験のさまたげになる。

「一人だけです。それ以上の人数は無理だ」

そう言ってコンプトンはデュポン社のエンジニア、グリーンウォルトを同行者に選んだ。世界初の合成繊維ナイロン６・６の技術責任者で貴族的な風貌のグリーンウォルトはちょうど四十歳。このときシカゴ大学に来ていたデュポン社メンバーの中で一番若く、今日の歴史的出来事の証人として誰よりも長生きすると思われたからだった。

実験は十四時に再開され、フェルミは見たこともないほど真剣な顔つきで一心不乱に計器の数値を読み取り、素早く自分の予測と比較した。

「ワイル君、十五センチだ」

「了解、十五センチ！」

記録紙の上を針が急激に動いてまた横ばいになった。炉の中はフェルミの想像通りに動いている。

十五時三十分。教授はレコーダーを指した。

「針はここまでやってきて、それからまた平になるだろう」

数分後、針は教授の言った通りに動いた。

「十五センチ、引け」

「了解、十五センチ！」

針は飛躍的な急上昇をしたが、再び横ばいになった。

「三〇センチ！」

「了解、三〇センチ！」

フェルミはそばにやってきたコンプトン教授に微笑み、そしてこの場に立ち合った者全員に聞かせるように言った。

「いよいよ始まるぞ。核の連鎖反応が起きる。記録紙の上の針は上昇し続けるのみで、もう平にはならないぞ」

助手の一人がこの時の出来事を目撃し、次のように語り継いだ。

「最初に、カチッ、カタカタ、カチッ、カタカタというBF3計数管の音が聞こえました。次にカチカチという音がだんだん速くなり、しばらくするとそれは、ルルルルル……という唸り声になってしまいました。中性子が高い強度に達したのです。そのとき教授はレコーダーの記録スケール基準値を切り替えました。すると針の振れがどんどん増大し、私はそれを身じろぎもせず見つめていました。誰もがその針の振れの意味を知っていました。教授は急激に上昇する中性子の強度に対応して何度もレコーダーのスケール基準値を切り替えていましたが、突然手を上げ、『炉は臨界に達した』と宣言しました」

誰もフェルミの言葉に疑いなど持たなかった。中性子の放出量は、ショットガンから発射された散弾がその向こうにある多数のショットガンに命中し、さらに多くの散弾を発射するようなものだと言うたとえの通り、猛烈な勢いで増加し、一時間半もそのままにしておけば発熱量は数百万キロワットになっただろうし、また、そんなところまで行く前に、原子炉のまわりの四十二名は融解して蒸気になっていたに違いない。

「私は教授がなぜ制御棒を入れて原子炉を止めないのだろうと思いました。一分が過ぎ、さらに一分が過ぎ、皆がはらはらして我慢できなくなった時、教授は『今だ、ジップ！』と言いました」

斧を持った助手の出番はなく、ボタン操作と自動操作の二つのＺＩＰが落下し、原子炉は十五時五十三分に停止状態となった。

このときの気持ちを、ノーベル物理学賞受賞者ユージン・ウィグナーは押さえた筆致で次のように書き残した。

「劇的なことは何も起こらなかった。何も動かなかったし、原子炉自体、音などいっさい発しなかった。にもかかわらず、ＺＩＰという制御棒が投入され、カチカチいう音がゆるやかになって無音状態になったとき、突然、ほっと気が緩んだのを覚えている。私たちは実験の成功を信じていたとはいえ、その成就は私たちに強い衝撃を与えた。私たちは巨人が眠る部屋の鍵をまさに開けたのだ。私たちは『やってしまった』という薄気味悪い気持ちを押さえられなかったし、仲間のシラードは柄にもなく眼鏡の奥で目をしばたかせていた。私は思う。私たちは何かをなし遂げたに違いないが、しかし、その何かはとてつもない結果をもたらすものかも知れず、私は叫びだしたい気持ちに襲われた」

ウィグナーはこういう気持ちを抱いてはいたが、やさしい気づかいのできる男であることに変わりはなく、イタリアのワインが戦争で輸入停止になったことを知っていたので、何ヵ月も前にシカゴのそれらしい酒屋を探し回って、藁苞《わらづと》にくるまったお祝い用のキャンティーを一本買い求めており、それをフェルミに贈呈した。一同はめいめい紙コップにこのワインを少量つぎ、黙って飲んだ。誰かがフェルミにワインの藁苞へ署名するよう言うと、教授はそれに応じ、次いでそこに居た全員が署名した。

フェルミは原子炉を〇・五ワットで四分三〇秒走らせた。原子力エネルギーはもはや奇人変人の夢想ではなくなったのだ。コンプトン教授はフェルミのなし遂げた原子力エネルギーの持続的放出、すなわち世界初の核連鎖反応をワシントンへ電話で告げるに当たり、かねての取り決め通り暗号を使った。いわく「イタリアの航海者が新大陸へ達した。現地人は友好的だった」と。

② プルトニウム

ウランを原子炉に入れ、低速中性子で叩いて臨界に引上げ、連鎖反応に達すれば、ウラン全体の九十九・二パーセントを占めるU２３８は中性子に照射され、数回の崩壊を繰り返したのちプルトニウム同位体Pu２３９という核分裂素材になる。これならばウランからU２３５をちまちまと分離濃縮する手間が省け、効率よく原爆を製造することができるだろう。それにしても、発見されて間もない人工元素プルトニウムは不思議な物質だった。一九四〇年五月二十七日、《U２３８からの原子力エネルギー》という論文を発表した物理学者は次のように述べて、ウラニウムと同じような特性を持つ人工元素プルトニウムの出現を予言している。

「核分裂を引き起こすのは天然ウランの中にひそむ泣きたくなるほど少量のＵ２３５だ。が、しかし本当にそうだろうか。天然ウランのほとんど全部を占め、原子力エネルギーの観点からは余計者と思われているＵ２３８こそは、形を変えて核分裂をひき起こせる物質に変化するかも知れないのだ」

役立たずと思われているＵ２３８を低速中性子で叩くとベータ崩壊を二回繰り返して新しい核分裂物質になるはずだと主張するこの論文には、もちろん学問的な裏付けはある。しかし、それだけでは物理学者の空想にすぎない。

空想が現実に変わったのは一九四一年一月二十八日のことだった。当時二十九歳のアメリカ人化学者グレン・シーボーグは数えきれないほどの失敗を繰り返した後、今度は十五グラムの硝酸ウラニルをサイクロトロンの中で七時間叩き、翌日午後、装置の反応容器に残ったおよそ〇・六マイクログラムという微量の粒子を同位体トレーサーにかけ、その素性を限外顕微鏡で洗い出しにかかった。仮にこの粒子が新しい核分裂物質ならば、稀少物質Ｕ２３５と同じ挙動にでるだろう。果たしてその超微粒子は期待した通りの挙動に出たから、シーボーグとその仲間は目の色を変えた。その後、シーボーグは二ヵ月かけて新元素が核連鎖反応することを実証し、その上で元素番号94の新元素にプルトニウムという名前をつけている。

ところで、シーボーグといういかつい顔をした団子っ鼻の化学者は実に訥弁で、ノーベル賞受賞式の時ですらスピーチらしいスピーチをせずに演壇を降りてしまうような男だったが、プルトニウムの後日談を語らせると、多少饒舌になり、「あの新元素の変態ぶりは想像を絶している」と言って次のように続けている。

「プルトニウムはガラスのように硬くて脆い。しかし別の条件下では鉛のように柔らかく弾力に富む。加熱するとこの金属は縮むのだが、どっちにしても空気の中で熱したらすぐに燃えて壊れてしまい、室温でも、そのまま放置しておけばゆっくりと崩壊する。相転移《そうてんい》は何と五回だよ。化け物だ。それからプルトニ

プルトニウム発見者
シーボーグ教授

ウムが悪魔のように有害な毒物であることは明らかで、わずか〇・六マイクログラムの量ですら、体内に入れば骨に腫脹《しゅちょう》ができる。私たちはフードをかぶり、マスク、ゴーグルに鉛の防御服姿で作業をしたが、運よくそういう原始的な防護手段でプルトニウムがまき散らす危険をやり過ごした。無知が幸いし、危険な綱渡りしていると知らずに歩いていたのだな。そうそう、プルトニウムの比重は十九・八四と非常に重い。鉛が十一・三四だからこいつの重量は相当なもんだと分かるだろうが、重いことで空中飛散する割合が少なかった。これが我々に幸いしたのだ。ところで、我々の作ったプルトニウムを小形のアルミ製アタッシュケースに入れてロス・アラモス原爆兵器研究所に運んで行くことになった大尉がいた。重いから気をつけろよと言われる前に、この大尉はケースを持ち上げてしまったから、あまりの重さに、危うくぎっくり腰になる所だったよ」

シーボーグがプルトニウムを世に送り出した時、発見者である本人を含めこの新元素がいかなるものであるか、ほとんど誰も分かっていなかったし、戦争が終わってずいぶんたった今も、特に毒性という点ではよく分かっていない。ともかくプルトニウムの毒性はその粒子を呑み込むかして体内でアルファ線が放射された時にのみ危険だとされており、体内被爆量が多い場合は急性放射線中毒で即死。低い場合でも発ガン物質を生む。だが、そうでもないような話がないわけではない。一九四四年八月一日、ドン・マスティックという当時二十三歳の研究員が誤って十ミリグラムのプルトニウムを呑み込んでしまうという事故を起した。即座にマスティック諮問委員会が発足し、以後この男の健康状態は徹底的にチェックされた。この諮問委員会スタッフが最後にマスティックを問診したのは一九九五年七月二十三日のことで、即死するはずのマスティックは七十四歳になっていた。なぜこれほどの長寿をまっとうできたのか不明である。いずれにしてもマスティック事件をもってプルトニウムが無害である証拠にはならない。タバコを煙突のように吸っていた人が肺ガンにもならず長寿をまっとうしたというケースと同様に考えた方がよく、マスティックのような人もいるということであり、この元素が相変わらず有害物質であることに変わりは無い。ちなみにシーボーグは一九九九年二月二十五日に享年八十八で他界した。

話を原子炉に戻そう。

フェルミ教授が核連鎖反応を実証してから一週間後の一九四二年十二月九日。デュポン本社ヌムール・ビル十三階は関係者以外立入禁止となった。繰り返しになるが、当時は原子力も核分裂も、そういう言葉が存在すること自体、一般にはまったく知られていなかったから、デュポン社員は立入禁止の通達を見たとき、超マル秘だったナイロン・ストッキングの企業戦略本部がここに置かれたのだと噂し、原爆のゲの字も出ていない。

さて、翌週十六日になると、やたらに制服姿の保安員が目立ちだし、また、十三階のエレベーター・ホールには出入チェック用の検問ゲートが置かれた。言うまでもないが、この措置の背後にはグローヴス准将がおり、「あの程度の立入禁止の通達で済まそうとは驚いた。機密統制は厳しくやってもらいたい。通行証を発行し、警備員を配置し、出入管理を徹底するのは絶対条件ですぞ。デュポンのカーペンター社長であろうとルーズベルト大統領だろうと例外なしだ！」と注文をつけたのだ。

こう言われてムッとしたのは十三階の総責任者になった爆薬事業本部長ゲーリー氏である。

「デュポンが陸軍よりマル秘の扱いが手ぬるいですと。心外ですな。が、おっしゃる通りにいたしましょう。わが社の保安体制がどういうものであるかすぐご覧にいれます」

かくして、ヌムール・ビルはデュポンの保安部員によって厳重な監視下に置かれたが、このときゲーリー本部長は顔見知りのがっしりした古参下士官風の警備主任をニュージャージー州の高分子化学工場から引っこ抜き、十三階の検問ゲートを任せた。デュポンの社史担当者は人を面白がらせるために社史を編纂しているわけではないので、この警備主任の年齢や名前までは記録していないが、持ち味は四角四面、出入管理をやるために生まれてきたような男で、その様子は気分を損ねたロバのように頑固である。

事件が起きた。

十三階の製図室に入ろうとしたグローヴス准将は「立入禁止が見えないのか」とやられ、おまけに、そんな将官服は質屋に行けば掃いて捨てるほどあり、そういう変装は間抜けなスパイがよくやる古くさい臭い手だと言われ、押せども引けどもノーの一点張りである。

准将はゲーリー本部長のオフィスに怒鳴り込んだ。

「私を十三階に入れないとはどういうことかご説明願いたい！」

「通行証をお持ちですか」

本部長は柄にもなくひょうきんな顔つきで言った。

「今日は忘れてしまった」

「じゃあ諦めなさい。通行証のないものは誰であろうと入れるなと言うのはあなたの命令ですから」

准将は黙った。次に、その場で秘書のオリリー夫人に電話すると、通行証をヌムール・ビルとペンタゴンの中間地点にあたるボルチモア駅に持って来させ、その日の内に十三階に入った。

「知ってるかい、グローヴスに足止めを喰わしたのはあの男だよ」

年が明け一月四日月曜日、デュポン社のエンジニアたちが待つ会議室に向かうニコルズ大佐は十三階のエレベーター・フロアでくだんの警備主任に厳しくチェックされた後、相棒のマシアス中佐にこう囁いて、指定された会議室に向かった。

二人の工兵将校が通された会議室にはすでにグリーンウォルト技師がいた。

「フェルミ教授はすでに到着しており、ゲーリー本部長と製図室にいます。定刻には新しい原子炉の資料を持ってここに来ることになっていますからそれまでお寛ぎください」

そう言われてから五分もしない内にフェルミ教授とエンジニアたちが会議室にあらわれたので、マシアス中佐はニコルズ大佐の介添えのもと、次の様に発言している。

「私はハンフォード原子炉用地の工兵隊責任者になったマシアスです。先に我々の説明を済ましてしまいましょう」

そう言って中佐は　広さ二〇二四平方キロメートルというハンフォード・サイトの地図をボードに貼り付け、説明を始めた。ちなみに、このサイトの面積は二一八八平方キロメートルの東京都より少し小さい。

ところで、オークリッジ・サイトとは別に、わざわざプルトニウム生産を行なうための原子炉用地を探すことになったのはデュポン社長カーペンターの一言が発端だった。それは、「もしもオークリッジで原子炉が爆発したら、放射性物質がテネシー州をはじめとする南部諸州に飛び散る。私は幸運をあてにして原子力に取り組む度胸はない。オークリッジとは別の場所をさがしてもらいたい」というものだ。余談ながらデュポン社は前の大戦中、武器弾薬の大供給メーカーだったから「死の商人」としてかなりの非難をあび、それを払拭することにやっきとなった。しかし、ここに来てまたしてもプルトニウム生産という兵器産業に手を染めねばならないとなって、社長は断固次の三つを受託条件としている。
①デュポンは計画全体を通じ、必要経費以外に一ドルしか受け取らない。
②その作業から生まれた特許はすべて政府が管理する。
③デュポンの債務と損失は、すべて政府が負担する。
ともあれカーペンター社長は原子炉の爆発事故を偶発の一字で片づけまいとした。この強い意志を受け

て、工兵隊からはマシアス中佐が、そしてデュポン社からはギルバート・チャーチとアル・ホールという二人の技師が選抜され、極めて厳重な原子炉用地の調査選定にあたった。

この三人は

・信じられないほどの過疎地であること。
・毎分九万五〇〇〇リットルの冷却水が確保できること。
・十万キロワット以上の電力が確保できること。
・人口千人以上の町村は原子炉用地から三十五キロ離れていること。
・従業員住宅と鉄道路線ならびに幹線道路は原子炉用地から十六キロ離れていること。

という条件に見合った場所をリストアップし、飛行機と車そして馬を使って実地調査のうえ、ヤキマ川とコロンビア川が合流するワシントン州リッチランド近郊に最適地ハンフォードを見つけた。

二十一世紀、イチロー選手（現在はニューヨーク・ヤンキース）の大活躍で日本人の誰一人知らぬ者とてないワシントン州の州都シアトルから南東へ三五〇キロメートルほどの場所にあるハンフォードは、かつてはネペルセ族、ウマティラ族、ヤカマ族、ワナパム族というネイティブ・アメリカンの会合地だった。この会合地では各部族が神聖視したゲーブル山が、玄武岩の柱状列柱をコブのように隆起させて東方に尾根をのばし、また、カナディアン・ロッキーに源を発する大河コロンビア川がゲーブル山麓の北側を流れ下って太平洋にそそぐ。おかげでハンフォード・サイト付近にはボンネヴィル・ダム、グランド・クーリー・ダムなどの水力発電用のダムがあって電力問題は合格だった。地域住民は五〇〇世帯ほど。年間降雨量は少なく、乾燥していて砂漠に近い地勢だったが、川の水を引いて灌漑設備を作り、ヨモギが生い茂る牧草地に羊や七面鳥を放し飼いにしてそこそこの農場を営み、あわせて桜桃とアンズの果樹園を作っている。

マシアス中佐の力の入った報告書を見た後、グローヴス准将は現地検証におもむき、満足した。これ以上は望み得ないという辺鄙な地の雑貨屋で昼飯がわりのクラッカーと大好物のチョコレート・バーを買い、ぼりぼりやりながら踏切にさしかかった時だ。准将は列車がやって来る遠い蒸気音を聞いた。

「鉄道支線がたった一本というのは問題だな。ま、それはそれとして、ともかく車を止めて、あれをやり過ごそう。こんな僻地の踏切でエンコして、週に二回しか通らない列車に轢かれるほどみっともないことはそうざらにないよ」

かくしてハンフォード・サイトは五一〇〇万ドルでアメリカ政府所有となった。

ところでデュポン社はいきなり本格的な原子炉建設に走ったのではなく、まずはオークリッジ・サイトにコードネームX-10と称するやや小振りなテスト用原子炉を建設し、この地でプルトニウム生産の実験を行なっている。

建屋に排熱用の二本煙突がついたX-10空冷式原子炉は一辺が七・三メートルの正立方体で、一番外側は鋼鉄、その内側に鉛が敷かれ、さらにその内側を厚さ二・一メートルの高密度コンクリートが覆い、最深部に黒鉛炉が置かれた。X-10も、そして、フェルミ教授が木と黒鉛で造った原子炉も、発電はまったく考えていなかったが、今度はプルトニウム生成量を高い値に持っていくため、投入する金属ウランは三・七四トンだった。ちなみにシカゴ大学のスクワッシュ・コートに作ったフェルミ式原子炉の場合、投入されたウランは〇・五六二トンである。

「X-10には全部で一二四八個の金属ウラン挿入口があります。三人一組となった作業員はビルの窓拭き職人のようにゴンドラ式エレベーターに乗って一個あたり三キログラム程度の金属ウランをこの挿入口へ押し込んでいき、すべての挿入が完了した時に連鎖反応が始まります。そして低速中性子で所定の時間照射された金属ウランは、その後、導入棒を使ってさらに奥へ押し込まれ、原子炉背後の地下に作られた冷水プールに投入され、放射能が減衰されるまでそこに封じ込めておく仕組みです」

指し棒を持ってフリップボードの前に立ったデュポン社のゲーリー本部長はこのようにX-10を説明している。

本部長の説明が終わると、今度はグリーンウォルト技師が立ち、「X-10のプラント仕様についてご質問を頂戴する前に、厄介な放射線の認識についてすり合わせをしたい。ご了解いただけますか?」と言った。

原子炉を運用する上で、放射線は油断も隙も無い疫病神だった。アルファ線は薄紙一枚すら通過できないし、ベータ線は主として人体の表層部組織に影響を与える程度だから防禦はできる。しかし、ガンマ線と中性子線はたちが悪い。この放射線は飛散距離が長く透過力も大きいため、これが人体を通過する際、体内で細胞をイオン化し、肉体を内部崩壊させ、大量被曝すれば明らかに重大な結果をもたらす。対処方法は過度の被曝を回避することのみだった。

「我が国のX線ラジウム防護諮問委員会はガンマ線の許容量を《二十四時間につき〇・一レントゲン》と定めていますが、デュポン社としてはそれを《〇・〇一レントゲン》にしたい。いかがでしょうか?」

「具体的な労働条件はどういう具合になりますか。原子炉作業員の数を増やし、頻繁に交替させ、一人当たりの作業時間を減らすことですむのなら、それはカネで解決できる問題だから陸軍は了解しますよ」

マシアスの介添役として同席したニコルズ大佐の一言でデュポン社の勧告は容認された。

X-10は一九四三年二月末に着工。同年十一月三日、フェルミ教授が見守る中、計三・七トンの金属ウランが炉心に挿入され、翌四日朝五時、臨界に達した。照射済ウランが放射能減衰プールに投入されたのは十一月五日のことで、そこから一ヵ月後の十二月六日、作業員はこれをシーボーグたちが待つ化学分離棟へ移送した。

このあとはプルトニウム抽出処理という役割をになった化学者の出番だった。

シーボーグたちは苦労している。まったく未知のプルトニウムを冶金学的に解析しなければ選別分離システムなどできるはずもない。活用できる唯一の仮説はウラニウムとプルトニウムの挙動が似ているということのみである。戦後になってウラニウムとプルトニウムは親戚などではなく、完璧な赤の他人だということが判明したけれども、このときは近親者だと思っていたから、シーボーグたちは燐化ビスマスが良好な化学反応物質であると思い込み、偶然これが大当たりで、超微量化学分離器を埋め込んだ遠隔操縦装置の中で照射済み金属ウランからお目当てのプルトニウ同位体Pu２３９を取り出した。ところで一粒が百万分の一グラム以下というプルトニウム粒子をつまみ出そうとしているシーボーグたちは、何も知らされていない原子炉作業員から見れば奇妙な集団だった。ゴーグルをつけフードをかぶった白衣姿の化学者たちはアンデルセン童話の愚か者には見えない服を仕立てるペテン師のように映ったからだ。ともあれ、シーボーグたちはX-10原子炉で照射された金属ウランを使ってプルトニウム粒子をシステマティックにかき集めるメカニズムを開発し、みごと、一九四四年七月までに世界初となるグラム単位のプルトニウム（硝酸プルトニウム）をロス・アラモス原爆兵器研究所に届けた。

（著者注）放射線量レントゲンについては追補（7）に参考記述あり

③ 巨大原子炉プラント

カナダからワシントン州に流れ下ったコロンビア川が太平洋に到達する前に大きく東へカーブを切る場所がある。この彎曲部に広がる荒涼とした土地がハンフォード・サイトで、この地に大規模なプルトニウム生産プラントを作ることがデュポン社の仕事だった。任務をになった最初の技術陣がハンフォードに到着したのは一九四三年二月二十八日のことで、以後、五万人に達する作業員の募集が始まり、また、物資はひっきりなしにトラックで到着し、おかげでコヨーテはトラックにひき殺された兎に年中ありつけたので、まるまると太るという次第だった。デュポン社は一九四五年六月までの二年と三ヵ月の間に、三基の原子炉、三基のプルトニウム処理施設、六四基の高レベル廃棄物用地下貯蔵タンクを建設したが、それとは別に六二〇キロの舗装道路、二六〇キロの鉄道、五〇キロの電送路というインフラ整備も実施した。そしてピーク時には五万一〇〇〇人以上となった雇用者の給与は一人頭週一ドル四〇セントだったが、これに付随する待遇は悪くない。住居は掃除洗濯つきの住居が支給され、食事は軍隊もどきの賄い飯だったが、肉はたっぷりで費用はロハ。ガス、水道、電気などの生活インフラはもとより、ほこりで喉の渇いた雇用者には毎週四万五〇〇〇リットルのビールを無償提供し、靴の踵が早く減ると言われれば道路にアスファルトを敷くなど、過酷な条件を緩和するためにデュポン社はできる限りのことをした。

「四〇〇〇人は収容できる屋内競技場をいくつも作り、そこでのダンスパーティー、映画、楽団の公演、各種のショーなど、たいていのものはありました。そして数千人の女性従業員の福利厚生には気をつかってくれており、どれほど些細なことでも、言えば翌日にはしてくれました」

こういう証言を残したのは女性従業員のまとめ役を買って出たスタインメッツ夫人である。しかしそうは言っても流入する労働者の出鱈目ぶりの方が上を行った。悪魔に地獄の観光旅行をねだったらハンフォードに連れて行かれたという冗談が、冗談でないから怖い。普通、人はめったなことで留置場のお世話にならないけれども、ハンフォードではべろべろに酔っぱらった作業員が護送車に乗せられてブタ箱に叩き込まれ、翌朝、留置場から職場にご出勤という姿が珍しくなかったのだ。世の中の吹き溜まりめいたハンフォードではあったが、デュポン社はこの地で世界に先駆けることをしている。それは環境問題だった。技術陣はこの問題に対し、より慎重な態度で臨んでおり、特に炉心冷却と照射済みウラニウムの冷却に使用する大量の河川水がコロンビア川に戻された後、どのような影響を周辺に与えるのか。これに注意の目を向けた。「鮭は大丈夫だろうか」と最初に心配したのは、シーズンになると鮭猟に出かけるのが趣味だったデュポン社の技師である。鮭は群れをなして遡上し、卵を産み、稚魚となって海に向かい、六年後に帰って来る。この技師から鮭を食べる熊や鳥や人間と放射能の関係を突き付けられ、そこから始まる果てしない食物連鎖に思い至り、デュポン社はゾッとした。早速グローヴスに掛け合うと、准将はすぐにワシントン大学の魚類学教授ドナルドソン博士に調査を依頼した。最初、この魚類教授にそれとなく出された調査テーマは熱が鮭に与える影響だったから、教授は工場予定地の川岸に当時世界最大のビッグボーイ蒸気機関車五台を置き、車輪を外し、缶焚きが付きっ切りで水中に蒸気を吐きださせた。大音響を発している巨大な機関車がまったく動かないでいるのは不思議な光景だったけれども、特段の問題は生じなかった。次に教授は鮭やその他の魚が取水口へ入り込まないようにする対策はないかと聞かれた。これはビッグボーイを五台据えつけるのに比べれば大したことはない。鮭はバイオリン音域を嫌うことが分かっていたから、二十四時間三六五日、ハイフェッツのレコード音を水中に流し、さらに防御フェンスを設置しておけば済む。そして次にドナルドソン教授はいとも奇妙な調査を依頼され、ここで教授はおかしいと気づいた。それは放射能が鮭に与える影響を調べてくれというものだったからだ。教授はレントゲン放射をベースに影響度調査を行い、放射能の危険はないという回答を出したが、陸軍の水質調査依頼を臭いとにらみ、ワシントン大学にコロンビア河魚類調査研究所を設立して放射能と魚類の研究にあたった。その後、放射線生体学研究所長に就任した教授はビキニ環礁での原水爆実験に警鐘を鳴らしている。

ゲーブル山麓東方に位置するコロンビア川右岸に沿った約二〇〇平方キロメートルは一〇〇号ゾーンと称する原子炉建設用地であり、ここにコードネーム105-Bという第一号原子炉が建てられた。ちなみに105-Bと同一スペックの原子炉は十キロの距離を置き、全部で七つ作られている。

105-Bの建屋は高さが二〇メートルほどあった。大きな煙突と給水塔の間にある一階の入り口付近には窓らしきものがたった一つ。あとは非常階段があるだけというむき出しのコンクリート建屋で、巨大なサイコロを積み上げたような外観は無機質そのものだ。水冷式１０５-Ｂの規模はそれ以前の原子炉に投入する金属ウランの量を比較してみればすぐに分かる。それは、《シカゴ大学のスクワッシュ・コートに作った原子炉／〇・五六二トン》《空冷式Ｘ-10原子炉／三・七四トン》《水冷式１０５-Ｂ／二〇〇トン》というもので、原子炉本体もＸ-10の二倍。正面壁は縦横ともに十四メートルあり、そこには大人の頭が楽に入る大きさのアルミニウム導入管が一五〇〇本、びっしりと並んでいる。また、その内側には鋳鉄とメソナイト耐熱材とコンクリートで作られた厚さ一・七メートルの放射線防御壁があり、最深部に一二〇〇トンの高純度黒鉛炉が置かれた。

炉心に直結する縦五〇本、横三〇本、計一五〇〇本のアルミニウム導入管を設置する目的はＸ-10と同じだが、導入管に挿入する水冷式ボンベ状の中に収める三十二本の燃料被覆管はデュポン社の苦心作だった。話は多少脱線するけれど、デュポン社の技術陣はこの燃料被覆管にほとほと泣かされた。ハンフォード・サイト三〇〇号ゾーンにあるフート研究室がこの燃料被覆管製作の主幹部門であり、担当のレイモンド・グリルズ主任技師が最初に向き合った課題は金属ウラニウムを延べ棒にし、それを二十五セント硬貨の大きさにすることだった。ところでウラニウム単体は銀白色の金属で、室内温度での結晶構造は斜方晶なのに、摂氏六六八度になると正方晶に変化し、摂氏七七五度で立方晶へ相転移する。この異様な属性のため、延べ棒は安定せず、ウラニウムと格闘して一年後にグリルズ班の技術者が金属ウランを七百度に熱し、即座に水で冷却すれば安定するという事実を発見した。かくしてグリルズ技師はこれを冶金学的に立証し、ペレットの

魚類研究者
ドナルドソン博士

元祖をなんとか完成に持って行った。

ウラニウム・ペレット（uranium pellet）の元祖は作り出せたが、苦労はまだ続く。原子炉が大規模になると空冷では間に合わず、水冷が必要となり、今度はペレットを冷却水から隔離するための被覆管を作る方法を見つけねばならなかった。幸いなことに被覆管の候補はアルミニウムだとすぐに判明したが、問題はその後だった。アルミニウム被覆管の中は空包ひとつなく、ぴっちりとペレットを封入しなければ、炉は停止し、全プラントは汚染されてしまうのだ。被覆管とペレットを相手の取っ組み合いを始めてからまたたく間に時間が経ち、迫り来る納期を思って絶望的になったある日、突然、グリルズ技師は素朴な拍子抜けするほどのアイデアがひらめき、苦笑した。さっそく技師とその助手は溶けたハンダ液の槽を持ってきてその中にウラニウム・ペレットを入れ、次にアルミニウム缶でおおって原始的な締め具で押さえつけ、次に、長いヤットコを使ってみごと数個のウラニウム・ペレットが密閉封入された直径四センチ、長さ二〇センチの燃料被覆管を完成させた。デュポン社の苦心作というべき三十二本の燃料被覆管が収まったボンベ状の水冷式燃料集合体はかくして納期に間に合ったのだ。

さて、このように巨大化した原子炉における核連鎖反応の炉心内暴走対策はずいぶん悩ましそうな問題に見えるけれども、フェルミ教授がこしらえたスクラム（ＳＣＲＡＭ）という名の原子炉緊急停止システムが確実に暴走を防ぐことになっている。フェルミが１０５-Ｂの設計にあたりすべての制御棒をカドミウムからホウ素に変えたのは中性子の吸収速度がカドミウムの比ではないからだ。そこで原子炉に装着されたホウ素制御棒だが、これは全部で三十八本あり、このうち原子炉左側から挿入される手動操作の九本は微調整ブレーキだったから、これはスクラムとは違う。

スクラムは残り二十九本のホウ素制御棒で、これはウィンチで引き上げられ、原子炉天井で電磁クラッチロックされている。停電など不測の場合、自動的にクラッチが作動し、二十九本のホウ素制御棒が炉心へ落ち、原子炉を強制停止させる。そして、仮にこれも突き破って原子炉が暴走することになれば、炉心いっぱいにホウ素溶液が高速注入される。ついでながら、スクラムというのは《Safety Cut Rope Axe Man》の頭文字を取ったフェルミ教授の造語だった。もっとも教授本人としてはシカゴ大学のスクワッシュ・コートに世界初の原子炉を創った時、暴走に備えて斧を持った助手にカドミウム制御棒ロープを断ち切らせようとしていた記憶の方が強烈だったから、教授はスクラムと言わず《斧男（Axe Man）》と呼んだ。

　しかし、技術者もよく承知していたことだが、いくらホウ素が強力であろうと、また、いくら安全停止システムがよくできていようと、それは外部電源が健全であってのものだった。なぜなら、ひとたび中性子を浴びて臨界に至ってしまった以上、たとえ連鎖反応を止められたとしても、ウラニウム・ペレットから飛び出した核反応生成物が熱を出し続け、水冷式燃料集合体は連鎖反応時と比べれば少ないものの、発熱量上昇の一途となる。よってデュポンの技術者がもっとも恐れたのは外部電源途絶による冷却水の停滞で、わずか数分（限界値は十五分）でもコロンビア川の冷たい水がまわらなくなれば、中性子の放出は押さえられても炉心溶融《メルトダウン》を引き起し、原子炉は溶解の上、大爆発を起こすと予測した。しかも今は戦時であり、敵対分子による破壊活動が無いと考えるのは底抜けの馬鹿者だけで、ノルウェーにある重水工場コマンド攻撃や、あるいはつい最近、ドイツ軍の特殊部隊によるムッソリーニ救出作戦が成功したばかりである。こういう次第でデュポンの技術者は原子炉の冷却ポンプと駆動装置にあらゆる安全策を施した。まずは北方一五〇キロの距離にあるグランド・クーリー・ダムと南方一五〇キロのボンネヴィル・ダム。この二つの巨大ダムに構築されたタービンの内の数基を占有すると同時に、原子炉用変電所をおのおの六基建設し、随意輻輳制御アルゴリズムに基づく送電体制をしいた。現代のスマートグリット自律電力網の思想に繋がるハンフォード原子炉への電力供給方式はかくして完成したけれども、デュポンの技術陣は念が入っており、工兵隊を動かして送電線は陸軍管区内を通し、変電所も同様の措置を取って、全送電経路を完全な陸軍の監視体制下に置いた。

１０５-B原子炉は、黒鉛炉に向かうアルミニウム導入管一五〇〇本の中に水冷式燃料集合体を挿入すれば臨界に達し、この時、全部で四万八千本となる燃料被覆管の総重量は二〇〇トンで、核連鎖反応が始まれば二十五万キロワットのエネルギーが得られる。しかしグローヴス准将は原子力発電など最初から考えておらず、冷却水を炉心に毎分二八四キロリットル注入し、ひたすらプルトニウム生成のみに的を絞っている。従って建屋内にタービンなどの可動部は無く、原子炉の運転中に聞くことができる音は冷却管を通過するコロンビア川の水音と、原子炉操作員二十名の発する靴音のみである。

デュポン技術陣の策定した運用プランによれば、原子炉での燃料棒照射は十日だった。照射後、放射線をまき散らすウラニウムは燃料集合体ごと深い真水のプールに沈められ、三十日間の冷却で放射能減衰を行い、次に遠隔操作によって鉛で遮蔽された容器に入れられ、特別の軌道車に牽引されてプールから二十キロほど南にある二〇〇号ゾーンに向かう。なお、使用済み冷却水は熱交換を終えた後、沈砂池《ちんさち》に放出され、粒子状汚染物質を処理された後、コロンビア川に放流されたが、その結果が惨憺たるものだったことは戦後明らかになるだろう。

荒野の真っ只中にあるハンフォード二〇〇号ゾーンはシーボーグ博士が開発したプルトニウム分離システムを大規模な化学プラントに置き換えるための工場用地で、広さは一九四平方キロメートルとあり、およそ霞ガ浦ぐらいの面積だった。さて、シーボーグたちが研究室で取り出すことに成功したプルトニウムの量は一回あたり一・五マイクログラムだったから、もしもそのやり方で核爆発を起こすプルトニウムの臨界量十二キログラム（その後、プルトニウムの臨界量は十・一キログラムに修正されている）を得ようとすれば、百億回やらなくてはならず、これでは話にならない。つまりシーボーグ流ビスマス燐酸塩処理技術によるプルトニウム分離システムというのは、例えて言えば小人の国の化学者がピンセットを使って一粒百万分の一グラム以下のプルトニウム粒子を掻き集める方法だったから、デュポンの技術陣はこの手法を、コンセプトはそのままにしつつ、巨人ガリバーが扱うための大規模な化学プラントに造り直さなければならなかった。しかし、ここに無視できない懸念がある。シーボーグの研究室におけるプルトニウム分離システムとデュポンの技術陣が挑戦しなくてはならない大規模工業プラントでのプルトニウム分離システムは、果たして同じコンセプトで行けるのかどうか誰も分からなかった。常識的に考えれば、同じ料理を四人前作るのと四万人前作るのとでは、単に素材を増やすだけで済むはずはない。

このとき檄を飛ばしたのはゲーリー本部長だった。

「迷いは禁物、前進だ！」

デュポンの技術陣は二〇〇号ゾーンにT工場（コードネーム221-T）を作り、続いて、同一設計のU工場とB工場を作った。分離工場はどれも長さ二六〇メートル、幅二〇メートル、高さ二十五メートルという窓一つない異常に長いコンクリート建屋だったが、これらの工場が通称《峡谷（canyon）》と呼ばれたのは、コンクリート建屋の内側にその理由がある。中に入ると深さ十メートルの地下空間が表われ、見上げれば天井までの高さは三十五メートル。これがそのまま真っ直ぐに二六〇メートル続いているから、それで《峡谷》となったのだ。

「分離工場の内側は何よりも清潔であること。重水に近い蒸留水の状態にされたい」

これが化学者の要求で、この気違いじみたスペック要求に応ずるため、第一級の左官屋が集められ、内壁全部に煉瓦粉を塗って滑らかにし、その上を麻布でおおい、さらに特殊な塗料でコーティングがほどこされた。工場の天井には移動式クレーンが設置されており、そのコクピットに入って下を見れば、厚さ二メートルの壁で仕切られた四〇の小部屋がびっしりと並んでいる。小部屋が四〇あるのは分離作業手順が四〇あることを意味しており、作業員はそれらの部屋の真上にクレーンで移動し、コクピットを下降させて遠隔操作による分離手順をこなした。コクピットに集中搭載されている機材はすべて放射線防御を大前提としている。例えば水中十メートル以下で運用する顕微鏡、当時最先端だったB-29爆撃機の照準装置《蝿の目》、出来立てほやほやというテレビジョン受像機、そして潜水艦の音波探知機利用による微細音復元装置までがあり、中でも最も大がかりな装置は特注品の大口径潜望鏡だった。

思いも寄らぬ出来事があった。

本番運用となれば《峡谷》の中は強烈な放射線で溢れかえる。そうなってしまえば、遠隔操作以外には整備も部品交換も出来なくなるから、コクピット操作要員二〇〇名近くを育成するためにコンクリートの厚さだけが違うだけで、他の設備は寸分違わぬ訓練棟がいくつも建てられた。トラブルは訓練開始直後におきた。照射済み燃料棒を訓練棟に運び込んだ途端、すべてのガラス機材が真っ黒になったのだ。犯人は放射線である。

「ちきしょう、なんてこった!」

全部やりなおしだ。シーボーグたちの使っていたゴーグルは何ともなかったのに、これが研究室と現場プラントの違いだったのだ。光学機器を担当したフリール技師は泣きそうになったが立ち上がりは早かった。B-29の《蝿の目》がプラスチック製だという情報を仕入れ、即座に放射線テストしてみると非常に具合がいい。そこですべての窓ガラスを蝿の目素材に変更し、同時にデュポン社からアクリル樹脂を使ったコンタクトレンズの研究チームをごっそり引っこ抜き、すべての光学レンズをアクリルレンズに変えた。

④ キセノン毒

州都シアトルから南東三〇〇キロにあるハンフォード（水冷式燃料集合体ボンベ）の荒野に数万単位の人の手が入ってから一年半がたった時、１０５-Ｂ原子炉に最初のウラニウム燃料棒を装填する瞬間がやって来た。それは一九四四年九月十三日水曜日のことで、フェルミ教授は燃料棒が詰め込まれている水冷式ボンベを運んできた作業員二名と共に導入管ゲートに立ち、午後五時四十三分、装填儀式を済ませた。教授が退場すると、原子炉作業員は燃料棒が入ったボンベを黙々と投入し、二時間交替で休みなく作業を進め、すべてが予定通りに運んで核の連鎖反応が始まると、一日あたり〇・一九キログラムのプルトニウム２３９が生産されるだろう。目標の臨界質量十二キログラムは連鎖反応開始から八〇日目に達成されてロス・アラモス原爆兵器研究所に出荷されることになっていた。

シカゴ大学の板張り原子炉に始まり、その後のＸ-10原子炉も成功し、今回、この晴れの日を迎えたマシアス中佐はペンタゴンの上司に報告するため電話を取った。しかし電話口に出たグローヴス准将は、

「もしも原子炉が爆発したら、マシアス中佐、何も考えず原子炉の中に飛び込んだほうがいい。そのほうが面倒なことに巻き込まれずに済む」と言った。准将がそういう鼻じろむようなことを口にしたのはオークリッジサイトのＹ-12濃縮プラントやＫ-25濃縮プラントがうまく行かず、その修復に四苦八苦していたことも影響しているけれど、それ以上に今度の１０５-Ｂ原子炉は投入する金属ウランの量が二〇〇トンと桁違いに多く、そういう時の連鎖反応はいったいどういう具合になり、何が起きるのか誰も知らなかったからだ。

准将はさらに水をさすようなことを言った。

「重要なことだから、今から私の言うことをメモし、それを復唱してもらいたい。いいかね、マシアス中佐。何か事件が起こったとしても、こちらからは中佐に電話しない。途中経過の報告は不要である。何かこちらにして欲しい時だけ電話するように」

これを聞いてマシアスは大いに驚愕したが、問いかえすことは遠慮し、「了解しました」と言って電話を切った。だが実際に事件は起こっており、その経緯は以下に示す時系列記述の通りである。

■九月十三日、水曜日、午後五時四十三分。フェルミ教授は最初の燃料棒を装塡。

■九月十五日、夜勤交替時間の午後五時。このときフェルミ教授は中央制御盤を操作する技師の横に座り、愛用の古い計算尺をポケットから取り出すと、あとどのくらい燃料棒を投入すれば炉が熱を帯び冷却ポンプをオンにしなければならないか計算した。炉はフェルミの読み通り九月十八日になると出力五〇〇〇キロワットになって熱を帯び、技師は冷却水注入ポンプに電源を投入している。

■九月二十六日、午後五時、最初の燃料棒の装塡から数えてちょうど十三日後、原子炉の導入管一五〇〇本すべてへの水冷式ボンベ装塡が終わり、技師たちはフェルミ以下全員注視の中でマニュアル通り指差し点呼しながら段階的に制御棒を引き抜いて行った。この時の様子はすべての原子炉稼働に立ち合った唯一の女性物理学者レオーナ・ウッズ博士が次のように回想している。

「冷却水は流入時・摂氏一〇度、流出時・摂氏六〇度。そこには静かに作動している世界初のプルトニウム生産用原子炉があり、聞こえて来るものは冷却管を流れる高圧水の規則正しいざわめきのみだった」

■九月二十七日、午前零時、105-B原子炉は臨界に達し、連鎖反応が始まった。

■同日午前二時、炉は九〇〇〇キロワットまで達したが、その直後、技師たちは制御棒を調節しながら互いに何かささやきあい、そのうち切迫した口調になった。炉の出力が低下し、最初はゆっくりだったが時間経過と共に急降下したのだ。

■同日午前四時、三〇〇〇キロワット。何か様子がおかしいといぶかしく思って中央制御盤に近づいたマシアスは原子炉の反応が減衰していると聞かされて肝をつぶした。

■同日午前四時三十分、一〇〇〇キロワット。技師たちは一〇〇〇キロワットを維持させるため、沈没を回避しようと必死になって積み荷を海に放り込む船乗りさながらに制御棒を次から次へと引き抜いた。かくして制御棒は全部引き抜かれたが反応の減衰は止まらない。

■同日、午前六時三十分、ついに出力はゼロ。連鎖反応は冷却水が管を流れる鳴動音のみを残し、あとかたもなく消えてしまった。

まっさおになったのはその場に居合わせた技師と学者で、彼等はもの狂おしく大声を上げながら調べまわったけれども、何が起こったのかはっきりと解明できるものは唯の一人もいなかった。

――――こういう時、自分のような工兵将校など無力なものだ。工兵がやれることと言えばお使い小僧ぐらいのものではないか。

そこら中でキツネでも憑いたように目をつり上げて走り回っている専門家集団を見てマシアス中佐はそう痛感した。しかし、ことここに至っては科学者と技術者に正気に戻ってもらわなければ話にならない。そこでマシアスはマシアスにしかできないことをした。それは原子炉正面の出口近くにあるブリーフィング・ルームに大きな円卓テーブルを運びこみ、浮足立った専門家集団を椅子に座らせ、ともかくコーヒーを一杯飲ませたのだ。

専門家たちはおとなしくなった。叫ぶのをやめて語りだし、少なくともその内容は議事録に書き留められる程度に支離滅裂でなくなった。

それにしてもいったい何が起こったのだろう。

スパイによる妨害工作か、誰かが誤って緊急停止用のホウ素棒を突っ込んだのか、冷却水の注入管に漏洩箇所があってそれが黒鉛に悪影響をおよぼしたのか、はたまたコロンビア川の水質が管に血栓もどきの悪玉堆積物を作り、それが中性子を吸いこんでしまったのか。これら多くの仮説が出されるうち、レオーナ・ウッズ博士が《原子炉の毒作用》というマシアス中佐にとっては初耳の現象について語りだし、全員が耳をそばだてたけれども、途中でこれをフェルミ教授が引き取り、「もう少し自分なりに検証してみる」と言って歯切れ悪く話を打ち切り、別の可能性に話題を転じている。その後、仮説をひねり出すのが商売の物理学者は連鎖反応消滅についての思いをぶちまけ続けた。しかし、それは猫に鈴をつけようというネズミの議論と同じであり、仮説に沿って何かやるにしても、臨界に到達し、連鎖反応を起し、出力九〇〇〇キロワットにまで上昇した以上、原子炉の中は猛烈な放射能に満ちており、そんなところに調査の手を伸ばすことなどできるはずもない。物理学者のご高説にマシアス中佐は「怒る気にもなれなかった」というのが本音で、お先真っ暗とはまさにこの時のことだった。

そのうちこの会議がいわゆるエンドレス・テープを回すような状態になっていることに気づいたマシアスはここでいったん中断し、各自テーマを持ち帰り、続きは明朝八時からとするむね提案して、散会にした。なお、数名の技師はこの異常事態が炉心内部での水漏れのせいだという頼りない仮説に結着をつけるため、残って作業することになったのだが、実は何かやっていないと気が変になりそうだということも手伝って、高熱のヘリウムガスで炉心を乾かす準備に取りかかったのである。

時間はランチ・タイムを少しまわっている。むっとするような汗の臭いとタバコの煙が充満するブリーフィング・ルームから解放された一同は、足どり重く建物の外に出て来たが、こういう大騒動には免疫力が高いゲーリー本部長はけろっとしており、原子炉建屋の入り口で大きく深呼吸し、次に部下のグレイヴス技師長に向って「ホィーラー先生と話がしたいんだが、どこにいる?」と言った。

「博士は三〇〇号廃棄物処理ゾーンの研究棟にいます。すぐ引っ張って来ましょう」

「そんな遠くにいるのか。見かけないはずだ。ともかく昨日から今日にかけての顛末を説明し、その上で私のオフィスへ一緒に来てくれ」

「わかりました。用件は毒作用でしょう?」

「その通り。一年前のことだが、あの若い物理学者先生は105-B原子炉の建設に取りかかるとき、導入管の数を一五〇〇ではなく二〇〇〇本にしろと最後までねばったんだ」

「正確には二〇〇四本です。あの男は五〇四本増やそうと頑張りました。しかし設計明細書を作ったヴァネヴァー・ブッシュ博士以下の学者集団はその要望を突っぱねましたな。遮蔽ブロックと配管に余分の構造物を作り、カネと時間を浪費するだけだという理由でしたよ。しかし予算オーバーは数百万ドルですよ。何でそんなにむきになって駄目を出したんでしょうね?」

「面子だな。むこうも退かないし、こっちも退かない。そこで金庫番のグローヴス将軍を呼んで黒白をつけようということになった。その会議でのことだよ、ホィーラー先生が毒作用という奇妙な言葉を口にしたのは。でもさすがグローヴスだ。毒作用という言葉を右から左への聞き流しにはしなかったな。結局、実験用の重水原子炉をフル出力で十二時間走らせてみて、変なことが何も起きなければ一五〇〇本でGOということになった」

「しかし本部長、ブッシュ博士たちは重水炉でのフル出力走行はやってませんよ」

「ジョージ、君はホィーラー説を正しいと思った。そして私もそれを正しいと思い、私の裁量でプラス五〇四本の導入管は105-B原子炉の中に設置され、万一に備え、ひっそりと身を隠している。戦争が終わって、独断で用意したこの五〇四本が工兵隊から糾問されたら、その時はそのときさ」

「わかりました。五〇四本の詮議はグローヴス将軍の仕事だとい

原子炉のキセノン毒を解明したホィーラー教授

うことですね」

「話が妙な方に逸れてしまったが、ともかく私はすぐにホィーラー先生と面談し、ウッズ博士とフェルミ教授が曖昧にした毒作用がどういうものかもう一度さらっておきたいのだ。何人かの学者をつかまえてこれを聞けば教えてくれるだろうが、どうせ例によって神学の講義をラテン語で受けさせられるような目にあう。チンプンカンプンの解説に癇癪を起しそうになるだけだ。だから素人相手の説明がうまいホィーラー先生に来てもらうわけよ」

ホィーラーという若い学者は後年ブラック・ホールの存在を発表し、その命名者になっているから天文学者だと勘違いするむきもあるが、アインシュタインの共同研究者として統一理論の構築に取り組んだ物理学者である。そして原子力年代記というものがあるならば、間違いなく上席を占める存在であり、かかる名士であればこそ幼少時の神童話にはこと欠かない。一例をあげれば、計理士だったホィーラーの父親はこの早熟息子がどれほど早く引き算ができるかと思って、「百から七は何回引けるか」とやったところ、数秒で十四回という答えを出した。すでに割り算と自然数の概念を満三歳でマスターしていた早熟児は二十一歳にして名門ジョン・ホプキンス大学の博士号取得者になり、ついでプリンストン大学で教鞭をとった後、デュポン社員としてハンフォードサイトへやって来た。このときホィーラーは三十三歳である。

繰り返しになるけれども、核分裂はU２３５が低速の中性子で叩かれることによって起きる。すなわち叩かれて二つに割れ、二つの不均衡な核分裂生成物質が誕生し、これと同時に二、三個の中性子が飛び出し、熱エネルギーと放射線が発生する。この二、三個の中性子が別のU２３５を叩いて中性子が飛び出し、叩かれるU２３５は級数的に増加する。かくして核分裂の連鎖反応は起きるのだが、ここで中性子が原子炉の中で突然消えてしまえば、核分裂は止まり、連鎖反応は消失する。この中性子消失が毒作用だった。

「昨晩起こった事件の顛末は技師長から聞いていてくれたかね？」

本部長はこのように水を向けたが、いつもは陽気なホィーラーもさすがに今日は深刻な顔をしている。

「はい、よく聞かせてもらいました。ともかく記録紙のトレースデータを追ってみないことには、めったなことは言えません。コロンビア川の水中にあるホウ素が外側の被覆部に析出して連鎖反応に悪影響を及ぼすことは、可能性として無視はできないのですよ。フェルミ教授がレオーナ・ウッズ博士の発言を押さえてしまったそうですが、これはもっともなことで、妙な思い込みを排し、クリーンな目で精査しようという態度は私も賛成です」

「そういうだろうと思ったよ。制御棒の位置を示す記録紙や、連鎖反応の動きを示す時間軸チャートを見ずに、推量だけでものをいうのは沽券にかかわるからな」

ホィーラーはこう言われて苦笑した。

「どうだね先生。毒作用についてはっきりしていることだけをおさらいしておこう」

「ＯＫ、本部長」

ホィーラーはそう応ずると黒板に向かい、毒作用とはいかなるものかについて、自問自答するような姿勢で見解を述べた。

「ウランが二つに割れて出現する核分裂生成物質は、初期段階では中性子に何の悪さもしません。しかしこの無害な核分裂生成物質が崩壊すると、中性子に悪影響を与える第二の元素になります。次いでこの第二の元素も数時間の半減期で第三の元素へと変化し、中性子に害を与えない安定した物質になるのです。つまり第二の元素が増殖して中性子を喰っている間、連鎖反応は減衰し、最後には原子炉が停止する。停止すれば第二の元素も増殖が止まり、同時に原子炉の中に溜まった第二の元素は崩壊を続けて第三の元素になる。すると原子炉は再び動きだすのです」

「つまり動いては止まり、動いては止まりをやり続けるということかね」

「毒作用が原因ならそうなるでしょう。それとキセノン135という核分裂生成物が犯人だとすれば、今晩あたり原子炉は再稼働するかもしれませんね」

「あれが最初の臨界を迎えたのは十六時間前の午前零時だ」

「午前零時が臭いですね。犯行現場を荒らさぬよう手を触れずにしておき、犯人が再びあらわれるのをじっと待つべきでしょう」

「………………！　たいへんだ。炉心乾燥作業はすぐにやめさせなきゃならん」

ゲーリー本部長はみずから原子炉にすっ飛んで行った。幸いなことに何かやってないと気が変になりそうだと言って炉心乾燥に向かった技師は高熱へリウムガスと高圧ブロワーの準備に手間取ったため、すべては手つかずの状態にあったが、意外にも本部長が現場に駆けつける前にフェルミ教授がきていた。

「いっさい触っちゃいかんと言って帰ったそうだ。捜査方針はどうやら一緒らしい」

九月二十七日深夜、原子炉は突然動きだした。死んだものと思われた怪物がむっくりとおき上がったようなものだった。

九月二十八日、木曜日午前一時、出力は二〇〇キロワットになった。

朝方午前七時に再臨界を迎え、午後四時、再び九〇〇〇キロワットに達し、その直後にまたしても減衰を始め、午後八時三十分、出力はゼロになった。原子力という巨人は半身を起こした途端、そのまま突っ伏してピクリとも動かなくなったのだ。

「九〇〇〇キロワットの最高値を記録した後、四時間半で出力ゼロとなる点は前日と全く同じことの繰り返しですな」

ホィーラーは囁《ささやき》き、何も知らされていない若い技師が泣きべそをかいている脇で、ゲーリー本部長とグレイヴス技師長は顔を見合わせてにんまりした。

再び場所をブリーフィング・ルームに移し、いよいよ「なぜこうなったか」の絵解きに入った。
「原子炉を運転すると、炉心に核分裂生成物質が溜まって来ます。減衰変化が直線的に見えてもそこに微妙な核反応上の指数関数曲線が隠されているならば、毒作用が連鎖反応を阻害していたことになり、これはレオーナ・ウッズ博士も同じ見通しを立てていると思っています」

このホイーラー発言にフェルミ教授は「正しい」と応じた。

次にホイーラーはストロンチウム９０ほか十数個の同位体リストを書き込んだフリップをボードに張り、これを指し棒で示しながら、見解陳述を続けた。
「ここに示したリストは核分裂生成物質から生じた同位体《アイソトープ》の一部であり、原子炉内での核分裂によって出現する毒作用の容疑者です」

連鎖反応が数時間で止まったということは、容疑者が核反応の間に出現して多くの中性子を捕食した。そういう光景が想像できる。しかも、一度ストップした連鎖反応がひとりでに再開しているということは、その毒作用物質の半減期が非常に短いためであり、短いがゆえに原子炉が停止している間、自然に無くなってしまうようなはかない物質でなければならない。
「従って特にクリプトン８５、ストロンチウム９０、セシウム１３７は半減期が三〇年ほどあって長すぎるから、除外です。消去法ですよ。最も臭いのは、①半減期が九時間八分と極めて短いキセノン１３５、②半減期が五日と六時間のキセノン１３３、③半減期が八日と三十分のヨウ素１３１、④半減期が六時間と四十一分のヨウ素１３５の四つです。そこでこの四つの核分裂生成物質に的を絞り、減衰反応についての曲線追跡を提案します」

早速フェルミ、ウッズ、ホイーラーを中心に注意深く記録チャートを調べて毒作用が起こった正確な時間を押さえ、それに見合う物質を探した。その仕事は刑事モノの映画でおなじみとなったアリバイ崩しにそっくりで、重要参考人の一人だった②のキセノン133と③のヨウ素131は早々と無罪放免になったが、その代わりに①のキセノン135が浮かび上がった。そしてショッキングだったことは、④のヨウ素135という半減期六時間四十一分の核分裂生成物質は、発生当初は中性子に影響を及ぼさない目立たぬ存在だったけれども、何とこれが崩壊して毒作用を持つ半減期九時間八分のキセノン135になった。かくして今回の騒動は

（1）このキセノン135というガスが制御棒の役目を果たし、結果として毒作用をひき起こしていたことは明白である。

（2）キセノン135の中性子吸収力は、これまでに知られている最も吸収性の高いカドミウム113の150倍である。

という報告をもって結論づけられ、これについてレオーナ・ウッズ博士は「自分が研究対象にしていた毒作用のみごと過ぎるほどのサンプルであり、原子炉技術における最初の障害物が特定された瞬間だった」と回想している。余談ながら、このニュースを聞いて驚愕したヴァネバー・ブッシュ博士は九月二十九日金曜日の午後、遅まきながら三〇〇キロワット出力の重水原子炉をフル出力で十二時間走らせ、果たして毒作用が出て、犯人はキセノン135に相違なしということが明らかになった。

誰が犯人かは分かったが、今度は損害修復手段に議題が移るとなって、マシアス中佐は気が気ではなかった。廃炉にしてもう一度作り直すしか再生の道はないという死刑宣告が下されそうだったからである。

このときフェルミ教授が発言の口火を切り、「毒作用で減損する中性子を補うためには、死んで失われる人以上に産んで増やして地に満ちるという神話の記述の通りに進めることだ」と言った。しかしその後、フェルミが具体策を述べる段になって、「二五〇〇本ある導入管の数を増やし、炉に投入する燃料棒の数を上げればいい」と言ったあたりから急に遠慮がちになった。当然である。ブッシュ博士に調子を合わせ、

重水炉のテスト走行をサボったおかげで取り返しがつかなくなったからだ。

「放射能だらけの炉心に肌身を晒《さら》して導入管の増設などできる訳がない。全部作り直しじゃないか！」

さすがの柔和なマシアスも、一年以上の納期遅延と数億ドルの追加出費を突きつけられて声がうわずってしまった。

「中佐、少々お待ちを。……で、導入管は何本にすればいいのか具体的に言っていただきたい。全部作り直しするにせよ、その本数を聞いておかなければ話は先に進みませんな」

そう言ったのはゲーリー本部長で、フェルミ教授はそれに対し「少なくとも二十五パーセントは上げなければならない。つまり三七五本の導入管増設が必要だ」と言った。

「ほんとにそれでいいかね。大枚投じて増やしたはいいが、また同じとなったら、たいへんですぞ」

「五〇〇なら御の字だ」

「間違って五〇四本になってても妙なことにはならんかね？」

ここでマシアス中佐が割って入り、「二人とも何の話をしている。一から作り直しと決まった原子炉だ。何で五〇〇本とか五〇四本にこだわる必要があるんだ？」と悲痛な声で叫んだ。するとゲーリー本部長は「五〇四本という予備の導入管は設置済みで、少し壁を剥がせば即応できるのですよ。原子炉は一から作り直す必要はありません。それにしても、私はこれで戦争が終わったあとにねちねち追求されずにすんだ」と述べてニッと笑った。

増設された導入管五〇四本に燃料棒が詰まったポンベを装填し終わった時、キセノン毒は克服されて核分裂連鎖反応は維持された。１０５-Ｂ原子炉が最大出力二十五万キロワット走行となったのは一九四四年十二月二十七日のことで、これに合わせ、１０５-Ｄ原子炉も１０５-Ｆ原子炉も、導入管二〇〇四本という１０５-Ｂと同一のスペックで翌年一月に運転を開始した。工業生産品としての茶色いシロップ状の硝酸プルトニウムがハンフォードから初出荷してニューメキシコ州のロス・アラモス原爆兵器研究所に向かったのは一九四五年二月二日のことで、その初出荷物件は三日後の二月五日にオッペンハイマー教授のもとに届いた。

なお、ブッシュ博士を含む学者たちを前にしたグローヴスは「重水原子炉フル出力走行をなぜサボったのか」と真っ赤になって怒鳴り散らし、ブッシュ博士と准将の地位はここで完全に逆転した。テスト走行命令がまったく無視された結果、毒作用に振りまわされ、もしも五〇四本の隠し玉がなければ、105-B原子炉は廃炉となり、数億ドルが無駄に吹っ飛んで全部作り直しのはめに陥ったからである。

原子炉は機嫌よく動いている。

キセノン毒事件をうまく乗り越えたデュポンの技師たちは、いまさらフェルミ教授がこしらえた《スクラム／SCRAM》という原子炉緊急停止システムの実地テストする勇気はなく、そのままにしていた。

しかしトラブルは起きた。

トラブルの原因となったものは日本の風船爆弾だった。

4 メルトダウンの悪夢を引き起こした風船爆弾（フ號兵器）

① ジェット気流と純国産技術

東條首相は、チャーチル以外のほとんどの指導者が夢物語と見なして無視した原爆を意外なほど熱心に勉強した人だった。さて、それではこの積極的な探求心がいったいどこから来たものかと言えば、実は、藁《わら》をもすがりたいという切迫感が根っこにある。こういう次第で、くそ真面目な東條首相は原爆以外の様々な新兵器について抜かりなくメモを取り、知識の吸収に励んだ。しかし無い袖は触れぬもの。貧乏所帯の日本にアメリカのような馬力はない。そこで首相はカネのかからない新兵器、風船爆弾に目をつけた。話が先走ってしまうけれども、日本はアメリカ本土を直接爆撃するという長距離ミサイルのような渡洋風船爆弾を全部で一万発作っている。この爆弾一発のコストは、気球に裂け目がないか否かチェックする満球テスト用の劇場借用費ほかもろもろの出費を含めると、当時価格一万円（単体価格は二千円）だったから、一機七万円はするという零戦よりはるかに安価だったし、パイロットがそれに乗りこむわけではないから人的損害はない。しかもガソリンなどの燃料は不要だ。

「風船爆弾は亜成層圏という極寒の高空を飛んで行くため、解決すべき課題は確かに多い。しかし、頑張れば手が届く所にある」

識者からこういう説明を受けて東條首相は久しぶりに素の笑顔を見せたから、厳めしさはどこかへ吹っ飛び、それに替わって野良仕事に精を出す罪のない年寄りが湧いて出た。

もとより《風船》という言葉が与える印象は、マンハッタン計画のそれとは迫力からして違う。第一、水素が注入される気球部分は楮《こうぞ》が原料の和紙をこんにゃく糊で貼り付けものだ。そういう風船玉に高度保持装置と十五キログラム爆弾一発および五キログラム焼夷弾二発をぶら下げた素朴な伝統工芸品もどきの兵器だったから、いじましいというイメージは拭えない。牧歌的なまことに頼りない感じの風船爆弾ではあったが、しかし、これが負け戦に血迷った軍指導部の軽薄な思いつきだろうと断ずるのは早計で、気球と陸軍の付き合いは西南戦争以来と古く、一九一〇年には山田式飛行船が完成するなど、気球に関する研究はいいかげんな付け焼き刃でないことがうかがえる。

さて風船爆弾が検討され始めたのは日本が国際連盟を離脱した昭和八年（一九三三年）あたりからだと言うが、和紙に考えが及んだのはもっと早い。昭和二〇年に敗戦を迎えた時、大急ぎで関連書類を焼却したから第一次資料が極端に乏しく、ことの経緯がぼやけるのは無理もない。だから、例えば気球部分に和紙というユニークな素材を選択した近藤至誠《こんどうしじょう》という陸軍将校の存在などは、小津産業株式会社の社史がなければ朧《おぼろ》の闇に溶けてしまったのではないかとすら思われる。

内閣総理大臣東條英機

近藤は一八七七年、すなわち明治十年の生まれで陸士九期。中尉で日露戦争に従軍し、めでたく凱旋して大尉に昇進。敦賀を衛戍地とする歩兵十九連隊で中隊長を務め、一九〇八年（明治四十二年）に少佐となった。なお、この間の近藤の足跡を示すものとして《入営者および軍人父兄の心得》という全六十五頁の著作がある。

さて、少佐昇進から二十一年後のことだ。近藤は小津商店という和紙問屋に電話をしており、そのことが社史に記されている。

「和紙について相談したいことがあるという電話が、国産科学工業研究所というところから入ったのは昭和四年（一九二九年）であって、店員の一人が差し向けられた。国産科学工業研究所は目黒区の丘に囲まれた場所にあった。そこで風船爆弾の構想が打ち明けられ、秘密を守ること、第三者には気づかれず、しかも急げという要請を受けた。重要な要請だったので店の幹部と担当者だけの秘密事とし、作業が進められた。まず、店にある四、五十種類の紙を片っぱしから実験に供した。……風船爆弾研究の経緯や小津との関係については、小津の関係者も公の場では多くを語ろうとしなかったので、今日までこの部分は空白であった。しかし、小津三百三十年史を編集するに当って、当時の担当者岡村政三氏の新たな証言を得たこともあり、歴史的事実として記録にとどめることは有意義であるとの判断から、とくに記述した」

これは株式会社小津商店・取締役社長・橋爪房三氏が昭和五十八年十月（一九八三年）に編纂した《社内誌・鱗盟蘇生／小津三三〇年のあゆみ》という文献からの抜き書きであり、この文献の三十八頁目には次の通り岡村政三氏本人の監修に成る証言の抜粋が記述されている。

「風船爆弾が飛翔するまでの記憶／……胸に懐中時計を吊し、寸暇を惜しんで風船爆弾の研究に熱中して居られたのは、陸軍士官学校出身者の近藤至誠氏で、軍籍にあった時から風船爆弾の構想を持って居られたが、軍の研究としては採用されず、自分がやらなければと決心され、国産科学工業研究所の名で気球研究所を設立し、一民間人として研究を進め、多くの機器開発がなされたが、中心をなす気球の素材に絹、ゴム等は欠点があり、強靱で軽い和紙が構想に上り、和紙問屋の老舗である小津に協力を求め、担当者に岡村という適任者が選ばれた。この人選をした奥山重役の閃きは後世に伝えなければならないであろう。近藤至誠氏は俊秀の士であり、進んで軍籍を離れ、偉大な企画に基づき風船爆弾に打ち込みながらも、制式兵器となる日を待たず病没された。葬儀委員長には士官学校同期の荒木貞夫陸軍大将が務められ、副委員長には岡村政三が推薦されたことは、故人が爆弾用の紙の調達に和紙問屋の一社員を信頼されていた証拠に他なるまいと考えられ、岡村もまた真剣にその完成に全力を傾注したことに他ならないものと確信する」

三十一歳で少佐に昇進し、四十歳で気球を空挺作戦に応用する着想を持ち、五十二歳で軍籍を離れ、陸軍の支援を受けて国産科学工業研究所を設立し、和紙で気球素材を作り上げた近藤至誠は、これが制式兵器となる前の昭和十五年七月六日病没した。享年六十三。従四位勲三等。なお、《小津三三〇年のあゆみ》にも書き残された荒木貞夫は二・二六事件（昭和十一年）と関係密な皇道派の中心人物で、近藤とはよほど親しかったのではないかと思われる。そうでなければ、陸軍の頂点を究めた荒木大将がその他大勢組の中間管理職だった近藤元少佐の葬儀委員長を務める筈もない。

さて、和紙気球が《フ號兵器》として制式採用されるのはずいぶん先のことになるけれども、球皮自体は昭和十年に陸軍買い上げとなり、久村種樹中将を長とする科学研究所によって風船爆弾への実現化構想が本格的に着手された。科研が最初にやったことは和紙と和紙を接着する蒟蒻芋《こんにゃくいも》の吟味である。つまりこの芋をすりつぶした後、苛性ソーダで煮てグリセリン処理したコンニャク糊は科学的に見て本当に有効であるかどうか裏を取ろうとしたのだ。さっそく研究所の担当が蒟蒻の権威として知られる東京女子師範学校（現在のお茶の水女子大学）の大槻虎男教授のもとに駆けつけ、どんなもんでしょうかと訊ねると、「蒟蒻の球状地下茎に蓄えられたグルコマンナンは粘度が極めて高く、通常糊の数十倍あり、かつ、グルコマンナンが作る被膜は極薄ゴムよりも水素ガスの密閉性に優れている」と講義され、研究所に帰って実験すると大槻教授の言った通りになった。かくして風船爆弾の気球部分は和紙と蒟蒻芋で作ることに決定し、その後多少の改良を加え、独特の粘着力があり、強靭で気密性があって非常に軽い球皮素材が出来上がった。

陸軍買い上げとなった風船爆弾が兵器として有望だというお墨付きを与えたのは昭和十一年の人事異動

で科学研究所長に就任した多田礼吉中将である。この人は二・二六事件をひき起こした陸軍の住人だったが、「憑き物めいた精神論を排し、既成概念に囚われない新兵器を生み出し続けなければ日本は勝ち残れない」という考えを持っており、また、多田は大正十一年に発表されたジェット気流という天然エンジンの存在を知っていたから、風船爆弾が太平洋を横断してその目的を果たすと確信したのである。そこでジェット気流だが、これを発見したのは高層気象台所長の大石和三郎で、大石は富士山から多数の測風気球を飛ばして上層の風を調査し、十月下旬から四月上旬までの間、それも特に冬季、日本の上空八〇〇〇メートルから一万二〇〇〇メートルの亜成層圏で、真西を指して吹く時速二六〇キロメートルの驚異的な風が存在することを発見した。ところで大石が大正十五年十一月に発表したジェット気流に関する論文はエスペラント語で書かれていたから、世界中を見まわしてもこの論文に注目した者はほとんどいない。注目されなかったことについての一つの証拠がある。昭和十九年十一月十四日から始まった計一〇六回におよぶ東京大空襲に先立ち、十一月一日、B-29そのものを使った偵察飛行が実施されている。このときのB-29爆撃機の名前は《東京ローズ》、機番は42-93852、機長はラルフ・D・スティークリーで、この時、機長は高高度での烈風に注意することについて何ひとつ警告されていなかった。おかげで仰天体験をしており、戦後、次のように回想している。

「我々はサイパンから飛び立ったが、すぐに強風にあおられ、飛行中ずっと揺られっぱなしで、船酔い状態になる搭乗員もいた。我々が指示された飛行高度は三万フィート（九一四四メートル）だったが、驚いたことに東京上空での対地速度は毎時七〇マイル（一一二・七キロメートル）でしかなく、これでは高射砲のいいカモになってしまうため、たいへんなショックを覚えた。私はサイパン帰投後に提出する報告書の中で初めて出くわした時速一七五マイル（二八一・六キロメートル）という驚異的な烈風の存在を特筆大書し、それを一読した気象官はヨーロッパ戦線で報告された高速気流の存在を語った後、それにしても時速一七五マイルの強風なんて聞いたこともないという顔をしていた」

もっとも米軍は東京を高高度爆撃するためのテクニックを数日のうちに編み出している。それは富士山を目指して飛び、その上空で右旋回してジェット気流に乗る。そうすれば、東京上空で機体が揺すぶられることもなく安定した照準合わせができる。ところで話は先走ってしまうけれども、スティークリー機長はジェット気流初体験から六日後の十一月七日。この日の偵察飛行時に異様なものを見た。それは東京の南東二〇〇マイル地点で高度三万フィートを飛翔する日本の風船爆弾だった。

ジェット気流を推進エンジンとする渡洋ミサイル、すなわち《風船爆弾》の積極推進者だった多田中将は昭和十四年に技術本部長となって科学研究所から転出し、その二年後に予備役編入となった。「人が変われば方針も変わる」を地で行くように風船爆弾は沙汰止みとなり、兵器としての制式採用も延期になったが、その理由ははっきりしている。日本の戦争計画が南下方針に変わり、膨大な予算が海軍に投じられ、ただでさえ牧歌的な《風船玉》はそっちのけになったからだ。かくして風船爆弾は陸軍科学研究所の手を放れ、後方攪乱など風を利用した戦術研究という名目で関東軍に移管された。

満州の地に渡った風船爆弾を見て一八〇度の発想転換をしたのは関東軍の気象官、近藤石象《こんどうせきぞう》で、近藤至誠と姓が同一なのはまったくの偶然である。

石象気象官は明治四十一年八月三十一日(一九〇八年)、台湾総督府建築技官の長男として台北に生まれ、東北帝大理学部卒業後、文部省中央気象台に勤務。そののち関東軍気象技官に転出し、次いで空挺作戦研究に関与する過程で航空技術少佐に就任した。石象には音楽的才能があり、東北帝大オーケストラでは第一チェロ奏者だったが、だからと言ってまったくヤワな感じはなく、縄文系日本人特有の石でも噛み砕けそうな頑丈な顎と、張り出した頬骨。そして意志の強そうな二つの目が眼鏡の向こう側にある。そういう男が気象技官から航空技術少佐に転じて軍刀を吊ると、みごとな帝国軍人があらわれ、とても速成栽培の関東軍将校とは思えない。

石象は三十七歳で終戦を迎え、ソ連抑留生活の後、家族がいる東京に戻り、混乱期を乗り越えて東海村の日本原子力研究所に勤務。五十七歳で定年退職すると、それ以降、昭和五〇年十二月二十九日（一九七五年）に他界するまで気球と共に生き、ジャンピングバルーンを創り、ブイヤント航空懇談会を立ち上げた。享年六十七。

さて、近藤石象が風船爆弾を初めて目にした昭和十四年に時計の針を戻そう。

石象はノモンハン事件というソ連軍との国境紛争の際、関東軍第二飛行集団に従ってハイラルに進出し、戦闘たけなわという昭和十四年八月二〇日、「軍司令部の命令によりただちに新京関東軍気象隊に復帰すべし」という電報を受領した。司令部に呼び戻された石象は「今から言うことは軍司令官（植田謙吉大将）の直接命令で軍事機密だぞ」と航空参謀から念を押され、次いで、「これをどう使うのがベストであるか研究し、速やかに報告書を出せ」と命じられた。

そこで見せられた《これ》が直径五メートルの和紙気球と水素発生装置を積んだ六輪トラック二輌を含む大量の備品である。

奇妙な機材一式を見せられ、つべこべ言わず研究して報告しろと言われた時、石象は殊勝に「はい」と答えてはいるものの、「なんでこの俺が」と思い、そう口に出しては言わなかったが、顔には「俺を選んだ理由を言え」と書いてある。それを見た参謀は風船爆弾の一件を問わず語りに披露し、「要するに満州上空を吹く風が気球戦法に利用できるかどうか。これを調査研究せよというのが貴官に下された軍司令官命令だ」と言った。

研究が始まって二冬が過ぎた昭和十六年春、石象は《紙気球による隠密空輸挺進法》という文献を航空参謀に提出し、その資料の中で空挺隊員に気球を背負わせ、そのまま上空に跳び上がり、夜陰に紛れて空

風船爆弾（フ號兵器）

中を飛翔し、風を利用して敵後方に回り込んで奇襲をかけるという献策をした。だから気球も科学研究所の提供した五メートルものではなく、六・七メートルの親気球と二・五メートルの子気球の二つを新規に用意し、これで総重量一五〇キログラムの武装兵員を空輸するとしている。

　もとよりパラシュート降下する空挺隊員は相当重い武器弾薬を携行するため、着地時の骨折・捻挫が多く、指揮官ですら戦闘突入する前に負傷離脱することが多かったから、この事故が回避できる気球空挺は関東軍の採用するところとなり、新設の五〇二部隊に世界初の気球空挺任務が下達され、訓練が始まった。石象が、みずからハーネスをつけて飛翔訓練の先頭に立ったのは言うまでもない。

　五〇二空挺部隊は昭和十九年のサイパン攻防戦で実戦投入される寸前まで行ったが、出動は見送られて満州の地で終戦を迎え、生き残った隊員はソ連軍の捕虜になった。近藤石象もこの時、ソ連軍の捕虜になっており、かくして空挺作戦ツールとしての和紙気球はここでピリオドが打たれた。なお、五〇二部隊の気球空挺訓練は空中高く飛翔する姿が望見されていたので秘匿どころの話ではなく、ソ連軍はこれに《黒豹コマンド》というコードネームをつけていた。

※　※　※

南下政策のおかげで戦争の火蓋を切る役にまわった日本海軍は、「アメリカは米英戦争でホワイトハウスがイギリス派遣軍に焼き討ちされたことを除けば、外国の攻撃にあったことがない。よってアメリカ本土攻撃による後方攪乱策おおいに良し」という認識でいた。最初の後方攪乱は真珠湾攻撃から約四ヵ月後の昭和十七年四月二十三日、伊17潜水艦がカリフォルニア州エルウッド精油所を砲撃し被害を与えた。それから二ヵ月後の六月二十日、伊26潜がバンクーバー島エステヴァン岬にあるカナダ軍の無線羅針局を砲撃しており、これが日本海軍二回目の後方攪乱だった。三回目は六月二十一日、オレゴン州沖に浮上した伊25潜がスティーブンス要塞を砲撃。四回目も伊25潜だったが、今度は趣向が違う。九月九日と九月二十九日の両日、潜水艦搭載の零式小型水上偵察機が単独発艦し、オレゴン州ブルッキングスの森林地帯に焼夷弾を投下。作戦修了後、伊25潜艦長の田上明次中佐は無傷の水上偵察機と飛行長・藤田信雄飛曹長および偵察員・奥田省三兵曹を迎え入れ、横須賀の潜水艦基地に帰投した。

なかなか勇ましい話ではあるけれども、これではアメリカ内陸部の攪乱は絶対に無理であり、大陸間弾道ミサイルもどきの風船爆弾が必要となるのは素人でもわかる。だが、この爆弾の研究開発は中止されていたから、再び立ち上げるのは容易ではない。そうこうする内、日本海軍は昭和十七年六月七日のミッドウェー海戦で敗北し、東太平洋の制海権を完全に失ったから、北米の海岸に近寄れなくなり、潜水艦による後方攪乱策は廃棄を余儀なくされている。

日本の対米戦破竹の勢いは開戦後半年しかもたず、次いで日本はガダルカナルで失敗。そしてネチネチしたシー・レーン攻防の最中、山本長官が戦死。開戦三年目の昭和十九年に入ると劣勢はさらに顕著となって、マリアナ海戦では空母三隻が撃沈され、随伴艦船の大半を失い、日本海軍はこの年の六月二〇日をもって組織的な作戦能力をほとんど喪失した。かくしてサイパンが落ち、テニアンが落ち、東條首相は絶対国防圏構想が破綻した責任を取って七月二十二日に退陣。首都東京はその年の十一月十四日以降、倦むことなきB-29の爆撃に曝されることになる。

加えて日本は昭和十七年から昭和二〇年にかけ三回震災に見舞われた。それは昭和十七年九月十日の鳥取地震、昭和十九年十二月七日の東南海地震、昭和二〇年一月十三日の三河地震で、特にマグニチュード8という東南海地震は中部圏の軍需産業に大打撃を与えた。なおB-29による名古屋とその周辺部への爆撃は、東南海地震の六日後、三菱発動機・大幸工場に始まり、翌昭和二〇年六月九日の熱田愛知時計工場以降も散発的に続けられ、この間、名古屋城はもちろん、濃尾平野は見渡す限りの焼け野原と化している。

退陣した東條英機大将は重臣会議に出席する以外は用賀の私邸で隠棲同様の日々をすごし、たまに誰かが何か意見を聞いてもひたすら精神論を述べるばかりで、新兵器についてあれこれ気にかけるようなことはいっさいなくなってしまった。しかし、退陣一年前の昭和十八年八月、この時はまだ覇気があった首相は渡洋爆弾十万発構想（実際に製作できた数は一万発）の実施を陸軍参謀本部次長の後宮淳《うしろくじゅん》に命じ、かくしてこの爆弾は特攻玉砕と共に無条件降伏を撥ねつけ、有利な講和条件を確保するための最終兵器になった。官房機密・第一二八号訓令こそは東條首相のフ號兵器十万発構想を文書に落としたもので、これを下達された草場季善少将（陸軍科学研究所・登戸出張所第一科長）と関係メンバーは文字通り仕事漬けになり、極端に睡眠時間が減った。

このとき草場が最初に行なったことは浮力が強く、多少地上に風が吹いていても放球ができるという長所を持った直径十メートルの無圧式気球を作ることで、全国に和紙と蒟蒻の発注が飛び、冗談ではなく蒟蒻がおでん屋から消えている。さて、風船爆弾を作るにあたり、最も酷使されたのは女子挺身隊と称する十五、六歳の女学生だろう。気球製作に群がった全国の女学生は一日十六時間労働の疲労で朦朧となり、自殺願望者が出たほどだった。女学生は和紙をぴたりと張り合わせ、その上から力を込めて指で何度もなぞる。そのために指先の指紋がほとんど消えたと言う伝説が残っているけれども、これは本当に起こった話で、伝説ではない。女学生は和紙を蒟蒻糊で貼り付ける際、紙と紙の間にブクという空気のすき間があると気球が成層圏近くに上昇した時、そこが凍結して亀裂ができ、海上に落下してしまうから絶対にブクを作ってはいけないと言われていた。だからこれが出来るのを防ぐため女学生は素手で蒟蒻糊を紙の上でならしたのだ。これに加えて水酸化ナトリウムが悪さをした。通常、蒟蒻をおでん種のあの形に固める場合、炭酸カルシウムを用いるが、カルシウムは固まりやすいので和紙の表面に穴を開けてしまう。そこで風船爆弾用の糊作りには和紙に穴が開かないよう水酸化ナトリウムが用いられた。コンニャク芋の有名な産地、下仁田が近くにある前橋女子高等学校（通称前女）や高崎女子高等学校（通称高女）の生徒の指先から指紋が消えたのは水酸化ナトリウムによるかぶれが原因である。

女学生が風船爆弾の作成に向って難行苦行している時、草場少将は無人渡洋爆撃というきびしいテーマに取り組んでいた。風船爆弾は亜成層圏の回廊を渡って北米大陸に抜け、そののち地上三〇〇〇メートルまで降下して爆弾を落とし、みずから気球に火をかけてその痕跡を消すという設計思想だったが、この草場が立ち向かった第一の課題はジェット気流という天然エンジンの全容を解明することだった。なぜかと言えば、冬になると日本の上空に高速気流が発生することは大石気象台長のおかげで分かっていたが、では、その気流はいかなる流出経路をとるのか、風速はどこでも一定か、湿度や温度ほかの環境条件は場所ごとにどのように変化するのか。こう言った未解明部分にメスを入れなければ渡洋爆撃はできないからである。

ところで今回、草場少将の下には、気球ゾンデの研究では陸軍より一日の長がある海軍から高度保持装置の開発技官・田中清少佐と気象技官・足達左京中佐が入った。陸科研・登戸出張所の高野泰秋少佐および中央気象台の湯浅技師は田中と足達から得た海軍ノーハウをもとに、画期的なＡ１式ラジオゾンデを作りあげ、ただちに百個ほどを仙台、伊豆大島、紀伊潮岬、福岡、米子、輪島、佐渡の七ヵ所から上空に放ち、そして同時にこのゾンデが発信する特殊な微弱信号を三点追尾するため方向探知機を青森県の古間木、宮城県の岩沼、千葉県の上総一宮に設置した。新型ゾンデはバッテリーの持続力に重点を置いて開発されていたから、七〇時間、八〇〇〇キロ以上を飛ぶあいだ、たえず信号を送り続け、かくしてこのゾンデ情報をもとに、中央気象台の藤原咲平博士と荒川英夫技師がジェット気流の推定流出図表を作り、風船爆弾の放球時期、最適放球場所、拡散程度、北米大陸への到達時間を弾き出し、「風船爆弾をジェット気流に乗せれば、それは五〇時間程度でアメリカ本土に到達する」と陸軍に報告した。なおＡ１式ラジオゾンデと飛翔追尾用方向探知機の製作にあたっては精工舎、藤倉ゴム工業、東芝、日本火工品、国華ゴム工業、横河製作所、久保田無線、三田無線、安立電機という民間企業が参画している。またこのＡ１式ゾンデとは別に、改良型高度保持装置をとり着けた海軍の有圧式気球ゾンデが計三十四個、昭和十九年八月十七日から同年十一月五日までの間に上総一宮海岸から放球され、より正確なジェット気流の掌握がはかられた。余談ながら放球三十四個のうち、十一月二日午後二時五十一分に飛翔を開始した三十二番ゾンデは、十一月四日、カリフォルニア州サンペドロ湾沖に着水し、大戦中最初に太平洋を横断した無人気球として記録されている。

ジェット気流の全容も解明され、風船爆弾本体十メートル気球生産が開始され、最後に残った課題は高度保持装置という中央制御部を完成させることに絞られた。この装置に要求された技術課題を理解するには、風船爆弾に人が乗り込んだ場合、どういうことになるのかを見るにかぎる。陸軍が採用した無圧式気球は気球内ガス圧と大気圧が等しいゼロ・プレッシャー・バルーンだから、気球の上昇を停止させる時、気球の下部についた排気バルブを手で操作して中のガスを抜く。抜いて水素の浮力を弱めると同時に、気球内の気圧を小さくして外気圧に等しくさせ、それによって上昇を止めるのである。もっとも、風船爆弾では事前計算に基づいて水素注入量を決めているから所定高度の亜成層圏に至ればバルブ操作をしなくとも上昇は止まり、そこからジェット気流に乗って高速飛翔することになる。時は真昼。地上がどれほど厚い雲で覆われていようと、気球は陽光降り注ぐ高高度を飛翔するから、球皮内温度はだいたい摂氏二〇度ぐらいだろう。そのうち日が沈み、亜成層圏の温度はマイナス五十五度まで下がって水素ガスは収縮し、気球内圧力が減少して下降する。このとき気球乗組員はみずからの手でバラストと称する砂袋を何個か切り放して気球を軽くし、下降を止めて再び今までの高度に戻る。そして朝。日の出と共に温度は高くなり、球皮内圧力が増え、気球はさらに上昇する。この自然膨張による気球の上昇を押さえるため、再び乗組員は気球の排気バルブを操作して水素ガスを放出し、気球の高度を維持する。そしてまた日没。気球の下降が始まり、これを抑制するために、再びバラストを切り放す。つまり気球が飛び続けるにはこのバラストを毎晩切り放してやればよく、言い替えるならば、気球が空を飛んでいられる時間は最初に積んだバラストの量で決定することになる。こういう次第であるから、無人が大前提の風船爆弾は昼夜の温度差七〇度という亜成層圏で人手を借りずにバラストを切り放し、排気バルブの開閉ができなければ海に落ちる。

要するに高度が落ち始めたとき、速やかに何個かのバラストを切り放すこと。これが高度保持装置に課された機能で、開発に挑んだのは登戸出張所、第一科、一班の武田照彦少佐、折井弘東《おりいひろもと》大尉、そして当時二十六歳の東芝社員・小間登技師だった。三〇七式という制式名称の高度保持装置は設計段階で何よりも軽量を重視したから、厚さ五ミリほどの木で作った箱、すなわち深さ四センチ、縦横四〇センチというまさしく菓子箱サイズの箱の中に収納されている。また菓子箱の上に乗っているその半分ほどの木箱には唯一の動力源だったバッテリーと爆弾投下用の雷管が入っていた。さて、大人の足で踏みつければ簡単に潰れてしまうほどの華奢な菓子箱をあければ、そこには四個の茶筒の蓋が装着されており、白い三角印のついた茶筒蓋の中に入っているものが主制御デバイス。残りの無印蓋三つの中にはアネロイド気圧計が入っていて、いずれも三角印の主制御デバイスに回路接続されている。零戦仕様の高度計に手を加えた折井大尉の新しい気圧計は風船爆弾が所定高度の範囲を外れて下降を始めた時、最悪でも三つのアネロイド気圧計の内のどれかが感知してスイッチが入り、主制御デバイスに信号を送る設計だった。

いっぽう主制御デバイスを担当したのは東芝の小間技師で、この時、共同作業に当たった日本信管は超微弱電流だけでバラストの繋留紐《けいりゅうひも》を焼き切る発火雷管を開発した。そこで無人飛行のメカニズムだが、風船爆弾には一袋三キログラムのバラストが計三十二個つけられており、夜間、バラストを切り放しながら、二日ないし三日で一万二〇〇〇キロ先のアメリカ本土上空に達する。かくして三十二個のバラストを全部使い果たした風船爆弾は下降し、高度三〇〇〇メートルに達したとき、十五キロ爆弾一発と五キロ焼夷弾二発を投下し、次いでマグネシウム自爆装置が起動して気球は炎に包まれ、その痕跡を消すことになっていた。

さて、出来上がった高度保持装置はテスト時に欠陥品であることがわかった。気球は日没後に下降を始め、所定の高度で繋留紐《けいりゅうひも》を焼き切ってバラストを切り放したが、そのまま海に突っ込んでしまった。亜成層圏の温度は日没後いきなりマイナス五十五度に下がるのではなく、じわじわと気温低下する。だから一回目の切り放しのあと、降下が止まらなければ連続してバラストを切り放す仕組みが必要だったのだ。そこで折井大尉はアネロイド気圧計を二つ重ね合わせ、かつ、高度差スイッチを考案して、バラスト切り放しを二重構造にし、装置の完成版を作り上げている。

超低気圧、超低温の亜成層圏を飛翔する風船爆弾への挑戦は、大艦巨砲に挑む造船技師とは真逆の、根付職人のような細密仕事であり、開発たけなわとなった武田、折井、そして小間の三人は途中で緊張の糸が切れてしまうのを恐れるように、登戸出張所か東芝の富士見町工場に寝泊まりし、めったに家へ帰らなくなった。彼等が悩まされた奇問難題はさまざまだったが、その内の一つにバッテリーの出力と持続力がある。確かにA１式ラジオゾンデに搭載したバッテリーも改良製品だったが、兵器としての風船爆弾にはそれ以上のスペック要求がある。つまりこれまでのバラスト繋留紐は電磁石を使って発火雷管を起動し、紐を焼き切っていたのだが、亜成層圏の超低温帯ではバッテリー出力は著しく低下し、電流は微小化するから、電磁石のようなパワーを喰うものは使用できない。ここで、海軍技官の田中少佐は明治期の化学者・辻本満丸《つじもとみつまる》が発見した凝固点がマイナス六十度以下という日本海溝に生息する深海鮫の肝油スクワランをバッテリー保護材と導電向上剤に使用してはどうかと提案している。この田中提案を受けた小間技師はバッテリーとその接続回路に手を加え、電磁石を使わずに発火雷管を起動し、バラストを切り放す仕組みを考案した。かくして風船爆弾は《楮《こうぞ》》《蒟蒻芋《こんにゃくいも》》《日本海溝の鮫》という三品が支える純正国産兵器となった。余談ながら、《ツノザメ》を意味するスクアリデー（Squalidae）が命名の由来となっている辻本博士のスクワランは、二十一世紀になって美容オイルほか多様な化粧品の原料として重宝されているけれども、当初、スクワランは高高度戦闘機および酷寒地戦車の潤滑油構成剤として使用された。また高度保持装置の完成に前後して、直径五〇センチの排気バルブを海軍技官の関根大尉が完成させており、この装置は三本の支柱で固定されたスプリング・ロックが排気口を押さえ、外気と球皮内の圧力差が一平方センチあたり三グラムになると水素を排出し、圧力バランスが再び正常になると自動的に閉まる仕掛けになっていた。

風船爆弾は十回近く放球実験を繰り返し、指定納期通り昭和十九年九月中旬に《実戦配備可》のレベルにこぎ着け、次の参謀総長命令が示す通り、草場少将から気球連隊長・井上大佐以下二〇〇〇名の前線部隊に引き渡されている。

大陸指第二一九八号／命令

一　気球連隊ハ主力ヲ以テ大津、勿来付近ニ、一部ヲ以テ一宮、岩沼、茂原オヨビ古間木付近ニ陣地ヲ占領シ、概ネ十月末迄ニ攻撃準備ヲ完了スヘシ

二　陸軍中央気象部長ハ密ニ気球連隊に協力スヘシ
三　企画ノ秘匿ニ関シテハ厳ニ注意スヘシ

昭和十九年九月三〇日

陸軍参謀総長　梅津美治郎

陸軍中央気象部長　竹内善次殿

気球連隊長　井上　茂殿

（著者注）気球連隊関連事項は追補（8）（9）（10）に参考記述あり

だが、日本を巡る戦況はいよいよ酷《きび》しく、草場少将が気球連隊に風船爆弾を引き渡したその一ヵ月後の十月二十五日、レイテ湾突入をあきらめて反転する栗田艦隊を眼下に見つつ、敷島隊はアメリカ空母群に突入し、特攻が始まった。

フィリピン捷一号作戦に並行し、参謀本部の風船爆弾運用会議においては「アメリカ本土に向けフ號兵器を飛ばす際、牛ペストを製造し、これを敵の上空でぶちまけ、牛を全滅させてしまえ」と言う案が出ており、この日のメイン・テーマは牛ペスト菌の製造量と納期だった。この時、何の前触れもなく会議室の上座に座っていたのは窶《やつ》れてひと回り縮んでしまった東條大将で、会議が始まるとすぐに発言を求めている。何を言い出すのかと思っていると、「フ號兵器に毒物を載せてアメリカの牛を殺せば、我が国の全農地に焼夷弾を落され、兵糧攻めにあって大打撃をこうむる。よってフ號兵器による粉末病毒攻撃は中止せよ」と命じ、この案を封殺した。みずから謹慎に等しい身の処し方をしている東條大将がわざわざこの会議に出て来たのはわけがある。数日前のことだ。フ號兵器に病原菌を載せて放球することにつき小磯國昭首相が昭和天皇に内奏したところ裁可とならなかった。しかもそれは不裁可という受動的なものではなく、すぐさま東條英機大将と現役参謀総長の梅津美治郎を召し出し、「禁止する」と言って、統帥権を行使した。

大陸指第二一九八号を発令した梅津参謀総長は、ついで大陸指第二二五三号を発し、より具体的な作戦詳細に踏みこんでいる。この中で風船爆弾の数は「計一万五〇〇〇発、月別放球数は十一月五〇〇発、十二月三五〇〇発、一月四五〇〇発、二月四五〇〇発、三月二〇〇〇発」としたが、実際は計一万発で、この内九三〇〇発が放球され、残存七〇〇は放球前に終戦となり、焼却処分している。

陸軍が捷一号作戦のもとにレイテ島で肉弾戦を繰り広げているまさにその時、井上大佐以下二〇〇〇名の気球連隊は行動を開始し、大陸指第二二五三号に記載された通り、次の三ヵ所に放球基地を設営した。

（1）千葉県上総一宮駅に近い一宮海岸（放球台十八個）
（2）茨城県北茨城市大津町の五浦海岸（放球台十二個）
（3）大津岬を越えた茨城福島県境の勿来関海岸（放球台十二個）

風船爆弾に注入される水素ガスは気球一個につき三〇〇立方メートルだから、このため水素ガス供給を受け持った昭和電工・川崎工場はフル操業となり、日に十数本のタンク列車が鶴見線昭和駅から発車し、外房線上総一宮駅に到着すると、そのまま引き込み線を使って放球基地がある一宮海岸に輸送された。いっぽう五浦海岸と勿来関海岸の放球基地へ水素ガスを供給したのはその地に建てられた日立製作所製の中型水素発生装置で、よく聞くと昭和電工に納品された大型水素発生装置も関東軍の六輪トラックに車載された小型水素発生装置も日立製作所の作ったものだった。電気メーカーがなぜ水素なのか場違いな気もするけれども、この会社は製鉄メーカーや化学製品メーカーに対し水素あるいは酸素を作り出す巨大プラントを今も手がけているから、不思議ではない。

風船爆弾の放球開始は十一月三日、明治節の早朝と決まっていたけれども、予定が狂い、十一月七日になった。遅延理由は五浦海岸と勿来関海岸で起きた爆発事故で、これにより五浦では鴨川小隊長と兵二名が死亡。また勿来関では青柳小隊長と兵二名が死亡した。事故原因は純粋に不注意によるものだったが、他に見落としがないか否か確認するため十一月七日に放球開始となった。放球時の事故はそれ以後一度も起きていない。

五浦、勿来、一宮で放球された風船爆弾は、あたりまえのことだが気球に詰められた水素の量は同じなので、一定の高さまで上がるとみごとにそろう。その瞬間、白一色の風船爆弾はまるで魂が宿ったように黙々と東進を開始するものだから、その姿は妙に神秘的で、見る者の心を打った。

ところで梅津参謀総長は、放球不調を招いた六人の事故死を聞いて、ただでさえ血色の悪い顔に一瞬苦しげな影をよぎらせた。それは進水式に臨んでの不吉な出来事と同じようなものだったからだが、すぐに表情を消した。それどころではなかったのかも知れない。梅津は風船爆弾を放球するこの時、レイテの惨劇が進行中なのを知っていた。海軍は息の根を止められ、第十四方面軍麾下の六個師団も壊滅必至となり、陸軍兵は煉獄の幽鬼さながら、鉄の雨にうたれ、五体は吹っ飛び、火炎放射器で服は焼け落ち、全身火ぶくれとなって、泣きながら歩いていたのだ。

② アメリカの衝撃

一九四五年一月十七日水曜日、サンフランシスコ湾の北側にある第四空軍ハミルトン基地司令部は多数の軍司令官と政府要人を迎え、兵員は緊張している。この日、柔和なスペイン風コロニアル様式の司令部では最初の風船爆弾対策会議が行なわれ、そのために国内防衛が任務となる第八、第九空軍の高級軍人をはじめ、オアフ島の第七空軍からはケニー司令官が直々にやって来た。またワシントンからはマーシャル参謀総長代行のサマーヴェル中将ほか多数。科学者代表はヴァネヴァー・ブッシュ博士。そして衛兵が驚いたのは海軍長官フォレスタルまでが来着組の中にいたことだった。これに加え、自身、あまり好きでない飛行機に乗り込み、定刻を少し遅れて司令部の大会議室に入って来たのは陸軍長官スティムソン代行のハーベイ・バンディー特別補佐官で、ほんとうはスティムソン自身がここに来る筈だったが、六日後の二十三日にヤルタに向けて出発するルーズベルト大統領の個別対応に追われ、来ることが叶わなかった。そこでぎりぎりになって軍事政策委員会メンバーのバンディー特別補佐官をこの会議に出席させたのだ。言うまでもないが原爆責任者のグローヴスはサマーヴェル中将の左隣に着席し、風船爆弾の被害状況がリストアップされているマル秘資料をぱらぱらやっている。

会議場のざわめきが一瞬途切れたのは資料説明のために第四空軍司令部の中佐参謀がオーバー・ヘッド・プロジェクターの前に立った時だった。中佐は、これほど多くのお偉方の前でしゃべるのは初めてで、少し緊張しながら第一声を発している。

「これまでに報告された事件の数は資料に記載した二〇件ですが、本日の昼食時に二十一件目が発生いたしまして、それは記載しておりません」

「その一発はどこに落ちたのかね？」

さっそく話の腰を折ったのは第八空軍のケプナー司令官だった。

「えー、爆弾が落ちたわけではないので一発とはなりませんが、気球の脱け殻と高度制御のための装置がごっそりカリフォルニア州ヴェンチュラ郊外のムーアパークで発見されまして、……えー、つまり本日昼食時の二十一件目は……爆弾投下後の脱け殻です」

日本の気球が最初にアメリカで発見されたのは一九四四年十一月四日十五時五十五分で、これは巨大クラゲもどきにカリフォルニア州サンペドロ沖南西一一〇キロの海面に浮いていた。なおこの気球は爆弾ではなく日本海軍が十一月二日に放った三十二番目の新型ゾンデであり、いっぽうアメリカ側もこれを発見すると、日本の阻塞気球が迷子になり、偶然流れ着いたものと判断し、まったく注意を払っていない。また、東條首相のフ號兵器がアメリカで最初に発見されたのは十一月十四日朝一〇時で、これも気球部分のみがハワイ・カイルア島沖八キロで発見され、何と言うことなく処分された。

北米大陸で東條爆弾が炸裂した最初のケースは十二月六日水曜日のことで、場所はワイオミング州中央部の保養地サーモポリス。より詳しく言えば、その町から北西二十四キロの雪原に落ちた。時間は十八時。日没後の暗闇の中で爆弾と焼夷弾を投下し、証拠隠滅の気球焼却も設計通り作動した。落ちた爆弾は破片を残すのみとなったが、雪の上に大きな穴を作っただけで、火事にならず自然鎮火したから、大惨事にはなっていない。辺鄙な田舎で起きたこの事件がニュース掲載されたのは一九四四年十二月八日のことで、ワイオミング州ホットスプリングス郡ウーランドの地方新聞ノーザン・ワイオミング・デイリーニュースの朝刊には「依然捜索中、サーモポリスの幽霊飛行機」というちょっとばかり大きな見出しがあった。記事の中身はと言うと、二日前、つまり十二月六日の夜、サーモポリス付近で爆発音が四つ聞こえ、それと同時に巨大な炎が上がったとある。夕食時で、あたりは真っ暗と来て、事件らしい事件など皆無のサーモポリスではこの噂で持ちきりになり、パラシュート降下する人の姿が火炎を背にしてくっきり浮かび上がったという作り話をする者もいたから騒ぎが大きくなり、記事には「ケン・モイヤー保安官と助手は目下懸命の調査を続けている」とあった。

この怪奇事件はインディペンデント・レコードという週刊誌にも取り上げられ、見出しには「サーモポリス、飛行機消滅の怪」という文字が踊っている。記事を要約すると、ベン・コー炭鉱の近くに居合わせた男女四人がミーティートス街道から五〇〇メートルとちょっとの場所に飛行機が落下したのを目撃し、そして爆発があった地点よりもずっと離れた場所にパラシュート降下兵がいたと証言した。もう一つの証言はもっと生々しい。羊の世話をしていたルイス・アートマン氏のすぐそばにパラシュートが降下し、あっという間に火がついて燃えだした。夜だったので飛行機は見えなかったが、不思議なことに爆音は聞こえなかった。ものすごく高いところを飛んでいたのだろう。

ともかくモイヤー保安官は爆弾の破片など一切を拾い集めてアメリカ海軍研究試験場に送った。

サンペドロ沖、カイルア島沖、サーモポリスと来て、次なる四番目の怪事件は十二月十一日月曜日。今度はモンタナ州フラットヘッド郡カリスペルの南西三〇キロの森で樵の親子がパラシュートを見つけたことに端を発している。二人はその近くで空挺隊員が死んだか大怪我をしているのだと思い、大あわてで保安官事務所に飛んで行った。対応したのはＦＢＩの駐在員兼務モロウ保安官である。彼はさっそくミズーラから応援を要請し、一帯を二時間捜査した。見つけたのは不発の風船爆弾で、いっさいがっさい、すべてそのまま落ちて木にひっかかっていた。これに関連し、十二月十四日、モンタナ州リンカン郡リビーに事務所があるウェスタン・ニュースが次のタイトルと小見出しで雑誌を発刊した。

「森の中で見つかった日本の気球／郵便配達人のジョー・クジャワ氏の証言によれば日本の巨大気球は紙を貼り合わせたもので、六人から八人の兵隊を運べるが、ゴンドラに相当するものはない。近くに馬鹿でかい日本の旗が落ちていた」

発刊はしたものの、編集者はすこし話がおかしいと思い、翌週自分でカリスペルに行った。日本の旗は嘘だったが、気球に《昭和十九年十月三十一日／品質合格》という日本の文字が書き込まれていたとモロウ保安官から聞き出している。これとは別に、ニューズウィークという別の雑誌が新年号で「カリスペルの怪」というタイトルをつけ、「カリスペル事件はＦＢＩの捜査官が出張して、これを処理した。気球に誰かを乗せていたのか？　乗せていたのならその乗組員はどこへ消えたのか？　いったいどうやって気球はここまで到達できたのか？」という疑問を投げかけて終わっている。なお、この事件は上海の華字新聞タクンパオ（大公網／Takung Pao）が取り上げ、これを朝日新聞がアメリカ本土の地図入り記事として、昭和十九年十二月十八日、次のように紹介した。

「日本の気球爆弾、米國本土を襲う／各地に爆發火災事件／日本文字の記された巨大な気球が去る十二月十一日、モンタナ州カリスペル附近の山岳地帯に落下してゐるのが発見された……」

五番目の怪事件は十二月十九日火曜日のことだ。ワイオミング州ビッグホーン郡マンダーソンで縦横一メートルほどの気球の切れっぱしが見つかった。

六番目は十二月二十三日土曜日。アラスカ州マーシャルから北へ二十五キロの地点で気球の切れっぱしとバラスト用砂袋が二個発見された。

翌二十四日日曜日（七番目）にもアラスカ州ホリー・クロスで気球の破片と見なれない装置が見つかった。

八番目は十二月三十一日日曜日。オレゴン州クラカマス郡エスタケイダの南東十一キロにある背の高いもみの木に異様なものがひっかかっており、これについてポートランドに本社があるオレゴニアン紙が「謎の物体」という見出しで発見者ラリー・ミーツネン氏の証言を一月二日の朝刊にのせた。報道によれば、「開いたパラシュートが上下さかさにひっくり返った形で木のてっぺんにひっかかっていた。雑貨屋の主人のディブ・ホーナー氏の手を借りて太いもみの木を切り倒し、油紙のような妙な布と何かのメーター、絡まったコードをエスタケイダ・ハイスクールのテニスコートに運び込んだ」とある。その後、FBI捜査官と何かの役人が来た。隣のワシントン州にあるルイス要塞からも兵隊が一個小隊ほどやってきて、草をひっぺがす勢いでもみの木を切り倒したあたりを調べ回っており、数日後のオレゴニアン紙に「この気球は太平洋上六五〇キロほどの位置に浮上した日本の潜水艦から飛ばした物である」という当局の見解を掲載した。なお、アメリカで風船爆弾の報道規制がしかれた後のことだが、この気球を調査したマサチューセッツ工科大学のハンター教授は「気球は和紙で出来ているが、何で貼り合わせているか見当がつかない」と当局に報告した。ちなみに教授はアメリカにおける紙の権威である。またこれと同時に鉱物学者クラレンス・ロス博士がバラストの砂は日本の宮城県塩釜から千葉県大原までのどこかの海岸砂であると分析結果を出した。

九番目は一九四五年一月一日月曜日。カナダ、サスカチワン州のストーニー・ラピッズで気球の破片が見つかった。

さて、アメリカ当局がこれは容易ならんと覚醒したのは、一月四日木曜日、オレゴン州ジャクソン郡メッドフォードという都市部に爆弾が投下され、黄色い煙と共に十メートルほどの火炎を噴き上げた時で、これが十番目のケースである。合衆国検閲局はこの日に風船爆弾に関する報道規制を敷いており、これ以後、アメリカが風船爆弾につけたコードネームは《Paper（紙）》となった。

十一番目は同じく一月四日。カリフォルニア州ソノマ郡セバストポールで気球の破片と制御装置が見つかった。

十二番目は海上での出来事で、一月五日金曜日にミッドウェー北方で哨戒中の駆逐艦が風船爆弾を撃ち落とした。回収物は無し。

十三番目は同じく一月五日。カリフォルニア州ナパ郡ナパシティーで気球の破片が見つかった。

十四番目は一月七日日曜日。オレゴン州メッドフォードで焼夷弾の破片が見つかった。

十五番目は一月十日水曜日。カリフォルニア州モドック郡アルトゥラス西方五〇キロを飛翔中の風船爆弾をモフィット基地から出撃したP-38ライトニング戦闘機が撃ち落とした。回収された風船爆弾はモフィット基地で復元され、その後、ニュージャージーの海軍航空基地レイクハーストに移送された。

十六番目は同じく一月十日。カリフォルニア州モドック郡アディンで無傷の気球と制御装置が発見された。爆弾自体は投下後だったので存在しない。

十七番目は一月十二日金曜日。カナダ、サスカチワン州ミントンでの事件。国境から十キロ北の地点に十五キロ爆弾と焼夷弾二発が投下された。目撃者の証言では、気球は爆弾投下後、再浮上し、燃えて消えたとある。

十八番目は一月十三日土曜日。モンタナ州ローズバッド郡レイム・ディアーで気球と制御装置が発見された。爆弾自体は投下後だったので存在しない。

「中佐、もっと明瞭に発音してくれ。ぼそぼそ言って分かりづらい」

そう言ったのはバンディー特別補佐官である。

「たいへん失礼しました」

言われて中佐は少し声を張り上げた。

「十九番目は一月十五日月曜日にカリフォルニア州ヴェンチュラ東方十三キロのサチコイに落された十五キロ爆弾でありまして、爆弾は十八時に落ち、爆発破片がいくつも町の通りで発見されましたが、けが人はありません。焼夷弾は不発でした」

「サチコイだって！　ロス近郊じゃないか。サンタ・クララ川沿いのサチコイだろう？」

「おっしゃる通り、そのサチコイです。それから、事件リストの最後、同じくヴェンチュラ郡ムーアパークで発生した二十番目の事件ですが、これは十五日にサチコイへ爆弾を落とした気球の脱け殻です。そして会議の冒頭にご報告したムーアパークの一件が二十一番目の事件となります」

「ムーアパークの町は十五日と本日十七日の二回、風船爆弾事件に見舞われたのか！　ところで本日十七日に降ってきたその気球はどこに爆弾を落として来たかはわからんというわけかね、中佐？」

バンディー補佐官の質問に対し中佐はすまなさそうにうなずいた。すると補佐官は「ルーズベルト大統領は一週間以内にヤルタ会談へ出席します。日本の風船爆弾についてはスティムソン長官から大統領へ個別に話をするので、本日の会議は私が議事録をとり、それをスティムソン長官にわたします。ついては本日、この席で対抗措置を決議していただきたい」と言って議事進行をうながした。

――なんと、これはノルマンディーの時よりもひどい！

グローヴス准将は半年前のヨーロッパ反攻作戦にあたり、アメリカが虎の尾を踏むような気持ちでやってのけた危険な賭けを思い出した。それはドイツがノルマンディー海岸で放射性物質を使用するかも知れないというゾッとするような可能性についての賭けで、この時、ロンメル元帥がこの危険物質を通常砲弾あるいは地雷に詰め込んで連合軍を迎え撃つならば、その場合、使用されるのはプルトニウムであろう。ドイツはこの放射性毒物が原子炉で簡単に生産できることをすでに知っている。そしてヒトラーとその信奉者によるユダヤ人の扱いを見る限り、ドイツは迷うことなくユダヤ人を駆り立て、高い放射線の中でプルトニウムを掻き集める奴隷労働に追い込むだろう。そのようにして大量に得られた放射性毒物をドイツが使用したなら、連合軍地上部隊は大損害を出して撃退されるのだ。スティムソン長官からドクター原子力と言われるほどこの問題に精通していた准将は即座にマーシャル参謀総長へ向けてドイツが使用するかも知れない放射性毒物の存在を警告し、その内容はペンタゴン発の極秘電報としてアイゼンハワー将軍に届けられている。

アイゼンハワーは警告された事柄への対抗手段を速やかにとった。すなわちガイガー計数管などの使用訓練を受けた化学部隊、放射線医療部隊、関連機材の特別保守部隊を編成したことに加え、前線兵すべてにX線フィルムを携行させ、日に一度、これらのフィルムチェックを義務づけると同時に、フィルムが曇った場合の対処についてはアメリカ第一軍集団所属の三名の軍医総監にマニュアルを送っている。幸いなことにノルマンディー上陸後、ドイツによる連合軍部隊への放射性毒物攻撃は無く、アメリカは危険な賭けに勝ち、准将はホッと安堵の胸をなでおろした。

いっぽうグローヴスは日本の原子力開発についてほとんど情報収集の努力をしていない。理由は、原子力兵器の製造に必要な工業力は日本に無く、また日本が核兵器生産に必要なウラン鉱石をもっていないと判断したからだ。確かに日本の国力は准将の予想通りだったが、しかし、見くびりすぎていたことも事実で、その後、フェルミ、ウィグナー、ホィーラー、オッペンハイマーなどの学者から、日本には仁科芳雄ほか十指に余る世界的な原子物理学者がいると聞かされて驚いた。日本の基礎物理学と基礎工学に関する知見と人材の厚みは准将の想像をはるかに越えていたからである。そしてここに来て風船爆弾が降って来たから、准将の考えは「日本人は放射性毒物を気球に乗せるつもりだ！」という独断へ飛躍した。

グローヴスは日本人が本能のみで動く昆虫のようなものなのではないかと、ふと思う。死と引き換えの攻撃に出る日本兵は本能に従って飛来するスズメバチであり、いったんスイッチが入ったが最後、何があろうと相手に襲いかかることを止めない。その兆候はガダルカナルで初めて姿をあらわしたが、その後、マキン、タラワ、サイパン、テニアン、グアム、レイテと地上戦の回数を重ねるごとに日本兵の昆虫化は激しくなっており、今や零戦の片道飛行となるに至って、スズメバチそのものになってしまった。だから見るがいい。同じ一時帰郷組のアメリカ海兵隊員でありながら、ヨーロッパよりも太平洋に派遣された海兵隊員の方が圧倒的に盛り場で問題を起こしている。日本兵相手の一方的な惨殺戦は勝った方のアメリカ兵に対しても精神的な重傷を負わせ、一般市民生活への復帰を著しく阻害しているのだ。そういうスズメバチもどきの日本人が今度は風船爆弾をアメリカ本土に放って来た。邪悪なものをそれに乗せているに決まっている。危険の程度はノルマンディーどころではない。准将はアメリカ本国の一般人がこうむるであろう恐怖以上の恐怖を思って血が凍るような気分になった。

会議場が騒がしい。それは爆弾の調査にたずさわった海軍技官の「気球は潜水艦ではなく、日本から直接飛ばされたものだ」という一言がひき起こしたもので、海軍長官フォレスタルはすぐに「なぜそう断言できるのか」と聞いた。

「バラストの砂が東日本沿岸のものに集中していること。また、それ以上に決定的なのは、あの気球は水素を三〇〇立方メートル詰め込まないと所定の機能発揮ができない点です。もしも潜水艦でその詰め込み作業をやるとしたら、水素発生装置という厄介なものを新たに積み込んだ潜水艦を何百も動員する必要がある。短時間で大量の気球を飛ばさねばならないからです。ところが日本海軍は今や壊滅状態でその要求に応えるだけの艦船を保有していない。従ってあれは日本から直接飛来したものです」

もう一つ、日本の風船爆弾はどれほどの量が北米大陸に向ったのかという話になり、結論は「目の前に出現した爆弾の一〇〇〇倍以上が飛ばされただろう」という冗談ではすまされない見解に落ち着いた。気球は広大な北米の人目に触れない処女地に爆弾を投下しているものもある。また太平洋上で消息を絶ったものもある筈で、そう考えるのが妥当だろう。つまり日本は安価な風船爆弾の量産体勢に成功し、飛来する無差別攻撃気球の数は日を追うに従って増えるというのだ。

こういう討議を経て、バンディー補佐官の議事録には以下六項目の「風船爆弾に託した日本の推定戦略目標」が記されることになった。

①焼夷弾による焼土作戦
②細菌爆弾など生物兵器の散布
③恐怖を煽り、兵力分散を狙った心理作戦
④工作員の送り込み
⑤対空攪乱を狙った飛行妨害
⑥生物兵器以上の影響力を持った破壊物質の散布

気球から投下される十五キロ爆弾はそれほど恐ろしくない。だが焼夷弾は脅威だった。日本が焼夷弾一本に絞り込んでこれを乾燥期に投下すれば大森林火災を引き起し、たいへんなことになる。そこで焼夷弾への対抗措置として《螢計画》が採用された。炎を見つけるという意味でホタルと命名されたこの計画では、偵察機を大量動員して荒野、山岳地を中心にボヤを早期発見しようというもので、具体的には国内防衛を主務とした第四空軍を始めとする航空隊に二五〇〇名のパイロットをつけ、T-6テキサンなどの軽飛行機を大量配備した。生物兵器への対抗策は《稲妻計画》が採用され、陸軍省と農務省がペアになって汚染除去チームを編成することになった。警戒にあたっては民間の獣医師団と青少年団クラブまで動員することにしたが、真実を話せばパニックになるので動員理由は述べないものと申し合わされ、かつ、全国の農場主には家畜疾病の絶対報告を義務化させた。心理作戦、工作員の送り込み、飛行妨害への対抗策は《日没計画》と命名され、具体的にはレーダー基地の大増設と戦闘機（P-38ライトニング／P-63キングコブラ／F4Uコルセア／F6Fヘルキャット）を動員し、レーダーで気球爆弾を待ち伏せして、ヘッドライト・トレーサーという名の新型曳光弾でたたき落とすとした。なお《螢》《稲妻》《日没》以外に《気球迎撃計画》と《捕獲気球の実験》と命名された二つの行動計画があったけれども、この二つは副次的なものとして位置づけられている。

第一回目の風船爆弾対策会議は夕刻近くに散会となった。日本の戦略目標にある「生物兵器以上の影響力を持つ物質」、すなわち有毒な放射性物質については暗黙の了解でもあったかのように議論はされていない。そのかわりバンディー補佐官の議事録末尾には「沈黙／報道規制の徹底」という文字があった。これは風船爆弾事件それ自体について無視を続け、沈黙し、アメリカ国内が動揺していないと見せかけることを意味した。余談ながら、ホワイトハウスの式部官が保存するルーズベルトの行動予定記録を閲覧する限り、スティムソン陸軍長官とルーズベルト大統領の面談は一九四四年十二月三十一日午後十二時から午後一時五分までのものが最後となっており、一月十七日にあった風船爆弾対策会議について大統領に報告がなされた形跡はない。無理もないことだが、この対策会議の三日後にルーズベルトは大統領第四期就任演説とそれにともなう儀式を行ない、その翌々日の一月二十二日にヤルタへ向けて旅立った。じかに報告している時間はなかったのだ。（著者注）風船爆弾事件発生地一覧は追補（11）に参考記述あり

※　　※　　※

一月十七日の会議で決まった三つの対抗策は完全な期待外れに終わった。大統領はヤルタ会談出席のため一月二十二日から二月二十七日までアメリカを留守にしたが、その間、五十六件の風船爆弾事件が起き、それに続く三月いっぱいで事件総数は一一四を記録している。大問題になったのはアメリカの防空システムが機能していないという事実で、焼夷弾火災を速やかに発見するための《蛍》は、警戒する領域が広すぎ、まったく火の気を探し出せていないことが判明した。北米大陸のどこかで確実に起きていた筈の焼夷弾火災が燃え広がらず自然鎮火したのは、ひとえに乾燥期でなかったからだ。そして生物兵器を警戒するための《稲妻》は何ひとつ満足な結果を出せず、たまたま日本がこの挙に出なかったから大事に至らなかっただけの話で、《稲妻》は明らかに不合格だった。そして最も当局を苛立たせたのは《日没》の不振だった。レーダーはまったく効き目がなく、偶然上空にあらわれた風船爆弾を見てスクランブルしたコルセア戦闘機が合計十五個を撃ち落としはしたが、そのうちの一個は撃ち落とされて地面に落ちた時に爆発し、とんだ藪蛇だった。

「どうして風船爆弾を海上で迎撃できないのかね？」

グローヴス准将はじりじりしながら工兵隊の連絡参謀に訊いている。

「やって来る風船爆弾は編隊を組んでいるわけではなく、あまりにばらけ過ぎているためレーダー監視網をすり抜けてしまうのです。そして捕獲した風船爆弾を解体分析してわかったのですが、あれは金属部分

が異常に少ない。レーダーが反応するのは十五キロ爆弾と排気バルブぐらいだそうで、これを捕捉するにはレーダーの機能自体を強化改良しなければなりません」

この回答に加え、連絡参謀はげっそりするようなことを言った。いわく、これほど金属部分が少ない風船爆弾は高度三〇〇〇メートルに下降して来るまでレーダー探知ができないし、またその段階で風船爆弾はすでに急降下爆撃体勢に入っており、迎撃機を発進させても爆弾投下を止めるすべはなく、完全にお手上げなのだ。

結局、日本陸軍気球連隊が放った九三〇〇発の内、人知れず爆撃を果たしたものまで含めれば、太平洋を横断した風船爆弾は推定一〇〇〇。この内、記録に残された事件は合計二九三。国別に見ると、アメリカ二〇八件、カナダ七十八件、メキシコ二件、海上での撃墜五件。最も東部寄りの到達地はミシガン州の大都市グランド・ラピッズおよびファーミントンとなっている。

さて、原子炉群を抱えたハンフォード・サイトがあるワシントン州だが、この州に落ちた風船爆弾は二十五発。その中でもサイトをかすったものは六発あり、最初の事件は二月二十七日火曜日にゴールデンデアで起きた。風船爆弾の脱け殻らしい異物落下の電話を受けたウッドワード保安官はすぐに現場へ直行したが、このとき一緒について行ったのはゴールデンデア・センチネル紙の女性記者ジェリーン・ブルックスで、彼女は戦後しばらくたってからインタビューを受け、次のように回想している。

「私はスクープ記事が取れると直感し、カメラを掴むと、保安官を拝み倒し、車に同乗させてもらいました。現場に着いて驚いたのは町の大通りほどもある気球が木に絡まっているのを見た時です。その気球からは車のバッテリーほどの箱がぶら下がっており、実に奇妙なしろものでした。それから小半時ほどすると爆弾処理兵一個分隊が到着し、このうち半数は長い棒を持ち、そして空想科学小説の挿絵にあるような宇宙服を着ていました。保安官はこわばった顔つきの将校と話をしていましたが、そのうちこの将校は私を呼び、気球は日本のもので、これがここに到達したことを日本に悟られるとまずいことになる。これは軍事機密だから絶対に報道してはいけないと私は念を押され、誓約書にサインまでさせられて帰って来ました。私はあそこでこっそり撮影した写真を今も我が家の戸棚に置いていますが、どっちにせよこの日のスクープはドブに捨てざるを得ませんでした」

ゴールデンデア事件後、ハンフォードサイト周辺で起きた事件は三月十日土曜日だけで四件、翌三月十一日に一件となっている。この三月十一日の出来事はヤキマ街道上空から下降してきた風船爆弾を四人のパトロール隊員がライフルで撃ち落としたというもので、すでに脱け殻となっていた気球はサイト西側フェンスから五〇〇メートル外側に巨大クラゲさながら、ゆっくりと着地した。さて、これら風船事件のうち、グローヴス准将が大きな衝撃を受けたのはトペニッシュの町で三月十日に起きた事件だった。この町はヤキマ渓谷から南へ四十五キロの場所にあり、町からさらに東へ九〇キロ行けばハンフォードサイトのウェスト・ゲイト（西門）に到着する。同日午後三時二十三分のことだ。どこかで爆弾を落とした後、自爆装置が作動しなかったおかげでふわふわと流れ着いた風船爆弾の脱け殻はトペニッシュ近郊を走っている二三〇キロボルト送電線の上にかぶさった。この日は雨で、高圧線ショートにはおあつらえむきの状況だったから、たちまち勢いよく燃え上がり、ボンネヴィル発電所からハンフォードサイトに向っている送電線四系統の内の一つが焼き切られた。

原子炉がこのような緊急事態に陥った時のため、フェルミ率いる学者集団とデュポン技術陣は大きく二つの安全保障システムを設計思想の中に組み込んでいる。繰り返しになるが、原子炉では炉心事故が起きぬよう厳重な注意がはらわれており、何か妙なことが起きれば原子炉の天井に装着されているホウ素棒の束が炉心に落され、中性子をスポンジのように吸収し、原子炉は緊急停止する。そして、もしもそれを振り切って原子炉が暴走し始めたなら炉の内部をホウ素溶液で浸し尽くし、中性子を根絶する仕掛けにしていた。これが原子炉そのものを緊急停止させる《スクラム／ＳＣＲＡＭ》だった。

そして、もう一つの安全保障システムが外部電源の多重化だった。専門家の指摘によれば、核分裂連鎖反応はいったん臨界を経験すると熱を発し、この熱はスイッチをひねれば消えて無くなるという性格のものではない。よって間断なく冷却する必要がある。また、万一、冷却水循環が停止してしまった場合、それに耐えられる時間は十五分が限度だと警告しており、十五分を過ぎると炉心温度は急激に上昇し、炉自体が爆発するか溶けて崩壊するかのどちらかだと言う。この恐ろしい警告に対しデュポン技術陣は冷却水循環に使用する電源確保のため二つの巨大水力発電所を押さえた。メイン電源は出力一一八九メガワットのボンネヴィル・ダムで、ここから一系統あたり二三〇キロボルト・一二〇〇アンペアの送電線を四系統ひき出してこれをハンフォードサイトに引き込み、同時に出力七〇七九メガワットのグランド・クーリー・ダムからまったく同一スペックの送電線四系統を作り、これをバックアップ用とした。

トペニッシュ風船爆弾事件が起こった時、遅滞なく原子炉緊急停止システム（スクラム／ＳＣＲＡＭ）が作動し、サイト内の全プラントに急ブレーキがかかったので、ハンフォードサイトに詰めていたフェルミ教授とデュポン技術陣はスキップでもしそうなほど浮かれた気分になっている。そのわけは半年前にさかのぼり、このサイトでは原子炉運転が始まるとすぐに悪夢のようなキセノン毒事件があったので、技師たちは、今やせっかく機嫌よく動いている原子炉にあえてＳＣＲＡＭの実地試験してみる勇気はなく、そのままにしていたのだ。しかし、風船爆弾のおかげでＳＣＲＡＭは完璧だという認定証を得ることになり、また、冷却水循環用の電源も速やかにバックアップ系へ切り換わったので、停電は二分で終わった。もっともこの二分の停電でプラント全部を強制停止してしまったから、再び原子炉をフル稼動の状態にさせるまでに三日もかかっている。

グローヴス准将は原子炉の緊急停止が想定通りに運んだことを喜んだけれども、その直後、電気系統責任者スカッフ技師の提出した勧告書を読んでギョッとした。その文書によれば、「三月十日十五時二十三分の電源異常にあたり、105-B、105-D、105-Fの原子炉はすべて自動的に緊急停止状態になりました。また電力供給についても計画通りボンネビル送電系からグランド・クーリー送電系へと切り換わっております。しかし私は今回の電力異常低下が日本の風船爆弾のせいだと知って、これまで以上に厳重な対策を取っておく必要があると感じました。確かにSCRAMは合格ですから連鎖反応は停止します。しかし放射能減衰中のウランから生成された核反応生成物質は連鎖反応が止まっても熱を出し続ける。この熱は連鎖反応で発生する熱と比べればはるかに少ないとはいえ、電源が喪失し冷却水の流入がストップすれば、メルトダウンを起こして大爆発します。風船爆弾が防空レーダー網をすり抜けられる以上、風の吹くままのあなた任せ爆弾は恐怖です。思いも寄らぬ場所に落ちて来ることは大いにあり得るし、メインとバックアップの両送電線が同時に損傷してしまえば二分の停電では済みません。十五分の限界など簡単に突破するでしょう。完全にお手上げです」とあったからだ。

二回目の風船爆弾対策会議は三月二十三日金曜日にユタ州ダグラス要塞で開かれたが、准将は会議が始まる前にマンハッタン計画を知る数少ない関係者だったバンディー補佐官とサマーヴェル中将を相手に密談した。

「スカッフ技師の勧告は無視できませんな。風船爆弾はピンポイント爆撃ができない。そういう欠点は日本人も承知しています。だから日本人は大量にこれを飛ばすでしょうな」

「下手の鉄砲、数うちゃあたるかね」

「さよう。いずれにしてもこの事件で電気は二分間途絶え、原子炉が再びフル稼動の状態になるまでに三日ロスし、関連設備の調整作業が影響してプルトニウム生産は十日近く納期遅延したわけです。私はすぐスカッフ技師の勧告に応じ、一個連隊分の電源供給車と重油が入ったドラム缶五〇〇〇本を地下の備品倉庫に搬入しました」

それだけで満足できなかった准将は数台のビッグボーイという巨大蒸気機関車をハンフォードサイトに送り込み、これにタービン設備をつけて臨時の火力発電所を設営し、冷却水循環電源の防禦を厚くしている。

「やれることはすべてやりました。あの風船爆弾は昼夜を問わずやって来ると言うのに、レーダーがあてにならないから始末が悪い。しかたがないので、サイトの西側フェンスに沿ってサーチライトと機関銃座を隙間なく配備しましたよ。しかしどこかで爆弾を落とし終わってふわふわやって来るあのクラゲみたいな気球は始末に困る。曳光弾をぶち込んでもそのまま墜落しないのですよ。まるで火のついた新聞紙のようにひらひらしておる。そのまま原子力棟の敏感なところに火がついたら目も当てられませんね」

「レーダーが効かないとはね。何かこれについて明るい新展情報はありませんか？」

そう言ったのはバンディー補佐官で、質問はサマーベル中将に向けられている。

「レーダーについて即効性のある解決策はありませんが、ジェット気流についての見解は今日の会議で報告されるでしょう。明るい材料はこれぐらいですよ」

「よかったら少し教えてもらいたい。不安を抱えて議事録などとりたくないのでね」

「風船爆弾の推進エンジンは時速二六〇キロのジェット気流ですが、これは毎年十月下旬にあらわれ四月上旬に消える。消えてしまえばこの高速気流が再び出現する十月下旬まで、風速は五分の一になる。二日で太平洋を横断していたものが十日かかる勘定だ。高圧線を焼き切った日本の気球容積は……」

と言ってサマーベルは手帖を取り出し「三〇〇立方メートルありますが、風速が五分の一になってしまうとあの気球は太平洋を横断できず、すべて海の藻屑になる。日本人がもっと大きな、例えば一三〇〇立方メートルほどの気球を放てば話は違って来ますが、日本にそういう大気球を無数に放つ生産能力は無い。

従ってジェット気流が停止すると同時に風船爆弾の脅威も無くなるというのが、気象部門の見解です」と言って補佐官を見た。

「なるほど。と言うことは、十一月までに日本人が降伏しなければ、またあれが降って来るというわけか」

バンディー、サマーベル、グローヴスの三者密談は終わり、彼等は二度目となる風船爆弾対策会議に臨んだ。密談時の情報交換通り、レーダー網と迎撃体勢については何の進展もなかったが、ともかくジェット気流が消滅している四月から十一月までの七ヵ月間に日本を降伏に追い込むことで風船爆弾対策会議メンバーは一致した。また風船爆弾関連の具体策については《蛍》《稲妻》《日没》を継続し、それとは別に、日本本土にある放球基地と水素供給工場の爆撃破壊が喫緊の課題となった。そのためには放球基地と水素工場を特定しなくてはならない。これにあたり、気球のバラスト砂が塩釜から大原までの海岸砂だというクラレンス・ロス博士の説があらためて紹介され、この地域の海岸線に絞り込んだ放球基地探索を優先し、千島列島、北海道、三陸海岸および西日本は除外することになった。また水素工場は京浜工業地帯にある昭和電工か北茨城にある日立製作所が臭いということになり、これらの工場郡と周辺鉄道網を思いっきり叩くという案が採択されている。次に気球自体の生産拠点を破壊殲滅する件に議論が及び、その結果、まだB-29が爆撃していない広島、小倉、新潟の三地域が怪しいとなったが、和紙気球は家内工業的な生産が可能なため京都などは最も怪しいという意見が出されている。なお風船爆弾についての報道規制は引き続き《無視と沈黙》の徹底が採択され、これ以降、違反者の処罰レベルが厳しくなった。

いっぽう日本も風船爆弾を飛ばしてから三ヵ月以上沈黙を続けたが、一九四五年二月十七日になって方針を一変し、プロパガンダ放送を開始した。いわく、「目下、アメリカ本土を爆撃しているフ號兵器をさらに大型化する。これは直径二〇メートルの新型気球であり、トータル百万発を発射する」とぶち上げており、このプロパガンダについては東京ローズほかの口を通じてたびたび放送された。その中でも最も反響が大きかった放送はリスボン、シンガポール、ブエノスアイレスに駐在する同盟通信社の英語、ドイツ語、フランス語、中国語、ロシア語、スペイン語での放送で、このときは清水陸郎局長ならびに広報官の中島省三中佐がマイクの前に立った。放送の内容は「一九四四年十一月から実戦投入したフ號兵器はアメリカ本土に多くの損害を与え、成功裏に推移しているが、今後、フ號兵器は直径二〇メートル気球となり、北米大陸まで最短距離の位置にある幌筵島ほか千島列島各地から放球される」としていた。確かにこの時点で新型のバラスト制御装置が完成しているから、気球の大型化に応じられる。しかし明るい材料はそれ一つだ。いずれにしても日本はB-29が与えた大打撃により生産能力の消滅は覆うべくもない。何をどう放送しようとすぐに底が割れるプロパガンダだった。

ところでアメリカも五月二十二日火曜日に風船爆弾について沈黙を破り、「妙なものを見つけたらすぐ警察に連絡し、おもしろ半分で不審物にさわってはならない」と日本の風船爆弾について警告放送を行なった。この放送の背景にあるものは、五月五日土曜日に起きたギアハート山麓での事件である。オレゴン州クラマース郡ブライという町にアライアンス教団の教会があり、そこの教区牧師ミッチェルは日曜学校の生徒と夫人を連れてピクニックに出かけた。ギアハート山麓の木陰でランチにしようとしていた時、誰かが木にひっかかっている気球を見つけ、大はしゃぎでこれを引きずり下ろそうとした。爆弾は投下済みではなく、気球にくっついたままだったから、大音響と共に破裂し、ミッチェル夫人と五人の子供が爆死した。この事件は五月七日にヘラルド・アンド・ニュース紙が、また、五月十日にレイク・カウンティー・エグザミナー紙が規制を振り切って報道した。アメリカ当局による風船爆弾警告放送はこれを受けてのもので、子供が巻き込まれた以上、もはや沈黙が保てなくなったのである。

ギアハート事件に先立つ四月上旬、登戸研究所の草場少将は参謀本部に放球中止を進言し、風船爆弾は七〇〇発が未放球のまま即時攻撃中止となった。風船爆弾についてのおおかたの日本側文献とテレビのドキュメンタリー番組では「風船爆弾の放球中止は、軍指導部がアメリカの報道規制による情報操作にまんまとひっかかり、風船爆弾は北米大陸に到達していないと早合点したためだ」と指摘しているけれども、アメリカが報道規制を敷くまでの間、風船爆弾関連のニュースは、少なくはあるが日本にも届いている以上、この指摘の信憑性は薄い。

七〇〇発が未放球のまま攻撃を中止した理由の一つは、ジェット気流が四月になれば消滅するからで、これが消えてしまえば風船爆弾を飛ばしても北米大陸に到達する前に海に落ちる。これを誰よりも承知していたのは草場であり、十一月に再びジェット気流が吹き出すまで資源の浪費は避けるべきだと進言したからだが、ともあれ、風船爆弾が中止となった最大の理由は硫黄島攻防戦直後の沖縄戦争（三月二十六日から六月二〇日）である。この切迫した状況に対処するため、風船爆弾へのパワー投入などは吹き飛んでしまい、アメリカの情報操作に一杯食わされたという牧歌的な理由によるものではない。

風船爆弾対策会議は三月二十三日の二回目で終わり、三回目が開かれることはなかった。そして、大統領に対しスティムソン陸軍長官が風船爆弾に関連する報告を行なった痕跡はない。もとよりルーズベルトは足が不自由だったから火事を異常に恐れたのだが、特に大戦末期のヤルタ会談前後になると、大統領は喜怒哀楽の振幅が激しく、情動失禁を疑わせる傾向が強くなっていたから、手がつけられなくなるのを恐れた長官はあえて報告を避けた。かくして大統領は日本の風船爆弾の存在を知らぬまま、四月十二日に急死する。

第二部

各国首脳の健康状態

第一章

主治医たち

1　チャーチルとルーズベルトの疾患

チャーチルが挙国一致内閣首班に指名されたのは真珠湾（アメリカ領ハワイ）とコタバル（イギリス領マラヤ）が日本によって同時攻撃を受ける一年と七ヵ月前、すなわち一九四〇年五月十日のことで、葉巻がトレードマークという首相はこのとき六十五歳。以来、肺ガンにもならず、数えで九十一歳の長寿をまっとうしたけれども、五十台後半に狭心症の疑いありという診断が突きつけられている。カルテを子細に見ていくと、冠動脈に悩ましい異常があって、血管にプラークがある可能性大というから穏やかでない。

かくして首相就任と同時にチャーチルの健康状態は国家の管理下に置かれた。このとき管理者として主治医に就任したのは大英帝国・内科医師会長のモラン卿チャールズ・ウィルソン博士で、年齢はチャーチルより八歳下の五十七。物静かな内科医というよりも、思い切りのいい外科医という感じで、その風貌は日本人なら十人が十人この医師の顔を見た瞬間、目玉をぎょろぎょろさせたカラス天狗がいると思うだろう。

モラン卿が主治医に就任した翌日、さっそくチャーチルの診断履歴が持参され、同時に「憂慮事項は狭心症の他にもう一つある」という申し送りを聞かされることになった。それはマールバラ公チャーチルの一族にしばしば表れ、首相本人も受け継いでしまった躁鬱病である。二十一世紀となった今、首相にあらわれた症状は《双極性Ⅱ型障害》と再定義されており、普段は軽度の躁状態で、何かの拍子に重度の鬱状態になるというものだったが、いずれにせよ、首相が重鬱に陥ったのはこれまでの人生で三度だというから、日常生活はほとんど《好戦的言動》《活力異常》《抑制力欠如》《浪費》《大言壮語》《文書多産》《大量飲酒》という軽躁の日々ということになる。振り返ってみれば、チャーチルの学業は最初から最後まで典型的な落第坊主のそれであり、お世辞にもいいとは言えない。歴史とフェンシングという教科だけは飛び抜けて優秀だったが、他のカリキュラムは惨憺たるもので、少年時代に雇われた家庭教師はノイローゼになって何人もやめ、この中にはわずか二〇日しかもたなかった音楽教師（チェロ）もいる。

チャーチルの主治医
モラン卿

軽躁がチャーチルの強みに変化したのはサンドハースト陸軍士官学校（騎兵科）を卒業するころからで、首相は卒業と同時に陸軍へ奉職し、二、三の実戦を経験した後、政界に入り、ここからめきめき頭角をあらわした。「議会はボクシング場だ。殴り合いが議論に代わっただけのことで、本質は同じである」という名言を残したチャーチルは、パドックでヒンヒンいなないて棹立ちになる競走馬さながら、その好戦的な性格にものを言わせて論戦相手を次々とマットに沈めている。

チャーチルの軽躁症状の一つとなっている《文書多産》は物書き病と言う別名がある通り、首相はたいへんな勢いで書類を書き散らした。そして死後、内容確認が済んで記念館に保存されると決まった文書の総重量は十五トンにのぼり、それ以外の、記念館入りするほどのものにあらずとされた文書はその数倍あった。首相が全身どっぷり漬かっている《活力異常》の最たるものは、朝八時に起き、翌日明け方四時に寝るという生活習慣で、さすがに午前中はエンジンの回転が今一つ上がらず、しばしば首相のベッドのまわりに椅子とサイドテーブルを持って来させ、そこに閣僚を呼んで会議を始めた。

「何とまあ、睡眠時間は四時間ですか。では、《抑制力の欠如》には、例えばどんなものがありますか？」

「さよう、首相は多弁で、四時間ぶっ通しで議会演説をやり、まわりを辟易させたことがあります。ノン・ストップ・スピーチですよ。これは私生活でも同じで、夫人は今すぐ首相に伝えねばならない重要なことはすべてメモにして渡しました。首相が喋っている間、発言に割り込むことなど不可能だったからです」

「《大量飲酒》というのは……？　相当召し上がるということですか？」

「上品な表現がまるで駄目というケネディー前駐英アメリカ大使は、首相がウィスキーボトルを哺乳ビンがわりにしている飲んだくれだと記者のインタビューに応えていましたが、まあ、だいたい正鵠を射ています」

「なるほど。首相の心臓には冠動脈に異常があるとカルテに記されていますが、その程度の臓器疾患だけで済んでいるのは奇跡です。よほどの頑健体質と見える」

「ドクター、問題は《鬱》です。首相の鬱を何としても水際ではね返さなければなりません。さもないとイギリスはばらばらになり、最悪の事態に直面します！」

首相は軽躁とは言え、話す内容は整然としており、目鼻がめちゃくちゃな福笑いのようではない。それどころか、軽躁を指導力の源泉としつつ、国民を断固たる不退転演説で奮いたたせ、国民の心を一つにさせている。それがチャーチルだった。が、鬱になると首相の異常活力は嘘のように消え、ただただ静まり返り、ねっとりと淀んだ沼さながらになってしまうのだ。首相の述懐によれば、鬱になると黒い犬が身体の中に棲みつき、あたりが暗くなり、色彩というものがなくなり、そして、耐えがたい拷問にあっているような具合になると告白している。

――――厄介な患者だ。

と、モラン卿は思う。主治医の頭に刻み込まれたチャーチルは、頭の回転が猛烈に早く、謙虚とは別世界に住むエキセントリックな男だったが、そのいっぽう、朝起きたら鬱だったという悲惨な目覚めを恐れるあまり、睡眠を遠ざけ、さらに気分を昂揚させるため朝からウィスキー・ソーダを持って来させる男だった。ともかく鬱の接近を警戒しなければならない。おまけにこの患者は心臓冠動脈異常という臓器不全も抱えているのだ。

さてチャーチルと新任主治医の初対面は首相就任からちょうど二週間後の五月二十四日午前十一時だった。待ち構えていた執事のソーヤーズに案内されてモラン卿が首相の部屋に入ると、そこにはパジャマ姿のまま、天蓋つきベッドの中で書類に目を通しているチャーチルがいた。この患者は、主治医がお目見えの挨拶に参上したというのに不機嫌そうに書類を見ており、顔を上げようともしない。そのうち首相は書類を下に置き、いらだたしげに「私はどこも悪くないよ」と言って再び書類を読み始めた。チャーチルはあきらかに自分の身体をひねくりまわされるのが嫌だったのだ。とりつく島もない殺伐な言葉をいきなりぶつけられたモラン卿だったが、この医師はひるむことなどさらさらなく、手堅く冷静に職務をこなしている。最初の数ヵ月、首相は非常に頑固で厄介で、どっちが患者かわからないようなことがしばしば起こり、こういうとき首相は怒ったように首を前に突き出し、床をにらみつけたまま、歯を食いしばって室内を熊のように行ったり来たりした。そしてさらに日数が経ったとき、ようやくまともな会話が成り立ち、それを汐にチャーチルと主治医の雑談が毎日の日課となって、首相はモラン卿を相手にいろいろおしゃべりし、そのことによって何かにひらめき、また、自分の思考欠落を調整するようになった。
いっぽうモラン卿は、いわゆる日々の定期検診に加え、一分でも多く睡眠時間を稼ぐため、朝、昼、就寝前の計三回、三十分の低温浴をさせてテンションの安定化をはかるのと同時に昼寝をさせた。そしてこの主治医が睡眠と低温浴以上に重視したものは、患者の話すことを辛抱強く聞き続けることだった。モラン卿はチャーチルという患者が持っている精神疾患の全体像をさぐり出すため、手がかりとなる片言隻句や些細な動作を、たとえば封筒の裏側にメモし、これらのメモをもとに、その夜のうちに首相との対話録を書き上げ、処方カルテの一部とした。かくして躁と鬱の心の病を持つチャーチルには絵筆を持たせて風景画を描かせることが有効であるとモラン卿は発見し、以来、首相の戦場往来にはイーゼル、キャンバスなど画材一式が常備品になった。なお、この医師は首相につき従ってワシントンであろうとモスクワであろうと、どこにでも一緒について行くことになり、おかげでその診察カルテにはルーズベルトやスターリン、あるいは蒋介石など各国指導者についての記述が書き込まれることになった。

（著者注）各国首脳の生没については追補（12）に参考記述あり

※　※　※

イギリスの首相官邸はダウニング街十番地のほかに別邸が二つある。その一つがロンドン北西バッキンガムシャーにあるチェッカーズ城で、一九四一年十二月六日、チャーチルは週末を郊外で過ごすため、この別邸に入った。翌七日日曜日は午後一時からルーズベルト特使ハリマンを主賓とする小規模な昼食会で、定刻、招待客は控えの間に入っておしゃべりを楽しんでいたが、駐英アメリカ大使ワイナントだけが二十分遅刻した。するとチャーチルは執事のソーヤーズが訝《いぶか》しがるのを尻目に、ひとり玄関ホールでワイナントが到着するのを待ち、やがて待ち人がホールの中に入って来ると首相は驚くほど機敏な動作で大使の側に歩み寄り、「ハリファックス伯爵の緊急電によれば、昨晩、ルーズベルト大統領は日本の天皇に親電を打ったそうだ。日本がこの親電を土足で踏みにじってアジアのイギリス領を攻めた場合、アメリカは日本を相手に開戦にふみ切ると思うかね？」と言ったが、この場でワイナントの答えを聞こうと思ったわけではなく、すぐに大使を昼食会場へ招じ入れた。なお、この時点でチャーチルもルーズベルトも、日本は南方の資源地帯奪取に全力を上げると見ており、アメリカとの真っ向勝負につながる真珠湾は一顧だにしていない。

チェッカーズ城での昼食会からさかのぼること十一日前のことだ。日本時間で十一月二十六日午前六時。集結地、単冠湾《ひとかっぷわん》の南雲艦隊三十一隻は第一警戒航行で寒気激しく、波うねる中、濃霧に紛れ、ひっそりと出航した。艦隊は東進を続け、西経一六五度／北緯四三度の海域を通過した直後、面舵転針一四五度を行って南下。それから三日後、ハワイ時間十二月七日五時五十分、艦隊は予定された西経一五七度／北緯二六度、すなわちオアフ島北方三六〇キロの発艦地点に到達した。時に日の出二十六分前。月齢十九、下弦の月。気温二十二度。風力六／雄風十三メートル。北東の風である。空母が最大戦速で艦首を風上に向けると、その瞬間、甲板は傾斜十五度へ大きくかたむき、九七式艦攻は魚雷と満載燃料の重みでタイヤが軋んだ。そしてエンジンがかかりプロペラが轟音をあげると一切の人声はかき消され、旗旒と発光信号のみが意志を伝える中、艦載機は零戦、艦攻、艦爆の順で放たれた。

第一波・一八三機の発艦は午前六時ちょうど。第二波・一六七機は午前七時十五分。真珠湾攻撃第一波の初弾は艦攻の魚雷ではなく、九九式艦爆隊の二五〇キロ爆弾で、投下時刻は七日朝七時四十分だった。ちなみに初弾投下時刻の各地の時間は《東京／八日未明三時四十分》《ワシントン／七日正午四十分》となっている。

高橋赫一少佐率いる九九艦爆がフォード島ヒッカム基地に突っ込んだその瞬間、ハワイから見れば地球の反対側にあるようなチェッカーズ城の大時計は七日午後五時四十分を指しており、招待客は服装を晩餐用に着替えている真っ最中だった。そして宴はとどこおりなく果て、チャーチル夫妻は特使ハリマンとその娘キャサリン、そして大使ワイナントを談話室に招じ入れ、くつろぎのひとときを演出している。陪席者の中には、モラン卿、チャーチルの三女サラ、長男ランドルフの嫁パメラ、チャーチルの個人秘書コールヴィルほかがおり、そこへ執事のソーヤーズがしかつめらしい顔でやって来た。

「首相閣下、午後九時のラジオ・ニュースが始まります。お聞きになりますか？」

「ありがとう、ソーヤーズ。ハリマン特使から頂戴した最新式の携帯ラジオがそのサイドテーブルに置いてある。今日はこれでニュースを聞いてみよう。スイッチを入れてくれ」

エルガー作曲の威風堂々が流れ、ＢＢＣニュース放送に移ると、それはすでに報告を受けている北アフリカ戦線とロシア戦線についてのものだった。しかし、放送が終わるころ、アナウンサーはたった今入ってきた驚くべきニュースで、詳細は不明だとことわりを入れ、真珠湾のアメリカ太平洋艦隊が日本の攻撃を受けたこと、ならびにオランダ領東インドでイギリス艦船が日本の攻撃を受けたことを簡単に報じた。チャーチルは押し黙って天井を見ていたが、そのうちフィリピン産のタバカレラ葉巻を大きく吸いこんだ後、あたりが煙で霞んでしまうほど、思いっきり激しく葉巻の煙を吹き出した。いっぽう、アメリカの要人二名は驚天動地のラジオ報道に凍りつき、一瞬、魂が消し飛んだように顔をしていたが、すぐ我に返り、その後、チャーチルの強い勧めでホワイトハウスに電話をかけた。

「我が国の船がオランダ領東インドで日本の攻撃を受けたというのは誤報だったよ。そうではなくイギリス領マラヤの最北端コタバルに、なんと真夜中、日本陸軍が上陸したのだ。プリンス・オブ・ウェールズとリパルスという二隻の戦艦が現地に向かったから、上陸して海岸で釘付けになっている日本の地上兵力は艦砲射撃で木っ端みじんになるだろう。ともあれ真珠湾は相当ひどい。ルーズベルトは動転していたな」

低温入浴励行中のチャーチルがモラン卿にそう語ったのは、日付が八日に変わり、時計の針が午前二時半を指したころで、主治医は首相のベッドサイドで血圧計と聴診器を診療鞄から取り出していた。

「ルーズベルトは怒りに声を震わせていたよ。我々が晩餐の席についたその時、日本はマレー半島上陸作戦に打って出、同時に日本の艦載機は真珠湾に突っ込んだのさ。……知ってるかね？ ルーズベルトは真珠湾が空襲される一日前、エンペラー・ヒロヒトに懐柔目的の親電を送ったのだよ」

（著者注）ルーズベルト親電については追補（13）に参考記述あり

チャーチルの言う通り、ワシントン時間六日午後七時（東京時間七日午前九時）にルーズベルト大統領は記者会見を開き、昭和天皇に親電を送るとラジオで全世界に発表した。ところが親電そのものは宙に浮いたまま十八時間が経過し、これが天皇の耳に達したのは真珠湾攻撃の二十分後、すなわち東京時間八日午前三時だった。

「私はワシントンへ行くよ」

血圧が高い、今夜は睡眠導入剤の量を数ミリグラム多くしておく必要があると思いながらモラン卿が聴診器を鞄に仕舞い込んでいる時、チャーチルはいきなりこんなことを言い出した。

「四日後……十二日に出発だ。これは議会と国王の承認を得なけりゃならんがね。モラン卿、あなたにも同行してもらうよ」

「……！ わかりました。おともします。それにしてもずいぶん急なことで」

「……私が本当に心配なのはルーズベルトがお天気屋だということさ。イギリス人外交官に共通するルーズベルト評はパーティーの座持ちがびっくりするほどうまく、人を逸らさぬことにかけては無類だとある。

だが聞き捨てならぬ別の顔があの男にはあるようだ。あの男は衝動的で、かつ、思ったことを考えもなくすぐ口にする。あの大統領は意見をコロコロ変える。国務長官のハルをすっとばし、ハーバードのご学友や銀行家チャネルを使った二元外交、三元外交はしょっちゅうだそうだから、ハル長官との折り合いは芳しくない。無節操と言うか、ともかく突飛な大統領で、これに振りまわされて往生するという多くのイギリス人外交官報告があるのだよ」

「気まぐれ殿様ということですかな？　ミスター・ルーズベルトは」

「殿様か！　うまいことを言う。ともあれ、それがルーズベルトの正体だとするなら、ワシントンに乗り込んで、いかなることがあろうとドイツ潰しが先だ、日本は後回しだぞ、と釘を刺しておかねばならん」

中国贔屓の日本嫌いで鳴るルーズベルトは日米交渉をポーカーのはったりゲームと見なし、何と財務省の高官ハリー・ホワイトという門外漢が起案した対日交渉方針をハル国務長官に命じ、自分の仕掛けた《技《わざ》》に酔い、自分はいっさい表に出ず、交渉は全部ハルに任せてしまい、十ヵ月近くたち、そのぎりぎりの線で見切り、親電を使って寛大なところを見せ、外交上の大成果を勝ち取ろうとしたのだが、日本は注文通り動かず、その艦載機はアメリカ太平洋艦隊をしたたかに叩いた。

（著者注）ハリー・ホワイトについては追補（14）に参考記述あり

「アメリカの参戦はこれで決まりだ。実に喜ばしいが、さりとて外交戦不首尾の腹いせに全パワーを太平洋に持って行かれてしまったら戦争は負けだ。だからワシントン行きを急ぐのさ」

首相のワシントン訪問については八日午後六時までに議会と国王の承認が得られ、同時に戦艦デューク・オブ・ヨークと数隻の護衛駆逐艦が手配されて、スコットランドのグリーノック軍港を出てバージニア州ハンプトンローズ軍港に至る航路が決定した。だが、出港二日前の十二月十日に事件が起き、これがモラン卿のカルテに記録されている。いわく「この日、朝十時、私はいつもの様に首相官邸を訪れた。するとクレメンタイン夫人があらわれ、首相は悪い報告を受け取ったばかりだが、あなたにはお会いになりたいはずですよと言う。ソーヤーズの案内で首相のベッドルームに通されると、首相は椅子に座って茫然自失の体だ。ややあって顔を上げ、私を認めると、たいへんなことが起こったぞとつぶやいた。なんとこの時、プリンス・オブ・ウェールズとリパルスが日本の攻撃機に撃沈されるという悲報が届いていたのだ」

悲報が届く十一時間前、すなわちロンドン時間十二月九日午後十時、チャーチルは海軍軍令部長ほかを呼んで緊急会議を開いた。首相は東洋艦隊主力二艦によってマレー半島コタバルに上陸した日本の地上兵力を粉砕させた後、この二艦をアメリカの太平洋残存艦隊と合流させようとこの会議で提起している。チャーチルがワシントン訪問時の手土産にする意図が見え隠れするこのアイデアは海軍側から大反対され、紛糾した。当然である。この弩級戦艦二隻は南シナ海とインド洋の防衛の要であり、それを引っこ抜いてしまったら、オーストラリアとインドの間のシーレーンは日本に潰され、ジャワ、スマトラの油田は間違いなく日本のものになるからだ。会議は大荒れに荒れ、甲論乙駁を続けるうちに日付が十日へ変わり、午前二時半、プリンス・オブ・ウェールズとリパルスをどうするかについては、一度寝て、頭をすっきりさせてからにしようということで、午前十一時まで休会となった。

一同がベッドに横になって熟睡体勢に入った十二月十日午前三時四十五分、地球の反対側のマレー半島沖では深刻なことが起きていた。シンガポール方面に反転展開するプリンス・オブ・ウェールズとリパルスが伊58潜水艦に発見され、この発見通報を得てサイゴンの海軍飛行場から発進した日本の偵察機はついにイギリス東洋艦隊を捕捉した。即座にサイゴンとツドウムから飛び立った八十五機の陸上攻撃機（九六式陸攻および一式陸攻）は六〇〇キロを飛んで現地時間十二月十日午後十二時四十分（ロンドン時間十二月十日午前四時四十分）から攻撃を開始し、この二鑑を撃沈した。

チャーチルがサイドテーブルに置かれた文書箱を開けた時、ベッドのそばの電話が鳴った。それは十日午前九時のことで、電話の相手は海軍のパウンド軍令部長だった。部長は咳き込んで喉を詰まらせた様な変な声をしており、最初は意味不明のうわ言のようだったが、そのうち「首相閣下、プリンス・オブ・ウェールズとレパルスが、両方とも日本の攻撃機に沈められたことを報告しなければなりません」と言っているのが聞き取れた。

「事実かね？」

「まったく疑う余地はありません。フィリップス極東艦隊司令長官とリーチ艦長は総員退艦命令を出したあと、艦橋から将兵に手を振り、プリンス・オブ・ウェールズと運命を共にしました」

これが電話の一部始終だった。

イギリス東洋艦隊の悲報を聞き終わって受話器を置いたチャーチルは、後日、このとき自分は一人きりだったから取り乱した見苦しい姿を第三者に見せずにすみ、非常にありがたかったと語っている。

受話器を置いてしばらくたったときモラン卿があらわれた。

「あの巨艦が沈んでしまうとは、……」

そうつぶやくと、チャーチルはやや緩慢な動作ながら、いつものように主治医から血圧検査をうける姿勢をとり、そして再び言葉を継いだ。

「私は日本人を甘く見ていた。日本人は寝ているアヒルのように真珠湾でボーッとしている軍艦を襲ったから成功したのであり、真珠湾の悲劇はアメリカ人の気のゆるみから生じていると思ったのだ。しかしプリンス・オブ・ウェールズは作戦行動中だった。高速運動中の戦艦を航空機で沈めることはできないという常識は覆った。私は制海権を左右するものが大艦巨砲から空母と飛行機に移ったことを見抜けなかったのだ」

チャーチルの額から頬にかけては病的な汗が光っており、それをぬぐう動作のまま両手で顔をおおった。

しかしモラン卿はまったく別のことを考えている。

――ありがたい。首相は相変わらず多弁だ。

黒い犬という《鬱》のシンボルは内なる首相にあらわれていないと直感した主治医はいつものように血圧計と聴診器を取り出して診察を始めながら、「政治は私の専門外ですが、数日前に聞かせていただいたワシントン行きの件はまったく理にかなったものであるし、医療の立場から見れば今は海の風にあたって気分転換するべき時です。予定通り渡米してはいかがですか」と言った。

「ありがとう、いま君にこの部屋に来てもらってどれほど心強いかわからないよ」

首相はそう応じた後、翌日午前十一時に開かれた下院に出席して、ことの次第をみずから報告すると、予定を変更することなく十二月十二日、グリーノック軍港から戦艦デューク・オブ・ヨークに乗船した。

首相の乗船した戦艦が大西洋横断に十日もかかったのは、ビスケー湾沖を通過する際、Uボートの雷撃を避けるためにジグザグ航行を余儀なくされたからだが、そのために起きた遅延はチャーチルの鬱を撃退する上で吉と出、航行中、首相はイーゼルを持ち出しアマチュアにとってはハードルが高い海洋画に挑んでいる。おかげで黒い犬は一度も姿を見せなかった。

十二月二十二日の夕方、ハンプトンローズ軍港に着いたチャーチル一行は飛行機でワシントンに向かい、そこで大統領の出迎えを受けた。足の悪い大統領は車に寄り掛かって立ち上がり、その姿で遠来の客と握手し、モラン卿はその場で首相から紹介されたが、大統領は相手がチャーチルの主治医だと知ると、真珠湾の死傷者は全員がひどい火傷だったと痛ましげにつぶやいた。いっぽう首相は子供のようにはしゃぎつつホワイトハウスの客となったが、テンションはかなり高く、モラン卿はかすかな不安を感じたが、まあ、この程度なら多少けたたましい男にすぎないと割り切り、自分の荷物をホワイトハウスに隣接する名門メイフラワー・ホテルのコンシェルジェにあずけた。だが、十二月二十四日になって主治医の胸中に危険信号が点っている。ホワイトハウス南側バルコニーで首相が三万人の一般聴衆を前に演説したときは何でもなかったのに、夕食前の検脈では一〇五もある。日本陸軍の攻撃で陥落寸前となった香港の知らせが響いたのだ。

ワシントン訪問中の首相に極めて面倒なことが起きたのは十二月二十七日の夜明け前だった。胸が痛いと首相が訴えたので、話を聞くと、前夜、セントラルヒーティングが効き過ぎて暑くなり、窓を開けようとしたのだが固くて動かない。そこで思い切り力を入れた途端、急に息苦しくなり、次に激痛が走った。誰かに心臓を掴まれてそのまま引っこ抜かれるかと思ったそうだ。そして、その痛みは左腕に伝わり、腕が上がらなくなったと言う。

「今はどうです？　まだ痛みますか？　引きつるようですか？」

主治医は聴診器のチェストピースを心臓にあてがいつつ、本人から自覚症状を聞いた。

「今は、痛みはない。こんなのは始めてだ。なんだろう？」

モラン卿は即座に冠動脈異変がひき起こした狭心症だと診断し、なおも聴診器を外さず患者の鼓動に聞き入った。

――本格的な躁の波と狭心症がいっしょにきてしまった！

六週間、完全に外界から隔離し、休養させせなければならない。しかしそれをすれば「首相は重責に耐えられず、将来が危うい」と広言するようなものだ。しかもアメリカが参戦した矢先で、時期が悪い。

――アメリカをコントロールできるのはチャーチルだけだ。

そこに考えが及んだモラン卿は首相の体調異常について何もコメントしないことに決めた。これは非常に思いきった決断だったけれども、主治医は悠揚せまらぬ態度で聴診器を耳から外し、そして、無数の患者に安らぎを与えてきた温かい笑みを浮かべつつ所見を述べた。

「心配無用。単なる過労ですよ」

かくしてモラン卿の鋭い目が光る中、チャーチルは何も知らぬままに一連の行事を済ませ、年明けの一月五日から九日までフロリダで休養をとった。幸い心臓はあれから一度も悲鳴を上げることはなく、精神状態も、ややハイながら、止めどなく昂揚する状態には至っていない。イギリスは香港植民地を日本に奪取され、それからいくらも経たない内にシンガポール陥落の悲報を聞き、北アフリカ戦線ではロンメル将軍の登場で劣勢を強いられていたけれども、首相はワシントン会談で大統領を説得し、ドイツ潰しにパワーを集中するという長期戦略上の成功をおさめ、ワシントンを後にした。

ところでチャーチルの帰国にあたり他愛ない騒動が起きている。一行はワシントンから特別列車でノーフォーク軍港に至り、そこからボーイング314型クリッパー飛行艇で戦艦デューク・オブ・ヨークが碇泊中のバミューダ島まで飛んだ。飛行時間はわずか三時間だったが、首相はゆったりと居住性のいい飛行艇とそれを操縦したケリー・ロジャース機長がたいへんお気に召したから、これに乗ってイギリスまで一気に飛んで行きたいと言い出した。結局、ほとんどの随行員はデューク・オブ・ヨークを使ったが、飛行艇には首相ほかモラン卿など二、三の側近が乗り込み、二十六時間かけて大西洋を横断した。ついでながら、この大西洋横断はチャーチルにとって初飛行ではない。ドイツ軍パリ無血入城の前日、首相はフランスでレイノー首相との会談を済ませた後、護衛戦闘機なしでデハビランド・フラミンゴ輸送機に乗り、英仏海峡を渡った。これが首相の初飛行体験だが、このときフラミンゴはドイツ戦闘機二機に発見され、そこでパイロットは敵機を回避するためむちゃくちゃな飛行を行ない、蕎麦の湯切りでもするように乗客を扱って運良く振り切った。こういうドッグ・ファイトもどきの体験からすればドイツ軍戦闘機のいない大西洋横断など、無鉄砲を平気でやってのける首相にとってどうということもなかったのだ。

第一回目のワシントン訪問で首相は英米同盟の強化に腐心したけれども、それは大磐石というまでには至っていない。その証拠に暗号名バルバロッサという独ソ戦が始まってスターリンが窮地に陥ると、ルーズベルトはロンメルの登場で非常に危うい状態になっているアフリカ戦線をほっぽりだし、赤軍支援にパワー・シフトしようとしたのだ。

――――ともかくこれに駄目を出しておかねばならない。

もう一つ、チャーチルには大きなルーズベルト訪問目的がある。それは原爆開発だった。振り返って見れば、アメリカはルーズベルトの不まじめ体質そのままに、当初、原子力についてはあまり熱心でなく、チャーチルがアメリカに原爆研究委員会（ＭＡＵＤ）のメンバーを派遣して始めてその気になったようなものだった。しかし、その刺激があったにも関わらず、アメリカ側の窓口となったのは気の抜けたような商務省標準局だったから、すぐにトーンダウンしており、その後、ヴァネヴァー・ブッシュ博士が登場して、だいぶ状況は改善されたけれども、その代わり共同開発と情報共有はあってなきがごとき状況になっている。よってチャーチルは大統領と膝詰めで話し合い、原爆問題を大いに前進させようとしたのだ。

チャーチルがスコットランドのストランサー飛行艇基地からワシントンを目指して飛び立ったのは一九四二年六月十七日のことで、これは初回ワシントン訪問から数えて五ヵ月しかたっていない。

「あそこに見えているのがハドソン川ですよ」

副操縦士席に飛び入りで座り込んだチャーチルに向って眼下のハドソン川を指さしたのはケリー・ロジャース機長である。

「ほう、……で、大統領のハイドパーク屋敷はどれかな。それにしても狭い川だ。まさか着水のために曲芸飛行をやろうと言うんじゃあるまいな？」

「ご冗談を。ハイドパーク屋敷あたりの川幅は五〇〇メートル以上ですよ」

ファイナルアプローチ地点に近づいた時、チャーチルは元の客席に戻され、プロペラの回転音が変わって高度が下がるにつれ、ハドソン川の川幅はぐんぐん広がり、そしてボーイング３１４型クリッパーは二十八時間の無着陸飛行を果たして何ごとも無く着水した。時間は午後四時を回っているというのに、あたりには真昼の物憂さがただよっている。

ハイドパーク屋敷という大邸宅でルーズベルトの客となったチャーチルはくつろいだ気分でディナーを楽しみ、翌日十九日金曜からトップ会談を始めた。首相が最初に切り出したテーマは原爆で、このとき首相はノルウェーの重水工場爆破計画に言及して話の流れを作り、ついでにコードネーム雷鳥という工作員の素性について触れ、そして一呼吸おくと、やおら「これは以前にも語り合ったことがあるかも知れないが、英米は直ちにすべての情報を共有し、一体となって仕事を進め、何らかの結果が出ればそれを互いに平等に分かち合おう」と提案した。するとルーズベルトは上機嫌に「ＯＫ、その通りだ。当方に異存はない。その線で進めよう。スティムソン陸軍長官にイギリスの研究開発グループと定期会合を開き、協調平等の成果が上げられるよう伝えるよ」と応じ、原爆問題は拍子抜けするほど呆気なく落着した。もっともこの落着はハイドパーク屋敷という私有地で二人のトップがまったく余人を交えずに語り合った結果だという点に注目する必要がある。つまり「ＯＫ、その通りだ」という原爆合意は、この段階では二人の老人が何の拘束力もない与太話を交わしたのと同じであり、チャーチルは随分あとになって「ＯＫ、その通りだ」の一言がまったく不誠実なものだったと知るだろう。

原爆協議がすんだ十九日の午後、昼食をすませたチャーチルは午睡と温水浴という重躁抑止のための医療処置をこなした後、再びテーブルに就いた。次なるテーマは赤軍支援に待ったをかけることである。だがこれに関して、大統領は原爆のように機嫌よくＯＫとは言わなかった。戦争の短期化を考える以上、フランスに第二戦線を築き、ドイツを東と西から挟撃することはマーシャル参謀総長以下の一致した意見で、このためチャーチルが望む北アフリカ戦線への兵力増派は否定的だったからだ。話は行き詰まり、結局場所をホワイトハウスに移し、マーシャル参謀総長ほかを交えて仕切り直しということになった。しかしその直後に皮肉なことが起こる。トブルクが陥落して本当に地中海とスエズ運河が危うくなり、チャーチルの主張が全面的に受理されたのだ。このとき大統領はアメリカが砂漠に投入すると決めた地上兵力をチャーチルに見せて安心させようという配慮から、首相をサウス・カロライナ州にあるジャクソン要塞に招待した。

「トブルク陥落というみじめなニュースは大統領本人からだしぬけに聞かされた。ぶざまな話さ」

これは六月二十三日の深夜、ワシントンからジャクソン要塞に向う夜行列車の中でチャーチルがモラン卿に洩らした嘆き節である。自分の意見が通ったのは喜ばしいが、首相の気持ちは複雑だっだ。そしてこの北アフリカ戦線強化のあおりを食って、スターリンが切望しているフランス第二戦線の構築は大幅延伸となっている。

ジャクソン要塞で空挺隊と戦車隊の連携訓練などを観閲した首相はその日のディナーの相手がスティムソン陸軍長官だけだったから、ハイドパーク屋敷で大統領と話し合った原爆の共同開発について一方的にしゃべった。長官はこれを手堅くいなし、自分はまったく手の内を見せず、そつなく会食を終え、チャーチルと別れている。とは言え、長官は相手が相手だけにほったらかしにはできず、それから三週間後の七月十五日、午前十時七分から約十五分、ようやく大統領をつかまえ、「原爆についてイギリスとは具体的にどの様な約束をしていますか?」と訊ねた。

「私がかね? 原子力についてはチャーチルとだけ話をした。ごく一般的などうということもないものだったよ」

——どうと言うこともないだって?

だいぶチャーチル氏のいうことと話が違うようだと長官は思ったが、「では当分、あまり多くをイギリスに提供しない。そういう方針でかまいませんか？」と問い返した。

「それでいい。チャーチルとはこれからも頻繁に会うから、その時、この問題に触れておこう」

午前十時七分から午前十時二十一分までという実に半端な時間の出来事についてスティムソンは自分の日記に、「大統領の了解は得た。そして大統領と私は、原爆を世界征服に使わせてはならないという共通認識を抱きつつ、原爆の大きな可能性と戦後の面倒な情勢にどう対処すべきか話し合った。大統領は原爆が敵の領土でうまく爆発せず、そのまま敵の手に渡ってしまうことを心配していた」と記述している。

——イギリスは原爆どころではない。

と、スティムソンは考える。イギリスの原爆研究はせいぜい科学者数人の座学に終わるだろう。イギリスがアメリカに提供できるものは限りなくゼロに近く、当方は情報が流出するだけの損な立場になる。その間、もしも原爆情報がイギリスを経由してスパイの手にでも渡るようなことになれば、せっかくの極秘プロジェクトが台無しではないか。

こういう具合にスティムソン以下マンハッタン計画推進者が思い定めたまさにその直後、イギリス当局はＭＡＵＤ委員エイカーズ卿をワシントンに派遣してきた。チャーチル首相が直々にハイドパーク屋敷でルーズベルト大統領と決めてきたという原爆共同開発の話がいっこうに進まず、これに業を煮やしたからだ。したがってこの使節の発言内容は、紳士的ではあったけれども、アメリカが原爆情報を出し渋っているという抗議の色彩が強い。

いっぽう遠来のエイカーズ卿と数回会談したブッシュ博士とグローヴス准将は相手を体よくあしらった後、スティムソンへ次の二項目が記された文書を提出し、報告にかえている。

（1）エイカーズは原爆関連の情報交換をもっと活性化したいと言って来た。しかしイギリスの関心は戦後を見据えた商業上の利益にある。これはまことに不当な関心であり、そのくせ持っている情報は出し渋っている。

(2)アメリカは戦争に勝つための情報交換には応ずるべきだが、製造ノウハウなど戦後利益に直結する情報については、大統領からの正式な命令があるまで、イギリスの要求に応ずるべきではない。

こういう次第であるから、アメリカ側の冷淡な空気を感じ取って帰国したエイカーズ卿がチャーチルにどういう報告したか容易に想像がつく。

いっぽうブッシュ博士は、十二月二十七日、スティムソン陸軍長官に伴われてカサブランカ会議に出発する直前の大統領とホワイトハウスでの面談を果たしている。この日は日曜日で、午後十二時四十分から約三十分という短い面談の中、博士はフェルミ型原子炉によって世界初の核連鎖反応の実証をしてのけたという朗報を語り、相手を喜ばせたその瞬間、イギリスとの情報交換について次の三つの勧告案を提起し、その中からどれかを選んでくれと要求した。

(1)イギリスとのすべての情報交換の停止……………全面遮断
(2)自由な交流を含む研究、開発、生産面での完全な情報交換………全面開示
(3)戦争に勝つための情報交換に限定……………………限定開示

この時、ブッシュ博士は第三案の限定開示を強く勧告し、大統領はこれを承認した。

※　※　※

一九四三年一月十二日深夜、カサブランカ会議に出席するチャーチルを乗せたリベレーター爆撃機は四機のブリストル・ボーファイター護衛戦闘機を従えてラインハム空軍基地から飛び立った。このリベレー

ター機はアブロ６８５ヨーク爆撃機へ切り換わるまでの間、首相を乗せてカサブランカ、カイロ、モスクワ、アンカラなどさまざまな土地に飛んで行ったが、首相はこの爆撃機が好きではない。お気に入りのクリッパー飛行艇からこの爆撃機へ替えた理由はスピードが時速一二〇キロほど早かったからだが、もっと重要な理由がある。それは飛行高度が八五〇〇メートルと段違いに高く、これなら上空から敵機に急降下《ダイブ》される可能性が低かったからだ。その代わり葉巻が犠牲になった。なぜならリベレーター機は気密性が甘く、すきま風が吹き込むほどで、よってこの首相専用機には酸素管理のためウィンフィールド医師が同乗し、離陸するとすぐに酸素マスクを首相に装着した。これで葉巻は駄目となり、チャーチルはおかんむりである。それだけではない。カサブランカ会議は真冬の開催で、かつ、搭乗機は高高度という寒冷ゾーンを飛ぶにもかかわらず、首相にあてがわれたスペースにはろくな暖房設備がない。そこで寒がりのチャーチルは急遽持ち込まれたガソリン・ヒーターで暖をとることになった。ところがこの暖房器は、もしも不良品だったなら、漏れたガソリンの気化ガスで爆発するかも知れないというしろもので、そういうことを聞きつけた側近は卒倒するほど驚き、不測の事態を恐れて、暖房器の栓を切ってしまった。

「なさけない。極寒のシベリアを行くようだ」

リベレーター機に乗った御難の首相は、しかたがないから毛布を何枚も身体に巻き付け、団子状になって震えながらカサブランカ飛行場に到着した。

いっぽうルーズベルト大統領はボーイング３１４型クリッパー飛行艇でカサブランカにやって来た。魅力的でちょっとスリリングな空の旅と首相が見せびらかすように喋ったから、大統領は我慢できなくなって、危険だから船にしろという周囲の意見を押し切ったのである。その代わり無着陸大西洋横断には駄目が出され、ドイツ軍戦闘機に遭遇することを極力回避するため南半球経由の大まわり航路を取っている。すなわち大統領は一九四三年一月十一日にマイアミのディナー・キー飛行艇基地を飛び立ち、ブラジルのベレン、アフリカ海岸のバサースト（英領ガンビア）を経由し、出発から三日後の一月十四日にカサブランカに到着した。

アンファ・ホテルで行なわれたこの国際会議の主要テーマはイタリア進攻作戦の詰めで、その中でも最も大きな成果は分裂していたフランス軍をド・ゴール将軍のもとに統一したことだった。しかし思いつきで仕出かした愚行もある。それはルーズベルトが南北戦争時代のグラント将軍を気取ってマスコミ発表した日独伊枢軸国に対しての無条件降伏宣言だった。なぜこれが馬鹿げた行為なのかと言えば、南北戦争ですでに証明されている通り、そんなことをすれば滅多なことで終戦にならないからである。

一月二十三日、カサブランカ会談は終わった。

チャーチルは会談期間中、原爆を俎上に載せなかったし、当然ルーズベルトも自分からこの問題を再討議しようと首相に持ちかけてはいない。また、チャーチルは帰国直前の一月二十四日、ルーズベルトをモロッコのマラケシュへ招待し、スルタンの天幕を借り受けて大宴会をもよおしたが、この時も原爆には触れず、そのまま別れ、首相は二月八日、ロンドンに戻り、大統領は再びクリッパー飛行艇で帰国した。大統領がアメリカ本国に帰ってきたのは一月三〇日のことだが、ちょうどこの日はルーズベルト六十一歳の誕生日だったから、戦意高揚とアメリカの余裕を見せつけるという宣伝効果をねらい、給油をトリニダード島ですませ、その後、ハイチ上空を飛んでいる時に誕生日のケーキカット記念撮影を行なっている。

ところで、ファースト・レディーのエレノア夫人は戻って来た大統領を出迎えた瞬間、すぐに夫の変調を見抜き、車椅子の後方を歩いている主治医マッキンタイアへ不審の一瞥を放った。夫人はこの主治医を正真正銘のやぶ医者と見ている。そこそこ愛想はいいけれど、覇気がなく、はやらない医者の典型だ。それにこのドクターは夫の健康問題で気がかりなことを自分が訊ねても、ついぞまともに答えたことがない。知識不足で答えられないなら、別の専門医に協力を求めれば良かりそうなものだが、絶対にそういうことをしない。なぜこういうのが大統領の主治医を務めていられるのか理解に苦しむ。

「あの医者が海軍軍医総監の軍服を着ているのは何かの悪い冗談のように見えるわ！」

夫人はしばしば長女のアンナにそう歎いた。

海軍所属の軍医がアメリカ大統領の主治医になったのは第二十五代マッキンリー大統領主治医リクシー博士が最初のケースで、それから時代は下り、ルーズベルトの前任者フーバーが署名した法律によって大統領主治医はベセスダ海軍病院に勤務する医師の中からから選出されることになった。かくして初の法定主治医にはブーン博士が就任したけれども、ルーズベルトは共和党の大統領フーバーに仕えた医者をそばに置いたのでは何がどう漏れるか知れたものではないという理由でこの医師を解任している。だがこれは表向きの話で、ポリオに罹って自分が半身不随になったのは医者の拙《つたな》さにあると思い込んでいたルーズベルトは、したり顔で忠告する医者を目の仇《かたき》にしており、ブーン博士を嫌った本当の理由も、耳の痛い指摘をするこの医師のストイックな堅苦しさが耐えられなかったからだ。さて、ブーン博士を解任した後、ルーズベルトは民主党選出だったウィルソン大統領の元主治医グレイソン少将に後任の相談を持ちかけた。そこで少将はルーズベルトに対しひと通りの問診を始めたところ、この大統領は車椅子生活を余儀なくされはしたものの、それ以外は無病息災で性欲も旺盛、あきれるほど元気いっぱいだということを知った。そしてさらに問診を続けたところ、大統領は鼻炎体質で、風邪をひきやすい人だということがわかり、そこで主治医には人格円満な耳鼻科医マッキンタイア博士を推薦したのだが、このときグレイソンはたいへんな間違いをしでかした。少将は自分が大統領主治医だったころ、高血圧に悩むウィルソン大統領にゴルフという運動を奨励した医者だったにもかかわらず、ルーズベルトに対してはこの配慮を欠いた。ポリオで足が萎えてしまった男がいずれは運動不足で生活習慣病に陥り、心臓と脳に影響がでると決まった以上、人あたりの良さだけが取柄の耳鼻科医では不適格で、主治医は循環器病棟出の内科医にしておかねばならなかったからである。

マッキンタイア医師は、一八八九年八月十一日、オレゴン州セーラムに生まれ、長じて、オレゴン州のウィラメット医学専門学校を十八歳の時に卒業し、二十三歳で博士号取得。海軍と接触したのはアメリカが第一次大戦に参戦し軍医募集をかけた時で、これが二十八歳。以来、終戦後も海軍に残った。ともあれマッキンタイアは、あの気難しいウィルソン大統領の主治医を務め上げたグレイソンの眼鏡に叶うほどだから、謙譲の美徳という点では逸材だったかも知れないが、エレノア夫人から覇気のないやぶ医者と言われてしまうだけあって、風貌はいかにもそれらしい。そもそもこの医師は少し猫背気味で颯爽としたところがなく、よって軍服は似合わない。軍帽を取るとみごとな禿頭が表われ、お盆のように丸い顔に穿《うが》たれた両眼は埴輪《はにわ》もどきで、メスが商売道具という思い切りのいい外科医の眼では絶対にない。ともかく顔全体の印象は子供だか大人だかはっきりしない造りで、これがマイナス・イメージとしてエレノア夫人の心証に深く刻まれた。

ルーズベルトの主治医
マッキンタイア中将

新任主治医マッキンタイア少佐は毎朝八時三十分にホワイトハウスに来て待機し、大統領がシリアルにハムエッグとオレンジ・ジュースという定番朝食を済ませて喫煙室にやってくる時刻になると、そこへ行って鼻の洗浄とコフ・ドロップを処方して一回目の診察を終える。二回目の診察は毎日午後五時三十分で、こちらの方はより入念に検診し、スプレイ投薬を施す。一回目と二回目の間、この主治医はまったく自由だったからベセスダの耳鼻咽喉科で仕事をこなし、臨床の教鞭をとっていた。だが、そういうのんびりした生活はあまり長く続かない。ルーズベルトはこの主治医を四階級特進の海軍中将（軍医総監）に据え、十七万五〇〇〇人の医療関係者と三〇〇を超える大病院をその配下に置いたからだ。

マッキンタイアがこのように優遇されたそのわけは選挙だった。政治家として致命的なことは、病気で先が短いという風評が立つことだが、にもかかわらずルーズベルトは養生に努める気などさらさらなく、かくして百パーセントのイエスマン・ドクターを海軍医療部門のトップに据え、嘘の健康報告をマスコミに流し、外に漏れてはまずい大統領の体調を偽装し、元気な姿を演出して選挙を有利に展開させようとした。余談ながらルーズベルトが選挙を意識して情報操作に精を出す姿は尋常ではない。この大統領が車椅子に乗っている新聞写真はおおむねゼロ。苦悩し、眉間に縦皺を寄せている写真すら撮らせなかったから、人に抱えられ、萎えた足が力なくプラプラしている腹話術師の人形を思わせるような写真などもってのほかで、報道写真へのこだわりは、ポリオを克服し、常に陽気で意気軒昂な鉄人像を選挙民の脳裏に焼きつけるための情報操作だった。ついでながら、ルーズベルトは戦時中、計二十九回もベセスダで検診を受け、その都度、ジョン・コッシュとかラルフ・フランクなど、分かっているだけでも八つの偽名を使った。言うまでもなく事実隠蔽を円滑に進めるためだが、それはともかく、後日、その検診結果を知らされたマッキンタイアはこれを有りのまま大統領本人に伝えたことはなく、最後まで当たり障りのない嘘報告で通した。なぜそういう主治医の義務を放棄するようなことをしたのか。答えは単純で、ルーズベルトが「身の程をわきまえず、ろくでもない忠告をしたら絞め殺すぞ」と言い渡していたからであり、事実、ちょっとでも《口に苦い良薬》を処方すると大統領は癇癪を起した。この間の事情を有名なジャーナリストのジョン・ガンサーがマッキンタイア談話として伝えている。いわく「私はあの医者に言ったよ。ルーズベルトは戦時下の大統領だ。医師団が総力をあげて健康維持に務めるのが当たり前だろう。しかし放ったらかしじゃないか。あれではすぐにお陀仏だぞとね。するとあの医者は、私が大統領にあれこれ言えると思いますか、もう少し塩分をひかえろとか、献立を任されているネスビット夫人の言うことを聞けとか、そんなことを大統領に命ずることができると思いますかと言ったよ。良心を診療カバンの奥にしまい込んでしまったんだな、あの医者は」

ガンサーがどれほどのことを承知していたかは別として、特に大戦末期の第四期目をルーズベルトにやらせることは、たとえルーズベルトが死人であっても必要だったから、この主治医は大統領の体調について異常に秘密主義をつらぬくようになり、あるときは人をあざむき、あるときは阿呆を装い、大統領の健康について辻褄をあわせ、カルテを書き換え、最後にはそのカルテを火にくべてしまった。エレノア夫人の辛辣な評価を脇に置き、無理を承知でマッキンタイアを好意的に眺めれば、この主治医はルーズベルトを巡る国家エゴイズム実現のための端役を演じたことになる。

野獣と評されるほどタフな大統領の体調に不吉な影がさすようになったのは明らかにカサブランカ会議以降のことで、エレノア夫人は夫の筆跡がひどく歪《ゆが》んでいるのを見て胸騒ぎを覚えた。またルーズベルトの親族マーガレット・ソークレーとローラ・デラノも同じような小異変を目撃している。特にマーガレットは「大統領の頬骨あたりに赤いポチポチが出ていましたが、いつのまにか消えてしまいました。それから私のことを誰かと取り違えることがありましたけれども、しばらくして我にかえり、その間のことはきれいさっぱり忘れているようでした」と語っている。これとは別に大統領は風邪がなかなか直らず、しょっちゅう微熱を出している他に、しばしば軽いめまいを起こすようになった。しかし、これらの症状も表われた途端すぐに消えてしまうという性格のものだったから、大騒ぎにはなっていない。こういう臨床事例もどきの出来事の中に労働省長官パーキンス女史の次の指摘がある。

「カサブランカから帰った後、大統領は長いレポートやこみ入った書類を読みたがらなくなり、新聞すら読まなくなって秘書に朗読させていました」

これに加えて長官は、大統領が会ったこともないスターリンを褒めちぎるという奇妙な場面に出くわし、その時の印象を次のように語り残した。
「大統領はスターリンのことを話しているうち支離滅裂になり、かつ、その言動の混乱ぶりを大統領本人が気付いていませんでした。私は目の前で広げられた異様な光景を見るうち、何か悪いことが起きそうな不吉な思いに駆られ、気分が悪くなりました」

結論から先に言えば、カサブランカから戻った後、これら大統領に表われた現象のすべては高血圧が引金となった脳梗塞の前駆症状で、脳の末梢血管を含む脳血管動脈硬化、あるいは脳動脈瘤を起こしている可能性が非常に高かったとされている。このように病名推定が行えたのは、ウォルター・クレメント・アルバレス博士が著した《小発作（Little Strokes）》と言う表題の文献が大いに寄与しており、この中で博士は、主治医が注意深く観察していなければ見過ごしてしまう八十九パターンの脳梗塞前駆症状を列記している。これらアルバレス症と命名された自覚症状のほとんどない小発作は、脳内で小動脈瘤が破裂した時の症状で、規模は小さいけれども、紛れもない脳内発作だから、異変の起きた場所は壊死し、その痕跡は微細な黒点になる。発生場所によっては患者の運動機能が麻痺し、酸素が円滑に供給できなくなるので、一時的ではあるが、貧血や脳内血管の痙攣《けいれん》が起きる。さらに異変の起きた場所によっては下痢、便秘、焼けるような腹痛など脳神経誤動作から来る症状が出、当然ながら軽いめまいが生じ、運動不全が起き、筆跡は読み難くなり、ある場合には一過性の言語障害が起きる。患者は次第に気むずかしくなり、無力感、疲労感、腕を上げることもできないほどの脱力感に襲われ、この症状の行き着く果てに失神発作、精神朦朧、記憶錯誤が表われ、同時に居眠り、頻発する物忘れ、脈略のない考え、トンチンカンな対応が出現する。アルバレス症患者は神経症またはノイローゼの一種と判断されやすく、誤った処方箋が書かれることが多い。特にルーズベルトは風邪をひきやすい鼻炎体質だという先入観があるから、マッキンタイアは頻発する微熱を単なる風邪だと診断し小発作だとは考えもしなかったのだ。

大統領に小発作をもたらしたものは紛れもなく高血圧だが、では小発作の発生頻度を引き上げ、それによって脳内異変という災いを呼び寄せたものの正体は何か。それは飛行機の与圧だった。今でこそ飛行機は一万三〇〇〇メートルの高度を飛び、与圧と空調の両システムが完備しているので、子供でも当たり前のように大空の飛行が楽しめるけれども、ルーズベルトの時代は一九四四年五月八日にB‐29爆撃機が登場するまで与圧装置は無い。ゆえに大統領の健康管理責任を負うベセスダ海軍病院は主治医のマッキンタイアに「与圧の観点から、高血圧疾病を抱えている大統領が飛行機で移動することは賛成できない。どうしてもやると言うなら、高度二五〇〇メートル以下を維持しなければならない」と勧告している。したがって大統領が飛行機に乗り込んで、カサブランカに向けて飛び立った直後、主治医は飛行が始まるとすぐ、機長に「高度をできる限り下げて飛んでもらいたい」と耳元で囁《ささや》いた。今は戦時だ。万一上空に敵機がいて、急降下されたらひとたまりもない。だから高度を上限値の五九八〇メートルに上げようとしたばかりだ。言っていることがよく分からないぞ、という顔をしたのは飛行艇の機長マクレアだったが、囁いて来た相手が大統領主治医であり、かつ、この医者が持つ海軍中将（軍医総監）という肩書がものを言って、二七〇〇メートルにまで高度を落とした。そして帰路、今度は二〇〇〇メートルに落せとなって、コックピット内はちょっとした騒ぎになった。随行員の一人でルーズベルトの次男エリオットもこの時は搭乗員の気持ちを代弁し、「カサブランカは地中海の外にあるとは言え、頭上から敵機が襲いかかる危険に変わりはない。これ以上の低空飛行はよせ」と詰め寄っている。現に軍当局からは戦時警戒のため高度四〇〇〇メートルより高く飛べという通達が出ており、せめてサハラを超えてアフリカ内陸部に到達するまでの一時間は安全高度で行こうと迫ったが一蹴された。気圧の薄い高高度での飛行は大統領の体調にいい影響を与えない。護衛戦闘機も随伴していることであり、ここはパイロットの腕をもって私の要求に応えていただきたい、と主治医が押し勝っている。

では、カサブランカから戻った大統領を検診したベセスダはなぜアルバレス症を見逃したのか。理由は、当時の知見では、検診時に都合よく異変が発症しないかぎり何も出てこないからであり、また、異変が出てもすぐに快復してしまい、見た目はあたかも健康であるかのような状態になる。異変の痕跡はＭＲＩ検診という手段がない時代のことだったから、これを外側から追跡し、微細な動きを読み取ってベセスダでの精密検査に渡すためには、常に患者を観察する主治医がＭＲＩに代わる役割を果たさねばならない。だが、マッキンタイアはあの通りのドクターだったから無理があった。ルーズベルトはカサブランカ会談から一九四五年四月十二日に突然死するまでの二年間、計六回飛行機に乗っている。離陸、着陸、ならびに飛行中の急上昇と急下降の回数を勘案すれば、六回どころの話ではない。搭乗するたびに脳内異変個所は増殖し、悪化に拍車がかかっていたのだ。

（著者注）主治医マッキンタイアについては追補（15）に参考記述あり

※　　※　　※

カサブランカ会談から帰って三日後の二月十一日。この日、チャーチル首相は下院で帰国報告を済ませ、その直後、モラン卿に咽喉《のど》の痛みを訴えている。

「扁桃腺のあたりがひどく痛い。風邪をひいたらしい」

「二時間もぶっ通しで演説したからでしょう」

「いや、これは風邪か、さもなければサハラでぶつかった砂嵐のせいだ」

それから五日後、チャーチルは突如高熱を発した。すぐにレントゲン写真がとられ、見れば左の肺の下部に影がある。

――――肺炎だ！

即刻専門医のマーシャル博士が呼ばれ、モラン卿と共に首相を診ることになったが、その途端、今までチャーチルの決裁箱めがけて殺到していた書類は消え失せた。首相がこれに抗議すると、モラン卿は、今回は包み隠さずきっぱりと告げた。

「首相、あなたは肺炎です」

「わかった。しかし諸君なら新薬を動員して、なんとかできるだろう。さあ、書類を持って来てもらいたい」

するとは今度は、穏やかだが、歯に衣を着せないことで知られたマーシャル博士が引き取って、「肺炎です、首相。それは老人の良き友です」と言った。

「なぜ肺炎が老人の親友なのかね？」

「老人を静かに連れ去るからですよ、あの世へ。肺炎は老人には命取りの病気です」

チャーチルはおとなしくなった。そして幸運にも心臓が順調だったせいで二十四日に熱が下がり、そして三月上旬には回復基調にあることがはっきりしたので、首相は静養のためドリス・ミルズ看護婦につき添われてチェッカーズ城に移った。

半年以上も前、マンハッタン計画をめぐってグローヴス准将およびブッシュ博士と切り結んだエイカーズ卿は首相からこの静養地に呼び出され、原爆について話し合っている。チャーチルはトブルク問題でアメリカに大きな借りを作ったから原爆についての苦情をカサブランカで持ち出せなかったのだが、それは伏せ、「ミスター・ルーズベルトは原爆のことなんかきれいさっぱりお忘れだ。あれがおとぼけかどうかは分からんがね。差し迫った問題はド・ゴールの自由フランス軍だったし、これに加えて大統領が蒋介石支援を言い出したから話がややこしくなった。原爆どころでなくなったのさ」と切り出した。するとエイカーズ卿は、「アメリカの原爆担当者はルーズベルト大統領から特段の指示がない限り、我が国を邪魔者あつかいするでしょうね」と応じた。この発言を聞いたチャーチルは苦々しい顔をして天井を眺めていたが、ふと気づいた様に視線をエイカーズ卿に戻し、口を開いた。

「ところで君の相手をしたアメリカの連中は原爆が出来上がったら、それをロシアにくれてやるようなことを臭わせていなかったかね。カサブランカでルーズベルトは私に、武器だろうと何だろうとスターリンに提供すると言っておった。B-29の設計図ですら渡す勢いだったぞ」

「私の相手をしたアメリカ人は、原爆をロシアにくれてやるなんて言っていませんよ。とにもかくにもイギリスへの情報提供など御免こうむるの一点張りでしたな。彼等は戦争が終わった後、イギリスが原爆を第三国に売り込み、核を阿片にすげ替えて、その供給元として戦後世界をコントロールするつもりなのではないかと、遠回しでしたが、確かにそう言いましたよ」

「無礼なことを！　それは語るに落ちるというやつだ。四人の警官というルーズベルト構想が妙な形にゆがんでアメリカの原爆開発者たちに伝わり、その影をイギリスという鏡の中に見たというわけだ」

「四人の警官？　何ですか、それは」

妙なことを聞いてエイカーズ卿は怪訝な顔をした。

「米英中ソ四大国で全世界を武力管理しようという構想だよ」

ルーズベルト大統領はカサブランカで国際連盟に替わる新しい戦後の枠組みが話題になった時、チャーチル首相に《四人の警官（The Four Policemen）》という短いフレーズを使って戦後構想を披露している。言葉に実《じつ》が無く、何かおもしろいことを言って茶化すぐらいが関の山という大統領にしては珍現象だったが、このとき真面目な顔をして《四人の警官》というキーワードを連呼するその言をしばらく聞いている内にチャーチルは薄ら寒くなった。

「四人の警官構想はルーズベルト顧問団の中の誰かの意見を横取りしたものに相違ない。私はそう観ている。警官は武器携行があたりまえだからアメリカは英ソ中に原爆という武器を提供しようというわけさ。そして四人の警官以外には拳銃一梃すら持たせないようにするのだよ」

「だいぶ突飛な構想ですな」

「そうとも言えない。原爆が実用配備されれば、それを突きつけて各国に軍隊放棄を迫ることは出きるからな」

「無敵の保安官構想ですな。大統領は西部劇映画が三度のメシよりお好きだそうだ。発想の原点はそれでしょうかね？」

「さてね。ともかく米英ソ中四ヵ国以外の全世界の住民を檻の中に押し込み、これを米英ソ中が監視する。ま、これがルーズベルトの本音だろう。……混沌の中国に警官の役が務まるはずもないのだが、あの大統領は毛沢東だろうと蒋介石だろうと、ともかく中国が好きで好きでたまらないらしい。それはともかくだ、スターリンに原爆をおすそ分けしてやろうというルーズベルトの神経はまったく理解できない。ボリシェビキの奴らがどういうものか、あの大統領はご存知ないのだな」

「ところで首相、ルーズベルト氏はインドを独立させたいという意見をお持ちだそうですな」

「あの男が冗談めかしてインド独立の話を私に持ちかけたのはイギリス本国が未曽有の空襲にあえいでいた時だよ。あの不作法は、今でも思い出すとむかむかして来る」

それは国王の忠良なる臣を以て自ら任ずるチャーチルならではの怒りで、この日、エイカーズ卿を相手に原爆談議をしているうち、原爆の秘密をロシア皇帝一家殺害の首謀者スターリンに提供しようという無分別も、ルーズベルトというあの男ならやりかねないと思い至った時、チャーチルは鳥肌がたち、直談判を行なうため、その場で三回目となるワシントン訪問を決めた。無論、会議の主目的は今後いかにして速やかにイタリアを脱落させるかについての共同謀議で、原爆はその背後に姿を隠している。

一九四三年五月五日水曜日、チャーチルは第三回ワシントン会議に出席するため、グリーノック港桟橋からクイーン・メリー号に乗船した。この会議の大目的はイタリア進攻作戦だったから、北フランスへ上陸して第二戦線を構築してくれと言うスターリン要求とは真っ向から対立する。ソ連の独裁者はこれを聞いて激怒するだろう。

船は五月十一日火曜日にニューヨークのホーボケン桟橋に到着し、その日の午後八時十分からホワイトハウス・ディナーとなった。首相は十二日、十三日、十四日と精力的に会議をこなし、十四日午後四時半にシャングリラ山荘（現在のキャンプ・デービッド）に向かい、そして十七日月曜日にワシントンへ戻って記者会見に臨むと、シャングリラ山荘で肺炎のリハビリ静養にあたったと述べたが、言うまでもなくこんなものは表向きであり、メイン・テーマは原爆だった。首相は原爆に結着をつけるため、取引条件として蒋介石支援を目的としたビルマ戦線への大幅な梃子入れを約束した。この約束でウィンゲイト将軍率いるグルカ兵のゲリラ戦が活発化し、その結果、日本陸軍は凄惨なインパール戦に突入する。

第三回ワシントン会議を終えたチャーチルは五月二十六日、クリッパー飛行艇に乗り込み、ポトマック川から空路ロンドンへ戻ったが、いっぽうルーズベルトはこの間、並行して画策していたスターリンとの単独会談が不調に終わってしまった事態をうけ、六月二十九日にスティムソン陸軍長官をランチに招き、その席でロンドンへ行って原爆問題をチャーチルと調整して来るよう要請している。

スティムソンが首相官邸を訪問したのは七月二十二日のことで、同行者はブッシュ博士とバンディー顧問。これに対しイギリス側はチャーチルの横に財務大臣アンダーソン卿と戦時内閣科学技術顧問チャーウェル卿が同席した。冒頭、首相は原爆関連の情報交換につき円滑にして完全な再開を希望すると述べたが、その発言中、「イギリスは原爆を商業素材として見ることにはまったく関心がない。ソ連が使用するかも知れない国際的な脅迫手段に対処し、イギリスの将来の立場を強固に保つこと。これだけが重大な関心事である」と強調した。その後に続く協議の結果、チャーチルは米英間の取り決めにあたり次の五つを骨子とするよう求めている。

①英米間の完全な共同事業とする目的のもと、原子力問題は自由な情報交換とする。
②英米両国政府は、発明成った原爆を相手国に対し使用しないことに同意する。
③英米両国政府は、両国政府の同意がなければ両国以外の第三者に原爆情報を与えないことに同意する。
④英米両国政府は、両国政府の同意がなければ、両国以外の第三者に原爆を使用しないことに同意する。
⑤英国に供与される原爆情報の内、商業用または工業用に関する情報交換は、米国が支出している経費の大きな負担を考慮し、大統領が適切かつ公正であると考える情報に限定する。

スティムソンは即刻チャーチルの提案を大統領に打電したが、それを発信している最中、同行者ブッシュ博士宛てにルーズベルト電文が送られて来た。内容はイギリスとの情報交換についての指示であり、驚いたことにブッシュが大統領から了解を取りつけた限定開示ではなく全面開示を命ずるもので、署名の日付はスティムソン一行がアメリカを出発した直後の七月二十日だった。

それではスティムソンが答申要請のためにホワイトハウスへ打電したチャーチル提案五項目はどうなったかと言うと、翌二十三日に回答が届き、内容はあきれるほど簡単な《ＯＫ／ＦＤＲ》という一語で、その日の午後遅く、首相官邸にスティムソン一行が訪れると、チャーチルは開口一番、大統領から《ＯＫ／ＦＤＲ》という同意電文を受領したと述べた。

エイカーズ卿がグローヴス准将とブッシュ博士にすげなく扱われてから約九ヵ月後、今度はアメリカの使節がチャーチルに完敗した。

2　テヘラン会談

①　ルーズベルト、スターリンに惚れ込む

チャーチルとスティムソンの会談が終わり、五項目の合意が成立した後も、米英間の原爆問題は結着しておらず、実務者同士の歯車は噛み合っていない。この時期、アメリカではウラン濃縮プラントの建設に向けてケレックス社ほかの専門家集団が悪戦し、同時に、原子炉を含む大がかりなプルトニウム分離プラントの完成に向けてデュポン社技術陣が苦闘している最中だったから、情報共有化どころの騒ぎではなかったのかも知れないが、それはそれとして、グローヴス准将はかたくなに口を閉ざす姿勢を変えていない。チャーチルは現場の上げる不協和音にいいかげん焦れている。

その矢先、アラスカでルーズベルトがスターリンと密かに単独会談をやろうとしていたという仰天情報が漏れ伝わり、また、その単独会談はチャーチルが肺炎で絶対安静の時に画策され、第三回ワシントン会議閉幕と同時にボツになったというから、チャーチルは二度びっくりした。水と油の関係に近いソ連と米英が軍事同盟を結んだのはひとえにナチス・ドイツの存在があればこそのもので、常識的に考えれば、首相もまさか大統領がスターリンに阿諛追従《あゆついしょう》するような大ラブコールの挙に出るとは夢にも思っていなかったのだ。

時期的に見ると、ルーズベルトの胸中にスターリンを無二の友としたいという思いが生じたのはかなり早い。大統領はリベラル思想の持ち主だったエレノア夫人に調子を合わせているうちに、脇が甘くなり、

ニューディール政策に乗り出したころには財務次官補ホワイト、財務省経済顧問フランク・コー、大統領補佐官ラフリン・カリー、国務省筆頭書記官アルジャー・ヒス、そしてエレノア夫人の専属画家ジョセフイン・アダムズなど信じられないほど大量のソ連工作員をルーズベルト本人の周辺に近づけていたから、スターリンへの異常な傾倒は比較的短時間に醸成されている。そういう状況下にあって、スターリンを心酔する気持ちに拍車をかけたものは、大統領のチャーチルに対する反発心だった。

チャーチルが第二回目のワシントン訪問を行なった一九四二年月六月十八日、モラン卿はひやひやしながら英米両巨頭を眺めている。首相はルーズベルトの前に腰を下ろすや否や本題に入り、一方的に語り続け、何か反論めいたことを大統領から言われても、不機嫌そうに「まあ、最後まで私の話を聞け」といって相手の発言を封じる。軽躁を活力源としたいつ果てるとも知れないお談義が延々と続き、しかも相手を思いやる気持ちなどさらさら無いと来ては、いかに我慢強い紳士でも不愉快になるだろう。ついでながら、真夜中、桃色のワンピース型パジャマの上に空挺隊員服をひっかけてホワイトハウスの中を我が物顔で歩きまわる首相の奇矯で騒々しい振舞いはメイドやドア・ボーイたちの格好の雑談ネタになっていた。首相は起床と同時にシェリー酒で咽をうるおし、就寝直前をコニャックで締めるのだが、ともかくめったなことでアルコール飲料を手放すことはなく、ホワイトハウスの酒蔵を空にする勢いで飲みまくった。これについては実父と実兄をアルコール中毒で亡くしたエレノア夫人がチャーチルを見て、「あれほどの大酒飲みはホルマリン漬けにして永久保存すべきだ」という言葉を残している。

いっぽう大統領を観察すると、この人は相手の話をじっくり聞くことが苦手だ。そして、生得の上っ調子とは別に、大統領は貧血になるほど悪性の痔持ちだから長時間座って会話に応ずることができない。その原因は中年に至って大統領が患ったポリオにある。足が萎え、そこでジュラルミンのギブスで下半身を固定し、その上からズボンをはいて見た目を繕ったのはいいが、足が踏ん張れないから、座った時に身じろぎがうまく行かず、尾てい骨あたりの体重移動がままならない。かくしてひどい痔になり、ルーズベルトは長時間威儀を正して椅子に座っていることができなかったのだ。一つのエピソードがある。閣議が終わると大統領を残して閣僚全員は室外に出る。そうすると別の扉からSPのマイク・ライリーとホワイトハウス職員のアーサー・プレッティーマンがあらわれる。大統領はライリーに抱きかかえられて車椅子に移され、プレッティーマンに押されてセラピー・ルームに行き、整体士ジョージ・フォックスの手で血行マッサージが行なわれる。そうしないと鬱血がひどくなって途方もない激痛に見舞われるのだ。ともあれ、大統領は誰かの助け無しでは十メートルも移動できず、これは他人に見せたくない裏舞台だった。

ルーズベルトがチャーチルに反感を覚えたきっかけは、他人に見せたくない楽屋裏に首相がずかずか上がり込み、そこに長時間居すわって、言いたい放題をやってからのことだ。特にホワイトハウスを訪問したソ連外相モロトフが話題になった時、ルーズベルトはこの外相を褒めちぎり、次にソ連礼賛発言をしたところ、チャーチルは大統領に「ソ連はドイツ潰しの単なる道具で、それ以上のものではない」と言った後、口から火でも吐く勢いで、「ソ連は帝政時代にくらべればずっと立派な民主主義国家だと？　馬鹿も休み休み言ってもらいたい！　だいぶアカの連中がお好きのようだが、もの知らずにも程がある！」と言って、暴力革命家スターリンに呪詛の言葉を投げつけ、返す刃でルーズベルトの不明をこき下ろし、いつ終わるとも知れない説教を始めてしまった。

チャーチルから厳しく叱責された直後のことだ。ルーズベルトは気分が悪くなって自分の寝室に引っ込んだが、このとき、側近ホプキンスを呼んでチャーチルが手のつけられない酔どれだとののしり、それがおさまると、次に「スターリンは全面的に信用できる人間だ。もしも私が与えることのできるすべてを、何ひとつ見返りを要求することなくスターリンに渡してやれば、あの男はどこも併合しようとはしないだろう。スターリンは私と手をたずさえて民主主義と世界平和のために働くと私は確信している。高貴な人間は高貴な振舞いをしなければならないのだから」と語っている。日が経つにつれ、大統領は、会ったこともないソ連の独裁者に自分が好かれていると思い込み、ついにはこの独裁者の好意得るため、かなりのものを与える気になって行った。北海道と東北六県をソ連に、九州と中国五県をイギリスに、四国四県は中国に、そして関東甲信越、中部、近畿はアメリカが押さえ、兵庫県、福井県および京阪地方をアメリカと中国が共同統治とするという日本の本土分割案も大統領顧問としてもぐり込んだソ連工作員の囁きにそそのかされたルーズベルトの思いつきがもとになっており、そして戦後、ソ連がまったく理不尽で非合法な日本兵のシベリア抑留の挙に出たのは、この分割が実現しなかったことへの腹いせだというふしがあり、源流をたどればすべてはルーズベルトに行きつくという可能性は否定できない。

もう一つある。ルーズベルトは自分の顧問の一人ぐらいに思っていたニューヨーク大司教スペルマンに「世界の分割は簡単です。蔣介石がアメリカの援助で中国を治めていますから、東アジアは彼に与えることにします。太平洋はアメリカのものです。イギリスにはアフリカが与えられる。ヨーロッパはソ連に渡してやりましょう。私はチャーチルよりもスターリンとのほうがずっと好きです。私もスターリンも現実主義者ですからね」と語った。未来の枢機卿スペルマンはすぐにそれとなく話を変えてしまったが、内心、大いに呆れている。こともあろうに自分というカソリックの大司教に対し、宗教を否定し、教会をぶち壊す集団の先頭にいるスターリンを礼賛して憚らないルーズベルトの神経を疑ったのだ。

ボツになったアラスカ会議の発想が具体的な形となってあらわれるきっかけは一本のハリウッド映画にあった。大戦が始まる直前までソ連駐在アメリカ大使を務めたジョゼフ・エドワード・デービスは、帰任後、大統領周辺に漂うスターリン礼賛ムードを嗅ぎ取って《モスクワ滞在記（Mission to Moscow）》を著し、これをルーズベルトに献呈した。ウィスコンシン大学出の弁護士から民主党員をへて外交畑を歩くことになったデービスは見るからに好人物で、生まれてこのかたノーと言ったことがないような男だったが、世の中を渡るうちにゴマすりの技術に磨きがかかり、特にルーズベルトに対しては他の追随を許さず、これでもう少し権謀術数にたけていれば、さらなる権力中枢への道が開けていたのかも知れないが、いかんせん小心者だったことが仇となり、いたって平凡な外交官として安らかに一生を終えた。

さて、デービスの献呈本は大統領好みにデフォルメされたソ連ばんざいの一冊で、見る者が見れば噴飯物の提灯記述に満ち溢れていたけれども、予想違わずルーズベルトは大喜びし、さっそくワーナー・ブラザース社に映画化するよう手を打った。すると打てば響くようにジャック・ワーナー社長はヒット作カサブランカを手がけた監督マイケル・カーチスと脚本家ハワード・コッチを指名し、これに加え、主演には大統領が贔屓にしているウォルター・ヒューストンを起用。かくして超一流の駄作《モスクワ滞在記》が出来上がった。

一般公開を間近にひかえた映画の件でデービスが大統領に呼ばれたのは第三回ワシントン会議の一ヵ月前、すなわち一九四三年四月十二日午後四時二十分のことで、この日、執務室に通されると、そこには大統領と側近ナンバーワンのハリー・ホプキンスがおり、これを見てデービスは、この面談が罪のないお喋りを楽しみ、清く明るく別れるという類のものでないと直感した。

ルーズベルトの影法師ホプキンスは、並はずれた上背をしていたが、それ以上に腕が長く、納まりの悪い腕をいつも持て余しているような感じだった。そして顔は馬もびっくりという馬づらだったが、こちらの方は高い背丈のおかげで異様に長いという印象はない。少し横に回ってこの男の顔を眺めれば、抜け上がった丸い額の下に、激しくやつれた頬が表われる。ホワイトハウスでスイート部屋を与えられ、絢爛豪華な生活を享受したホプキンスはわけても美食家として名を馳せていたが、最早その面影はない。人は腹の中に何が収まっているか意識せずに生活し、異変を感じて初めてそこに臓器があると知るのだが、ホプキンスがまさにこれで、あるとき何かの拍子で胃のあたりにひりつくような違和感を覚えた。すぐに妙な鈍痛は止んだけれども、そのうち深く息をすると錐で突かれたような痛みが表われ、加えて、腹のあたりに不可解な自覚症状が表われ、そして消えた。結局これはガンだった。胃ガンと診断されたホプキンスは即座に開腹手術の上、胃の一部を切除することで、たしかに胃ガンの進行速度は押さえたけれども、すぐに別の不運がやって来た。輸血が災いし、ヘモクロマトーシスという奇病（体内の鉄分が異常に増加して諸臓器に過剰沈着し、最終的にはガンで死ぬ）を背負い込んでしまったのだ。ホプキンスの場合、この奇病は肝臓に表われたから、周期的に猛烈な激痛に襲われており、この痛みを緩和させるため一日平均四〇〇ミリリットル近い瀉血で鉄分を抜いた。今やホプキンスの顔は古ぼけたボール紙もどきに黄色く、唇は瀉血と胃潰瘍のため漂白剤で洗い晒したように青白い。まぶたは極端に薄くなり、その下にある眼球が小刻みに左右に振れ動いているのは無気味な疼痛が心臓の鼓動に合わせてホプキンスを襲っているからで、ガンに取りつかれたこの美食家はじきに離乳食用のシリアルしか受けつけなくなった。戦後、スターリンに抱き込まれスパイを働いたのではないかという疑惑の渦中にあったホプキンスは、査問会に召喚されるところを、その直前に、断末魔の絶叫すら上げられぬほど衰弱して死んだ。

デービスが大統領執務室に入ると同時に、「ハロー、エド！」という声が飛んだ。ルーズベルトはこの男と話をするとき、ミドル・ネームのエドで呼びかけることを常としており、ファースト・ネームのジョゼフは使ったことがない。

「エド、一つ、君に頼みたいことがある」

そういうと、後はホプキンスが引き取った。

「四月三〇日に一般公開されるモスクワ滞在記のフィルムをスターリン元帥に届けて来ていただきたいのですが、このとき大統領の親書をいっしょに持って行って欲しいのですよ」

そう言ってからホプキンスは親書の原稿を読み上げた。ちなみにこの親書は、その後、かなりの修正が加えられ、最終的に一九四四年五月五日の日付が記入された親書がデービスによって持参されている。内容はアラスカ州のノームかフェアバンクスで余人を交えず楽しく会話し、友誼を深めたいと言うただそれだけのものだったけれども、これだけでは猜疑心旺盛なスターリンが、はいそうですかと応ずるはずもない。

「そこでです。あの厚かましいチャーチル氏をクレムリンでこき下ろし、そして、……ここからがあなたの腕の見せ所ですが、スターリン元帥に戦後体勢をささやいてもらいたい。つまり戦後はイギリスが支配していた植民地を独立させて、かの国の力を削ぎ、新しい枠組みの許でアメリカとソ連を中心に世界を指導して行こう。これが大統領の胸の内だと耳打ちし、アラスカ会議の目的が何であるかをあなた自身の口でそれとなく伝えて来てもらいたいのです」

「それからね、エド」と、今度は大統領が口を開き、「ソ連がすぐにも対日戦争に踏み切り、満州方面へ攻勢をかけてくれるなら、戦後、日本の……何だったかなハリー、そうそう南樺太と千島列島、それから北海道、東北六県を提供しようと囁いてくれ。それと、満州は蒋介石に与える。しかし、日本本土の大きな港がソ連のものになるなら、満州なぞくだらない獲物ではないかとも囁いて来てくれ。アラスカはそのための会談なのだよ」と言った。

これはルーズベルトが十八番《おはこ》にしている滅茶苦茶な二元外交で、国務長官ハルもモスクワ駐在大使スタンドレーも完全に無視するという異常なものだったけれども、デービスは喜んで共犯者になった。デービスはそれから十七日後の四月二十九日午後一時に大統領からランチに招待されたが、これは密やかな壮行会であり、ついで五月五日、うさん臭いこの使者はホワイトハウスへ出向いて大統領から親書を受け取り、出発の挨拶を済ませるとモスクワへの長い旅に出た。

フィルムの運び屋というふれ込みの使者は五月二〇日、モスクワの空港に着き、即刻スターリンの説得にあたった結果、七月十五日にあたりにフェアバンクスで単独会談に応ずるという約束を取りつけた。デービスがモスクワから戻り、喜ばしい成果を大統領に報告したのはチャーチルが第三回ワシントン会議を済ませて帰国した後、すなわち六月三日午後五時三十分のことだったが、しかしソ連の独裁者はデービスが大統領に報告して八日後（六月十一日）に「けしからん！」と言ってアラスカ会議をキャンセルした。対日最後通牒ハルノートの原案を作った財務次官ホワイトほかアメリカの中央省庁にはソ連の工作員だった政府高官が多数いたから情報が筒抜けになるのは当然で、スターリンは第三回ワシントン会議の顛末を知って激怒したのである。

——独ソの殺し合いを高みから見物しようという腹だ！

米英がイタリア作戦を優先した以上、スターリンの要求する北フランスへの上陸は延伸と決まったからであり、かくしてデービスの努力は烏有《うゆう》に帰した。

いっぽうアラスカでの秘密会談がボツになったという情報を聞いて、チャーチルは「つい先ごろスティムソンがやって来て原爆開発についてイギリスに折れて見せたのは、アラスカ会議がおじゃんになったからだろう」と直感し、すぐに「アメリカは原爆を餌にしてソ連と結託するつもりだ」と結論した。かくして首相は「スターリンがいずれ打って来る国際的な脅迫の片棒を担ぐとは何たる背信行為か」とたいへんな剣幕でルーズベルトに電報を送り、しばらく熊のように部屋の内を行ったり来たりしていたが、そのうち「今度こそけりをつける！」と叫んで、くわえた葉巻を食いちぎってしまった。チャーチルは、大統領がスターリンに「インドほかイギリス支配下にある植民地を独立させて、かの国の力を削ぎ、米ソ二国で世界を指導して行こう」と語りかけるつもりでいたとは夢にも思っていなかったが、アラスカ会議の存在を聞いて、こと原爆については今までのような紳士協定では限界があり、大統領の暴走を押さえることはできない。されば原爆協定書という公文書に作り直そう。そのためにもう一度直談判しようと考えた。

その機会はすぐにやって来た。英米が攻勢に出たイタリア方面では、七月十日にパットンとモントゴメリー両将軍率いる地上兵力がシチリアに上陸してメッシーナを目指し、七月二十五日にはムッソリーニが失脚してイタリアに無条件降伏の動きが出、かくしてイタリア本土進攻にともなう米英作戦会議がカナダのケベック市で開催されることになった。チャーチルはこのタイミングをとらえ、原爆についての直談判を強行したのである。

ケベック会議は英米両国の元帥級参加メンバーを含め、両国合わせて二百人を軽く超える随行員がおり、余談ながらその中には首相夫人クレメンタインと末娘メアリーがいた。チャーチル一行は、今回も客船クイーン・メリーに乗って、八月五日にスコットランドのグリーノック港からカナダのノヴァスコシア半島にあるハリファックス港に向かった。到着は八月九日の夜。そこから夜行でケベック市に向かい、到着は十日深夜。首相はルーズベルト嫌いの夫人を残し、そのまま夜行を乗り継いで南下。国境を越え、十一日深夜、大統領のいるハイドパークの私邸に入った。直談判は翌十二日から十四日まで続き、この間、ホットドッグとハンバーガーをバスケットに詰め込んでピクニックに出かけるという気分転換もあったが、それはそれ。モラン卿がおぞけを振るうほどの厳しい交渉が重ねられている。

ルーズベルトが強行突破しようとしたものは唯ひとつ。スターリンを原爆共同開発の仲間に入れようとしたことで、チャーチルは断固これを拒否した。このときチャーチルが手にしている切り札は七月二十二日づけの《ＯＫ／ＦＤＲ》にまつわる合意で、これはたとえルーズベルトがとぼけたとしても、いざとなればスチムソン長官、ブッシュ博士、バンディー顧問、アンダーソン卿、チャーウェル卿を証人喚問できる。二つ目の切り札はルーズベルトご執心の蒋介石支援で、言うことを聞かないならイギリスはビルマ作戦を縮小するとブラフをかけた。そして三番目の切り札は何とウランで、この貴重な原爆素材はカナダから大量供給できることが判明したのだ。

ルーズベルトは折れ、チャーチルが原案として提示した協定文書を精査するようホプキンスに命じた。しかしルーズベルト夫人とホプキンスが陪席した十四日の晩餐は、同じくこれに陪席したハリマン特使に言わせると「最初から何か起こりそうな危険を孕《はら》んだ、居心地の悪いものだった。殺気だち、非常にとげとげしいもので、大統領は冗談ひとつ飛ばさなかった」とある。またエレノア夫人は「国連は幸福には繋がらないぞ、誤解が誤解を生むぞ、ソ連と中国は国連を悪用するぞ、というチャーチルの言葉にゾッとした」と語っている。ともあれ、この晩餐が終わるとチャーチルは夜行に飛び乗って十五日にケベックの宿所シャトー・フロンテナック・ホテルに入った。

米英トップを含む全員がシタデル要塞の会議場に参集したのは一九四三年八月十七日で、それから三日後の十九日、少数の関係者と今回新たに歴史の証人として加わったカナダのキング首相が見守る中、原爆協定は締結された。より具体的な形になった協定書の中には異様な光を放つ「米英両国政府は、両国政府の同意がなければ、両国以外の第三者に原爆を使用しないことに同意する」という項目と「米英両国政府は、両国政府の同意がなければ、両国以外の第三者に原爆情報を与えないことに同意する」という項目があり、原爆の歯車はこの協定の出現でようやく噛み合った。

（著者注）ケベック協定については追補（16）に参考記述あり

②　互いの正体（ルーズベルトとスターリン）

八月十七日に開始されたケベック会議は一週間後の二十四日に終了したが、その後もルーズベルトはスターリンとの関係修復につとめ、今度は正規の外交ルートに乗せるべく国務長官ハルを十月十八日モスクワに派遣し、それに前後して駐ソ大使をスタンドレーからハリマンに代えた。さらにイギリスを巻き込んで対ソ関係の地ならしに精力を費やし、十一月二十八日のテヘラン会談にこぎ着けている。

今回、ルーズベルトの側近は戦艦アイオワで地中海オランに向かい、そこから空路カイロに飛び、その地で蒋介石との会談をすませ、一九四三年十一月二十八日に空路テヘランに着くというスケジュールを作った。ちなみにこの時期、英米連合軍はシチリアを解放し、イタリアの降伏宣言を受け、サレルノほか二カ所からイタリア本土上陸を開始したが、ドイツ軍元帥ケッセルリンクが構築したグスタフ・ラインに阻まれ、モンテ・カッシーノ山麓で足踏み状態にある。よってこの時のルーズベルト遠征は、会談とは別に戦線慰問と督戦の意味を持っていた。

ルーズベルトのテヘラン行きが開始されたのは十一月十一日深夜（午後十時三十八分）のことで、大統領はメリーランド州クアンティコ港から専用ヨット（ポトマック）に乗り込み、そこからチェサピーク湾に出て、四万五〇〇〇トンの新造戦艦アイオワに接舷した。極秘行動のためセレモニーの類はいっさい無く、大統領はひっそりと戦艦の中に消え、専用ヨットもそこに大統領がいると偽装するためプレジデンシャル・フラッグを掲げたまままいずこへともなく立ち去った。戦艦アイオワはチェサピーク湾の軍港ハンプトンローズで仕上げの燃料補給を完了し、日付が十三日土曜日に変わるのを待っている。それは金曜日の出航は船乗り仲間では縁起が悪いとなっていたからで、やがて時が満ち、アイオワは重巡一隻、駆逐艦五隻を随伴して外洋に出、六日後の十一月十九日深夜、ジブラルタル海峡を通過して地中海に入った。ちなみにジブラルタル通過時の速度は二十七ノット（時速五〇キロ）で、かなりの高速通過ということになる。

十一月二〇日朝八時九分、アイオワがオラン港に投錨すると、ルーズベルト一行は即刻空港に車を飛ばし、待ち構えていたダグラスC41に乗り、二時間半の後、チュニスについた。このときの飛行高度は二五〇〇メートルで、大統領の隣に座って機上会談をしていたアイゼンハワー将軍は副官に向かって気色ばんだ。なぜこんな低空を飛ぶのか。上空から突っ込んで来られたらひとたまりもないぞと言ったが、このときも主治医マッキンタイアが勝った。翌二十一日は休養。カイロには空路二十二日に到着し、翌日から三日間、メナハウス・ホテルでルーズベルト、チャーチル、蒋介石、これに夫への補佐助言と通訳を兼ねた宋美齢という四者会談が行われている。これがカイロ会談で、このときルーズベルトは蒋介石に日本から満州（Manchuria）、台湾（Formosa）、澎湖諸島（Pescadores）の返還をさせるむね提案したのち、四人の警官構想をぶちあげ、ついで国連の信託統治に言及し、《四人の警官構想》の一翼をになう中国にとって信託統治は大きな仕事の一つになるだろうと語っている。この一連のルーズベルト発言を蒋介石と宋美齢は満ち足りた面持ちで聞いていたが、これを脇から苦々しく見ていたチャーチルは、会談が終わると、モラン卿に「蒋介石はだいぶ舞い上がっていた。それにしてもルーズベルトは中国への思い入れが強く、ばらばらで不安定な中国になぜあれだけ期待するのかわからん」と漏らしている。

ルーズベルトと蒋介石の接触はこれが最初にして最後となった。

かくしてルーズベルト一行を乗せたダグラスC41は十一月二十七日早朝七時七分にカイロを出発し、スエズ、ベツレヘム、エルサレム、死海上空をかすめ、シリア砂漠を抜け、バグダードに至り、そこから標高二五〇〇メートルのザーグロス高原を地上すれすれに飛び越え、無着陸飛行八時間の末、午後三時にテヘラン空港へ到着した。なおチャーチルはテヘランまでアブロ685ヨーク爆撃機を使い、スターリンはモスクワからバクーまでは特別列車で移動し、バクーからゴロバノフ将軍の操縦するペトリャコフ爆撃機に乗り込んでカスピ海を越え、二十八日、テヘランに着いた。スターリンが飛行機に乗ったのはこれが最初で最後となっている。

中華民国総統蒋介石

さて、ルーズベルトが滞在することになっていたテヘランのアメリカ公使館はだいぶ辺鄙な場所にあり、しかも会議場となったソ連大使館までは非常に遠い。そこでチャーチルはソ連大使館と隣り合わせのイギリス大使館を宿所として使ってはどうかとルーズベルトに提案している。しかし会議の直前になって「大統領はソ連大使館に滞在する」とアメリカ当局から知らされ、首相は信じられないと嘆き、毒蛇の巣に裸で転げ込むような大統領の軽はずみに心底あきれたけれど、さすがにこの無分別が大統領の体内で静かに進行していた高血圧の影響と飛行機に乗り続けて小発作の頻度が上がったからだとは想像だにしていない。なおこういうルーズベルトの不審な挙動についてモラン卿はテヘラン会談二日目（十一月二十九日）のカルテに次の記述を残している。

「首相はすこし躊躇していたが、そのうち口を開き、次のように言った。私はあの男が大丈夫なのかどうか心配になった。ルーズベルトは会議が始まるとすぐ真っ青になり、顔つきが空虚になった。ルーズベルトは会議が始まるとすぐ真っ青になり、顔つきが空虚になった。熟慮を要する問題を真剣に話し合うことが出来なくなっているだけでなく、討議内容を唐突にころころ変える。また何か質問されてもそれへの回答がすべてトンチンカンだった」

いっぽうスターリンは時候の挨拶程度の軽い気持ちでソ連大使館の中にある別荘を提供するからそこを使ってはいかがかと言ったのだが、ルーズベルトは二つ返事でこの申し出をうけ、テヘラン到着翌日の午前中にソ連大使館に入り、別荘に落ち着いた。当然ながら、アメリカ代表団は至れり尽くせりの待遇をうけている。さすがにハニー・トラップに引っかかる馬鹿者はいなかったが、いずれにしても別荘に出入りするロシア人は、笑顔を絶やさぬ妙に肉付きのいい家政婦を筆頭に、コック、給仕、庭師、儀典長、警備主任そして電話交換嬢から掃除婦まで全員が秘密警察（ＮＫＶＤ）のメンバーであり、かつ、どれもこれも驚くほど流暢な英語を喋った。スターリンはこのとき秘密警察長官ベリヤの息子セルゴ・ベリヤに別荘の盗聴全般を仕切らせており、特に一言一句漏らすなと厳命したのがルーズベルトの言動であり、スターリンはこの報告を受けるため、執務時間の開始を三時間早め、朝八時からに変更した。

※　※　※

テヘラン会談第一回目は十一月二十八日日曜日の午後四時から開始されたが、この日午後三時十五分、スターリンはルーズベルトの客間におもむいて、遠路はるばるのご入来かたじけなしの表敬に出た。同席したのは通訳のパブロフと、同じく通訳のボーレン、以上二名である。

身長一六二センチという小柄なソヴェト連邦トップがルーズベルトの客間に入ったとき、飛び込んできた陽気な第一声がこれだった。

「ハロー、スターリン元帥」

ダークブルーのスーツにハーバード・クリムゾンという深紅色ネクタイを締めて長椅子から手を差し伸べた大統領は、「ずいぶん、この瞬間を待ったような気がする。お会いできて本当にうれしい」と述べつつ、ほとんどの人間がこれでいちころになるという屈託のない笑顔で、ヒトラーの向こうを張る有名な独裁者と挨拶を交わした。いっぽう自分の盟友をことごとく粛清してロシアの支配者となり、この国を暗黒の闇に沈めたスターリンもこのときばかりは破顔一笑。千年の知己を迎え、嬉しくてたまらないといった様子で相好を崩した。このとき目ざとい通訳のボーレンは歯並びの悪いスターリンの前歯が煙草のヤニでおそろしく黒ずみ、喉の奥に向ってはえているのを見ている。スターリンの主治医ミヤスニコフは遙か後年、ソ連の独裁者は大脳動脈にアテローム性動脈硬化症を引き起こして死んだと発表し、ついで「ソ連という国は、脳の半分がアテロームにべっとりと埋めつくされ、それが原因で猜疑心に取りつかれた偏執狂の病人が運営していたのだ」と語ったが、前歯が喉の奥に向って生えているスターリンは、アテロームであろうがなかろうが生得の疑り深さを持つ人間で、死んでも本音を語ろうとはしない怪人物だという説も

スターリンの主治医
ミヤスニコフ（左側）

ある。

さて、純朴な村長を演じて見せたスターリンは、椅子に腰を下ろすとテーブルの上のシガレット・ケースを開け、黒い紙巻きのロシア煙草を勧めたが、大統領は「ありがとう、元帥、しかし私はこっちのほうがいい」と応じ、キャメルをダンヒルのシガレット・ホルダーに詰め、火をつけた。すると村長はにっと笑い、こちらもポケットからグルジア・パイプを取り出して火をつけ、もうもうたる煙を吐き出している。

スターリンはもちろんスーツ姿ではない。平折襟のマスタードイエロー戦闘服に、もはや身体の一部になっているかのようなカフカーズ・ブーツをはき、胸にはレーニン勲章一つをぶらさげている。猫とふくろうの中間のような感じだと評された浅黒い顔。そこには痛ましいほどの天然痘のあばたが所狭しと広がっている。鼻筋はとおり、オールバックにしたごま塩頭とごわごわした特徴的なスターリンひげは一度見たら忘れられるものではない。そして茶色の目。これは激怒すると黄色い光を放ってぎらぎら燃えたとある通り、今は静まり返っているものの、この目がどうにも穏当を欠いている。そういう男が発する嗄《しわが》れた重々しい声はグルジア訛りの強いロシア語のため訥々と聞こえる。年齢は六十四。一八七九年十二月二十一日誕生だというが、出生地ゴリのウスペンスキー寺院には一八七八年十二月十七日に洗礼儀式を受けたことが記された戸籍簿が保存されており、この男の底知れぬ闇が早くも顔を覗かせる。

それにしても、ここに向き合ったトップ二人ほど奇妙奇天烈な組み合わせは、長い人類史を見わたしてもそうざらにはない。

片方のルーズベルトはテヘラン会談のこの時点でスターリンよりも三つ年下の六十一。ずいぶん前に故

ソヴィエト連邦大元帥
スターリン

人となった父親のジェームズは今でいうコングロマリットの頂点にいた人で、しかも独占禁止法はまだ影も形もない時代だったから儲けるだけもうけることができ、日々の仕事は慈善団体に贈る小切手への署名が大半を占めているという人だった。メトロポリタン美術館とアメリカ自然史博物館の創設に大きく関与したこの父親は、ニューヨーク州ハイドパークに大邸宅を構え、東部の一等地とカナダに無数の別荘、デラウェア＆ハドソン鉄道の車輛庫には数台のプライベート客車、数隻のヨット、無数の競走馬のみならず、イギリスにゴルフなる球技があることを知ってこれを一族の競技に取り入れるためキャンポベロ・ゴルフ・クラブほか五指に余るゴルフ・クラブを創設。おかげで息子は《飛ばし屋フランクリン》とあだ名がつくほどのゴルフ狂になった。いっぽう母親のサラも有名なデラノ一族の娘である。デラノ家は一六二一年入植の由緒正しきメイフラワー移民で、すぐに捕鯨船団を含む大規模な商業船団を所有。業績は順調に伸び、それに伴って様々なものを扱ったが、その中には奴隷や阿片も入っている。

海運業者デラノ家磐石の礎《いしずえ》となったものはペリー提督の日本開国よりもはるか以前に手がけた対中貿易事業の成功に尽きる。さて、この一族は中国貿易を独占したけれども、それはアメリカ国内での話であり、そこで競合イギリス他の列強を牽制するため、機会均等・門戸開放をスローガンとするロビー活動を展開した。かくしてアメリカの臆面もないダブルスタンダード、《モンロー主義と機会均等・門戸開放》はこの国の二大金看板となり、おかげをもってデラノ家はさらなる繁栄を遂げた。余談ながらルーズベルト大統領に異常なまでの中国偏愛と反日嫌悪の感情があるのは母親サラが吹き込んだデラノ家の対中貿易に関わる家系伝説が原点となっている。

父親ジェームズ・ルーズベルトが五十四歳の時に授かった一

人息子フランクリンは小学校に行かず、裕福な名門一族の伝統に従ってフランス語、ドイツ語、ラテン語、歴史、地理、科学、数学、ピアノという基礎教育は四人の家庭教師に委ねられ、次にグロートンという名門校に通い、その上でハーバード大学を卒業し、最後にコロンビア大学法律学校に入学した。フランクリンが同族出身のエレノアと結婚したのはこの法律学校在学中のことである。しかし欧州の貴族階級では厳しく訓練される紳士の心得については、親の猫かわいがりが過ぎて、ついに身につかず、また、グロートン、ハーバード、コロンビアでの成績も《CS》か、せいぜいよくて《BS》止まりだったし、教養も知性も上っ面で、問題を深く掘り下げるという習慣がなく、不真面目の一語に尽きる男だったから、親族の間ではろくでなし扱いである。

飛び抜けた天分に恵まれているわけでもない平凡な子供。生れついての軽薄気質を矯正することもなく、面倒なことは全部避けて大人になった場当たり人間。読書も絵画も音楽も嫌いであり、なんと落ち着いて料理を味わうこともしなかった男だ。趣味はゴルフとポーカーとウェスタン映画、そして切手収集である。一時期写真に凝ったがこっちのほうはあっという間に熱が醒めた。こういう横顔を持つルーズベルトは、弁護士の国家試験に合格していないから、社会人になっても依頼人はゼロという名ばかり弁護士にすぎず、ひまを持て余した青年ルーズベルトは、多少、舞台演劇に才能らしきものがあり、ハンサムでもあったから、ショービジネスと相通ずる選挙活動にはむいており、かくして政界へ転向した。余談ながら、ペット動物を選挙用の人気取り道具に仕立て上げた大統領はルーズベルトをもって嚆矢《こうし》とする。

テヘランのソ連大使館で向き合ったトップ二人の内、片方のルーズベルトは、巨万の富を両親から受け継ぎ、カネというものがどういうものかついにわからぬまま成人し、我が心にかなわざるものなしという乗りでやって来た男で、思い通りに行かなかったものは日本の真珠湾攻撃とポリオぐらいのものだろう。

いっぽう、スターリンはこれとはまったく正反対の人生を送ってきた男で、貴族、聖職者、富裕市民に対するテロ組織の頭目として半生を送り、次に身の毛もよだつ流血の粛清を繰り返してロシアの支配者になったと言ういかがわしい男だった。およそ人が考えつく悪事でスターリンが手を染めなかったものはなく、この男の名前から連想する単語をならべて見ろと言われれば、無慈悲、残虐、泥棒、裏切り、嘘つき、人殺し、強盗といったところだろう。だいいちスターリンという名前からして本名ではない。この札付きの職業革命家は非合法地下生活が長かったせいで、二、三度変名を使ったが、最後の変名で《鉄の人》という意味のスターリンを名のり、今に至っている。

父親はヴィッサリオン・イワノヴィッチ・ジュガシヴィリ。グルジアのゴリに住む農奴出身の腕のいい靴職人で、店は繁盛していたが、じきに酒に溺れ、暴力沙汰は数知れず、ついには家族を棄て、酔どれの流れ靴職人となり、一九〇八年にトビリシのミハイロフスキー病院で死んだ。この男と妻エカテリーナとの間に生まれた男の子がヨシフ。後のスターリンである。

ヨシフは生まれたその瞬間から両親の情け容赦ないつかみ合いと殴打暴行の繰り返しを見て育った。それだけではない。当時のゴリの町全体が途方もない無法地帯で、警察組織は無いに等しく、土地のボスが胴元になって人間同士の流血勝負にカネを注ぎ込む賭場が至る所で開帳され、それに連座する犯罪が大盛況だった。

町内と家庭内双方で繰り広げられる殺伐とした暴力環境の中で生き続けるうちに、ヨシフは冷酷で図々しく、乱暴で強情でどうにも手におえない奇怪な生き物になり、執念深い性格は助長され、これが子供のすることかと疑うようないじめの首謀者になった。たまたま息子が怒りの爆発を起こし、その両眼に黄色い光が走るのを目撃した母親は肝を潰し、悪魔が取りついたと十字を切り、地に伏した。またあるとき母親はチビ助のヨシフがミーシャ・ツェラーゼほか札付きのワルを引き連れて賭場の手伝いをし、上がりを分け与えているのを見て驚いた。

——このままではいずれ悪魔に魂を売る。

母親は恐れ、次に発奮した。敬虔な正教徒の母親はヨシフが十歳になると、裕福なユダヤ人素封家に泣きついて借金し、これになけなしの貯えを総動員してヨシフを神学校初等科に入れている。母親はわが子の並外れた記憶力に見どころがあると期待したのだが、もうひとつ、この子供には隠れた才能があった。聖職者を目指す者の必須条件は絶対音感である。なぜならロシア正教において聖歌は楽器の伴奏無しのア・カペラで唱われなければならないからだが、この子には天賦の才があり、かつ、この学校で発声法を仕込まれたから、音楽的才能面でかなりの片鱗をあらわした。

しかし、それまでのこと。

ヨシフは十九歳で神学校から退学処分にあった。

職業革命家となったヨシフは人を感化し支配する神秘的な磁力をもってその道では知られた危険人物になり、逮捕、流刑、懲罰、逃亡を八度繰り返し、牢屋と手錠は日常風景の一部になった。そのうちヨシフはスターリンという人間になり、この間、警察の調書にはこの危険人物の写真の横に次の様なプロフィールが記載された。すなわち、顔一面の天然痘のあばた、目は茶色……右眉の上にホクロ、左肘は伸びず曲がったまま萎縮、左足の指は癒着して奇形を成す云々《うんぬん》。

スターリンを信頼し、あいつは俺の親友だと信じた者はレーニンを含め星の数ほどいたが、それらの星々はこの怪人の手でいつの間にか、それこそ根こそぎ消された。寡黙で用心深く、猜疑心に満ち、思いつきの出たとこ勝負とは無縁。陰謀から陰謀へと渡り歩き、その時々の絶えざる危険をしのいでいくうち、残酷に対し完全に無感覚となった男。これがルーズベルトの前でパイプを燻《くゆ》らせているスターリンの正体である。ルーズベルトを眺めた上でスターリンを手に取って見れば、この二人ほど共通点のない人間は稀有で、例えば、ごきげんよう、といった簡単な言葉のあやですら違うのだ。

米ソ両首脳の個別会談はメモを取らない約束で開始された。

「アメリカはソ連の戦後復興に対し、巨額の支援を約束する用意がありますぞ」

時候の挨拶をすませ、最初に切り出したのはルーズベルトで、定石通り口あたりのいいテーマから始めている。アメリカはこれまでに一一三億ドル相当の物資をソ連に供与していたから、大統領は少なくともこれに対する謝辞と、戦後復興支援に対しての継続援助を乞う言葉が返って来るものと踏んだ。これに対し、スターリンは確かに感謝の言葉は発したけれども、それはぞんざいとも思える態度であり、しかもその直後、この独裁者はドイツ軍全面敗退を決定づけたクルスク戦での赤軍大健闘に言及しているものだから、大統領はスターリングラード攻防戦からクルスク戦車戦に至るロシア人の武勲を褒めたたえざるを得なくなり、戦後復興支援の話は言質だけ取られてそれっきりになってしまった。

しかし大統領は、スターリンの素っ気ない謝辞についてはまったく気にしておらず、通訳ボーレンの見るところ、明らかに高揚した幸福感の中にいる。

さて、ハイ・テンション大統領が次に取り上げた話題は《四人の警官構想》という戦後の統治システムだった。

「蔣介石はカイロで六〇個師団の中国軍創設について私に協力を求めてきましたが、私はさらに規模を拡大し、九〇個師団の創設に協力しようと約束しましたよ。私は四人の警官に全世界をゆだね、戦後世界の平和を磐石にしたいと思っていますが、蔣介石に約束した九〇個師団の創設はこの平和維持活動の事始めです」

こう言ってルーズベルトは話題を米英中ソ四ヵ国による警官構想に持って行き、中国を大国に育て、大国にふさわしく処遇し、それに伴う当然の活動をさせたいと話したが、スターリンは途中で話の腰を折るように、四人の警官という構想の中で取り沙汰されている信託統治とはどういう統治形態なのか、と大統領に聞いた。

「信託統治とは四ヵ国で全世界を共同管理する新しい統治方法のことですよ。けしからんならず者国家が出てきたら、米英中ソ四ヵ国が同数ずつ兵を出し、その国を鎮圧するのです」

こう大統領が応ずると、スターリンは「それはいい」と顔をほころばせ、世界を四等分して中国がその四分の一を単独統治しようというなら荷が重かろう。だが共同管理なら他力本願のモラトリアム中国でも格好はつこうと言うものだ、となかなか手厳しい。そもそもスターリンは中国共産党を異端分子と見て煙たがっていたから、中国と聞いて不愉快になり、苛立った証拠に、パイプをやたらと吸い込み、詰まりかかった排水管のようなゴボゴボいう音をたて、薄目を開け、品定めするように大統領を見た。そして、一瞬の間を置いて「率直に申せば」と切り出し、どれほど中国に資金を投じようとそれが効率よく対日戦に活かされることはない。どこか訳のわからないところに行ってしまう。まず盗みをやめさせること。これから始めなくてはならないのでは、と言った。

実は、この瞬間、大統領は目が虚ろになり、魂が消滅したようになったのだが、通訳のボーレンはそれを見て接触不良の電球がチカチカしているような違和感を覚えたと言っている。いっぽうスターリンは、口のききかたこそ穏やかだったが、中国人の戦闘能力を頭から否定し、かつ、指揮官の能力は将軍から下士官に至るまで論外だと一蹴した。これに加え、四人の警官構想については、「戦争が終わった時、中国はそれほど強大になっているとは思えないし、また、仮にいつの日か強大になったとしても、ヨーロッパ諸国は中国を権威ある国と観ることに不快感を覚え、大統領が望むような畏敬の念を中国に抱くとは、とても思えない」と述べた。

大統領はこれについて何も反論しなかったし、ボーレンにスターリン発言をもう一度通訳しろと命ずる婉曲な反論手法も用いていない。中国問題は宙に浮いた。スターリンは一呼吸おき、今度はド・ゴール将軍の配下にある自由フランス軍がレバノンに乗り込み、国民投票の結果を無視し、レバノン憲法を紙くずに変え、もと通りフランスの植民地に戻そうとしているが、これをどう思うかと訊ねた。話題を変えてしまったのである。

大統領の反応は鈍い。何か別のことでも考えているようだ。そこでスターリンは「ド・ゴールをどう思うか」と訊いておきながら、大統領の返事を待つことなく言葉を継ぎ、フランス本国は今もってナチ・ドイツに奉仕するペタン元帥の手中にある。そういう中にあって、本国から弾き飛ばされた亡命者ド・ゴールが代表者でもあるかのように振る舞う姿は笑止千万だと決めつけ、かかる誇大妄想の狂人とつきあうなどまっぴらだと述べた。

ボーレンの回想によれば白日夢から醒めた大統領はスターリンがド・ゴールを指して亡命浪人と言ったことにようやく反応し、「もっともだ」と述べ、「ド・ゴールに勝手なことをするなと釘をさそう。チャーチルにもそのむね伝えよう。フランスのナチ協力という指摘は納得できる話だ。戦争が終わったら四十歳以上のフランス人は公職追放しよう」と言った。そして次に、「戦後、ベトナムはフランスの植民地に戻さず、ベトナム人が自治独立できるまでの数十年間、四人の警官による信託統治にしよう」と発言し、さらに勢いでイギリスの自治領インドについて要らざることを言った。

「戦争が終わったらインドを独立させようと思うが、やはり当分は四人の警官による信託統治としよう」

チャーチルが聞いたら激怒間違いなしのインド独立という発言を聞いて、スターリンは罠かと疑った。当然だろう。十八世紀からこっち、ロシアはイギリスと地中海、中東、インド、中国、朝鮮を巡ってことごとく対立し、そのすべてに渡って苦汁を飲まされて来た。あるロシアの大公などは「死に瀕したイギリスが苦しがってのどをゴロゴロさせるのをこの目で見たい。その時まで長生きできるよう私は毎日神に祈っている」と呪詛の言葉を残しているほどなのだ。

――だが、その苦汁を今度はイギリスに飲ませようとこの男は俺に言う。スターリンは思う。

――ルーズベルトという男はこの俺を喜ばせたくてたまらないのだ。ホプキンスやデービスという大統領特使が自分に取り入ろうと鼻息をうかがい、ちぎれるほど尻尾を振るのは、あの二人がルーズベルトの影だからだ。影が形に添っているだけの話だ。されば信託統治をソ連に都合よく作り変えて、その地に共産主義を植えつけ、事実上の領土拡大を果たすべきだという財務省のホワイトや国務省のアルジャー・ヒスの見解は奇貨おくべしというところか。

個別会議は終わり、その十五分後に第一回目の本会議が始まった。

③ 四日間の本会議（十一月二十八日から十二月一日）

午後四時、スターリンとの個別会談を終えた大統領が車椅子でソ連大使館のさして大きくない会議場に入って行くと、全員が立ち上がり、拍手で出迎えた。このときチャーチルのロシア語通訳バース少佐は、大喝采に迎えられたルーズベルトを見て、「貧乏な親戚の前に表われた、気前のいい大金持ちの小父さんという役どころ」と皮肉でいささか自虐的な感想を述べている。

十五人が着席できる円卓についた大統領はイの一番に挨拶となって、「私は幸運にも米英ソの三国の中で最も若い国の代表としてテヘラン会談に参加していますが、その目的はただ一つ。戦争に勝利することであり、この目的を共有しつつ皆さんの家族としてこの円卓に着席しています」と述べ、右隣の随員三名と後列主要メンバーを紹介したのち、自由闊達な議論を期待すると言って、チャーチル、スターリンの挨拶をうながした。

その後、大統領は再び発言許可を求め、アメリカの置かれた状況を説明している。いわく「ご承知の通りイタリアは二ヵ月前に無条件降伏し、日本はミッドウェーとガダルカナルで再起不能だ。よって私は日本の駆除をアメリカ太平洋艦隊に任せ、私自身はドイツをぶっ倒すために全勢力をヨーロッパに注ぎ込む！」と言って景気よくテーブルを叩き、次に水さしからコップに水をそそぎ、口を潤して間を取ると、「諸君、意志統一をはからねばならない。先月末、外相会議がモスクワで開催された。ここで討議されたのはヨーロッパ第二戦線をどこに設定し、どのように地上兵力を投入するかだったが、私はこれを決定するためにテヘランに来た」と一気に踏みこんでいる。

ヨーロッパは独ソ戦（東部）が主戦場だったから、第二戦線は西（英仏海峡越え）か南（地中海方面）になる。このとき、スターリンは西、すなわち北フランス上陸を強く押し、いっぽうチャーチルは南、すなわちイタリア半島とバルカン半島方面から上陸する作戦を主張していた。だからここでルーズベルトがどちらの案に一票投ずるか。これで方針は決まる。

大統領発言が済み、後を引き継いだチャーチルはいつものように《食べる》と言った感じでタバカレラという銘柄のフィリピン葉巻をくわえ、そしてこの銘柄特有の刺激的な大地のアロマを煙と共に勢いよくはきだした。

「さて諸君」

こう言ってルーズベルトの後を受けたイギリスの首相は、「北フランスに上陸となれば、今から半年間、英仏海峡は荒れるから、決行日は五月中旬以降だ。また上陸用舟艇はイタリア侵攻作戦であらいざらい地中海に持って来てしまっており、これをあからさまに北フランスへ配置転換すれば、この方面にいるドイツ軍に内兜を見透かされるようなもので、これも悩ましい」と問題を提起し、手にした葉巻を床の痰壺に捨てると、やおら二本目の葉巻を取り出してこれに火をつけた。

スターリンは円卓を挟んでチャーチルのななめ左側に居る。この独裁者は首相の話を聞きつつ、資料余白へのいたずら書きに余念がない。北フランスへの上陸を何がなんでも実現させたいこの男は、第二戦線を地中海方面にもって行こうとしている首相にトゲトゲしい気持ちを抱き、癇癪を起こさないでいるのが不思議なほどだったのだ。それもそのはずで、この独裁者はチャーチルがヒトラーと裏取引きし、ドイツをロシアにけしかけ、共倒れを見とどけたのち、海洋覇権国家イギリスを頂点とする旧来秩序を取り戻そうとしていると疑っていたからだ。なるほど英米連合軍は北アフリカからロンメルを追い出し、そのまま海を北上して四ヵ月前の七月十日にシチリア上陸。次にメッシーナ海峡を渡ってイタリア本土に至り、九月三日にはこの国の無条件降伏を勝ち取った。しかしそれが何だ。ソ連が飛び上がって喜ぶほどの支援になっていないどころか、興醒めにもドイツは即座にイタリア中枢部を占領し、ローマ前方一五〇キロのモンテ・カッシーノにグスタフ・ライン防御陣地を構え、連合軍はこれに阻まれ足踏みしているではないか。

——わざと足踏みしている！

スターリンはいらいらがつのり、不作法の極みだという貧乏ゆすりを始めてしまった。

「ローマは二ヵ月以内に解放する」

と、チャーチルは言った後、イギリスが強く主張する地中海からの上陸計画説明に入った。すなわちケッセルリンク麾下のドイツ軍をポー河流域に追い詰め、その間に南フランスとバルカン半島双方から上陸し、ヨーロッパ第二戦線を構築する。この計画の長所は、制海権を確立した地中海経由で北アフリカに集積した重砲、戦車、燃料などの物資補給がきわめて円滑に遂行でき、また兵員については英米仏だけでなくビルマ、インド、イラク、パレスティナ、イタリアからも動員し、かつユーゴスラビアのチトー元帥と共同戦線を張ることができる。それだけではない。この作戦にはトルコが参戦する。これはバルカン半島がトルコの国境隣接地域であればこその参戦だが、北フランス上陸では一兵も出さんだろう。

そこまで発言した時、スターリンがぼそりと言った。

「トルコは参戦しないよ」

さもトルコ事情に通じ、なにもかも承知しているのだという口のききかたは、話の腰を折るという点では最大の効果を発揮した。

ここで、やや唐突にルーズベルトが発言を求め、「率直に聞かせてもらいたいのだが、北フランスか地中海か、どちらの案がロシアにとってありがたいのかね」とスターリンの隣に座っている少し間の抜けた感じのヴォロシーロフ国防相に水を向けた。

――――悪い手だ！

と、首相は思う。せっかくこっちのペースで進めているのに、これではロシア人にボールが渡ってしまうではないか。大馬鹿野郎と罵声を浴びせたい気持ちがよぎったその瞬間、スターリンが「私から答えよう」と割って入り、ボールを奪った。

去年、すなわち一九四二年八月十二日、スターリンはモスクワにやって来たチャーチルと激論を交わしたことがあり、この男のやりかたはだいたい理解している。そしてルーズベルトは我が手中だ。かくしてスターリンは強硬姿勢に出た。

「この会議の目的が軍事問題を論ずるためだとするなら、ソ連人民は地中海などに興味はない。我々の要求は北フランスだよ」

どすのきいた声だ。

脅しは万国共通で、相手のしゃべっている意味が理解できていようがいまいが関係ない。口跡と間合い、そして仕草が命である。スターリンは育ちが育ちだったし、かつ、犯罪をなりわいとする者がくり出す威嚇やそれに伴う暴力を監獄と娑婆で完全にマスターしていたから、凄《すご》んで見せるなど朝メシ前だったのだ。

続いてスターリンは「ローマを占領しても次にはアルプスの険がひかえているぞ」と詰め寄った。ヒトラーはローマを餌にして英米連合軍を困難な山岳戦に誘い込み、大出血を強いるつもりだ。さきの大戦ではイタリアがこの手に合って、一国滅亡の寸前まで行ったのを知らないのか。あそこで機動戦はできないぞ。バルカンも同じことだ。エーゲ海とアドリア海から山中に入ってどうするつもりだ。ベルリンとの間に横たわる山また山の地形を考えたことがあるのか。戦車は山間部を梯団移動しなければならないぞ。ひとにぎりの特殊部隊の餌食になるぞ。答えは出たようなものだ。北フランスに上陸し、そこからラインラントを突くほかはない。天候不順で海は大荒れだそうだが、人が泳いで渡れるような場所は海とは言わん。すべてはやる気の問題だ。

ここまでスターリンは息つく間も与えずたたみかけ、チャーチルはこれと切り結ぶ格好で白熱の議論を展開したが、論戦途中から地中海作戦を練り上げた英国陸軍元帥ブルックが加わった。

――こいつのねらいは領土だ。

独裁者に登りつめた人間は地位保全のため領土拡大に走る。よってスターリンの眼目は一にも二にも領土であり、失った帝政ロシアの領土は勿論、得ようとして果たせなかった領土をも貪欲に得ようとする。スターリンが地中海作戦を妨害しようとやっきになっているのは、イタリア北部で増殖中の共産党組織を巨大勢力に育てようという思惑が一つ。もう一つはポーランドほか東欧諸国を併合してやろうと考えているからだ。この独裁者はナチス・ドイツからの解放という名目で東欧諸国へ地上兵力を投入し、ふてぶてしく居すわってこれらの土地と住民を実効支配するだろう。不満分子を共産主義という道具で搦め捕り、眉一つ動かすことなく刑場に送り出すに違いない。だから英米連合軍の上陸地点をバルカン方面ではなく、東欧諸国から遠い北フランスにさせようと必死なのだ。

「物量で圧倒できる地中海の方が悪天候の英仏海峡よりも圧倒的に有利だが、そのあたりはお分かりかな？」

と、これはブルック元帥である。

「バルカン半島の住民は生まれた時から日和見でやってきたのだよ。そんな危なっかしい連中がいる所を通過するより、ドイツへの敵愾心で固まっている北フランスのほうがいいと思うが、いかがかな。それに知らんだろうが、ソ連人民は毎日数千人からの死者を出している。毎日だ。川みたいな英仏海峡を渡るのがそんなに怖いか」

元帥はロシア語の素養があったのでこの独裁者の言葉の中に侮辱的なニュアンスが入っていると分かったから、即座に「居座り、のさばるという古くさい手を使うのはいい加減にやめろ。このゲス野郎」、と応じ、イギリス側通訳バース少佐に向かい、自分の言ったことをそっくりそのまま訳せと命じた。出自いやしからぬ元帥が、いったいどこでそういう言葉を覚えたかというほどの汚い言葉に閉口したバースは「そんなことはできかねます」と小声で囁き返したが、ロシア側通訳パブロフはすぐにこれをスターリンに耳打ちしている。

さて、このせめぎ合いに割って入り、北フランス上陸に向けて実質的な決定打を放ったのはアメリカ陸軍参謀総長マーシャルで、この将軍はベルリンへ最も早く攻め込むことを第一目的とするならそれは北フランスだと考えており、また、独ソ戦が大きな山を越え、ドイツ劣勢となってしまった以上、北フランスからの進攻は損害も少ないと結論づけている。そういう考えの参謀総長から回されたメモをホプキンスがチェックし、そして、その内容をルーズベルトに囁くという手順を取って、大統領は次の妥協案を打ちだした。

「南フランス上陸は従来通り。バルカン上陸は変更だ。バルカン方面へ向う筈だった地上兵力をすべて北フランスに投入し、南フランスと北フランスの両兵力をアルザス・ロレーヌの地で合流させよう。どっちにしても荒天には逆らえないのだから、実施は来年五月だ。それまでにイタリアのドイツ軍を片づけてしまおう。あとは一気にベルリンを攻め落とすのだよ、諸君」

――やはりバルカンを蹴ったか、アメリカは！

ブルック元帥もバルカン方面からの攻勢は自然障害が多く進攻速度は格段に落ちることを承知していたけれども、それを覚悟の上でスターリンの領土的野心を封じ込めようとしていたから、落胆は激しかった。

さて、ルーズベルトの発言が終わったその瞬間、スターリンがいたずら書きをしながら何かボソボソ言った。するとパブロフが戸惑った様子で今の言葉を通訳するのかと囁き、相手がかすかにうなずくのを見とどけ、「対日参戦はドイツの敗北後にやる」と通訳した。このスターリン発言は、一ヵ月前、国務長官ハルがモスクワを訪問した時にクレムリン宮エカテリーナ大帝ホールのレセプション会場でスターリン本人から聞かされたものと寸分違わぬものであり、また、この発言には日本がどれほど弱体化していようとソ連は東部戦線と極東戦線の二正面作戦など絶対にしないぞというネガティブな意味が込められている。だからこそスターリンはさりげなく、ひそひそ話でもするような調子で喋ったのだ。

いっぽうこれを聞いた大統領はソ連が日本に対し戦争を仕掛けるというポジティブな印象のみを感じ取って有頂天になった。だから大統領のはじけるような笑顔を見たスターリンはどうだと言わんばかりにチャーチルの方を向いてにんまりし、次に「そろそろディナーの時間ではないかな」と聞えよがしにつぶやいた。

この日午後八時三十分から予定されたディナーはルーズベルト主催だったから、大統領はそそくさと休会を告げ、美食の待つレセプション会場へ全員をうながしたが、このとき食器、食材、飲み物、配膳係などはすべてソ連大使館からの借り物で、アメリカ自前は六人のフィリピン人コックのみである。それで食前酒が供されるころ、大統領はイギリス側出席者の白けたムードには頓着せず、大はしゃぎで身についたお気楽パフォーマンスを披露し、冗談カクテルと称する闇鍋のもどきの飲み物をみずからシェーカーを振って作ったが、飲めた代物ではなく、調子を合わせてへらへらしていたのはアメリカ人だけだった。それで今度はドライ・マティニー作りに挑戦し、かなりの量をピッチャーに注ぎ込むと、これをスターリンに勧めている。

宴なかば、ルーズベルトは突然の腹痛に見舞われた。目撃者の言うところでは「大統領は急に黙り込み、弾にあたったように身体がびくんと動き、そのまま突っ伏した。その瞬間大量の汗をほとばしらせ、同時に顔色は蒼白から薄気味悪い緑色に変わり、ギョッとしたホプキンズが車椅子を押して中座させた」とある。ホプキンスは待機中の主治医を呼んで大統領と共に別室へ退き、数分後、レセプション会場に戻ると、心配無用だ、疲れがたまり消化不良を起こしただけだ。主催者不在で申し訳ないが、大統領は失礼させていただくと報告した。かくして午後十一時ごろルーズベルト・ディナーは自然散会となった。

夜も更けて、盗聴される危険のないイギリス大使館に戻ったモラン卿は眠れそうにないないと不機嫌そうに訴えるブルック元帥の部屋に行き、ごく少量のバルビタール剤を処方した。このとき元帥は「大統領が蒋介石やスターリンと勝手気ままに進めてしまった軍事合意は、明らかに非現実的な愚行だ。特に今日の会議の進め方はひどい。この会談は開会と同時に閉会したも同然になった。ルーズベルトが求めてスターリンの魚籠《びく》のなかに飛び込んでしまったからだよ」と問わず語りし、処置無しとばかり肩をすくめている。元帥はもっと話したい様子だったが、そのときドアをノックする音が聞こえ、表われたのはチャーチルの執事ソーヤーズで、首相がお呼びですという。腫れてしまった扁桃腺の治療をしてほしいというのだ。部屋に入るとチャーチルは将軍以上に気分を損ねており、やって来たモラン卿に向かって「なにもかもぶち壊しだ！」といまいましげに声を荒らげた。しかし、すぐにむっつりと黙りこくって治療を受け、それが終わると私設秘書代わりのサラ（実娘／映画女優）が持ってきた安眠用ホット・ミルクを飲みほし、べツドに横たわってサイドランプを消した。

※　　　※　　　※

翌二十九日、電話だと盗聴されるに決まっていたから、チャーチルはわざわざ使者を立て、ルーズベルトに書を発し、ランチをごいっしょしたいと申し入れた。しかし大統領は使者に返書を託し、あっさりとこの申し出をことわっている。

「今ここで下手に動けば《U・J》が逃げてしまうというのさ。呆れたもんだよ、あの大統領は。……それにしてもこの字はひどい。いつからこんな金釘流になったんだろう」

チャーチルはイーデン外相にそう言って、単独協議をことわって来た大統領の底抜けぶりにあきらめ顔だ。ちなみに、《U・J》とはスターリンのことで、英米トップはアンクル・ジョーの頭文字をとってこのような符丁を作った。なおジョーとはヨシフの英語表記である。

さて、ランチを蹴ったそのルーズベルトはチャーチルの憂慮など恬《てん》としてかえりみることはなく、それどころか昨日に続きスターリンに個別会談を申し入れた。しかし受諾されたけれども、今度は一対一ではなく外相のモロトフを同席させたいという注文がついている。理由は、この日の午後、スターリングラードの剣の贈呈式があり、その儀式のため中座するかも知れないからで、ついてはモロトフ外相を同席させ、失礼にならないようにしたいが、アメリカ側もしかるべき高官を同席させてはどうかと言ってきた。そこで大統領はホプキンスとハリマン駐ソ大使を指名している。ところでスターリンが一対一会談としなかった本音はルーズベルトの奇怪な振舞いにあった。昨日、ふとした瞬間、大統領は魂が抜けたような顔になるのをスターリンは見ている。また手が震え、タバコをシガレットホルダーになかなか差し込むことができできずにいた。会話のやりとりも頻繁にピントが外れ、非常にあぶなっかしく、素人の曲芸を見ているようだった。それにディナーの時の突然の退出とホプキンスの狼狽ぶりも変な感じだった。やはり一対一の話し合いはよした方がいいとなり、そこで傍証人を同席させることにしたのである。

約束の午後二時四十五分、モロトフ外相と通訳のパブロフを従えてやって来たスターリンはその足で儀式に臨むつもりだったか

ソヴィエト連邦外相モロトフ

ら、いつもの戦闘服にブーツという装いを改め、俗にベタ金と呼ばれる短冊形肩章がまばゆいマスタードイエローの詰襟軍服、そして赤い側章の入ったズボンに短靴という正装だった。

会話はルーズベルトの体調から始まり、大統領は、たいしたことはない、ご心配をかけた、昨晩は中座してしまって面目無いと応じ、そのあと得意ネタを枕にしたジョークを続けたのだが、昨日とまったく同じ冗談だったので白けている。かくして大統領は乾いた笑いを聞きつつ、次の四つが記載された文書を手渡し、本題に入った。

文書には

（1）ドイツ爆撃を目的とした米空軍のソ連飛行場使用と気象情報共有化。

（2）ドイツ降伏前の対日参戦。

（3）日本本土爆撃を目的とした米空軍によるソ連飛行場使用と気象情報共有化。

（4）日本本土攻撃を目的とした米海軍によるソ連軍港使用。

とある。

スターリンは、一番目に書かれたドイツ爆撃を目的とする飛行場と気象については承諾したが、それ以

外はノーだった。（2）は議論に値しないし、（3）はレーダーぐらい日本だって持っている筈だから、南から来たアメリカの爆撃機がソ連領に向かったかどうかなどすぐ分かる。分かれば軍事的緊張が走り、ドイツ降伏前の二正面作戦になってしまう。ましてや（4）にある極東の軍港使用など論外だと突っぱねた。すると今度はスターリンと面識が深いホプキンスが出て、ソ連はすでに連合国共同宣言にもモスクワ宣言にも署名しており、これは戦時ポスターで広く伝わっている。日ソ中立条約がいかに実効を伴わない虚構であるか日本はすでに承知しているだろうから、ここで少々踏みこんでも日本は何もしないだろう。極東周辺の飛行場使用と気象情報共有化ぐらいは了解してくれと説得にあたった。だが、スターリンはまったく受け付けず、これで大統領は諦めて、日本関連の要求は引っ込めてしまった。そのあと、ルーズベルトは再び四人の警官構想を持ち出し、この構想をナポレオン戦争後に締結した神聖同盟になぞらえて語りだしたから、スターリンは適当に相づちを打ち、「中国を神聖と認知する大統領の勇気には頭が下がる」と述べ、「今日は英国王の名代としてチャーチル首相が来る。三人いっしょの記念写真をとろう」と言って散会にしてしまった。

　不凍港を求めて南下した帝政ロシアがイランを巡ってイギリスと激しくにらみ合ったのはその先にインドというイギリスの生命線があったからである。それかあらぬか当時の両国大使館はヌフル・ルシャトー通り（Neauphle-le-Chateau street）を隔てて二〇〇メートルぐらいしか離れてない場所にあり、互いに一歩もひかぬぞという勢いで相手を牽制しているようだった。午後三時三十分、帝政時代のものをそっくりそのまま使っている六本の太いギリシャ式列柱が見事なソ連大使館に入ると、そのレセプション・ホールには二十二名の赤軍儀仗兵が堵列している。スターリンが定めの位置に立つと、十六名のイギリス陸軍儀仗兵に守られて顕彰の剣が運ばれ、その後をインディゴ・ブルーの空軍将官服を着用したチャーチルが進んだ。首相は武官がケースから取り出した剣を捧げ持つと、「国王ジョージ六世陛下とイギリス国民の

じ場所へ着席した。

敬意の印として、私はこの剣をスターリン元帥とソ連人民に献ずるよう命じられました」と言ったのち、スターリングラード防衛を讃えて国王が特別に作らせた剣を贈った。ソ連の独裁者は威儀を正してこの剣を受け取り、脇にひかえたヴォロシーロフ国防相に渡すと儀式は終了した。ついで三時四十五分から大使館列柱の中央で米英ソ首脳が揃った記念写真を撮影。四時から第二回目の全体会議に入るため、昨日と同じ場所へ着席した。

会議は現代のような同時通訳システムはなく、行き違いを無くすため必ず一国を代表する通訳がひとり間に入り、もしもその通訳が間違ったニュアンスを伝えると即座に相手国の通訳がそれを指摘し、訂正する。よって同じ言葉を話す人間同士なら三十分ですむ会議も、倍以上はかかってしまうのだ。そこで今日中に満足の行く結論を得てしまおうと気がせいているスターリンは、議長役ルーズベルトの挨拶が終わるのももどかしげに発言を求め、「誰が北フランス上陸作戦の最高指揮官になるのか？」と訊ねた。チャーチルの主張するバルカン作戦など認めないぞ、北フランス以外の議論はしないぞ、と決めつけるようなこの発言にイギリスへ配慮する気持ちはまったくない。スターリングラードの剣は、あれはあれ。昨日、ルーズベルト大統領は北フランスに賛成したのだから、その作戦の最高指揮官が誰かぐらいは教えられるだろうというのがスターリンの投げつけた爆弾だった。

大統領は絶句した。昨日、北フランス上陸で行くと言いはしたが、そこまで詰めてはいなかったからだ。いずれにもせよ大統領は「腹案はない」と答えるほかなかったが、それを聞くとスターリンはプロの恐喝屋さながらに、「当方は北フランスをその場しのぎの駄法螺で済ますつもりはない」と返したが、まさにこの瞬間、大統領は灰をかぶったように顔面蒼白となり、焦点の合わない目つきになった。この朦朧状態について、後にチャーチルは回想し、「あの大統領は無分別な思いつきを言い出すことがあったが、これは持って生まれた性格で、我々はしばしばそれに振りまわされたものだ。しかし、テヘラン会談のとき見せた魂が抜けてしまったような顔でトンチンカンなことを言うあれは、性格とは違う。あれはモラン卿の傍診どおり、高血圧がもたらした脳内異変だった」と言っている。

スターリンから凄まれた大統領が小発作に襲われている間、奇妙な沈黙が生まれ、結局チャーチルが「北フランスへ投入する英米それぞれの地上兵力数から見て最高指揮官はアメリカの軍人が任命されることになろう。これは二週間以内に確定しそちらに通知する」という発言でおさめた。しかしこれで終わったわけではない。スターリンは次に実行日を確定しろと迫り、第二戦線を開始すると言ってから一年以上が経つ。やるやると言って一年以上がなしの礫《つぶて》だ。遅れているのは臆病風に吹かれたか、悪さをたくらんでいるかのどちらかだとぶつけて来た。スターリンはこの時、我に返ったルーズベルトを脅しの標的に絞ったが、この作戦は大当たりで、大統領は一刻も早い北フランス上陸を約束し、次いでチャーチルも折れ、来年六月一日までに実施するという内容を厳粛に約束した。

会議は午後七時をまわっても終わらなかった。討議内容はポーランド国境問題ほかドイツの戦後処理問題となったが、ルーズベルトはスターリンの黄色く光る薄気味悪い瞳に竦《すく》んでおり、おどおどした大統領の口ぶりはその内心を如実に語っている。良家に育った苦労知らずが農奴出の一家に育ったスターリンの野蛮な一撃に打ち倒された瞬間であり、チャーチルは敵に無条件降伏でもするような大統領の態度にショックを受けた。これ目の当たりにしたアメリカ側随員はさすがに遠慮してコメントを差し控えたが、辛辣なイギリスのブルック元帥は次の様に語っている。

「スターリンを調子づかせた責任はルーズベルトにある。あれだけあからさまな媚態を示せばなめられて当然で、後の世の冷戦構造は大統領の馬鹿げた幻想と漠然とした思いつきが作り上げたものだ。それにしてもスターリンのはったりはみごとだった。背の低いスターリンは立ち上がっても車椅子に座った大統領の頭ほどしかないチビ助だったが、ものすごい存在感だ。気にさわる薄笑い。人が話している時、いたずら書きに忙しい男。大胆不敵であつかましいパフォーマンス。いずれを見ても天下一品だ。首相はまさか英米民主主義陣営が異なった意見を持つとは夢にも思わなかったのだろうが、我々はこのときルーズベルトがまったく当てにできないと思い知らされた。しかし、最大の皮肉はロシア側が完全にそれを見抜いていたという点だ。民主主義世界にとって新しい脅威となったスターリンは勝手放題の振舞いをするに違いない。ルーズベルトはもう一人の新しいヒトラーを生んだ者として記憶されるのだ」

夜の八時四十五分をまわり、あらかたすべてが出つくされた後、場所をレセプション・ルームに移してスターリン主催のディナーになった。主催者の背後に二メートル以上はあるコーカサス軍服のＮＫＶＤ少将が不動の姿勢でひかえている。自分の欲しいものを手に入れた独裁者はほどほどに愛想がいい。

さてロシア人は宴会を仕事の延長と心得ているから、例によって乾杯の儀式が果てしなく続くのだが、ある乾杯の辞にドイツの戦後処理が入り込んだ時、これを聞いたスターリンは人差し指をひらひらさせてチャーチルと向き合い、「戦争が終わったら五万人から十万人のドイツ将校をうむを言わさずぶっ殺す！」と叫んだ。すると首相は「そういう蛮行にイギリスは加担しない。絶対に阻止してやる。戦場での激情と平時の殺戮は別だ」といった。

「では五万だ。これは絶対に譲らんぞ」

「恥知らずなことを！　そんなものの共犯者になるぐらいなら、たった今ここから連れ出されて撃ち殺されたほうがましだ」

するとルーズベルトがいかにも遊び半分といった感じで「じゃあ妥協案だ。五万人じゃあない。四万九〇〇〇人だけ射殺しよう。これで手打ちだ」といった。これを聞いたチャーチルは憤然として立ち上がり、席を蹴って出て行こうとしたから、イーデン外相が冗談だから心を鎮めてくれといった。しかしスターリンは悪ふざけが止められなくなっており、「これから宴会場のすべての席をまわり何人のドイツ人をぶっ

イギリス外相イーデン

殺すのが正しいか聞こう」と言って立ち上がると、先程から騒々しい奇声を上げているエリオット（大統領の次男）を指さし、「お前はどう思うか」と聞いた。すると父親に輪をかけて軽薄なエリオットは「アンクル・ジョー！」と叫んだから、通訳ボーレンはひやっとした。アメリカの白人社会には黒人の大人をアンクルと呼ぶ習慣がまだ生きている。ストウ夫人作《アンクル・トムの小屋》という題名はその典型であり、しかも《アンクル》には卑屈で従順な黒人という軽蔑的な意味合いがこもっている。それをこの独裁者が知っていたら、この場はぶち壊しになるからだ。

「こんなところで五万だ、十万だと言っていてもしかたがないよ、アンクル・ジョー。アメリカとイギリスが西からローラーをかけ、ロシアが東からローラーをかければその十倍のドイツ人をぶっ殺せるぜ」といった。するとスターリンはエリオットの席に行き、肩に腕をまわし「いいぞ、ぼうや！」と言ったから、チャーチルは憤怒で顔を真っ赤にして庭に飛び出した。それを追ってイーデンが走り、そのあとからスターリンと通訳がついて来て、「全部冗談だよ、今のは全部冗談だ。ドイツ贔屓の先生」と言ってチャーチルを宴会場に連れ戻した。

宴が果てたのは午前二時。チャーチルは正面玄関につけられた車に乗らず、イーデンを誘って、歩いてイギリス大使館に向かった。新鮮な夜の空気を吸いたかったのだ。二人は無言で歩いていたが、そのうち二人には苦笑が浮かび、そして突然、はやり歌のひとふしを唄い始めた。

就寝前の検診に来たチャーチルの主治医モラン卿は首相が真顔で「心配だ！」と言うのを聞いた。「途方もない重大問題がスターリンという形になって姿をあらわしつつある。我々は塵あくたにすぎないのだ。そいつは夜陰に乗じて世界地図の上にどっかり腰を落ち着けてしまった。私の活力が持ちこたえられると思うかね。頭のネジが吹っ飛んだルーズベルト。あの男は自分のしでかしたことの重大さが分かっていないのだ。腑抜けたようなあいつはたくさんの質問をうけながらまるでトンチンカンな答え方をしていた。そしてエリオット！　あれはどうしようもないヤツだ。ルーズベルト家の腐った遺伝子そのものさ。……もっと血なまぐさい戦争が続くだろう。そのころ私はもういまい。墓の中でぐっすりと眠っているのさ。我々の力がいかに貧弱だったかを知らずにすむ。……ここではもう何もすることがないよ。……私は、『ロシアはいったい何が欲しいのだ？』と聞いたらスターリンは答えおったよ。その時が来ればハッキリ申し上げるとね」

十一月三〇日火曜日になった。テヘラン会談三日目は場所をイギリス大使館に移して実行されることになっており、この日、正午、個別会談のためイギリス大使館にやって来たのはスターリンである。

実は前日、スターリンは別れ際にチャーチルをロビーの長椅子に誘い、一服しようと言ってパイプを取りだし、赤軍は本当に疲れ切っていると珍しく本音を漏らした。そしてこれも珍しいことだが、低姿勢になり、北フランス上陸を一ヵ月前進してくれと訴えたのだ。チャーチルは、前日そういうやり取りがあったことを意識しつつ、「北フランス上陸にあたりイギリスは陸上兵力十六個師団、飛行機四〇〇〇機、そして全イギリスの艦船をここに投じ、また、アメリカは六月一日までに計二十一個師団の地上兵力を北フランスの対岸に送り込む」と切り出し、英米連合軍総司令官にはアメリカの軍人が就任すると続け、少し悲痛な声で「フランス人やポーランド人などから成る自由ヨーロッパ軍をもう十数個師団構えなくちゃならん。だからトルコの参戦がどうしても必要なのだ。さて、私もバルカン半島方面からの作戦は放棄した。こっちの手の内は全部さらけ出したのだ。駆け引きはもう不要だろう。これ以上の時期の前倒しは呑める話ではないよ、天候面からもね」と言った。

「ではこの会談の共同宣言に、《前倒しの努力はこれからも続ける》という一文を入れられないだろうか?」

「精神論かね?」

そう応じたチャーチルは少し考え、次に紙と鉛筆を手に取ってもう一度考えた。そして三呼吸ほど思案したのち、《北フランスへの上陸作戦は一九四四年五月度中に開始することが留意される/ Operation Overlord would be launched during May 1944》と書き、右隣にいたイーデン外相と通訳のバース少佐にこれを見せ、応諾をとると、これでいかがかなとスターリンに渡している。そして「これ以上は、ルーズベルトがこのあとどれほど調子のいい安請け合いをしようと、応ずることはできない。そのあたりはお含みおきいただきますぞ」と、チャーチルは釘をさすのを忘れていない。

正午にやって来たスターリンはそれなりの愛想を振りまいて、いったんソ連大使館に戻り、午後一時三十分、同じ敷地内にある別荘でのルーズベルト主催昼食会に臨んだ。この会合にはチャーチルも出席している。

昼食会が終わり、チャーチルは本日の全体会議がイギリス大使館で行なわれる関係で一足先に引き揚げた。いっぽうルーズベルトはイギリス大使館に向かうわずかな時間を利用して、チャーチルが聞いたら決していい顔をする筈もない事柄をスターリンに喋った。それはソ連船舶のダーダネルス海峡とキール運河の自由航行を保証し、かつ、世界の任意の不凍港使用を承認するという内容で、それがすむと台湾、澎湖諸島、満州の中国への返還と朝鮮の信託統治について語った。なおデービス特使を派遣してアラスカ会議を計画したとき、ルーズベルトが特使に言わせた南樺太と千島列島、北海道、東北六県については触れなかったし、原爆については一言も洩らさなかった。

午後四時、イギリス大使館で開催された会議は今までと様変わりし、緊張と摩擦はゼロ。スターリンも実に機嫌がいい。三首脳は実務者が用意した文書を手にし、イーデン外相ほかの発言を静かに聞いている。

定刻となり、会議は終了し、そのあとはこの日が六十九歳の誕生日だというチャーチル主催のバースディ・パーティーとなった。大ホールには紅一点、チャーチルの娘サラが華を添えている。ちょっとした緊張が走ったのはブルック元帥をめぐるルーズベルトの挨拶の時だった。ルーズベルトは、元帥の父親と自分の父親が友人だったことを枕にして、この軍人を讃える挨拶をした。するとこれをスターリンが引き取り、テーブル越しにブルックを見据えながら「元帥閣下は赤軍に対し好意的でないらしい。しばしば我々を批判してきた。ついては閣下にモスクワ訪問を勧める。ロシア人がそれほど悪い人間じゃないことを私が教えよう」といった。すると元帥はいかにも素っ気ない苦笑いを浮かべて立ち上がり、「愚にもつかぬ脅しのテクニックをご披露いただき、痛みいる」と述べた。パブロフが訳し終えるとスターリンは気に入ったようだった。そしてパブロフは「スターリン元帥が言われるには、最高の友情は誤解から生まれるのだそうです」と言うと、独裁者とイギリスの元帥は立ち上がり、握手を交わしている。

通訳パブロフ（スターリンの左）、パブロフの左隣はホプキンス

午後十一時四十五分にルーズベルトはパーティー会場を抜け出して宿所に戻った。

宴会がお開きになったのは午前二時で、全員が帰ってしまったあと、チャーチルは就寝前の検診にやってきたモラン卿に次のように語った。

「赤軍は戦争で疲れきっているというスターリンの告白は事実らしい。だから本気で五月に北フランス上陸をやってほしいのだよ。こうやって見るとルーズベルト大統領だけがこの世に心配事が無さそうだな」

十二月一日（最終日）の第四回全体会議はかなりの長丁場だった。場所はソ連大使館に戻され、会議は正午にスタートし、昼食会を挟んで午後四時まで続き、いったん休会。午後六時に再開され、午後八時にようやく終止符が打たれた。議題はトルコの参戦誘導、そしてドイツと共同歩調を取っているフィンランド、ルーマニア、ブルガリア、ハンガリーの寝返り策、最後にポーランドとドイツの戦後措置についてで、かなり盛り沢山な内容だったが、もともとテヘラン会議の目的が第二戦線の討議だったから、その討議の激しさと比較すれば雑談に等しい。

午後六時、テヘラン会談の最終セッションになった。

討議する内容にはポーランド国境とドイツ処分という重量級の問題があり、ここでチャーチルは、ポーランドについてはロンドンにいるポーランド亡命政府の要求を検討したい。今ここで決定するのは早計だと発言した。

するとスターリンは黙っていなかった。

「赤軍と共に東部戦線で戦っているポーランド人は、亡命政府などクズだと思っている」

そう言って、スターリンは「大統領のご意見は？」とルーズベルトに振った。結果は目に見えており、東西冷戦の発端を作りながら、ついにそれを自覚しなかった大統領は独裁者の望んだことをしゃべってポーランド問題にピリオドを打ち、その上でドイツ戦後処理に話題を転じ、次の五点を主張した。

（1）東プロイセンをソ連に割譲しよう。

（2）ドイツの海への出口をすべて国際連合の信託統治下に置こう。ハンブルグ港とキール運河は絶対だ。またルール工業地帯とザール盆地も国連の信託統治下に置こう。

（3）残りのドイツ領は一〇七の公国に分割しよう。最大譲歩してもプロイセン、ザクセン、バイエルン、ハノーバー、ラインラントの五分割で結着だ。
（4）ドイツは農業以外の産業に従事させないようにしよう。
（5）商業も四人の警官の監督下でなければ許さない。
これら五つの主張のうち、四番目はドイツ餓死計画立案者として知られるモーゲンソー財務長官の受け売りだった。

次に発言したチャーチルはドイツを神聖ローマ帝国時代の小国分立状態に戻し、その中で自治を許そうと軽くいなしている。

最後がスターリンだった。

「ルーズベルト大統領から、ドイツは一〇七の公国に分割してしまえとあったが、私はそれでも生ぬるいと思う。オーストリア、ルーマニア、ハンガリー、ブルガリアは独立を許してもいい。だがドイツは駄目だ。粉末状態にし、見張りを立て、自治を許してはならん。あれは神に呪われた死なざるものだ。少しでも監視を緩めれば、灰は塵となり、塵は芥と化し、再び形ある邪悪となって復活するだろう」

チャーチルは教会否定の立場を取るスターリンの口から《神》という言葉が飛び出したと思った矢先、大統領が独裁者に賛同する意見を述べはじめたので、次のように発言し、待ったをかけている。

「ドイツ処分については降伏が確実となった時に再討議としよう。いずれにしても五〇年間は厳しい監視体制におこう。それからオーストリアだが、これはヒトラーが生まれた土地だからナチの揺り籠だという考え方をとるのは酷だ。そうではなくヒトラーの最初の犠牲者だと考え、スイスのように永世中立国として位置づけることを提案する」

かくして、定刻からやや遅れたが、ディナーとなり、この最中に事務方がまとめたＡ４サイズ半分にも満たない内容の文書が配布された。これが五項目にわたるテヘラン会談の共同声明で、

（1）ドイツ軍と戦うユーゴスラビアのパルチザンに対し、物資と兵器の補給支援ならびに側面からの軍事支援が実施される。

（2）トルコは一九四三年内に連合軍の一員として参戦することが望ましい。

（3）トルコの参戦によってトルコがドイツの侵攻を受ければ、ソ連がトルコを軍事支援する。

（4）南フランス上陸作戦と連携した北フランスへの上陸作戦は一九四四年五月度中に開始することが留意される。

（5）米英ソ三大国の軍参謀はこれ以後緊密に連絡を取り合う。

と、あった。

ディナー終了後、ルーズベルトは四日間滞在したソ連大使館を後にし、五キロほど北にある米軍アミラバッド基地に一泊している。

翌十二月二日早朝、大統領は基地の病院を訪れて負傷者を見舞い、駐留兵を激励したあと、午前九時四十六分、ダグラスＣ41で飛び立ち、午後二時三十五分、カイロに到着した。

十二月三日から六日まで、ルーズベルトはカイロに滞在し、この期間中、チャーチルと共にトルコ大統領イスメト・イノニュと会談した。結局、トルコ軍を北フランス上陸作戦に派兵させようという目論見はルーズベルトの軽々しいひとことで失敗した。つまりトルコ軍が北フランスに出ている間、ドイツ軍に本国を攻められた場合の対応についてで、ルーズベルトがいともぞんざいに「心配無用さ！　その時は赤軍がトルコにおもむき、お国を守る」と言い放ったこの一言でトルコ軍の派兵は吹っ飛んだ。なにしろ数世紀に渡ってロシアはトルコの天敵だったし、中でもスターリンほど悪質なロシアの指導者は前代未聞と来ている。オスマン帝国の砲兵大佐を経て共和国トルコの大統領に就いたイノニュは端整な顔にふさわしい古風な作法をわきまえた男だったが、その眼差しに一瞬、「とてもじゃないがついて行けない」という表情が浮かんだのをチャーチルは見逃さなかった。失敗である。英米連合国はノルマンディー上陸から二ヵ月間ドイツを攻めあぐね、足踏みした結果、ベルリン到達競争に遅れを取ったが、その遠因はトルコの派兵が実現しなかったからだと言われている。

ルーズベルトは十二月七日早朝、カイロをたってチュニスに飛び、ここでヴィラ・カルタゴに泊まった。大統領はこの日のディナーを共にしたアイゼンハワー将軍に、第二戦線の連合国陸海空総司令官はドワイト・アイゼンハワー将軍であること、そして連合国陸軍総司令官はイギリスのモントゴメリー将軍であることを告げた後、「アイク、荷造りを始めなくちゃな」と言った。

雑談が続き、大統領は突然「あしたは兵士を激励するためナポリに行くよ」と言い出したから周囲はギョっとした。イタリア上空の制空権が確立していない今、ナポリは危険過ぎたからである。アイゼンハワー将軍は咄嗟に「パレルモでは大統領の大ファンが昼食を共にしたいと首を長くして待っていますよ」といって機転を効かせた。

「誰だね、それは」

「パットン将軍ですよ」

事実、ルーズベルトは猪突猛進型のこの軍人が好きだったし、また、このときパットンは神経症の兵隊を平手打ちにした罪で謹慎処分にあっていたから、ルーズベルトの励ましはどうしても必要なカンフル剤だったのだ。かくして大統領はマルタ島バレッタとシチリア島パレルモを訪問し、熱狂的な歓迎を受けてチュニスに戻った。

十二月九日、本格的な帰途についた大統領はチュニスからサハラ砂漠を横断飛行してダカールに着き、その日の内に戦艦アイオワに乗船。十二月十七日にホワイトハウスの執務室に戻っている。

3　ハイドパーク対日原爆投下密約

戦艦アイオワから大統領専用ヨット・ポトマックに乗り換えたルーズベルトは、一九四三年十二月十七日朝六時五十分、ワシントン海軍工廠桟橋に到着し、海兵隊が大統領讃歌を演奏する中、フォード社製サンシャイン・スペシャルに乗ってホワイトハウスに向った。

ところで、桟橋に接岸する前にポトマックに乗り込んで夫を出迎えたエレノア夫人は無能が半分、のん気が半分という怠慢医師マッキンタイアに今度こそぶち切れた。いっぽう母親の横にいた長女のアンナが感じたものは怒気ではなく、恐怖だった。結婚してベティガー姓となっていたアンナは父親べったりのファザコン娘だったから、帰国したルーズベルトの顔から血の気が失せ、極度にやつれ、あえいでいるのを見て、そのまま父親が死んでしまうのではないかと取り乱したのだ。

ルーズベルトを見て胸騒ぎを覚えたのは妻子ばかりではない。多くの人が「この大統領は大丈夫かな？」と危ぶんでおり、例えば労務長官パーキンス女史は次のように語っている。

「帰国後の大統領は非常に衰え、動きは緩慢でした。空虚な眼を茫然とさらしている痛ましい顔の下に衰弱した肉体があり、おかげで着こなしは思い切ってだらしがなく、ブカブカで、今にも脱げそうです。ご存知でしょう。病院に行くといかにもだるそうに服を着ている人がたくさんいます。大統領はああいう人たちと同じでした」

もう一人、「あれは正真正銘の重病人だ！」と言い切った男がいる。それは歯に衣を着せない物言いで鳴らした前任駐英大使ケネディーで、いわく「あの男の顔はまるで灰でもかぶったように白茶けており、墓場に埋葬された人間がむくりと起き上がったような顔をしていた。手は両方とも休みなく震え、シガレットホルダーが指の間でぶるぶるし、灰がやたらと飛び散る。おまけに話している最中、急に口がぽかんと開きっぱなしになり、ぼんやりとあらぬほうを眺めると来た。ひどいもんだよ。悪い夢を見そうだ」とある。

大統領がテヘランで健康を損ねて来たことは一目瞭然だったから、夫人と長女は「すぐにもあの医者をクビにしなくては」といきり立ったが、その前に、まずはテヘランへ同行した次男のエリオットから事情を聞こうとなった。容貌だけは母親に生き写しという軽薄な次男は、アンナからあの医者は何をしていたのかと語気荒く聞かれると、主治医の声色で「気にするな、すべてOK、いうことなしだ!」とマッキンタイアの定番発言をやって見せることで応じている。アンナが何のことかわからず、怪訝な顔をすると、次のように答えた。

「ドクター・マッキンタイアはね、何があろうと、問題ない、すべてこの世はこともなしで通すんだよ。ドクターはパパがぎくりとするようなことは絶対口にしない。だからパパはマッキンタイアはいいやつだ。いつも私を幸福な気分にしてくれると僕に言うのさ。それに医療カバンだけど、ドクターがあれを持っているのを見たことがあるかい。そんな目ざわりなものをホワイトハウスに持って来るなとパパが言ったからだよ」

犬の思考回路を持つマッキンタイアという医者は誰が一番偉いかを嗅ぎ当て、ご主人様の言うことならすべて盲目的に従うという行動原理をもってホワイトハウス生活を送ってきた。だからエレノア夫人がこの不届き者を排除しようと海軍長官ノックスなど八方に相談を持ちかけても、触らぬ神にたたりなしを決め込まれ、逃げられている。

年が明けてもルーズベルトに快復の兆しは見えない。それどころか妙な微熱、メニエール病もどきの怪しいめまい、異常な発汗、頻発する腹痛に加え、体重は日々減少の一途をたどっており、このときの激やせがパーキンス女史の指摘する「大統領の思い切ってだらしない着こなし」の原因だった。帰国後四ヵ月たち、アルバレス症と密接な関係にあるこの間の異変を見て、そうとは知らない大統領の個人秘書ウィリアム・ハセットは「ここ数日のひどい寒波にやられた大統領は、朝方、微熱を出し、夕刻には四〇度の高熱になった」と三月二十四日付けの日記に書き残している。だがこの時も主治医は「単なる気管支炎だから安静にしていれば直る」と拍子抜けするようなことを言ったから、アンナはついに爆発した。血相を変え、どんな手段を使っても議会を動かし、医師としてのお前の名誉を剥奪してやる。そうなればお前は海軍追放だと金切り声を上げた。この大騒ぎには伏線がある。ホワイトハウスに逗留していたルーズベルトの親族マーガレット・ソークレーが「大統領はいっこう熱が下がらないというのに、あの医者はアスピリン二錠とソーダ水を処方しただけよ。抜歯だってもっとましな扱いをするわよ！」とアンナに詰め寄っていたからだ。

アンナの剣幕にマッキンタイアは狼狽し、意外にあっさりと降伏したが、いっぽう大統領は、いきなりマッキンタイアをクビにしたのでは、何がどう漏れるか安心できないと言って次のように注文をつけている。すなわち、マッキンタイアは表向き大統領主治医のままとし、実務は大統領の健康にかかわる広報に限定する。新たに起用される医師（ブリューエン博士）は事実上の主治医と認めるけれども、建前上マッキンタイアを支援するという形を取る。そして新しい主治医の治療方針は海軍病院長を入れた医療評議会で協議を済ませ、その上で治療を実施する。こういう方式に変更された。なお八名の医療評議会メンバーの中に脳神経内科医はいない。二十一世紀の現在と違ってこの分野の重要性認識が低かったことから、高名なクッシング教授の弟子ですらメンバー入りしておらず、結局、このことがルーズベルト治療における脳血管動脈硬化および脳内末梢血管への配慮を手薄にした。つまり大統領の脳内では高高度飛行の影響でアルバレス症が頻発し、バチバチと火花が散っていたにもかかわらず、頻発する微熱とめまい、焼けるような腹痛、そして精神朦朧の原因が小規模脳発作にあるとは想像すらしていない。

合衆国海軍病院が置かれたベセスダの町はホワイトハウスから北西十キロほどの地にある。一九四四年三月二十八日火曜日、ジェームズ・D・エリオットという患者が午後一時十分から午後三時二十分までという約束で海軍病院ブリューエン博士の診察予約を取っている。定刻、患者はアンナ・ベティガーという女性につき添われてベセスダの循環器病棟を訪れ、すぐに博士の診察室に通された。博士の前に表われた患者は偽名を使ったルーズベルトで、大統領はこの病院に今まで何度も検診に来ていたから、勝手知ったる他人の家といった体で陽気に振る舞っている。大統領がいささか開けっぴろげすぎる態度を取っていたのはブリューエンが医学博士と海軍少佐という二つの守秘義務を負っている人間だという安心感もあったのだろうが、それ以上に三十九歳の新しい主治医を自分のオーラで圧倒し、自分のペースに引き込んでしまおうとしたのだ。しかしその思惑はみごとに外れている。あらゆる虚飾を取り払うまでもなく、博士の前に表われた大統領はおそろしく衰弱した老人にすぎず、一瞬、博士の頭には手遅れかなという思いがかすめた。しかし、まさかこの患者が本当に余命一年だとは夢にも思っていない。

「心電図の計測をしますので、着替えましょう。看護婦がご案内します」

博士はそう言って大統領と付き添いのアンナを送りだすと、大統領の血圧履歴をファイルから取り出して、再確認した。先頭にある記録はルーズベルトがニューヨーク州知事時代に計測した一九三一年四月二十九日（四十九歳）のもので、《140／100》とある。以後、一九三五年に一回、一九三七年に一回、一九四〇年に一回のペースで計測。一九四一年度は七回も計測し、その記録も残っているというのに、それ以降の一九四二年と一九四三年の戦中データはない。

――そういうものがあると不都合な誰かが処分したのだ……

面倒なものに巻き込まれたなと博士は眉をひそめ、カルテに何事か書いている時、検診ガウンに着替えた大統領が戻ってきた。

ブリューエンは職業的な笑みを浮かべて聴診器を取り、チェストピースを大統領の胸にあてた。何かを引きずるような雑音が聞える。奇脈と交互脈がでている。心臓が肥大し、弁が馬鹿になっているのだ。

次に血圧をはかるため大統領の腕にカフを巻き付けた。

――２１８／１２０！　思った通り崖っぷちだ……

大統領はジョークを盛んに飛ばしている。不安なのだ。ジョークに応えて、ここで大笑いしてやらないと診察に差しつかえるな、と思いながら心電計測を行なうため検査台の上で大統領に横になってもらった。するとその途端、呼吸が極端に浅く、短くなるという現象が顔を出し、博士はぎくりとした。

――起座《きざ》呼吸だ！

夜、ベッドに入ると咳こんで止まらなくなり、上半身を起こさざるを得なくなって体力を非常に消耗したという大統領の咳の原因はこの起座呼吸が物語っている。単なる気管支炎ではない。血圧が危険ゾーンに達している以上、この起座呼吸は鬱血性左心室肥大が原因だろう。果たして心電図のＴ波に異常があり、これは心臓肥大の明らかな徴候だった。念のため蛍光透視鏡で心臓チェックを行うと左心室が異常に膨れ上がっているのが見てとれる。

次に明らかになったものは大統領の血中へモグロビン値で、男子一般正常値はおおむね一デシリットル中十五グラムだというのに、大統領は四・五グラムしかなく、あきらかな貧血状態だった。

――レントゲン写真をとらなくては。

貧血の原因が腸内出血によるものか、造血機能低下によるものかはそれではっきりするだろう。腹痛の原因も同様に判明する筈だ。もっとも大統領はポリオの後遺症で座っている生活が長く、痔を患っており、痔の出血にともなう貧血の可能性も捨てきれない。いずれにしてもブリューエン博士は、気の毒にもむこうが透けて見えるほど薄っぺらな断片データをもとに治療方針を決定しなければならなかった。

大統領の検診は終わり、翌々日の三月三十日に第一回目の医療評議会が開かれ、このとき博士はルーズベルトという患者の病は三つあるという診断報告をした。

「三つの内、一つは急性胆嚢炎でこれが腹痛の原因と思われます。二つ目は急性気管支炎で、これは大統領の鼻炎体質から来ているものと思われます。さて、三つ目が高血圧性心疾患で、これか一番やっかいだ。中でも鬱血性左心室不全と心臓肥大は重傷です。問題は微熱で、この原因がはっきりしません。余計な意見かも知れませんが、次期大統領選挙への出馬は絶対ノーです。選挙活動という激烈な消耗戦に乗り出した途端、即死か廃人同様になる」

そう述べたのち、博士は以下七つの方針を提案した。

（1）安静／一日十時間睡眠と食後の昼寝
（2）禁酒と禁煙の徹底
（3）減塩療法の徹底
（4）鎮咳のためフェノバルビタール十五ミリグラムの一日三回投与
（5）急性胆嚢炎への対症療法として非経口鎮痛剤コデイン投与
（6）赤血球増成のための硫酸第一鉄増血剤の投与
（7）強心剤ジギタリスの投与

医療評議会でもめたのはジギタリスだった。特にポーリン博士はジギタリスという劇薬の投与に疑問符をつけた。

「鬱血性心不全により左心室の収縮力が劣化したおかげで心臓の血液搬送能力が著しく低下している。だからジギタリスを投与するという理由は納得できますが、しかし、これをやると血管内にプラークが飛び、発作の原因を作る。あちらを立てればこちらが立たずの様相を呈するわけです」

この指摘に対しブリューエンは、「左心室収縮力強化とプラーク飛散という二律背反を回避するための唯一の方法は血液粘度を下げるための徹底した食事療法で、これを遵守すれば問題は回避できる」と応じた。しかしここから、大統領はこの禁欲生活に耐えられるかどうか、いったい誰が大統領という猫に禁酒禁煙ならびに減塩食という鈴をつけるかという点でもめている。話が本末転倒になりかけた時、ブリューエンは「ポリオにかかった大統領は、その闘病期間中、心臓に傷を負っている。そういうハンディキャップを考慮すれば、もはや穏やかな治療の時期は過ぎており、ジギタリスという荒療治の道しかない」と迫った。会議はいったん休会となり、翌日、ポーリン教授とラヘイ教授という二人の専門医がホワイトハウスを訪れて、大統領を問診し、その翌日四月一日の医療評議会で、多少ためらいがちではあったが、ジギタリス療法にGOサインを出した。

ルーズベルトは四月九日から五月六日まで、政界の超大物バーナード・バルーク（ユダヤ系アメリカ人）がサウスカロライナ州に所有する屋敷で完全休養し、小康を得、しかもジギタリス療法は吉と出たから、飽きっぽく思慮の浅いことでは人後に落ちないアンナは直ったと早合点し、これ以降、父親に喧しく言わなくなった。すると大統領はマッキンタイアの地位を旧に戻し、博士を完全な助手の役割に落とした。タバコもアルコールも旧に戻ったし、心臓ケアのための生活規制はまったく無視されている。ところで大統領は面談者のほとんどに、「私は禁酒している。一晩に一杯半のマティニーさ。これでおしまい。寝酒のハイボールも無しだよ。それと禁煙だ。私は一日三箱吸っていたが、今じゃ五本ぽっきりだ、信じられるかい」と語っているが、これはジョークにすぎない。栄養士ネスビット夫人の作る処方遵守の減塩食を用意すると癇癪を起こし、好物のスフレやブランズヴィック・シチューを持って来いと言って大声を出した。こういう調子だから、ブリューエンが心配した大統領選挙には誰がどう制止しようと出馬する気になっている。

（著者注）ブリューエン博士については追補（17）に参考記述あり

※　　※　　※

一九四四年五月十五日の夜、モラン卿が定例検診のため首相の寝室を訪れると、患者はかんかんに怒っていた。

「ニールス・ボーアという名前を聞いたことがあるかね、ドクター？」

「原子物理学の研究にかけては世界の頂点にいる人ですよ。ユダヤ系デンマーク人で、今はアメリカに活動拠点を移しています。超有名人ですよ、その人は」

「私は明日の午後、そのボーア先生と面談するのだが、随分前からこの学者は原爆についてあちこちで触れ回り、スパイの片棒を担ぐような真似をしておる。我慢ならん。絞め殺してやりたいよ！」

検査もそっちのけで、首相はモラン卿を相手に八つ当たりしたが、このあたり、主治医は心得たもので、黙って聞き役に回った。それが患者の精神安定に繋がるとわきまえていたからだ。

――それにしても……

とモラン卿は思う。

いくらルーズベルトの使者という触れ込みであろうと、ノルマンディー作戦を目の前にして誰もが殺気だっているこの時期に、少々浮世ばなれした物理学者との面談をお膳立てすることはなかろう。モラン卿はこれをセットアップした英米関係者の浅はかさに呆れた。

ニールス・ボーア教授

「ドクターはこの学者と面識があるのかね？」

「いいえ、新聞に紹介された程度のことを承知しているだけです」

モラン卿は聴診器のチェスト・ピースを首相の頸動脈に押し付けながら、そう応えた。

「ふむ、私はこの男の写真を見た。まったくもって天真爛漫な顔をしている。私はこのおめでたい学者が大嫌いだ。夢とうつつの狭間に生きているあの連中は、原子力エネルギーをこの世に引っ張りだしておきながら、ついには怖くなって地中に埋めてしまえと言う。とかく無責任な輩が多い。ま、それはともかく、ボーアは極秘であるべき原爆の開発状況をよく知っており、これをそこら中でビラでもまくように吹いてまわる。問題なのはこれだ。世界のトップにいるかどうかは知らんが、あの教授は無邪気なだけに手がつけられん。危険人物だな」

以下は、さすがのチャーチルも掴んでいなかった事実で、それはつい二ヵ月前、すなわち一九四四年三月十三日月曜日午後一時のことだ。ルーズベルトは自分の支持者フランクフルターとランチを共にした。大統領の忠良なる臣という姿勢を通したこの支持者は論功行賞の末、最高裁判所の陪席判事におさまったが、そのうち同じユダヤ系同士だったことからアメリカに居を移したボーアと簡単に繋がった。さて、この陪席判事はランチの席で次の通りボーアの披瀝した原子力についての意見を大統領に語り伝えている。

「原子力は人類への偉大な贈り物かも知れないし、人類に大災厄をもたらす邪神《まがつがみ》かも知れない。だから原子力は極秘裏に開発するのではなく、真に開かれた国際的な管理機構の下で開発すべきだ」

ルーズベルトはひったくるようにボーアの意見を取り上げている。この時、大統領の脳内では着実に異変が進み、そのために生じた脳血管性認知症によってスターリンこそが自分の信頼できる唯一のパートナーだという幻想に取り憑かれ、かつ、どうすればスターリンに喜んでもらえるのかという強迫観念に突き上げられていたから、ボーアの発した《開かれた国際的な管理機構の下で》という考え方を利用し、スターリンに原爆情報を提供して仲間に引き込もうと謀ったのだ。かくして大統領はフランクフルター陪席判事に向って「すぐに教授と面談したい」と言い、「私に代わってロンドンに行き、チャーチルに会って、教授からこの問題について適切な管理手段を探りたいと首相に持ちかけてくれ。ルーズベルトが首相の前向きな提言を待っていると伝えて来て欲しい。私からだと言って、そう教授に話してくれ」と述べた。

いっぽう大いに勘違いしたボーアは喜び勇み、さっそくルーズベルトに次の一節が挿入された長文の書簡を送っている。いわく、「最初の原爆が完成する前に、アメリカで原爆の開発計画が進行中であることをスターリンに話しておけば、スターリンは大統領を信頼するでしょう。その信頼は戦後の原爆抑止協定となって花開くに違いありません。だが秘密裏に開発を進めれば、ソ連はより大規模な原爆開発に出て、抑止も何もあったものでは無い。核開発競争になり、対立の構造が生まれ、恐怖の世紀に突入するでしょう」とあった。

ルーズベルトは体調不良のためボーアとの面談を延伸してしまったが、そのかわりチャーチルとの面談が先行した。それは教授に共鳴するイギリス政府要人の一人が仲介に立って首相に次の書簡を送ったからだ。

「この破壊的な原子力兵器が完成するのは時間の問題だという事実をスターリンに知らせ、国際的な抑止方法を一緒に考えることでスターリンが協力するように仕向けることが肝要だとボーア教授は述べています。ルーズベルト大統領も教授の説に耳を傾け、これを歓迎するとコメントした模様です」

チャーチルは教授の意見聴取要請を了解し、一九四四年五月十六日に面談が決まった。だが首相は、いかなる事情があろうと原爆は英米二ヵ国の極秘とし、断じて開示はしないという不動の決意を固めており、フランス人やロシア人が身のほど知らずにも原爆を開発しようというのなら、やらせておけばいいと思っていた。だから書簡の文中に《スターリンが協力するよう仕向けること》という部分をいまいましげに丸で囲い、余白に、絶対にあり得ない、と書き込んでいる。

かくしてその日（五・一六）を迎え、首相は最初黙ってボーア教授の話を聞いていた。そのうち教授が「自分は国際原子力管理機構の設立にあたり、きっと皆さんのお役に立てる」とアピールするつもりで、「私はソ連のカピッツア教授からあなたはモスクワで大歓迎されるだろうという手紙をもらった」と喋った。その瞬間、首相の片目がつり上がり、眉間の縦皺が凶悪な様相を呈したから教授はのけぞるほど驚いた。

「なんでカピッツァなるロシア人があんたに興味を示しているのかね？」

そう言ったあと、首相は教授に答えるひまを与えず、たいへんな剣幕で怒りのつぶてを浴びせたから、会談は目も当てられないものになった。首相はボーアを小学児童のように叱り飛ばし、言うだけ言った後、一方的に会談の終了宣告を出した。教授は自分の考えを語り尽くせなかった未練から、別途レターを送りたいと首相に了解を求めると、チャーチルはけんもほろろに「あなたから手紙を頂戴できるとは光栄の極みですな、教授。しかし原子力エネルギーの秘密を全世界に等しく開示し、その上で、平和な美しい国際関係を築くというあなたのご高説はいっさい御免こうむる」と応じている。これが三十分を切るショートショートの落ちだった。なお、教授を帰したあと、首相は部外者がいなくなるや否や、同席したイギリス側政府高官に矛先を向け、ソ連は国際連盟から除籍処分にあった唯一の国であり、かつ、スターリンがどういう人物か知っている筈だ。その上でこういう会合を設定したとは何と言う見識の無さかと怒鳴りつけ、さんざんに油を絞っている。余談ながらこの時点でY-12電磁分離プラントは本稼働していたけれども、絶望的なほど超微量のU２３５同位体しか生産できていないし、K-25ガス拡散プラントもS-50熱拡散プラントも建設途上だった。またキセノン毒事件でどたばたしたプルトニウム生産用原子炉も同様で、こちらも建設途上にある。

ボーアはアメリカに戻り、チャーチル相手のみじめな顛末を六月十八日にフランクフルター判事に伝え、判事は五日後の六月二十三日午後四時にホワイトハウスを訪問し、それをそっくりそのままルーズベルトに伝えると、大統領はこのブラック・コメディーを面白そうに聞き、声を上げて笑った。

ボーア教授の考えに悪乗りし、国際管理機構に原爆情報をゆだねるという手法でスターリンとの互恵関係を強化しようと考えたルーズベルトは八月二十六日土曜日、ボーア教授との面談を実行しており、当日午後四時、教授は張り切ってやって来た。このとき教授はにこにこしている大統領の脳味噌がテヘラン会談時の高高度飛行と選挙遊説の激務で悲鳴を上げ、誤動作の中にあるとは夢にも思っていない。

——ルーズベルト大統領は自分の考えに共鳴したのだ！

ルーズベルトは国際的な管理機構をもって産まれたばかりの原子力を、全人類への喜ばしき贈り物へ育て上げようとしており、その構想を練り上げるために私を選んだ。

教授はそう思っている。

この日、一時間半の面談中、大統領はアルバレス症を引き起こさなかったので教授が違和感を覚えることもなく話は弾んだ。そのうち大統領はユーモアたっぷりにテヘラン会談での出来事を語り、やや唐突に「教授、原子力特使として年内にもモスクワを訪問してもらおうと思っている。スターリンに我が国の原爆開発状況を説明するためであり、是非そのつもりでいて欲しい」と言ったから、ボーアは天にも昇る気持ちになった。興奮した教授の様子を見ていかにも満ち足りた思いの大統領は、「近々チャーチルに会うから、その時、教授の主張する原子力の国際管理構想について身を入れて聞くよう話しておく。ともあれ、いろいろと準備すべきこともあるから、教授がモスクワに出発する前にもう一度ホワイトハウスで会おう」と言って面談を終えた。

ルーズベルトとボーアの同床異夢の接触はこれ一回きりで終わり、大統領の急死で永の別れとなった。

※　　　※　　　※

一九四四年六月六日、いわゆるDデイ。連合軍はノルマンディー海岸に殺到した。そして二ヵ月後の八月二十五日にはパリ解放の喜びがはじけ、東部戦線では赤軍がウクライナを奪回し、その勢いでルーマニアを降伏に追い込んだ。いっぽう太平洋ではサイパン、テニアンが陥落し、日本の絶対国防圏は破綻。東條内閣は七月二十二日に総辞職し、以後日本はB-29の猛爆に晒される。枢軸側はすでにイタリアが無条件降伏しており、日独両国の敗色は拭うべくもないが、こういう状況下でチャーチルは九月上旬にルーズベルトとの首脳会談を企画した。目的はフランス、イタリア、ビルマ各戦線の吟味。そして西太平洋でのイギリス海軍投入。この二つについて意思統一をはかることだったが、それ以外に原爆問題があり、これが喉に刺さった小骨のようにチャーチルをいらいらさせ、ケベックでの二回目となる会談に駆り立てたのだ。

第二次ケベック会談出席にあたりチャーチルは九月五日にスコットランドのグリーノック港でクィーン・メリー号に乗船し、カナダのハリファックス港に向った。言うまでもないが首相はボーア教授がソ連への特使を仰せつかったことなど知る筈もない。

九月十日の夜、ハリファックス港に到着したチャーチルは、そこから列車でケベック市に向かい、九月十一日の朝十時、ウルフス・コーヴ駅で一時間前に先着していたルーズベルト夫妻に出迎えられ、会場のシタデル要塞に入った。このとき首相に随伴したモラン卿はルーズベルトを見て驚き、その時の感想をカルテに書いている。

「医者という私の立場からすれば、ルーズベルト大統領の健康状態は非常に気づかわしい。前回、私が大統領を見たのは十ヵ月前のテヘラン会談の時だが、その時の体重と比べると三〇ポンド（約十四キロ）はやせたように見える。首筋とワイシャツのカラーの間は握り拳が入るほどスカスカだ。アメリカの大統領ともあろう人がワイシャツの調達に苦慮していることは絶対にあり得ないから、これは一週間ぐらいの間にやせ細ったのだ。この年齢の人は何の理由もなしに急にはやせない。しかも首の後ろ側が間歇的にずきずきするらしく、しきりに手を違和感が生じている部位に持っていく。何か体調に異常がある。テヘラン会談で、大統領は一つのことに集中して話し合うことができず、特にスターリンを追い詰める発言をブルック元帥がすると、苛立って、目を疑うほど短気になり、結論が出ていないのに話題を変えた。これに腹を立てたブルック元帥が大統領に厳しく抗議すると、机上の資料を丸めて放り出し、討議をやめにしようとしたことが何度かあったそうだ。今、目の前にいる大統領は半年前のテヘランの時より明らかにおかしくなっている。トップとしての判断力に悪影響が出るのではないか」

九月十一日と十二日は公式行事が主体で、突っ込んだ個別会談はない。実質的な会議は十三日から始まり、三日後の十六日に閉幕した。この間、ほとんどのテーマは軍人の発言を中心に回り、ギクシャクすることもなく円滑に進行したけれど、番狂わせはモーゲンソー財務長官の登場だった。国務長官ハルそっちのけで大統領がケベック会議に同行したモーゲンソーはチャーチルに対しドイツ処分案を高圧的に主張した。おかげで英米両首脳の会談はほとんどこの問題に割かれ、首相が重要視した原爆は討議されずに閉幕している。

しかしチャーチルはこれで終わりにしていない。ケベック会談閉幕後、首相はクレメンタイン夫人と娘メアリーを伴って九月十八日午前十一時にルーズベルトの私邸があるハイドパークに到着した。ここでしばしの休憩の後、服装を整え昼食会となったが、この会食にはウィンザー公夫妻が特別に招待されていた。クレメンタイン夫人は回想し、「大統領はと言えば、この人はたいていうわのそらで、心はどこかに飛翔するといった様子でした」と述べている。

昼食後、エレノア夫人は招待客をハドソン川までの散策に連れ出し、大統領はブリューエン博士の検診後、昼寝を強制された。この間、モラン卿も「何となく憂鬱だ」というチャーチルの一言で緊張が走り、そのケアにあたっている。

ハイドパーク屋敷には小さなコンシェルジェ・デスクがある。この日のディナーが済んだ午後九時半。デスク前に立ってにこやかに来客をもてなしているのはアロンゾ・フィールズ給仕長だった。アフリカ系アメリカ人のアロンゾはフーバー大統領の時代からホワイトハウスに勤務する古参職員で、笑顔にえも言われぬ味わいのある給仕長だが、そのアロンゾの顔がひときわほころんだ。視線をたぐればその向こうに古風なスモーキング・ジャケットを着たチャーチルがいる。アロンゾは首相がピンクのパジャマの上に空挺隊員の上着を羽織るという突飛な格好でホワイトハウスをうろつく姿を見なれていたから、この瞬間、悪戯小僧の笑みを浮かべてやって来るチャーチルを見て思わず破顔したのだ。ちなみにアロンゾはチャーチルと相性がよく、下手くそな寄席芸人そこのけのかけあい漫才を首相と演じたことは、ホワイトハウス職員の語りぐさだ。

「これはこれは、アロンゾ君！　ホワイトハウスからの出張勤務かね。ときに大統領は喫煙室においでか？」

「はい、閣下。お通しするように申しつかっております」

チャーチルは導かれるまま室内に入った。そして大統領の前に座り、次に給仕長に向かって、「アロンゾ君、ピッチャーにマティニーをたっぷり入れてな、持って来てくれ。それと、こちらから呼ぶまで君はあのデスクに座り、だれも通さないようにな」と言った。

アロンゾが持ってきたマティーニで口を潤したチャーチルは大統領に向かって、「ワルシャワで蜂起したレジスタンスへの空輸が本日から開始され、これでロンドンのポーランド亡命政府も納得するだろうし、アイゼンハワー将軍麾下のポーランド兵も安心するだろう。大統領選挙もポーランド移民票がデューイ支持に回らず、めでたいことだ」と、議論開始の挨拶がわりにワルシャワ蜂起問題から始めている。ところがルーズベルトは、何の話だと言わんばかりにあっけに取られた顔をしているから、首相はぎょっとした。

八月一日、赤軍はワルシャワを指呼の間に臨むブーク川の線に到達し、これに呼応する形でポーランド・レジスタンスは蜂起したのだが、スターリンは自分に断りもなく蜂起したレジスタンスに強い猜疑心を抱き、早晩この集団はソ連によるポーランド支配の妨げになると考え、補給線が伸びきったというもっともらしい理由で赤軍の前進停止を命じた。レジスタンスを孤立に追い込み、ドイツ武装親衛隊の手で処分させ、邪魔者をこの世から消そうと謀ったのだ。いっぽう、その窮状をロンドンのポーランド亡命政府から聞かされたチャーチルは八月十八日にルーズベルトへ次の電報を打っている。

「ワルシャワ蜂起に対し、英米首脳の連名でスターリンに電報を送り、シャトル空輸に協力させよう。爆撃機を西側から飛ばしてワルシャワ上空で物資を投下し、ソ連の飛行場に降りて給油した後、再び西側に引き返す。これを繰り返し、蜂起したレジスタンスを支援しよう」

しかし大統領は八月二十六日に返電し、首相の提案を拒否している。スターリンがこういう要請を嫌うというのだ。

ここでチャーチルはねばり、「テヘラン会談でスターリンはドイツ爆撃を目的としたアメリカ空軍のソ連飛行場使用と気象情報共有化にＯＫを出しているのだから、ワルシャワへの物資投下もＯＫさせよう」と再び電報を送った。しかし大統領は「共同声明にそんなことは明記されていない」と言って、あくまでスターリンの機嫌を損ねまいとしたから、業を煮やした首相は傍受を覚悟して電話器を取り、四期目を賭けた大統領選挙戦まっただなかのルーズベルトに、「そういうことをしているとポーランド系アメリカ人の票が共和党候補デューイに流れてしまうぞ」と、怖いことを言って相手の痛い所を突き、大統領のスターリン迎合姿勢を止めさせ、ワルシャワ上空での物資投下要請電報を英米連名でスターリンに打った。そしてこれと並行し、ハリマン駐ソ米国大使とカー駐ソ英国大使を動かしてスターリンの間違いない合意を取りつけ、今日のこの日、すなわち九月十八日、アメリカ第八空軍のB-17爆撃機がワルシャワのレジスタンスへ一二八四個の空輸物資を落下傘投下した。

そういう経緯だったのだ。

――なぜルーズベルトは初耳だと言わんばかりの顔をするのか？

空輸はスターリン了解の許に実行したことではあるけれど、大統領から「俺は気が進まなかった」とか、「お前は相変わらず強引だ」とかの苦情が出てもおかしくはない。だがこの面食らったような顔はどうしたことだろう。大統領は咄嗟のひらめきで意思決定し、都合が悪くなると忘れたふりをする擬態健忘症の常習者だったが、この反応は何だ。本当にきれいさっぱり忘れてしまったのか。首相はルーズベルトの態度が見せかけではなくモラン卿の推察通り、本物の記憶障害ではないかと疑い、そこで話題を変えて探り鉄砲を撃つことにした。ボーア教授の名前をさりげなく出し、相手が「そんな奴は知らない」と言うかどうか試して見たのだ。しかしこっちの方は知っていた。知っていただけでなく、耳にタコができるほどになった四人の警官説を語り始め、次いで八月二十三日にアメリカのダンバートン・オークス屋敷で開催された国際連合という戦後枠組みの準備会議を語り、国連という枠組みの中の関連機関に原子力問題を扱わせたいと言った。

――ふむ、こういうことは覚えているらしい。

チャーチルは原爆問題に取りかかる時が来たと思い、新しい葉巻に火をつけた。

「私は子供のころ相当の悪たれ坊主だったが、それでも両親から火をおもちゃにしてはいけないと厳しくしつけられたものさ。だから子供に火遊びをさせてはいけないぐらいのことはよく承知しているのだがね」

首相はそう言った後、人は天使のようなものではなく、ほとんどは縁なき衆生であるから、そういう者に火を持たせれば面白半分に放火して回る。すべての人間に原子力のありがたさを教え広め、原子力の火を持たせた後、世界中に拡散した原子力の取扱を国連の内部機関に管理させるというボーアの考えなど愚行の最たるものだ。そんなことをすれば全世界は火の海になるぞと結んだ。しかしルーズベルトは譲らず、誰が何と言おうとスターリンにだけは原爆の秘密を教える、と一歩も退かない。

――いい年をして、先生の歓心を得ようと必死になっている女学生のようだ。

今や脅威はヒトラーではなくスターリンだというのに、そういう危険人物に原爆情報を開示しようとするルーズベルトの気持ちをチャーチルは理解できず、脳内異変を疑い、そして、昨年締結したケベック原爆協定の制約事項を破ってルーズベルトが一切合切の原爆ノーハウをスターリンに提供しかねない怖さを感じ、慄然とした。

「何をびくびくしているんだ？　訳がわからんね。私は今まで大統領に数々の譲歩をしてきたが原爆は譲れないよ。原爆についての約束は一年前にケベックで多くの関係者が見ている前で署名したのだ。そうおいそれと協定を白紙に戻すことはできないのだよ」

「日本人《ジャップ》は本能だけで動く昆虫の群れと同じだ。ドイツ人《ボッシュ》は、あれはけだものだが、昆虫ではない。だから降伏することを知っている。ジャップはボッシュよりもたちが悪い！」

「選挙遊説でパールハーバーをその目で見、ホノルルやサンディエゴにある病院で負傷者と言葉を交わして身につまされたのかね。ロンドンなどはドイツの空襲にあって官邸ですら瓦礫と化したよ。婦女子を含む一般市民の死傷者の数はパールハーバーとは比較にならないほど多い。それから、人がけだものや昆虫に変わってしまうのは、そんなものは戦争の常だ。ロシア人も日本人と戦えば自殺攻撃を受けるだろうが、ロシア人はスターリングラードの凄惨な殺し合いを勝ち抜いたんだぞ。妙な励ましや心配をすれば鼻先で笑われるだけだ。ソ連が日本に攻め込むからと言って、なぜ原爆製造技術をスターリンにくれてやる必要があるんだね？」

「ジャップはスズメバチだ。そういうものを駆除するには原爆しかない」

チャーチルはやつれた顔のルーズベルトを見て痛ましい気持ちになった。

議会に諮ることなく二〇億ドルもの資金を注ぎ込んで、それで終わりだというのでは、大統領の座を共和党候補に取られたら、犯罪者になるという恐怖がこの男にはある。それであれを日本に落とすという一札を取っておきたいのかも知れないと首相が想像した時、首相の頭には別のことがよぎった。

――――原爆が実戦配備されるにはあと三年かかる！

カルトロン電磁分離システムもデュポン社が総掛かりで取り組んでいる原子炉もはかばかしい成果は上げていない。

完成する前に日本が降伏すれば、原爆は英米二国間の極秘兵器として留めおくことができ、ソ連の恫喝材料にまわることは防げる。そして、ドイツが降伏して全世界を敵に回すことになる日本は、皇室を保全するという一事を保証すれば原爆が完成する前に必ず降伏するだろう。国王陛下の忠良なる臣をもって任じていたチャーチルは日本人の持つ心象風景が理解できたのだ。

両首脳はその後しばらく語らっていたが、そのうちチャーチルが大統領の手を取って何か言い聞かせ、それが済むと喫煙室から立ち去った。

首相は自室に戻ると秘書のマリアン・ホームズを呼んだ。

「ミス・ホームズ、いまから言う内容を口述タイプしてもらいたい」

これを聞いて秘書は少し緊張した。首相は自分を呼ぶ場合、たいていシャーロック・ホームズのワトソン博士を真似て《ホームズ君》と言うのを常としていたが、今日はミス・ホームズと言ったからだ。

「それでは、いいかね」

ポータブル・タイプライターの前に座った秘書を見て首相は立ち上がった。

「最高機密／ハイドパーク／一九四四年九月十九日。改行。アメリカ合衆国大統領と大英帝国首相の間に交わされた会話の備忘録として。改行。一九四四年九月十八日。改行。チューブ・アロイズに関し、管理と使用を厳重に監視する国際協定を結び、その協定のもとにチューブ・アロイズを世界中に知らせるべきだという提言は受け入れられない……」

「失礼、チューブ・アロイズの綴りは？　管と合金を意味する単語ですか？」

「その通り、TUBE　ALLOYS（テー・ユー・ビー・イー／エイ・エル・エル・オー・ワイ・エス）だよ。続けるぞ。……チューブ・アロイズにかかわる事どもは引き続き最高機密として見なされるべきである。さりながら、爆弾がついに実戦配備可能な段階に至った時、……」

タイプのよどみない音が響き、三項目からなる便箋半分程度の文書が出来あがると、首相は立ったままそれを熟読吟味し、サイドテーブルに行って文中のピリオドをセミコロンに直したり、爆弾という単語にダブルコーテーションを振ったりしていたが、もっとも思案していたのは「爆弾がついに実戦配備可能な段階に至った時、それはおそらくそうなるのかも知れないのだが、慎重な熟慮の上、日本に対して使用される。こういう日本に対しては次のことが警告されるべきである。すなわち日本が降伏するまで爆弾は繰り返し日本に落とされるのだということを」という部分で、首相は《それはおそらくそうなるのかも知れないのだが》の部分を消したり、復活させたりしていたが、ついに最後の推敲を終え、タイプの打ち直しを命じた。

「首相、何か表題はつけますか?」

「つけよう……チューブ・アロイズ。これだけでいい」

翌日十九日、チャーチルはルーズベルトと余人を交えずに再び喫煙室に集い、そしてチューブ・アロイズ(原爆の暗号名)に関わる覚書にサインした。いわゆるハイドパーク覚書の顛末はこの通りで、二人の首脳がこの文書に頭文字署名を書き込んだ時、部屋の中に誰か立会人がいるわけでもなく、《FDR》《WSC》という署名と一九四四年九月十九日という日付があるだけで、協定書や共同声明といった重みはない。

九月十九日、晩餐が終わり、ハイドパーク覚書という原爆関連文書を懐中したチャーチルは、午後十時三十分にポキプシー駅を発ってニューヨーク港へ向かったが、ルーズベルトの私邸を去る直前、首相はブリューエン博士とグレイス・タリー秘書を伴ったマッキンタイア軍医総監と廊下ですれ違い、ユニークな会話を残している。

「本当に大丈夫なのかね、あの男は?」

と、これはチャーチルだが、総監はこれに対し「大統領の体調は万全です」と答えた。すると首相は疑惑と軽蔑がない混ぜになった顔でマッキンタイアをじっと見据え、「お医者さん、大統領の体調は万全だというあんたの言葉通り、あの男に何事も起きないことを心から祈ってるよ」と言って車寄せのフォード社製サンシャイン・スペシャルに乗り込んだ。

(著者注)ハイドパーク覚書については追補(18)に参考記述あり

※　※　※

ルーズベルト大統領四期目続投の是非を問う選挙戦は一九四四年七月二十一日にシカゴで開催された民主党大会をもってスタートした。この大会でルーズベルトは大統領指名を獲得したけれども、その指名は本人不在という異例の指名だった。なぜ不在だったかというと、ルーズベルトは七月十五日から既に遊説を始めており、党大会があった七月二十一日はカリフォルニア州サンディエゴにいたからだ。

大統領選挙戦のスケジュールは、前半は遠隔地を攻める。それが終わった直後に二回目となるケベック米英会談をこなし、そのあと投票日の十一月七日まではシカゴ、フィラデルフィア、ニューヨーク、ボストンといった近接地の票固めに徹する。そういう段取りだった。さてこういう次第で前半の遊説は、鉄道移動一万二〇〇キロ、海上移動一万二〇〇〇キロ。アリゾナ州の辺鄙な地域の移動にあたっては自動車を使い、これが五六〇キロ。トータル移動距離二万二七六〇キロで、特にルーズベルトの体調を損ねたものは自動車だった。これについてはSP主任のマイク・ライリーが次の証言を残している。

「大統領の遊説中、フェアバンクスからユマまでの三五〇マイルはひどいもんだった。真夏のアリゾナ砂漠だよ。想像できるかね。気温は四十五度だ。朝五時に出発したのだが、パレードを意識したオープンカーだったのがまずかったね。そのうち雨が降ってきたと思ったら、これが土砂降りだ。廃屋、といっても納屋だがね。そこに車を突っ込んで、乾いている場所を探し、毛布を何枚も敷いて、大統領を抱え上げ、毛布の上に横になってもらい、ずぶ濡れの服を下着から何から全部はぎ取り、身体を乾いたバスタオルでごしごしこすって乾かした。雨は一時間ほどで止み、大統領には乾いた服に着替えてもらい、ユマには午後三時半に着いたよ。ところで遊説といえばオープンカー・パレードだが、これをやっている時の大統領の汗は半端じゃなかったぜ。溶ける男といったあんばいだ。雨なんぞ一滴も降ってないのに、上着からズボンまでぐっしょりさ。そこで俺たちはパレードの道筋にあるすべての貸しガレージを借り切った。大統領が汗でどろどろになると、最寄りのガレージになだれ込み、むき出しの土間に毛布を敷いて大統領をそこに寝せ、着ているものを全部脱がして、身体をバスタオルでごしごし拭いて乾かす。そして新しい服を着せ、気付けのブランデーを喉に流し込み、パレードの再会だ」

とっくの昔に死んでもおかしくない体調でありながらハワイとアリューシャン列島最前線を含むハードスケジュールの遊説を終え、ルーズベルトは八月十七日にホワイトハウスへ戻った。

ルーズベルトはアメリカ史上初の四選を果たし、この時もマッキンタイアは「大統領の健康はこのうえなしだ」と発表しているけれども、大嘘であることは明らかで、ルーズベルトは大統領四選の勝利と引き替えに体調は悲惨の一語となった。体重はおそろしく減り、痩せ衰え、おかげで、着付けはどれをどう取り繕ってもずたずたで、ズボンも上着も中古センターからの無料払い出し品を着ているような具合になり、コートを羽織ればまるでルンペンだったから海軍士官用のマントを着用した。ルーズベルトの晩年の写真にマント姿でいることが多いのはコートがまったく着こなせなくなったからである。そして頻繁に意識が飛び、会話の最中に突然虚ろな目つきになり、はっとして我に返ったあと、何の話だっけなと言うことがのべつ起き、重要度の低い文書への署名は力が失せ、しまりが無くなって、まるで汚れたしみのごときものに変化した。年が明け、一月二十日土曜に行われた四期目就任式はファンファーレもパレードもなく、伝統行事化していた国会議事堂からホワイトハウスまでのパレードも中止。至って地味にホワイトハウス南側バルコニーで就任演説をした。

午後十二時十五分から始まった演説は非常に短く、語数にしてわずか五五七ワード。時間にしてわずか五分。この間、大統領はギブスを使って演壇に立った。ちなみに、立ち上がってスピーチする姿はこれが最後となった。屋内へ退場した大統領はすぐにレッド・ルームでの昼食会に臨んだが、このとき陪席した副大統領トルーマンは友人に、「大統領はコーヒーを飲もうとして、手が震え、テーブルにぶちまけてしまったよ。それにろれつが回らないと来た。相当まいってるぜ、あの大統領は」と言った。同様のことを著名なジャーナリストのジョン・ガンサーが語っている。

「私はルーズベルト大統領の顔を見てゾッとした。この人はじわじわと確実に死につつある。それ以上の言葉は思いつかない」

それから二日後、この体調のまま、ルーズベルトは第二次大戦の戦後処理を討議する会談の場、ヤルタに漂って行ったのだ。

この時点の世界へ目を転ずると、すでにイタリアは一九四三年九月三日に敗北宣言をしている。いっぽう西部戦線ではバルジの戦いがドイツ敗退に終わり、一月二十七日、連合軍はラインラントに向かって侵攻を開始した。また東部戦線では赤軍がドイツ領ポーランドを席巻してベルリンへ指呼の間に迫る中、一月二十七日のこの日、ウクライナ方面軍第三二二狙撃兵師団がアウシュヴィッツ収容所を解放している。そして太平洋では元帥に昇格したばかりのマッカーサーがフィリピン反攻を果たし、四月には沖縄上陸戦に至るのだが、一月二十七日というこの日、東京では三月大空襲の先ぶれとなる銀座爆撃があった。当日、東京は大寒気の中にあり、昼を過ぎても底冷えは一向に緩む気配がなく、道行く人は憂鬱げにどんよりとした雪空を眺めていたが、午後二時、空襲警報が鳴り、七十六機のB-29爆撃機が飛来。銀座周辺に焼夷弾を集中投下し、あたり一帯を焼き払って去った。

第二章

ルーズベルト未完の肖像画

1　ヤルタ会談

①　黒海のほとり

今も昔も国際会議はいきなり始まるものではない。それなりの助走があって実施に至るのだが、ルーズベルトの場合、スターリンに宛てた次の電文が物語るように、かなり自分本意に進めるから、ヤルタ会談もアラスカ会談同様、危うく不発に終わるところだった。

「輝かしい勝利のもとに世界情勢は非常な速度で進展しています。そこで私は近い時期にあなたとチャーチル氏と私の三者会談を開催したいと望んでおり、チャーチル氏もこの考えに心から同意しています。私は今、ワシントンから遠く離れた西海岸におりますが、数週間のうちに首都へ戻ります。私の考えでは九月の第二週あたりに会合を持つことが出来れば最高だと思っています。ワシントンとモスクワ双方から見て等距離にあるスコットランド北部での開催なら、私は船で行くことができ、あなたは船か飛行機で来ることができるでしょう。赤軍の壮大な戦果のおかげで、モスクワとスコットランドの距離は、二年前にモロトフ外相がこの地に降り立った時よりもだいぶ短くなりました。会談の機密保持は船上であろうと陸地であろうとご安心いただけます。ご審議ください。ルーズベルト／一九四四年七月十七日」

大統領は遊説先のエルパソからこの電文を発し、翌日、ハリマン駐ソ大使からひどく率直に「この電文ではスターリン元帥に危険な敵の占領地の上を飛べと言っているようなもので、こういう提案を目にすれば明らかに元帥は憤慨し、猜疑心を起こし、会談の開催が危ぶまれます」という電文が返され、少なくとも場所の特定などは割愛すべきだから、まことに出過ぎた真似ではあるが大統領が発した電文はスターリン元帥に届けず、手許に置いてあると続けていた。ちなみにこのやりとりもハル国務長官はハリマンから関連電文を転送されて初めて知っている。

大統領はハリマン勧告に従って電文を修正したから、スターリンは気分を害さなかったものの、返事はわずか七行。主旨は「今モスクワを離れるわけには行かない」という電文で、エジンバラかインバネスあたりを想定したスコットランド北部会議の企画はアッと言う間に消えてしまったが、その後ハリマンの説得攻勢も効いて、十月十九日、スターリンはルーズベルトに「黒海沿岸のソ連領でなら会合を持つことができる」という電文を送って来た。

――黒海沿岸だと？

電文を転送されたチャーチルは首をかしげ、そしてスターリンの出身地がグルジアであるのを思い出し、「それはひょっとするとバトゥーミかも知れないな。黒海に面しており、この港町なら条件に合う。それにここならドイツ軍に荒らされていないはずだ」と言った。ともかく、十月十九日のスターリン電文から綱引きが始まり、アテネ、キプロス、エルサレム、ローマ、シチリアほか様々な候補地が出ては引っ込み、ついに十二月十四日、クリミア半島ヤルタの名前がスターリンから出、十二月三十一日に首相が「了解、慶祝」という短電文を打ってヤルタ会談が決定した。

地中海の東端、トルコ領ボスポラス海峡のむこうに広がるのは、薄墨をさりげなく一刷毛《ひとはけ》したような黒海で、ルーズベルト最後の国際会議となったヤルタ会談の地クリミアは静かにうねるこの内海の北側に突き出ている。さて、菱形をしたクリミア半島は信じられないほど細長いペレコープ地峡一本でウクライナ本土と繋がっているというユニークな地勢をなしており、このため極端に言えば半島というよりも四方を海に囲まれた島に近い。またバフチサライなど、異国風の地名が多く存在することから推察できるように、クリミアはこの地に定住したモンゴル系タタール人の残照を色濃く残している。

が、ヤルタは違う。この地名はタタール人が出現する遥か前、黒海を越えて渡来した古代ギリシャ人船乗りがこの地を見て、「ヤロス!」と喜びの声を上げたという伝説に由来しているからだ。ヤロス、すなわち「安全な岸辺（yalos)」という言葉は長い間に変化してヤルタになってしまったが、風景のほうは何も変わらず、古代ギリシャ人の目に映ったままの姿で今に至っている。だからクリミア半島最南端のフォロス岬から北東方向に伸びてヤルタに至る浜辺は、ところどころに奇岩景勝を配しつつ、絶好の散策路を形成しているし、南東に面したなだらかな斜面は、今も昔と変わらず太陽の恵みを一身に浴びて良質のマサンドラ・ワインを産む。

さて、ヤルタ港はフォロス岬から東へ三十三キロほどにあり、そこから目を内陸部に向ければ、そこには糸杉、マグノリア、松、イトヒバ、ブナ、カシ、イチイに混じって、山ツツジやシャクナゲなどが彩りを添え、ヤルタを訪れた者は屈指の名瀑ウシャンスーからほとばしるオゾンに惹かれて森林浴に誘われるだろう。さらに足を伸ばして斜面を登り、徐々に高度を上げればカルスト丘陵地帯に達し、さらにその向こうには標高一二三四メートルのアリ・ペートリ山がそびえ、石灰奇岩のピークは銀色に輝いている。

ヤルタは、屏風状のクリミア山脈と温暖な黒海のおかげで冷たい北風から守られ、真冬でも雪が降ることは少なく、こういう穏やかな風土を好んだ人々について、それを数え上げればきりがないけれども、その中でもロマノフ家最後の皇帝ニコライ二世は抜きん出ている。このあまりにも家庭的な皇帝は毎年八月から九月になると妻子を連れ、お召し列車でオデッサ軍港に至り、ここから皇室ヨットに乗換え、ヤルタに接岸し、さらに馬車でつづら道を揺られてモガビ山麓標高一五〇メートルの台地にあるリバディア宮殿へやって来た。さて皇帝は長女オリガの記念すべき十六歳の誕生日をこの宮殿で祝おうと思い立ち、そこで巨費を投じて、白色インケルマン石をふんだんに用い、今あるような、女性的で、たおやかで、華麗な宮殿に作り変え、一九一一年十二月十四日、新しい命を吹き込まれたリバディア宮《純白の間》で最愛の長女オリガの十六歳の誕生日式典を挙行している。ロシア革命でニコライ二世は家族共々幽閉されたが、このとき皇帝は、「自分はリバディア宮のバラ園を守る庭師として暮したい。バラ園の横に家族と暮らせる小さな家が欲しい。それだけが望みだ」と言った。しかしこの希望は容れられず、皇帝夫妻、そして長女オリガを含む五人の子供はシベリアの片すみで撃ち殺された。

さて、チャーチルはクリミアとヤルタの名前を聞いて、少しばかり感傷的になっている。成績はともかく首相は陸軍士官学校の騎兵科卒業だったから、ナポレオン没後に起こったクリミヤ戦争は在学中の格好の研究テーマだったし、馬鹿げた作戦だったとは言え、首相はイギリス軽騎兵旅団によるバラクラヴァ台地での突撃を好ましく思っていたのだ。それにロシア革命に際し、イギリスはチャーチル直系父祖の名前を冠した戦艦マールバラをヤルタに派遣し、その地に幽閉されていたニコライ二世の生母マリア皇太后を救い出し、安住の地へ亡命させた。かくして首相は柄にもなく、何やら因縁めいたものを感じ、「了解、慶祝」と電報を打ったのだが、ヤルタ会談が始まる直前、先着メンバーの報告を聞いてチャーチルは自分の馬鹿さ加減に腹を立て、大統領に伝えるようにと言ってホプキンスに八つ当たりしている。いわく「世界中でヤルタよりひどい場所を見つけることは困難である。十年かけてもこれほど国際会議にふさわしくない場所を探すことは出来ない。かの地はシラミとダニがうようよしているチフスの温床であり何を置いてもＤＤＴを大量に持ち込む必要がある。また道路は最悪という言葉も恥ずかしがって逃げ出すほど惨憺《さんたん》たるもので、目的地への到着など何時間かかるか知れたものではない。そして害虫以上に恐ろしいのはロシア人である。ヤルタ訪問の際はＤＤＴと共に盗聴防止装置をお忘れなきようご忠告申し上げておく」

ヤルタに英米両首脳を迎えると決めた時、スターリンが最も熟考したのは、それぞれ三五〇余名の両国代表団をどこに宿泊させるかという問題だった。

「アメリカ人はリバディア宮殿にしよう」

これがスターリンの出した最初の答えである。

「あの連中は古くさいモノをありがたがるから、多少ガタが来ていても皇帝の宮殿を提供すれば大喜びするだろう」

ところでヤルタは半年前の一九四四年五月十二日までドイツ南方方面軍マンシュタイン元帥がこの地に司令部を置いていたから、クリミアめがけて双方の戦車や爆撃機が入り乱れ、おまけに撤収するドイツ軍がこれ以上は出来ないだろうと見せつけるようにリバディアを荒らしていった。こういう状態だったので即刻皇女オリガのための改修に使った建築家クラスノフの設計図を引っ張りだし、最前線から設計技師、石工、大工、左官ほかを帰還させ、大車輪で損傷部の修復作業に入った。ルーズベルトの車椅子が移動できるよう、宮殿一階の床をバリアフリーにするためスロープをつけたのはこの修復時のおまけである。なお会議に使えるオリジナルの家具調度品はゼロで、すべてはモスクワからかき集めてきた重いだけが取柄というぱっとしないしろものだった。

次いでイギリス人に提供される宿所の検討に入ったとき、マサンドラ宮殿ではどうかという意見が出たけれど、結局、リバディア宮殿から南西へ十三キロのヴォロンツォフ邸をあてがうことに決定した。理由はこの屋敷がほとんど無傷で残っていたからで、目が肥えているチャーチルはリバディア宮が間に合わせで修復したトントン葺きだと気付くだろうが、ヴォロンツォフ邸はまがい物ではない。ちなみにソ連の政治指導部は帝政時代の文化財を破壊したけれども、この豪壮なヴォロンツォフ邸はあえて残した。その理由は、いかに旧世代のロシア支配階級が民衆を足蹴にし、搾取を繰り返してきたかを証明するのに都合のいい見本だったからだと言われている。

「我がソ連代表団はリバディア宮とヴォロンツォフ邸のほぼ中間地点にあるユスポフ邸を使おう」

スターリンは最後にこういってヤルタ会談の地理的な骨格を決めた。指摘の通り、ユスポフ邸に陣取るソ連側から見てリバディア宮は北東九キロ、ヴォロンツォフ邸は西南西四キロの地点にある。睨みを効かすのに都合がいい。ちなみに、この屋敷の持ち主だったフェリクス・ユスポフ公爵は祖先がタタール人の王家に繋がり、しかも当代きっての大富豪で、ラスプーチン殺害にみずから手を下し、革命後はフランスに亡命。正体不明の怪人物としてパリで死んだ。

英米両首脳のヤルタ到着は一九四五年二月三日土曜日と決まった。

当然ながらスターリンは主催者としてセバストポリ要塞から五十七キロ北にあるサキ飛行場で二人の大物を出迎えねばならないのだが、この独裁者の秘密主義は徹底しており、よってこの男が、一体全体いつ、大本営《スタフカ》をたってヤルタに向かったのか分かっていない。分かっているのはこの独裁者がウクライナのハルキウ経由で鉄路ヤルタに向かったことのみであり、これはハリマン大使の娘キャサリンがアメリカの親族に送った次の手紙が根拠の一つになっている。

「一月十日にスターリン元帥は大統領に宛ててリバディア宮殿への招待状を送りましたが、これと同時に、私たち使節はソ連当局から数日中に鉄道でセバストポリに向かうよう通知されました。スターリン元帥は私たちのすぐ後に、同じ路線を使ってこの地にやって来るものと思われます」

キャサリンは真冬のモスクワから暖房設備はコンパートメント内の石炭ストーブだけという煤だらけの列車で一六〇〇キロかなたのヤルタに向かったが、途中、異様な風景を目撃した。もとより鉄道路線は半年前までドイツ軍が占領していた地域を進むから無惨なほどに荒廃していたが、それとは別に路線沿いの森という森はすべて伐採され、しかも住民は着の身着のままで駅の周囲に作った急ごしらえの丸太小屋に詰め込まれていた。これはウクライナにウラソフ将軍を中心とする反政府勢力がおり、この奇襲を恐れたスターリンが下した措置だったが、それはともかく、キャサリンは単線運行のため待避線で待たされることが多く、複線だった時の倍以上かけて終着駅セバストポリに着いた。

「私たちはセバストポリから車に乗り換えてリバディア宮殿に向かいました。気温は五度でモスクワの寒さに比べれば天国です。そしてもう一つ、素晴らしい眺望が私たちを待っていました。羊の腸のように曲がりくねった山道を走り抜け、クリミア山脈の中腹に作られた標高五〇〇メートルのバイダルスキー門に出ると眼下に黒海が広がっています。かなたの山の中腹に《赤い壁》という台地があり、黒海を背景にしてこの大地の上に建つフォロス教会の景観は息をのむほどで、長い旅の疲れはこの門を抜けた瞬間に消え去りました」

キャサリンはこの様に締め括っているが、断崖絶壁の淵に作られた細いガタガタ道を猛スピードで突っ走るソ連兵の運転に肝を冷やしたことは書いていない。いずれにしてもスターリンはモスクワからクリミヤまでバッタ色の緑に彩色した十五輛編成の特別列車で南下した。十五輛のうち四輛は皇帝のお召し列車で、言うまでもなくスターリンのために用意された車輛である。

※　　※　　※

ルーズベルトは四期目となる大統領就任演説の二日後、すなわち一九四五年一月二十二日月曜夜十時十五分、ヤルタ会談へ出席するためホワイトハウスを出て専用列車に乗り、リッチモンド、フレデリックスバーグという南北戦争の激戦地を経て、翌朝六時二十五分、ニューポート・ニューズ軍港に到着。そのまま重巡クインシーに乗船し、護衛の駆逐艦三隻と軽空母一隻を従えて地中海のマルタ島へ向った。いっぽうチャーチルはロンドン周辺に大嵐接近という気象予報を重視し、出発予定を一日早め、一月二十九日月曜夜八時、アスカロン(聖槍)という名のアブロ685ヨーク爆撃機に搭乗。ノーソルト空軍基地を飛び立ち、一月三〇日早朝五時にルーズベルトとの合流地マルタ島ルア飛行場へ到着。その後、軽巡オライオンに乗船している。その間、重巡クインシーはジブラルタル海峡を抜け、地中海に入り、二月二日午前九時三十五分、マルタ島バレッタ港に着き、チャーチルが乗船している軽巡オライオンの横に投錨した。

この日は快晴。冬だというのにクインシーから見える城砦都市バレッタはギラギラと照りつける陽光に焼かれ、港ではルーズベルトを一目見ようと詰めかけた島の住民が歓声を上げている。大統領はそれに向かってツイードの鳥打帽を振り、にこやかに微笑んで見せた。このあと英米両首脳はマルタ会議に出席し、もろもろのレクチャーを受ける間、ルア飛行場では、英米代表団七〇〇余名が分散搭乗するダグラスC-54とアブロ685ヨーク二機種、計二十五機の出発準備で上を下への大騒ぎだったが、これに加えてグロスター・ミーティア・ジェット戦闘機百五十機のメンテナンスも加わったから整備士は殺気だっている。こういう中、ルア飛行場に着陸したのは今回のフライトが初の公式飛行だという大統領専用機C-54セイクリッド・カウ(聖牛)で、驚いたことに飛行機からは一個大隊ほどの専任整備士が吐きだされ、最後の調整に入った。

二月二日夜十一時三十分、ヤルタに向かうC-54一番機が飛び立つと、後続機はおおむね十分間隔で離陸し、グロスター・ミーティア戦闘機に守られてイオニア海を越え、ドイツの迎撃機が出没するギリシャ本土とクレタ島上空をかすめ、エーゲ海に至り、さらにマルマラ海を越え、二〇〇〇キロ先のクリミア半島サキ飛行場に向かった。

チャーチルが乗るアスカロン（聖槍）の出発はしんがり二十五番目で、未明三時四十分に離陸し、さっそく高度七〇〇〇メートルに上昇した。なお、セイクリッド・カウ（聖牛）はその十分前に飛び立っていたが、大統領は循環器と脳動脈に爆弾を抱えていたから高度は一八〇〇メートルという信じがたいほどの低空を飛んだ。もっとも、SP主任マイク・ライリーに言わせると、主たる脅威はドイツ軍戦闘機ではなく、飛行機を見ると敵味方関係なくやみくもに撃ってくる赤軍の高射砲だったとある。いずれにもせよ、ベッドに横たわる大統領の脇に座ったブリューエン博士は、いつ爆発するか分からない時限爆弾処理を任された兵隊のようなものだったからそれどころではない。博士は早速バルビタールを投与し、睡眠をとらせた。

アメリカ側通訳ボーレン（左端）
スターリンの右隣はイギリス側通訳バース少佐

二月三日土曜午後十二時、セイクリッド・カウ（聖牛）は黒海沿岸のサキ飛行場に着陸した。この日午前中は快晴で、滑走路は危険なほど結氷しており、米英両国首脳を出迎える要人の息はやたらに白い。このとき何やら慌ただしい動きがあった。スターリンが心臓の不調を訴えたためサキ飛行場での歓迎式典に出席できないというのだ。この予定変更を一刻も早くルーズベルトに伝えるため、大統領専用機からタラップが下ろされるのももどかしげにステティニアス国務長官、ハリマン駐ソ大使、モロトフ外相、ボーレン（通訳）、パヴロフ（通訳）が機内に乗り込み、ルーズベルトを訪れた。

――これは何としたことだ！

ボーレンは言葉を失った。なぜならリクライニング・ベッドに横たわる大統領はまさに死に瀕した男にほかならなかったからだ。

この通訳は知らなかったが、大統領の体調急変は六機だった護衛戦闘機の内の一機がイオニア海上空でエンジン・トラブルを起こして離脱し、フォーメーションが崩れ、しかも間が悪いことに、この日は雲一つない好天だったから、パイロットはクレタ島周辺の危険空域を通過する時だけ、高度を急上昇させた。この気圧変化がおそろしいダメージを大統領に与えたのだ。

いっぽうモロトフは別のことで動揺しており、多少早口にスターリンは体調を崩し、ヤルタ到着が一日遅れになったとことわりを入れ、大統領を出迎えることができず、まことに残念だと言った。するとこれを聞いた大統領は、響きのない、ひどく弱い声で、ともかくこのままチャーチル首相の到着を待つと応じている。

そのアスカロン（聖槍）はすでに着陸態勢に入っており、モロトフがタラップを駆け降りた午後十二時三十分、首相専用機は滑走路に着地した。最初に降りてきたのは空軍の将官帽にダブルのカシミヤコート姿のチャーチル首相で、足早に歩み寄ったモロトフからスターリンの不調およびこの間の事情を聞くと、首相はすぐにモロトフを従え、タラップを昇ってルーズベルトのそばへ行き、「スターリンが生きていようと死んでいようとこのまま進めるぞ」と大統領に囁いた。実のところチャーチルは独裁者の不調を耳にして、有史以前の支配者が考え出した自分を大きく見せるための古くさい手に出たものとタカを括っていたから、そこでモロトフには素っ気なく「お大事に」と言って終わりにしている。

チャーチルとモロトフはいったんセイクリッド・カウを出て、大統領を滑走路上で待った。やがて専用機の後方がぱっくりと口を開け、エレベーターがせり出すとアメリカ海軍の将官用マントを羽織った大統領が車椅子に座って地上に降りて来た。そこには米英代表団の他に、儀仗兵と軍楽隊を従えたモロトフ以下九人のソ連要人がおり、またその周りには警護のために召集された夥しい数の赤軍兵がひしめいている。大統領は《星条旗》《ゴッド・セイブ・ザ・キング》《インターナショナル》の順に演奏された国歌が終わると、儀仗兵の栄誉礼を受けるため、車椅子を押されてジープが停車している場所にやって来た。するとSP主任はやせ細った大統領をいとも軽々と車椅子から抱え上げ、そして壊れ物注意の札を貼ったガラス細工のように大統領をジープの後部座席へ降ろした。

ジープの横には徒歩立ちのチャーチルがいる。その隣にはモロトフがおり、またジープの反対側には一歩後方に引いた形で参謀総長アントノフとステティニアス長官がいる。フェルトの中折れ帽をかぶった大統領は、弱々しくもはかなげな顔を不動の姿勢で堵列する赤軍兵に向けてはいるが、口はぽかんと開き、目はうつろで、生彩はまったく感じられない。そして大統領の右手は、もはや自力では己の手すら支えられないといった様子でくたくたとジープの手すりにもたせかけている。

「私は足がすくむようなショックを受けた」

そう言ったのは駐ソ大使ハリマンであり、また、モラン卿は次の言葉をカルテに書き残している。

「ジープに乗った大統領は老いさらばえ、皺だらけの顔をしていた。マントを羽織った大統領の身体は全体が縮まったように見え、その惚けた様子を見て一同は驚愕し、あとで口々にうわさした」

湖沼地帯のど真ん中にあるサキ飛行場には歓迎テントが幾張も設営され、長いテーブルの上にはシャンペン、ワイン、ブランデー、ウォツカなど思いつく限りの酒瓶がずらりと勢ぞろいし、別のテーブルには、おなじみのキャビア、各種の燻製、ペリメニ（ロシア餃子）、シャシリク（串焼き肉）、ピロシキなど大量のザクースカ（酒の友）が並び、その隣には悪酔い防止用の無塩バターとレモン。そしてこれらザクースカをサンドウィッチにして胃袋に放り込むための白パンと黒パン、そして人気抜群のボロジノ（ウクライナの黒パン）が山をなしている。美味佳肴のあまりに荒々しい物量に圧倒され、食欲を無くした線の細いアメリカの随員もいたほどだったが、米英両首脳は午後一時ジャスト、ヤルタに向けて出発しているから、これらのもてなしに手をつけている暇はない。そして米英代表団とソ連のお偉方が立ち去ると、運のいい数個大隊の赤軍兵が許可を得て宴会を開き、ルーズベルトの様子を声高にうわさしつつ、アッと言う間にそれらの御馳走を胃袋の中におさめてしまった。

ヤルタへ向かう大統領が乗った車はジルというソ連のフォードア・セダンで、赤軍兵が運転するこの車の後部シートには大統領とその令嬢アンナ、そしてブリューエン博士がおさまり、助手席にはＳＰ主任ライリーが座った。

「これをどうぞ、ミセス・ボティガー」

そう言って、助手席からライリー主任がアンナに手渡したものは、裏方として先乗りした海軍大尉の作に成る謄写版刷りのヤルタ関連小冊子で、見開きのページには半島全体の手書きの地図とサキ飛行場からリバディア宮殿までの、これも同じく手書きの道路地図があった。この地図によれば車列はサキ飛行場からいったん東へ二十九マイル（四十七キロ）の場所にあるシンフェロポリに向かい、そこから南へ進路を取って四十三マイル（六十九キロ）先にあるヤルタを目指すことになる。

「アンガラスキー峠を越えてアルシタの町に着き、そこで右折してロマノフ街道を進むとリバディア宮殿に到着するようね」

「この峠はクリミア山脈にできた唯一の天然バイパスだと書いてありますよ。……それにしてもジルというソ連の車はパッカードそっくりですな」

ライリー主任がどこまで承知していたかは別として、大統領一行四人に提供されたジルはルーズベルトがスターリンへ贈呈した無償の許認可複製車パッカード・スーパーエイトだったから、似ているのはあたり前である。

「リバディアまで七十二マイルということは、どれほどの悪路かは知らないけど、三時間みておけば着くわね」

昼過ぎまでの好天は終わり、空には雲が低く垂れ込め、小雨まじりの雪が舞っている。大地はすでにふり積もった根雪のため一面真っ白で、その下に何があるか最初は分からなかったが、そのうちひっくり返って底に大穴の空いた自走砲や横っ腹が内部破裂でめくれ上がった戦車の残骸が表われた。ジルに乗った四人のアメリカ人にとって激戦があったばかりの場所を訪れるのは初めてだったし、戦車同士の大衝突があればきっとこうなるだろうという恐ろしい廃墟を見るのも初めてだったが、しかしそんなものは序の口で、殺到する戦車に踏み潰されてペシャンコになった家や死骸が放置されている光景を見てアンナは肝を潰した。

アンナは「サキ飛行場からヤルタまで、五〇歩の間隔で赤軍兵が立っていた」と友人に手紙を書いており、それは次のように続いている。

「立っていたのは見たところ全員が女性でした。女の兵隊が持っている歩兵銃は大昔の開拓者が持っていた長大なライフル銃のように見えました。つまりこの兵隊は背の低い未成年女子だったのに違いありません」

悪路が待っていた。見渡す限りの雪。そして冬の日没は早い。アルシタの町についた時は真っ暗で黒海の眺望も何もあったものではなく、リバディア宮に到着した時刻は何と午後の八時をまわっていた。

難行苦行はこれで終わりではない。アメリカの代表団は三五〇余名の大所帯だったが、その全員がリバディア宮殿に泊まれた訳ではなく、男一〇一名、女二名が投宿できただけで、それ以外の実務メンバーは半壊状態の別荘に簡易ベッドを広げ、暖炉に薪をくべて安眠を確保するか、疎開地から戻ってきた農民の家の厄介になるかのどちらかになった。そして誰もが苦労したのは生命力の異常に強いダニとシラミで、アメリカ海軍の医療隊は数日前から宮殿に入り、燻蒸消毒の上DDTをまいてシラミ駆除にあたったが、それでも駆除は完璧とはいえない。もう一つの苦労は浴室の設備で、特にリバディア宮殿の四つの階には計九つの浴室しかなく、しかも湯が出ないと来たから、先着組のキャサリン嬢は率先して湯沸かしの作業にあたった。

大統領一行がリバディア宮殿北側の正面玄関に到着したのは二月三日夜八時のことで、月齢二十の福々しい半月が東の空に昇るのはまだ二時間以上も先だったから、有名なファサードもフィレンツェ風の塔も黒々とした闇の中に溶けて、その姿は見えない。しかしこの地はサキ飛行場と比べ、気候が驚くほどおだやかで爽快だということはすぐに分かった。

一夜明け、陽が昇り、目の前に現われたヤルタの絶景はたとえようもなく美しい。しかし不運な一部のアメリカ人はほとんど寝ていないので、黒海とクリミア山脈に目を向ける心の余裕はなかった。何とも間の悪いことに、気むずかしいことではアメリカ代表団ピカ一の海軍元帥キングがダニと南京虫の集中攻撃にさらされて一夜を過ごしたからだ。騒ぎが起きたのは、疲れはて、一風呂浴びる余力もないままベッドに倒れ込んだキングが、深夜、脛《すね》と首筋に猛烈なかゆみを覚え、無意識にかきむしった時のことで、さっそく衛生管理責任者マッキンタイア中将が呼ばれ、かみなりが落ちた。真夜中の雷鳴は直ちにリバディア宮殿用地に設営された野戦医療キャンプ全体に響きわたり、非常呼集で叩き起こされた医療班はDDT噴霧装置を主とする設備全般を備えて車列を組み、リバディアにすっ飛んで行った。DDTグループはキング元帥の激怒が効いて未明に処置を完了したけれども、本当にダニや南京虫が退治できたか否かの即効性についてはいま一つだったから、元帥はベッドにはもぐり込めず、特務艦から持ち込んだ殺菌済みの毛布にくるまって椅子で仮眠を取ることになった。

朝食後の午前十時三十分、大統領を交えた最初のブリーフィングがあり、冒頭、駐ソ大使ハリマンは本日午後四時に予定されたルーズベルト大統領とスターリン元帥の単独会談についてモロトフ外相と調整した結果を報告している。

「深夜零時に外相から電話があり、米ソ個別会談につき事前協議をしたい。ついてはジルを差し向けたので、これに乗ってユスポフ邸においで願いたい、とありました」

「あきれたもんだ。ロシア人はいつでも夜中に電話してくるのかね？」

と、これは南京虫騒動でおかんむりのキング元帥である。

「あまり驚きませんな、私は」

ハリマンはそのように応じた後、スターリンは伝説に登場する吸血鬼のような夜型人間だから、ソ連の政治指導部が百鬼夜行そのままに、夜が活動の中心になるのはあたり前なのだと説明した。

「なるほど。ロシア人が南京虫に刺されないで済むはずだ」

スターリンの生活習慣を初めて耳にしたキング元帥がいまいましそうにつぶやいた。

「そりゃまた何のことかね？」と、これはルーズベルト大統領である。

「ロシア人は南京虫が大活躍する夜に起き、ベッドには居ない。だから刺されて不愉快な思いもしない。DDTが節約できて結構なことさ」

駐ソ大使ハリマン

――くだらない冗談だ。

話が妙な方向に飛びそうになるのを恐れたハリマンはモロトフが差し向けた車に乗り込み、百歩の間隔で警護にあたっている厳重な歩哨網を通り抜け、二月四日午前零時三十分、ユスポフ邸の応接間に入った話に戻した。

「相手の申し出の第一は米ソ首脳会談の会同者についてでありまし

て、大統領と通訳ボーレン、そして、スターリン元帥と通訳パヴロフのほかに、モロトフ外相がこれに加わりたいという要請です」

「五人でやりたいと言うのかね。不愉快な申し出だ」と、これはステティニアス国務長官で、長官いわく、「敢えてバランスを崩し、アメリカがどう出るかを試すミエミエの威力偵察だ」という主張だったが、これは大統領が抑え込み、向こうの要求どおりでよしとなった。

しかし第二の申し出はもっとたちが悪い。

「議事録は残したくない。各自メモをとることはかまわないが、メモ内容を互いに開示し、誤謬訂正を要求するプロセスは割愛したいと言うのですな、モロトフ氏は」

「第一の申し出は極論すれば面子の問題だから、まあ、受けて立ってやればいいのかも知れないが、利害の異なる国際外交で議事録を取らないというのは、大使、やりすぎではないかね」と、これはキューター空軍大将だった。

通常、国際会議での討論は速記録が取られ、会議終了直後、互いに内容を確認し、内容に間違いなしとなって正式議事録となるのだが、それをしないとなれば、無責任な井戸端会議になる可能性が大きい。

「だから反対だ」という意見だったが、結局この申し出も大統領がOKを出し、おしまいになった。だが議事録を取らないという方式は、これ以降の本会議でも大統領のOKで慣行となってしまったから、ヤルタ会談は《米英ソ共同声明》《対日参戦／米ソ秘密協定》《米英ソ外務大臣議定書》という三文書があるのみで、それ以外の公文書はボーレン、マシューズ、アルジャー・ヒスなど国務省官僚の残した備忘録しか存在していない。

ハリマン報告が終わると、参謀総長マーシャルから大統領に「今後、米英ソ軍司令官同士の直接会話を定例化するようスターリン元帥に提案してもらいたい」という勧告が出されてブリーフィングは終わった。

なおヤルタ会談が終わる二月十一日までの間に実施された大統領への勧告を含むブリーフィングはこれ一度きりで、その後、大統領はすべて出たとこ勝負のぶっつけ本番で通している。

ルーズベルトとスターリンの会見場所となったリバディア宮殿レセプション・ルームは、もとは皇帝《ツァー》に拝謁する際の《控の間》だった。この日スターリンが臙脂色のトーンを基調にしたベネチア風のこの部屋にやって来たのは定刻よりも十五分遅れの午後四時十五分で、これこそはチャーチルの言う《有史以前の支配者が考え出した自分を大きく見せるための古くさい手》であり、また、会談は十五分で終わっているけれども、同時通訳システムが無い時代だから、実質は十分以下である。

あわただしい贈り物の交換式が終わり、最初に発言したのはルーズベルトで、「ヤルタでは格別の便宜を計らっていただき感謝しています。この地での再会はテヘラン以来のことになりますが、この間に勝ち取った米英ソの軍事的な優位は動かしがたい」と言った。

スターリンは「その通りです」と応じ、「昨日、赤軍はオーデル川を渡河し、ベルリンまで五〇キロのミュンヘベルクに進出しました」と語ると、大統領は早くも打ち解けた態度になり、「私は重巡クインシーで大西洋を渡っている時、アメリカ軍がマニラを奪還するのが早いか、赤軍がベルリンを陥落させるのが早いかで賭をした。ベルリンに賭けた私の勝ちだな」と言って相好を崩した。すると元帥は「オーデル川の線に極めて強力なドイツの戦闘集団が残っているのでその賭けは大統領の負けでしょう。マニラに賭けた人の勝ちだ」と口元をゆるめ、話題をクリミア半島の気候風土に転じた。大統領はこのとき、いささか唐突に口をはさみ、サキ飛行場からヤルタに来る途中、自動車の窓から見たドイツ軍の破壊行為はショックだったと述べ、「思うに、ドイツ軍は一年前よりもさらに残忍になっている。テヘランでスターリン元帥は五万人のドイツ軍将校を処刑したいと述べられていましたが、今晩のディナーで元帥から再び五万人処刑を欲する乾杯のご発声があるなら、私は歓迎しますぞ！」という言葉を付け加えた。スターリンはそういう乾杯をするかどうかについては一切触れなかったが、その代わり「ドイツ人がキエフほかウクライナ全土、ロシア全土に残していった破壊行為の爪痕に比べれば、クリミアでの掠奪破壊などかわいいもんだ」と述べ、ついで憎しみもあらわに「大統領のご指摘通りドイツ人は一年前よりも遥かに残忍になりました。……左様、クリミアでの被害はごくわずかで済みましたが、これなどは破壊計画を実施するための時間が足りなかっただけの話で、奴らは頭のてっぺんから足の爪先まで破壊専門の野蛮人です」と吐き捨てるように言った。

「……ところで、大統領、西部戦線の状況はいかがですか？」

スターリンはルーズベルトが自分の発言にまったく同感だとしきりにうなずいているのを見て、今度は話題を西部戦線に振っている。

「それについてはマーシャル参謀総長が、午後五時からの全体会議で説明します。今ここで私が言えるのは二月八日にナイメーヘン攻撃、二月十七日にジークフリート線攻撃という前哨戦をしかけ、三月に大攻勢を発動してライン渡河を果たす。こういうおおまかなタイムスケジュールぐらいでしょうか」

スターリンはこの言葉に満足し、当方も全体会議で参謀総長アントノフから詳細を説明させると言った後、「赤軍は既にシレジア炭田を占領しているので、ルールとザールを速やかに占領していただければ、ドイツ人が必要とするすべての石炭を取り上げてしまえます。今ここですべての石炭を奪ってしまえば、ドイツは抵抗できなくなって自然崩壊しますよ」とつけ加えた。すると大統領は「今後は赤軍のしかるべき軍司令官とアイゼンハワー将軍が直接対話できるようになることを望みます」と言った。するとスターリンは大きくうなずき、「非常に重要なことです。実現を約束します」と応じている。

ここから後、大統領はよもやま話の乗りでド・ゴールを話題にした。このフランスの指導者はDデイに際し自分がまったく蚊帳の外だったことを根に持ち、自由フランス軍兵士に戦闘の中止を命ずるなど、極めて扱いにくい。そこで大統領はモスクワでド・ゴール将軍と面談した元帥に、「あなたはあのフランス人と仲良くできたのか」と質問した。するとスターリンはパイプからもくもくと煙をはきだしつつ、次のように応じている。

「私はド・ゴールが単純で分かりやすい人間だと思っていますよ。それはともかく、あの男は現実を直視する能力に欠けている。フランスはこの大戦を通じ、まったく戦っていないのですよ。それればかりかドイツを楽にさせたおかげで我が国に途方もない苦痛を強いた。そういう国の代表者ド・ゴールは今になって米英ソ三国と同等の、戦勝国としての権利を主張しています。私にはあの男の精神が理解できませんな」

それを聞いた大統領は二年前のカサブランカ会議の際、ド・ゴールが「私はジャンヌ・ダルクとクレマンソーの生まれ変わりだ」と強弁した時のことを思い出すと言って、あははと笑った。

「ともかくド・ゴールもフランスも肝心な時に逃げ出しており、実際に戦ったことはありません。……ところで大統領、ド・ゴールは、ライン川をフランスの自然的境界線とするため永久にラインラントを占領したいと言っています。どう思いますか？　フランスがドイツのどこかを占領する。これを良しとお考えで？」

「悪い考えではない。しかし私が占領させてやってもいいと考えるのは単なる親切心からですよ」

ここでモロトフが割って入り、次のように言った。

「親切心という動機のみがフランスにドイツ領占領地を与えてもいいと大統領が考えるただ一つの理由だと聞いて安心しました」

スターリンの目が一瞬黄色い光を帯びたのはこの時だ。

「モロトフ同士、大統領と私はド・ゴール将軍について同じ感触を抱いているよ。ま、それはそれとして、フランスにドイツ占領地を施し物として恵んでやるかどうかはこのヤルタでじっくり話し合わねばなりませんな」

午後四時三十分、スターリンとの会談が終わると、大統領はかつて皇帝の謁見室だった部屋に戻り、整体士ジョージ・フォックスのリラクゼーション・マッサージを受け、午後五時十分から全体会議に臨んだ。

※　　　※　　　※

ヤルタ会談の全体会議は奇妙な場所で行なわれている。会場が設営されたのはリバディア宮殿純白の間で、壁面と天井をすべて白色石で化粧したこの広間は大舞踏会を催すための空間だったから、巾九メートル、天井の高さ六メートル、奥行二十四メートルという非常に長大な構造をしており、輝かしくもたおやかなこの空間に荘重の文字はない。十六才になった皇女オリガのためにニコライ二世が特注したこの広間の入り口には撤退するドイツ軍が破壊し損なった大理石のペネロペ像がベネチア風壁龕の中におさまっており、また、純白の間二十四メートルの奥にはペネロペに向き合う形でみごとなスタッコ化粧を施した暖炉がある。さて、ヤルタ会談の会場設営者は直径三メートルの、重いだけでそれ以外には何の特徴もない円卓をこの暖炉の前に置き、テーブルクロスをかけた。かくして奥行のある純白の間のほんの一部が会談の場となり、残りおよそ八十五パーセントほどの空間は無意味にぽっかりと空いている。会場設営者がヤルタ会談の円卓を疑わしげに小首を傾げている貞淑の象徴ペネロペから非常に離れた場所に置いたのは、ここに集う心情高潔とは言い難い戦後処理当事者の正体が知れては困るからだろう。

場にそぐわない違和感ただよう円卓の周りには十五脚の安っぽい椅子が置かれた。米英ソ三国の首脳が座る椅子にはひじ掛けがあるけれども、残りは背もたれが付いているのみだ。暖炉を背にした円卓上座にはルーズベルトが座る。その左隣には通訳ボーレン、右隣には国務長官ステティニアス、その右に参謀総長マーシャル、海軍元帥リーヒーというアメリカ代表団が着座した。大統領から見て左奥にはチャーチル。その左隣には通訳バース、右隣には外相イーデン、その右に陸軍元帥ブルック、海軍大将カニンガムというイギリス代表団が着座。また大統領から見て右奥にはスターリン。その左隣には外相モロトフ、右隣には副首相ヴィシンスキー、その右に参謀総長アントノフ、空軍元帥フージャコフが座り、通訳パヴロフは他の二、三の要人と共にスターリンの背後に座った。繰り返しになるが、この当時、同時通訳システムは存在しておらず、どれほどせっかちな暴君であろうと言葉は一句ごとに訳される。たとえばスターリンが発言者であれば通訳パヴロフによってその一句が英語に訳され、それを待って次へ移らねばならない。また英語に訳されたスターリン発言の一句はロシア語が達者なバース通訳とボーレン通訳が聞き取って、スターリン発言が変な英語になっていないかどうかチェックし、間違いだと思ったなら即座に指摘し、やり直す。だから通訳要らずのチャーチルとルーズベルトが会話する場合と、スターリンが入った場合の会話とでは一つの事柄を伝えるのに倍以上の時間がかかる。

ヤルタ会談初日、冒頭に発言したのは主催者の立場にあるスターリンで、「テヘラン会談の時同様、ルーズベルト大統領に議長を依頼する。ついてはこれを受諾いただき、あわせて、開会の辞を賜りたい」とあった。

大統領はこの依頼に応じ「この会談はもってまわった原則論や歴史的な伝統にもとづく堅苦しいものではなく、ざっくばらん、臨機応変、談論風発の議事運営にしたい」と述べ、「最も過酷な戦闘を繰り返している独ソ戦線の現況と展望、そして課題を説明していただくことから始めたい」と言ってバトンをソ連の独裁者に渡した。この直後、スターリンにうながされて参謀総長アントノフが独ソ戦線全般の説明に入っている。

大統領は、閣議ほかもろもろの会議をすべて《ざっくばらん》の精神で仕切った。こうすることで仲間同士の雑談というムードを作り、ルーズベルトらしさを演出し、自分の意図する方向へ結論を導くことに成功して来たのだ。つまり、砕けた気さくな態度はルーズベルトの強みを活かした談合スタイルだったから、仮に会談相手がローマ法王であったとしても、大統領はこの神の代理人の肩を叩き「ＯＫ、気楽に行こうぜ」と声をかけただろう。だが、ヤルタのルーズベルトはアルバレス症の真っ只中にいたから、しばしば口を半開きにして放心し、ふと我に返り、唐突にロシアとドイツのレールゲージ巾を聞いたり、あるいはダンツィッヒのドイツ潜水艦工場を長距離砲で叩くという私のアイデアはどうかねと聞くなど、話の脈絡を吹っ飛ばして取り止めのないお喋りを始めてしまい、最後には議長としての対応がトンチンカンになったから、ざっくばらんは裏目に出、会議はおそろしくだらけてしまった。

配布資料の余白に狼や意味不明のいたずら書きに余念がないスターリンはこの日の終わりごろ、「米英ソ三国の軍当局者に明日五日午後零時、ソ連が本部を置くユスポフ邸に集まってもらい、調整した結果を明後日の全体会議で討議しよう。なお明日はドイツの政治的処分について午後四時からリバディア宮殿の全体会議場で討議したい」と申し出た。議長役のルーズベルトは一時間座っているのがやっとで、二時間四十分の会議中二回も休憩時間を取って整体士の世話になっていたから、大よろこびで散会宣言を出している。

第一回目の全体会議は午後七時五十分に終わり、午後八時三十分からルーズベルト主催の晩餐会になった。リバディア宮の二階には晩餐会にふさわしいニコライ二世のダイニング・ルームがあったけれど、ドイツ軍撤退時の損壊が著しく、到底修復が間に合わない。そこで会場設営者は旧謁見の間の隣にあるビリヤード・ルームに目をつけ、そこにどこかから徴発してきた巾二メートル、奥行七メートルの長方形テーブルを運び込み、これにぼろ隠しのテーブルクロスをかけてお茶を濁した。

この日、ルーズベルトは壁面全体がウォールナット化粧板で覆われたチューダ様式のビリヤード・ルームに十三名の要人を招待し、六人のフィリピン人コックが腕を振るったニューオーリンズ風メニューの数々を供している。ちなみに招待客はチャーチル、外相イーデン、駐ソ大使カー、通訳バース、スターリン、外相モロトフ、副首相ヴィシンスキー、駐米大使グロムイコ、通訳パヴロフ、ステティニアス長官、駐ソ大使ハリマン、通訳ボーレン、そしてこのディナーが初登場にあたる特別顧問バーンズ（後の国務長官）となっていた。

さて、料理を賞味する間、会同者十四名のうち十二名がスピーチを行なっているけれども、ボーレン通訳の残した備忘録によれば、ディナーが始まってから二時間はごくありふれた、差し障りのないスピーチで、三首脳はまさに上機嫌である。しかし、午後十時半からお開きとなる午後十一時までの三十分間に疾風怒濤が出現した。

雲行きがあやしくなったのは「百年の平和のために」と述べてチャーチル首相が乾杯のスピーチをした直後だった。スターリンはこれを聞いて、起立し、大国の責任と権利は小国のそれと比べどうあるべきかという考えを披露した。

「戦争の矢面に立って小国をドイツの支配から解放した米英ソ三国は世界の平和を保つことについて揺るぎない権利を持っている。私はそう確信している。戦勝に寄与した米英ソ三国とアルバニアのごとき小国が等しい発言力を持つのは馬鹿げている。ソ連人民は小国の権利を守るために米英に協力する用意はあるけれども、大国が小国の判断に従わせられるようないかなる決定も行為も絶対に容認しない」と言った。するとルーズベルトは「米英ソ三大国は平和の維持に対し大きな責務を負っている。平和は今このテーブルに座っている三大国によって決定されねばならない」と述べ、継いで「小国の権利を尊重して」と矛盾することを言って乾杯した。この発言がお気に召さなかったスターリンは、何を言っているのかよく分からんぞと難詰するような顔つきをし、「小国はこのテーブルにつく権利はない」と唸り声をあげた。この時、小国とはフランスのことだと感づいたチャーチルが大声で笑い、場を和ませるつもりで次の引用を披露した。いわく「鷲は小鳥たちをして歌わせしめよ。鷲は小鳥が何を意図して歌うかにのみ留意せよ」と述べ、話題を変えるつもりで「世界のプロレタリア大衆のために」と言って乾杯した。

チャーチルはスターリンがにんまりするのを見て、「私は保守反動の人と言われて人生を送って来た。しかしここにいる三人の内、私だけがいつ何どき総選挙にひっくり返されるかしれない不安定な座に着いている」と言った。するとスターリンは「首相は選挙をたいへん恐れておいでのようだ」とまぜっ返したが、チャーチルは、「私は選挙を恐れないどころか、誇りにしている。我が国民が正しいと思えばいつでも政府を変えることができるのを誇りにしています」と述べた。

このような具合だったから、スピーチは結婚披露宴のそれとはまるで趣を異にし、儀礼であると同時に、まさに戦いだった。ひねりの効いたウィット、皮肉、それとない当てこすり、きわどい恫喝。人々は乾杯のスピーチを利用し、全体会議では言及できなかったテーマについてうまい語り口を折り込ませる。本音あり、煙幕あり、宴会のスピーチはまさしく外交戦争の場だった。そこでルーズベルトだが、もはや大統領にこういう頭脳プレーはできなかった。ボーレン備忘録を見るかぎりスターリンがドイツ軍将校五万人処刑について乾杯スピーチを行なった形跡は無く、また、大統領の脳の変調から来る妙な言動の記述はないけれども、別の証言によれば、ルーズベルトはまったく唐突に「私たちはいつも君のことをアンクル・ジョーと呼ばず。その頭文字をとって《U・J／ユー・ジェー》と呼んでいる」とスターリンに向かって口走った。ボーレンが危惧した通り、《アンクル》には軽蔑的な意味合いがあることをスターリンは承知しており、かくして独裁者はムッとして、「そんなことはお前の口から耳にタコができるほど聞いた。だから何だ」といって気色ばんだ。バーンズとモロトフが取りなそうとしたが、スターリンは機嫌をすっかり損ねてしまい、こういう席にいつまで座っていなければならないのかと吼え、テーブルの向かい側にいたチャーチルがあともう少しだよと言わなければ、本当に席を蹴って出て行きそうな雰囲気だった。しかしルーズベルトは午後十一時にお開きとなった後、ヘモクロマトーシスとガンの苦痛でのたうち回っているホプキンスの枕頭に行き、ディナーは大成功だったと伝えて自分の部屋に戻っている。脳内異変を引き起こした大統領は最重要招待客スターリンの機嫌を損ねたことなどまるで覚えていなかったのだ。

いま一つ、モラン卿のカルテが残っている。

午後十一時、別室で待機していたモラン卿はチャーチル他の参会者と共に、ジル車で約十三キロ南西にある宿所ヴォロンツォフ邸に引き上げた。車中は無言。妙にかしこげな運転手のソ連兵が聞き耳を立てているからだ。

「宿舎に帰ってから、首相ほかお歴々が集まっている喫煙室に向かう。本国からヤルタへ直送させた最上級のスコッチが供され、その時にルーズベルト大統領の体調異変が話題となった。大統領が肉体的に参っていることについては誰も異論はない。そこで、いったいあれは何だろうということになった。最初に様子がおかしいと気づいたのは五ヵ月前のケベック会談の時だったが、大統領の肉体的な崩壊が一同の目を引いたのはまさしく今日の全体会議でのことだったと首相は言う。口をぽかんと開けたまま、ほとんど議論に加わらない大統領。かつては討論中の議題について資料が欠けたりすると、大統領の機知がそれを補ったものだと誰かが言った。ところが今、その面影はない。抜け殻のようになっている。大統領がヤルタで仕事をするのには無理がある。これが衆目の一致するところだった」

②　格　闘

二月五日月曜日午後四時から開始されたヤルタ会談二日目の全体会議には、ルーズベルトの側近リーヒー海軍元帥という唯一人の例外を除き、高級軍人の姿は無い。そのわけは、軍人は全員が軍事関連実務者会議にまわったからで、その代わり全体会議には国務省欧州局長マシューズなど外交畑メンバーが加わっている。

この日、会談スタートにあたり、アメリカ軍第一騎兵師団と第三十七師団がマニラへ突入したという一報が入ったため、会議場には祝勝ムードいっぱいの拍手が鳴り渡ったけれども、ルーズベルトはそれが何を意味する拍手か忘却し、ポカンとしていたが、この日からアメリカ側メンバーとして全体会議に加わったホプキンスの手渡したメモを見て、とってつけたような笑顔をみせた。ちなみに、内臓の激痛をこらえながら最終日二月十一日まで全体会議に出席し続けたホプキンスは大統領のシナリオライター、プロンプター、演出家という一人三役を務めあげている。

さて、会談二日目のテーマは「ドイツ処分／分割と賠償」および「フランスの要求／ドイツ占領地域取得要求と占領委員会への参加要求」だったから、スターリンはいきなり次の四つの質問を放った。

（1）ドイツ本国の分割はいかなる形をとるのか。

（2）仮に三分割とした場合、そこに将来置かれる自治組織は、占領したそれぞれの国にフリーハンドが与えられるのか。

（3）無条件降伏という言葉が曖昧なまま一人歩きしている。主旨を明瞭な表現で起草すべきではないか。

（4）賠償金の総額はどの程度を検討のベースに置くべきか。

この四つについては米英ソ三国外相会議のテーマとして進め、また賠償金は二〇〇億ドル（ソ連一〇〇億ドル／米英八〇億ドル／その他二〇億ドル）をベースにモスクワに置かれた分科会で検討スタートとなった。

ともあれ、スターリン最大の強みは、どの問題についても全部頭に入っているということで、ルーズベルトの様に誰かの助けなしには何もできないのとでは正反対だった。そしてこの独裁者が発言する時は、ほとんどの場合、質問からスタートし、かつ、自説を主張する時には絶対と言っていいほど「仮に」という言葉を冠のようにかぶせ、質問されればそれを質問で返すテクニックを多用し、何か提案された時には必ず「ＮＯ」から入り、「同意する」という言葉を極度に出し惜しんだ。また、アメリカ人やイギリス人が発言している時には、しばしば左隣に座っている副首相ヴィシンスキーに何ごとか囁いて互いににやにやし、発言者の気勢を削ぐ。加えて、スターリンには討議に割り込むときの《癖》のようなものがあった。それは資料の余白に狼だか犬だかのいたずら書きをしながら、顔をうつむけ、ぼそぼそと発言するのだ。これがスターリンの癖であり、休憩を挟んでフランスの扱いを討議する段に至り、チャーチルと激論になった時にこの癖を披露している。

「それではフランスが要求する問題についての討議に入りましょう。ド・ゴール将軍がモスクワを訪問した時、元帥との間でドイツ領ラインラントをめぐる会話があったやに聞いておりますが、このあたりの印象をお聞かせいただけますか？」

そう言って大統領はスターリンに発言をうながし議事をスタートさせたが、この独裁者は例によって質問で返している。

「かのフランス人は私に『フランスはラインラント占領を希望する』と述べています。皆さんはこれに同意するつもりですか？」

スターリンは非常に現実的な見方で国家というものを規定する。つまり戦争中、戦場に何個師団を投入し、その兵力が何をなし遂げたのかを重視するから、この基準でいけばフランスはポーランドやユーゴスラビア以下だった。

「元帥の質問に私から答えさせていただくなら、現時点でフランスは大規模な軍隊編成ができる状態にないから、当面、フランス一国でラインラント占領は不可能です。とはいえ私はフランスがドイツに占領地域を持つことは反対ではない。むしろ強く支持します。私は、喜んでフランスにイギリスの占領地域を分与したいと思っていますよ。元帥はご不満ですかな？」

スターリンの腹はフランスによる占領委員会への参加を妨害することだったから、この独裁者はチャーチルの応酬に対し次のように返している。

「軍隊無き国家フランスがドイツ占領という力仕事の下請けをするということならば、不満のあろうはずもありません。……ところで占領委員会のメンバーは米英ソ三ヵ国ということで一致しており、戦後、ドイツを正しい方向に導く上で、仮に何かのトラブルが起きた場合、米英ソ三ヵ国で構成される占領委員会で協議し、軍事法廷を設け処罰を与える。そういう具合に考えています。……さて、そこで、ですが……フランスはれっきとした裁判官の一人であって、イギリスの下請けではない。フランスを恵比寿顔で出迎え、占領委員会メンバーとしての席を作ろう。米英ソ仏四ヵ国構成に変更しよう……と、皆さんはお考えですか？」

――――ふん、くさい芝居だ…それにルーズベルトは居眠りと来た！

首相は癪《しゃく》にさわり、火をつけたばかりの葉巻を捨ててしまい、新たな葉巻を取り出して火をつけ、煙を発車直前の機関車のように吐きだすと、次のように述べた。

「ドイツの占領体制は長丁場となろう。第一次大戦後のラインラント占領は十五年だったけれども、今度はもっと長くなることを覚悟しなくてはならない。私はアメリカ議会が国政に及ぼす影響力を知った上で聞くのだが、ドイツ降伏後、アメリカ軍が現在規模でヨーロッパに駐留できるのは何年ぐらいかね、ミスター・ステティニアス？」

「二年程度でしょうな」

「つまりアメリカの駐留軍は二年で半分以下の規模になるわけだ。とすれば、その穴を埋めるのはフランスを置いて他にない。またフランスが占領委員会のメンバーになれば、その恩恵はベルギーやオランダへ及ぶだろう。……私は米英ソ仏四ヵ国の委員会に変更したいと思う」

「私は反対だ。委員会にフランスを加えて四ヵ国体制にしたら問題が複雑化して、いいことは一つもない。とても同意できませんな」

スターリンはフランスにこういう特例を認めれば、それでは俺も、と言ってさまざまな主張や要求を持ち込む国が出現し、悪しき前例を作ると言った。しかし本音は別のところにある。それはイギリスがフランスと結託して、ソ連の行く手をはばむのではないかという危惧だった。

「皆さん、仮にですが、フランスに占領委員会への参加を許し、これを良しとするなら、赤軍はこの委員会の審議に諮ることなくソ連のドイツ占領地域でフリーハンドが得られると解釈してもいいのでしょうか？」

――今度は脅しと来たか。

「そういう意図的な論旨の飛躍はもう少し後に取っておいたほうが良さそうな気がしますな」

そう切り返した首相の腹の内は、ドイツの長期間に渡る占領行政を助けるためにも、そして今や最大の脅威となった共産主義勢力の波及を防ぐためにも、フランスが大規模な軍隊を持つべきだというもので、その理由は、フランスこそはイギリスが欧州で確保できる唯一の同盟国だという確信にもとづいている。

ところがスターリンは、その腹の内を見透かしたように次の発言を噛ました。

「フランスが頼りになるという誇大宣伝は、戦前にはダラディエ首相から聞かされていたが、それは見事にうらぎられた。そして最近、ド・ゴールからまったく同じ意味のことを聞かされたばかりだ。そんなあてにならない奴らに期待するなんて、ソ連人民は納得しませんな」

ここでホプキンスから渡されたメモを見た大統領が口をはさんだ。

「フランスは占領地域を与えられるべきです。しかし、これは個人的な感想ですが、フランスに占領委員会への参加を許すという措置は他の国々に対し間違ったメッセージを与えかねない。それが悩ましいところだ」

「その通りです、大統領。仮にフランスが占領委員会の参加メンバーとなる権利を与えられれば、他の国家、たとえばポーランドに駄目だ、認めないというのは難しくなりますな」

――ほう、やっと本音が出た。ポーランドは赤軍の傭兵供給源という訳か！

チャーチルがそう思った瞬間、首相はイーデン外相と目が合い、互いに含み笑いをした。

スターリンは二人のイギリス人の冷笑など意に介することなく、「繰り返しますが」と続けて、「フランスこそはドイツが東方で猛威を振るうための水門を開けた張本人ですぞ。フランスはこの戦争にほとんど寄与せず、敵に降伏し、野蛮人ドイツを野に放ったのだ。そのようなフランスを占領委員会に参加させるなど言語道断だ！」と言って話を終えた。するとチャーチルが受けて押し返し、「あの時は、イギリスを含めすべての国が間違いを犯したのだ。条約を破って非武装地帯ラインラントへ進駐するナチス・ドイツをあのとき叩かなかったため、その四年後、フランスはドイツ軍の戦車と飛行機に倒されてしまった。フランスが不活発で、沈黙してしまったのは事実だが、戦後世界ではフランスを仲間に入れなければ欧州の平和は保てまい。私たちはドイツを監視するためにフランスを大国に育てなければならない。そうでなければ、英仏海峡に沿う港や都市が再び進攻されるのではないかという戦争の亡霊におびえて過ごすことになる」

チャーチルはそう言って語り終えた。

「仮にフランスがドイツに占領地を持つことになるとした時、フランスを管理監督するのは誰ですか」

スターリンがとぼけて同じ質問を繰り返したのに対し、今度はイーデン外相が次のように切り結んだ。

「ドイツ占領地域を持たせることと、占領委員会のメンバーとして招請することは、別物ではありません。フランス人に占領地区を提供しておいて、どうやってフランス人を委員会メンバーから排除できるのか。彼らはロボットではないのだ。英国民はフランス人を委員会メンバーに加えたいと望みます。この考えを撤回するつもりはありません」

スターリン「ソ連人民はフランス人が占領委員会メンバーとなることに反対です」

チャーチル「私は断固としてフランスを占領委員会メンバーに招請する！」

スターリン「フランスはドイツ占領地域を得たことだけで満足すべきで、それ以上を求めるべきではない。私は大統領の見解を知りたい」

大統領「私はフランスによるドイツ占領地域取得を支持します。しかし私はフランスを占領委員会メンバーとして認めるかどうかについての結論は延伸したい。戦時中、ドイツ軍による計画的な堤防破壊の結果、オランダの広大な農耕地が海水下に没したとしよう。その場合、ドイツ人の耕作地をもってオランダ人への賠償とせざるを得ない。塩害の土地が元通りになるのには五年はかかる。こういう賠償措置が完了したのちなら、オランダ人を占領委員会メンバーとして認めてもいい」

スターリンは大統領のオランダ人についての話で大いに混乱し、背後に座ったパヴロフ通訳に「あの男のいうことはよく分からん。何が言いたいのかね。塩害とは何のことだ」と囁いていたが、フランスを占領委員会メンバーとして認める件は大幅に延伸するという大統領審判を確認して、珍しく「私は延伸に同意します」と言った。

しかしチャーチルがこれに噛みついた。このとき首相はくわえていた大型葉巻を握りしめ、それを指揮棒のように振りまわし、「私たちはそれを認めない。フランスは第一次大戦後ドイツを長期間占領した経験を持っています。この経験が占領委員会の運営に寄与することは間違いないというのに延伸とは何ごとか。アメリカ軍の駐留期間は二年が限度だというステティニアス長官の発言は重大です。フランスの委員会メンバー招請を延伸措置で棚上げにして、はい、終わりで済ませるなど私たちは認めない！」といって激昂し、机を叩いた。

するとスターリンは左隣に座ったモロトフ外相と五分ばかりひそひそ語り合い、それが済むと今度はモロトフが次のように発言した。

「それではフランスがドイツ占領地域を持つことを前提に、占領委員会へフランスを迎えるか否かの議論を米英ソ三国外相会議で行ない、その結果を共同声明に折り込むことでソ連は合意します」

二月五日の全体会議は午後七時四十五分に散会した。

※　　※　　※

二月六日火曜日、ヤルタ会談三日目の議題は《国連》と《ポーランド》の二つだったが、この日、リバディア宮では午後一時から午後三時までチャーチルを招いての昼食会となっており、イギリス側は首相とカドガン外務次官、迎えるアメリカ側は大統領、ホプキンス顧問、バーンズ顧問、ハリマン大使が出席した。話題となったものはポーランド問題で、チャーチルは特にホプキンスを相手に、スターリン庇護下にあるルブリン臨時政府について「あれは民主主義にとって危険な存在だ」と強い警告を与えている。

午後四時十五分、全体会議の定位置についたスターリンは簡素な軍服に勲章一つをぶら下げ、赤鉛筆で狼のいたずら書きにふけり、なぜか今日はパイプではなく紙巻き煙草を絶え間なく吸っている。スターリン

アメリカ国務長官
ステティニアス

の斜め右に座るチャーチルは血色が良く、肌はバラ色で、明らかに昼食後、低温浴で体調を整えたらしい。服装は陸軍士官学校を卒業してすぐに配属された第四ユサール騎兵連隊の大佐軍服を着ている。ルーズベルトは目の下に黒い隈を作っており、原因は明らかに睡眠不足だったが、どうやら今日は調子がよく、放心して目が虚ろになり、口を半開きにすることはない。しかし落ち着きの無い小学生のような振舞いは相変わらずで、左右のハリマン大使やボーレン通訳へ身をかがめ、チャーチル首相やカドガン外務次官のこわばった顔について何か冗談を言っており、昼食会におけるポーランドの話題をまったく深刻に受け止めなかった証拠がここにある。

大統領は背後に座ったホプキンスにうながされて、冒頭の挨拶に入った。

「皆さん、本日は国連とポーランドについて討議しますが、最初は国連にしましょう。アメリカ方式と呼ばれる国連の安全保障システムは皆さんの軍隊についての考えかたを変えるかも知れません。このゆえにアメリカ国民は国連の創設を心から歓迎しています。ところで、私は永遠の平和を信じるほど楽観的ではありません。しかし私は、国連が少なくとも五〇年は地上から戦争を除去でき、五〇年の平和は充分に達成可能であると確信しています。私もスターリン元帥もチャーチル首相もダンバートンオークス屋敷で開かれた国連創設準備会議に立ち合っていたわけではないので、本日は、その準備会議の議長だったステティニアス国務長官から審議の様子を説明してもらい、加えて、《拒否権》という新しい提案を聞くことにしましょう」

これを受けてドイツ系アメリカ人ステティニアスは、準備会議で審議を終え、合意を取りつけた事項の説明から開始した。すなわち「国連は枢軸国を粉砕する共同宣言に署名した国々を原加盟国とする」「国連の中の最も重要な安全保障理事会の運営は加盟国の中から選出された七ヵ国、すなわち七名のメンバーによって運営され、表決にあたっては一国一票の原則で投票権が与えられる」「七ヵ国のうち、アメリカ、ソ連、イギリス、中華民国の四ヵ国は常任理事国として遇され、国連が存続する限り交替はしない」「七ヵ国のうち、残りの三ヵ国は非常任理事国として遇され、任期数年の後、新たに選出された非常任理事国に交替する」と述べた。（著者注）**現在の常任理事国は五ヵ国、非常任理事国は十ヵ国**

さて次にステティニアスは準備会議での審議中、駐米大使グロムイコの「異議あり！」で紛糾したことに触れた。

それは長官が、

①すべての紛争に対する安全保障理事会メンバー七ヵ国の意志は多数決投票によって表決される。

②投票にあたり常任理事国の賛否が分裂していてはならず、常に賛否いずれかに一致していなければならない。

③紛争が安全保障理事会メンバーに直接関与することであれば、当該メンバーは常任理事国であろうと非常任理事国であろうと投票権を行使できない。

と提案した時のことだ。

人面ガエル（frogface）あるいはミスター・ニエット（Mr. No）というあだ名がつけられたチェスの達人グロムイコは「異議あり！」と言って発言を求め、「よくもこれだけ混乱の種を集めてきたものと呆れるばかりだが、まず②から行く。議長殿にお聞きするが、これを茶番と言わずして何を茶番というのか。常任理事国と非常任理事国の賛否が真っ二つに割れたとしても四対三となり、結果など初めから分かり切っている。非常任理事国などやめたらどうか！」と迫り、①と③の討議に入る前に大紛糾となって表決問題は留保されてしまった。

ステティニアスはグロムイコに異議あり発言に触れた後、「準備会議で米英ソ三国は徹底的にこの問題を突き詰めましたが結論を得るに至らず、よって代表団はその審議内容を本国に持ち帰り継続検討することで散会しました。さて、その結果、アメリカが考え出した新提案が《常任理事国に付与される拒否権》です。この新提案については一九四四年十二月五日付けの大統領親書によってスターリン元帥とチャーチル首相に送られています」と言った後、「ここまでの説明につきご意見を賜りたい」と待ち受け姿勢をとった。

ここでスターリンは、「私は多忙だったため、グロムイコ同士……左様、ヴィシンスキー同士の隣に座っているあの男だが、……私はグロムイコの説明をろくに聞いていない。また、大統領親書に目を通さず、ヤルタへ来てしまった。そこで伺いたいのだが、これから後、長官の発言には、親書の内容が包含されていると考えていいでしょうか？」と質問した。親書を読んでいないというのは大嘘である。この独裁者は数回グロムイコのレクチャーを受け、その後、モロトフを入れて想定問答をやり、自分が取るべき三つほどの選択肢を頭に入れて、この場にいたからだ。

「包含しています」とステティニアス。

「結構。続けてください」

――――何か罠をしかけたのではないか？

ステティニアスは心の内で魔よけの指十字を切りつつ、国連安保理の七節から成る活動指針と五節から成る投票規定の説明を再開し、それが終わると、「我々アメリカの提案は国連安保理が平和維持活動の総司令部になるという一点に集約されている。つまり安保理七ヵ国はすべての紛争に対し平和維持活動の指揮をとる。特に米英ソ中四ヵ国はその指揮下で責任をまっとうしなければ安保理システムは成り立たない」と、強い語調で言葉を継ぎ、最後に、「四ヵ国は誇りをもって小国の権利を尊重するという高潔な義務を履行しなければなりません」、と述べて発言を締めくくった。このエンディング発言はアメリカの白人社会でなら喝采を博しただろう。しかしスターリンにはまったく通じなかったから、独裁者はせせら笑う代りに赤鉛筆をせわしなく動かし、狼のいたずら書きに没頭している。

――――あれを持ち帰ってオークションにかけたなら……

いくらで落札されるだろうか、とイーデンが思ったときステティニアスが「以上です」と言って語り終え、ついでスターリンが切り込もうと息を吸い込んだ瞬間、チャーチルが「私はアメリカ方式を支持する」と言って機先を制し、ステティニアスに賛同する所信表明に入った。

長い話だった。

最後に首相は「たとえば香港だが、中華民国が香港の返還を提起する場合、ステティニアス長官が説明した安保理規定に従うなら、中華民国とイギリスの両国はこの返還問題に対し投票権を失う。すなわちこの二国は投票から排除されるのさ。しかしイギリスは、イギリスと中華民国を除く五ヵ国による表決が不都合なら、拒否権の行使によって不都合な決議を吹き飛ばすことができる。大統領親書に記載された拒否権とはそういうものだと理解している」と言って弁論を終えた。

「では、中華民国にとって不都合な議決が出た時には、あの国も常任理事国だから拒否権を行使するだろう。そうなったらどうするね？」とスターリン。

「問題は棚上げさ。香港九十九年間の租借条約が切れる一九九七年まで中華民国は待たねばならない」

「エジプトがスエズ運河は俺のものだとイギリスに噛みついたらどうする？」

「その場合も同じことですよ」とイーデン。

するとスターリンはおっかぶせるように言った。

「チャーチル首相は一昨日のディナーで鷲は小鳥たちをして歌わせしめよ。鷲は小鳥が何を意図して歌うかにのみ留意せよと言ったが、私には小鳥のピーチクパーチクに耳を傾ける趣味はない。私が思うにアメリカの提案は実にいいかげんだ。拒否権がどうあれ、ソ連人民はこれに賛同しない」

「繰り返そう。例えば香港の問題が提起された場合、当事国に投票権は無い。その代りに常任理事国イギリスは拒否権が行使できる。だから私はアメリカ方式を支持する。拒否権の駄目な点、ならびに、結果の良し悪しは将来の人々が決定するだろう」とチャーチル。

するとスターリンは、アメリカのユートピア構想には付き合いきれないと言った後、次のように自説を展開した。

「ステティニアス長官は『安保理の指揮下で米英ソ中四ヵ国が責任をまっとうしなければ云々《うんぬん》』と力説しておられたが、四ではなく三が正しい。ここははっきりさせておく。さて、米英ソ三大国は今のところ同盟関係にあるから、そのいずれも互いを攻撃することはないだろう。しかし、十年あるいは十年を出ない内に我々三人の指導者は姿を消し、この戦争を体験しなかった新しい世代が権力の座につく。すると我々三人がくぐり抜けて来た恐怖の体験は忘れ去られる。……我々三人は、少なくとも五〇年間は平和を確保したいと願っている。我々が結合を維持するならば、ドイツの脅威などゼロに等しい。最大の危険は我々の間で抗争を起こすことだ。したがって我々が今考えねばならないのは、我々の結合をいかに確保して行くか。すべての可否はこの一点にかかっている。五〇年の平和を望むなら三国同盟しかない。小国がつべこべぬかすなら、これを謀反人として断罪できるような同盟を作ることであって、国連安保理ではない」

「なぜ安保理では駄目なのかね？」とチャーチル。

「ソ連人民は、一九三九年十二月十四日に国際連盟からソ連が除名された事件を忘れることは出来ない。そのときイギリスとフランスは我々と対立し、我々を孤立させ、追放することに成功した。……大きな問題についての議決は全会一致が原則だという連盟規約があったにも関わらず、それは無視され、国際連盟から除名処分をうけた経験が私にはある。国際なんとやらいう集まりの規約が、いかようにもねじ曲げられるのをこの目で見た以上、拒否権も同じことだ。信用できない。……紛争の種などどこにでも転がっているぞ。チャーチル首相はスエズの問題でエジプトの意見を聞くつもりかね。ルーズベルト大統領は大嫌いなアルゼンチンの主張を聞くつもりかね。パナマ運河を解放しよう。アメリカ支配の鎖を断ち切ろうと叫びだす南米人も飛び出すぞ。私はそんな雑音を聞くために時間を割くほどヒマ人ではないよ。拒否権をありがたがる前に、小国が持ち込む苦情は、その芽が出た途端切り刻んでしまうに限る！」

ソ連は、強権をもって君臨し、厳しく統治するという皇帝専制そのままの気分で一党独裁制に突入した国だったから、加盟国の発する不都合な主張が国連の議事日程にのせられ、白日のもとに晒されることは絶対反対だったし、拒否権が必要になること自体、気に入らなかった。いっぽう米英サイドにとっては、いかなる不都合な声であっても、自由な討論を封じてしまうことは民主主義の大原則に反する。そこでアメリカが考え出したものが常任理事国にのみ付与した特権、すなわち拒否権であり、その意図するところは、ともかく紛争問題について小国の声は聴き、ガス抜きはする。その上で安保理決議のための表決を行ない、不都合だとなれば拒否権が発動される。これこそは常任理事国という名の戦勝大国に用意されたインチキだったから、スターリンはすぐにこれが底の浅いペテンだと理解し、国連安保理などすぐに崩壊すると見て賛同しなかったのだ。

出鼻をくじかれて落胆したルーズベルトは、「私は思う。米英ソ三大国の団結は最優先の目標である。国連安保理の存在がこの目標達成の障害となってはならない。またいっぽう三大国の独自の政策を押し付け合う行為が三大国の離反を招く元凶になってはならない。不幸なことに三大国の間には相違点がある。ただしそれは乗り越えられる相違点だ。対話の妨げになるものが何であれ、全身全霊の友愛精神にもとづくヤルタでの対話が分裂をもたらすはずはない」と述べ、実に要領を得ないこの発言をもって国連問題の討議を延伸し、三十分の休憩に入った。

さて、休憩後、議題に登ったポーランド問題は二つの事柄を指していた。それは《①新生ポーランドの国境線をどう引くか》と《②いかなる政府を新生ポーランドに置くか》というもので、どちらも国連など比較にならないほど険悪になる要素をはらんでおり、事実、議事が進行する過程でチャーチルとスターリンが灰皿を投げ合うのではないかという瞬間が数回起きており、議長のルーズベルトは虫が知らせたのか、次の通りひどく消極的な発言で会議を再開した。

「ポーランド問題は本日取り上げるべきでしょうか、それとも明日に延期しましょうか」

「まだ五時半をちょっとまわったところですよ。ご承知だろうがポーランドについての討議は簡単にすむものではない。だから延期など考えも及びませんな」とチャーチル。

「ＯＫ、諸君、……私はポーランドを主権国家として正しく育てたいと思っています。私はアメリカという遥か離れた場所にいるため、大局的に眺めることができる。そしてアメリカには七〇〇万人のポーランド人がおり、ほとんどのポーランド人は中国人のように面子を保ちたいと望んでいます」

ここでスターリンが話の腰を折った。

「誰の面子ですか？　ポーランド本土にいるポーランド人の面子ですか、それとも、ポーランド移民の面子ですか？」

大統領はこれで絶句してしまったが、ホプキンスに囁かれ、うながされて先を続けている。

「ポーランド領は東部の対ソ国境をカーゾン線、西部の対ドイツ国境をオーデル・ナイセ線に定めることを支持しますが、その他に東プロイセンのケーニヒスベルクとルブリンの東隣にあるレンベルク油田地帯をポーランド人に与えてはいかがか。さて、領土問題以上に重大な問題はポーランド政府です。アメリカの見解はルブリン臨時政府のみが統治するポーランドの承認には反対します。ポーランド国民が望むもののは内部の反目を解決するための挙国一致内閣です。私はルブリン臨時政府の誰とも会ったことはない。いっぽうロンドンにあるポーランド亡命政府のミコワイチク氏とはワシントンで面談しました。私は氏の正直者である点に非常に感動しました。付け加えますが、ポーランドはソ連との密接な関係のもとに発展することこそ肝要であると私は思っています」

スターリンは気分を害した。大統領は最後に付け加えた《ポーランドとソ連の密接な関係》というコメントで公明正大のポーズを取ったつもりだろうが、独裁者の意に沿わぬ言葉は随所にあり、不愉快きわまりない。そこでスターリンはひとこと、「地名の訂正をお願いしたい。レンベルク油田地帯ではなくリヴィウ油田地帯です。それにまもなくケーニヒスベルクもカリーニングラードへと名前が変わる」と無表情のまま言って、飽きもせずいたずら書きに精を出した。

大統領の後を受けて、今度はチャーチルが発言した。

この日、スターリンは数回凶悪な顔を会議の席上で晒したが、その内のひとつは、この首相発言中のことで、それはチャーチルが「カーゾン線をソ連とポーランドの新国境として認めてやりたいという私の発言は英国議会で大甘だと非難を浴びたが、私はカーゾン線支持を撤回するつもりはない」と述べた時だった。スターリンがソ連の独裁者として絶大な権力をふるい続けて行くためには何が必要か。それは領土を帝政時代の最大版図に戻すことであり、また、歴代皇帝が得ようとして得られなかった不凍港を得、さらには日露戦争の敗北で実現できなかった極東での領土拡大を果たして画竜点睛を打つことだ。したがってソ連の西側国境はナポレオン没落後、ワルシャワ公国領土をロシア版図に組み込んだ時代に戻さねばならない。だからスターリンにはカーゾン線もオーデル・ナイセ線も眼中に無く、国境はもっと西方のエルベ川方向へ移動させようとたくらんでいたからチャーチル発言を聞いて苛立ち、猛烈な貧乏ゆすりを始めた。

スターリンが凶悪な容貌をさらした二つ目の出来事は、首相が「大英帝国はポーランドに対しいかなる野心もない」と述べた時だった。

チャーチルは言う。

「ポーランドについて語る場合、大英帝国には信義をつらぬき、条約を遵守するという名誉の問題がある。私たちがポーランドと相互援助条約を締結したのは一九三九年八月二十五日のことで、その直後、ナチス・ドイツによるポーランド侵攻が起き、大英帝国はナチス・ドイツに宣戦布告した。ところで、この宣戦布告にもかかわらず、これをあざ笑うようにポーランドは独ソ間で分割された。この出来事を私は忘れていない。しかもだ。ソ連が国際連盟を除籍された直接原因のソ連・フィンランド戦争はポーランド分割後に起きた。これも私は忘れていないよ」

スターリンはいたずら書きの手を止め、顔を上げてチャーチルをじっと凝視した。見つめられた人を石に変えてしまうという邪眼の怪物伝説が本当らしく思えるその視線を浴びれば、体調をおかしくしかねなかったけれども、首相はかまわず続けている。

「ポーランドと相互援助条約を結んだ私たちは、信義を貫くという名誉の問題から、新生ポーランドがどのような政治形態を取るのかに強い関心を抱いている。私が何としてもこの目で見とどけたいのはヨーロッパに復興されようとしているポーランド人の心の故郷がどの様な姿になるのかであり、ポーランド人が望み通り自由な生活を存分に謳歌しているか否かである。私はこれを確かめたいと思っている」

首相はヤルタ会談中、いつもそうだが、このときも演説が活況を帯びると眼鏡が鼻先までずり落ち、激しくそれを眉間のあたりにまで押し上げる。そして演説が止めどなく続くとイーデンがどの瞬間に割り込んでストップをかけようかと思案げな視線を浴びせる。忘れてならないのは葉巻で、演説が始まると一度見たら忘れられないチャーチルの顔は奥に引っ込んで消え去り、その代りに命を吹き込まれたように見える葉巻が乱舞をはじめ、あらゆる演技を開始する。

さて、葉巻の乱舞が終わった時、スターリンは十分間の休憩をもとめ、会議が再開されると今度はソ連の独裁者が猛然と語り始めた。

「チャーチル首相が言われるには、ポーランドは大英帝国にとって名誉の問題だとありました。しかし我々にとってポーランドは名誉の問題であると同時に安全保障の問題でもある。……そこで私はチャーチル首相にならい、まず名誉について語りたいと思います。私はポーランドを分割して消滅に追いやった帝政期の過ぎ去った行為を精算し、皇帝たちの行なった無慈悲な政策と訣別し、新生ポーランドを歓迎したい。これがソ連にとっての名誉の問題なのです」

——おや、独ソ不可侵条約にもとづくポーランド分割はほっかぶりか。

聞いてチャーチルは、ちゃんちゃら可笑しいという顔をして隣に座ったイーデンをちょっと小突いた。

「さて、どこかの国の軍隊が西方からロシアに攻め入る時、ポーランドはいつも回廊の役割を果たして来ました。例えばドイツだが、奴らは過去三〇年の間に二度もポーランドという障害物など一切ない開けっ広げの回廊を通って侵入してきた。それはなぜか。ポーランドが弱体だったからだ。この回廊を遮断できるのはポーランド軍以外にない。だから私は強力な武力をもつ主権国家ポーランドの誕生を歓迎するのです」

「作り話は感心しませんな！」

とチャーチルがまぜっ返した。

「二度もポーランドがロシアへの侵入路として使われたというが、二度とも先にちょっかいを出したのはロシアじゃないか。一回目は東プロイセンに押し寄せ、タンネンベルクでドイツ軍の返り討ちにあった時。二回目は独ソ不可侵条約締結の後にやってのけたポーランド分割の時さ」

スターリンが腰を浮かして殺気だち、チャーチルと十呼吸ほど無言のにらみ合いになった。だが独裁者はヘラっと笑い、腰をおろすとそのまま次の話に移っている。

「ここでカーゾン線についての米英二国の主張を振り返りたいと思います。私は大統領と首相に思い出してもらわねばならない事がある。それはカーゾン線なるものの発案にロシア人が一切関与していないという事実だ。これはパリ講和会議の席で、カーゾン卿というイギリス人が提唱し、フランス人のクレマンソー首相とアメリカ人のウィルソン大統領が勝手に決めたものだ。繰り返すが、連合国の一員として戦ったロシアは一度もカーゾン線論議に参加していない。ロシアの民俗学上の考証を行なうこともなく、ロシア人の意志を無視して引かれたカーゾン線にレーニン同士はひどく傷つき、悩み続けて死んだ。こういう背景があるカーゾン線を、はいそうですか、と受け入れて帰国したのでは、私もモロトフ同士も縛り首にされる。……ソ連とポーランドの国境がカーゾン線だという案は御破算にし、もっと西、すなわちダンチッヒのあたりに引きましょう。それからドイツとポーランドの国境をオーデル川とナイセ川にするという案も御破算だ。こちらの方も、もっと西、すなわちザクセンを流れるエルベ川にしたいと思う。いかがでしょうか？」

ここから以降、スターリンの発言はぶつぶつとした表現が多くなり、長い構文を使っていない。それは通訳を介する以上、ピリオドがなかなか付かない発言はインパクトが弱く、あまり有利ではないと思ったからだろう。

「次にポーランドの新政府について申し上げる。チャーチル首相はロンドンにいるポーランド亡命政権を新政府の中心に据えようとお考えだが、それは誤りだ。私は独裁者と呼ばれている。民主主義信奉者ではない。共産主義者だ。だが私は民主主義がどういうものであるかは理解している。私はルブリン臨時政府がド・ゴール将軍のフランス臨時政府と同程度に民主的だと断言できる。私はポーランド新政府の樹立にあたり、どれほど些細な事柄であれ解決に向けて準備をし、それを支援し、出し惜しみすることなく全力を投じる覚悟だ。ルブリン臨時政府の代表をこのヤルタに招請し、その考えを語らせてみてもいいと思っている」

スターリンは金槌で釘でも打ち込むように荒々しく語り、パヴロフが通訳している間、ポットからぬるくなった紅茶をカップに注ぎ、それを飲みほすと、先を続けた。

「新政府の樹立にあたり、私にはその政府の形態には関心がありません。ただ、軍人として私から要求したいことが一つあります。私は背後から銃弾を撃ち込まれたくないのです。そういうことは起きないと保障されるなら何でもいいのです。ルブリン臨時政府は赤軍を背後から撃つようなことはしません。しかしながら亡命政府の代理人となっているレジスタンス地下組織はうしろから撃ってくる。この地下組織の構成員は武器を調達するために赤軍の補給基地を襲撃し、今までに分かっているだけで二一二名の赤軍兵を殺した。軍人としての私の判断は、誰が背後から銃を撃ちかけるのかが基準になります。ルブリン臨時政府とロンドンの亡命政府を比較する場合、私は背後から銃を撃ってくるのは亡命政府だと判断せざるを得ません。私は背後が安定し、穏やかであることを望みます。私は背後の安全を保障する政府を支持します。背後が脅かされれば、いかに勇敢な赤軍兵だろうと勝利はおぼつかない。軍人であろうと一般人民であろうと、この程度は理解できるはずです」

ここでスターリンの発言はひと区切りとなったので、今度はチャーチル発言となった。

首相はスターリンがロンドンの亡命政府を抹殺し、独裁者の息のかかった共産主義ルブリン臨時政府による一党独裁で新生ポーランドを統治させようとしているのを知りすぎるほど知っていたから、次のように反撃している。

「私は今のスターリン元帥の発言を記録に留めたいと思う。つまりイギリス政府とソ連政府はポーランド問題について異なる情報源を持ち、異なる状況報告を得ているという事実を記録に留めたい。しかし絶対に確かなことは、ルブリン臨時政府が全ポーランド人の三分の一以下を代表するものでしかないという点で、これが私の正直な気持ちです。……レジスタンス地下組織はルブリン臨時政府と対立しているらしい。ともあれ私が本当に心配するのはポーランド人同士の無益な流血と誤認逮捕です。……何人《なんぴと》といえども赤軍を襲撃する者は処罰されるだろう。これは反論の余地もない。しかしルブリン臨時政府はポーランドという国家を代表するいかなる権利も有していない。これも反論の余地は無く、私はその様に考えています」

「もう八時十五分前だ、諸君、休会にし、続きは明日にしよう」

ホプキンスが大統領に緊急メモをまわし、それを見た大統領がこういって半ば強引に休会宣言をした。大統領は高血圧性心臓疾患と脳内異変。そしてホプキンスは胃ガン。両方とも重病人だったから、チャーチルとスターリンの恫喝合戦に堪えられなかったのだ。会議は急ブレーキ停止したから、スターリンは憤然とした顔でユスポフ邸に戻ったし、チャーチル一行もヴォロンツオフ屋敷へ帰るため、仏頂面を晒して急ぎ足に闇の中に消えた。

さて、ルーズベルトは午後八時三十分から身内のみ八名でディナーとしたが、この日はディナーだけで終わっていない。ホプキンスが草稿を作り、ルーズベルトが二行程度の修正を入れて署名したスターリン宛の親書が送付されており、当然、イギリス人はこれを知るはずもない。便箋三枚というこの親書は砂糖をたっぷりぶち込んだラブレターのような印象だが、要旨は

①アメリカは赤軍の背後を脅かすいかなる存在も認めない。

②スターリン元帥はルブリン臨時政府関係者をヤルタに呼び出して、その考えを述べさせようと言った。ついてはこの際、ロンドン亡命政府関係者、あるいはサピエハ大司教などポーランド在住の他の指導者もヤルタに呼んで、考えを聞こう。

③アメリカはスターリン元帥と共にある。アメリカはどの様なことがあろうと、元帥に敵意をもつポーランド人を支持しない。

というもので、親書は、深夜、今や専任伝令将校のような役目を果たしているノリス・ホートン大尉によってリバディア宮からスターリンがいるユスポフ邸に運ばれた。スターリンからの返書はない。

※　※　※

二月七日水曜日午後四時十分から始まった第四回目の全体会議は八日間に渡るヤルタ会談中、もっとも長引き、終わったのは九時十五分前だったから、イギリス人一行はクタクタになって宿舎に戻った。しかしチャーチル以下の受けたダメージは肉体的な疲労ではなく、ルーズベルト・ショックの一言に尽きる。なぜなら大統領はスターリンの注文に唯々諾々と応じ、国連もフランスもポーランドもすべて独裁者の言い値で片づけようとしたからだ。かくしてイギリス人は満身怒気でふくれ上がり、針で一突きすれば大音を発して破裂する状態でヴォロンツォフ屋敷に帰って来た。

「大統領は廃人という名にふさわしい振舞いをした。そして、誰よりもそのありさまを見逃さず、臆面もなく利用したのはロシア人にほかならない」

そのように外相イーデンは真情を吐露したけれども、モラン卿のカルテにはさらに深刻な言葉が書き残されている。

「医師の目から見れば、大統領は文句なしの重篤患者で、相当程度に進行した脳動脈硬化の全症状が出ていた。残された命はあと数ヵ月だろう。もはや手のほどこしようはない。しかし人は見たくない不都合なものには目を閉じてしまう。つまりヤルタにいたすべてのアメリカ人たちの常軌を逸するような上っ調子

大統領がもう駄目で、死が間近に迫っているという不吉な思いを陽気なしぐさで吹っ切ろうとしたのだ。特に令嬢アンナは父親が重病人であると思いたがらず、また、その気持ちに迎合し、大丈夫だと言って太鼓判を押していたのが主治医のマッキンタイアだった。三週間前（一月中旬）、私はボストンのロジャー・リー博士から、ルーズベルト大統領が一九四四年の五月ごろ心臓麻痺を起こしたと知らせる一通の手紙を受け取った。それには『大統領には肝腫脹《かんしゅちょう》があり、死後解剖を行えば諸器官の鬱血症状が発見されるだろう。また、大統領の血圧はとんでもない数値だと言うから、おそらくは身の置き場の無い頭痛の波状攻撃に合っているはずで、あの人の想像を絶することらえ性の無さはこれが原因だ。それに高血圧から来る不眠症も当然患っているに違いない。だから、会議のような長時間の精神集中を強いられると非常に苛立ち、深く考えねばならない問題が目の前に表われた途端、すぐにストップをかけて話題を変えてしまうという噂は本当のことだと思う』と書いてあった。今日、首相は困惑し、落胆していた。大統領はヤルタ会談に対し、まったく関心を持っていないかのように見えるそうだ。首相の手渡す書類を見ようともしないらしい。首相が『あの男にはもはや自分の権力に見合うだけの体力はない』と唸るように言ってベッドに横たわり、サイド・テーブルの明かりを消してしまった時、私は心底ゾッとした」

ここで時計の針をまる一日戻す。

親書を発信した直後、就寝前の大統領の血圧は身の毛もよだつ数値を示していたけれど、ほとんど奇跡的にこの《恐怖の夜》を乗り越えた。そして午後一時に大統領は長女アンナ、ワトソン将軍、フリン秘書と昼食を取り、それが終わると従者プレッティーマンの押す車椅子に乗って小春日和の庭に出、黒海とクリミヤ山脈の白い峰を眺め、午後四時、リバディア宮のイタリア風中庭を通って大舞踏場の片すみにしつらえられた円卓の定位置に座った。

ソ連の独裁者は、今日はいたずら書きをしていない。その代わり有名なスターリン髭をさかんにしごくと言うもう一つの癖を披露している。着ているものは、例によって勲章一つをぶら下げた軍服にブーツという出で立ちだが、この人が着ると仕立てのいい元帥服も工員の作業服にしか見えない。また今日は紙巻き煙草をやめ、愛用のパイプを手にもうもうと煙を吐きだしている。昨日スターリンは、この世のものとは思えぬ形相でチャーチルに掴みかかったが、今日のスターリンは違う。小柄な独裁者から邪悪な怪人物の面影はいずこかに姿を消し、それに代わって平凡なグルジアの百姓爺《じじい》があらわれた。

――なるほど噂通り森のフクロウだ。

イーデンはどこかで耳にしたスターリンのもう一つのあだ名を思い出した。

チャーチルは昨日と同じユサール連隊の大佐服だが、むすっと黙り込み、不機嫌な赤ん坊という感じでそこに座っている。与えた玩具がお気に召さず、手当たり次第にほうり投げ、むずかり、そのうち火がついたように泣き出す直前の子供のようで、雲行きはすこぶる怪しい。

午後四時十分、ヤルタ会談は再開され、この日、ルーズベルトは親書の反応が知りたくて気持ちがはやっており、その心理状態は冒頭の発言によく出ている。

「ポーランドについて申し上げる。私はこの国の国境問題には関心がありません。その代りこれから誕生する新政府に強い関心を抱いています。ともかく一九三九年から四年間、ポーランドは主権を失い、単なる地勢学上の名前であり続けました。確かにロンドンにはポーランド亡命政府があります。しかしこれにポーランドの国家主権を引き継ぐべき正統性があるかというと、これには疑問符がつく。そういうことを念頭に置き、私は昨日結着がつかなかったポーランド問題をここで討議したい。そこで、つい先ほどまで開催されていた米英ソ三ヵ国外相会議の中間報告をモロトフ外相からお聞かせ願いたいと思います。おそらくはポーランド問題もそこで討議されたでありましょうから」

昨日後半の会議でルーズベルトはポーランド問題について発言するうち、スターリンから「誰の面子だ？　それはアメリカやイギリスに住むポーランド移民の面子だろう」と噛みつかれたが、それでも「アメリカの見解として、ルブリン臨時政府のみが統治するポーランドには反対する」と骨のある所を示した。しかし二十四時間経った今、大統領は一八〇度意見を変えている。またわかりきっていることだが、外相会議でポーランド問題は討議されていない。が、大統領から指名されたモロトフは座っていた椅子を引いて立ち上がり、報告を始めた。

モロトフはどもり癖があった。そのためか非常に口が重い。スラブ系によくある平べったい顔には鼻眼鏡が貼りつき、メガネの奥の眼窩には意識して無表情を決め込んだ両眼が居すわっている。額は並の三倍はあろうかという広さで、しかも盛大に飛び出しているから、ロシア語でハンマーという意味の《モロトフ》という変名を考えついたのはこの額のせいだろう。本名はスクリャービン。スターリンとタッグを組んだのはモロトフがプラウダ紙の論説委員会書記だった一九一二年以来のことだ。

ヤルタ会談に乗り込んだもっさり髭のモロトフは五十五歳。あれはどういう男かと人に問えば、即座に慎重、緻密、頑固、陰険、無愛想という答えが返って来るだろう。慇懃無礼という回答もあるけれど、それは形を変えた偏屈に過ぎない。またこれは部下の意見だが、モロトフには相手が気を失うまで叱り続けるという異常な粘着気質があった。そしていつも頭に鍵をかけて、何を考えているか分からないようにしており、それかあらぬか声を立てずに笑う。酒はスターリンよりも強い。乾杯の言葉は極端に短く、あとで効果を生むような計算ずくのスピーチを得意とした。

「ルーズベルト大統領のご指名により一九四五年二月七日付けの外相会議について報告いたします。なお、この報告内容は三人の外相、すなわち、ステティニアス長官、イーデン外相、そして私、モロトフが確認署名をしています」と言った後、次の通り、《①ドイツ分割に関する件》《②フランスによるドイツ占領地区に関する件》《③ドイツが負うべき賠償に関する件》という三項目からなる報告文書を淡々と読み上げ、「以上です」と言ってモロトフは着席した。

「ポーランドに関しては何も無かったようですね。ともあれ三外相の生産的な仕事ぶりに感謝します」と大統領。するとチャーチル首相がその後を続けた。

「私も大統領と同じく、外相会議メンバーに対し感謝申し上げる。それはそれとして、私には一ヵ所合意できない部分がある」

「合意できない一ヵ所とはフランスですか」とステティニアス。

「いかにも！　フランスにはドイツ占領地区がすでに認められている。にもかかわらずモロトフ外相の《②フランスによるドイツ占領地区に関する件》によれば、フランスは占領委員会への参加が承認されていないのだ。こういう結論を出した外相会議に合意できるわけがなかろう」

首相がこのように気色ばんだのにはわけがある。

ルーズベルトは冒頭の挨拶でポーランドの国境問題には関心ゼロだと述べ、かつ、ロンドンのポーランド亡命政府には存在理由がないとばっさり切り捨てる発言をした。これ聞いて首相はぎくりとし、気は確かかと危ぶんでいる。

――いつからあの男はここまで共産主義ベッタリになったのか？

まさかとは思うが、ルーズベルトの側近どもは揃いもそろってスターリンに気脈を通じ、アメリカの赤化に血道を上げているんではなかろうな？

首相は訝《いぶか》しんだが、その直後、モロトフ外相からフランスを占領委員会へ参加させる問題は棚上げだと聞いて唖然とした。スターリンはポーランドをソ連の強力な衛星国にし、それを足掛かりにしてドイツを真っ赤に染め上げようとするだろう。そういうことが明白だと言うのに、フランスの弱体化を決定的にする今日の外相勧告に合意したら、欧州はリスボンのロカ岬まで赤旗に埋めつくされてしまう。

「私がここに持っているイーデン外相が渡してくれた外相会議についてのメモでは、『米ソ両国の論調はフランスを仲間外れにする意図に満ちている』と書いてある。フランスを占領委員会から締め出し、占領という力仕事だけ黙って引き受けろというのではトラブルを引き起こすだけだ。それを避けるためにはフランスを占領委員会へ参加させ、その上で占領地行政を均質なものにしなければならない。そうすればドイツ住民も納得するだろう。万が一にも均質を欠くようなら、難民が流出し暴動を生むぞ。我々はイタリアで同じような経験があるけれども、ドイツの占領委員会はそれとは比較にならないほど重要な位置づけになる。……私は次の点をはっきりさせておきたい。もしもフランスを締め出すというのなら、最後にはフランスとイギリス対アメリカとソ連のいさかいにまで発展するぞ。ヤルタでは何も決めず棚上げにして済まそうなどとは考えぬことだ」

「いますぐ論議しろということですか。それとも後回しでいいですか」とスターリン。

「今すぐの問題だ。どれほど伸ばそうとヤルタ会談中に結着しなければならない」

「二三日の延期の代りに二、三週間の延期ではいけませんか」と大統領。

「論外だ！　ここでもし二、三週間でいいなんて言ったら、フランス問題は宙に浮いたまま放ったらかしになる。米英ソ三首脳がそろっているヤルタで決断しなければ駄目だ」

するとスターリンは「ヨーロッパ諮問委員会はフランスに好意的な見解を持つでしょう。彼等に任せてはいかがですか」といった。

「馬鹿なことを！　諮問委員会では何も決められん。デッドロックが待っているだけだ」

この直後だった。チャーチルは大統領発言を聞いて耳を疑っている。

「今すぐに白黒をはっきりつけろと言うのなら、フランスは占領委員会へ参加すべきではないと私は思う。

フランスはもういい。私はポーランド問題を議論したい。スターリン元帥からポーランドの見解をお聞かせ願いたい」

「待ちなさい！　諸君、私は誰がどう言おうと、ことあるごとにフランス問題を取り上げる。自分で良しと思う結論がでるまでやり遂げますぞ」とチャーチル。

二呼吸ほどの間があった。そしてルーズベルトは「ポーランドをどうぞ、スターリン元帥」と言った。

「ユスポフ邸で私は大統領からの親書を受け取りました。その親書で大統領はポーランドの政治指導者をこのヤルタに招こうと提案しておられます。ルブリン臨時政府から二名、レジスタンス地下組織側からも二名、さらにロンドンの亡命政府からミコワイチク、レーマー、グラプスキーを招き、さらに数名のポーランド人名士を招いて面談しようと提案しておられます。私たち米英ソ三名のトップがこれらのポーランド人を面接し、ある種の判断を加えて行けば、新生ポーランド政府問題は解決するでしょう。……ところで私はこのルーズベルト親書を今から一時間半前に読みました」

チャーチルは親書など初耳だったが、《一時間半前》と言うのを聞いてスターリンがこの親書に対し、まともに応ずる気がないと見極め、しばし黙って成り行きを眺めることにした。それにしても一時間半前とは大胆な発言だったから、会場はざわめき、冷笑が起こった。

「……左様、一時間半前です。私は直ちにルブリン臨時政府のオスブカ・モラウスキーとビエルトの二人に連絡を取れと指示しました。しかし二人ともワルシャワに出張し、事務所があるウッチにもクラクフにも居ませんでした。でもじきにこの二人とは連絡が取れるでしょう。問題はレジスタンス地下組織です。どうやって地下組織の代表者を探し出せばいいか。また、連中が素直にヤルタへ来るかどうか。強制的に引っ張りだしたとしても、全員が雁首を揃えてヤルタに到着するのを待っていたら来月になってしまうでしょう。それに大統領からご指名のあったサピエハ大司教、ヴィンセンティー・ヴィトスという二人に至っては戦乱のためどこにいるのかわからない。ひょっとするとドイツ軍に連行されたのかも知れません。ご承知の通り赤軍はベルリンに進攻するため至急背後を安全にしなければなりません。残念ながら、私たちには居場所もはっきりしない者を探し出して面接している時間はないのです」

ここでスターリンは茶碗を右手でむずと掴み、紅茶を飲みほした。

——ほう、小指を立てている。

イギリスの外務次官カドガンは自分が幼少時に慎むべきこととして散々訓練されて来たものの一つがスターリンによって破られるのを見た。つまり取っ手を持たずに茶碗をじかに掴む不作法の他に、独裁者の小指が立っているのを見て、親から厳しく説教された時のことを思い出したのだ。

カドガン卿の幼少体験など知るはずもないスターリンはお茶を飲みほすと、話を別の方向に振った。

「ポーランド人を面接する代りに、私は大統領の意向に添うポーランド暫定政府についての六つの提案をしたいと思います。今、私がここに持っている文書には六つの提案が書かれていますが、これは英文に訳されていないし、タイプにも落とされていない。そこで皆さんに配布するタイプが打ち上がるまでの間、別件ではありますが、モロトフ同士から国連安保理のソ連側見解を説明してもらおうと思います」

チャーチルが意外な展開におやおやという顔をして隣のイーデンにメモを回した。

——何をたくらんでいると思うね。

——口あたりのいいモノから始めるつもりでしょう。《六つ》がひどいので。

イーデンから返されたメモを読んで、それを首相がポケットに突っ込んだ時、モロトフが立ち上がって喋り始めた。

「昨日六日、我々はステティニァス長官から国連安保理と大統領の発案になる常任理事国の拒否権について説明を受けました。この説明はたいへん行き届いたもので、我々はこれに満足しており、またチャーチル首相の拒否権に関する見解もその通りだと理解しました。ソ連政府は国連安保理システムというアメリカ方式が平和維持活動において有効であると判断し、全面的に同意します」

ここでモロトフは紅茶ではなく、水を一杯ごくりとやった後、ゆっくりとした口調で次のように続けた。

「米英ソ三大国が完全に一枚岩になるため、国連総会での投票権は、ソ連に一票を与えるのではなく、追加三票としていただきたい。これらソ連の一員である三つの共和国は戦争で恐ろしい試練に耐えた。そしてこの三国は一九四四年二月以降、それぞれの政府と外務省を持つ立派な主権国家です。つまりイギリス領自治国のオーストラリアやカナダと同じです。最初にドイツ軍に攻め込まれたリトアニア、ベラルーシ、ウクライナという三つの共和国が国連の加盟国として承認されるのは至って公平なことだと思います」

「これを認めると一国一票の原則は崩れる。ご理解いただけますか?」とステティニァス。

「しかし長官、繰り返しますが、これら三国はカナダやオーストラリアといったイギリスの自治領と同じですよ。国連総会に代表者を送り込めないと考えるほうがおかしい。戦争に対する貢献と犠牲の大きさから見ても、国連加盟国になる資格はある。繰り返します。私は国連に心から同意する。私は国連について今まで出した異議や修正要求をすべて引っ込める。その代りに私はソ連の中のリトアニア、ベラルーシ、ウクライナが国連の加盟国になることを要求する」

首相はまたイーデンにメモを回した。

――これで口あたりがいいとはね。ひどいもんだ。

これを見たイーデンが憮然とした顔でメモをポケットにしまった時、大統領は「私はモロトフ外相から国連に全面同意するという言葉を聞くことができて非常に幸福な気持ちです」としゃべり出したけれども、この後に続く言葉はいかにも取りとめがない。

「私は、モロトフ外相の発言から、国連こそは全世界のすべての民族が歓迎する偉大な発明だと確信するに至りました。次のステップは国連の具体的な設立です。私は第一回の国連総会を三月末に開催したい。すぐに国連総会に呼ぶ国の選定にかからねばならない。面積だけは大きいけれども、人口は少ない国もある。例えばブラジルはソ連よりも小さいがアメリカよりも大きい。国土は小さいけれどもホンジュラスやハイチのように人口は多い国もある。チリ、ペルー、パラグアイ、アイスランド他のような枢軸国との国交は絶ったが、参戦まではしなかった国もある。国連総会初日の日時および場所、および招請国の推薦。そしてモロトフ外相によって提起されたリトアニア、ベラルーシ、ウクライナの問題は、引き続き外相会議によって研究してもらいたい」

モロトフ要求の投票枠三票問題を外相会議に丸投げして結論を延伸するというルーズベルト発言はホプキンスが渡した勧告メモをそのまま読んだからであり、このブレーキをホプキンスがかけなかったならば、大統領はモロトフ要求に即決ＯＫを出す勢いだった。

この後、チャーチルが引き取って次の様に続けている。

「私はスターリン元帥とモロトフ外相が国連について示した偉大な一歩について心からの感謝を申し上げたい。この偉大なる一歩は世界の人々に喜びと安堵をもたらすだろう。しかしリトアニア、ベラルーシ、ウクライナというソヴェト連邦の共和国に国連での投票権を与えろという問題はいきなり目の前にならべられても即答はできない。ともあれソ連とイギリスは同じではない。過去二十五年間、イギリスの自治領は世界平和に対する貢献という意味で、また民主主義を発展させるという意味で自身の立場を強化して来た。イギリスがドイツに宣戦布告した時、イギリス本国は準備が完全でなく弱さを露呈していたにもかかわらず、また、イギリス本国は自治領に参戦を強要する法的手段を持っていなかったにもかかわらず、自治領は足並みを揃えて参戦した。この故にモロトフ外相の『イギリスとソ連は同じだ』という主張は正確でない」

「前に述べたように、総会の日時および場所、および招請国の推薦の作業に取りかかってもらいたい。モロトフ外相によって提起されたリトアニア、ベラルーシ、ウクライナの問題は、前向きにとらえ、引き続き外相会議によって速やかに解を出してもらいたい」とルーズベルト。

「私の考えは大統領と少し違う。外相はすでにオーバーワーク気味だ。率直に言えば三月末に第一回目の国連総会を開くのは困難だろう。ドイツを屈伏させる戦闘はちょうどそのころ頂点に達している。この時期、脇目もふらずドイツを倒すという目的達成にむけて全力を集中しているのは軍人だけではない。外相は多忙を究め、他の閣僚とて同じことだ。国連総会どころの話ではない。他の国も同じことだろう。さらに言えば、三月時点でいくつかの国はまだドイツのくびきの下にある。ポーランドのようにその権威が非常に疑わしい臨時政府の国もある。オランダのように悲惨な飢餓状態に苦しんでいる国もあろう。大戦に巻き込まれず、兵士の犠牲はゼロとなどという国は数えるほどしかない。国連総会の立ち上げはじっくり構え、拙速の道を取るべきではない」

ルーズベルト「私は外相会議の仕事として次の三つの速やかな実行を要求する。（1）リトアニア、ベラルーシ、ウクライナを国連加盟国とするか否か。（2）国連第一回総会の日時と場所の確定。（3）総会に招請する国の確定。私の持っている権限のもとにこれを要求する」

「外相会議にこの問題を委ねる件は了解しよう。ただしそう楽な仕事ではないぞ」とチャーチル。

このあと休憩になり、その間にポーランド関連六提案のタイプが配布され、休憩後、再びモロトフが立った。

「私たちは今も大統領が指名したポーランド人たちを電話口に呼び出そうとやっきになっていますが、いまだに誰とも繋がっていません。赤軍がベルリンに向けて行動を開始する時刻が迫っている以上、ポーランドのリーダーたちをヤルタに呼んで大統領が面接するには時間が無さすぎ、不可能に近い。さてそこで、私は《面接》に代わる六つの提案を皆さんに配布しましたが、これこそは大統領の意にかなうものではないかと思います」

そう言ってモロトフはポーランド国境問題とポーランド暫定政府に関する六つの提案を読み上げた。

①ポーランドの東部国境、すなわちソ連とポーランドの新しい国境線はカーゾン線であることに同意する。また、一部の地域においては五キロメートルから八キロメートルをポーランドに譲渡する用意がある。

②ポーランドの西部国境、すなわちドイツとポーランドの新しい国境線はバルト海の港湾都市シュチェチンを起点としてオーデル川に沿い、南に伸び、さらに西ナイセ川に沿ってチェコスロバキヤの国境に至るものとする。

③ポーランド暫定政府にはロンドンのポーランド亡命政府の何人かが参加して新生ポーランドの復興にあたることが望ましい。

④立ち上げられたポーランド暫定政府は連合国諸政府によって直ちに承認されるべきものとする。

⑤ポーランド暫定政府は可及的速やかに総選挙を準備し、ポーランドでの住民投票を行なって、正式なポーランド政府機構を造り上げることが望ましい。

⑥私・モロトフ、ハリマン駐ソアメリカ大使、クラーク・カー駐ソイギリス大使は引き続きポーランド暫定政府の問題を審査討議し、これを米英ソ三国政府に提出し、その熟慮にゆだねるものとする。

チャーチル「私はひとこと言っておきたい。私はポーランド人がオーデル・ナイセ線という西方への移住を認め、かつてはドイツ領だった土地で自由に生きることを認めたけれども、統治管理ができないほど多くのドイツ領を与える必要はない。私はポーランドという鵞鳥の胃袋にドイツという餌を詰め込みすぎて消化不良で死なせてしまうほど餌を与えたいとは思わない。もうひとつ。私は何百万人ものドイツ人の強制移住のことを考えると頭が重い。今回、東プロイセンとシレジアから難民として強制移住させられるドイツ人の数は六〇〇万人以上となるだろう。難民管理について議論しておくべき多くの課題が残っている」

「そこにはすでにドイツ住民の影も形もありません。赤軍が東プロイセンとシレジアに進軍したとき、ドイツ人は逃亡していたのですよ」とスターリン。

チャーチル「問題がそんな簡単に終わるはずはない。東プロイセンはチュートン騎士団の故地であり、シレジアにはフリードリッヒ大王の時代から住みついたドイツ人が多数いる。この大戦で我々はすでにドイツ住民を六〇〇万人か七〇〇万人殺傷しており、戦争が終わるまでにさらに一〇〇〇万人は殺してしまうかも知れないというのにだ。ともかく難民救済とその管理機構を国連の問題として討議しておかねばならん。もう一つ追加しておこう。モロトフ外相は六項目提案の中の三番目でポーランド亡命政府の何人かを暫定政府に登用するといっている。スターリン元帥は亡命政府のメンバーが国民投票の対象議員として立候補できるよう受け入れてくれるのでしょうな」

「もちろん、受け入れますよ」とスターリン。

「けっこう。さればここからはフランス問題を討議しよう。私はモロトフ外相から六項目に渡る新生ポーランドについての提案とリトアニア、ベラルーシ、ウクライナというソヴェト連邦三共和国の国連加盟要求を聞いた。また、ヤルタ会談中にポーランドを国連加盟国にしろとモロトフ外相が言い出さない保証はない。されば私もフランスについての要求を出すだけの充分な資格があろうというものだ」

するとスターリンはむっくり顔を上げた。それではいっちょうやるかという顔だったが、その口からは予想だにしていない言葉が飛び出した。

「しかし大統領はお休みだ。寝ておられる。狸寝入りかも知れないがね。明日にしてはいかがです？」

「後ろ髪引かれる思いだが、それでは明日までぐっすり眠ることにしようか」

あわてたのはホプキンスで、すかさず大統領を起してメモを渡し、大統領は「全体会議は明日の午後四時まで休会です」と言ったのち再び朦朧となって自室へ戻った。


（著者注）スターリンの「東プロイセンとシレジアにはドイツ住民の影も形もない」という発言は嘘である。実際は一二〇〇万人が難民となって強制移住させられ、強制移住の間に犠牲になった死者の数は二〇〇万人に登った。

③ ソ連の対日参戦密約

循環器専門医のブリューエン博士はヤルタ会談四日目にあたる二月七日夜半、次のように語っている。

「大統領はこの日、完全にグロッキーだった。顔色は実に嫌な感じで白茶け、聴診器からは心臓の悲鳴がきこえている。絶対安静が必要だ。会談の議長役などもってのほかである。すぐにこの場を引き払い、人との接触をゼロにしなければならない。このままスターリンとチャーチルのペースに巻き込まれたなら、大統領はおしまいだ」

しかしこのドクターはユスポフ邸でその懸念をあざ笑うようなたくらみが語られていることなど知るよしもない。ルーズベルトがようやく眠りについたころ、ユスポフ邸ではスターリンがモロトフ外相、アントノフ参謀総長、クズネツォフ海軍元帥の三名を執務室に呼び出し、ワーキング・ディナーの真っ最中だった。独裁者は二人の高級軍人に向きなおり、明日、二月八日午後三時半から四時までの三十分、ルーズベルトとの単独会談があると語り、軍事連絡会議では「今まで通り、極東問題は何か言われても必ずはぐらかせ」と命じた。

「ルーズベルトが明日持ち出すテーマは我が国の対日参戦で、これについては去年の十二月十四日にソ連側の考えかた、つまり参戦の見返りだが、これを大使のハリマンに伝えてある。私はハリマンに『ドイツの敗北が決定してから二ないし三ヵ月以内に日本へ宣戦布告して満州に攻め込む』と言った。……だから明日、その見返りについてルーズベルトの口から色好い返事を引き出さねばならん。……あの大統領はどう見てもまともでないが、これは我々にとって好都合なことが今や完全にはっきりした。我々は欲しいものを遠慮なく頂戴する。そのため別命あるまで、はぐらかせ」

スターリンが発言らしい発言したのはこれだけであり、あとはアントノフとクズネツォフからひたすら報告を聞き、「結構（ハラショー）」「おおいに結構（オーチン・ハラショー）」を繰り返し、散会となった。

スターリンが部下の高級軍人に話した通り、ハリマン大使は一九四三年十二月十四日にソ連の独裁者から対日参戦条件を口頭で伝えられており、大使は翌日ワシントンに超極秘の暗号電報を打った。いわく、「南樺太および北方四島を含む千島列島はもともとロシアのもので、日露戦争の結果、日本に持って行かれた土地である。参戦の代償としてこの領土を取り返すのは当然の権利だとスターリン元帥は言っている」とあり、この電文を下敷きにしつつ、ルーズベルトはヤルタでスターリンとの単独会談に臨んでいる。

念のため付記しておくが、アメリカは千島列島について不勉強だったわけではない。ハリマン電文がホワイトハウスに届けられてから約二週間後の十二月二十八日、そして年明けの一月十日。国務省は二回に分け、Ａ４サイズで九枚ほどの勧告書を大統領に提出した。その中で千島列島の地誌を述べると同時に、「一八七五年に成立した樺太・千島交換条約で日本とロシアは平和裡に領土問題を解決しており、日露戦争の結果日本に割譲されたものは南樺太のみである。したがって北方四島を含む千島列島は日本の領土であって、日露戦争の結果とは無関係であり、同時に、北方四島を含む千島列島はポーツマス講和条約締結に深く関与したアメリカとも無関係である」と記載している。この国務省勧告を見れば、「北方四島を含む千島列島がソ連領土になったのはルーズベルトがスターリンの口車に乗り、騙されてしまったからだ」という説は成り立たない。つまり北方四島を含む千島列島がソ連に割譲されたのはスターリンと脳血管性認知症だったルーズベルトの共同謀議の果てだということになる。余談ながら、ヤルタに向かう大西洋横断中の十日間、大統領は軍艦の中で肩のこらない探偵小説を読むか、ぼんやりとスクリーンに映るハリウッド西部劇を観るか、肌身はなさず持ち歩いている切手蒐集アルバムを眺めるかで時間をつぶし、国務省が用意した首脳会談のための資料はついに聞いてみることはなかった。

※　※　※

二月八日木曜日、この日からヤルタはひどい寒気に襲われ、寒がりのスターリンは分厚い軍用コートを着込んでリバディア宮の車寄せに下り立ち、玄関ホールで軍帽とコートを預けると、午後三時三十分、ルーズベルトが待つレセプション・ルームにあらわれた。この会談の出席者は六名。アメリカ側はルーズベルト大統領、ハリマン駐ソ大使、通訳ボーレン。ソ連側はスターリン元帥、モロトフ外相、通訳パヴロフとなっており、そこで以下、アメリカ側通訳ボーレンが書き残した備忘録をもとに、日本人へ苛酷な激痛を与えることになった会談場面を再現する。

最初の発言はルーズベルトだった。

「我々はマニラを奪還しました。太平洋方面での戦闘は新たな段階に入ったものと考えています。アメリカは小笠原諸島、および台湾付近の島々に空軍基地を建設し、日本本土に対しての熾烈な空爆計画を実行に移します。現時点では地上兵力を周辺の島々に投入する必要はないものと考えています。日本にはまだ四〇〇万名の地上兵力が健在ですが、徹底的な大空爆によってこれを吹き飛ばし、アメリカ兵の損害を限りなくゼロに近づけたいと希望しています。それに関係しますが、アメリカの空軍基地をソ連の極東地域に設営したいという件はどうなりましたか？」

「沿海州のコムソモルスクかニコライエフスクをお勧めしたい。最適地はアムール川沿いの内陸部コムソモルスクであり、二番目の適地はアムール河口ニコライエフスクでしょう。それからカムチャツカ半島は賛成できません。まだあそこには日本の領事館が置かれている。基地設営が露顕したのではアメリカにとってもマイナスでしょう。カムチャツカは得策ではありませんよ」

「ご意見に同意します」

そこまで話がついた時、ルーズベルトは物資調達方法など、基地設営にあたっての具体的要望事項が書かれた文書を手渡し、スターリンは「すぐに必要な指示を出す」と答えた。《極東の空軍基地問題》はこれで終わり、次に大統領は《東ヨーロッパ地区での問題》に話題を転じている。

「私は東ヨーロッパで二つ問題を抱えています。これをご相談したい」

そう言って大統領は、第一にブダペスト近郊にあるソ連空軍基地内にアメリカ空軍の基地を設営させてもらいたいと述べ、「現在、アメリカ空軍はドイツと軍事同盟を結んだハンガリーほかの東ヨーロッパ諸国を爆撃するため、イタリアからアルプス越えで危険な長距離飛行を行なっています」と言ってこれに対する具体的要望事項が書かれた文書を手渡した。次いで大統領は二つ目の問題として《空爆成果の調査》を実施させてもらいたいとスターリンに依頼している。なおこの調査はルーマニアのプロイェシュティ油田で実施実績があった。

「東ヨーロッパ地域でアメリカ軍特殊部隊による調査を実施したいのです。これは直ちに行なう必要がある。なぜならアメリカ空軍の爆撃を新鮮な体験として記憶している住民からの聞き取りが中心になるからです」

「二つともお安い御用です。直ちに実施できるよう参謀総長に指示を出しましょう」

そう言った後、今度はスターリンが要求を出した。

それは《戦後の対ソ復興物資要求》と《対日参戦の見返り要求》で、次のように切り出している。

「ステティニアス長官がモロトフ同士に語ったことですが、戦争が終わった後、アメリカ保有の余剰物資はソ連を中心に売却することになるかも知れないそうですな。しかも原価で」

「この問題は戦後の範疇に属するので、アメリカの戦時物資供給法は適用できない。よって関連する法律の変更が必要になるでしょう」

モーゲンソー財務長官の発案により、これら余剰物資の売却は実費負担を原則としていたが、実費負担の表向きの理由は金融パニックだった。第一次大戦後の余剰物資処分では利益を上乗せし、バブル景気を産んで、金融パニックを引き起こすという間違いを犯したからで、この失敗を繰り返したくないというのが最大の理由になっている。実費負担にかかわる隠された裏側の理由はイギリスで、この国は台所事情が苦しいから利益を上乗せしたがるだろう。最低でも海上輸送のための運送費と船舶の減価償却に見合う金額は上乗せしたいと主張するだろう。その意見を実質的に抑え込むためにはドイツとイタリアと日本から召し上げた商船をソ連に無償で提供してやってその海上輸送力を強化し、かつ、ソ連船舶の航行の自由度を飛躍的に拡大してやり、ソ連商船がアメリカに物資を引き取りに来るようにさせる。こうすればイギリス船舶の使用は極小化でき、イギリスの力を削ぐことができる。これがモーゲンソーの裏の思惑だった。

ちなみにルーズベルトにはユダヤ系の取り巻きが多数おり、モーゲンソーはその領袖である。

「アメリカの余剰物資の売却は実費負担を原則とします。そこでソ連の海上輸送力を強化するため、ソ連船舶の航行の自由度を増やしたいと考えているのですよ」

「もっともな指摘で、私は大統領の意見に大賛成だ。アメリカの戦時物資貸与法は連合国を勝利へ導くにあたって巨大な貢献をなし遂げてきたが、この戦後措置も素晴らしい！」

「レンド・リース法という戦時物資貸与法のアウトラインがひらめいたのは、四年前、休暇のヨット旅行中でしたよ」

「私にとってソ連船舶の航行拡大を提言する大統領の言葉は神の恩寵以外の何物でもありません！」

スターリンは神学生あがりだったから、唯物論者のくせに《恩寵》などという言葉を使ったが、もともとりスターリンは猜疑心が服を着て歩いているような男だ。ソ連の工作員が多数ルーズベルト政権の中に入り込んでいるとはいえ、こういうイギリス蹴落とし策は話がうますぎると思っている。ともあれ、この時は口あたりのいい言葉でルーズベルトをおだて、褒めそやしておいて、いよいよ肝心かなめの《対日参戦の見返り要求》に話題を転じた。

「ソ連が対日参戦に踏み切った場合の条件については、去年の十二月十四日、私はハリマン大使と話し合いました。だから参戦についての我々の希望は、大統領のお耳に達していると思っています」

「その会話については、ハリマン大使からつぶさに報告を受けています。戦後、南樺太と千島列島がロシア領となることについて、何ひとつ困難な問題はありませんぞ」

ルーズベルトは日本とドイツをかつてのポーランド同様、単なる地勢学上の存在とし、主権を召し上げ、その地に住む人間をじわじわと干し殺し、かつ、その地を高性能爆弾の実験場にするか、一面のジャガイモ畑にしてやろうと考えていたから、日本領土のソ連への割譲は実に鷹揚だった。このためスターリンから日本の半分が欲しいと言われたなら、大統領は簡単にＯＫしただろうが、この独裁者はなぜか日本に食指を動かさず、別の要求を出している。当然ハリマンは虚を衝かれて泡を食った。

「テヘラン会談の折、極東でソ連が不凍港を得ることについて、任せておけと大統領が私に語ったことを覚えていますか？　私は遼東半島の突端にある旅順と大連が得られるものと思っていますよ」

こう言われて大統領は、旅順大連については蒋介石と会話するチャンスがなかったから中国領土内の問題をここで話し合うことはできないと言った。しかしこれは嘘で、ルーズベルトはカイロ会談の席上、満州、台湾、澎湖諸島の日本権益はすべて中国に返還すると明言しており、今ここで旅順大連をソ連に譲渡するとは言えなかったのだ。

するとスターリンはパイプを取り出して、雁首を灰皿のふちで叩いて大きな音をたて、燃えかすを振り落とした。これを見て大統領はポケットからキャメルを取り出してすすめたが、これは完全に無視されている。スターリンはパイプの火皿の内側を親指で押し、マッチで火をつけ、盛大に煙を吐きだし、充分に間合いをとると、次のように言った。

「少し兵隊を休ませねばならないと思っていたところです。対日参戦が不要となれば、ソ連と日本の間で締結している中立条約違反という汚名を着せられずに済むし、兵隊は晴々と帰郷できる……」

通訳のボーレンはこのあたりのやりとりを見るうち、マーシャル参謀総長がスターリンについて、「静と動を巧みに使い分けるディベートの名手だった。ともかくいっしょに居て楽しい人間ではない。こういう男が近所に引っ越して来ても、近所づきあいは御免こうむる」と語っていたのを思い出した。

ルーズベルトは我慢できずに発言した。

「私は次のように申し上げたい。旅順大連を得るにあたりソ連には二つの方法がある。一つは中華民国政府と租借契約を結ぶこと。もう一つは国連の管理下で旅順大連を自由港にするという方法です。私は二番目の方法で、ソ連がこの不凍港を得るべきではないかと思います。イギリスの租借地になっている香港も国連管理下に置く。旅順大連はソ連にとっての香港になるのです」

「イギリスが中華民国へ香港の主権を返還し、その後、香港は国際自由港になるならば、蒋介石は面目が立ち、旅順大連の件を了解するかも知れませんが、しかし、チャーチル首相は素直にウンとは言いそうもありませんね。《拒否権》を提案したのはあなたですよ」

ルーズベルトは無言だった。

「大統領、帝政時代にロシア人が敷設した東支鉄道と南満州鉄道の話をしましょう。ハバロフスクからウスリスクに至り、ウラジオストクを終着駅とするシベリア鉄道本線のことはよくご存知と思いますが、そのシベリア鉄道チタ駅から満州里に伸び、そこからハルビンを通ってウスリスクでシベリア鉄道本線に合流する東支鉄道の存在もハリマン大使からお聞きになっているでしょう。これはロシア人が敷設した鉄道です。もう一つ、ハルビンから長春、瀋陽、大連そして旅順に至る南満州鉄道もロシア人が敷設したのです」

「繰り返しますが、私は満州の問題を蒋介石総統と会話するチャンスがなかったから、この問題についても口をはさむことはできない。旅順大連と同じで、鉄道についても直接、中華民国政府と掛け合うべきですよ。私からはソ連と中華民国の間で運営委員会を作って諸問題を決めて行ってはどうかぐらいのことしか言えませんな」

「旅順大連と東支・南満州両鉄道の条件が満たされなければ、なぜソ連が対日参戦に踏み切らねばならないのか我が人民に説明できないのですよ。明らかなことは、もしも旅順大連とロシア人の作った両鉄道の支配がソ連に認められないとすれば、私もモロトフ同士もソ連人民も対日参戦には踏み切りません。ソ連人民は祖国を脅かしたドイツとなぜ戦うのかは心の底から理解しました。しかしソ連人民は中立条約を締結して以降なにもトラブルを起こさなかった日本に対し、なぜ戦いに出なければならないのか理解できないでしょう。人民を説得し、ソヴェト最高会議において対日参戦を決定するためには、具体的に参戦が国益にかなっていることを示さねばなりません」

大統領は自分が蒋介石とこれらの問題について会話するチャンスがなかったと繰り返した。そして、今この時期に鉄道権益や旅順大連の租借について蒋介石に話を持ちかけたならば大混乱を招く。ともあれ、何か話すとそれが増幅されて二十四時間以内に全世界に伝わってしまう。これが中国人と会話する場合の困難な点の一つで、かの国は蜂の巣をつついたようになるだろう。そうなれば日本は大喜びし、ドイツは我々の足並みが乱れたと大宣伝するだろうと言った。

「まあ、それはその通りですな。しかし、何も今から中国人に打ち明ける必要はない」

スターリンはさらりと狡猾な企みを言ってのけ、脳内異変を起して精神集中などできるはずもない大統領の心の中に、魂など売ってしまえという囁き声を滑り込ませた。

「香港が国連管理下の自由港になるタイミングに合わせて、旅順と大連が同じような自由港になることに異議はありません。しかし、それはそれとして、旅順大連、鉄道、南樺太、千島列島が我々のものになると明記された協定書を作り、それに米英ソ三大国が署名する。そういう合意文書は頂戴できますか？　それが可能なら私は参戦に舵をきることができますが」

「それならばなんとかできるだろう」と大統領。

これを聞いて「まずい！」と思ったハリマン大使が険しい表情をした時、スターリンが先手を打った。大使が話に割り込んでくる隙間を大急ぎで封じてしまったのだ。

「中国人についての情報ですが、予想では四月末に外交部長の宋子文がモスクワに来ますよ。そのころにはドイツ戦線に配備された二十五個師団をとりあえず極東に移動できるでしょう。この程度は宋子文の耳に入れ、蒋介石に伝えておいてもいいでしょう。極秘ということでね。なぜかとしつこく聞かれたら衛戍地への帰営だと言っておきましょう」

「対日参戦の指揮は誰が執るのですか？」と、これはルーズベルト。

「ワシレフスキー元帥が指揮をとることになるでしょう」

話はもはや旅順、大連と鉄道には戻らなかった。スターリンはワシレフスキ元帥の武勇をおもしろく語り、これがすむと、ルーズベルトは《信託統治》と《中国の内部事情》について話題にしたが、これは雑談の色彩が強い。

「元帥、私は日本統治下にあった朝鮮を信託統治下に置きたいと思っており、この考えをあなたと共有しておきたいのですよ。つまりソ連、アメリカ、中国の代表者で構成される信託統治です。私の承知している唯一の信託統治事例はフィリピンでした。あそこの住民が自立し、自治政府を準備し、安定するまでに五〇年かかりましたが、朝鮮の場合、二〇年から三〇年だろうとみていますよ」

「それは短いに越したことはありませんね。ところで日本から解放され、信託統治下に置かれる朝鮮ですが、ここにはどこかの外国の軍隊が駐留することになると思いますか？」

すると大統領は、軍隊は要らない。ソ連、アメリカ、中国が高等弁務官を派遣し、三ヵ国委員会を置くだけでよかろうと述べ、スターリンは「なるほど。それはいい」と応じてる。

「ところで朝鮮に関しては一つだけデリケートな問題がある。私は、個人的には朝鮮を信託統治するメンバーにイギリスを参加させる必要はないと思っていますが、しかしイギリスは立腹するかも知れませんね」と言ってルーズベルトは笑った。

「間違いなく逆上するでしょう。首相は我々を殺しますよ。私の考えでは、イギリスはメンバーに加えて置くべきですな」とスターリン。

ルーズベルト「私はベトナムを朝鮮と同じように信託統治したいのです。しかし、イギリスはこの考えにノーと言うでしょう。ベトナムは元通りフランス統治下に戻すべきだと主張するでしょう。ベトナムがそうなってしまえば、イギリス統治下にあるビルマも信託統治に向かってしまう。これを恐れるがゆえに、イギリスはなおさらフランス支持にまわるでしょう」

スターリン「はっきり言わせてもらいますが、アジアの植民地を日本のおかげでいったん手放すことになったイギリスはかつてのイギリスではありません。ベトナムが元通りフランスの手に戻るかどうかでイギリスの価値が決まるでしょうよ。それはさておき、一体全体、ド・ゴールという男はどこでベトナムを武力統治する軍隊を調達するのですか」

「私が船を用意すれば兵隊は集められるといっている」

大統領はここからいきなり中国の内部事情に話題を変えた。

「アメリカは中国を健全な状態にしようと大いに試みてきました」

スターリン「私が思うに、中国はあれで健全ですよ。中国人はいったいどうやって国家を前進させるべきか分かってない」

「蒋介石の顧問として派遣したウデマイヤー将軍や、新規に大使として登用したハーリー将軍は重慶政府と雲南省の共産主義者を一体化させることについてよい成果を出しました。ともあれ、中国の分裂というマイナス要因を生み出した責任はいわゆる共産主義者たちにあるのではなく、むしろ重慶政府にその責任があります」とルーズベルト。

スターリン「それにしても私には理解できませんな。中国人は日本人に対抗する統一戦線を持つべきなのに、なぜ中国人は一致団結できなかったのか。思うに、この目的を果たすことにこそ蒋介石はリーダーシップを発揮しなければならなかったのです。中国人は随分前に国共合作と称する統一戦線を張ったけれども、それはすぐに破綻し、再び分裂した。そして今は我々の援助で共闘を維持している。しかしいずれまた破綻するでしょう」

会談は終わった。ソ連による対日参戦密約の骨子はこの日の三十分間がすべてだった。

立派な教育を受けたからといってそのまま良品合格とはならない政治家は星の数ほどあるけれども、これに加えて脳血管性認知症を発症した政治家で、しかも、それが大国の指導者だというケースはルーズベルト以外にいない。医療関係者のルーズベルト評に軸足を置く限り、ボーレン備忘録にある対日参戦を巡ってのルーズベルトの言動振舞いは出来過ぎである。おそらく備忘録という準公文書を残すにあたり、通訳を果たしたボーレンという国務省の高級官僚は大統領に遠慮したのかも知れない。

※　※　※

対日参戦に関わる交渉劇は翌々日二月十日午後二時にハリマン大使とボーレン通訳の二名がモロトフ外相の要請でユスポフ邸に出向いたことから再開された。モロトフはやって来たハリマン大使にスターリンが承認したヤルタ密約協定の草稿文書（英文と露文／二通）を手渡した。表題は《ソ連の対日参戦に関するスターリン元帥の政治的条件／草案》となっており、これを渡されたハリマンとボーレンはすぐさま机に座り込み、タバコを矢継ぎ早に吸い、次の草案内容を十回以上熟読し、完全に暗記している。

「ソヴェト連邦、アメリカ合衆国、大英帝国の三大国は次の通り合意した。

■ドイツが降伏し、ヨーロッパで戦争が終結してから二ないし三ヵ月後、ソヴェト連邦は連合国の一員として対日参戦する。

■参戦条件

①外蒙古（モンゴル人民共和国）は現状維持（status quo）であること。

②日露戦争という一九〇四年の日本による背信的な攻撃によって踏みにじられたロシアの従前の権利がソヴェト連邦に回復（be restored）されること。すなわち

（a）樺太周辺のすべての島嶼と同様、南樺太がソヴェト連邦に返還（be returned to）されること。

（b）大連と旅順の租借権（lease）の所有が無条件でソヴェト連邦に回復（be restored）されること。

（c）日露戦争以前にロシアによって所有されていた正当な権利、すなわち東支鉄道と大連に直結する南満州鉄道の運営権利がソヴェト連邦に回復（be restored）されること。同時にソヴェト連邦は中華民国が満州における完全な主権を保持し続けることを理解する。

③千島列島はソヴェト連邦に譲渡（be handed over）されること。

米英ソ三大国の首脳はソヴェト連邦の参戦条件が日本の降伏後に確実に満たされることに合意した。ソヴェト連邦の望むべきところは中華民国政府と友愛精神に満ちた同盟協定を結んで終えることである」

草案を熟読吟味しているうち、ハリマン大使は自分のタバコを切らしたことに気づき、予備を入れてある鞄から一箱取り出して、火をつけるとモロトフ外相に向きなおった。

「(b) と (c) が問題ですな。あなたのボスは合計二カ所の修正を受け入れねばならない」

ハリマンはそう噛ました後、「(b) の草案では《大連と旅順の租借権は無条件でソ連に回復されること》とありますな。ところで大統領は二月八日の会議でスターリン元帥に、旅順大連についてはソ連が中華民国と直接租借契約を締結するか、国連管理下の自由港とするかのどちらかだと主張しています。(b) はどちらかに修正しなければなりませんぞ」と言った。

モロトフ「……ではこうしましょう。仮に、イギリスの租借地になっている香港が国連管理下で国際港として再出発する場合、チャーチル首相が了解するかも知れない文言をここに置くことしましょう。首相は《香港が国際化されても、同港におけるイギリスの優先的利益が擁護される》という文言を挿入すれば了解するでしょう。そこで（b）には草案文言の後に《大連と旅順が国際化されても、同港におけるソ連の優先的利益が擁護される》を置くことにするのです」

ハリマン「では、（b）についてはこの線で大統領の裁可を仰ぐことにしましょう。しかしもう一つ問題がある。（c）の鉄道問題だが、草案では《運営権利がソ連に回復されること》となっており、この部分、大統領はノーコメントを強調していた。よって、鉄道については何も明記しないというのが譲歩限度ですな」

「いやいや、滅相もない。ソ連と中華民国の間で運営委員会を作って諸問題を決めて行ってはどうかと言っておられましたよ。それと……パヴロフ同士、あのとき大統領はどう言う表現をしていたか覚えているかね？」と言って通訳に向きなおり、パヴロフから手帖のあるページを見せられて、「そうだそうだ、《それならばなんとかできるだろう》だったな。大使、ご記憶でしょう。旅順大連にしても鉄道にしても、中国人に打ち明けるのはずっとあとのことで合意されています。今、アメリカにとって重要なのはソ連の対日参戦だから、（c）は草案通り《鉄道運営権利はソ連に回復されること》という文言で行きましょう。

ハリマン大使、ここは譲ってもらえませんか？」

「そうは行きませんな。（c）の鉄道問題は《東支鉄道および大連に直結する南満州鉄道は中華民国とソ連の設立する委員会によって運営管理すること》に修正しなければデッドロックですよ」

ハリマン大使の実父は一代成金の鉄道財閥で、日露戦争直後、満鉄の共同経営者になろうと大いに明治政府へ働きかけたが、果たせなかった。父親は子供に鉄道経営の何たるかを叩き込んだから、ヤルタ協定の鉄道処分についてはかなり執拗に切り結び、ハリマン案へ修正させたけれども、やはりソ連の対日参戦が弱みとなって、（c）の結語部には《ソ連の優先的利益が擁護されること》という文言を付加することになった。

モロトフとの第一回目の調整を終えたハリマンとボーレンはリバディア宮に戻ってすぐにことの顛末を大統領に伝え、大統領はハリマンの交渉内容でいいと承認し、裁可している。

対日参戦に関わる文書確定にはもう一波瀾あった。

二月十日の全体会議終了後、スターリンはハリマン大使のすぐそばまで近づき、合意した内容の変更を求めたのだ。

「大連はあの条件で国際自由港になるのはいい。しかし、旅順は違う。旅順はロシアの海軍基地だった。日本が敗北した後、旅順が国際自由港になることは認められない。旅順はは我が国の海軍基地という位置づけで租借地に戻すのでなければソ連人民は納得しない」

「では今すぐ、時を移さず、大統領と直接この問題を話し合ってください」

ハリマンはどうなるか分かっていた。大統領は旅順に関わるスターリンの要求をすべて飲んだ。そればかりではない。最後に大統領がスターリンに言った無邪気な言葉を聞いてハリマンは苦笑した。

ルーズベルト「宋子文がモスクワを訪問した時、あなたの口から旅順大連と鉄道に関する問題を話し合われますか？　それとも私が直接蔣介石とこの問題を話し合っておきましょうか？」

「それは大統領から蔣介石に言ってもらったほうがいい。また蔣介石に話すのはソ連が参戦した後にお願いしたい」

「ＯＫ。それでは参戦後に今回の件を文書化し、陸軍将校にそれを持たせ、重慶駐在のハーリー大使に手渡し、これを蔣介石に持参させましょう。この問題について蔣介石が秘密厳守することは私が約束しましょう」

中国人に話したら秘密など守れないと言ったルーズベルトはこれらのことどもを蔣介石へ持ち出す前に死んでしまった。

ともあれハリマン大使と通訳ボーレン、ならびにそのスタッフはうんざりだった。なぜなら、大統領の安請け合いでソ連参戦にかかわるヤルタ密約協定の文書化にともない、今から何回もユスポフ邸に出向き、モロトフという偏屈男とやり合わねばないかと思うと、明らかに食欲は減退した。果たして予感は的中で、微妙な言い回しの修正は山ほど出て来たが、最後に付け加えられることになった文言は、揉めるに決まっている面倒な事柄を大統領に押し付けるためのもので、そこには《前記の外蒙古並びに港及び鉄道に関する協定は、蒋介石総統の同意を必要とするものとする。大統領は、この同意を得るため、スターリン元帥の勧告に基づき措置を執るものとする》という文言が付け加えられた。

翌日、すなわち二月十一日（日曜日）、会談最終日に正式署名された《ヤルタ密約協定》は次の文書となって歴史の一頁に焼きつけられている。

★ヤルタ密約協定（原文）／出典は「日露間領土問題の歴史に関する共同資料（日本国外務省／ロシア連邦外務省／一九九二年九月／ソ連の対日参戦）」から

三大国、すなわちソヴィエト連邦、アメリカ合衆国及びグレート・ブリテンの指導者は、ソヴィエト連邦が、ドイツが降伏し、かつ、欧州における戦争が終了した後二箇月又は三箇月で、次のことを条件として、連合国に味方して日本国に対する戦争に参加すべきことを協定した。

①外蒙古（蒙古人民共和国）の現状が維持されること。

②一九〇四年の日本国の背信的攻撃により侵害されたロシアの旧権利が次のとおり回復（be restored）されること。

（a）樺太の南部及びこれに隣接するすべての諸島がソヴィエト連邦に返還（be returned）されること。

（b）大連港が国際化され、同港におけるソヴィエト連邦の優先的利益が擁護され、かつ、ソヴィエト社会主義共和国連邦の海軍基地としての旅順口の租借権が回復（be restored）されること。

（c）東支鉄道及び大連への出口を提供する南満州鉄道が中ソ合同会社の設立により共同で運営されること。ただし、ソヴィエト連邦の優先的利益が擁護されること及び中国が満州における完全な主権を保持することが了解される。

③千島列島がソヴィエト連邦に譲渡（be handed over）されること。

前記の外蒙古並びに港及び鉄道に関する協定は、蒋介石総統の同意を必要とするものとする。大統領は、この同意を得るため、スターリン元帥の勧告に基づき措置を執るものとする。

三大国の首脳はこれらのソヴィエト連邦の要求が、日本国が敗北した後に確実に満たされるべきことを合意した。

ソヴィエト連邦は、中国を日本国の羈絆《きはん》から解放する目的をもって自国の軍隊により中国を援助するため、ソヴィエト社会主義共和国連邦と中国との間の友好同盟条約を中国政府と締結する用意があることを表明する。

一九四五年二月十一日

ヨシフ・V・スターリン

フランクリン・D・ルーズヴェルト

ウィンストン・S・チャーチル

調印日、すなわち二月十一日、いきなりソ連の対日参戦に伴う密約に署名を求められたチャーチルは

「ソ連のパワーが極東アジアに向かうのは悪いことではない。ドイツが消滅してしまったからには、これもまた良しと理解し、黙って呑み込むしかあるまい」とイーデンに語り、フランスを常任理事国にし、共産勢力の拡大をヨーロッパでくい止めるためには甘んじてこの密約に従う他はないとしてこれを承認した。

チャーチルは拒否権を手にしていたから香港の国際自由港案など軽く一蹴したけれども、いっぽう、旅順大連、東支鉄道・南満州鉄道に関わるルーズベルト裁定を聞き、一杯食わされたと知って烈火のごとく怒ったのは蒋介石であり、まさかカイロで言葉を交わした大国アメリカの大統領が脳内異変を起していたとは考えもしなかったから、噂ではルーズベルトの提灯持ちをやった宋美齢夫人とギクシャクし、かなりの期間口をきかなかったという。余談ながら、二〇一二年八月十五日にＮＨＫが放映した《終戦／なぜ早くならなかったのか》という番組で明らかにされた通り、ヤルタ密約にもとづくソ連の対日参戦は一九四五年五月二十四日付けで日本のスイス駐在海軍武官が本国に打電しており、日本が完全な不意打ちを喰らったという歴史は覆されている。

④ 落日の大英帝国

チャーチル以下イギリス代表団の宿所となった豪壮なヴォロンツォフ邸は、二十一世紀となった現在、ヤルタ観光の目玉になっており、かくしてご当地の案内係はヴォロンツォフ邸のライオンとチャーチルにまつわる一種の伝説を説明の中に挟み込んで観光客の探究心に応じようと心を砕く。

ヴォロンツォフ邸のライオンとはその庭園に作られた広い階段の左右両側に三体ずつ、合計六体置かれている等身大のライオン像のことで、白大理石で作られた六体はすべて異なった姿をしており、階段の一番下にいるライオンは眠りこけ、上に行くにしたがって目覚め、首をもたげ、立ち上がり、唸り、そして最上層のライオンは大咆哮している。ところでチャーチルは階段の一番下に置かれたライオンがひどく気に入り、スターリンにヤルタの記念に持ち帰りたいと無心した。ソ連の独裁者はこのライオンはソ連人民の所有になっているから駄目だとにべもなく断っている。案内係の説明のオチは、ヤルタ会談でチャーチルはほとんど目的を達することができず、おのれの技のつたなさを自嘲し、そのあげく、ヴォロンツォフ邸の眠れるライオンをよこせと迫ったのだと言って観光客の笑いを取る。

ヤルタ会談ではソ連の対日参戦および国連創設が決定し、それと共に、敗戦後のドイツ分割、賠償措置、戦犯処分が決められた。次いで新たな国境線が引かれ、赤い国々は西に向かって膨張し、世界中の海峡、水路、港湾の使用に関する新協定が結ばれている。つまりスターリンは欲しいと思うものをあらかた手に入れたのだが、こういう結末はルーズベルトに起きた脳内異変の賜物ということになろう。

さて、時間を対日参戦交渉直後に開始された二月八日木曜日午後四時からの第五回全体会議に戻す。ルーズベルトはホプキンスのメモを見て次のように発言し、全体会議をスタートさせた。

「外相会議は満足すべき結論を導き出したとのこと。ついてはその成果をイーデン外相から報告していただくと同時に、大いなる慰労の言葉をもってねぎらいたいと思います」

指名されたイーデンは便箋一枚を手に持って、国連に関連する事項を淡々と読み上げた。その中の最も重要な事項は三つある。

①第一回国連総会は一九四五年八月四月二十五日水曜日に開催される。

②総会への招聘国は一九四五年三月一日までにドイツに対し宣戦布告をした国とする。

③ソ連の一員であるリトアニア、ベラルーシ、ウクライナ、三共和国のうち、ベラルーシ、ウクライナ二共和国を国連加盟国とする。

これでルーズベルトも幸福、スターリンも満足という結果を得て、この日の全体会議は午後七時四十分

ヤルタ会談での3巨頭
左からチャーチル、ルーズベルト、スターリン

に終わっている。ところで、この日は午後八時三十分からユスポフ邸でスターリン・ディナーが開催されており、貨車三輌分のキャビアがヤルタへ運び込まれたという一事が物語るように、物資豊富なアメリカでもなかなかお目にかかれない美酒美食の饗宴が始まった。アメリカ側はルーズベルト以下九名、イギリス側はチャーチル以下十名、ソ連側はスターリン以下十一名。これら参会者の中にはアンナ・ボティガー（大統領の娘）、サラ・オリバー（首相の娘）、キャサリン・ハリマン（ハリマン大使の娘）という女性陣がおり、おかげでキャサリン嬢のスピーチを含め、乾杯の発声は合計四十五回。二月四日の晩に開催されたルーズベルト・ディナーのようなスピーチの中にとげとげしい意図を潜ませたきわどい政治的な発言は一切ない。和気藹々のうちにディナー・パーティーは進み、結局、宴はてたのは午前二時となったが、そのきっかけは大統領の体調だった。大統領は息も絶え絶えになり、極端に消耗してがっくりと頭を胸に垂れてしまったから、車椅子担当のプレッティーマンは驚き、近くにいたボーレン通訳の袖をひっぱり、パーティーはお開きになった。

翌二月九日金曜日午後四時、ヤルタ会談六日目となるこの日、おそらく今後数世紀に渡って世界中の中学校教科書に掲載されるはずの写真が撮られた。撮影準備は昼過ぎから始まり、全体会議場のガラス窓越しに見えているイタリア風中庭の噴水の前に絨毯が敷かれ、その上に椅子が三つならべられた。中央の椅子に座るルーズベルトは最近好んで身につけている海軍士官用マントを羽織って表われ、さかんに選挙パレード用の笑顔をふりまいていたが、それでも何枚かの写真では明らかに朦朧状態となって口が半開きになり、まことに痛々しい。

軍帽に厚手のコート、そしてお気に入りのカフカーズ・ブーツ姿のスターリンは、欲しいものはあらかた手に入れたのだから機嫌の悪いはずもないのだが、むっつりと仏頂面をしている。もともとこういうのが好きではないのだ。

チャーチルは向かって左側の椅子に座っている。ダブルのカシミヤコートはいつもの通りだが、今日は軍帽のかわりにアストラカンのクバン帽という出で立ちで、寒気のため吐く息は白く、顔つきはどちらかといえば沈んでいる。首相はやりきれない思いだったに違いない。大英帝国はドイツを相手の二度の大戦で深手を負い、十九世紀に荒稼ぎした資産を食いつぶし、名ばかりの大国になることがはっきりと予感できたからだ。

この日の全体会議は午後四時十五分から開始され午後七時五十分に終わったけれども、大揉めに揉めたあげく審議さし戻しになったのは《信託統治》にかかわる草案をステティニアス長官が読み上げた時だった。

安保理常任理事国が共同で高等弁務官を派遣して発展途上国を信託統治するという案は《アルジャー・ヒス計画》として大統領に提出され、大統領を大よろこびさせた案だった。すなわちヒスは「複数の大国が共同管理する信託統治を推進することによって大英帝国の力を削ぎ、その削ぎ落とした分をソ連にまわすことでこの国の底上げをはかる。いっぽうアメリカは、常任理事国という大国クラブに入会させてやった中華民国を南米大陸諸国なみの強烈な影響下に置き、そうしておいて全世界に君臨し、パックス・アメリカーナの名の下に千年帝国を実現する」とルーズベルトに吹き込んだから、大統領はまさにその気になった。

忠臣アルジャー・ヒスの生年月日は一九〇四年十一月十一日。ルーズベルトにとってこれほど《うい

国務省高官
アルジャー・ヒス

奴》はホプキンス以来だろう。自分の見たいと思うものしか見ようとしないルーズベルトはまったく無意識にコミンテルンというソ連スパイ工作員を数多く中央官庁にはびこらせていたが、その内の一人が「ＡＬＥＳ」というコードネームの国務省高官アルジャー・ヒスである。

　さて、高血圧と無謀な飛行機移動でアルバレス症を昂じさせ、脳血管性認知症を引き起していた大統領はヤルタ会談随行員の一人に当時四十一歳のヒスを加え、ステティニアス長官の補佐役としてアメリカ側事務総長に抜擢した。かくしてホプキンスやヒス、あるいはハリー・ホワイトにラフリン・カリーといった怪しい側近たちに担がれたルーズベルトはおのれの立場もわきまえず民主主義陣営の分裂に拍車をかけ、スターリンに肩入れしたから、一党独裁国家の増殖をくい止めるために孤軍奮闘したチャーチルの努力は虚しいものになっている。

　すべてが判明した後になって振り返って見れば、なるほどと得心が行くけれども、信託統治方式はソ連当局と工作員ヒスの共同謀議にもとづく処方箋だったから、真のねらいはソ連側の高等弁務官といっしょに《細胞》と呼ばれる末端党員を送り込んで、プロパガンダ、あるいはデモに名を借りた破壊工作を行なうことであり、これこそは信託統治領を足掛かりとして全世界を赤く塗りつぶすための計画だった。余談ながらヒスは四十六歳のとき偽証罪で収監され、出獄後は弁護士資格剥奪。一切の公職から追放されたまま九十二歳で死んだけれども、八十四歳のとき名誉回復をはかって《Recollection of a life／邦語訳『汚名』井上謙治訳／晶文社》という回想録を著した。しかしそれから七年後、すなわち死の前年にヴェノナ文書が公開され、これでヒスは紛れもないスパイ工作員だったことが判明している。こういう一連の真実が明らかになった後に、改めて《汚名》という回想録を読み、かつ、ルーズベルト大統領の医療所見を照らし合わせれば、いかにＡＬＥＳことアルジャー・ヒスの捏造ぶりが見苦しいかは明白である。

さて、脱線がひどくなる前に二月九日のヤルタ会談全体会議に立ち戻ると、冷たい戦争が早くも蠢《うごめ》きだしていることを理解していないステティニアス長官は《ＯＫ／ＦＤＲ》という承認を受けた信託統治の草案を次のように発表した。いわく「常任理事国は国連第一回総会の前に、保護領ないし委任統治領にかかわる体制改革についてあらかじめ協議し、これを国連憲章に盛り込み……」と読み上げている。

これを聞いた途端、チャーチルは途方もない大声で「ちょっと待て！」と叫んだ。

「保護領ないし委任統治領にかかわる体制改革とは何のことだ。大英帝国の海外領土に対し信託統治を押しつけるための体制改革を協議しようというのかね？　私はこのような重要案件について事前に何の相談も受けていないが、インドや中東地区ならびに東南アジアにある大英帝国の領土問題を協議しようというのであれば、私は信託統治についての草案など一言半句といえども認めない！」

首相はロンドンが空襲され、ひどい目にあっている時、ルーズベルトが冗談めかして「インドを独立させ、インドが完全に一人歩きできるまでの間、米英ソ三国で共同管理しよう」と口に出したことを忘れていなかったから、信託統治のさわりを聞いただけで感情的になり、絶句して次の言葉が出て来ないほど激昂した。

「少しだけ説明させてください」

首相の剣幕に動揺したステティニアス長官は狼狽して次のように言い足した。

「信託統治は大英帝国の領土とは無関係です。信託統治が適応されるのは敵国の支配下にある領土です。繰り返しますが味方の領土に信託統治方式を適応させる意図はありません」

だがステティニアスは口をすべらした。

「私が申し上げた信託統治は朝鮮、ベトナム、あるいは日本の支配下から解放される南洋諸島に適応させようとしているのであって、大英帝国の領土をどうこうするつもりはまったくありません」

チャーチルは「やかましい！」とは言わなかったものの、その代りに「いまベトナムと言わなかったかね。ベトナムはフランスの保護領ではないのかね。ともかく信託統治というヤツは実にうさん臭い。ステティニアス長官、私はいかなる場合も、生まれてホヤホヤの四〇ないし五〇ヵ国の国々が、国連加盟国という名のもとに大英帝国についてとやかく言うことなど絶対に許さん！　もしもスターリン元帥がセバストポリ軍港を含む全クリミヤ半島を夏の避暑地として信託統治の名の下に自由化してはどうかと提案されたらどう思うか言ってやろうか。侮辱されたと思い、我々を裸にひんむいてこのリバディアから叩き出すだろうよ」と責めたてた。

首相は、長官から「大英帝国の領土をどうこうするというつもりはまったくありません」という言葉を聞かされたこと自体、猛烈に不愉快だった。なぜならこういう弁解こそ自国の斜陽化を目の前に突きつけられたようなものだったからだ。首相は顔を真っ赤にしてステティニアス長官を難詰する言葉を叩きつけたから、これを見て大統領は恐れをなし、すぐに信託統治条項の文言をイギリスが納得する内容へ変更するよう命じ、全体会議の暫時休憩を告げた。かくしてヤルタ協定議定書の中の《信託統治》の項にはチャーチル了解の文案が並ぶことになった。なお、ルーズベルトはＡＬＥＳことアルジャー・ヒスという政府高官が朝鮮、ベトナム、インド、パキスタン、パレスチナ、ソマリアといった様々な地域に不和のリンゴを転がし、そして自分の死後、この裏切り者が有罪宣告され、世間の前から姿を消してしまうとは考えてもいない。

翌二月十日土曜日、全体会議は午後四時五十分から開始され、認知症が半分、気の緩みが半分のルーズベルトは誰かが差し出すメモを読み上げるだけの腹話術人形に成り果てていた。

いっぽう、チャーチルのもとには圧倒的な勢いになりつつある共産主義ルブリン臨時政府の実体報告が大量に寄せられており、ロンドンにいる亡命政府がポーランドに帰国したとしても、その場で消されてしまう可能性が大きくなっていたから、首相の苛立ちは最高点に達している。しかしこの勢いはついに止めることができず、イーデンとモロトフが合意した次の議定書の文案で妥協せざるを得なかった。いわく、「諸勢力を代表する政治団体から成るポーランド国民統一臨時政府がしかるべく成立したなら、現在ルブリン臨時政府と外交関係を樹立しているソ連政府、イギリス政府アメリカ合衆国政府は直ちに新しい《ポーランド国民統一臨時政府》と外交関係を樹立し、ポーランドに大使を派遣するものとする。それら大使による報告はポーランドの国民投票ほかさまざまな状況についての情報をもたらすだろう」

罰則などの留意条項が付随していないこの文書では、ポーランドに民主主義と自由主義が育つことに繋がらず、結局のところ、イギリスとアメリカへの免罪符およびアリバイ提供という位置づけにしかならない。

ここに至り、チャーチルには後がなくなった。ポーランドに関する国境と政治体制に大きな譲歩をした結果、バルト海からアドリア海に至るすべての東欧諸国がスターリンの勢力下に入り、かつ、ドイツの消滅が明らかになった以上、フランスを大国クラブの一員にしなければたいへんなことになる。そこで首相はずいと椅子を引いて立ち上がり、第一にフランスをドイツ占領委員会メンバーに迎え、第二にフランスを常任理事国に迎えねばならないとのっけに主張した。明らかにこれから大演説を始めるぞと拳《こぶし》を振り上げたのだ。

「フランスがドイツ占領地域を持つことが承認されたのはヤルタ会談二日目のことです。ところが二月七日になると、心外にもフランスはドイツ占領委員会への参加が見送られてしまいました。フランスが、ドイツでの占領地域を承認されていながら、ドイツ占領委員会のメンバーに招請されていないという異常事態はすぐに破綻を招く。そうなるに決まっている！　いっぽう、ソ連の二つの共和国ベラルーシとウクライナは一国一票の原則があったにも関わらず、加盟が承認されています。そしてまた、ポーランドも主権を確立して国連の加盟国になろうとしている。私は……」

そこまで首相が語って、大きく息を吸い込んだ時、大統領が割りこんだ。

「私は考えを変えた」

時間が止まったような一呼吸の間を置いてルーズベルトは次のように続けている。

「ドイツ占領委員会メンバーへのフランスの参加について私は考え方を変えました。首相の意見に同意し、フランスをこの委員会に参加させると同時に、安保理常任理事国として招請したいと思う。チャーチル首相の意見に同意します。フランス人という手ごわい人間を扱う上でも、こうしておいたほうが無難だ」

「……スターリン元帥のご意見は？」とチャーチル。

「異議ありません。同意します」

チャーチルは苦笑して、どすんと椅子に座った。年甲斐もなく力んだことに照れたのだ。

「では紳士諸君、ド・ゴール将軍のもとへ、たった今、米英ソ三国が一致を見たという意思決定内容を打電してやることにしよう。もっとも、この内容を辞退するか留保するかは将軍の判断次第だと注意書きしてね」

いつもより五十分も遅く始まった全体会議は午後八時に終了し、午後九時からヴォロンツォフ邸でイーデン、ルーズベルト、ステティニアス、スターリン、モロトフに加え、ボーレン、パヴロフ、バースという三人の通訳を加えたチャーチル主催のディナーが開かれた。すべての討議は終わり、きわどい政治的なつばぜり合いなどゼロ。そして宴会がお開きとなった後に待っていたものは強烈な睡魔のみだった。この日、夜の検診を済ませた後のモラン卿のカルテにはチャーチルの発言が次のように残されている。

「大統領の振舞いは手がつけられない。我々が成そうとしていることにさっぱり関心を持たないのだ。理解力を失ったようにも見える。そう、大統領はたまたまヤルタを通りかかってもの珍しそうにこちらを見ている無責任な通行人だ。傍観者に過ぎないのだよ」

※　※　※

ヤルタ会談最終日となる二月十一日日曜日の全体会議はルーズベルトの希望で予定を早め、午後十二時から開始となったが、その雰囲気は千秋楽の舞台がはねた後の楽屋のようなもので、今さら物議をかもす議論を吹っ掛けるものなど誰もいない。この時、重要な仕事が残っているとすれば、それは米英ソ三国の中堅外交官が息せき切って仕上げた《共同声明》の修正版草稿を査読するぐらいのもので、これとてステティニアス長官が読み上げる英語と、それをボーレンがロシア語に通訳する声を聞いていればいいだけの話だから、さほど苦にはならない。この査読が終わった午後十二四十五分、一同はビリヤード・ルームの長テーブルに移動し、昼食会となった。長テーブルをぐるっと囲む形の席順は、壁を背にして中央にルーズベルトがおり、その左隣にスターリン、右隣にチャーチルが座った。そしてチャーチルから右回りにモロトフ外相、バース通訳、ステティニアス長官、イーデン外相、ボーレン通訳、ハリマン大使、カー大使、カドガン外務次官、しんがりは怜悧にして端正な容貌のパヴロフ通訳で、スターリンの左隣に座ったこのロシア人通訳は訓練の行き届いたボルゾイ犬のごとく優雅に控えている。一同が着席すると景気よくシャンパンが抜かれ、この日最初の乾杯の挨拶は巡り合わせでステティニアス長官となった。そして何人かの乾杯の発声が済み、宴もたけなわというタイミングに《共同声明》の正文が持って来られたから、さっそく、ルーズベルト、スターリン、チャーチルの前に並んだグラスと料理の皿がどけられ、空白となったその場所に歴史上もっとも重要な文書が置かれた。

戦争はまだ終わっていない。

三人は、これから無慮数千万人が犠牲になる執行命令書としての文書に署名し、それが済むとステティニアス長官がその文書を預かった。すると、その直後、ハリマン大使が実にさりげなく《ソ連の対日参戦に関連する秘密協定》の正文を三人の目の前に置く。すると、三人もまたさりげなく、あたかも小切手にサインでもするように署名し、今度はリーヒー海軍元帥がその文書を預かった。対日参戦秘密協定については、提出から回収まで、ステティニアスという外務畑のトップは手を下していない。なおチャーチルが大声で異議を唱えた信託統治については文面修正の上、《ヤルタ協定議定書》に記載され、この日の午後六時に、三外相が署名して成立した。

午後三時四十五分、昼食会はお開きになり、別れの時を迎えた三巨頭は贈り物の交換と勲章授与を行なったけれども、勲章のほうはまとめて二十個ほどが代表者に渡されるという簡略形だった。そして午後三時五十分、スターリンとチャーチルは相前後してまことにあっさりとリバディア宮を後にし、首相はそのままセバストポリ軍港に碇泊中の英国商船フランコニア号に乗って帰国。スターリンも翌日、シンフェロポリ駅から特別列車に乗ってモスクワに帰った。

この間、最ものろのろしていたのはルーズベルトである。大統領はバラクラバ古戦場を見物した後、セバストポリ軍港に碇泊中のアメリカ海軍特務艦カトクチンに一泊。翌日、サキ飛行場からカイロに飛び、エジプト国王ファールーク一世、サウジアラビア国王イブン・サウード、エチオピア皇帝ハイレ・セラシエ一世と面談。死の淵を歩いている大統領が重巡クインシーに乗って帰国の途についたのは二月十五日木曜日だった。（著者注）国際連合については追補（19）に参考記述あり

2　ルーズベルト死す

①　グローヴス准将の原爆書簡とルーズベルトのヤルタ会談議会報告

ヤルタ会談終了後、リバディア宮を最後に出たアメリカ人高官はステティニアス長官とボーレン通訳の二人だった。両名は夜行列車でサキ飛行場に向かうため、夜も更けて真っ暗になったころ車でシンフェロポリ駅に着いた。長官はボーレン通訳と共に指定されたコンパートメントに入り、ゆったりと足を伸ばしてタバコに火をつけた後、文字通り肌身はなさず持ち歩いていた一枚の文書を取り出してしげしげと眺めている。

ヤルタ会談が始まる二ヵ月前、十二月三十日午後二時に長官とボーレン通訳の二名は大統領に呼び出されてホワイトハウスを訪れ、約一時間面談したが、別れ際、大統領本人から「これはつい先ほどスティムソン陸軍長官が持参したものだ」と言って一通の文書を手渡された。文書は以下に示す通り、原爆に関するもので、大統領の指示は内容を頭に入れておけというものだった。ステティニアス長官はこの文書を大統領の目の前で広げて読むことはせず、そのままファイルごともらって退出したのだが、国務省の自室に戻ってこれを読み、これが何かまったく理解できなかったけれども、直感、面倒なものを押し付けられたと思った。

・発／マンハッタン計画司令官グローヴス／一九四四年十二月三十日
・宛／アメリカ合衆国陸軍マーシャル参謀総長殿

・トップシークレット／陸軍省（ワシントン）
・表題／原子核分裂爆弾

今やウラニウムを爆発素材とするガン・バレル型爆弾の製造工程は最終段階に入り、その完成は確実視できる状態になりました。威力評価上、ウラニウム原爆一発は最低でもＴＮＴ爆弾一万トンに匹敵することが明らかです。なおウラニウム原爆の実戦配備について付記すると、マンハッタン計画の技術研究メンバーは、フル・スペック実験は不必要だとしており、その前提に立てば、最初の実戦配備は一九四五年八月一日。二発目は四ヵ月後の十二月。それ以降は九〇日前後の間隔で配備されます。

いっぽう、プルトニウムを爆発素材とするインプロージョン型爆弾は、科学技術上のハードルを乗り越えるために時間がかかったおかげで一九四五年晩春の完成予定を大きく裏切ってしまいました。それでも一九四五年七月末にはインプロージョン型爆弾を製造するに足るプルトニウム素材を充分に保有できるものと考えます。威力評価上、プルトニウム原爆一発はおおむね五〇〇〇トンのＴＮＴ爆弾と同等の威力があります。私たちは一九四五年八月から十二月の間に二つ以上のプルトニウム原爆を実戦配備することができるでしょう。プルトニウム原爆の製造が軌道に乗れば一発一万トンに手が届くでしょうし、さらに私たちが抱えている問題が解決されれば、一発二万トンに達することができるでしょう。ウラニウム原爆とプルトニウム原爆という二つのタイプが利用可能になる場合、プルトニウム原爆を押さえの切札と位置づけ、より確実でより強力なウラニウム原爆を決戦兵器として位置づけることを勧告します。

原爆開発は工程遵守で進めており、その一環として一九四四年九月一日、第二〇空軍にB-29十四機から成る五〇九混成航空群の編成命令が下り、今月からこの原爆投下部隊はユタ州ウェンドバー基地でモックアップ爆弾を使った模擬訓練を開始しました。今や、まさにその時は来ました。すなわち参謀本部の作戦本部主任幕僚、そして近々南太平洋のテニアン島を訪れることになっている第二〇空軍参謀部のノースタッド准将に原爆に関わる充分な情報を提供する時が来たと考えます。また兵員移動上の計画策定円滑化のため、同程度の情報を第二〇空軍司令長官代理ハーモン中将に提供し、かつ、絞り込まれた限定情報を二十一爆撃部隊の司令官ハンセル准将に提供することを勧告します。さらに、その周辺海域での厳重な海軍の支援を確保するため、テニアン島から日本本土に飛行し、原爆を投下するという基本計画をニミッツ提督に通知し、併せて海軍支援についての特別警戒勧告文書を提出しておくことが望ましいと考えます。これについて最も効率よく命令が行き届く方法はキング元帥からニミッツ提督に事前通知書を発していただき、その上でテニアン周辺海域での特別警戒勧告文書をニミッツ提督に届ける目的で海軍士官を一人任命していただければ、無理なく遂行できるものと思います。機密保持の絶対的な必要性をその海軍士官に強く印象づけておけばトラブルは極小化できるでしょう。

私はニミッツ提督への特別警戒勧告文書提出についてアーノルド空将と話し合い、空将からはその勧告文書提出が望ましいものと賛成していただきました。ご承認を賜りたくお願い申し上げます。

グローヴス准将

グローヴスは何か勘違いしたものと思われる。勘違いの一つは核分裂素材の生産納期で、この文書を提出した時、ウラニウム、プルトニウム双方とも納期が確定できず、ふらついていたからだ。もう一つ。爆弾の威力について勘違いしている。すでにプルトニウム爆弾の威力は一九四一年五月時点でウラニウム爆弾の二倍弱だということがつきとめられており、事実、原爆が実戦配備された時、このグローヴス報告のTNT値は大きく食い違うことになる。なぜなら広島に落とされたウラニウム原爆（暗号名リトルボーイ）は一万五〇〇〇トンだったし、長崎に落とされたプルトニウム原爆（暗号名ファットマン）は二万二〇〇〇トンだったからだ。

それはともあれ、ステティニアス長官にはこの文書がちんぷんかんぷんだった。

――――何のことかさっぱりわからんな。

これがステティニアス長官の偽らざる感想で、大統領がろくな説明もせずに、「内容を頭に入れておけ」という指示を出すのは、本人もあまりよく内容把握が出来ていない証拠で、「くわしいことはスティムソン陸軍長官に聞け」ということだと理解した。しかしスティムソンの優柔不断は天下一品であり、こちらが本当に聞きたいことなど言を左右して答えないに決まっている。そこで国務長官は大統領から渡された文書の宛て先にある参謀総長のマーシャルに目をつけ、さっそく面談約束を取りつけた。

「電話を使わず伝令に文書を持たせて面談を申し込むという慎重な方法には頭が下がりますな長官。ご配慮かたじけない」

マーシャル参謀総長はそう言って国務長官をペンタゴンの自室に通した。

「トップ・シークレット、原子核分裂爆弾、そしてあなたのお名前があったので、これはただごとでないと考え、伝令を使いました。ところでこれが大統領から直接手渡された文書です。大統領は内容を良く勉強しておくようにと言うだけで、特段のコメントはありませんでした」

聞いたマーシャルは一九四四年十二月三〇日に大統領に提出され、そのままステティニアス長官に渡ったというグローヴス文書を広げて要点を再確認すると、タバコに火をつけて間をとった。

「話せば長い物語ですよ、長官。うまい具合に私もあなたもヤルタに行くことになっている。ご不審な点や細かい疑問についてはあそこへ我々を連れて行く軍艦の中でお話し申し上げるので、今日はざっくりした概要だけに留めたい。よろしいですか？」

そう言って、参謀総長はマンハッタン計画という超々極秘計画の存在を語り、最後にこの計画はイギリスのチャーチル首相が深く関与していること、そしてソ連に対して原子爆弾の機密が漏洩したら一大事であることを打ち明けている。いっぽうステティニアスはいきなり原子力関連情報の洪水に遭遇して混乱し、自分の脳味噌がパニック気味だと自覚して、苦笑した。

「やれやれ、原子力のフルコースをならべられ、私は消化不良を起しそうですよ。今日は概要だけに留めていただき、そのご配慮に感謝いたします。……ところで、参謀総長、一つだけ教えてください。TNT換算とは何ですか？」

「通常火薬、つまりTNTですが、TNT一グラムで一〇〇〇カロリーの熱を発生することから、爆弾の威力を評価する基準単位を意味します。もっと具体的に申せば、一機のB-29に積載する爆弾の総量はTNT一〇トンです。私が受けた報告では、東京と横浜にまたがる京浜工業地帯を中心に空爆を完了するには約五〇〇機のB-29を投入する必要がある。つまりTNT五〇〇〇トンですね。この一つの事例から原爆の威力をかいま見ることができるのではありませんか」

「そういうものをアメリカが手中にすると決まったのなら、これ以上ソ連に甘い顔をする必要はなさそうに思いますが、そのあたりどうお考えですか？」

「グローヴスは原爆中毒になったのかも知れません。使ってみたくてうずうずしているのです。一発でそれだけの威力がある以上、それを投下する味方のB-29が巻き添えになる可能性は大いにある。もっと慎重に構えるべきだが、まあこれ以上は政治家の仕事です。私からこれ以上のコメントは今のところ控えておきましょう」

こうしてステティニアスは原爆に関連する最初のマーシャル参謀総長との面談を終え、そして今、シンフェロポリ駅に停車した夜行列車のコンパートメントの中で、原爆レポートを眺めている。マーシャル参謀総長がヤルタに来る時、船の中で漏らしたことだが、この原爆レポートをステティニアスが大統領から手渡された翌日、スティムソン陸軍長官は大統領とランチを共にしている。大統領はスターリンに原爆を語ることなく、ヤルタ会談の幕を引いたのだろうか？

長官は向かい側に座って真っ暗な窓の外を漫然と眺めているボーレン通訳に向かって合図し、メモを渡した。冷戦はすでに始まっている。列車の中だろうと盗聴器が潜んでいるかも知れないからだ。

――大統領はスターリンに原爆のことを話さなかったか？

ボーレンはそのメモを見るとすぐに火をつけ、石炭ストーブにくべた後、自分の手帳に数行の文字を書き、それを手帳からちぎって長官に渡した。

――私はずっと通訳として大統領の横にいましたが、原爆はいっさい口にしませんでした。あなたがいない席でスターリンを相手に対日参戦を決定させた時も、原爆を見返りにするとは言わなかった。その代わり旅順大連、東支鉄道と南満州鉄道、そして南樺太、千島列島を提供しました。

※　　　※　　　※

帰国した大統領がホワイトハウス入りしたのは二月二十八日の朝八時四十五分で、翌日三月一日木曜日、大統領は午後十二時八分からヤルタ会談についての議会報告を行なっている。このときの演説原稿は航行中の重巡クインシー艦内でステティニアス長官監修下にお抱えライターが書き上げた全部で六〇〇行、一万二〇〇〇ワードにおよぶ原稿であり、その中にはドイツと日本の無条件降伏、あるいはポーランドやフランスに関する言及が部分的に存在するものの、ほとんどは国連創設が主体で、エンディングは次のような具合になっている。

「大きな成果を上げたヤルタ会談とはいかなるものだったのか。それは米英ソ三大国が平和維持という共通基盤を見出すために語り合った会談でした。ここで最終的に合意された国連安保理という平和維持システムは一方的な武力の論理を終焉させることになるでしょう。また、平和愛好国が手をたずさえて集う普遍的な組織としての国連総会という枠組みは、過去数千年に渡って試みられてきた排他的な同盟関係やパワー・バランス政策、あるいは暴力的な圧政と並行した愚民政策など、すべて失敗に終わった平和維持手段に代わるものとなるでしょう。

私は揺るぎない確信を抱いています。アメリカ議会とアメリカ国民はヤルタ会談の成果である国連を受け入れるだろうと。今日ここに集う皆さんと、かく言う私自身は子々孫々にいたるまで恒久平和のスタート地点となったヤルタ会談の成果を受け入れるだろうと。生きとし生ける全人類は子々孫々にいたるまで恒久平和の礎石を打ち込んだヤルタ会談の成果を受け入れるだろうと。そして神の加護の下、ヤルタ会談の成果は来るべき未来に完成するであろうと。

我が友よ、これが今日ここに集う全員に私がお届けするメッセージのすべてです」

この議会報告は惨憺たる結果に終わった。その理由の一つに、ルーズベルトの右脳視覚神経異変が引き起した視界左側欠損があげられており、これによって演説原稿がよく見えず、無茶苦茶になったということが近年になって判明しているけれども、当時はそういうことはわからない。またルーズベルトもそのような体調異変が世間の知るところとなれば、政治生命はおしまいだと承知しているから絶対にその異変を告白しようとしない。かくして悲惨な演説は始まった。

冒頭、大統領は上下両院議員を前にアドリブで、「私は靴の底にギブスという名の一〇ポンドの鋼材をくくりつけ、ヤルタへの一万四〇〇〇マイルにおよぶ旅を終えてここにいます。本日の議会報告にあたり、くたびれた私が演壇に向かわず、このまま座って報告する無礼をお許し願いたい」というジョークを噛まして場を和ませたまではよかったが、この後に続く大統領演説はよろめき、つっかえ、とりとめのない論理飛躍を繰り返したから、聴衆はあきれ果てた。演説する大統領を至近距離で見て、総毛立つほど驚いたのはトルーマン副大統領で、この人は後刻夫人に、「魂の脱け殻が口をパクパクやっているような薄気味悪さを感じた。大統領にはまったく存在感がない」と語った。そして、もう一人の大統領支持者ローゼンマン判事も「こんなたどたどしいＦＤＲは初めてだ」と言い、秘書のグレース・タリーに至っては「私、病気になりそうだわ」と語った。大統領に好意的な面々ですらこういう評価を下したほどだから、敵対勢力の一つであるシカゴ・トリビューン紙などはくそみそにこき下ろし、「何たるぶざまか。演説は四十九回ガタガタになり、文字数にして七〇〇ワードが吹っ飛んでいた。我々有権者をなめている！」とあった。

大統領は議会報告を済ませた後、約一ヵ月、ものに憑かれたように公務を果たした。そして三月三〇日、大統領はホワイトハウスを出て、いったんハイドパーク屋敷に立ち寄り、十才の時から集めている膨大な切手アルバムの一部を車椅子係のプリッティーマンに命じて書棚から取り出すと、そのまま専用列車でジョージア州にあるお気に入りの保養先ワームスプリングスに向かった。なおこの日、副大統領トルーマンが面談目的でホワイトハウスに来ていたけれども、ドタキャンを喰わされている。就任後かれこれ二ヵ月になろうとしているのに、あろうことか、大統領とトルーマンの間で交わされた政務推進にかかわる対話はまったくのゼロ。いくらなんでもひどかろうというのがトルーマンの偽らざる気持ちだったが、このとき大統領は「二、三週間静養したらホワイトハウスに戻る。打合せはその時にしよう」と言って立ち去った。しかし大統領はこの日から数えて十三日後の四月十二日に死亡する。ついでながらルーズベルトはヤルタにも同行させた主治医のマッキンタイア中将をホワイトハウスに残し、ブリューエン博士のみをワームスプリングスへ同行させた。

（著者注）第二次大戦終結後については追補（20）に参考記述あり

② 画家エリザベス・シューマトフ女史

「私は大統領が倒れたその瞬間を見ています」

こう語るのはルーズベルトが脳内出血で倒れた場所から三メートルぐらいの位置にイーゼルを立て、大統領の肖像画を描いていた女流水彩画家エリザベス・シューマトフである。

ロシア帝国陸軍中将アヴィノフの娘に生まれ、一九八〇年に九十二歳でこの世を去ったシューマトフ女史は生涯に約二〇〇点ほどの作品を世に送り出したけれど、美術学校で専門教育を受けたわけではなく、幼少時、イギリス人の住み込み家庭教師から水彩画の手ほどきを受けたという一事のみで、あとはすべて自己流だった。ウクライナのポルタヴァ近郊に屋敷を持つアヴィノフ家は冬の社交シーズンになると首都サンクト・ペテルブルクの別邸に移り、春から秋にかけては領地に戻るという生活だったから、この画家の作品の中に、アンナ・カレーニナや桜の園の世界を感じさせるものが漂うのは偶然ではない。エリザベスという非凡な素人画家はレオ・シューマトフに嫁ぎ、娘三人の母親となり、一九一七年にロシア革命がおき、アメリカに亡命した。このとき夫のレオは、同じくウクライナ系亡命ロシア人イーゴリ・シコルスキーと共に飛行機メーカーを興し、経理と営業の総責任者になった。ちなみにこの会社がアメリカ初の飛行艇を開発し、アメリカン・エアウェイズ社に納品したのはレオの人脈による。しかしレオは一九二八年にロングアイランドのジョーンズ・ビーチで溺死。未亡人エリザベスはここから水彩画家シューマトフに変身した。

画家
エリザベス・シューマトフ

余談ながらこの画家はプロになる気持ちがまるで無かったから、展覧会出品もなく、個展もやらず、画商とのつき合いもゼロであり、その才能と力量は完全なクチコミによって広まったものだった。

「私は夫に先立たれた後も娘や孫たちと一緒に夫が遺したロングアイランドの屋敷で暮らしていましたが、アトリエだけはサウス・カロライナ州のエーケンに構えておりました。あれは一九三七年のことでしたが、アトリエにアリス・ラザフォードという名の娘さんがやって来て、新しく自分たちの母親になった人の肖像画を描いて欲しいと言うのです。つまりその絵を子供たちから新しい母へのプレゼントにしたいという訳です。母親の名前はルーシー・ラザフォード夫人。ウィンスロップ・ラザフォード氏の後妻となった人です。そう、私は、その時は気づかなかったのですが、肖像画に描いて欲しいと注文のあったこの女性はルーズベルト大統領の愛人だったという噂の、あのルーシー・マーサでした」

ルーシーはルーズベルト夫人エレノアの個人秘書だった。当時二十二歳の若い秘書と海軍次官補になったばかりのフランクリン・ルーズベルトはたちまち不倫関係になって大騒動になり、エレノアの秘書となってから五年後の一九一八年、ルーズベルトはルーシーと縁を切るという誓約書を夫人に差し出して離婚を回避し、おのれの政治生命を守った。だが、そういう誓約は、ルーズベルトに言わせれば女郎の千枚起請にすぎず、また、もういっぽうのルーシーも大胆不敵で、ラザフォード氏の後妻におさまったあとも関係を切ろうとはしていない。

「肖像画を描く場合、依頼主にアトリエへ来てもらって描くというやり方もありますが、私はどちらかと言えば依頼主の家庭に二三日訪問客として滞在し、日常のふとした仕草を参考にしながら描き進めていくやり方が多く、ルーシーの時もこの方法を取りました。彼女は優雅でコケティッシュで、笑顔がとびっきり可愛らしい、背の高い女性で、初対面のときはちょっと古風な感じがする青いシフォン・ドレスを着ていました」

ルーシーの肖像画は完成し、その後、画家がエーケンのアトリエにいる時は、お茶に招いたり招かれたりする付き合いとなった。そのうちルーシーは画家にルーズベルト大統領を知っているかと聞いた。そして、「あなた、大統領の肖像画を描いたら？　フランクリンはね、あれほど立派な顔だちなのに、今もってろくな肖像画を持ってないのよ」と言った後、問わず語りに、かなり奔放な、とても子供には聞かせられないルーズベルト讃歌を始めた。何かの加減でスイッチが入ってしまったのかも知れないが、すでにラザフォード夫人となった立場をもわきまえぬ振舞いに、画家は驚いた。しかし、いずれにしてもこれがきっかけでシューマトフは一九四三年に二号サイズのルーズベルトの肖像画を創り上げている。出来上がった小品を見て大統領は大いによろこび、別れ際に、「今度はライフサイズの大きな肖像画をお願いすることになるでしょう。時期を見て連絡しますよ」と言ったが、画家はそういう依頼が仮にあるとしても、戦争が終わってからだろうし、また、そのころにはそんなことを喋ったことすら忘れてしまうだろうと、まるであてにしていない。しかしその予想は外れた。

「一九四五年三月中ほどのことです。私はエーケンのアトリエで、我ながら出来がいいと満足していた作品に最後の仕上げを施していた時、ルーシーが喪服で表われました。この喪服は夫のラザフォード氏が少し前に他界しており、別に奇をてらった変な服装ではありません。しかし、いつものルーシーと様子が違うなと思ったのはその後です」

このときルーシーは気持ちの高ぶりを押さえるような低い声で「あなたの都合を聞いてきた人がいるのよ。そう、大統領よ。すぐにでもあなたに肖像画を描いてもらいたいと言っていたわ」と囁いた。画家は最近の大統領を新聞写真で見ていたから、「でも病気なんじゃないの。新聞のあの写真はひどい。まるで……」、亡霊だといいかけて、危うくその言葉を呑み込んだ。

「フランクリンはやせ細ってしまったわ。でも、顔そのものは若いころとかわらないわ。たしかに体重は落ちて、顔はふっくらとしたところが少しなくなってしまったけど。描くなら今しかないわ。延期などできないのよ。あの人はもうすぐワームスプリングスに来るわ」

ルーシーが、大統領の衰弱を直視できなくなり、若かったころの恋人の幻影を追っていることは明らかだったが、四月九日月曜日にシューマトフは道具一式を持って大統領の静養先ワームスプリングスに向かった。

「大統領とのランデブーを果たしたのは美しいジョージアの夕暮れが始まったころでした。待ち合わせ場所が決めてあったのでしょう。私たちを乗せた車がグリーンヴィルに着いて、とある角を曲がると、ドラッグストアの前に人だかりがしていました。その真ん中にオープンカーが止まっており、多数のＳＰにガードされた車の中には、コカ・コーラをラッパ飲みしている大統領がいました。ルーシーは大統領を見つけて有頂天になり、さっそくその隣に座って大統領のネイビー・コートにくるまり、幸せそうでした。私もルーシーの後に続いて大統領車に乗り換えると、前の座席には運転手のほかに大統領の従姉妹マーガレット・ソークレーと黒いスコッチテリヤのファラがいました。……私は大統領の顔を見た途端、来なければよかったと思いました。つまり、どうやって病み惚けた大統領の肖像を描いたらいいのか困惑したのです。大統領は面やつれが激しく、あまりにもやせ細り、着ているものが身体に合っていないどころの騒ぎではなく、バラバラで、これではいくらネイビー・コートで誤魔化そうと、趣味のいい絵とはほど遠い幽霊小説の挿絵もどきになってしまう。後悔先に立たずとはこういうことをいうのでしょう」

一行はワームスプリングスにある小ホワイトハウスのゲスト・コテッジに案内された後、ディナーとなった。同席したのはマーガレット・ソークレー、ローラ・デラノと言う親族のほかに、ウィリアム・ハセット秘書官が加わった。

「ルーシーは同席者、特にハセット秘書官の意地の悪い好奇の目にさらされようとどこ吹く風でした。彼女は大統領の隣に座って喜びに光り輝いています。大統領はヤルタ会談で使用したリバディア宮殿の話をし、次にスターリンはいいやつだが、妻を毒殺したという噂があると言いました。この日、唯一戦争の話題になったのは日本でした。大統領は『戦争はもうじき終わる。先にドイツを降伏させる。その瞬間、日本はたちどころに消えてなくなるのさ』と言ってサッと手を横にはらいました。私はこの時の大統領の顔が忘れられません。何とも気味の悪い顔をしていました。私はそのとき何も知らずにいましたが、大統領は原爆を心の中に思い描いていたのに違いありません」

シューマトフは翌日からスケッチにとりかかり、翌々日十一日には昼過ぎからイーゼルを立て、本格的な作業に取りかかった。いっぽう大統領は十一日の午後四時からルーシーを連れてドライブに出かけた。

「素晴らしい景色だったわ！」

「明日もいっしょにドライブしよう。今度は少し遠くまで行ってみよう」

ふたりはこういう会話を交わしていたけれども、その明日は大統領の死によって暗転する。この日、あたりが暗くなったころモーゲンソー財務長官が飛行機でやって来て、ディナーを共にしたけれど、この男もまさかこれが永の別れになるとは思っていない。

「全員がレセプション・ルームに集うと、大統領はバーテンダー役をつとめましたが、シェーカーを取り落とし、マティニーを全部床にこぼしてしまいました。ディナーはすこぶる盛り上がりに欠けましたが、それはモーゲンソー長官のせいでしょう。大統領はさかんにジョークを飛ばしましたが、乾いた笑いが形式的に上がるのみです。そう、このディナーは大統領にとってまさに最後の晩餐となりましたが、私は長官から探るような目つきで見られ、緊張してどういう料理だったかまったく覚えていません。……長官はディナーが終わると直ちに去り、緊張が溶け、リビング・ルームに行って怪談話をやろうということになりました。巡り合わせで私が一番籤を引き、そこで私はエカテリナ女帝の黒真珠ネックレスという輪廻転生の話をしました。大統領はこれを一心に聞いており、ちょうど話が終わったとき、ころあいを見はからったようにブリューエン医師と助手がやって来て大統領を寝室へうながしました。大統領はなぜかこの時、子供のようにもっとここにいたいと言い張るのをなだめすかしてお開きにしたのを覚えています」

明けて四月十二日木曜日。この日は春爛漫の一日で、大統領はいつもと変わらぬ時間に起き、ブリューエン博士の検診を受けた。血圧は《一八〇／一一〇》、心拍数は毎分七〇。大統領は首筋が突っ張り、ちょっと頭痛がするという自覚症状を訴えたが、博士の軽いマッサージで消えてしまった。検診が済むと大統領はベッドでアトランタ・コンスティチューション紙を漫然と拾い読みしていたが、このときベッドルームに入ってきた主任家政婦リッツィー・マクダフィーに今日は調子がいいと言っている。

午前一〇時過ぎ、大統領はダーク・スーツとベストを着、ハーバード・クリムゾンという色の赤いネクタイをしめた。好みのボウタイにノー・ベスト姿をやめたのは、肖像画のポーズをとるためである。

「四月十二日。私はこの一日について正確に述べる責任があります。朝食はルーシーの部屋で、二人でとりました。彼女は昨晩胸騒ぎがしてほとんど一晩中起きていたそうです。私も弟の病状が気がかりで、この日は絵を描くような気分ではありませんでしたが、約束の時間に大統領の執務室に行きました。そのとき大統領はハセット秘書官が机上に用意した書類にサインしていました。私は自分も気分が乗っていなかったので、忙しければ絵は明日に伸ばそうかと言いましたが、大統領は『いや、延期の必要はないよ。この仕事はすぐに終わる』と応じました。しかし、ハセット秘書官は私に対し、はなはだ迷惑な人間だというオーラを吹き出していましたから、ともかく私は道具一式を抱えていったん自室に戻り、出直すことにしました。正午少し前に執務室に入っていくと、ハセット秘書官はまだそこにおり、大統領がサインした書類がありとあらゆる椅子とテーブル上に広げられており、まさに足の踏み場もなく、なるほどこれでは秘書官が迷惑そうな顔をしたわけだと納得しました。大統領はここでポーズをとるのはやめて、リビング・ルームに場所を移そうといい、車椅子担当のプレッティーマン職員を呼びました。私はイーゼルをポーチ近くにセットしました。光は私の左側にあり、大統領は私の右側にあるカード・テーブルの椅子に座ります。私は大統領にネイビー・コートを着てもらい、その上で椅子に座ってもらいました」

大統領はジェファーソンズ・バースデイのためのラジオ放送用原稿を通読し、それに手を入れている。リビング・ルームでマーガレット・ソークレーはかぎ針編みをしながらルーシーとお喋りに忙しく、ローラ・デラノは花瓶に花をいけている。その足もとではいっょに連れてきたシスターという名のアイリッシュ・セッターがうたた寝をして大きないびきをかいている。スコッチテリヤのファラはSPのあとをついて庭の見回りだ。

「……私が肖像画に最初の彩色をほどこすため大統領を凝視した時です。大統領の顔は灰をかぶったような実にまがまがしいグレーになり、目は、魂を抜き取られた人間の目とはこういうものだろうという目をしていました。私がハッと息をのんだ直後、何物かが立ち去ったように、大統領はもとに戻り、そして私はそうせざるを得なかったのですが、何かに急かされるように猛スピードで仕事を続けました。……午後一時、フィリピン人の執事がやって来てランチのためのテーブルセットに取りかかりましたが、大統領は執事をちらりと見て『我々はあと十五分は仕事だよ』と言いました。これが私の聞いた大統領の最後の言葉です。……私が肖像画の毛髪部分に彩色を行なっている時、突然、大統領の右手が上がり、まるでもがくようにその手を後頭部にあてがい、しきりに何かを指で探っている様子でした。そして次の瞬間、斧で切り落とされたように首が前に落ち、大統領は椅子の上で突っ伏しました。ルーシーとマーガレットがお喋りを続けていいます。静かな話し声でした。何が起きたか気づいていません。私は口から心臓が飛び出しそうになるほど驚き、『ルーシー、ルーシー！　何かよくないことが起きたわ！』と叫ぶのがやっとでした。……まわりにほとんど誰もいなかったのはランチタイムと重なっていたからです。私はポーチから外に飛び出し、SPがいる駐車場に駆けつけ『大統領が倒れたわ！　早く、ドクターを早く！』と叫びました。私がリビング・ルームに戻った時、ちょうど大統領がプレッティーマン職員とフィリピン人執事に抱え上げられ、苦悶に顔をゆがめたまま寝室に運び込まれるところでした。これが、最後に私が目にした大統領の姿で、それから数分もしない内にドクターが大統領の寝室に飛び込んで行きました。私は道具一式をまとめて部屋の片隅に押し込んだのですが、その場所がたまたま電話機の近くだったのでドクターが誰かに事態は非常に深刻だと電話しているのを聞いてしまいました。その時、大きないびきが聞こえ、私はシスターという犬が呑気に寝ているのだと思いましたが、それは寝室の大統領が発するいびきだと知って、臨終だと知りました。昏睡中の大いびきは死の訪れの紛れもない前兆だということを、私は何度も見て、知っていたからです」

ブリューエン博士が大統領の枕頭に駆けつけたのは午後一時十五分で、患者は意識不明、顔面は蒼白で、身体は冷たく、猛烈な汗をかき、血圧は《三〇〇／一九〇》、心拍数は毎分一〇四、瞳孔は右が拡大していた。いままで押さえに押さえていたマグマが一挙に噴出して大噴火を引き起こす様子そのままの光景を前にし、博士は手のほどこしようがないと言わんばかりに棒立ちになったが、すぐに気を取り直し、パパベリン鎮痙薬剤と亜硝酸アミル狭心症用薬剤を注射した。これによって目前の重度血管収縮をやわらげようとしたのである。ブリューエン博士は午後二時五分、つまり昏倒五十分後にホワイトハウスのマッキンタイア中将に次なる電話を入れたが、これがシューマトフ女史の耳にした電話だった。いわく、「大統領は、朝方の検診時、首がつっぱって違和感があると申されておりましたが、それ以外は非常にお元気でした。しかし、現在、猛烈に深刻な何かが起きました」とあった。

マッキンタイアは治療上の指示は出さなかったが、その代りに、アトランタのポーリン教授に電話し、大至急ワームスプリングスの大統領を診てくれと依頼するむね言って電話を切った。以下はルーズベルトの臨終経緯である。

■午後二時四十五分、顔色は少し赤みを取り戻したが、呼吸は不規則で大いびきをかいている。血圧は下降、《二四〇／一二〇》、心拍数は九〇。

■午後三時十五分、血圧は下降、《二一〇／一一〇》、心拍数は九六。右瞳孔は拡大のまま。しかし左瞳孔は穏やかに収縮。間歇的ながら、呼吸時に痙攣が起きる。チアノーゼなる血中酸素不足が起き、顔に青紫色が出現。

■午後三時三十分、両眼に瞳孔拡大が起き、呼吸は不規則。深呼吸状態になる。このときポリン教授到着。教授はアトランタ市内から一三七キロの距離にあるワームスプリングスまで、知っている近道を使い、一時間半で到着した。

■午後三時三十一分、突然の呼吸停止。臨終のあえぎが出現。心拍は無音。人工呼吸と強心剤の安息香酸ナトリウム・カフェインが筋肉内注射された。同時にアドレナリン（epinephrine）が直接心筋に投与された。

■午後三時三十五分、ルーズベルト大統領死亡。

■ポーリン教授の証言。

「連絡を受けて私がワームスプリングスの別荘に着いた時、大統領はまさに臨終でした。顔色は灰をかぶったようで、冷や汗を大量にかき、呼吸はぜいぜいとこすれるような音をたてていました。聴診器をあてるとまさしく肺水腫のラッセル音が聞こえます。大統領の全身はチアノーゼをなし、ブリューエン博士は人工呼吸をはじめました。心臓の鼓動はかすかです。私たちはアドレナリンの心臓投与をしましたが、大統領の肺は水泡音でいっぱいで、血圧はゼロを示しました。アドレナリンの効果はありません。これらは五分以内の出来事です。そしてこの五分のうちに大統領が生きていることを示す証拠はすべて去りました。大統領の死因は脳内大量出血（massive cerebral hemorrhage）で、これを最も早く公式に伝えられたのはその場にいた親族二名、すなわちミス・マーガレット・ソークレーとミス・ローラ・デラノでした」

※　　　※　　　※

ルーズベルト大統領の死から二十六日後の五月八日。ドイツは降伏文書に署名し、ヨーロッパの戦いは終わった。いっぽう太平洋では四月一日から沖縄戦争が開始されており、七日には戦艦大和が撃沈され、そしてルーズベルトが死んだ瞬間、すなわち十四時間の時差がある沖縄時間四月十三日午前五時三十五分、菊水一号作戦が完全に失敗し、ここからものに憑かれ、スズメバチと化した特攻が熾烈を極めて行く。

また原爆は、一九四五年四月十一日水曜日、原爆の象徴とも言える完全に自動化されたオークリッジサイトK-25ウラニウム濃縮工場はフル稼働に入った。三階建ての巨大建築物最上階にあるずらっと並んだ小さな採光窓はまるで要塞の銃眼もどきで、この階に詰めた一日三交代で働く九〇〇〇人の作業員がチラリホラリとしか感じられないことからして、この工場のスケールの大きさが知れよう。二階と一階はカスケード、地下は冷却器とパイプとバルブが作る迷路で、踏みこんだら死が待つという樹海のようなK-25は、こちらも万に近い電動ポンプが発する共鳴音で、スズメバチの大軍のようにぶんぶんと不吉なうなり声を上げていた。

オークリッジサイトのK−25

【追補】

（1）一九三九年（昭和十四年）十月十一日付け《ザクス副社長の補足文書》

大統領閣下、ドイツのポーランド侵攻という情勢の中、アメリカの中立法の修正にむけてその実現に腐心されている今、アインシュタイン博士の手紙をお受け取りいただく機会を賜り、厚く御礼申し上げます。ご一読いただく博士の手紙に書かれたウラニウム核反応にかかわる科学上の成果は、確かにまだ実験段階にあるとは言え、非常に広範囲に及ぶ影響力を持っており、特に国防面での無視できない重要性から、この問題は大統領にご認識いただく要ありと私は確信しています。

さてここで、放射性物質ウラニウムの連鎖反応について少し触れておきます。

（a）六年前、すなわち一九三三年、レオ・シラード博士とエンリコ・フェルミ教授は放射性物質を分裂させると別の物質に壊変するという現象を提唱していました。

（b）そして、ここからが重要なことですが、ウラニウムなどの放射性物質を臨界超過状態にしておいて、そこに中性子を衝突させると連鎖分裂反応が起き、このとき莫大なエネルギーの放出が出現し、放出された連鎖反応による莫大なエネルギーは次のことを可能にします。

①各種目的に添う動力源といった人類にとって有益なまったく新しいエネルギー源の創出を可能にする。

②従来型燃焼エネルギーとは異なる核分裂型エネルギーを得ることによって、わずか数グラムのラジウムが医療分野でおおいに役立ったように、わずか数グラムのウランを船舶ほかあらゆる種類の動力源として役立たせることができる。

③そして、これはありそうな近未来展望でありますが、想像を絶する破壊力によって広範囲を廃墟にし

てしまう爆弾の製造が可能となり、アインシュタイン博士の手紙によれば「この爆弾を船で運んで港で爆発させれば、これひとつで港全体はおろか広大な周辺広域をも破壊する」とあります。

ベルリンで成功した世界初の核分裂実験はウラニウムを内臓するウラン原石あっての成功でありますが、この原石について言及すると、アメリカのウラン原石産出量は貧弱の一語につきます。最も良質なウラン原石はベルギー領コンゴの鉱山から産出され、次いでカナダとチェコスロバキアがそれに続きます。そこでドイツですが、アインシュタイン博士とそこに集う学者仲間は、新しくドイツ領に組み込まれたチェコスロバキアの鉱山で採掘されるウラン原石の輸出をヒトラーが停止したことについて、核エネルギーの独占をはかろうとしているのではないかと非常に心配しています。ドイツ外務次官の子息カール・フォン・ワイツゼッカーがドイツの原子爆弾研究の中心的存在となっていることと、ヒトラーがウラン原石を全面輸出禁止措置にしたという素早い行動は重大な関わり合いがあるからです。

(2) 一九三九年(昭和十四年)八月二日付け《アインシュタイン&シラードの手紙》

大統領閣下、私の手許に届いたエンリコ・フェルミとレオ・シラードの最近の研究は、ウラン元素が近い将来、新しい重要なエネルギー源になると述べており、私の見るところ原子力エネルギーへの期待値は高いものと存じます。また原子力エネルギーの登場によってもたらされる将来展望中のある部分は注意深く見守り、必要とあらば政府当局による迅速な対応が必要となるものと思われます。そこで閣下のご注意を促すことが私の務めであると考え、以下の事実と提案を閣下に申し述べるものであります。

過去四ヵ月の間に、フランスのジョリオ・キュリー、そしてアメリカのフェルミとシラードの研究によってウランによる核連鎖反応が有望なものとなってきました。この核連鎖反応により、極めて強い力とラジウムに似た大量の新元素が生成されるでしょう。これが近い将来、成し遂げられるのはほとんど確実なことであると思われます。またこの核連鎖反応は、確かなことは言いがたいのですが、極めて強力な新型爆弾の製造につながるかもしれません。船で運ばれ港で爆発させれば、この爆弾ひとつで港全体はおろか周辺の非常に広い地域をも破壊するでしょう。ですが、こうした爆弾は航空機で運ぶにはあまりに重過ぎることになるかもしれません。合衆国には、ごく貧弱な質のウラン鉱山しかありません。カナダと現在ドイツ領となったチェコスロバキアには良質の鉱山があり、最重要ウラン供給源はベルギー領コンゴです。

さて閣下は、アメリカにおいて核反応を研究している物理学者グループとアメリカ政府との継続的な接触を保つことが望ましいと考えられるかもしれません。そこで、これを実現するための方法はというと、閣下の信頼に足る非公式な立場で働くことのできる人物にこの仕事を託すことであり、そして、この人物の仕事は以下のものとなるでしょう。

（ａ）今後の核関連開発情報を政府機関へ逐次伝え、また合衆国へのウラン鉱石の供給を保証する問題に特に注意しつつ、政府施策に対する提案を行うこと。

（ｂ）もし資金が必要なら、この目的に貢献しようと望む民間人との接触を通じてその資金を供給し、また同時に適切な設備を持つ企業研究所の協力も得ることによって、現在、大学研究室の予算の制限内で行われている実験研究の速度を上げること。

私の知るところでは、ドイツは、新領土チェコスロバキアの鉱山で採掘されたウランの輸出を停止しています。こうした素早い行動をドイツが取り得たのは、おそらくはドイツ政府外務次官エルンスト・フォン・ワイツゼッカーの子息カールが核研究の中心的存在となっているベルリンのカイザー・ヴィルヘルム研究所にいるからであり、これをもって核反応の重要性がご理解いただけるものと考えます。敬具

一九三九年八月二日

アメリカ合衆国大統領／F・D・ルーズベルト閣下

アルバート・アインシュタイン

(3) 一九三九年十月十九日付け《大統領返信／アインシュタイン宛て》

親愛なるアインシュタイン教授

最近、私に寄せていただいた書簡に対し深く感謝申し上げると同時に、その書簡に同封されていた文献につき、私は非常に興味を抱き、同時にその重要性を認めております。そこで私は、教授が示唆されたウラニウム元素に関連する可能性について大局的に調査するため、商務省標準局（NBS）を主査とし、陸海軍から選抜されたメンバーを含む委員会を創設しました。ザクス博士はこの委員会と共同歩調を取ることになっており、私は非常に喜ばしいと思っております。そして、この委員会を通じての活動こそは実践的かつ効果的な目的にかなう手法だと感じています。草々

フランクリン・デラノ・ルーズベルト

(4) ヒトラーとスターリンの原子力認識

シュペーアはヒトラー総統に原子力エネルギーについて報告したが、「ユダヤ的物理学」として、ヒトラーは関心を示さなかった。また、戦況の切迫から、六週間以内に実践に使用できる兵器以外の研究をヒトラーが許さなかったため、シュペーアは原子爆弾の開発中止を決定した。

スターリンは一九四二年前半にマンハッタン計画がスタートしたことを知っており、また一九四三年末クラウス・フックスという原爆スパイによって、マンハッタン計画の進捗を知っていた。スターリンはその進捗を知っていたがゆえに、《実現できない兵器》という認識を持った。

（5）TNT換算

TNT火薬一グラムは一〇〇〇カロリーと定義されている。広島に落とされたウラン爆弾はTNT火薬十五キロトン、すなわちTNT火薬一五〇〇万グラムだった。ただし、これは核爆弾が発する熱量のみが定義されているのみで、放射能ほかの生物に対する悪影響は定義されていない。

（6）マンハッタン計画総コスト（十九億五〇〇〇万ドル）の内訳

①ハンフォード／プルトニウム分離プラント……四億九八〇〇万ドル
②オークリッジ／Y-12電磁分離プラント………五億九二〇〇万ドル
③オークリッジ／S-50熱拡散分離プラント………一六〇〇万ドル
④オークリッジ／K-25ガス拡散分離プラント……五億一二〇〇万ドル
⑤ロス・アラモス研究所ほか………………………三億三二〇〇万ドル
★Y-12電磁分離プラントは現在価格六十九億七七二〇万ドルに相当
★オークリッジ関連全費用は十一億二〇〇〇万ドル（現在価格約一三二億ドルに相当）
★参考／戦艦大和の建造費＝一億四〇〇〇万円＝三五〇〇万ドル

（7）放射線量レントゲン

《二十四時間につき〇・〇一レントゲン》は《二十四時間につき〇・一ミリシーベルト》と同一である。福島第一原発事故当時の国際放射線防護委員会の勧告は《放射線業務従事者の一年間の累積被曝量限度は五〇ミリシーベルト》としており、これは《二十四時間につき〇・一四ミリシーベルト》に等しい。結果論から言えば、マンハッタン計画当時のアメリカのX線ラジウム防護諮問委員会の規定は甘かったことになる。ちなみに、福島第一原発の二〇キロ圏内の退去基準は年間二〇ミリシーベルトで、《二十四時間につき〇・〇五五ミリシーベルト》に等しい。

(8) フ號作戦の気球連隊(総員二〇〇〇名)

正式編成=昭和十九年九月八日、連隊長=井上茂・大佐、連隊本部=茨城県大津
第一大隊=茨城県大津駐屯、第二大隊=千葉県一宮駐屯、第三大隊=福島県勿来駐屯
標定隊第一標定所=青森県古間木、標定隊第二標定所=宮城県岩沼、標定隊第三標定所=千葉県一宮
標定隊第四標定所=樺太

(9) 昭和十九年十月二十五日付け攻撃実施命令

→ 命令書に記載された内容と、実際に放球された内容には大きな隔たりがある。

大陸指第二二五三号
命令
一、米国内部攪乱ノ目的ヲ以テ米国本土ニ対シ特殊攻撃ヲ実施セントス
二、気球聯隊長ハ、左記ニ準拠シ特殊攻撃ヲ準備スヘシ
(一)実施期間ハ、十一月初書ヨリ明春三月頃迄ト予定スルモ、状況ニ依リ之ガ終了ヲ更ニ延長スルコトアリ
攻撃開始ハ概ネ十一月一日トス
但シ十一月以前ニ於テモ気象観測ノ目的ヲ以テ試射ヲ実施スルコトヲ得

試射ニ方リテハ、実弾ヲ装着スルコトヲ得
(二) 投下物料ハ、爆弾及ビ焼夷弾トシ、其概数左ノ如シ
十五瓩爆弾　約七五〇〇個、五瓩焼夷弾　約三万個、十二瓩焼夷弾　約七五〇〇個
(三) 放球数ハ、約一万五〇〇〇個トシ、月別放球標準概ネ左ノ如シ
十一月　約五〇〇個トシ、五日迄ノ放球数ヲ努メテ大ナラシム、
十二月　約三五〇〇個　一月　約四五〇〇個　二月　約四五〇〇個
三月　約二〇〇〇個
放球数ハサラニ、一〇〇〇個増加スルコトアリ
(四) 放球実施ニアタリテハ、気象判断ヲ適性ナラシメ、以テ帝国領土並ビニ「ソ」領ヘノ落下ヲ防止スルト共ニ、米国本土到達率ヲ大ナラシムルニ勉ム
三、機密保持ニ関シテハ、特ニ左記事項ニ留意スベシ
(一) 機密保持ノ主眼ハ、特殊攻撃ニ関スル意図ヲ軍ノ内外ニ対シ秘匿スルニ在リ
(二) 陣地ノ諸施設ハ上空並ビニ海上ニ対シ極力遮断ス
(三) 放球ハ気象状況之ヲ許ス限リ黎明、薄暮及ビ夜間等ニ実施スルニ勉ム
四、今次特殊攻撃ヲ「富號試験」と称呼ス
昭和十九年十月二十五日
陸軍参謀総長、梅津美治郎
気球連隊長　井上　茂殿

(10) 放球実態

計九三〇〇個が放球、残存七〇〇は次のジェット気流シーズンが来る前に終戦となったため、焼却となった。十一月七〇〇発、十二月一二〇〇発、一月二〇〇〇発、二月二五〇〇発、三月二五〇〇発、四月四〇〇発。

(11) 風船爆弾事件発生地

①アメリカ合衆国《二〇八件》

アリゾナ州二件、カリフォルニア州二十二件、コロラド州三件、アイダホ州八件

アイオワ州三件、カンザス州一件、ミシガン州（最東到達地）二件、モンタナ州三十二件

ネブラスカ州五件、ネバダ州六件、ノース・ダコタ州二件、サウス・ダコタ州八件

オレゴン州四〇件、テキサス州三件、ユタ州五件、ワシントン州二十五件

ワイオミング州八件、アラスカ州二十四件、アリーシャン列島八件、ハワイ州一件

②カナダ《七十八件》

アルバータ州十七件、ブリティッシュ・コロンビア州三十八件、マニトバ州六件

サスカチワン州八件、ユーコン・テリトリー地区五件、マッケンジー地区（北極地域）四件

③メキシコ《二件》

ソノーラ州一件、バハ・カリフォルニア州一件

④太平洋上での撃墜《五件》

（12）各国首脳の生没

ウィンストン・チャーチル（Sir Winston Leonard Spencer-Churchill）
↓　一八七四年十一月三〇日誕生／一九六五年一月二十四日他界／享年九十一
※戦時内閣首班……一九四〇年五月十日（六十五歳）～一九四五年七月二十六日（七十歳）
スターリン（Joseph Vissarionovich Stalin）……**一九四〇年五月十日時点で六十二歳**
↓　一八七八年十二月十八日誕生／一九五三年三月五日他界／享年七十五
ルーズベルト（Franklin Delano Roosevelt）……**一九四〇年五月十日時点で五十八歳**
↓　一八八二年一月三〇日誕生／一九四五年四月十二日他界／享年六十三
ムッソリーニ（Benito Amilcare Andrea Mussolini）……**一九四〇年五月十日時点で五十六歳**
↓　一八八三年七月二十九日誕生／一九四五年四月二十八日刑死／享年六十二
東條英機……**一九四〇年五月十日時点で五十五歳**
↓　一八八四年七月三〇日誕生／一九四五年十二月二十三日刑死／享年六十一
蒋介石（Chiang Kai-shek）……**一九四〇年五月十日時点で五十二歳**
↓　一八八七年十月三十一日誕生／一九七五年四月五日他界／享年八十八
ヒトラー（Adolf Hitler）……**一九四〇年五月十日時点で五十一歳**
↓　一八八九年四月二〇日誕生／一九四五年四月三〇日自殺／享年五十六

（13）ルーズベルト親電

日米交渉の立役者だったハル国務長官の回想録を眺めて見ると、その中には次の記述がある。

「十二月六日になると、以前から予期されていた日本軍の南進開始が明白になった。大統領は天皇に親電を送るべき時が来たと考え、私にその草案を送って来たが、これは私が一週間前、大統領に提出していたものと同じもので、ところどころ修正と追加がしてあった。私は再度修正を加えたうえ、これをホワイトハウスに送り返した。その日の夕方（十二月六日夜七時／東京時間七日朝九時）、ルーズベルト大統領はこの親電原稿に『大至急これを東京のグルー駐日大使に送れ。灰色コード（Gray code／最も簡単な暗号）でいいと思う。時間を節約せよ。傍受されてもかまわない』というコメントをつけて私のところに送り返してきた」

今ひとつ、《滞日十年》というグルー大使の回想録に次のような親電がらみの記述がある。

「今日（東京時間十二月七日朝九時）、短波ラジオは大統領が天皇に親電を送ったと放送した。しかしその内容、および、どのようにして天皇に伝達されるかについては何も語っていない。だがこの日の夜おそく、ハル長官から超緊急の短い電文が来て、大統領親書を含む電報をただいま暗号に組んでいる。これをできるだけ早く天皇に伝達せよとあった。私はすぐにドゥーマン参事官を大使館に呼び、東郷外相の秘書官・友田二郎氏に電話をかけ、夜中の十二時ごろ私が東郷外相と会えるよう手配してくれと頼み、午後十一四十五分に東郷外相との面談約束を取りつけた。大統領親書は電文冒頭に記されてある通り、東京時間七日午前十一時にワシントンから発信され、正午には東京電信局で受信処理が完了していた筈なのだが、その緊急性にもかかわらず、午後十時三十分まで局に留め置かれ、配達されなかった」（外相秘書官・友田二郎／一九一五年外務省入省／終戦直後退官／宮内庁式武官／勲三等瑞宝章受賞／一九六九年二月五日死去／著作に《国際儀礼とエチケット》がある）

このグルー回想録中にあるハル長官からの親書電文冒頭には《超緊急／八一八号・十二月六日二十一時（東京時間十二月七日午前十一時）／秘密》と記載されている。また、ドゥーマン参事官が友田秘書官に電話をしたのは十二月七日午後十時過ぎであり、グルー大使が東郷外相公邸に到着したのは十二月八日零時十五分。大使はこのとき大統領親書を東郷外相に手渡し、午前一時に外相公邸を辞した。真珠湾攻撃の第一弾が投下されるのはこの一時間四十分後である。

国立公文書館アジア歴史資料センターは《ルーズベルト大統領の親電に関する経緯》という文献を保管しており、そこには次の記述がある。

「客年（一九四一年）十二月七日早朝、当地に入電せるUP通信は米国国務長官が聖上陛下に対するルーズベルト大統領のメッセージを発送せられたる旨を公表せる由、報道するところあり。よって外務省当局においては直ちに関係方面と連絡し、右メッセージ到着を待機したり。しかるに右メッセージは相当延着せるものの如く、同夜十時過ぎに至りて始めて在京米国大使より外務大臣に対し、重要緊急案件につき訓令接到し、電文解読中なるおもむきをもって後刻会見いたしたき旨、申し越したるが、同夜半、グルー大使はメッセージを携え東郷外務大臣を官邸に来訪せり」

グルー大使が「親電は午後十時三十分まで局に留め置かれた」と疑問視している空白の十時間については二〇一一年十二月八日の二〇時に放送されたＮＨＫ／ＢＳ歴史館「日米開戦阻止できず」で次の様に解きあかしている。

東京電信局は十二月七日正午（ワシントン時間六日夜十時）にルーズベルト親電（平文）を受信した。これは真珠湾攻撃の十四時間四十分前であり、参謀本部通信課の陸軍将校だった戸村盛男氏は以下の手記を残した。

「陸軍は、今さらこの親電を天皇に届けても現場が混乱するだろうとして、親電を十時間ストップし、真珠湾攻撃が始まった直後の午前三時に東郷外相から天皇へこの親電を届けた」

この手記から、東京電信局は七日夜十時まで親電をストップし、さらに三十分かけてグルー大使に親電を届けたという具合になる。また東郷外相はグルー大使が外相公邸を辞した午前一時からさらに二時間たった後、この親電を天皇に奏上した。

親電を巡っての日本側（軍と外務省）の動きは辻褄があう。またルーズベルトの記者会見後にそれを伝えたラジオ放送は、当然ながら最前線の南雲艦隊も受信し、司令長官へ報告されていたが、旗艦長門の山本長官から作戦中止の発令はされていない。よって真珠湾攻撃はほぼ正確に実行された。

ルーズベルトが昭和天皇に親電を送ったとわざわざラジオで広報したのは「ボールは日本にある」というポーズを取ろうとしたためで、これも理解できる。なお、アメリカはなぜ無線を使って直接グルー大使に親電を送らなかったのかという疑問は残る。

★ルーズベルト親書（原文／十二月六日附）

日本国　天皇陛下

約一世紀前、米国大統領は日本国天皇に対し書を致し、米国民の日本国国民に対する友好を申し出たる處、右は受諾せられ、以来不断の平和と友好の長期間に亙り両国国民はその徳と指導者の叡智によりて繁栄し、人類に対し偉大なる貢献をいたせり。

陛下にたいし余が国務に関し親書を呈するは、両国にとり特に重大なる場合においてのみなるか。現に醸成せられつつある深刻かつ広範なる非常事態に鑑み、茲に一書を呈すべきものと感ずる次第なり。日米両国民および全人類をして両国互いの長年にわたる平和の福祉を喪失せしめんとするがごとき自体が現に太平洋地域に発声しつつあり、右情勢は悲劇を孕むものなり。

米国民は平和と諸国家の共存の権利とを信じ、過去数ヵ月に亙る日米交渉を熱心に注視しきたれり。吾人は支那事変の終熄を祈念し、諸国民において侵略の恐怖なくして共存し得るがごとき太平洋平和が実現せられんことを希望し、かつ、堪えがたき軍備の負担を除去し、また各国民がいかなる国家をも排撃し、もしくは、これに特恵を与うるがごとき差別を設けざる通商を復活せんことを念願せり。

右大目的を達成せんがためには、陛下におかれても余と同じく、日米両国はいかなる形式の軍事的脅威をも除去することに同意すべきこと明瞭なりと信ず。約一年前、陛下の政府はヴィシー政府と協定を締結し、これに基づき北部仏領印度支那に同地北方において、支那軍に対し、移動しおりたる日本軍保護のために五、六千の軍隊を進駐せしめたり。而して本年春および夏、ヴィシー政府は仏領印度支那共同防衛のため、さらに日本部隊の南部仏印進駐を容許せり。余は仏領印度支那に対し、何らの攻撃行われたることなく、また、攻撃を企画せられたること言明して差し支えなしと思考す。最近数週間、日本陸海空軍部隊は夥しく南部仏領印度支那に増強せられたること明白となりたるため、他国に対し印度支那における集結の継続がその性質上防御的に非ずとの尤もなる疑惑を生ぜしむるに至れり。右印度支那における集結は極めて大規模に行われ、また右は今や同半島の南東および南西端に達したるをもって、比島、東印度、数百の島嶼、馬来および泰国の住民は日本軍がこれら地方の何れかに対し攻撃を準備ないし企画し居るに非ずやと猜疑しつつあるは蓋し当然なり。これら住民の総てが抱懐する恐怖はその平和および国民的存立に関するものなるがゆえに陛下におかれても御諒解あらせらる所なりと信ず。

余は攻撃措置を執り得る程度に人員と装備とをなせる陸海空軍基地に対し、米国民の多くが何故に猜疑の眼を向くるかを陛下におかせられては御諒解相成るべしと思惟す。斯る事態の継続は到底考え及ばざる所なること明らかなり。余が前述したる諸国民はいずれも無限に若しくは恒久にダイナマイト樽の上に座し得るものに非ず。もし日本兵が全面的に仏領印度支那より撤去するにおいては、合衆国は同地に侵入するの意図毫もなし。余は東印度政府、馬来政府および泰国政府より同様の保障を求め得るものと思考し、かつ支那政府に対してすら、同様保障を求むる用意あり。かくして日本軍の仏印よりの撤去は全南太平洋地域における平和の保障を招来すべし。余が陛下に書を致すはこの危局に際し陛下におかれても余と同様、暗雲を一掃するの方法に関し考慮せられんことを希望するがためなり。余は陛下と共に日米両国民のみならず隣接諸国の住民のため、両国民間に伝統的な友誼を恢復し、世界におけるこの上の死滅と破壊とを防止するの神聖なる責務を有することを確信するものなり。

一九四一年十二月六日　ワシントンにおいて　　フランクリン・ディ・ルーズベルト」

(14) ハリー・デクスター・ホワイト

リトアニア系ユダヤ人のハリー・ホワイトはヴェノナ文書によればコードネーム《法学者（ジュリスト）》というソ連の工作員だった。なおヴェノナ文書とはソ連の暗号電文解読報告書のことで、この文書から合衆国政府中枢にはルーズベルト補佐官ラフリン・カリーほかあきれるほど多数のソ連工作員が食い込んでいたと判明している。

(15) マッキンタイア博士（Dr.Ross T. McIntire／ルーズベルト大統領主治医）

マッキンタイア中将は五十八歳で海軍を名誉退職し、アメリカ赤十字社血液銀行部門の重役ならびに国際外科医師会の理事に就任。一九五九年十二月八日、イリノイ州シカゴ、クック郡で死去した。死因は心臓発作。享年七〇。妻と共にアーリントン国立墓地に永眠している。

マッキンタイアについては《歴史家のフェレル（Robert H. Ferrell）》と《ジャーナリストのビショップ（James Alonzo "Jim" Bishop）》がその著書の中でこの医者の不思議な行動を分析追求している。

(16) ケベック協定（Quebec Agreement）

協定の中にあるチューブ・アロイズ（Tube Alloys）とは原爆を指すイギリス側の暗号である。後年、朝鮮戦争に際し原爆使用を要求したマッカーサー元帥とトルーマン大統領のあいだに摩擦が起き、大統領は元帥を解任するが、この解任劇にもケベック協定第二項「両国政府の同意がなければ、両国以外の第三者に原爆を使用しない」が深く関わっている。

●表題＝チューブ・アロイズに関する英米政府間共同管理についての合意条項

速やかにチューブ・アロイズ計画を成功に導くことは現在継続中の戦争における米英両国の安全保障にとって不可欠である。また両国で同じようなプラントを創ることは戦時物資の膨大な浪費になる。したがって、多額の経費をアメリカに負担してもらうことを踏まえつつ両国は次の各条項に合意した。

①米英両国政府は、発明成ったチューブ・アロイズを相手国に対し使用しないことに同意する。

②米英両国政府は、両国政府の同意がなければ、両国以外の第三者にチューブ・アロイズを使用しないことに同意する。

③米英両国政府は、両国政府の同意がなければ、両国以外の第三者にチューブ・アロイズの情報を与えないことに同意する。

④英国に供与されるチューブ・アロイズ情報の内、商業用または工業用に関する情報交換は、米国が支出している経費の大きな負担を考慮し、大統領が適切かつ公正であると考える情報に限定する。また英国首相は世界の経済的繁栄への調和と公平性に鑑み、大統領が適切かつ公正であると考える商工業情報の向こう側にある情報に対し、あらゆる関心を明白に放棄する。

⑤英米二国間の共同作業に充分に有効な成果をもたらす保証を与えるため

（a）英米連合政策委員会（Combined Policy Committee）は次のメンバーで構成され、その会議場は米国ワシントンに設立されるものとする。

アメリカ合衆国陸軍長官・スティムソン、アメリカ合衆国・ヴァネヴァー・ブッシュ博士、アメリカ合衆国・ジェームズ・B・コナント博士、イギリス連合王国陸軍元帥ジョン・ディル卿イギリス連合王国陸軍大佐ルウェリン、カナダ側顧問クラレンス・ホーウェする。

米英両国政府のコントロール下に置かれるこの委員会の役割と活動は以下のものであることに合意する。

（1）時々刻々実行に移された作業内容はその都度両国政府にもたらされるものとする。

（2）すべての作業内容は両国政府の承認を得るものとする。

（3）素材、装置およびプラントを割り付けること。制限のある供給材については、プロジェクトの必要条件を勘案しつつ、委員会によって決定されるものとする。

（4）この合意の解釈か適用についてひき起こされるいかなる疑義も話し合いで解決するものとする。

（b）政策委員会の任じた随時の技術顧問メンバー間にはプロジェクトのすべてのセクションと完全な情報交換があるものとする。

（c）科学的調査と開発の分野で、フィールドの同じ部門に従事していたメンバーには完全な情報交換があるものとする。

（d）大規模工場の設計、構築およびオペレーション分野での情報交換は、プロジェクトが初期段階で結果が出されてしまった場合、必要に応じて、フィールドの各セクションの中で、政策委員会承認のもとに情報交換されるものとする。

一九四三年八月十九日

（署名）フランクリン・デラノ・ルーズベルト

（署名）ウィンストン・スペンサー・チャーチル

(17) ブリューエン博士 (Dr. Howard G. Bruenn)

一九〇五年誕生。コロンビア大学を卒業し、一九二九年にジョン・ホプキンズ医科大学で心臓病の研究で博士号を取得した後、ボストン・シティー病院でインターンとして研修した。博士はＣＰＭＣ (Columbia-Presbyterian Medical Center) で数々の業績を残した。博士はプレスビテリアン教会病院の正規看護士ドロシー・コーナー (Dorothy Conner) と開業後に結婚した。第一線を退いた後もヴァンダブーアト心臓クリニック名誉教授の地位におり、一九九五年七月二十九日、メーン州ソレントの夏の別荘で死去した。享年九〇。死去した時、妻と三人の子供と一人の孫がいた。

(18) ハイドパーク覚書／一九四四年九月十八日作成／署名は翌十九日

TOP SECRET [H1YDE PARK, September 19, 1944.]

Tube Alloys

Aide-Mémoire of Conversation Between the President and the Prime Minister at Hyde Park, September 18, 1944

① The suggestion that the world should be informed regarding tube alloys, with a view to an international agreement regarding its control and use, is not accepted. The matter should continue to be regarded as of the utmost secrecy; but when a "bomb" is finally available, it might perhaps, after mature consideration, be used against the Japanese, who should be warned that this bombardment will be repeated until they surrender.

② Full collaboration between the United States and the British Government in developing tube alloys for military and commercial purposes should continue after the defeat of

Japan　unless and until terminated by joint agreement.

③ Enquiries should be made regarding the activities of Professor Bohr and steps taken to ensure that he is responsible for no leakage of information particularly to the Russians.

①チューブ・アロイズに関し、管理と使用を注意深く見守ることを目指した国際協定のもとに、それを世界中に知らせるべきだという提言は受け入れられない。チューブ・アロイズにかかわる事どもは引き続き最高機密として見なされるべきである。さりながら、“爆弾”がついに実戦配備可能な段階に至った時、それはおそらくそうなるのかも知れないのだが、慎重な熟慮の上、日本に対して使用され、こういう日本に対しては次のことが警告されるべきである。すなわち日本が降伏するまでこの爆弾は繰り返し日本に落とされるのだということを。

②日本の降伏した後も、チューブ・アロイズ開発における米英両国の最大限の協力は、連合協約が終了するまで、軍事目的と商業目的双方で継続される。

③ボーア教授の動向について捜査が行なわれ、特にロシアに対し教授が情報漏洩をしないよう確実な措置が取られるべきである。

(19) 国際連合

①二〇一三年現在

加盟国＝一九三ヵ国

安全保障理事会　常任理事国＝五ヵ国《米露英中仏》　非常任理事国＝十ヵ国

②創立時加盟国／二十七ヵ国《一九四五年十月二十四日》

(1) アメリカ合衆国【①安全保障常任理事国】
(2) ソ連【②安全保障常任理事国】
(3) イギリス【③安全保障常任理事国】
(4) 中華民国【④安全保障常任理事国】
(5) フランス【⑤安全保障常任理事国】
(6) アルゼンチン
(7) イラン
(8) ウクライナ
(9) エジプト【①非常任理事国】
(10) エルサルバドル
(11) キューバ
(12) ギリシャ
(13) サウジアラビア
(14) シリア
(15) チリ
(16) デンマーク
(17) ドミニカ共和国
(18) トルコ
(19) ニカラグア
(20) ニュージーランド

(21) ハイチ
(22) パラグアイ
(23) フィリピン
(24) ブラジル【②非常任理事国】
(25) ベラルーシ
(26) ポーランド【③非常任理事国】
(27) レバノン
(★) オーストラリア【④非常任理事国／一九四五年十一月一日加盟】
(★) メキシコ【⑤非常任理事国／一九四五年十一月七日加盟】
(★) オランダ【⑥非常任理事国／一九四五年十二月十日加盟】

(20) 年譜／第二次大戦終結後

★シベリア抑留者の帰国……一九四七年～一九五六年
★中華人民共和国成立……一九四九年十月一日
★朝鮮戦争……一九五〇年六月二十五日～一九五三年七月二十七日
★サンフランシスコ講和条約調印（日本の主権回復）……一九五一年九月八日／一九五二年四月二十八日
★ジョージ六世崩御……一九五二年二月六日
★スターリン死去……一九五三年三月五日
★ソ連による旅順／大連／満鉄の中華人民共和国への返還……一九五五年
★イタリアの国連加盟……一九五五年十二月十四日

★日本の国連加盟……………………一九五六年十二月十八日
★ベトナム戦争……………………一九六〇年十二月～一九七五年四月三十日
★チャーチル死去……………………一九六五年一月二十四日
★マッカーサー元帥死去……………一九六四年四月五日
★吉田茂・死去……………………一九六七年十月二十日
★中華民国国連脱退と中華人民共和国国連加盟……一九七一年十月二十五日
★沖縄返還……………………一九七二年五月十五日
★トルーマン死去……………………一九七二年十二月二十六日
★ドイツの国連加盟…………………一九七三年九月十八日
★蒋介石死去……………………一九七五年四月五日
★周恩来死去……………………一九七六年一月八日
★毛沢東死去……………………一九七六年九月九日
★イーデン死去……………………一九七七年一月十四日
★ベトナム戦争終結…………………一九七五年四月三十日
★昭和天皇崩御……………………一九八九年一月七日
★ドイツ再統一……………………一九九〇年八月一日
★大韓民国＆朝鮮民主主義人民共和国（北朝鮮）の国連加盟……一九九一年九月十七日
★ソ連崩壊……………………一九九一年十二月二十五日
★香港返還……………………一九九七年七月一日
★宋美齢死去……………………二〇〇三年十月二十三日

おわりに

本書を完成させるにあたり、私は多数のマンハッタン計画関連文献、ならびに米英ソ首脳に関わる医療所見を閲覧しました。そして、これはインターネット時代の賜物でありますが、アメリカ国務省の役人が残した非常に多くの備忘録を閲覧することができ、おかげでジグゾー・パズルの不明の一片をかなり拾うことができたと感じております。それにしても、高級官僚であろうとあまりぱっとしないサラリーマンであろうと根っこは一緒でありまして、備忘録という名の公文書の中に面白いことは絶対に書き残しておらず、文書の影に潜む本音を探り当てるのに一苦労したというのが偽らざる気持ちです。なお、脳神経内科医ではなかったブリューエン博士の処方が正しかったか否かはひとまず脇に置き、不名誉追放されることもなく一九四七年に五十八歳で海軍を除隊し、そこから七〇歳で死ぬまでの間、アメリカ赤十字社ほかの要職にあったルーズベルト大統領の主治医マッキンタイアという人間は、一体ぜんたい何だったのだろうかと言う思いが喉元に刺さった魚の小骨のように残っております。

とは言え、政治や外交問題には疎いかも知れないけれど、その分、脳内疾患については山ほど通じているドクターたちの書き残したもののほうが、表現がストレートで、実に明快でした。脳に関連する疾患については奥が深く、未解明分野が多く、私のような門外漢は軽々しい言動を慎まねばなりませんが、一般的に認知症は、脳の病的変化が原因だと言われています。つまり認知症は何かを記憶したり、場所や人などを認識したり、物事を推測し判断する知的機能が低下してしまう病気だと定義されており、特にルーズベルト大統領がそうであった可能性がきわめて高い脳血管性認知症は、知的機能は喪失されていくものの、喜怒哀楽という感情はそのまま残り、次第に感情の振幅が激しくなって情動失禁に到るという臨床記述をしばしば目にします。

日本が大嫌いだった最高権力者ルーズベルトに残されたものが喜怒哀楽の感情のみとなり、そのいっぽうで知的機能に病を発症し、遠い将来を見通す洞察力を失い、見たくない不都合な世界に向き合あって政策を成就させる自己制御能力も損壊し、民衆をより良い方向に導いていくための説得力も継続力もゼロという状態であったとするならば、ことは大統領命令九〇六六号で日系アメリカ人を強制収容所に送り込んだぐらいで済む筈はありません。歴史に《もしも》は無い。しかし、仮にルーズベルトがあの状態で任期をまっとうし、一九四八年まで大統領職にあったなら、すでに日本は大空襲で滅茶苦茶になっていましたが、原爆は広島、長崎ではなく、東京、京都、大阪、名古屋、福岡の上に落とされ、焦土の中でかろうじて焼け残った瓦礫は原子力の猛威で吹き飛び、そのあとに凄惨な一面のさら地が生まれていた可能性は、無いとは言えません。当然ながら、国土は米英ソ中仏という国連安保理の常任理事国によって五分割され、国体護持などは風の前の塵と化したでしょう。

為政者は、間違ってもマッキンタイアのごとき無責任なヤブ医者を近づけてはいけません。そして為政者には、特にこれからは脳味噌に強い主治医をつけておく必要がある。よって、立候補時のポスターには主治医の名前とその主治医の専門分野が何であるのかを列記してもらいたいほどです。

最後になりましたが、本書を世に出していただくにあたり、次のかたがたに感謝の言葉を述べたいと思います。なによりも芙蓉書房出版の平澤公裕社長には多大なご理解とご尽力を賜るだけでなく、多岐にわたる編集者としてのお骨折りを賜り、深く御礼申し上げます。また、本書《チャーチルとルーズベルトの疾患》の項において記述した真珠湾攻撃とマレー半島上陸作戦については国立公文書館アジア歴史資料センターにたいへんお世話になりました。この場を借りて同センターに深く御礼申し上げます。さらに、

《風船爆弾／フ號兵器》の項において記述した近藤至誠少佐については、小津和紙・小津史料館・松浦節也様に《株式会社小津商店編纂・社内誌・鱗盟蘇生／小津三三〇年のあゆみ》を閲覧させていただくなどの御指導を賜りました。また近藤石象気象官につきましては静岡県静岡市清水区にお住まいのご三男、近藤正勝様に各種の資料をご提供いただきご指導を賜りました。この場を借りて松浦節也様と近藤正勝様に深く御礼申し上げます。そして、原子力という未だに明快でない分野を下敷きにした本書の中で、チャーチルが科学技術顧問から原子力について助言を受けるシーンが出現します。この部分の表現を血の通ったものにすることができたのは青木直司様から賜った原子力についての知的支援のおかげであり、この場を借りて深く御礼申し上げます。同じく本書では原子力プラントを立ち上げる仕事に強引に引っ張り込まれたルートヴィッヒ・スコッグという発電機の手練《てだれ》が登場します。このあたりのタービンという雲を掴むような話について、私がなんとか書き進めることが出来たのは、西村康文様にこの分野の知識支援を賜ったおかげであり、この場を借り、重ねて深く御礼申し上げます。

〈参考文献〉

Walter Clement Alvarez, M.D., Little Strokes, J.B.Lippincott Company, 1966.

Steven Lomazow, Eric Fettmann, *FDR's Deadly Secret*, Publicaffairs, 2009.

Elizabeth Shoumatoff, *Fdr's Unfinished Portrait*, University of Pittsburgh Press, 1990.

S. M. Plokhy, *Yalta:The Price of Peace*, Viking Penguin, 2010.

Robert H. Ferrell, *The Dying President Franklin D. Roosevelt 1944-1945*, University of Missouri Press, 1998.

Ludwig M. Deppisch, *The White House Physician*, McFarland, 2007.

Kenneth R. Crispell, *Hidden Illness in the White House*, Duke University Press, 1988.

Frank Costigliola, *Roosevelt's Lost Alliances*, Princeton University, 2012.

Joseph Edward Davies, *Mission to Moscow*, London Victor Gollancz, 1945.

Dr. Ronald R. Fieve, *Mood Swing*, Bantam Bools, 1975.

Lord Moran, *Churchill at war 1940-1945*, Carroll & Graf, 1966.

Lord Moran, *Churchill: The Struggle for Survival*, Houghton Mifflin Company Boston, 1966.

Anthony Storr, *Churchill's Black Dog*, Harper Collins, 1989.

Richard Lovell, *Biography of Lord Moran*, Royal Society of Medicine Services , 1992.

Conrad black, *Franklin Delano Roosevelt*, Public Affairs New York, 2003.

Grace Tully, *Franklin Delano Roosevelt, My Boss*, Peoples Book Club Chicago,1947.

World War II Conferences, Book LLC, 2010.

Charles W. Johnson & Charles O. Jackson, *City Behind a Fence*, The University of Tennessee Press, 1981.

Thomas Gallagher, *Assault in Norway*, The Lyons Press, 1975.

Martin Gilbert, *Churchill and America*, Free Press, 2005.

Leslie R. Groves, *Now It Can Be Told: The Story Of The Manhattan Project*, Da Capo Press, 1962.

T. Michael Ruddy, *The Cautious Diplomat(Charles E. Bohlen and the Soviet Union)*, The Kent State University Press, 1989.

Wilson D. Miscamble, *From Roosevelt to Truman: Potsdam, Hiroshima, and the Cold War*, Cambridge University Press, 2007.

Robert E. Gilbert, *The mortal presidency*,Fordham University Press, 1988.

Joseph C. Grew, *Ten years in Japan*, Hammond, 1944.

Roy Rowan & Brooke Janis, *First Dogs*, Algonquin Books, 1997.

Don Van Natta Jr, *First off the tee*, Public Affairs New York, 1984.

Frances Spatz Leighton, *My thirty years backstairs at the White House*, Ishi Press, 2008.

John Whitcomb & Claire Whitcomb, *Real Life at the White House*, Routledge, 2000.

Henry L.Stimson, *David F. Schmitz*, SR Books, 1966.

Godfrey Hodgson, *The Colonel(The Life and Wars of Henry Stimson)*, Alfred A.Knopf, 1971.

Stephane Groueff, *Manhattan Project*, Little,Brown, 1967.

Bert Webber, *Silent Siege 3*, Webb Research Group, 1983.

Carl Berger, *"B-29's (History of 2nd World War S.)"*, Macdonald, 1970.

Robert A. Mann, *"The B-29 Superfortress Chronology, 1934-1960"*, McFarland, 2009.

Foreign relations of the United States. Conferences at Malta and Yalta, 1945,

Foreign relations of the United States diplomatic papers, The Conferences at Cairo and Tehran, 1943.

ピエール・アコス&ピエール・レンシュニック著『現代史を支配する病人たち』ちくま文庫、一九九二年。

スチーブン・グルーエフ著『マンハッタン計画』中村誠太郎訳、早川書房、一九六八年。

ワレンチン・M・ベレズホフ著『私はスターリンの通訳だった』栗山洋児訳、同朋舎出版、一九九五年。

ジョン・アール・ヘインズ&ハーヴェイ・クレア著『ヴェノナ』中西輝政訳、ＰＨＰ研究所、二〇一〇年。

アルジャー・ヒス著『汚名　アルジャー・ヒス回想録』井上謙治訳、晶文社、一九九三年。

工藤美知尋著『日ソ中立条約の虚構』芙蓉書房出版、二〇一二年。

吉野興一著『風船爆弾』朝日新聞社、二〇〇〇年。

櫻井誠子著『風船爆弾秘話』光人社、二〇〇七年。

鈴木敏夫著『関東軍風速ゼロ作戦』光人社、二〇〇九年。

近藤石像著『空で遊ぼう、ジャンピングバルーン』ラティス、一九六七年。

エミリオ・セグレ著『エンリコ・フェルミ伝（原子の火を点じた人）』みすず書房、一九七六年。

ダン・クーパー著『エンリコ・フェルミ（原子のエネルギーを解き放つ）』大月書店、二〇〇七年。

リチャード・ローズ著『原子爆弾の誕生（上・下巻）』神沼二真&泰一訳、紀伊國屋書店、一九九九年。

グラストン・エドランド著『原子炉の理論』伏見康治&大塚益比古訳、みすず書房、一九五五年。

玉木英彦&江沢洋編『仁科芳雄（日本の原子科学の曙）』みすず書房、一九九一年。

ロード・モーラン著『チャーチル（生存の戦い）』新庄哲夫訳、河出書房、一九六七年。

ルーズベルト秘録取材班『ルーズベルト秘録（上下）』産経新聞社、二〇〇〇年。

保阪正康著『蒋介石』文春新書、一九九九年。

エドワード・ラジンスキー著『赤いツァーリ・スターリン』工藤精一郎訳、NHK出版、一九九六年。

アルチュール・コント著『ヤルタ会談（世界の分割）』山口俊章訳、サイマル出版会、一九八六年。

ガー・アルベロビッツ著『原爆投下決断の内幕』鈴木俊彦・岩本正恵・米山裕子訳、ほるぷ出版、一九五五年。

NHK取材班編集『対日仮想戦略「オレンジ作戦」』角川文庫、一九九五年。

NHK取材班編集『日米開戦勝算なし』角川文庫、一九九五年。

加藤陽子著『それでも日本人は「戦争」を選んだ』朝日出版社、二〇〇九年。

ポール・クローデル外交書簡 1921-27『孤独な帝国（日本の一九二〇年代）』奈良道子訳、草思社、一九九九年。

加藤俊作著『国際連合成立史』有信堂、二〇〇〇年。

最上敏樹著『国連とアメリカ』岩波新書、二〇〇五年。

明石康著『国際連合』岩波新書、二〇〇六年。

トーマス・B・アレン著『機密指定解除』佐藤正和訳、日経ナショナルジオグラフィックス社、二〇〇八年。

ジョン・キーガン編『第二次大戦歴史地図』原書房、一九九四年。

ウィンストン・チャーチル著『第二次大戦』佐藤亮一訳、河出文庫、一九八四年。

著者

本多 巍耀（ほんだ たかあき）
1945年神奈川県生まれ。東京理科大学理学部卒業。富士通株式会社入社（流通業関連営業部門配属）、2005年定年退職。
現在は日本防衛学会会員、戦略研究学会会員、日本尊厳死協会終身会員、日独協会会員、文化日独コミュニティー会員、日本ハンガリー友好協会会員、日本・トルコ協会会員、メキシコ・日本アミーゴ会会員、日米協会会員。
著書に『皇帝たちの夏－ドイツ軍戦争計画の破綻』『大統領と共に－動物の謝肉祭イン・ホワイトハウス』『消えた帝国－大統領ウィルソンの挫折』がある。

原爆投下《げんばくとうか》への道程《どうてい》
――認知症とルーズベルト――

2013年4月30日　第1刷発行

著 者
本多《ほんだ》 巍耀《たかあき》

発行所
㈱芙蓉書房出版
（代表 平澤公裕）
〒113-0033東京都文京区本郷3-3-13
TEL 03-3813-4466　FAX 03-3813-4615
http://www.fuyoshobo.co.jp

印刷・製本／モリモト印刷

ISBN978-4-8295-0584-7